시 대 에 듀

독학사
3단계

― 컴퓨터공학과 ―

인공지능

SD에듀
㈜시대고시기획

머리말

학위를 얻는 데 시간과 장소는 더 이상 제약이 되지 않습니다. 대입 전형을 거치지 않아도 '학점은행제'를 통해 학사학위를 취득할 수 있기 때문입니다. 그중 독학학위제도는 고등학교 졸업자이거나 이와 동등 이상의 학력을 가지고 있는 사람들에게 효율적인 학점인정 및 학사학위취득의 기회를 줍니다.

학습을 통한 개인의 자아실현 도구이자 자신의 실력을 인정받을 수 있는 스펙으로서의 독학사는 짧은 기간 안에 학사학위를 취득할 수 있는 가장 빠른 지름길로 많은 수험생들의 선택을 받고 있습니다.

독학학위취득시험은 1단계 교양과정 인정시험, 2단계 전공기초과정 인정시험, 3단계 전공심화과정 인정시험, 4단계 학위취득 종합시험의 1~4단계까지의 시험으로 이루어집니다. 4단계까지의 과정을 통과한 자에 한해 학사학위취득이 가능하고, 이는 대학에서 취득한 학위와 동등한 지위를 갖습니다.

이 책은 독학사 시험에 응시하는 수험생들이 단기간에 효과적인 학습을 할 수 있도록 다음과 같이 구성하였습니다.

01 핵심이론
다년간 출제된 독학학위제 평가영역을 철저히 분석하여 시험에 꼭 출제되는 내용을 '핵심이론'으로 선별하여 수록하였으며, 중요도 체크 및 이론 안의 '알아두기'를 통해 심화 학습과 학습 내용 정리를 효율적으로 할 수 있게 하였습니다.

02 OX로 점검하자
장별로 'OX로 점검하자'를 수록하여 해당 학습영역의 중요사항을 한 번 더 점검할 수 있도록 하였습니다.

03 실제예상문제
해당 출제영역에 맞는 핵심포인트를 분석하여 풍부한 '실제예상문제'를 수록하였습니다.

04 최종모의고사
최신출제유형을 반영한 최종모의고사를 통해 자신의 실력을 점검해볼 수 있으며, 실제 시험에 임하듯이 시간을 재고 풀어보면 시험장에서 실수를 줄일 수 있도록 구성하였습니다.

05 핵심요약집
책 속의 책인 '핵심요약집'을 통해 본문의 전반적인 내용을 요약·정리하여 어느 곳에서든 학습할 수 있도록 편의성을 배가하였고, 시험 직전에 해당 기본서의 전 범위를 빠르게 점검하여 리마인드할 수 있도록 구성하였습니다.

편저자 드림

BDES
독학학위제 소개

독학학위제란?

「독학에 의한 학위취득에 관한 법률」에 의거하여 국가에서 시행하는 시험에 합격한 사람에게 학사학위를 수여하는 제도

- ✓ 고등학교 졸업 이상의 학력을 가진 사람이면 누구나 응시 가능
- ✓ 대학교를 다니지 않아도 스스로 공부해서 학위취득 가능
- ✓ 일과 학습의 병행이 가능하여 시간과 비용 최소화
- ✓ 언제, 어디서나 학습이 가능한 평생학습시대의 자아실현을 위한 제도
- ✓ 학위취득시험은 4개의 과정(교양, 전공기초, 전공심화, 학위취득 종합시험)으로 이루어져 있으며 각 과정별 시험을 모두 거쳐 학위취득 종합시험에 합격하면 학사학위취득

독학학위제 전공 분야 (11개 전공)

국어국문학　영어영문학　***심리학　***경영학　법학　행정학
***컴퓨터공학　가정학　유아교육학　정보통신학　***간호학

※ 유아교육학 및 정보통신학 전공 : 3, 4과정만 개설
※ 간호학 전공 : 4과정만 개설
※ 중어중문학, 수학, 농학 전공 : 폐지 전공으로 기존에 해당 전공 학적 보유자에 한하여 응시 가능

※ 시대에듀는 현재 4개 학과(심리학과, 경영학과, 컴퓨터공학과, 간호학과) 개설 중

독학학위제 시험안내

과정별 응시자격

단계	과정	응시자격	과정(과목) 시험 면제 요건
1	교양	고등학교 졸업 이상 학력 소지자	• 대학(교)에서 각 학년 수료 및 일정 학점 취득 • 학점은행제 일정 학점 인정 • 국가기술자격법에 따른 자격 취득 • 교육부령에 따른 각종 시험 합격 • 면제지정기관 이수 등
2	전공기초		
3	전공심화		
4	학위취득	• 1~3과정 합격 및 면제 • 대학에서 동일 전공으로 3년 이상 수료 (3년제의 경우 졸업) 또는 105학점 이상 취득 • 학점은행제 동일 전공 105학점 이상 인정 (전공 28학점 포함) → 22.1.1 시행 • 외국에서 15년 이상의 학교교육과정 수료	없음(반드시 응시)

응시 방법 및 응시료

• 접수 방법 : 온라인으로만 가능
• 제출 서류 : 응시자격 증빙 서류 등 자세한 내용은 홈페이지 참조
• 응시료 : 20,200원

독학학위제 시험 범위

• 시험과목별 평가 영역 범위에서 대학 전공자에게 요구되는 수준으로 출제
• 시험 범위 및 예시문항은 독학학위제 홈페이지(bdes.nile.or.kr) – 학습정보–과목별 평가영역에서 확인

문항 수 및 배점

과정	일반 과목			예외 과목		
	객관식	주관식	합계	객관식	주관식	합계
교양, 전공기초 (1~2과정)	40문항×2.5점 =100점	–	40문항 100점	25문항×4점 =100점	–	25문항 100점
전공심화, 학위취득 (3~4과정)	24문항×2.5점 =60점	4문항×10점 =40점	28문항 100점	15문항×4점 =60점	5문항×8점 =40점	20문항 100점

※ 2017년도부터 교양과정 인정시험 및 전공기초과정 인정시험은 객관식 문항으로만 출제
※ 이산수학(컴퓨터공학과)은 예외과목(25문항, 100점)에 해당함

합격 기준

- 1~3과정(교양, 전공기초, 전공심화) 시험

단계	과정	합격 기준	유의 사항
1	교양	매 과목 60점 이상 득점을 합격으로 하고, 과목 합격 인정(합격 여부만 결정)	5과목 합격
2	전공기초		6과목 이상 합격
3	전공심화		

- 4과정(학위취득) 시험 : 총점 합격제 또는 과목별 합격제 선택

구분	합격 기준	유의 사항
총점 합격제	• 총점(600점)의 60% 이상 득점(360점) • 과목 낙제 없음	• 6과목 모두 신규 응시 • 기존 합격 과목 불인정
과목별 합격제	• 매 과목 100점 만점으로 하여 전 과목(교양 2, 전공 4) 60점 이상 득점	• 기존 합격 과목 재응시 불가 • 1과목이라도 60점 미만 득점하면 불합격

컴퓨터공학과 3단계 시험 과목 변경 (2022년부터 적용)

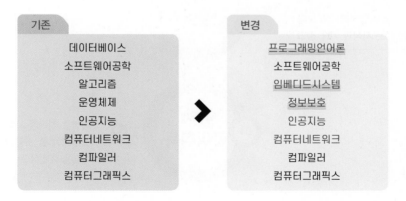

기존	변경
데이터베이스	프로그래밍언어론
소프트웨어공학	소프트웨어공학
알고리즘	임베디드시스템
운영체제	정보보호
인공지능	인공지능
컴퓨터네트워크	컴퓨터네트워크
컴파일러	컴파일러
컴퓨터그래픽스	컴퓨터그래픽스

※ 시대에듀에서 개설된 과목은 빨간색으로 표시했습니다.
※ 2022년부터 2단계 시험에서 변경되는 과목을 음영으로 표시하였습니다.

독학학위제 과정

1단계
교양과정
01

대학의 교양과정을 이수한
사람이 일반적으로 갖추어야 할
학력 수준 평가

02
2단계
전공기초

각 전공영역의 학문을 연구하기
위하여 각 학문 계열에서 공통적
으로 필요한 지식과 기술 평가

3단계
전공심화
03

각 전공영역에서의 보다
심화된 전문 지식과 기술 평가

04
4단계
학위취득

학위를 취득한 사람이 일반적으로
갖추어야 할 소양 및 전문 지식과
기술을 종합적으로 평가

GUIDE

독학학위제 출제방향

국가평생교육진흥원에서 고시한 과목별 평가영역에 준거하여 출제하되, 특정한 영역이나 분야가 지나치게 중시되거나 경시되지 않도록 한다.

교양과정 인정시험 및 전공기초과정 인정시험의 시험방법은 객관식(4지택1형)으로 한다.

단편적 지식의 암기로 풀 수 있는 문항의 출제는 지양하고, 이해력·적용력·분석력 등 폭넓고 고차원적인 능력을 측정하는 문항을 위주로 한다.

독학자들의 취업 비율이 높은 점을 감안하여, 과목의 특성상 가능한 경우에는 학문적이고 이론적인 문항뿐만 아니라 실무적인 문항도 출제한다.

교양과정 인정시험(1과정)은 대학 교양교재에서 공통적으로 다루고 있는 기본적이고 핵심적인 내용을 출제하되, 교양과정 범위를 넘는 전문적이거나 지엽적인 내용의 출제는 지양한다.

이설(異說)이 많은 내용의 출제는 지양하고 보편적이고 정설화된 내용에 근거하여 출제하며, 그럴 수 없는 경우에는 해당 학자의 성명이나 학파를 명시한다.

전공기초과정 인정시험(2과정)은 각 전공영역의 학문을 연구하기 위하여 각 학문 계열에서 공통적으로 필요한 지식과 기술을 평가한다.

전공심화과정 인정시험(3과정)은 각 전공영역에 관하여 보다 심화된 전문적인 지식과 기술을 평가한다.

학위취득 종합시험(4과정)은 시험의 최종 과정으로서 학위를 취득한 자가 일반적으로 갖추어야 할 소양 및 전문지식과 기술을 종합적으로 평가한다.

전공심화과정 인정시험 및 학위취득 종합시험의 시험방법은 객관식(4지택1형)과 주관식(80자 내외의 서술형)으로 하되, 과목의 특성에 따라 다소 융통성 있게 출제한다.

독학학위제 단계별 학습법

1단계 평가영역에 기반을 둔 이론 공부!

독학학위제에서 발표한 평가영역에 기반을 두어 효율적으로 이론 공부를 해야 합니다. 각 장별로 정리된 '핵심이론'을 통해 핵심적인 개념을 파악합니다. 모든 내용을 다 암기하는 것이 아니라, 포괄적으로 이해한 후 핵심내용을 파악하여 이 부분을 확실히 알고 넘어가야 합니다.

2단계 시험 경향 및 문제 유형 파악!

독학사 시험 문제는 지금까지 출제된 유형에서 크게 벗어나지 않는 범위에서 비슷한 유형으로 줄곧 출제되고 있습니다. 본서에 수록된 이론을 충실히 학습한 후 '실제예상문제'를 풀어 보면서 문제의 유형과 출제의도를 파악하는 데 집중하도록 합니다. 교재에 수록된 문제는 시험 유형의 가장 핵심적인 부분이 반영된 문항들이므로 실제 시험에서 어떠한 유형이 출제되는지에 대한 감을 잡을 수 있을 것입니다.

3단계 'OX + 실제예상문제'를 통한 효과적인 대비!

독학사 시험 문제는 비슷한 유형들이 반복되어 출제되므로 다양한 문제를 풀어 보는 것이 필수적입니다. 각 단원 끝에 수록된 'OX로 점검하자'를 통해 해당 단원에서 가장 중점적인 학습 포인트를 확인하고 '실제예상문제' 및 '주관식 문제'를 통해 단원별 내용을 제대로 학습했는지 꼼꼼하게 체크합니다. 이때 부족한 부분은 따로 체크해 두고 복습할 때 중점적으로 공부하는 것도 좋은 학습 전략입니다.

4단계 복습을 통한 학습 마무리!

이론 공부를 하면서, 혹은 문제를 풀어 보면서 헷갈리고 이해하기 어려운 부분은 따로 체크해 두는 것이 좋습니다. 중요 개념은 반복학습을 통해 놓치지 않고 확실하게 익히고 넘어가야 합니다. 마무리 단계에서는 '핵심요약집'을 통해 핵심개념을 다시 한 번 더 정리하고 마무리할 수 있도록 합니다.

COMMENT

합격수기

" 저는 학사편입 제도를 이용하기 위해 2~4단계를 순차로 응시했고 한 번에 합격했습니다.
아슬아슬한 점수라서 부끄럽지만 독학사는 자료가 부족해서 부족하나마 후기를 쓰는 것이 도움이 될까 하여
제 합격전략을 정리하여 알려 드립니다.

#1. 교재와 전공서적을 가까이에!

학사학위취득은 본래 4년을 기본으로 합니다. 독학사는 이를 1년으로 단축하는 것을 목표로 하는 시험이라
실제 시험도 변별력을 높이는 몇 문제를 제외한다면 기본이 되는 중요한 이론 위주로 출제됩니다. 시대에듀의
독학사 시리즈 역시 이에 맞추어 중요한 내용이 일목요연하게 압축·정리되어 있습니다. 빠르게 훑어보기 좋지만
내가 목표로 한 전공에 대해 자세히 알고 싶다면 전공서적과 함께 공부하는 것이 좋습니다. 교재와 전공서적
을 함께 보면서 교재에 전공서적 내용을 정리하여 단권화하면 시험이 임박했을 때 교재 한 권으로도 자신
있게 시험을 치를 수 있습니다.

#2. 아리송한 용어들에 주의!

진법 변환, 부울대수, 컴퓨터 명령어, 기억장치, C프로그래밍 언어 등 공부를 하다 보면 여러 생소한 용어들을 접할
수 있습니다. 익숙하지 않은 기본 개념들을 반복해서 보면서 숙지하고 점차 이해도를 높여나가는 학습이 합격에
도움이 된다고 생각합니다.

#3. 시간확인은 필수!

쉬운 문제는 금방 넘어가지만 지문이 길거나 어렵고 헷갈리는 문제도 있고, OMR 카드에 마킹도 해야 하니 실제로
주어진 시간은 더 짧습니다. 1번에 어려운 문제가 있다고 해서 1번에서 5분을 허비하면 쉽게 풀 수 있는 마지막 문제
들을 놓칠 수 있습니다. 문제 푸는 속도도 느려지니 집중력도 떨어집니다. 그래서 어차피 배점은 같으니 아는 문제
를 최대한 많이 맞히는 것을 목표로 했습니다.
① 어려운 문제는 빠르게 넘기면서 문제를 끝까지 다 풀고 ② 확실한 답부터 우선 마킹하고 ③ 다시 시험지로 돌아
가 건너뛴 문제들을 다시 풀었습니다. 확실히 시간을 재고 문제를 많이 풀어봐야 실전에 도움이 되는 것 같습니다.

#4. 문제풀이의 반복!

어떠한 시험도 그렇듯이 문제는 많이 풀어볼수록 좋습니다. 이론을 공부한 후 실제예상문제를 풀다보니 부족한 부분
이 어딘지 확인할 수 있었고, 공부한 이론이 시험에 어떤 식으로 출제될 지 예상할 수 있었습니다. 그렇게 부족한 부분
을 보충해가며 문제유형을 파악하면 이론을 복습할 때도 어떤 부분을 중점적으로 암기해야 할 지 알 수 있습니다.
이론 공부가 어느 정도 마무리되었을 때 시계를 준비하고 최종모의고사를 풀었습니다. 실제 시험시간을 생각하면서
예행연습을 하니 시험 당일에는 덜 긴장할 수 있었습니다.

학위취득을 위해 오늘도 열심히 학습하시는 동지 여러분에게도 합격의 영광이 있으시길 기원하면서 이만 줄입니다. "

이 책의 구성과 특징

01

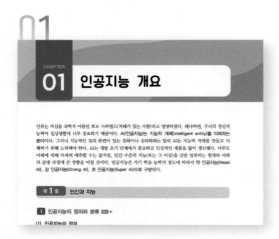

시험에 나오는 내용

독학사 시험의 출제 경향에 맞춰
시행처의 평가영역을 바탕으로
과년도 출제문제와 이론을
빅데이터 방식에 맞게 선별하여
가장 최신의 이론과 문제로
시험에 출제되는 영역 위주로 정리되었습니다.

OX 문제

해당 장별로 기본이론을 학습한 후
해당 영역에서 가장 중요한 부분을 중심으로
큰 뼈대를 확인하고 정리할 수 있도록
○×문제를 추가하였습니다.

02

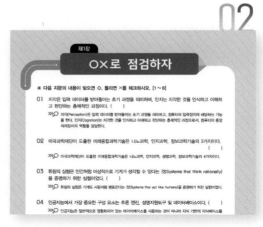

03

실제예상문제

실제예상문제

독학사 시험의 경향에 맞춰
전 영역의 문제를 새롭게 구성하고
학습자가 해당 교과정에서 필수로 알아야 할
내용을 문제로 정리하였습니다.
풍부한 해설을 추가로 학습과 이해에 도움을 주고
실제시험에 대비할 수 있도록 구성하였습니다.

04

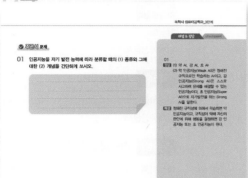

주관식 문제

다년간 각종 시험에 출제된 기출문제 중
주관식으로 출제될 만한 문제들을 엄선하여
가공 변형 후 출제한 것으로
배점이 큰 〈주관식 문제〉에 충분히
대응할 수 있도록 편성되었습니다.

최종모의고사

최신 출제유형을 반영한 최종모의고사를 통해
자신의 실력을 점검해 볼 수 있으며,
실제시험에 임하듯이 시간을 재고 풀어보면
시험장에서 실수를 줄일 수 있도록 구성하였습니다.

05

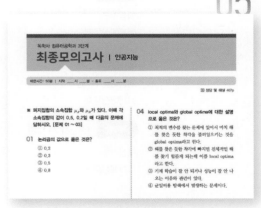

06

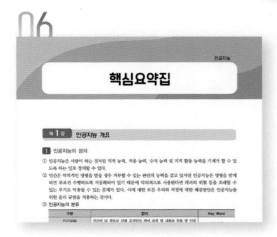

핵심요약집

전체 기본서의 과정을
중요부분 위주로 정리한 핵심요약집을 통해
무엇이 중요하며 강조해서 학습해야 하는지를
파악하고 틈틈이 학습할 수 있도록 하였으며
최종 마무리 정리용으로
학습의 효과를 극대화할 수 있도록 하였습니다.

CONTENTS
목 차

제1장

인공지능 개요

I wish you the best of luck!

인공지능 개요

인류는 자신을 과학적 이름인 호모 사피엔스(지혜가 있는 사람)라고 명명하였다. 왜냐하면, 우리의 정신적 능력이 일상생활에 너무 중요하기 때문이다. AI(인공지능)는 지능적 개체(intelligent entity)를 이해하는 분야이다. 그러나 지능적인 것과 관련이 있는 철학이나 심리학과는 달리 AI는 지능적 개체를 만들고 이해하기 위해 노력해야 한다. AI는 개발 초기 단계에서 중요하고 인상적인 제품을 많이 생산했다. 아무도 미래에 대해 자세히 예측할 수는 없지만, 인간 수준의 지능(또는 그 이상)을 갖춘 컴퓨터는 현재와 미래의 문명 과정에 큰 영향을 미칠 것이다. 인공지능은 자기 학습 능력의 정도에 따라서 **약 인공지능(Weak AI), 강 인공지능(Strong AI), 초 인공지능(Super AI)으로 구분**된다.

제 1 절   인간과 지능

1 인공지능의 정의와 분류 중요 ★

(1) 인공지능의 정의

인간과 인공지능은 상호 보완적 관계로 이들은 기본적으로 인공지능이 인간을 대체하는 것보다는 인간과 인공지능이 협력함으로써 인간의 능력이 증대될 것이라고 보고 있다. 아직까지는 인간과 인공지능이 각각의 영역에서 강점을 가지고 있다. 인공지능은 '사람이 하는 일 또는 사람의 힘으로 자연에 대하여 가공하거나 작용을 하는 일'이라는 사전적 의미의 인공과 지능의 합성어이다.

인공지능 분야에서 다루는 지능의 의미는 지적 능력의 활동을 갖는 시스템을 연구하고 개발하는 것이다. 1956년 인공지능이라는 용어를 처음으로 사용한 존 맥카시(John McCarthy)는 '인공지능은 기계를 인간 행동의 지식에서와 같이 행동하게 만드는 것'이라고 정의하였고, 위키피디아는 "인공지능은 기계로부터 만들어진 지능으로서, 컴퓨터 공학에서 이상적인 지능을 갖춘 존재, 혹은 시스템에 의해 만들어진 지능이다. 일반적으로 범용 컴퓨터에 적용한다고 가정한다."라고 되어 있다. 어찌 되었든 인공지능은 '사람이 하는 것처럼 지적 능력, 적응 능력, 수치 능력 및 지적 활동 능력을 기계가 할 수 있도록 하는 일'로 정의할 수 있다. 인공지능을 정의하기 위해 다음의 용어와 의미를 이해할 필요가 있다.

> - 지각(Perception) : 입력 데이터를 받아들이는 초기 과정을 의미한다. 즉, 컴퓨터의 입력장치에 해당하는 기능을 한다.
> - 인지(Cognition) : 지각한 것을 인식하고 이해하고 판단하는 총체적인 과정이다. 즉, 컴퓨터의 중앙처리장치의 역할을 담당한다.
> - 행동(Action) : 인지한 것을 출력하는 과정으로 컴퓨터의 출력장치에 해당하는 기능을 제공한다.

다음으로는 인공지능에 있어서 인간과 기계의 역할을 이해할 필요가 있다.

① 인간의 역할

인간은 기계가 특정한 임무를 수행할 수 있도록 훈련시켜야 하고 그 임무의 결과가 무엇인지 설명해 주어야 한다. 기계 학습을 위해서는 인간이 인공지능을 훈련시켜야 한다. 아직까지 인공지능이 의사결정을 내리기 어려운 상황들이 많다. 이러한 상황들에서 결정을 내릴 수 있도록 설명과 안내가 필요하다. 그리고 인공지능 시스템이 윤리적 규범을 지키도록 하는 지원 또한 필요하다.

② 인공지능 시스템의 역할

기계는 인간의 인지 능력을 강화하는 것을 도울 수 있고, 고객 응대 및 지원관리를 더 효과적으로 처리할 수 있게 도울 수 있다. 기계의 도움으로 인간은 물리적 능력의 한계를 극복할 수 있다. 인공지능이 적절한 정보를 적절한 시기에 제공함으로써 인간의 분석능력과 의사결정 능력을 향상할 수 있고, 인공지능이 기본적인 고객 응대를 함으로써 인간은 좀 더 복잡한 문제를 처리하는 데 시간과 노력을 집중할 수 있다. 각종 센서와 인공지능 시스템을 결합하여 인간이 가진 물리적 능력의 한계를 극복할 수 있고, 산업재해 현장에서 인간의 접근이 불가능한 열악한 환경에서의 장애처리 및 구조 작업을 진행하는 데 도움을 줄 수 있다.

(2) 인공지능의 윤리

인간은 악의적인 명령을 받을 경우 거부할 수 있는 판단의 능력을 갖고 있지만, 인공지능은 명령을 받게 되면 무조건 수행하도록 자동화되어 있기 때문에 악의적으로 사용된다면 테러의 위협 등을 초래할 수 있는 무기로 악용될 수 있는 문제가 발생할 수 있다. 하지만 이러한 우려보다는 인간과 동반자로서의 역할론이 더 크기 때문에 인공지능과 인간은 서로 신뢰가 쌓여야 한다. 좋은 일을 할 것인지 좋지 않은 일을 할 것인지에서부터 윤리가 나오며 인공지능이 인간의 윤리를 그대로 따라야 신뢰를 쌓을 수 있을 거라고 보기 때문에 서로 간의 좋은 의도로 일을 하는 동반자가 아닌 노예 또는 하수인으로 인공지능을 생각하는 경향은 위험을 초래할 수 있다. 인공지능은 사람보다는 안전하지 않지만, 사람보다도 위험하지 않다. 어린아이가 어른으로부터 윤리를 배우듯 인공지능도 똑같은 방식으로 윤리를 배워야 하고 사람은 감정을 통해 현재의 질문에 대한 답변이 달라질 수 있는데 인공지능은 감정이 없기 때문에 때로는 인간의 의도대로 행동하지 않을 수 있다. 이것이 인공지능에게 감정이라는 부분을 어떻게 학습시킬지 필요한 이유이다. 기계가 학습을 많이 하면 인간을 넘어설 것이라는 우려를 한다. 그래서 학습을 시키면 안 된다고 말하는 사람들이 있지만, 만약 기계가 학습이 없다면 인간에게 필요한 존재가 될 수 있을까? 학습이 있기에 인간에게 필요한 조력자도 될 수 있다. 이러한 모든 우려와 걱정에 대한 해결방안은 인공지능에 윤리 규범을 적용하는 것이다.

(3) 인공지능의 분류 [중요] ★★★

AI는 사람처럼 생각하는 시스템, 이성적으로 생각하는 시스템, 사람처럼 행동하는 시스템 그리고 이성적으로 행동하는 시스템으로 분류할 수 있다.

① 사람처럼 생각하는 시스템(systems that think like human)

㉠ 인지과학의 정의

1950년대 말, 인류 사회를 크게 바꾸는 과학혁명이 미국을 중심으로 일어났다. 이 과학혁명은 인류로 하여금 에너지 중심의 전통적 과학기술관으로부터 정보 중심의 과학기술관으로 옮겨 가게 하였으며, 인류 사회에 디지털 문화 시대가 시작되게 하였다. 바로 인간의 마음과 컴퓨터를 유사한 정보처리의 원리가 구현된 동류의 시스템으로 간주하는 개념적 틀의 형성에서 이러한 변혁이 가능하였다. 이러한 인식체계변혁의 생각 틀이 바로 인지주의(Cognitivism)이며, 그것이 학문적 연구 틀로 구현된 것이 바로 인지과학(Cognitive Science)이다.

인지과학은 인간의 마음(뇌의 작동 및 몸 움직임의 제어 포함)의 과정 및 내용, 그리고 동물 및 인공지능 시스템에서의 정보표현과 그 작동 과정을 연구하는 종합적 과학이다. 인간의 뇌는 약 수십억 개의 신경세포(Neuron)와 이들을 상호 연결하는 약 수십조 개의 시냅스(Synapse)로 구성된다. 이들의 복합적인 작용에 의해 사람들은 사물을 인식하고 어떻게 행동할 것인지를 판단한다. 인지과학이란 사람의 두뇌에 의한 정신활동이나 신체기능을 추상적으로 다루지 않고, 구체적인 기술로서 재현하려는 학문이다. 즉, 인간이 느끼고, 사고하고, 말로 표현하는 것을 추상적으로 표현하는 것이 아니라, 구체적 공식이나 절차로 재현하겠다는 것이다. 심리학, 인공지능, 신경과학, 언어학, 철학, 인류학 등을 그 하위 구성 학문으로 하는 인지과학은 태생적으로 수렴적 학문이며 융합적 과학이다. 그리고 그 바탕 위에서 오늘날의 하드웨어가 아닌 소프트웨어적 IT 과학기술이 출발되었다. 따라서 소프트웨어적 IT 과학기술의 이론적, 개념적 바탕이 되는 기초학문이 바로 인지과학이라고 할 수 있다. 마치 수학이 물리학의 기초학문이 듯이, IT의 'I(Information)', 즉 '정보'가 의미적으로 '정보'일 수 있게 해주는, 인간의 마음을 다루는 학문인 인지과학이 현재의 소프트웨어 IT를 설 수 있게 한 기초학문이다.

인지과학이라는 말은 크리스토퍼 롱게히긴스가 1973년에 처음 사용하였으며, 인공지능의 발전이 인지과학 형성의 모태를 이룬다. AI는 인간의 초보적인 지능 작업을 흉내 내는 컴퓨터 프로그램을 만드는 것에서 출발한다. 많은 사람은 인간의 인지 능력이 일정한 프로그램을 수행하는 것과 다름없다는 생각을 품게 되고, 이러한 생각이 공감대를 형성하면서 인지과학이 발생하게 됐다. 2010년대에 들어서면서 [마음 = 뇌 + 몸 + 환경]의 통합체로 개념화하는 제3의 인지과학 패러다임의 경향이 강해지고 있다.

미국 과학재단이 제시한 미래 과학기술의 틀은 [그림 1-1]과 같다. 이 틀에 의하면 **미래 과학기술은 Nano, Bio, Info, Congo의 4개의 핵심 과학기술 축**이 상호 간에 수렴, 융합되어 가르쳐지고, 연구되고, 응용되고, 개발되어야 한다는 것이다. 여기에서 Nano는 나노과학 공학기술, Bio는 생명과학 공학기술, Info는 정보과학 공학기술, Cogno는 인지과학기술을 가리키는 것으로 미래 융합기술의 4대 핵심축의 하나가 인지과학기술이다.

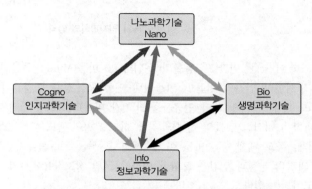

[그림 1-1] 미국 과학재단이 도출한 미래융합 과학기술

20세기 중반에 컴퓨터를 숫자 처리 계산기를 넘어서 각종 정보를 처리하는 기계인 지능적 디지털 컴퓨터로 개념화하고, 이 컴퓨터의 처리 과정과 인간의 마음 작동 과정을 정보처리라는 공통적인 개념으로 엮어서 연결할 수 있다는 생각이 인지과학 출발의 핵심적 생각이다. 그런데, 이러한 생각이 갑자기 일순간에 형성된 것은 아니다. 오랜 기간 가다듬어온 여러 분야의 학자들이 제시한 생각들이 1950년대 중반에 수렴되고 종합됨으로써 구체적 틀이 갖추어졌고, 그 결과가 인지적 패러다임(cognitive paradigm)이라는 과학혁명으로 떠오르게 된 것이다.

ⓛ 인지과학 형성의 학문적 배경

인지과학 형성의 배경은 다음과 같다. 첫째, 지적 배경은 철학과 수학에서의 형식이론과 계산이론이다. 둘째, 20세기 초반의 폰 노이만 박사의 이론을 중심으로 한 디지털 컴퓨터의 발달과 '저장된 프로그램과 순차적 처리' 개념의 발달이다. 또한, 컴퓨터의 자료와 프로그램을 부울논리에 기반한 이진법적 형식체계로 표현 가능하다는 샤논의 생각과 그의 정보이론이 인지과학 형성에 큰 영향을 주었다. 셋째, 두뇌를 하나의 논리기계로 간주할 수 있으며 신경세포 간의 작용을 컴퓨터의 과정 표시와 마찬가지로 명제논리 체계로 표현할 수 있다는 맥컬치와 피츠(W. McCulloch와 W. Pitts)의 생각의 형성과 확산이 인지주의의 형성에 기여하였고, 바이너(N. Wiener) 등의 사이버네틱스(cybernetics) 개념과 이론은 인지주의 형성에 직접적 자극이 되었다.

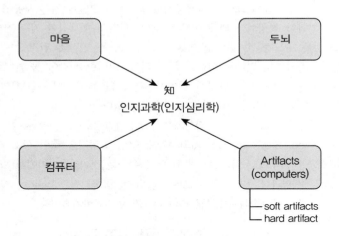

[그림 1-2] 인지과학의 영역

'인지과학'이란 ① 인간 및 동물의 두뇌와 ② 마음(Mind : 동물의 지능) 그리고 ③ 이 둘에 대한 모형이며 인간의 마음이 만들어낸 인공물의 정수인 컴퓨터(인공지능 시스템 등)이다. 그리고 ④ 환경 속의 기타 인공물들(예 인간 마음)과 知(알다)가 확장된 부분들이다. 이처럼 인지과학은 이러한 것들의 산물인 각종 하드웨어(예 핸드폰) 및 소프트웨어적인 인공물들(예 법 체제, 종교 체제 등), 또는 이 두 개의 혼합물(예 로봇)들의 정보적 표현 내용 및 정보처리적 과정의 본질과 인간을 포함한 이들 서로의 상호작용에서의 정보적 관계를 다루는 학문이라고 할 수 있다.

② **이성적으로 생각하는 시스템(systems that think rationally)** 중요 ★★★

아리스토텔레스는 반박할 수 없는 추론 과정인 올바른 생각을 체계화하려는 최초의 인물이었다. 그는 정확한 전제가 주어질 때 항상 정확한 결론을 내리는 삼단 논법(Syllogism)을 고안했는데 이것은 **사고 과정을 수리적으로 표현하는 시스템**으로 고대 그리스 철학자들의 논리적 사고에서 부터 비롯되었다. 많은 그리스 학파들이 여러 가지의 논리 형태를 개발했다. 이들의 주장은 정확한 가정을 제공하면 정확한 결론을 줄 수 있다는 사고의 법칙(law of thought)이다. 이러한 논리를 기반으로 발전한 형식논리학은 모든 사물과 사물의 관계에 대한 정확한 표시를 가능케 했고, 인공지능에서의 지능적 시스템 개발로 연결되었다. 형식논리학은 사고(판단·개념)의 내용을 무시하고 가정의 형식상, 타당성 성립 조건만을 연구하는 논리학이다. 형식논리학은 이 추리의 타당성에 관한 형식적 근거를 문제로 삼는다. 사고의 의미와는 관계가 없으며, 그 형식, 즉 양적인 것과 외적인 것만을 고려하기 때문에 '외연적 논리학'이라고도 한다. 현대의 기호논리학은 철저하게 사고의 수량화와 기호화를 지향하는 새로운 형식논리학이다. 그러나 형식적이지 않은 지식이나 확실하지 않은 지식을 논리학적 표현방법에서 요구하는 형식언어로 표현하기 어렵다는 문제점과 문제를 논리적으로 해결하는 것과 실용적으로 해결하는 것에는 큰 차이가 있기 때문에 이러한 사고 과정에 대한 인내가 없으면 효율성이 떨어질 수 있다.

③ **사람처럼 행동하는 시스템(systems that act like humans)** 중요 ★★★

인간의 기능을 수행하는 지능이 있는 시스템을 의미한다. 1950년 영국의 수학자 튜링(A. M. Turing)은 기계가 인간과 얼마나 비슷하게 대화할 수 있는지를 기준으로 기계에 지능이 있는지를 판별하는 테스트를 제안했다. 앨런 튜링은 1950년에 철학 저널 Mind에 발표한 「Computing Machinery and Intelligence」에서 기계가 지능적이라고 간주할 수 있는 조건을 언급했다. 즉, "기계가 생각할 수 있는가?"라는 질문에 대해 그는 긍정적이라고 답변하면서, "컴퓨터가 생각할 수 있다면 그것을 어떻게 표현해야 하는가?"라는 핵심 질문에 대해 "컴퓨터로부터의 반응을 인간과 구별할 수 없다면 컴퓨터는 생각(사고, thinking)할 수 있는 것"이라고 주장하였다. 만일 지성있는 사람이 관찰하여 기계가 진짜 인간처럼 보이게 하는 데 성공한다면 확실히 그것은 지능적이라고 간주해야 한다는 주장이다.

[그림 1-3]에서 왼쪽의 실험은 질문자 C가 상대를 볼 수 없는 공간에서 텔레타이프를 이용하여 질문했을 때 답하는 주체가 컴퓨터 A인지 또는 사람 B인지를 구분할 수 없으면 실험에 통과한 것으로 판정하는 것이다. 이 검사는 대부분의 사람들을 만족시키지만 일부 철학자들은 여전히 납득하지 못한다. 튜링 테스트 중 관찰하는 사람과 기계는 텔레타이프로 상호교류하는데, 이때 기계는 아직 사람의 외모와 목소리를 완전히 흉내 내지 못하기 때문에 질문자에게 자기가 인간인 것처럼 보이기 위해 사람과 유사한 반응을 보여 인간을 속여야 한다. 이 실험에 필요한 기술은 자연어 처리, 지식표현 및 저장, 자동화된 추론, 패턴인식, 기계 학습 등이다.

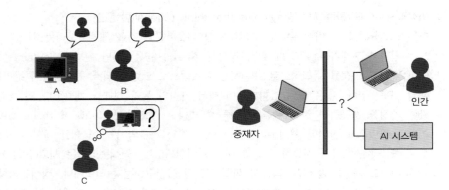

[그림 1-3] 튜링의 실험

인공지능 연구의 초기 단계에서는 지능이 무엇인지에 대한 명확한 해답이 존재하지 않았다. 무엇이 인간다운 것인지 2500년 역사를 자랑하는 철학조차도 인간과 인간다운 것이 무엇인지 기준선을 제시하지 못했으니 어찌 보면 당연한 일이다. 그런 상황에서 튜링은 "마음과 지능, 인간다움의 본질에 대한 논의는 그만두고, 일단 이 시험을 통과하는 모든 것은 확실히 '지적이다'라고 합의한 다음에, 이 시험을 통과하는 기계를 어떻게 만들 수 있을지로 논의의 방향을 돌리는 것이 훨씬 발전적이지 않느냐?"라고 발언했다. 그러나, 현재의 인공지능 연구자들은 대부분 튜링 검사의 목적을 명백히 거부한다. 그 대신 그들은 대상이 사람이든 개(dog)든, 컴퓨터든 외계인이든 신경쓰지 않고, 지능 자체의 작동 양식을 탐구하는 데 관심을 쏟고 있다. 인공지능 연구의 과학적 목표는 지능을 계산 결과로 이해하는 것이며, 공학적 목표는 어떤 유용한 방향으로 인간의 정신 능력을 초월하거나 확장하는 기계를 만드는 것이다. 즉, 이들은 인간의 대화는 그것이 아무리 '지적'이라고 해도 지능을 모방하려는 시도는 이런 목표 중 어느 쪽에도 크게 기여하지 못한다고 생각하기 때문이다.

④ 이성적으로 행동하는 시스템(systems that act rationally) 중요 ★★★

이 시스템은 주어진 확률 정도에 따라서 목표를 실행하는 시스템을 말한다. 이 분야는 계산 과정의 관점에서 지능적인 행동을 설명하고 모방하려는 연구 분야이고, 지능형 행동의 자동화에 관심 있는 컴퓨터 과학 분야라고도 설명한다. 이 시스템에서는 목표를 성취하기 위해 행동과 추론(reasoning)을 포함하는 에이전트(agent)의 구성이 중요한 연구대상이다. 왜냐하면, 이성적으로 행동한다는 것은 어떤 목표를 달성하기 위해 논리적으로 최종 결론에 도달하도록 추론해 나가야 하기 때문이다. 그러나 추론을 포함하고 있다고 모두 이성적이라고 말할 수 없는 행동이 있기 때문에 정확한 추론이 이성적 행동 시스템의 전부라고 할 수는 없다. 예를 들어, 갑자기 위험한 물체가 자신을 향해 날아올 때 무의식 중에 손을 뻗어서 막거나 몸을 피하는 것은 이성적 생각의 결과는 아니지만, 이성적 행동이라 할 수 있기 때문이다.

에이전트에 대한 사전적 의미는 '대행자', '대리인' 정도지만 사람의 일을 대행해 준다는 측면에서 모든 프로그램을 에이전트라고 말할 수 있다. 반면에 컴퓨터 프로그램은 사람들이 바라는 수준만큼 일을 대행해 주지 못한다는 측면에서 컴퓨터 프로그램은 결코 에이전트가 될 수 없다는 해석을 만들기도 한다. 에이전트는 그 특징에 따라서 협력 에이전트, 이동 에이전트, 인터페이스 에이전트, 인터넷 에이전트, 지능형 에이전트 등 다양하게 분류할 수 있다.

㉠ 협력 에이전트(Collaborative Agent)

협력 에이전트는 에이전트 특성 중에서 사회성이 강조된 에이전트로서 특정 작업을 수행하기 위하여 스스로 해결할 수 없는 부분은 다른 에이전트나 응용 프로그램의 도움을 받아 작업을 처리하는 에이전트이다.

㉡ 이동 에이전트(Mobile Agent)

이동 에이전트는 에이전트의 특성 중에서 이동성이 강조된 에이전트로서 에이전트가 자신의 판단에 의하여 컴퓨터 시스템을 이동하며 작업을 수행하는 에이전트이다. 이동 에이전트와 유사한 예로는 자바 애플릿을 생각할 수 있다. 하지만 일반적인 자바 애플릿은 사용자가 웹 브라우저를 통하여 요구할 때 서버에 있는 애플릿이 웹브라우저로 이동되는 반면 이동 에이전트는 상황에 따른 에이전트의 판단에 의하여 사용자 시스템으로부터 하나 이상의 서버로 이동하여 작업을 수행한다는 점이 다르다. 하지만 자바 애플릿이나 이동 에이전트는 이동하는 프로그램이 시스템상으로 독립적이어야 하고 수행되는 시스템상에 인터프리터가 존재해야 한다는 측면에서 요구사항이 매우 유사하다.

㉢ 인터페이스 에이전트(Interface Agent)

인터페이스 에이전트는 자율성과 학습 능력 등이 강조된 에이전트로서 컴퓨터에 대한 보다 편리한 사용 환경을 제공해 주는 것을 목표로 한다. 인터페이스 에이전트는 사용자의 컴퓨터 사용 방법을 관찰하여 사용자의 습관을 파악한 후 반복적인 일련의 과정을 간단히 처리할 수 있도록 사용자를 도와주는 역할을 한다. 이러한 인터페이스 에이전트의 예로써는 전자 메일 에이전트인 Maxim이 있다.

㉣ 인터넷 에이전트(Internet Agent)

인터넷 에이전트는 인터넷이나 웹상에 분산된 엄청난 양의 정보를 사용자가 더 사용하기 편리하도록 지원하는 역할을 한다. 인터넷 에이전트는 인터넷상의 정보를 파악하기 위하여 이동 에이전트처럼 인터넷을 이동하기도 하지만 이는 반드시 그래야 하는 것은 아니다. 이처럼 이동성을 갖지 않는 인터넷 에이전트의 예로는 워싱턴 대학의 Internet Soft-Bot이 있다. Internet Soft-Bot은 FTP, Telenet, Mail, Archie, Gopher, Compress 등과 같은 명령어나 응용 프로그램들을 활용하여 인터넷상의 정보 검색을 수행한다. 또한, 더 편리한 인터페이스를 제공하기 위하여 메뉴와 자연어 인터페이스 환경을 제공하고 입력된 명령어에 대하여 모호성을 제거한 후 계획을 통하여 작업을 처리한다.

㉤ 지능형 에이전트(Intelligent Agent)

지능적 특성을 갖춘 에이전트로서의 지능형 에이전트는 학습(Learning), 추론(Reasoning), 계획(Planning) 능력 중 하나 이상을 갖는 에이전트를 말한다. 그래서 지능형 에이전트는 학습 에이전트, 추론 에이전트, 계획 에이전트로 분류되기도 한다. 지능형 에이전트의 예로는 COACH (Cognitive Adaptive Computer Help)를 들 수 있다. 코치 시스템은 사용자가 LISP 프로그래밍을 하는 과정에서 사용자의 작업 과정을 관찰하여 사용자에 대한 적응 사용자 모델 (AUM : Adaptive User Model)을 만들고 작업에 대한 지식과 적응 사용자 모델에 따라 사용자가 앞으로 하고자 하는 일을 추론하여 사용자의 능력에 맞게 도움말을 제시해 주는 역할을 한다. 코치 시스템은 학습 기능과 추론 기능을 갖는 지능형 에이전트이며 컴퓨터 작업 환경을 돕는다는 측면에서 사용자 인터페이스 에이전트라고 볼 수도 있다.

[표 1-1] 인공지능의 4가지 분류

구분	정의	Key Word
사람처럼 생각하는 시스템	인간의 뇌 작동과 신체 움직임의 제어 과정 및 내용과 동물 및 인공지능 시스템에서의 정보표현과 그 작동 과정을 연구하는 종합적 과학	인지과학 (cognitive science)
이성적으로 생각하는 시스템	사고 과정을 수리적으로 표현하는 시스템	사고의 법칙 (law of thought)
사람처럼 행동하는 시스템	인간이 잘 할 수 있는 일을 컴퓨터가 대신할 수 있는 방법을 연구	튜링의 시험 (turing test)
이성적으로 행동하는 시스템	계산 과정의 관점에서 지능적인 행동을 설명하고 모방하려는 연구 분야이고, 지능형 행동의 자동화에 관심 있는 컴퓨터 과학 분야	에이전트 (agent)

2 인공지능의 역사 중요 ★

(1) 개요

4차 산업 혁명이라는 새로운 시대를 맞이하면서 인공지능이라는 기술이 핵심 기술로 부상하고 있다. 인공지능은 공식적으로 1956년에 이름이 만들어졌다. 현대 유전학과 함께 AI는 다른 분야의 과학자들이 가장 좋아할 분야로 정기적으로 인용되고 있다. 지난 60년 역사에서 전반기 30년과 후반기 30년 사이에는 패러다임의 전환이 있었다.

이것이 바로 머신 러닝(Machine Learning) 혁명이다. 머신 러닝은 기계가 스스로 학습하는 인공지능 방식으로 이는 기존의 프로그래밍 방식으로 구현하던 인공지능과는 완전히 다르다. 프로그래밍 방식은 프로그램을 만들어 주는 인간의 한계를 기계가 가지고 있는 데 반해서, 학습 방식의 인공지능은 관측한 데이터에 기반하여 기계가 스스로 성능을 향상할 수 있는 자가프로그래밍 방식이다. 인공지능은 1980년대에 한 번 붐이 있었다가 곧 암흑기를 맞이하였다. 머신 러닝이 처음 문헌에 등장한 것은 1959년이나 발전이 매우 느렸다. 1986년에 여러 층으로 구성된 신경망을 학습할 수 있는 '오류 역전파 알고리즘'이 개발되면서 실제적인 머신 러닝 연구가 시작되었다. 머신 러닝은 기초적이고 수학적인 '이론 인공지능' 연구로 초기에는 큰 관심을 받지 못하였지만, 1990년대 중반에 웹이 등장하고 2000년대에 인터넷 비즈니스가 활성화되고 많은 데이터가 생성되면서 머신 러닝은 산업적인 수요를 갖기 시작한다. 2010년을 전후해서 구글의 무인자동차 계획과 같은 획기적인 인공지능 프로젝트들이 발표되면서 머신 러닝도 더욱 어려운 문제들을 다루게 되었다.

이 과정에서 **심층신경망 기반의 딥 러닝**(Deep Learning)을 통해서 새로운 돌파구를 찾게 된다. 많은 새로운 딥 러닝 모델들이 비전, 음성, 언어처리에 적용되기 시작한다. 기존의 작은 수의 층을 갖던 신경망 모델에 비해서 많은 수의 층을 가진 '딥 신경망'이 빅데이터(Big Data)와 고성능 컴퓨팅 기술과 결합해서 실세계의 난제들을 해결하는 사례들이 속속 등장하였다. 구글, 페이스북, 바이두 등의 글로벌 IT 기업들은 인공지능 연구소를 설립하고 딥 러닝 전문가들을 학계에서 영입하기 시작한다. 그러면서 딥 러닝 스타트업 회사나 연구소들을 인수하는 경쟁에 들어간다. 2013년에 구글은 제프

힌튼 교수의 스타트업 DNNResearch를 인수하였다. 2013년엔 페이스북이 뉴욕대의 얀 르쿤 교수를 영입하여 인공지능 연구소를 설립한다. 2014년에는 중국회사 바이두가 스탠포드 대학의 앤드류 응 교수를 영입하여 실리콘밸리에 딥 러닝 연구소를 세운다. 이처럼 글로벌 기업들은 딥 러닝과 인공지능 스타트업들을 인수합병하는 경쟁에 들어간다. 구글은 2013년부터 2014년에 걸쳐 8개의 로봇 회사를 인수한다. 2016년 3월에는 인간만의 영역이라고 생각되었던 바둑에서 구글의 딥마인드가 개발한 알파고 인공지능이 이세돌과 싸워 이기게 된다. 알파고 쇼크는 전 산업을 뒤흔드는 충격으로 다가왔다.

(2) 인공지능의 미래

딥 러닝 이전까지의 인공지능은 주로 텍스트 데이터에 적용된 지능형 에이전트를 개발하는 데 그쳤다. 그러나 딥 러닝으로 인해서 아주 복잡한 실세계의 센서 데이터도 학습할 수 있게 되었다. 최근에는 모든 사물에 센서가 부착되고 인터넷에 연결되는 사물인터넷(IoT)의 시대가 성숙기를 맞이하기 시작했다. 이를 통해서 물리적인 오프라인 아날로그 세계가 인터넷의 온라인 디지털 세계와 연결되는 online-offline 서비스가 시작되고 있다. 이처럼 가상세계와 현실 세계가 연결되면 지금까지 가상의 디지털 세계에만 적용되었던 인공지능 기술들이 현실의 아날로그 세계에까지 확장될 수 있고, 이러한 점에서 전 세계가 인공지능화될 수 있는 시작점에 와 있다.

이 점에서 지난 2016년 2월의 다보스 포럼에서 인공지능을 제4차 산업혁명의 촉발제로 규정한 것은 큰 의의를 갖는다. 물리적인 현실세계와 디지털의 가상세계가 만나는 인공지능 연구의 대표적인 사례는 자율이동 로봇이다. 인공지능 연구자들은 1960년대부터 이동로봇 연구를 하였으나 본격적인 이동로봇 연구는 1990년대와 2000년대를 통해서 발전되었다. 그러나 인간형 휴머노이드 로봇기술은 여전히 물체 감지와 조작을 위한 하드웨어의 발달이 늦어 생각보다 느리게 발전하고 있다. 반면에, 자율이동 로봇 연구의 파생 결과로서 자율주행 자동차가 등장하였다. 물리 세계에서 이동 시간을 단축시켜 주는 대표적인 기계 장치인 자동차가 구글맵과 같은 디지털 지도에 연결되고 도로 환경과 주변을 인식하며 스스로의 판단에 의해서 주행을 하는 인공지능 로봇기술과 접목됨으로써 물리적인 세계에서 활동하는 인공지능이 탄생하게 된 것이다. 최근 인공지능의 상용화에 성공한 또 다른 사례는 아마존의 에코 비서 로봇이다. 에코는 스피커 형태를 가진 장치로써 사람과 대화하며 질문에 답하거나 음악을 틀어주거나 주문을 받아주는 역할을 하는 디지털 비서이다.

(3) 인공지능과 인간의 삶

인공지능은 변화를 야기할 새로운 패러다임으로 이해될 필요가 있다. 딥 러닝 기술은 스스로 학습 진화하며 더욱 똑똑해지는 지능폭발 현상을 초래하였다. 똑똑한 기계를 이용하여 더욱 똑똑한 기계를 만들고 이는 다시 새로운 똑똑한 기계로 이어지는 지능폭발 현상은 이미 1965년에 예견된 바 있다. 2006년에는 인간의 지능을 능가하는 인공지능이 출현할 것이라는 특이점 논의가 시작되었고, 2014년에는 인간의 지능을 뛰어넘는 슈퍼 지능의 시대를 논하고 있다. 최근에 국제인공지능학회(AAAI)에서 발표한 'AI 100 Study 그룹의 보고서'에 의하면 앞으로 2030년까지 자율주행, 홈로봇, 헬스, 교육, 사회 안전, 오락 등 인간의 모든 삶에 있어서 인공지능의 영향이 더욱 커질 것으로 내다보고 있다. 이에 자율주행 자동차는 생각보다 훨씬 빨리 상용화된 인공지능 기술 중 하나이다. 구글, 애플 등의 IT 회사들이 자율주행 신기술을 개발하여 기존의 자동차 회사들을 위협하고 있다. 전통적인 자동차 회사들은 이를 막기 위해서 안간힘을 쓰고 있다. 일본의 한 자동차는 무인차 개발을 위해서 1조 원의 연구비를 투입하여 MIT와 스탠포드 대학교에 인공지능 연구소를 설립하였다. 벤츠, BMW 등과 같은 회사들도 각자 미래형 자율주행 자동차를 선보이고 있다.

인공지능은 홈서비스 로봇 분야에서 향후 15년 동안에 많은 발전이 이루어질 것으로 예상되고 있다. 2015년 12월 전기자동차 회사 테슬라의 사장인 엘런 머스크는 1조 원짜리 인공지능 회사 OpenAI를 설립하였다. 인공지능은 미래의 교육 방식에도 큰 혁신을 가져올 것으로 예상된다. 인공지능과 머신 러닝 기술을 사용하면 피교육자들의 학습 특성을 파악하여 개인 맞춤형 교육을 제공할 수 있고, 교사들의 교육의 질을 높일 수 있다. 특히 가상현실이나 로봇과 결합하여 모바일 상황에서 교육이 이루어질 경우 획기적인 새로운 교육 모델이 등장할 수도 있다. 헬스케어는 고령화되어가는 선진 사회에서는 그 중요성이 점차 커지고 있는 새로운 산업이다. 모바일 기술과 웨어러블 장치의 등장을 통해서 개인의 일상 기록을 습득할 수 있을 뿐만 아니라 머신 러닝 기반의 데이터 분석을 통해서 맞춤형 서비스가 가능해지고 있다. 의료뿐만 아니라 스포츠, 피트니스 분야, 사회 안전과 보안 시스템 및 소외 계층에 대한 배려 등 사회 시스템을 개선하는 데에도 인공지능 기술이 사용된다. 또한, 새로운 미디어를 통한 엔터테인먼트 산업에도 인공지능 기술이 기여하고 있다. 이미 오래전부터 인터넷 서비스 업체들은 머신 러닝 기법을 사용하여 책이나 영화, 음악 등의 개인 맞춤형 추천서비스를 실시하였다. 많은 사용자 생산콘텐츠가 자연언어, 음성, 영상 데이터를 포함하고 있고 머신 러닝 인공지능 기법들은 이를 분석하여 서비스를 자동화하고 더욱 편리하게 사용할 수 있도록 해준다. 앞으로는 소프트웨어뿐만 아니라 더욱 저렴한 가격의 센서와 장치들이 등장함으로써 가상현실, 촉각 장치, 반려 로봇 등과 결합하여 보다 대화 기반이 되고 인간같은 상호작용이 이루어질 것이며 인지 능력과 감성, 교감 등의 정서가 더욱 중요해질 것으로 보인다.

인공지능이 가져올 변화 중 많은 사람이 우려하는 것이 특히 일과 직업에서의 변화이다. 인공지능은 오랫동안 사람을 닮은 지능형 에이전트 또는 도우미 로봇기술을 연구해 왔으며 최근 들어서 로보 어드바이저, 로봇 저널리스트 등 인간의 일 영역을 침범하고 있다. 심지어는 음악이나 미술 등과 같은 예술의 영역에서도 인공지능이 사람의 일을 일부 대신하기 시작하였다. 영국의 이코노미스트지는 최근 인공지능에 의해서 타격을 받기 쉬운 직업들을 정리하는 기사를 낸 적이 있다. 지식을 필요로 하면서 반복적인 일들이 우선 인공지능에 의해서 빨리 대치될 직업들에 속하고, 반면에 아주 창의적인 일이나 면대면으로 상담을 해야 하는 컨설팅 등은 인공지능으로 대체되는데 많은 시간을 필요로 할 것으로 내다보고 있다.

[그림 1-4] 자율주행 자동차의 일러스트레이션

[그림 1-5] 다양한 로봇의 모습

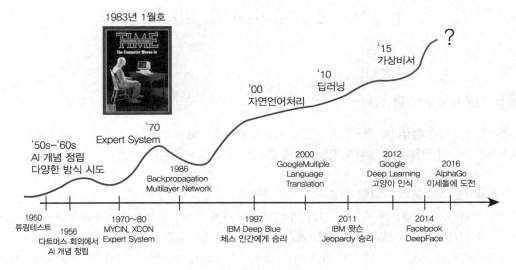

[그림 1-6] 인공지능의 발전사

(4) 인공지능과 학습 중요 ★★

① 인공지능(Artificial Intelligence)

가장 넓은 의미에서의 인공지능으로서 인공적으로 구현한 모든 수준의 지능을 포괄한다. 컴퓨터 과학 측면에서 보면, 환경을 인지하여 어떤 목표를 성취할 수 있는 가능성이 최대화되도록 행동을 취하는 지능적 객체에 관한 연구를 하는 분야이다.

② **머신 러닝(Machine Learning)**

구체적으로 프로그래밍하지 않아도 스스로 학습하여 임무를 수행할 수 있는 능력을 컴퓨터가 갖도록 구현하는 AI의 한 분야이다

③ **딥 러닝(Deep Learning)**

데이터에 대한 다층적 표현과 추상화를 통해 학습하는 머신 러닝의 기법이다. 일반적으로 머신 러닝이라고 하면 딥 러닝을 포함하는 것으로 이해하면 된다.

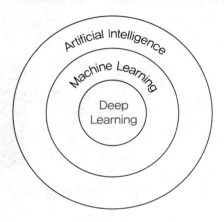

[그림 1-7] 과학으로서의 AI, ML, DL

3 인공지능 시스템 중요 ★★★

인공지능 시스템은 컴퓨터를 활용하여 인간의 사고와 행위를 시뮬레이션하는 시스템이거나 컴퓨터가 효율적으로 인간의 작업 처리 절차를 자동으로 실행하는 시스템으로 정의할 수 있다.

(1) 인공지능 시스템의 다양한 개념

① 자연어 처리 및 이미지 인식 등의 기술을 통해 관련 서비스나 제품을 개발하기 위한 도구로서 여기서의 도구는 알고리즘, 라이브러리, 사용 인터페이스 등을 의미한다.

② 인공지능 서비스를 가능하게 하는 여러 가지 기술 요소를 한 곳에 통합한 뒤 이를 다양하게 조합하여 각 산업영역에 적용할 수 있도록 구성된 것이다.

③ 자연어 처리 및 기계 학습의 기본 도구, 적용 서비스, 배포 형태(클라우드 등), 예측, 챗봇, 음성 인식 등의 적용 애플리케이션과 기타의 구성 요소로 구성된 것이다.

④ 비즈니스 문제를 풀기 위한 지능 애플리케이션을 개발하기 위한 도구, 알고리즘 및 데이터의 집합 또한 모델링을 효율적으로 진행하기 위한 워크플로우를 구현한 인터페이스를 제공하는 것이다.

(2) 인공지능 시스템의 구성 중요★

인공지능 시스템은 지식기반의 데이터베이스, 사용자 인터페이스, 추론 엔진(Inference Engine) 등으로 구성된다. 사용자는 인터페이스를 통해 질문하고 인공지능 시스템은 내부의 추론 엔진과 설명지원(Explanation Facility) 도구에 따라서 답변을 제공한다. 설명 도구는 어떻게 답변에 도달했고 그 답변에 도달하기 위해 어떤 단계를 거쳤는지를 설명해 주는 전문가 요소이다. 추론 엔진은 지식베이스(Knowledge Base)에서 답을 찾아내는 역할을 한다. 즉, 지식베이스의 정보에 대해 추론하고 결론을 형식화하는 방법론을 제공하는 것으로서 인공지능 시스템의 두뇌에 해당한다.

① 추론 엔진의 세 가지 주요 요소 중요★★

㉠ 인터프리터(interpreter)

기본적인 규칙을 적용하여 선택된 도출 문제를 수행한다.

㉡ 스케줄러(scheduler)

우선순위에 따라 **추론규칙을 적용한 효과를 추정하여** 도출된 내용에서 제어를 유지하거나 다른 영역을 수행한다.

㉢ 일관성 강화기(consistency enforcer)

나타난 답변의 일관된 표현을 유지한다. 인공지능 시스템은 자기 학습에 의해 지식을 획득하여 그 지식을 표현하고 조작하며 인터페이스를 통해서 처리결과를 사용자에게 전달하는 시스템이다.

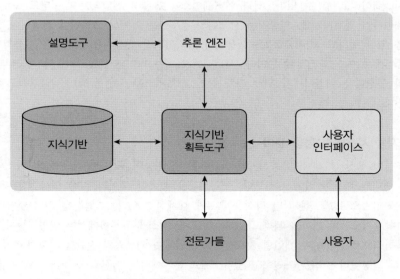

[그림 1-8] 인공지능 시스템의 구성 요소

② 프로그래밍과 인공지능 시스템의 차이

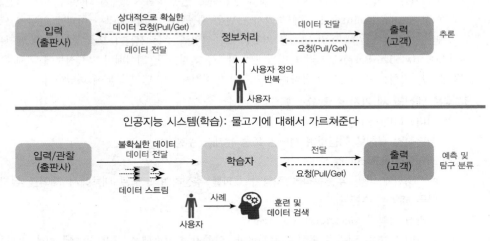

[그림 1-9] 프로그래밍과 인공지능 시스템의 비교

물고기를 주는 것을 프로그래밍으로 비유한다면 물고기를 잡는 방법을 알려주는 것은 인공지능 시스템이라고 할 수 있다. 입력 인터페이스를 통해서 전달되는 데이터도 프로그램의 경우에는 데이터가 전달되지만, 인공지능 시스템의 경우에는 데이터 스트림이 전달된다. 내부의 정보처리를 위한 절차도 프로그래밍은 이용자가 정의하지만 인공지능 시스템은 이용자가 자기 학습 시스템으로 예시를 전달할 뿐이다. 시스템에 올바른 데이터와 알고리즘이 제공되면 비즈니스 가치와 통찰력을 이끌어내기 위해 자체 논리 프로세스를 수행함으로써 '자체적으로 낚시'를 할 수 있다.

(3) 인공지능 시스템의 응용 분야

최근 들어 생산, 마케팅, 유통 등 의사결정에 인공지능이 도입되면서 기업의 비즈니스 모델에 전반적인 변화의 바람이 불기 시작했다. 인공지능을 활용한 데이터 기반 의사결정은 경영자의 경험과 직관을 기반으로 한 전통적인 방식을 빠르게 대체하고 있다. 기업들은 각 산업별로 인공지능을 활용하며 수익모델의 변화를 꾀하고 있다. 의료 및 헬스케어 분야에서는 인공지능이 각종 의료데이터를 종합적으로 분석하여 개인별 치료방법을 제안하며 의료진의 진단을 보좌하고 있고, 개인별 발병 확률과 건강관리 방법을 제안하고 있다. 제조 분야에서는 머신 러닝 기법으로 수많은 불량 사례를 학습하며 불량률 감소 및 품질 제고가 가능해졌으며, 물류분야에서는 인공지능이 특정 시점과 특정 구역의 혼잡을 미리 파악하여 최적 경로를 제시해주고 있다. 마케팅 분야에서는 개인별 행동 패턴을 축적하고 이를 분석하여 1:1 맞춤형 서비스를 제공하는 데 활용되고 있으며 법률, 금융, 교육 등 전문분야에서도 사람이 분석할 자료의 가공과 정리시간을 단축해주고 있다. 다음은 인공지능이 활용될 주요한 분야이다.

① **의사결정이 필요한 분야**

회사 경영의 전면에 나선 인공지능은 경험과 직관을 데이터의 힘으로 누르고 있다. 데이터 기반 의사결정은 경영자의 경험과 직관을 기반으로 한 전통적인 의사결정 방식을 빠르게 대체하고 있다. 인공지능이 의사결정과 관련된 정보와 대안을 확률적으로 제시해 주면 관리자는 현 상황에 맞는 사항을 선택한다. 이에 따라 경영에 있어 관계구성, 스토리텔링과 같은 기계가 수행하지 못하는 감성적 부분이 중요해지고 있다.

② **하드웨어 중심에서 소프트웨어 중심 모델로 변화**

인공지능의 성과를 제고하기 위해서는 더 정확하고 희소한 데이터를 확보하는 것이 관건으로, 기업들은 양질의 데이터를 확보하기 위해 다양한 투자와 시도를 감행하고 있다. 최근 오픈소스 정책으로 알고리즘 접근이 용이해졌고, 자체 컴퓨터가 아닌 클라우드 활용이 가능해지면서 기반 데이터를 확보하는 것이 인공지능 활용의 성패를 좌우하는 주요인이 되고 있다.

> **더 알아두기**
>
> **인공지능 개발의 3요소**
> ① 머신 러닝 알고리즘 : 최근 오픈 소스로 접근성이 확대
> ② 컴퓨팅 파워(하드웨어) : 독자적인 슈퍼컴퓨터 대신 클라우드로 대체 가능
> ③ 기반 데이터 : 분석을 위한 기초 데이터 축적이 가능

기존 기업들은 그간 차별화된 제품 기술력 확보에 주력했다면, 앞으로는 데이터 축적과 활용을 더욱 중요시할 전망이고, 향후 직접 플랫폼을 구축하거나 플랫폼 보유 기업과의 제휴 등을 통해 데이터 확보에 주력할 것으로 예상된다.

③ **맞춤형 비즈니스**

개별 소비자의 소비 패턴, 선호, 필요도 등에 대한 방대한 기록이 집계됨에 따라 진정한 의미의 맞춤형 비즈니스가 가능해지고 있다. 사용자(개인/관련 기업)들이 어떻게 하면 데이터를 제공하게 만들 것이고, 이를 어떻게 활용할 것인가가 향후 기업의 사업 방향에 영향을 미칠 것으로 예상된다. 산업 간 연계가 강화되고 제조업과 서비스업의 융합이 활성화되면서 개인 맞춤형 서비스 시장은 더욱 발달할 것으로 전망되며, 전통적인 하드웨어 판매에서 제품을 이용하는 개인의 정보를 수집 및 분석하여 차별화된 서비스를 함께 제공하는 비즈니스로 확장 중이다.

④ **전문가 시스템**

인공지능은 데이터 활용범위를 확대시킴으로써 각 전문분야에서 의사결정의 정확도를 높이고 있다. 주요 경제 수치를 찾아내 제공해 주거나 특정 정책이 투자 포트폴리오에 미치는 영향 보고서를 자동으로 작성해주는 등 리서치 업무를 수행하고, 법률 부문에서는 광범위한 판례 조사를 통해 검토하지 않은 법리나 판례로 인한 실수에 대응할 수 있으며, 법률서비스 이용 문턱도 낮아질 것으로 예상된다.

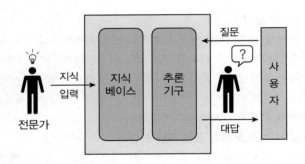

[그림 1-10] 전문가 시스템

⑤ 신경망 중요 ★★

인간의 뇌는 수많은 뉴런(신경세포)들이 시냅스(synapse : 축삭돌기의 가지와 다른 뉴런의 세포 가지 돌기가 접촉하는 그 연접 부위)를 통해 망의 구조를 이루면서 여러 가지 기능을 수행한다. 신경망 연구는 인간의 뇌 구조를 컴퓨터로 구현하여 좀 더 인간과 유사한 기능을 가진 컴퓨터를 만들어 보려는 목적에서 출발하였다. 뉴런을 컴퓨터로 만들기 위해서는 병렬 분산처리 방식의 분산저장 기술, 연산기억(associative memory) 능력, 문제극복(fault tolerant)과 학습 능력이 실현되어야 한다. 이런 컴퓨터를 신경망 컴퓨터라고 한다.

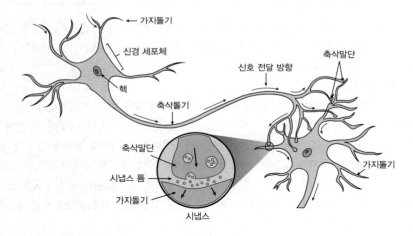

[그림 1-11] 뉴런의 구조

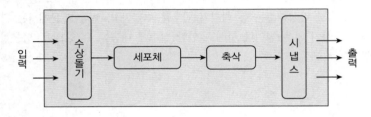

[그림 1-12] 뉴런 구조의 모델링

⑥ **자연어 처리**

인공지능 연구의 초기 단계에서부터 주요 관심의 대상이었고, 자연어 처리의 심화와 응용은 지능적인 인터페이스나 문헌의 요약 또는 상황의 이해에 관한 분야인 자연어의 이해와 컴퓨터를 통하여 서로 다른 언어들을 번역하는 기계번역을 기본으로 한다. 효과적인 자연어 처리를 위해서는 해당 언어에 대한 정확한 문장의 분석, 즉 구문적인 분석과 의미적인 해석 능력이 필요하다.

⑦ **패턴인식** 중요 ★

패턴인식(pattern recognition)은 문자의 인식, 일기예보, 음성 인식 등의 형태를 검출하기 위해 1960년대 초반에 처음 사용되었다. 패턴인식의 최종목표는 **생물학적 감각기능과 유사한 인공적인 인지(perception)를 구현하는 것**이다. 패턴을 인식하기 위해서는 외부로부터 획득한 데이터로부터 중요한 특징들을 추출하여 가장 가까운 표준 패턴을 골라서 분류하고 최종적인 출력을 할 수 있어야 한다. 신경망에서는 어떻게 패턴을 인식하고 패턴의 시간적인 정보를 어떻게 저장할지 그리고 움직이는 물체에 대한 실시간 처리 등에 관한 해법이 있어야 한다.

⑧ **데이터마이닝**

데이터마이닝(datamining)은 의미있는 **패턴과 규칙을 발견하기 위해서 자동화되거나 반자동화된 도구를 이용하여 대량의 데이터를 탐색하고 분석하는 과정**을 말한다. 즉, 수집된 빅데이터 중에서 의미 있는 정보를 추출하는 기법이라고 할 수 있다. 쉽게 드러나지 않는 정보들 중에는 정보의 가치가 매우 높은 것들이 포함되어 있다. 데이터마이닝은 단순한 정보의 추출이 아니라 비즈니스를 이해하고 그에 관련한 문제를 이해하기 위하여 정보기술을 적용하는 포괄적인 과정이다. 데이터마이닝을 효율적으로 수행하기 위해서는 시계열분석 등 각종 통계기법, 데이터베이스기술, 산업공학, 신경망, 인공지능, 전문가 시스템, 퍼지논리, 패턴인식, 기계학습, 불확실성 추론, 정보 검색에 이르기까지 각종 정보기술과 기법들의 사용이 필요하다.

⑨ **지능형 에이전트**

가상공간 환경에 위치하여 특별한 응용 프로그램을 다루는 사용자를 도울 목적으로 **반복적인 작업들을 자동화시켜 주는 컴퓨터 프로그램**을 지능형 에이전트(intelligent agent) 또는 소프트웨어 에이전트(software agent)라고 부른다.

에이전트는 사람이나 다른 사물의 직접적인 간섭 없이 스스로 판단하여 동작하고, 그들의 행동이나 내부 상태에 대한 어떤 종류의 제어를 갖는 '자율성(autonomy)', 에이전트 통신 언어를 사용하여 사람과 다른 에이전트들과 상호작용 할 수 있는 '사회성(social ability)', 현실 세계, 그래픽사용자 인터페이스를 경유한 사용자, 다른 에이전트들의 집합, 인터넷 같은 환경을 인지하고 그 안에서 일어나는 변화에 시간상 적절히 반응하는 '반응성(reactivity)', 단순히 환경에 반응하여 행동하는 것이 아니라 주도권을 가지고 목표 지향적으로 행동하는 '능동성(proactivity)', 단순히 한번 주어진 입력을 처리하여 결과를 보여주고 종료하는 것이 아니라, 전면에서 실행하고 이면에서 잠시 휴식하는 연속적으로 수행하는 데몬(demon) 같은 프로세스로서 '시간 연속성(temporal continuity)'의 성질을 갖는다. 복잡한 고수준 작업들을 수행하기 위해 더 작은 세부 작업으로 나뉘고 처리순서가 결정되어 처리되는 등의 책임을 에이전트가 지는 '목표 지향성(goal-orientedness)'의 성질도 지닌다. 이외에도 에이전트는 합리성, 적응성, 협동성 등과 같은 다양한 속성을 지닌다.

제 2 절 | 인공지능의 문제 중요 ★★

1 인공지능 문제의 특징 중요 ★★★

일반적으로 인공지능 문제의 특징은 **절차적으로 해를 구하기 곤란하고 탐색에 의한 접근을 할 경우 고려해야 할 경우의 수가 폭발적으로 증가한다는 것이다.** 인공지능의 대상이 되는 문제는 해법이 이미 정해져 있지 않은 문제들이다.

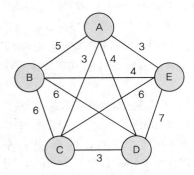

[그림 1-13] 여행하는 세일즈맨의 문제

예를 들어 영업사원이 사업상 여행을 한다고 가정하자. [그림 1-13]의 A 지점을 출발하여 B, C, D, E의 순서와 관계없이 한 번만 통과하여 A로 복귀하기를 원한다. 숫자는 여행비용을 의미하고 이를 최소화하는 경로를 구하는 것으로 이 문제는 조합 최적화(Combinational Optimization)에 속하는 문제이다. 이 문제는 풀기가 어려운 계산복잡도 이론(Computational Complexity Theory)의 문제 부류 중에서 전형적인 예로 사용된다. 이처럼 많은 수의 도시가 있고 한 도시에서 다른 도시로의 여행 경비를 알고 있을 때, 각 도시를 한 번만 방문하고 출발한 도시로 되돌아오는데 가장 비용이 적게 드는 여행경로는 무엇인가? [그림 1-13]에서 가능한 경로의 수는 대략 5팩토리얼(5!)로 120가지의 경우의 수가 발생하지만, 도시의 수가 한 개씩 증가할 때마다 순서의 가짓수는 기하급수적으로 증가한다.

만일 9개의 도시를 예로 든다면 대략 9! = 362,880가지의 수가 발생한다. 만일 100개의 도시가 있다면 100의 계승에 해당하는 여행 방법들을 평가해야 한다. 우리가 이해해야 할 기본적인 요점은 실제로 실행에 옮길 수 없는 일들이 존재한다는 것이다. 그런데도 지적인 문제 해결 방법을 제시해야 하는 것이 인공지능이 필요한 이유이다.

2 문제 해결 방법 중요 ★★★

일반적으로 인공지능에서는 문제 해결을 위해 다음과 같은 방법을 사용한다.

(1) 탐색적 추론에 의한 문제 해결 방법

인공지능 문제를 풀기 위해 문제를 구체화시키고 확실하게 풀어야 할 문제를 함수나 방정식으로 표현하여 해결하는 방법이다. 따라서 문제의 초기 상태와 목표 상태를 명확하게 기술해야 하고 초기 상태에서 목표 상태로 또는 목표 상태에서 초기 상태로의 탐색 경로를 발견하는 것이다. 이 방법은 시행착오적인 방법으로 문제를 해결하는 것으로 대부분의 인공지능 문제가 여기에 해당한다.

(2) 절차적인 방법에 의한 문제 해결 방법

알고리즘이 존재하는 문제로 문제 해결이 좀 더 쉽게 이루어질 수 있다. 예를 들면 하노이 타워 (Hanoi Tower)와 같은 문제이다.

(3) 사례에 기반을 둔 문제 해결 방법

과거의 유사한 문제 해결 경험을 이용하여 문제를 해결하는 방법이다.

제 3 절 　 문제의 표현 중요 ★★

1 문제 표현의 기본 요소 중요 ★★★

인공지능에서 탐색이란 문제의 해(solution)가 될 수 있는 것들의 집합을 공간(space)으로 간주하고, 문제에 대한 최적의 해를 찾기 위해 공간을 체계적으로 찾아보는 것을 말한다. 탐색에 의하여 문제를 해결하기 위한 기본요소는 다음과 같다. 여기서 '해'는 초기 상태에서 목표 상태로의 경로(path)를 말한다.

(1) 상태(state) 중요 ★

특정 시점에 문제의 세계가 처해있는 모습을 말한다.

(2) 상태 공간(state space) 중요 ★

문제 해결 과정에서 초기 상태로부터 도달할 수 있는 모든 상태의 집합을 말한다. 즉, 문제의 해가 될 가능성이 있는 모든 상태의 집합이다. 일반적인 문제에서는 상태 공간이 매우 커서 미리 상태 공간 그래프를 만들기가 어렵다. 따라서 탐색과정에서 그래프를 생성해야 한다.

(3) 초기 상태(initial state)

문제가 주어진 시점의 시작 상태이다.

(4) 목표 상태(goal state)

해결해야 할 문제의 최종 상태를 말한다.

(5) 연산자(operator)

초기 상태에서 목표 상태로 상태를 변화시키는 변이규칙이다.

(6) 제약조건(constraints)

문제를 해결하기 위해 지켜야 할 제약사항을 말한다.

(7) 목적 함수(objective function) 중요 ★★

목표 상태에 효율적으로 도달하기 위해 각각의 상태에서 탐색 방향을 결정하는 데 필요한 함수이
다. 제약조건을 만족하면서 초기 상태에서 목표 상태로 상태를 옮기는 연산자 중 목적 함수를 최대
또는 최소로 하는 상태를 발견하는 것이 탐색문제이다. 목적 함수가 정확하게 정의되지 않는 경우에
탐색문제는 제약충족문제가 되고 목적 함수의 최적화가 문제라면 최적화 문제가 된다. 8-퍼즐
(8-puzzle) 문제는 연산자는 상, 하, 좌, 우가 되고 제약조건은 한 번에 한 칸씩 퍼즐의 내부에서만
움직인다는 것이다. 목표 상태의 모양을 얻기 위해 각 조각들을 가능한 모든 경우로 움직인다는 의
미에서 시행착오(trial and error)에 따른 탐색법이라고도 한다.

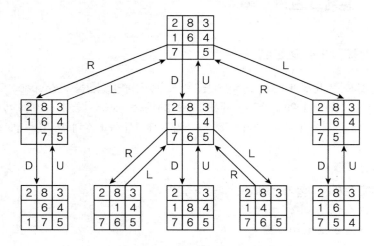

[그림 1-14] 8-퍼즐의 표

2 상태 공간 그래프

(1) 상태 그래프(state graph) 종요 ★

상태 공간(state space)은 문제 해결 과정에서 초기 상태로부터 도달할 수 있는 모든 상태의 집합을 말한다. 즉, 문제의 해가 될 가능성이 있는 모든 상태의 집합이다. 일반적인 문제에서는 상태 공간이 매우 커서 미리 상태 공간 그래프를 만들기가 어렵기 때문에 탐색과정에서 그래프를 생성해야 한다. 즉, 초기 상태, 목표 상태, 연산자와 제약조건이 명백해지면 탐색 공간이 유일하게 결정되는데 이 공간을 상태 공간 또는 탐색 공간(search space)이라고 한다. 앞의 [그림 1-14]의 예에서 보듯이 목표 상태를 얻기 위해서 연산자를 상(U), 하(D), 좌(L), 우(R)를 적용하여 다음 상태를 얻는 과정을 되풀이하여 최종 목표 상태에 도달하면 적용된 연산자들이 이 문제의 해가 되는 것이다. 이때 각 상태가 그래프의 노드(node)로, 상태를 변화시키는 연산자는 노드를 연결하는 화살표(arrow)로 나타낸다. 다음은 미로에서 출구를 찾는 문제를 그래프로 표현한 그림이다.

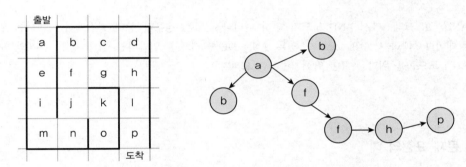

[그림 1-15] 미로에서 출구를 찾는 문제와 상태 그래프

[그림 1-15]에서 입구에서 출구로 나오는 경로는 여러 개가 존재하지만, 출구까지 도달하는 경로를 쉽게 표현하기 위해 그래프를 사용한다. 이처럼 상태를 표현해 주는 그래프를 상태 그래프라고 한다.

(2) 트리구조

트리(tree)구조는 상태 그래프를 변환하여 만든다. 상태 그래프는 2개의 노드를 연결하는 경로 중에서 하나를 제외하고 모두 끊고 끝 노드를 복사하여 루트 노드에서 가지쳐 나오는 서로 다른 경로 마디에 하나씩 붙이면 트리구조로 변환된다. 트리구조에는 루트 노드 또는 부모 노드(parent node), 자식 노드(child node)로 노드를 명명한다. 부모 노드로부터 떨어진 정도를 깊이(depth)라고 한다.

(3) AND-OR 그래프

AND-OR 그래프는 부모 노드와 자식 노드 간의 관계를 표시하며 AND 노드는 동시에 처리되어야 하고 OR 노드는 하나만 처리되면 되는 것이다. [그림 1-16]은 AND-OR 그래프를 명쾌하게 설명해 준다. '돈을 번다'라는 노드와 'TV를 산다'라는 노드는 AND 노드라는 것을 알 수 있다.

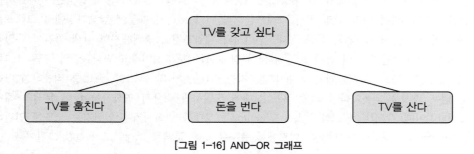

[그림 1-16] AND-OR 그래프

AND-OR 그래프에서 AND 노드가 전혀 나타나지 않는 경우가 상태 공간에서 나타나는 일반적인 형태이다. 따라서 AND 노드가 있는 AND-OR 그래프는 일반적인 상태 공간 문제와 구별되고 AND 노드들을 위한 독특한 탐색기법이 필요하다.

3 문제 표현의 예

(1) 원숭이와 바나나 문제 중요 ★

원숭이와 바나나 문제는 인공지능에서 문제 해결(problem solving) 과정을 설명하는 예제로 자주 등장한다. 그러나 이 문제에 대한 전통적인 접근 방식은 추론을 수행함에 있어 절차적 관점의 도입을 필요로 하며 이는 복잡한 문제 해결에 제약조건으로 작용한다. 그러나 대규모 병렬 처리가 가능한 컴퓨팅 기법을 이용하면 AI 본연의 의미를 퇴색시키지 않고서도 이 문제를 효과적으로 해결할 수 있다.

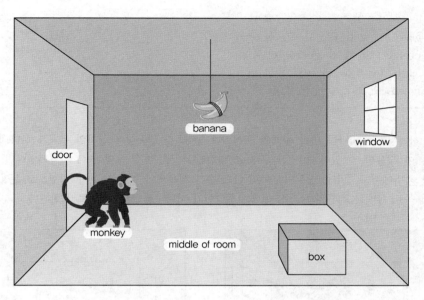

[그림 1-17] 원숭이와 바나나 문제

이 문제는 방 안에 있는 원숭이가 바나나를 먹으려면 어떤 동작을 해야 하는지를 묻는다. 먼저 원숭이는 상자가 있는 곳으로 가서, 상자를 바나나 있는 곳으로 밀고, 상자 위로 올라가서 바나나를 손으로 낚아채면 된다. 이 문제를 상태 공간으로 표현해 보자. 원숭이의 위치(수평, 수직), 상자의 위치, 원숭이가 바나나를 잡았는지의 여부를 다음과 같이 벡터로 표시할 수 있다.

$$(w, \ x, \ y, \ z)$$

단, 여기서 'w'는 원숭이의 수평 위치, 'x'는 원숭이의 수직 위치(0이면 상자 위가 아닌 경우, 1이면 상자 위인 경우), 'y'는 상자의 수평 위치, 'z'는 원숭이가 바나나를 가졌는가 여부(1은 잡은 경우, 0은 못 잡은 경우)이다. 이 문제에서 연산자는 원숭이가 수행할 수 있는 다음의 4가지 경우로 구성된다.

① walk(u) : 원숭이가 수평 위치(u)로 간다.
② push(v) : 원숭이가 수평 위치(v)로 상자를 밀고 간다.
③ climb : 원숭이가 상자 위로 올라간다.
④ grasp : 원숭이가 바나나를 잡는다.

walk와 push는 변수를 포함하고 있으므로 단순한 연산자라기보다는 연산자 스키마에 해당한다. 연산자의 적용 여부와 결과는 다음의 생성규칙을 통해 주어진다.

① walk(u) : (w, 0, y, z) → (u, 0, y, z)
② push(v) : (w, 0, w, z) → (v, 0, v, z)
③ climb : (w, 0, w, z) → (w, 1, w, z)
④ grasp : (c, 1, c, 0) → (c, 1, c, 1)

생성규칙에서 c는 바나나 바로 아래의 위치이다. push는 원숭이와 상자의 위치를 나타내는 변숫값이 같아야 적용할 수 있다. 한 상태표현 스키마에서 같은 변수가 몇 군데 사용되었다면 다른 상태 표현 스키마에서도 동일한 부분에는 동일한 변수가 사용되어야 한다. 이런 방법으로 문제를 표현해 나가면 목표 상태는 최후의 요소가 1, 즉, 원숭이가 바나나를 잡은 것으로 표현된다.

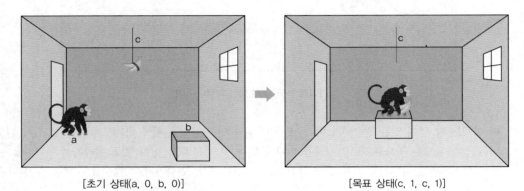

[초기 상태(a, 0, b, 0)]　　　　　　　　　　　　[목표 상태(c, 1, c, 1)]

[그림 1-18] 초기 상태와 목표 상태

원숭이, 상자, 바나나의 초기 위치 조건은 각각 a와 b와 c이므로 초기 상태는 (a, 0, b, 0)으로 표시할 수 있다. 원숭이와 바나나 문제 풀이에 있어서 가장 중요하게 고려해야 할 사항은 원숭이나 상자의 위치를 나타내는 무한한 값의 차원 벡터들을 어떤 식으로 해결할 것인가 하는 점이다. 이에 대해서는 두 가지 방법을 생각해 볼 수 있다.

① **방법 (1)**
　방을 일정한 간격으로 등분함으로써 위치들의 집합을 유한하게 만든다. 그 결과 우리는 유한한 상태 공간을 얻게 된다. 그러나 적당히 유한한 상태 공간을 만든다고 해도 상태 공간은 매우 커진다.

② **방법 (2)**
　상태를 표현하기 위해 스키마 변수(schema)를 사용한다. 스키마는 변수에 따라서 달라지는 상태의 집합이나 연산자의 집합을 말한다. 스키마에서 어떤 변수가 특정 값을 가지면 특정한 상태를 나타내는 인스턴스(instance)가 된다. 다시 말해 위치를 나타내는 상수(constant)는 변수(variable)로 대치될 수 있고 변수는 다른 변수로 대치되거나 혹은 상수로 될 수 있다. 고전적 AI에서는 어떤 문제에 대해서도 항상 순차적으로 접근하므로 방법 (1)의 적용은 현실적으로 힘들다. 왜냐하면, 상태 공간의 크기가 커짐에 따라 목표 상태에 이르는 풀이 경로(solution path)의 길이는 급격하게 증가하게 되기 때문이다. 초기 상태에서 연산자 walk(u)를 유일하게 적용할 수 있으므로 적용하면 (u, 0, b, 0)이 된다. 이 상태서 적용할 수 있는 연산자는 3가지다.

첫째, u = b이면 원숭이는 상자 위에 올라갈 수 있고 이때의 상태는 (b, 1, b, 0)이다.

둘째, 원숭이는 상자를 다른 곳으로 밀 수 있고 이때의 상태는 (v, 0, v, 0)이 된다.

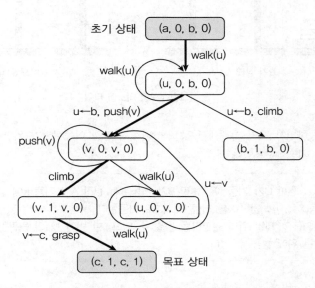

[그림 1-19] 원숭이와 바나나 문제의 상태 공간

셋째, 원숭이는 u값에 관계없이 다른 곳으로 갈 수도 있는데 이때는 변수만 바뀌고 이전과 같은 상태가 된다. 이런 식으로 스키마 변수의 사용만 지원이 된다면 방법 (2)를 적용해서 그래프로 표시되는 상태 공간을 얻을 수 있다. 상태 공간의 탐색을 통한 풀이 경로는 [그림 1-19]에서의 굵은 화살표로 표시된다.

(2) 하노이 타워(탑) 중요 ★

하노이 타워(Hanoi tower)는 세 개의 기둥과 이 기둥에 꽂을 수 있는 크기가 다양한 원판들이 있고, 퍼즐을 시작하기 전에는 한 기둥에 고리형 원판들이 작은 것이 위에 있도록 순서대로 쌓여 있다. 게임의 목적은 다음 두 가지 조건을 만족시키면서, 한 기둥에 꽂힌 원판들을 그 순서 그대로 다른 기둥으로 옮겨서 다시 쌓는 것이다.

제약조건 1. 한 번에 하나의 원판만 옮길 수 있다.
제약조건 2. 큰 원판이 작은 원판 위에 있어서는 안 된다.

어떻게 하면 초기 상태를 목표 상태로 바꿀 수 있을까?

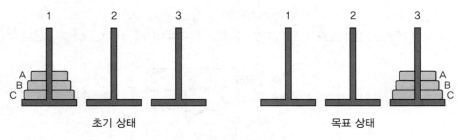

[그림 1-20] 하노이 타워

제약조건을 만족하면서 초기 상태에서 목표 상태로 원판을 이동시키기 위한 연산자를 포함한 함수를 다음과 같이 기술할 수 있다.

- 상태(i, j, k) : 원판 C가 기둥 i에, 원판 B가 기둥 j에, 원판 A가 기둥 k에 놓여 있는 상태이다.
- 연산자 이동(X, i, j) : 원판 X를 기둥 i에서 j로 이동한다.
- 제약조건 : 기둥의 제일 위의 원판만을 옮길 수 있고, 한 번에 1개의 원판만 이동하며, 큰 원판을 작은 원판 위에 놓을 수 없다.

하노이 타워 문제는 초기 상태에서 목표 상태를 얻을 때까지 연산자를 계속 적용하는 탐색작업을 통해 얻어진다. 이렇게 탐색작업을 통해 적용된 연산자들이 이 문제의 해가 되는 것이다. 연산자를 적용하여 얻어진 상태 중에서 어떤 것은 목표 상태에 도달할 수 없는 것도 있다. 이 같은 시행착오를 거쳐 최종 목표 상태를 성취하는 것이 일반적인 인공지능의 탐색과정이다. 하노이 타워는 총 27개의 노드로 구성된다. 아래 [그림 1-21]에서 화살표는 한 노드의 상태가 다른 노드의 상태로 전환되는 것을 나타낸다. 하노이 타워의 해는 우측의 화살표 경로를 따라가면 얻을 수 있다.

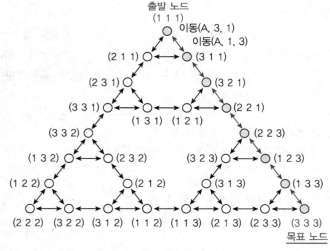

[그림 1-21] 하노이 타워의 상태 공간

제 4 절 인공지능의 현재와 변화

인공지능은 산업혁명, 컴퓨터 시대, 스마트폰 혁명과 같은 과거의 변화와 동등한 차세대 기술 변화의 촉매제로 인식되고 있다. 또한, 4차 산업혁명을 주도할 기술 중 하나로 매우 큰 관심을 받고 있다. 글로벌 시장 조사 기관인 트랙티카(Tractica)의 최근 보고서에 따르면 AI의 직접 및 간접 응용 프로그램에서 발생한 수익이 2017년 54억 달러(약 6조 원)에서 연평균 성장률(CAGR) 45%의 급격한 성장률로 오는 2025년에는 1058억 달러(약 119조 7천억 원)로 증가할 것으로 예상된다.

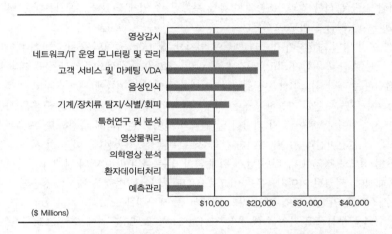

[그림 1-22] 글로벌 인공지능 매출 시장 : 사용사례 상위 10위(출처 : 트랙티카)

AI는 스포츠에도 예외는 없다. 많은 사람이 즐기고 있는 프로야구에도 AI 기술이 적용되고 있다. 일본프로야구는 클라우드 기반 콘텐츠 이미지 센터를 운영하고 있다. 후지필름 이미지 웍스는 마이크로소프트의 AI 기술을 적용해 많은 양의 사진 선별 작업 시간을 획기적으로 줄였다. 한 경기당 약 3,000장의 사진이 촬영되는데, 각 구단의 큐레이터는 그중 300여 장을 선별한 뒤 선수별로 나누는데 평균 4시간이 걸렸지만, 새로운 시스템을 활용하여 약 30분으로 단축하는 성과를 거두었다. 기울어져 있거나 얼굴이 보이지 않을 때도 선수를 알아볼 수 있고, 이미지를 4가지 유형(타격, 투구, 수비, 주류)으로 자동으로 구분할 수도 있다.
축구 역시 잉글랜드 프리미어 리그, 이탈리아 세리에 A, 잉글랜드 챔피온십, 프로축구연맹 리그(프랑스), 분데스리가 1부 리그, 스페인 프리메라리가 등 각종 리그 및 세계선수권에서 AI와 머신 러닝을 활용해 객관적으로 팀의 성과를 분석하고 플레이 방식을 비교하며, 게임의 판도를 바꿀 수 있는 세트 플레이 분석 등으로 경기 대비 과정을 크게 앞당기며, 최근 경기나 혹은 시즌 전체의 결과를 바탕으로 앞으로 있을 상대방에 대한 핵심적인 정보를 간파하고 뒷받침되는 승리 전략을 짜내고 있다. 이밖에 금융, 어업, 풍력발전 등 산업 전반에 AI 기술을 통해 비즈니스를 더욱 효율적으로 운영하고 더 나은 고객 경험을 도모하고 있다.
마이크로소프트의 대표적인 AI 프로젝트의 몇 가지 예를 들어본다. 인공지능은 얼굴이 입출금 카드가 되어주는 뱅킹 시대를 열었다. 카드 없이 현금인출기에서 현금을 찾을 수 있는 날이 더욱 가까워지고 있다. 얼굴이 곧 카드가 되어 간편하게 입출금이 가능한 서비스를 국립 호주은행(National Australia Bank)과 마이크로소프트에서 시범 운영 중이다. 마이크로소프트의 애저 코그니티브 서비스(Azure Cognitive Service)를 이용해 개발된 클라우드 기반의 이 애플리케이션은 ATM에서 카드 없이 얼굴 인식 그리고 비밀번호로만 현금을 찾을 수 있다. 이 ATM 시스템은 고객의 얼굴이 아닌 생체 정보만 기록하고, 그 정보 역시 클라우드를 통해 안전하게 저장된다.

또한, 호주 북부에 위치한 노던 테리토리(Northern Territory)의 어류학자들은 어업 활성화와 멸종위기 어종 보호를 위해 다윈항(Darwin Harbor) 해안의 어종을 연구하고 있다. 하지만 주변에 악어나 상어와 같은 포식자가 많아 연구를 진행하는 데 어려움이 있다. 그 때문에 바다에 직접 들어가지 않고 원격 수중 비디오 조사(BRUV) 방식을 사용했지만, 이 또한 탁하고 어두운 물속에서 어종을 파악하기에는 어렵고 복잡한 일이었다. 마이크로소프트는 어류학자 팀과 함께 AI 기술을 활용해 수중 이미지에서 어류를 식별하기 위해 수천 장의 이미지를 분석하기 시작했다. 어종마다 특유의 모양에서부터, 서식하는 물의 깊이, 이동 패턴 등을 3개월 가량 분석한 결과, 15종의 어류를 분류할 수 있게 되었다. 이 가운데는 번식을 위해 관리가 필요한 흑민어부터 황금 도미도 포함됐다.

풍력발전소에선 여러 명의 기술자가 밧줄과 벨트에 의지한 채 100m 높이의 풍력 터빈에 매달려 맨눈으로 터빈을 점검하기 때문에 사고 위험이 크고, 시간 역시 많이 소요된다. 발전소에 따라 수백 개의 터빈이 있는데, 터빈 하나를 점검하는 데만 최소 6시간이 걸린다. 이에 상하이와 시애틀에 본사를 두고 있는 스타트업 클로보틱스(Clobotics)는 자동주행이 가능하고 높은 정확성의 시각적 인지 능력을 갖춘 드론을 사용해 결함을 파악한다. 드론의 자동제어시스템이 풍력 터빈의 날 위치와 길이를 완벽하게 측정하고, 드론에 내장된 컴퓨터는 클로보틱스의 컴퓨터 비전과 AI 및 데이터 분석 소프트웨어를 가동한다. 이 비전 시스템은 3mm 정도의 작은 틈도 찾아낼 정도로 정교하며, 터빈 날개 위에 앉아 있는 파리 한 마리의 날개와 다리까지 분명하게 보일 정도로 포착해낸다. 촬영된 이미지들은 마이크로소프트 클라우드 플랫폼 애저로 전송돼 처리된다.

클로보틱스의 시스템은 안전과 점검 작업 속도 면에서 큰 생산성을 보였다. 기존 점검 작업이 5명의 인력이 6시간 동안 위험을 무릅쓰고 작업을 했지만, 하나의 드론으로 25분 만에 모든 프로세스를 완료할 수 있기 때문에 효율성을 10배로 높였다. 또한, AI 기술로 결과를 8배 빠르게 보고할 수 있으며, 각 터빈의 날개마다 유지보수 및 점검작업 내역을 기록할 수 있다.

이밖에 100년 이상의 전통을 자랑하는 유럽 럭셔리 리테일 브랜드들도 끊임없는 시장 경쟁 속에서 경쟁력을 확보하기 위해 IT 기술에 기반한 변화를 수용하고 있다. 109년 전통의 로레알(L'Oréal)도 마찬가지다. 로레알은 마이크로소프트의 AI 기술을 도입하면서, 신제품 개발 기간을 18개월에서 6개월로 단축할 수 있었다.

AI 비전 기능(AI vision capabilities)을 활용해 제조 공정을 디지털 시스템으로 전환하면서 제품별로 수동으로 적용되었던 장비 모듈을 자동으로 변경할 수 있게 되면서 작업 생산성을 높였으며, AI 알고리즘, 머신 러닝과 데이터를 활용해 소셜미디어나 날씨 등에서 수집한 데이터에 기반해 고객의 요구를 예측할 수 있게 됐다. 로레알은 현재 이미지 인식(image recognition)을 활용해 고객이 원하는 스타일에 맞는 제품을 추천해주는 AI 기반 가상 스타일리스트도 개발하고 있다.

이처럼 AI 기술은 이미 우리도 모르는 사이 삶의 곳곳에 이미 적용되고 있다. 스마트 스피커, 스마트홈 등 실생활은 물론이고, 자동차에서부터 운송 및 통신에 이르기까지 다양한 산업 및 지역에 걸쳐 적용돼 다양한 비즈니스에서 사용되면서 많은 이들이 혜택을 누리고 있으며, 인공지능은 연산능력, 규모, 속도, 데이터 다양성, 심층신경망(DNN) 발전 등과 어떤 환경 안에서 정의된 에이전트가 현재의 상태를 인식하고, 선택 가능한 행동들 중 보상을 최대화하는 행동 혹은 행동 순서를 선택하는 방법으로 진화되고 있다. 인공지능은 향후 10년간 가장 파괴적인 기술로 자리매김할 것이며, 우리의 사회와 산업에 혁신적으로 패러다임을 바꿀 것이다. 곧 다가올 인공지능 시대에 정부도 정책의 일관성과 비전을 제시하고 기업들은 장기적 성공 전략을 수립하고 이러한 미래에 대비해야 한다.

○×로 점검하자

※ 다음 지문의 내용이 맞으면 ○, 틀리면 ×를 체크하시오. [1~8]

01 지각은 입력 데이터를 받아들이는 초기 과정을 의미하며, 인지는 지각한 것을 인식하고 이해하고 판단하는 총체적인 과정이다. (　　)

>>>○ 지각(Perception)은 입력 데이터를 받아들이는 초기 과정을 의미하고, 컴퓨터의 입력장치에 해당하는 기능을 한다. 인지(Cognition)는 지각한 것을 인식하고 이해하고 판단하는 총체적인 과정으로서, 컴퓨터의 중앙처리장치의 역할을 담당한다.

02 미국과학재단이 도출한 미래융합과학기술은 나노과학, 인지과학, 정보과학기술의 3가지이다. (　　)

>>>○ 미국과학재단이 도출한 미래융합과학기술은 나노과학, 인지과학, 생명과학, 정보과학기술의 4가지이다.

03 튜링의 실험은 인간처럼 이성적으로 기계가 생각할 수 있다는 것(Systems that think rationally)을 증명하기 위한 실험이었다. (　　)

>>>○ 튜링의 실험은 기계도 사람처럼 행동한다는 것(Systems that act like humans)을 증명하기 위한 실험이었다.

04 인공지능에서 가장 중요한 구성 요소는 추론 엔진, 설명지원도구 및 데이터베이스이다. (　　)

>>>○ 인공지능은 일반적으로 정형화되어 있는 데이터베이스를 사용하는 것이 아니라 지식 기반의 지식베이스를 사용한다.

05 초기 상태, 목표 상태, 연산자와 제약조건이 명백해지면 탐색 공간이 유일하게 결정되는데 이 공간을 상태 공간이라고 한다. (　　)

>>>○ 상태 공간은 문제 해결 과정에서 초기 상태로부터 도달할 수 있는 모든 상태의 집합 즉, 문제의 해가 될 가능성이 있는 모든 상태의 집합을 말한다. 일반적인 문제에서는 상태 공간이 매우 커서 미리 상태 공간 그래프를 만들기가 어렵기 때문에 초기 상태, 목표 상태, 연산자와 제약조건이 명백해지면 탐색 공간이 유일하게 결정되는데 이 공간을 상태 공간 또는 탐색 공간(search space)이라고 한다.

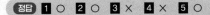

정답 1 ○ 2 ○ 3 × 4 × 5 ○

06 신경망 연구는 인간의 뇌 구조를 컴퓨터로 구현하여 좀 더 인간과 유사한 기능을 가진 컴퓨터를 만들어 보려는 목적에서 출발하였고, 이런 컴퓨터를 신경망 컴퓨터라고 한다. (　　　)

>>>◯ 신경망 연구는 인간의 뇌 구조를 컴퓨터로 구현하여 좀 더 인간과 유사한 기능을 가진 컴퓨터를 만들어 보려는 목적에서 출발하였다. 뉴런을 컴퓨터로 만들기 위해서는 병렬분산처리 방식의 분산저장 기술, 연산기억 능력, 문제극복과 학습 능력이 실현되어야 한다. 이런 컴퓨터를 신경망 컴퓨터라고 한다.

07 인공지능 기술의 선두 주자로 나서기 위해서는 방대한 데이터를 모을 수 있는 고유 플랫폼을 보유해야 한다. (　　　)

>>>◯ 구글(검색/메일), Facebook(sns), 바이두(유통), Amazon(쇼핑/유통) 등이 인공지능 기술의 선두 주자로 나설 수 있었던 것은 방대한 데이터를 모을 수 있는 고유 플랫폼을 보유하고 있기 때문이다.

08 하노이 타워 문제나 원숭이와 바나나 문제를 통해서 제약조건을 수립하고, 연산자를 계속 반복 적용하여 초기 상태에서 목표 상태를 얻는 과정을 인공지능의 일반적인 탐색과정이라고 한다. (　　　)

>>>◯ 인공지능에서 탐색이란 문제의 해가 되는 공간에서 최적의 해를 찾기 위해 체계적으로 공간을 찾는다. 이를 탐색이라고 하며, 탐색에 의하여 초기 상태에서 목표 상태로의 경로에 도달할 수 있다.

실제예상문제

01 다음 중 형식논리학의 설명과 관련이 <u>없는</u> 것은?

① 사고(판단·개념)의 내용을 무시하고 가정의 형식상, 타당성 성립 조건만을 연구하는 논리학이다.

② 정확한 가정을 제공하면 정확한 결론을 줄 수 있다는 사고의 법칙을 기반으로 발전하였다.

③ 추리의 타당성에 관한 형식적 근거를 문제로 삼는다.

④ 사고의 의미를 중요하게 생각한다.

01 형식논리학은 추리의 타당성에 관한 형식적 근거를 문제로 삼는다. 사고의 의미와는 관계가 없으며, 그 형식, 즉 양적인 것과 외적인 것만을 고려하기 때문에 '외연적 논리학'이라고도 한다.

02 다음 인공지능의 역할에 대한 설명 중 <u>틀린</u> 것은?

① 고객 응대 및 지원관리를 더 효과적으로 처리할 수 있게 돕는다.

② 특정한 임무를 수행할 수 있도록 기계를 훈련시키고, 그 임무의 결과가 무엇인지 설명한다.

③ 산업재해 현장에서 인간의 접근이 불가능한 열악한 환경에서의 장애처리 및 구조 작업을 진행하는 데 도움을 준다.

④ 적절한 정보를 적절한 시기에 제공함으로써 인간의 분석능력과 의사결정 능력을 향상시킬 수 있다.

02 인공지능이 더욱 진화하는 미래에는 기계를 훈련시키고 임무의 결과가 무엇인지 설명하는 역할도 기계가 대신할 수 있겠지만 아직은 인공지능이 의사결정을 내리기 어려운 상황들이 많다. 이러한 상황들에서 결정을 내릴 수 있도록 설명과 안내를 하고, 인공지능 시스템이 윤리적 규범을 지키도록 하는 훈련은 인간의 역할이다.

정답 01④ 02②

checkpoint 해설 & 정답

03 심리학, 인공지능, 신경과학, 언어학, 철학, 인류학 등을 그 하위 구성 학문으로 하는 인지과학은 태생적으로 수렴적 학문이며 융합적 과학이다. 그리고 그 바탕 위에서 오늘날의 하드웨어가 아닌 소프트웨어적 IT 과학기술이 출발되었다. 따라서 소프트웨어적 IT 과학기술의 이론적, 개념적 바탕이 되는 기초학문이 바로 인지과학이라고 할 수 있다. 인지과학이라는 말은 크리스토퍼 롱게히긴스가 1973년에 처음 사용하였다. 인공지능의 발전이 인지과학 형성의 모태를 이룬다.

04 미국 과학재단이 제시한 미래과학기술, 나노과학 공학기술, 생명과학 공학기술, 정보과학 공학기술, 인지과학기술이다. 로봇기술은 인공지능을 기반으로 하는 기술로서 인간의 지능을 활용하여 특정한 분야에서 작업을 처리하는 기계를 말한다.

05 인공지능에서는 모두 필요한 기술이지만 이성적으로 행동하는 시스템에서 가장 중요한 구성 요소는 에이전트이다. 에이전트는 목표를 성취하기 위해 행동과 추론을 포함하며 다양한 에이전트 중에서 지능형 에이전트가 이성적으로 행동하는 시스템에서의 연구대상이다.

06 추론 엔진의 세 가지 구성 요소는 인터프리터, 스케줄러와 일관성이다. 에이전트는 지능형 에이전트를 의미하며 인간의 일을 대신 처리해 주는 프로그램 등을 의미한다.

정답 03① 04④ 05③ 06①

03 다음 학문 중 소프트웨어적 IT 과학기술의 이론적, 개념적 바탕이 되는 기초학문은?
① 인지과학
② 심리학
③ 철학
④ 생물학

04 다음 기술 중 미국 과학재단이 제시한 4대 미래 기술의 핵심축이 아닌 것은?
① 나노기술
② 정보기술
③ 인지기술
④ 로봇기술

05 다음 중 이성적으로 행동하는 시스템에서 가장 중요한 구성 요소는 무엇인가?
① 수학적 표현능력
② 철학과 심리학
③ 에이전트
④ 신경망의 이해

06 다음 용어 중 추론 엔진의 구성 요소가 아닌 것은?
① 에이전트
② 인터프리터
③ 스케줄러
④ 일관성

07 다음에서 설명하는 용어로 옳은 것은?

> 나타난 답변의 일관된 표현을 유지하고, 자기 학습에 의해 지식을 획득하여 그 지식을 표현하고 조작하며 인터페이스를 통해서 처리결과를 사용자에게 전달하는 시스템이다.

① 에이전트
② 스케줄러
③ 인터프리터
④ 일관성 강화

08 다음의 그림에서 (1)에 들어갈 단어로 적절한 것은?

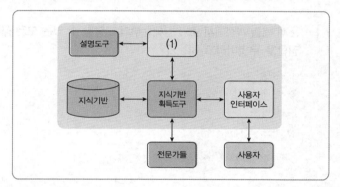

① 에이전트
② 추론 엔진
③ 머신 러닝
④ 전문가 시스템

09 다음 인간의 뇌신경과 관련된 용어의 설명으로 옳은 것은?

① 세포체는 신경세포의 중앙에 위치하여 정보 수용, 연산처리, 출력 전송 기능을 수행한다.
② 시냅스는 나뭇가지처럼 넓게 퍼져 있는 두껍고 짧은 다수의 돌기를 가지고 있으며 다른 뉴런과 연결되어 입력 신호를 받는다.
③ 수상돌기는 세포체에 붙어 있으며 전기적으로 활성화되고 뉴런에 의해 발생되는 펄스의 끝부분은 가느다란 자기로 나누어져 있고 다른 뉴런의 수상돌기와 시냅스를 통해 연결되어 있다.
④ 축삭돌기는 축삭돌기의 가지와 다른 뉴런의 세포가지돌기가 접촉하는 그 연접부위를 말한다.

07 일관성 강화는 추론 엔진의 구성 요소 중 하나이다. 인터프리터나 스케줄러도 추론 엔진의 구성 요소로서 인터프리터는 기본적인 규칙을 적용하여 선택된 도출 문제를 수행하고, 스케줄러는 우선순위에 따라 추론규칙을 적용한 효과를 추정하여 도출된 내용에서 제어를 유지하거나 다른 영역을 수행한다.

08 인공지능 시스템의 구성 요소에 관해 설명한 그림이다. 즉, 인공지능 시스템은 지식기반의 데이터베이스, 사용자 인터페이스, 추론 엔진(Inference Engine) 등으로 구성된다. 사용자는 인터페이스를 통해 질문하고 인공지능 시스템은 내부의 추론 엔진과 설명 지원(Explanation Facility) 도구에 따라서 답변을 제공한다. 설명 도구는 어떻게 답변에 도달했고 그 답변에 도달하기 위해 어떤 단계를 거쳤는지를 설명해 주는 전문가 요소이다.
추론 엔진은 지식베이스(Knowledge Base)에서 답을 찾아내는 역할을 한다. 즉 지식베이스의 정보에 대해 추론하고 결론을 형식화하는 방법론을 제공하는 것으로서 인공지능 시스템의 두뇌에 해당한다.

09 ②번은 수상돌기, ③번은 축삭돌기, ④번은 시냅스에 관한 설명이다.

정답 07④ 08② 09①

안심Touch

10 목적 함수는 목표 상태에 효율적으로 도달하기 위해 각각의 상태에서 탐색 방향을 결정하는 데 필요한 함수이다. 상태 공간은 문제 해결 과정에서 초기 상태로부터 도달할 수 있는 모든 상태의 집합을 말하며, 연산자는 초기 상태에서 목표 상태로 상태를 변화시키는 변이규칙이다.

11 상태 공간은 문제 해결 과정에서 초기 상태로부터 도달할 수 있는 모든 상태의 집합이다. 문제의 해가 될 가능성이 있는 모든 상태의 집합으로 일반적인 문제에서는 상태 공간이 매우 커서 미리 상태 공간 그래프를 만들기가 어렵다. 따라서 탐색과정에서 그래프를 생성해야 한다.
상태는 특정 시점에 문제의 세계가 처해있는 모습이고, 제약조건은 문제를 해결하기 위해 지켜야 할 제약사항이고, 목표 상태는 해결해야 할 문제의 최종 상태를 말한다.

12 데이터마이닝은 의미있는 패턴과 규칙을 발견하기 위해서 자동화되거나 반자동화된 도구를 이용하여 대량의 데이터를 탐색하고 분석하는 과정을 말하며, 수집된 빅데이터 중에서 의미 있는 정보를 추출하는 기법이다. 에이전트는 외부 환경과 센서와 이용자 간에 상호작용한다. 가상공간 환경에 위치하여 특별한 응용 프로그램을 다루는 사용자를 도울 목적으로 반복적인 작업을 자동화시켜주는 컴퓨터 프로그램을 지능형 에이전트 또는 소프트웨어 에이전트라고 부른다. 전문가 시스템은 데이터 활용범위를 확대시킴으로써 각 전문 분야에서 의사결정의 정확도를 높여주는 탁월한 전문성을 유지하고 있는 시스템이다.

정답 10 ③ 11 ② 12 ②

10 인공지능에서 문제의 답이 될 수 있는 것들의 집합을 공간으로 간주하고, 문제에 대한 최적의 해를 찾기 위해 공간을 체계적으로 찾아보는 것을 무엇이라고 하는가?

① 목적 함수
② 상태 공간
③ 탐색
④ 연산자

11 문제 해결 과정에서 초기 상태로부터 도달할 수 있는 모든 상태의 집합을 무엇이라고 하는가?

① 상태
② 상태 공간
③ 제약조건
④ 목표 상태

12 다음의 괄호 안에 들어갈 용어로 옳은 것은?

( )의 최종목표는 생물학적 감각가능과 유사한 인공적인 인지를 구현하는 것이다. ( )을 위해서는 외부로부터 획득한 데이터로부터 중요한 특징들을 추출하여 가장 가까운 표준 형태를 골라서 분류하고 최종적인 출력을 할 수 있어야 한다. 시각적, 공간적 데이터에 대한 ( )이 신경망적인 접근에 있어서 가장 중요한 과제이다.

① 데이터마이닝
② 패턴인식
③ 지능형 에이전트
④ 전문가 시스템

✅ **주관식 문제**

01 인공지능을 자기 발전 능력에 따라 분류할 때의 (1) 종류와 그에 대한 (2) 개념을 간단하게 쓰시오.

02 인공지능 시스템이 최종적으로는 사람과 유사한 기능을 가질 수 있도록 결정지을 수 있는 가장 중요한 3대 요소를 쓰시오.

해설 & 정답   checkpoint

01

정답 (1) 약 AI, 강 AI, 초 AI

(2) 약 인공지능(Weak AI)은 정해진 규칙으로만 학습하는 AI이고, 강 인공지능(Strong AI)은 스스로 사고하며 문제를 해결할 수 있는 인공지능이다. 초 인공지능(Super AI)으로 자가발전을 하는 Strong AI를 말한다.

해설 정해진 규칙성에 의해서 학습하면 약 인공지능이고, 규칙성이 약해 자신의 판단에 위해 행동을 결정하면 강 인공지능 또는 초 인공지능이 된다.

02

정답 (1) 지각(Perception) : 입력 데이터를 받아들이는 과정

(2) 인지(Cognition) : 지각한 것을 인식하고 이해하고 판단하는 총체적인 과정

(3) 행동(Action) : 인지한 것을 출력하는 과정

해설 인공지능을 정의하는 데 있어 가장 중요한 3대 요소는 지각, 인지 및 행동이다.

지각(Perception)은 입력 데이터를 받아들이는 과정이다. 즉, 컴퓨터의 입력장치에 해당하는 기능을 한다. 인지(Cognition)는 지각한 것을 인식하고 이해하고 판단하는 총체적인 과정이다. 컴퓨터의 중앙처리장치의 역할을 담당한다. 행동(Action)은 인지한 것을 출력하는 과정이다. 컴퓨터의 출력장치에 해당하는 기능을 제공한다.

안심Touch

03

정답 (1) 목적 함수
(2) 제약조건을 만족하면서 초기 상태에서 목표 상태로 상태를 옮기는 연산자 중 목적 함수를 최대 또는 최소로 하는 상태를 발견하는 것

해설 목적 함수는 목표 상태에 효율적으로 도달하기 위해 각각의 상태에서 탐색 방향을 결정하는 데 필요한 함수이다.
제약조건을 만족하면서 초기 상태에서 목표 상태로 상태를 옮기는 연산자 중 목적 함수를 최대 또는 최소로 하는 상태를 발견하는 것이 탐색문제이다. 목적 함수가 정확하게 정의되지 않는 경우에 탐색문제는 제약충족문제가 되고 목적 함수의 최적화가 문제라면 최적화 문제가 된다.

04

정답 (1) 하노이 타워(탑)
(2) 탐색적 추론에 의한 문제 해결방법과 사례에 의한 문제 해결방법

해설 탐색적 추론에 의한 방법은 인공지능 문제를 풀기 위해 문제를 구체화시키고 확실하게 풀어야 할 문제를 함수나 방정식으로 표현하여 해결하는 방법으로 시행착오에 의한 방법이기도 하다. 사례에 기반을 둔 문제 해결방법은 과거의 유사한 문제해결 경험을 이용하여 문제를 해결하는 방법이다.

03 목표 상태에 효율적으로 도달하기 위해 각각의 상태에서 탐색 방향을 결정하는 데 필요한 함수를 무엇이라고 하는가? 그리고 문제표현에 있어서 탐색이라는 것은 무엇을 의미하는지 설명하시오.

04 절차적인 방법에 의한 문제 해결방법을 설명할 때 대표적으로 사용하는 예는 무엇인가? 그리고 인공지능에서 문제의 해결을 위해 일반적으로 사용하는 나머지 2가지 방법은 무엇인지 쓰시오.

제2장

문제해결을 위한 탐색

I wish you the best of luck!

CHAPTER 02 문제해결을 위한 탐색

인공지능에서는 문제를 풀기 위해 문제를 구체화시키고 확실하게 풀어야 할 문제를 함수로 표현하여 해결하는 방법과 과거의 유사한 문제해결 경험을 이용하여 문제를 해결하는 방법을 일반적으로 사용한다. 그러나 실세계에서 함수나 예전의 경험을 적용하여 해결할 수 있는 문제들은 극히 제한적이기 때문에 인공지능 기법을 이용한 문제해결 방법이 필요하다.

문제해결(problem solving)은 다양한 문제 상태로 구성된 문제 공간(problem space)의 탐색으로 설명할 수 있다. 문제 해결자가 처음 직면한 상황을 '초기 상태', 목표로 가는 상황을 '중간 상태' 그리고 목표를 '목표 상태'라고 한다. 여기서 문제는 문제 공간의 초기 상태에서 목표 상태에 이르기까지 일련의 가능한 조작자(operator)를 찾아내는 것이다. 문제 공간이 미로라고 할 때 조작자는 상태 공간을 이동하는 통로로 생각할 수 있다. 해결은 검색, 즉 문제 해결자가 상태들의 미로에서 적절한 통로를 찾는 과정을 통해 이루어진다. 이러한 문제해결의 방법을 사용함에 있어 중요한 것은 문제의 초기 상태와 목표 상태를 명확하게 기술해야 하고, 초기 상태에서 목표 상태로의 탐색 경로를 발견하는 것이다.

AI 기법을 실세계 문제에 적용하려고 할 때 극복하기 어려운 장애물 중의 하나는 대부분의 상황이 아주 크고 복잡하다는 것이다. AI 연구 초기에는 당시에 사용된 컴퓨터의 성능과 용량 등의 제약 때문에 프로그래머가 이러한 문제들을 해결하기 위하여 좋은 탐색 기법을 고안하는 것이 필요했다. 그러나 인공 신경망이 도입되고, 데이터의 양이 증가함에 따라 인공지능의 성능이 빠르게 좋아지고 있다. 또한, 인공 신경망의 규모가 커질수록 데이터 투입에 따른 성능 향상 속도가 점점 더 빨라지고 있다. 이전까지는 인공지능에 대한 이론은 존재했지만 실제 알고리즘의 성능을 향상시킬 수 있는 데이터와 인공 신경망이 부족했다. 하지만 이제는 대량의 데이터를 처리하는 빅데이터 기술의 보급과 인공 신경망의 규모화 덕분에 인공지능의 발전 속도가 과거 수십 년간에 걸쳐서 이루어 낸 결과를 불과 수년 만에 해결하는 수준에 들어섰다. 현재 인공지능의 탐색이 이용되는 대표적인 사례가 바로 차량용 내비게이션이다.

제 1 절 그래프 탐색 중요 ★★

상태 공간을 그래프로 표현하면 해를 찾아가는 탐색과정을 설명하기가 매우 효율적이다. 상태 공간을 탐색하는 방법은 다음의 이론에 근거한다.

네트워크 혹은 그래프(graph)는 꼭짓점(또는 정점, 노드)과 꼭짓점을 잇는 엣지(또는 링크)로 구성된 일종의 집합체이다. 인터넷, 전력망, 인공지능의 신경망 역시 노드와 링크로 이루어진 그래프이다. 일반적으로 그래프는 수학적으로 G = (V, E)로 표현된다. 여기서, V는 꼭짓점을 의미하며 E는 엣지를 의미한다. 이 때 그래프의 종류는 크게 두 가지로 하나는 방향 그래프(directed graph), 다른 하나는 비방향 그래프

(undirected graph)이다. 방향 그래프는 엣지에 방향이 존재하여 한 꼭짓점에서 다른 꼭짓점을 가리키지만, 비방향 그래프는 엣지에 특정한 방향이 존재하지 않는다. 방향 그래프는 G = (v, e)로 표시하고 비방향 그래프는 G = {v, e}로 표시한다.

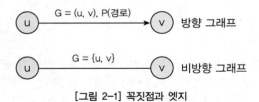

[그림 2-1] 꼭짓점과 엣지

G의 서브 그래프는 G′로 표시하고 G′=(V′, E′)라고 한다. V′와 E′는 V와 E의 서브셋(subset)이다. 그래프에서의 경로(path) P는 V_0, V_1, V_2, … 처럼 연속된 노드 V를 말하며, 이와 마찬가지로 엣지 E의 집합이다.

$$P = \sum_{i=1}^{k} V_i, \text{ 여기서, } V_i \text{와 인접한 노드는 } V_{i-1} \text{이 된다.}$$

따라서 $P = \sum_{i=1}^{k} E_i$이 된다. 여기서 E_{i-1}과 E_i는 하나의 노드를 공유한다.

그래프의 크기는 다음과 같다.

$$G = (V, E) = n = m$$

여기서, n = |V| = 노드의 개수, m = |E| = 링크의 개수이다.

이러한 그래프는 노드의 관계를 조상, 후손, 부모, 자식, 형제 자매로 표시하는 트리구조로 변형할 수 있다. 비방향성 트리(T)는 모든 노드의 둘 간에 간단한 경로만을 가지고 있는 그래프로 정의할 수 있다. 여기서 노드의 수는 n이고 엣지의 수는 n-1이 된다. 방향성 트리(T)는 고유한 경로로 루트 r에서 도달할 수 있는 여러 노드를 거느린 방향성 그래프라고 정의할 수 있다.

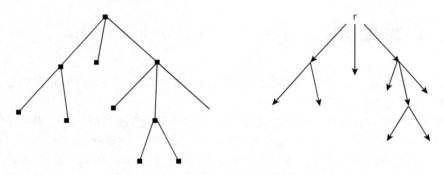

[그림 2-2] 비방향성 트리(좌)와 방향성 트리(우)

제 2 절   탐색의 종류 중요 ★★★

일반적으로 문제를 풀이하는 방법에는 절차(procedure)에 의한 방식, 탐색(search)에 의한 방식 그리고 사례(case)에 의한 방식이 있다. 인공지능의 문제해결은 탐색형 추론 방식과 시행착오 방식으로 문제를 해결한다. 탐색이란 컴퓨터가 문제를 자율적으로 해결하기 위해 해를 찾아가거나 해에 이르기 위한 경로를 찾아가는 과정을 말하며 인공지능의 핵심적 개념이다. 또한, 탐색의 목적에 따라서 **빠른 목표 탐색**, **최적화된 경로의 탐색** 등으로 구분된다. 목표 상태에 도달하기 위해 사용하는 탐색의 기법에는 **무작위 탐색방법**과 **체험적 탐색방법**의 두 가지로 구분할 수 있다.

[표 2-1] 탐색의 종류

정보사용 ＼ 목적	임의의 경로 탐색	최적경로 탐색
무작위 탐색기법 (무정보 탐색기법)	• 너비우선 탐색방법 • 깊이우선 탐색방법	균일비용 탐색방법
체험적 탐색기법	• 언덕 오르기 탐색방법 • 최우선 탐색방법 • 빔 탐색방법	A^* 알고리즘

시작 상태로부터 행동을 취하여 도달될 수 있는 상태 공간 그래프에서의 영역은 시작 상태의 정의와 각 행동들에 대한 정의에 의해 암시적으로 표현된다. 따라서 원칙적으로 암시적인(implicit) 그래프 표현으로부터 명시적인(explicit) 그래프를 만들어 내는 것이 가능하다. 그렇게 하려면 모든 가능한 연산자들을 시작 노드에 적용하여 시작 노드의 자식 노드들을 만들고, 만들어진 자식 노드들의 자식 노드들을 다시 만들어 내는 과정을 계속하면 된다. 이 과정은 너무 방대해서 자체를 명시적으로 나타낼 수 없는 그래프의 경우에는 탐색 과정에서 상태 공간 중 목표까지의 경로를 찾는 데 필요한 부분만 명시적으로 만들어 낸다. 탐색 과정은 목표 노드까지의 경로가 찾아지면 종료된다.

상태 공간 그래프의 암시적인 표현에는 세 가지 기본 요소가 있다.

① 시작 노드(start node)의 표현
　이것은 문제의 초기 상태를 나타내는 자료구조이다.
② 연산자(operator)
　하나의 상태를 나타내는 표현을 어떤 행동에 관한 결과 상태를 나타내는 표현으로 바꾸어주는 함수로서, 우리가 다루는 문제에 있어서 이들은 행동의 효과에 대한 모델이다.
③ 목표 조건(goal condition)
　이것은 어떤 상태 표현에 대해 참 또는 거짓이 되는 함수이거나, 목표 상태에 해당하는 실제 상태 표현들의 리스트가 된다.

무정보(또는 무작위) 탐색방법은 목표까지의 경로를 찾는 데 있어서 탐색공간의 어떤 한 부분이 다른 부분에 비해 선호할 만한 판단 근거가 없는 경우에 사용하는 방법이다. 무작위 탐색기법은 목표 노드에 도달할 때까지 노드를 확장하는 방법으로 체계적이거나 효율적인 방법은 아니다. 무작위 탐색기법은 커다란 박물관 내에서 특정 소장품을 이리저리 찾아 다니는 것과 비슷하다고 해서 **영국박물관 알고리즘**(BMA : British Museum Algorithm)이라고 한다. BMA는 일반적으로 최악의 방법이라고 생각되지만 탐색 영역이 작은 영역이나 축소될 수 있는 영역에서는 유용하게 사용할 수도 있다.

다른 한 가지는 탐색을 한 부분에 집중시킬 수 있도록 해주는 그 문제 고유의 정보가 있는 경우에 사용하는 방법으로 경험적(또는 체험적, heuristic) 탐색이라고 한다. **체험적 탐색방법**은 논리적이나 수학적인 방법으로 증명할 수는 없으나 **경험이나 직관에 의해 효율적으로 해를 얻을 수 있으리라는 어떤 근거에 의한 방법**이다. 체험적(heuristic)의 사전적 의미는 "어렵고 이해하기 힘든 영역에서의 솔루션 검색을 줄이거나 제한하는 경험에 근거한 규칙, 단순화 또는 심사숙고한 추측"이라고 정의하고 있다. 또한, 체험적 지식은 유용하지만 반드시 옳은 것은 아니다. 체험적 알고리즘은 체험적 정보를 사용해서 문제를 해결해 나간다.

제 3 절 무작위 탐색 중요 ★★★

무작위 탐색(랜덤 탐색 또는 blind search 또는 무정보 탐색)은 분기점에서 어느 방향으로 갈지를 무작위로 정하는 탐색기법이다. 이 방법은 효율이 낮고 때로는 같은 곳을 맴돌거나 최악의 경우에는 목표에 도달하지 못할 수도 있다. 따라서 논리적인 방법으로 목표를 찾아야 한다. 초기 상태, 연산자, 목표 상태를 판별하기 위한 순차적인 검사 이외에는 아무런 정보도 사용하지 않고, 사전에 예정된 순서나 무작위로 노드를 탐색하는 방법과 같이 조직적이고 체계적인 방법을 사용하며, 일반적으로 탐색과정은 그래프로 표시된다. 즉, 무작위 탐색에서는 영역에 대한 정보가 없이 탐색을 진행하여 목표 상태와 목표 상태가 아닌 것만을 구별할 수 있을 뿐이다.

1 깊이우선 탐색(DFS : Depth First Search) 중요 ★★★

깊이우선 탐색은 목표 노드를 찾기 위하여 수직 방향으로 노드를 탐색해 가는 방법이다. 만일 분기점에 도착한 경우에는 아직 한 번도 탐색하지 않은 노드 중 하나를 선택하여 나아가는 탐색기법이다. 더 진행할 경로가 없을 때는 아직 모든 분기를 탐색해보지 않은 분기점까지 역방향으로 탐색(backtracking)한다. 이 방식은 19세기 프랑스 수학자 트레모(Charles Pierre Trémaux)가 미로 문제를 풀기 위해 사용했다. 탐색과정이 시작 노드에서 한없이 깊이 진행되는 것을 막기 위해 깊이 제한(depth bound)을 사용하고, 깊이 제한에 도달할 때까지 목표 노드가 발견되지 않으면 최근에 생성된 노드의 부모 노드로 되돌아와서, 부모 노드에 이전과는 다른 동작자를 적용하여 새로운 자식 노드를 생성한다. 이렇게 부모 노드로 되돌아오는 과정을 역추적(백트래킹, backtracking)이라 한다. 즉, 백트래킹은 다음을 의미한다.

- 최근의 탐색하지 않은 후계 노드로 복귀하는 것
- 다른 방향으로의 탐색이 가능한 최근의 상태로 복귀하는 것

만일 트리가 아닌 그래프를 탐색할 경우는 그래프에서의 깊이(depth)를 결정할 필요가 있다. 일반적으로 그래프에서는 루트 노드의 깊이를 0으로 하며 어떤 임의 노드의 깊이는 이 노드의 부모 깊이에 1을 더한 값으로 정의한다. 그래프에서의 **깊이우선 탐색**은 스택(stack)으로 운영되기 때문에 출발 노드를 관리하는 'OPEN LIST'에서 노드를 꺼내는 순서는 삽입된 순서의 역순으로, 즉 나중에 생성된 노드가 먼저 확장되는 방식(LIFO)이다. 여기서 OPEN이란 노드가 생성되었지만, 아직 확장되지 않은 상태를 나타낸다. 즉, 아직 탐색된 출발 노드를 의미한다. 일반적인 그래프를 탐색하는 경우라도, 탐색 과정에 의하여 얻어지는 노드들과 포인터들은 탐색 트리를 형성한다. 즉, 포인터들은 오직 하나의 부모를 가리키게 된다. 깊이우선 탐색방법의 장·단점은 다음과 같다.

① 장점
  ㉠ 현 경로상의 노드들만을 기억하면 되므로 저장공간의 수요가 비교적 적다.
  ㉡ 목표 노드가 깊은 단계에 있을 경우 해를 빨리 구할 수 있다.
  ㉢ 원하는 목표를 비교적 빨리 찾을 수도 있다.

② 단점
  ㉠ 해가 없는 경로에 깊이 빠질 가능성이 있다. 따라서 실제의 경우 미리 지정한 임의의 깊이까지만 탐색하고 목표 노드를 발견하지 못하면 다음의 경로를 따라 탐색하는 방법이 유용할 수 있다.
  ㉡ 얻어진 해가 최단 경로가 된다는 보장이 없다. 이는 목표에 이르는 경로가 다수인 문제에 대해 깊이우선 탐색은 해에 다다르면 탐색을 끝내버리므로, 이때 얻어진 해는 최적이 아닐 수 있다는 의미이다.

앞에서도 설명한 바처럼, 깊이우선 탐색(DFS)에서는 스택이라는 자료구조를 사용하고 너비우선 탐색(BFS)에서는 큐라는 자료구조를 사용한다. 즉, DFS는 LIFO(last-in first-out) 방식이고, BFS는 FIFO(first-in first-out) 방식이다.

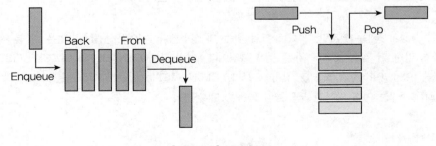

[그림 2-3] DFS와 BFS

다음처럼 정렬되지 않은 트리 또는 그래프의 상황에서 DFS 알고리즘을 이용하여 '8'이라는 목표 노드를 찾기 위한 탐색과정을 살펴보도록 하자.

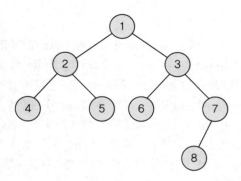

[그림 2-4] 임의의 경로

(1) 탐색과정

최근에 첨가된 노드를 선택하고 이 노드에 적용 가능한 동작자 중 하나를 적용하여 다음 수준의 한 개의 자식 노드를 첨가하고 첨가된 자식 노드가 목표 노드일 때까지 앞의 자식 노드의 첨가과 정을 반복해 나가는 방식이다. 이 방법에서는 가능한 깊이까지 내려가면서 탐색하는 것이 우선이 다. 우선 출발 노드 1에서 목표 노드 8을 찾아가는 과정을 순서대로 탐색을 진행하면서 분기점을 만난 경우에는 숫자의 순서에 따라서 탐색을 진행하는 것으로 하자.

> ① 출발 노드(1)에서 (2)로 간다.
> ② (2)에서는 (4)나 (5)를 선택할 수 있으므로 (4)로 간다.
> ③ (4)에서는 갈 곳이 없으므로 (2)로 돌아가 (5)로 간다.
> ④ (5)에서는 갈 곳이 없으므로 (2)로 돌아가서 갈 곳이 없으므로 다시 (1)로 간다.
> ⑤ (1)에서 (3)으로 간다.
> ⑥ (3)에서는 (6)이나 (7)을 선택할 수 있으므로 (6)으로 간다.
> ⑦ (6)에서는 더 갈 곳이 없으므로 (3)으로 돌아간다.
> ⑧ (3)에서는 (7)로 간다.
> ⑨ (7)에서 (8)로 가니까 목표 노드를 찾게 된다.

아주 많이 돌아오기는 했지만, 목표 노드를 찾는 데 성공했다. 깊이우선 탐색방법은 가 본 적이 없는 노드를 골라서 더 깊은 곳으로 가는 것이 특징이다. 이번에는 OPEN LIST와 CLOSED LIST라는 자료구조를 이용하여 목표 노드를 찾아가 보자. OPEN LIST는 방문하려고 하는 노드들의 목록을, CLOSED LIST는 이미 방문한 노드들의 목록을 나타낸다.

① 먼저 루트 노드인 '1'을 OPEN LIST에 넣는다. CLOSED LIST에는 들어갈 노드가 없다.

② 스택에 있는 '1'을 POP하여 CLOSED LIST에 넣고 1과 연결된 노드인 '2'와 '3'을 OPEN LIST에 넣는다.

　✪ 스택에서 데이터를 꺼내는 것을 POP, 스택으로 데이터를 넣는 것을 PUSH라고 한다.

③ 스택에서 '2'를 꺼내어 CLOSED LIST에 넣고 '2'와 연결된 자식 노드들 '4'와 '5'를 스택에 넣는다.

④ '4'를 꺼내 CLOSED LIST에 넣고, 자식 노드를 탐색해보니 자식 노드가 더 존재하지 않고 부모 노드밖에 없으므로 '4'는 노드를 추가하지 못하고 스택을 빠져나온다.

⑤ '5'를 꺼내 CLOSED LIST에 넣고 자식 노드를 탐색해보니 자식 노드가 더 존재하지 않고 부모 노드밖에 없으므로 '5' 또한 노드를 추가하지 못하고 스택을 빠져나온다.

⑥ '3'을 꺼내 CLOSED LIST에 넣고 자식 노드를 탐색해보니 '6'과 '7'이 있고 이것을 OPEN LIST에 넣는다.

⑦ '6'을 꺼내 CLOSED LIST에 넣고 자식 노드를 탐색해보니 자식 노드가 더 존재하지 않고 부모 노드밖에 없으므로 '6'은 노드를 추가하지 못하고 스택을 빠져나온다.

⑧ '7'을 꺼내어 CLOSED LIST에 넣고 자식 노드를 탐색해보니 목표 노드인 '8'이 탐색되므로 탐색은 종료된다.

[표 2-2] DFS의 OPEN LIST와 CLOSED LIST

탐색번호	OPEN LIST	CLOSED LIST
1	1	없음
2	2 3	1
3	4 5 3	1 2
4	5 3	1 2 4
5	3	1 2 4 5
6	6 7	1 2 4 5 3
7	7	1 2 4 5 3 6
8	8	1 2 4 5 3 6 7

(2) DFS 알고리즘

① 출발 노드를 OPEN LIST에 넣는다(OPEN LIST는 스택으로 운영된다).

　✪ 여기서 OPEN은 확장할 노드들을 저장하는 리스트를 말한다.
　✪ 확장이라는 의미는 어떤 상태의 모든 후계 상태를 생성하는 것을 의미한다.

② 출발 노드가 스택에 더 남아 있지 않을 때까지 또는 풀이될 수 없다는 표시가 될 때까지 다음의 과정을 반복한다.

㉠ 스택의 가장 앞에 있는 노드를 꺼내어 자식 노드가 있는지를 탐색한다. 탐색에 사용된 노드는 CLOSED LIST로 넣어서 사용하지 않는다.

    ✪ CLOSED는 확장된 노드를 저장한 리스트를 말한다.

㉡ 꺼낸 노드(n)의 깊이가 깊이제한과 같다면 꺼낸 노드(n)는 더 확장할 수 없고 그렇지 않으면 n을 확장하여 자식 노드를 생성한다. 생성된 자식 노드는 스택으로 넣는다.

㉢ 스택의 상위 자식 노드를 꺼내어 확장을 계속할 수 있는지, 목표 노드가 있는지 확인한다.

㉣ 목표 노드가 발견되면 탐색을 종료한다. 만일 후계 노드가 더 확장이 안 되고 목표 노드를 발견하지 못했을 경우는 포인터를 역추적하여 탐색 경로를 구성한다(탐색 성공).

㉤ 목표 노드를 찾지 못하거나 출발 노드가 더 확장될 수 없어도 탐색을 종료한다.

2 너비우선 탐색(BFS : Breadth First Search)

깊이우선 탐색의 가장 큰 문제는 한없이 끝없는 깊은 경로로 진입해서 빠져나오지 못하게 될 경우도 발생할 수 있다는 것이다. 너비우선 탐색은 깊이우선 탐색처럼 깊게 들어가는 것이 아니라 넓고 얕게 탐색하는 방법이다. 너비우선 탐색은 분기점에 도착했을 때 모든 분기를 먼저 각각 확인한 후 다음 계층으로 전진한다. 그리고 그동안 방문한 적이 있는 노드에 대해서는 깊이우선 탐색처럼 재방문하지 않는다. 너비우선 탐색은 깊이우선 탐색에서처럼 역추적이 발생하지 않으므로 매우 간편하다. 너비우선 탐색은 하나의 출발 노드를 방문한 후 출발 노드에 인접한 모든 노드를 먼저 방문하는 방법이다. 즉, 탐색 트리의 한 레벨 단위로 단계적으로 탐색하는 방법이다. 해당 노드의 자식 노드를 탐색한 후에도 해가 발견되지 않으면 이들을 확장하여 더 방문하지 않은 노드가 없을 때까지 부모 노드의 생성 순서에 따라서 탐색하는 방법이다. 너비우선 탐색방식의 장·단점은 다음과 같다.

① 장점
    출발 노드에서 목표 노드까지의 최단 길이 경로를 보장한다.

② 단점
    ㉠ 경로가 매우 긴 경우에는 탐색 가지가 급격히 증가함에 따라 매우 많은 기억 공간을 필요로 하게 된다.

    ㉡ 해가 존재하지 않는다면 유한 그래프(finite graph)의 경우에는 모든 그래프를 탐색한 후에 실패로 끝나고, 무한 그래프(infinite graph)의 경우에는 결국 해를 찾지도 못하고 끝내지도 못하기 때문에 탐색시간이 비현실적으로 길어지게 된다.

(1) BFS 탐색과정

앞의 [그림 2-4]를 이용하여 BFS의 탐색과정을 살펴보도록 하자. BFS는 큐(Queue)로 운영된다.

① 먼저 루트 노드인 '1'을 OPEN LIST에 넣는다. CLOSED LIST는 비어있다.

② 큐에 있는 '1'을 꺼내어 CLOSED LIST에 넣고 '1'과 연결된 노드인 '2'와 '3'을 OPEN LIST에 넣는다.

③ 큐의 가장 위에 있는 '2'를 꺼내 CLOSED LIST에 넣고 '2'와 연결된 자식 노드들 '4'와 '5'를 OPEN LIST(큐)에 넣는다.

④ '3'을 꺼내 CLOSED LIST에 넣고 '3'과 연결된 '6'과 '7'을 OPEN LIST에 넣는다.

⑤ '4'를 꺼내 CLOSED LIST에 넣고 자식 노드가 없으니 '5'를 꺼낸다.

⑥ '5'를 꺼내 CLOSED LIST에 넣고 자식 노드를 탐색해보니 자식 노드가 없다.

⑦ '6'을 꺼내 CLOSED LIST에 넣는다.

⑧ '7'을 꺼내 CLOSED LIST에 넣고 자식 노드를 탐색해보니 목표 노드인 '8'이 탐색되므로 OPEN LIST에 넣고 목표 노드를 찾았으니 탐색을 종료한다.

[표 2-3] BFS의 OPEN LIST와 CLOSED LIST

탐색번호	OPEN LIST	CLOSED LIST
1	1	없음
2	2 3	1
3	3 4 5	1 2
4	4 5 6 7	1 2 3
5	5 6 7	1 2 3 4
6	6 7	1 2 3 4 5
7	7	1 2 3 4 5 6
8	8	1 2 4 5 3 6 7

단계를 진행하면서 알 수 있듯이 너비우선 탐색은 가로로 모든 가능성을 모두 탐색하면서 세로로 노드를 확장하는 방법이다.

(2) BFS 알고리즘

① 출발 노드(루트 노드를 포함하여 시작점이 되는 모든 노드는 출발 노드가 된다)를 OPEN LIST에 넣는다(OPEN LIST는 큐로 운영된다).

② OPEN에 남은 노드가 있으면 다음의 과정을 반복한다.

> ㉠ 큐의 가장 앞에 있는 노드를 꺼내어 자식 노드가 있는지를 탐색한다. 꺼낸 노드(n)는 CLOSED LIST로 넣어서 사용하지 않는다.
>
> ㉡ 꺼낸 노드(n)의 깊이가 깊이 제한과 같다면 꺼낸 노드(n)는 더 확장할 수 없고 그렇지 않으면 n을 확장하여 자식 노드를 생성한다. 생성된 자식 노드는 큐로 넣는다.
>
> ㉢ 스택의 상위 자식 노드를 꺼내어 확장을 계속할 수 있는지 또는 목표 노드(o)가 있는지 확인한다.
>
> ㉣ 목표 노드가 발견되면 탐색을 종료한다. 즉, 후계 노드 중 목표 노드가 존재하면 포인터를 역추적하여 탐색 경로를 구성한다(탐색 성공).
>
> ㉤ 목표 노드가 발견되면 탐색을 종료한다.

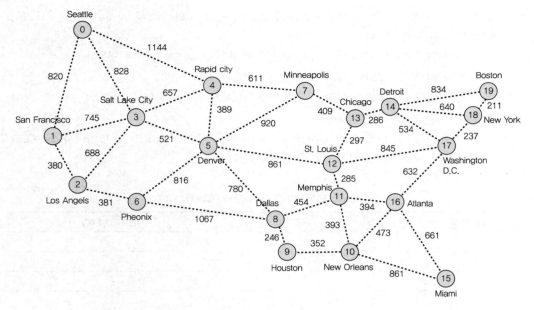

[그림 2-5] 통신망 토폴로지

시애틀에서 마이애미까지 통신망 경로를 두 가지 방법으로 탐색한 결과를 비교해 보자.

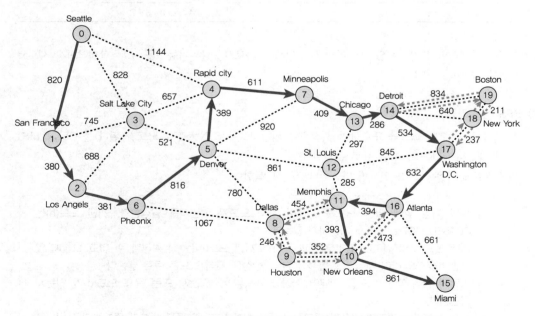

[그림 2-6] 깊이우선 탐색방식(굵은 화살선 : 탐색, 점 화살선 : 역탐색)

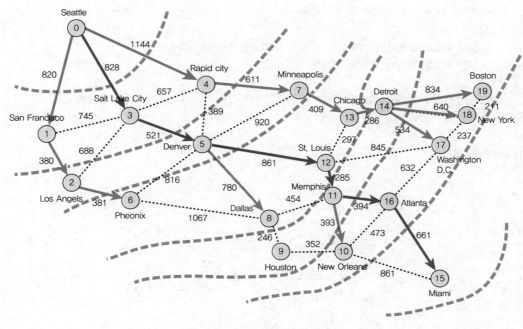

[그림 2-7] 너비우선 탐색방식

3 균일비용 탐색(UCS : Uniform Cost Search) 중요 ★★★

깊이우선 탐색과 너비우선 탐색은 단순히 목적 노드에 도착하는 것에만 집중하는 탐색기법이다. 그러나 목적 노드에 도착하는 것은 최소한의 조건이고, 어떤 문제의 경우에는 최단 경로 또는 최적 경로를 요구하는 경우도 있다. 내비게이션을 이용할 때 우리가 일반적으로 고려하는 조건과 유사하다. 균일비용 탐색 방법은 노드 간의 거리를 고려해서 경로를 탐색하는 방법이다. 균일비용 탐색에서는 특정 노드로 가는 경로가 여러 개 있을 경우 가장 비용이 낮은 경로를 우선 선택하는 탐색방법이다. 그리고 선택하지 않았던 분기를 선택하는 것이 비용이 적게 드는 경우에는 그 지점으로 돌아가서 비용이 적은 방향으로 탐색해 나아간다. 균일비용 탐색방법도 탐색했던 노드를 다시 방문하는 경우는 없다. 너비우선 탐색방법의 확장된 방식으로 출발 노드에서 자식 노드로 가는 비용을 검사하여 비교 후 가장 비용이 작게 드는 노드를 저장소에 추가하면서 노드를 확장한다. 균일비용 탐색은 자식 노드로 움직이는데 드는 총비용을 비교해 가면서 새로운 확장을 해 나아가기 때문에 노드와 그 노드까지의 총비용이 하나로 합쳐져서 저장되는 구조가 된다. 데이터와 비교해야 할 비용이 합산되어 저장되는 데이터 구조에 가장 적합한 우선순위 큐(Priority Queue)를 사용한다. UCS의 장·단점은 다음과 같다.

① 장점
  ㉠ 출발 노드에서 목표 노드까지의 최단 길이 경로를 보장해 준다.
  ㉡ 무한 루프에 빠지지 않도록 해준다.
② 단점
  기하급수적으로 기억공간이 증가하기 때문에 깊이가 커질수록 기억공간이 많이 필요하다.

(1) UCS 탐색과정

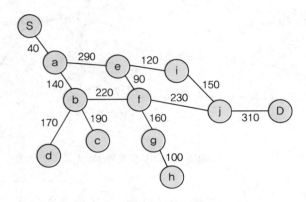

[그림 2-8] 가중치를 가지고 있는 노드 구조

① 출발 노드를 OPEN LIST에 넣는다.
② 출발지점에서 a로 간다. 이때의 비용은 40이다. 그리고 다음의 출발 노드는 경로값이 가장 적은 노드가 출발 노드로 되면서 CLOSED LIST로 들어간다.
③ a의 경로는 b(180)와 e(330)의 경로를 선택할 수 있고, 이 중에서 비용이 적은 b의 경로를 선택한다.
④ b에서 갈 수 있는 경로는 d(350)과 c(370)의 경로이다. 현 시점에서 가장 비용이 낮은 것은 e(330)이므로 e로 간다.
⑤ e에서는 f(420)과 i(450)의 경로를 선택할 수 있으나 현 시점에서 가장 비용이 작은 d(350)로 간다.
⑥ d와 c가 막다른 지점이므로 그다음 선택지인 i(450)으로 간다.
⑦ i는 j(600)를 선택한다. 이 시점에서 가장 비용이 낮은 f로 간다. f는 g(580)과 j(650) 중에서 가장 비용이 낮은 g(580)로 간다.
⑧ g는 h(680)로 가야 하지만 가장 비용이 낮은 j를 선택한다.
⑨ j에서 d로 가는 경로는 비용이 D(910)로 가장 높다. 그러나 현 시점에서 비용이 낮은 h는 더 탐색할 경로가 없으므로 다시 D로 돌아와 이 경로가 최단 경로임을 확인하게 된다.

[표 2-4] UCS의 OPEN LIST와 CLOSED LIST

탐색번호	OPEN LIST	CLOSED LIST
1	S	없음
2	a(40)	S
3	b(180) e(330)	S a(40)
4	e(330) d(350) c(370)	S a(40) b(180)
5	d(350) c(370) f(420) i(450)	S a(40) b(180) e(330)
6	i(410) f(420)	S a(40) b(180) e(330) d(350) c(370)
7	g(580) j(650)	S a(40) b(180) e(330) d(350) c(370) f(420)
8	j(600) h(680)	S a(40) b(180) e(330) d(350) c(370) f(420) g(580) i(450) j(600)
9	d(910)	S a(40) b(180) e(330) d(350) c(370) f(420) g(580) i(450) j(600) h(680)

UCS 방식은 깊이보다는 비용으로 탐색하기 때문에 노드의 개수(b)나 전체 깊이(d)로는 복잡도를 표현하기가 매우 어렵다.

(2) UCS 알고리즘

① 출발 노드를 우선순위 큐의 OPEN LIST에 넣는다(출발 노드의 비용은 '0'이다).

② 새로운 노드의 확장을 위해서 OPEN에 남은 노드를 이용하여 다음을 반복한다.

ㄱ OPEN의 제일 앞 노드를 꺼내어 CLOSED에 넣는다(노드 n).

ㄴ 노드 n이 목표 노드라면 탐색 성공 – 포인터를 역추적하여 탐색 경로를 구성한다.

ㄷ 노드 n을 확장하여 후계 노드 n_1, n_2, ⋯, n_i를 생성하고, 부모 노드 n을 가리키는 포인터를 첨부한다.

ㄹ 후계 노드 n_1, n_2, ⋯, n_i의 경로 비용을 계산한다.

ㅁ 각각의 후계 노드 n_j, j = 1, ⋯, i에 대해서는 다음과 같다.

> - n_j와 동일한 노드가 OPEN에 존재하면 새로 생성된 노드의 경로 비용이 적을 경우 OPEN의 노드를 대체하고, 그렇지 않으면 무시한다.
> - n_j와 동일한 노드가 CLOSED에 존재하면 새로 생성된 노드는 무시한다.
> - n_j와 동일한 노드가 OPEN이나 CLOSED에 존재하지 않으면 OPEN에 첨가한다.

ㅂ OPEN에 저장된 노드들을 경로 비용의 오름차순으로 정렬한다.

③ 탐색 실패로 종료한다.

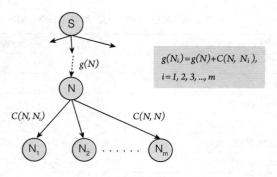

[그림 2-9] 경로 비용의 계산

- g(N)
  출발 노드(S)로부터 노드 N까지의 최소 경로 비용이다.

- C(N, N_i)
  후계 노드 N_i의 비용과 노드 N의 최소 경로 비용에 노드 N과 후계노드 N_i 사이의 경로 비용을 합한 것이다.

  즉, 최소 비용 경로의 탐색은 g(N)이 최소인 노드 N을 우선 선택하는 것이다.

균일비용 탐색의 과정을 보면 처리의 흐름은 기존의 탐색기법과 크게 다르지 않음을 알 수 있다.

제 4 절 경험적 탐색 중요 ★★★

경험적 탐색(heuristic search)은 목표 상태를 더 신속하게 탐색하기 위해 **경험적 지식을 활용하는 탐색 방법**이다. 논리적으로 혹은 수학적으로 증명할 수 없으나 경험이나 직관에 의해서 효율적인 해를 얻을 수 있을 것이란 기대를 갖게 하는 어떤 근거에 의한 방법이다.

경험적 탐색은 해법이 유일하지 않으며 최적의 해를 보장할 수 없고, 해의 결정에 허용치를 부과하는 방법이 유용하게 사용된다. 탐색과정에서 노드들의 **확장 순서를 정하기 위해서 평가 함수를 사용**한다. 평가 함수는 어떤 노드에 대해 이것이 최상의 경로에 있을 확률을 이용하기도 하고 임의의 노드와 목표 노드 간의 거리나 차이를 이용하기도 한다. 즉, 어떤 상태가 주어졌을 때 그 상태를 거쳐 가는 것이 목표 상태로 가는데 얼마나 바람직한가를 나타낸다.

경험적 방법에 사용되는 평가 함수는 문제의 상태에 대한 기술이 얼마나 적합한 것인지를 의미하는 값을 계산한다. 경로의 적합성 여부에 대한 추정값을 얻고자 할 때, 매우 간단한 평가 함수를 사용해도 상당히 좋은 추정값을 얻는 경우도 있지만 복잡한 평가 함수를 사용해야 할 경우도 있다. 체스, 8-퍼즐의 경우는 평가 함수의 값이 클수록 효과적이고, 세일즈맨의 도시 방문 문제와 같은 경우는 평가 함수 값이 작을수록 효과적이다.

경험적 방법론에서 가장 일반적으로 사용하는 예가 영업사원의 도시 순회에 관한 문제로서 도시를 경유하는 경로는 $(n-1)!/2$개가 된다(n은 방문할 도시의 수). 방문 도시가 4개일 때, 경유하는 경로는 3개, 5개면 12개로 방문하는 도시가 하나씩 늘어날 때마다 탐색량은 n배로 증가한다. 이러한 문제를 수작업으로 처리하기는 불가능하고 슈퍼컴퓨터의 처리능력을 빌려야 모든 경로에 대한 탐색이 가능하다. 경험으로서의 정보나 지식은 막연하지만 빠르게 해를 찾거나 최적의 해를 발견하는 방법이 되기도 한다. 일반적으로 함수를 기술하는 방법은 중요하지 않으며, 함숫값을 사용하는 프로그램은 경우에 따라서 함숫값의 최소화나 최대화를 시도할 수도 있다.

경험적 방법에 사용되는 평가 함수의 목적은, 이용 가능한 경로가 두 개 이상 존재할 때, 먼저 조사할 경로를 결정해 줌으로써, 탐색과정을 가장 효율적인 방향으로 유도하는 것이다. 경험적 방법에 사용되는 평가 함수가 탐색트리(혹은 그래프) 내의 각 노드의 가치를 정확히 평가하면 할수록 풀이 과정은 더욱더 명백해진다. 극단적으로 경험적 방법에 사용되는 평가 함수를 잘 작성하면 어떤 탐색도 수행하지 않고 직접 풀이를 찾을 수도 있다. 그러나 많은 문제의 경우, 그러한 평가 함수를 평가하는데 소요되는 비용이 탐색과정에서 절감된 노력을 능가할 수 있기 때문에, 결국 풀고자 하는 노드로부터 끝까지 탐색을 수행하여, 그것이 적당한 풀이를 유도할 수 있을지 결정함으로써, 완전한 평가 함수를 계산할 수 있다.

1 언덕 오르기 방법(hill climbing) 중요 ★★★

언덕 오르기 방법은 지역 검색 계열에 속하는 수학적 최적화 기법이다. 문제에 대한 임의의 솔루션으로 시작하여 솔루션에 점진적인 변화를 줌으로써 더 나은 솔루션을 찾으려고 시도하는 반복 알고리즘이다. 변경으로 인해 더 나은 솔루션이 생성되면 새로운 솔루션이 점진적으로 변경되고 더 이상의 개선 사항이 발견되지 않을 때까지 계속 진행한다.

도시 순회 영업사원의 예에서 보듯이 최초의 솔루션은 단순히 모든 도시를 모두 방문하는 것이지만 최적의 솔루션과 비교하면 형편없는 방법이다. 언덕 오르기 방법은 이와 같은 솔루션으로 시작을 하여 점차 개선을 해 나가는 알고리즘이다. 예를 들면 방문할 두 도시의 순서를 바꾼다든지 하여 좀 더 짧은 경로를 얻을 수도 있다. 언덕 오르기 방법에는 **로컬 옵티마**(local optima) 문제가 존재한다. 로컬 옵티마 문제는 에러를 최소화시키는 최적의 파라미터를 찾는 문제에 있어서 [그림 2-10]처럼 파라미터 공간에 **수많은 지역적인 홀**(hole)들이 존재하여 이러한 **지역 최적값**(local optimum)에 빠질 경우 **전역적인 해**(global minimum)를 찾기 힘들게 되는 문제를 일컫는다.

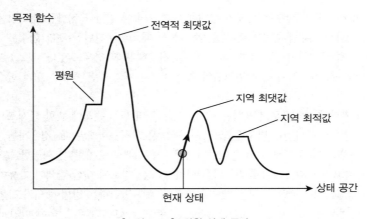

[그림 2-10] 1차원 상태 공간

로컬 옵티마 문제는 이웃한 솔루션 중에서 문제에 대한 최적의 해를 찾는 것이고 글로벌 옵티마(global optima)는 모든 가능한 솔루션을 고려하여 최적의 솔루션을 찾는 것을 말한다. 로컬 옵티마 문제는 전체적인 숲을 보지 못하고 나무만 보고 판단하는 오류와 유사한 개념이기도 하다. 언덕 오르기 방법은 탐색공간 내에서 움직일 방향을 결정하기 위해 피드백을 사용한 해답의 생성과 테스트 방법의 한 변형이다. 순수한 해답의 생성과 테스트 방법에서 테스트 함수는 예, 아니오의 응답만을 하지만, 이것을 주어진 상태가 목표 상태에 얼마나 가까운지를 추정할 수 있는 경험적 방법에 사용되는 평가 함수로 개선하여 사용할 수 있다. 이 방법은 목표 노드를 언덕의 꼭대기에 비유하고 각 노드에서 언덕의 꼭대기에 가장 먼저 도달할 수 있는 다음 노드를 선택하는 방법이다. 이 방법은 풀이에 대한 조사가 수행됨과 동시에 경험적 방법에 사용되는 평가 함수의 계산이 수행될 수 있기 때문에 매우 효과적이다. 언덕 오르기 방법의 탐색 절차는 다음과 같다.

① 처음에는 임의로 해답을 만들어서 이렇게 만들어진 해답이 주어진 문제에 맞는 원하는 해답이면 중단하고, 아니면 다음 과정을 계속 수행한다.
② 이 해답에 적절한 규칙을 적용하여 새로운 해답을 만든다.
③ 새로 만들어진 각각의 해답에 대해 다음을 수행한다.
　㉠ 테스트 함수에 새롭게 얻은 해답을 넣어, 만약 원하는 해답이라면 중단한다.
　㉡ 원하는 해답이 아니라면, 조사된 해답 중에서 새로 만든 해답과 가장 가까운 것이 존재하는지 조사한다. 만약 존재한다면 이 해답을 기억하고 그렇지 않으면 무시한다.
　㉢ 위에서 찾은 최적의 해답을 선택해 다음에 제안될 해답으로 사용한다. 이 단계는 가장 빨리 목표로 유도할 가능성이 높은 방향으로 문제 영역을 탐색하게 하는 단계이다.
　㉣ 다시 위의 단계로 돌아가서 반복한다.

언덕 오르기 방법에서는 목표 상태로 접근하는 방향으로는 상태를 변화시킬 수 없는 경우가 발생하는데, 경험적 평가 함수의 값이 극댓값이나 평원 혹은 산등성이에 도착했을 때 이러한 상태가 발생한다. [그림 2-10]에서와 같이 지역 최댓값(local maximum)은 인접한 근처의 모든 상태보다는 원하는 목표 상태에 가깝지만, 멀리 떨어져 있는 다른 모든 상태보다는 목표 상태에 가깝지 못할 경우도 있다.

평원(shoulder)은 인접한 상태들이 모두 같은 값을 갖는 탐색공간의 평탄한 지역이다. 평원에서는 국부적 비교를 이용하여, 움직일 최적 방향을 결정하는 것은 불가능하다. 산등성이(ridge)는 주위 지역보다는 높지만, 하나의 움직임만으로는 어느 일정한 방향으로 탐색을 계속 수행할 수 없는 탐색공간의 영역이다. 위의 문제를 확실히 해결한다고 할 수는 없지만, 이를 처리하기 위해 몇 가지 방법을 고려할 수 있다.

첫 번째 방법은 이전에 탐색되었던, 어떤 노드를 후진하여 다른 방향으로의 탐색을 시도한다. 이 방법은 특히 각 노드마다 이전에 택했던 방향만큼 가능성이 있는 또 다른 방향이 존재할 경우 적절한 해결책이 된다. 이 방법을 구현하기 위해서는 탐색 도중 선택될 가능성이 있는 경로들의 목록을 만들어 만약 택한 경로가 부적합한 결과를 초래할 경우, 목록에 있는 경로 중의 하나로 되돌아간다. 이 방법은 극댓값을 상당히 효율적으로 처리한다.

두 번째 방법은 탐색공간의 다른 새로운 지역으로 가기 위해 어떤 한 방향으로 커다란 점프를 한다. 이 방법은 특별히 평원을 처리하는데 효과적이다. 이용 가능한 규칙을 적용할 때 상태의 변화 범위가 매우 적다면, 이 규칙들을 같은 방향으로 여러 번 적용한다.

좋은 평가 함수를 사용한다고 해서 언덕 오르기 방법이 항상 효과적인 것은 아니다. 해답으로부터 멀어짐에 따라, 경험적 지식에 사용되는 평가 함수의 값이 갑자기 작아지는 문제에 이 방법을 사용하는 것은 부적합한데 이는 일종의 역치 효과(threshold effect)가 존재하는 경우이다. 언덕 오르기 방법은 최단 이웃 알고리즘과 같은 다른 국부적인 방법과 함께 사용하면 탐색시간의 폭발적인 급증 문제를 해결할 수 있는 장점이 있는 반면에 효율적이지 못할 경우도 있다는 단점이 있다. 특히, 데이터양이 방대하고 비구조화된 문제에서 언덕 오르기 방법은 매우 비효율적이다.

(1) 8-퍼즐을 이용한 언덕 오르기의 예

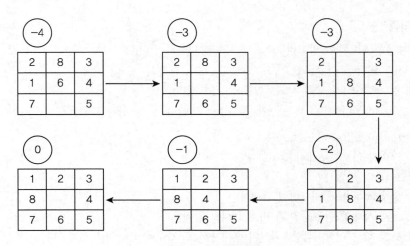

[그림 2-11] 8-퍼즐 문제

8-퍼즐에서 연산자, 제약조건 및 목적 함수는 다음과 같다.

> ① 연산자 : up, down, left, right
> ② 제약조건 : 한 번에 한 칸씩 퍼즐 내부에서 이동한다.
> ③ 목적 함수 : 초기 상태와 목표 상태의 차이를 최소화한다.

2	8	3
1	6	4
7		5

(초기 상태)

1	2	3
8		4
7	6	5

(목표 상태)

[그림 2-12] 8-퍼즐의 초기 및 목표 상태

위의 그림에서 초기 상태 퍼즐의 노드와 목표 상태의 퍼즐 노드가 서로 다른 위치에 있기 때문에 평가 함수는 '-4'가 된다. 퍼즐은 평가 함수의 값이 '0'이 될 때까지 계속 탐색을 한다. 언덕 오르기 탐색에서는 앞으로 소요될 비용만 고려하여 현재 진행 중인 경로를 우선적으로 탐색하기 때문에 최적 경로 탐색은 보장하지 않는다. 어떤 평가 함수를 사용하느냐에 따라서 탐색결과가 달라진다. 기본적으로 언덕 오르기 탐색 방법에서는 자식 노드의 값이 선행 노드의 평가 함수 값보다 커야만 앞으로 진행할 수 있다. 만일 자식 노드의 평가 함수 값이 선행노드의 값과 같거나 작으면 함숫값을 높이는 방향으로 나갈 수 없기 때문에 경로 선택이 어렵게 된다. 이 상태를 앞서 설명한 로컬 옵티마(local optima)라고 한다.

(2) 알고리즘

위의 내용을 일반적인 알고리즘으로 표시하면 다음과 같다.

① While(∃ uphill points)

　　㉠ 평가 함수 f를 증가시키는 방향으로 이동한다.

② $S_{\neq xt} = \underset{s}{\arg\max}\ f(s)$, s는 현재 상태 n에 대한 후계 상태를 의미한다.

　　㉠ If f(n) ⟨ f(s)이면 s로 이동한다.

　　㉡ 그렇지 않으면 n에서 정지한다.

③ 알고리즘의 유의사항

　　㉠ 정상(꼭대기)에 도달하면 끝낸다.

　　㉡ 현재 상태의 이웃을 미리 바로 내다보지 않는다.

　　㉢ 만일 하나 이상이라면, 최고의 후계자 세트 가운데서 임의로 선택한다.

　　㉣ 그것이 어디에 있었는지 기억하지 못하기 때문에 백트랙은 하지 않도록 한다.

(3) 언덕 오르기 방식의 순서도

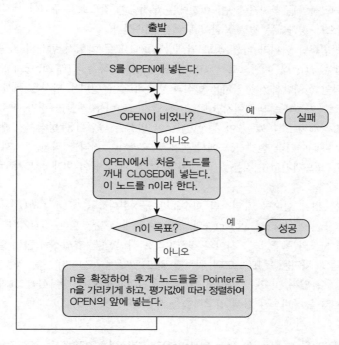

[그림 2-13] 언덕 오르기 순서도

2 최우선 탐색(best first search) 중요 ★★★

(1) 개요

최우선 탐색은 정해진 규칙에 따라서 가장 유망해 보이는 노드를 선택하여 확장하는 알고리즘이다. 이것은 경로의 끝단이 솔루션에 얼마나 가까운지 예측하기 위해 체험적인 방법을 사용하는 것으로 솔루션에 더 가깝다고 판단되는 경로를 우선 확장하는 방법이다. 이러한 유형의 탐색을 'greedy BFS' 또는 '순수한 경험적 탐색'이라고 한다. 확장 후보자를 효율적으로 선택하는 것은 일반적으로 우선순위 큐를 사용하여 구현한다. A* 알고리즘은 B* 알고리즘과 마찬가지로 BFS의 예이다. BFS는 조합탐색에서 경로 찾기에 사용되기 때문에 시작부터 거리를 목표까지의 예상 거리에 포함시키는 A*이나 B* 알고리즘은 greedy BFS가 아니다.

최우선 탐색 방법은 깊이우선 탐색방법과 너비우선 탐색방법의 장점만을 취해 하나로 만든 방법이다. 최우선 탐색의 단계마다, 경험적 지식에 사용되는 적절한 평가 함수를 적용하여 지금까지 만들어진 노드 중 해답으로 이끌 가능성이 가장 높은 노드를 택한다. 후계 노드를 만들기 위해 규칙을 이용하여 선택된 노드를 전개하고 확장한다. 만약 이들 후계 노드 중에 원하는 목표 상태가 포함되어 있다면 수행을 중단하고, 그렇지 않다면 새로 만들어진 후계 노드를 지금까지 만들어진 노드의 집합에 추가하고 이 중에서 목표로 이끌 가능성이 가장 높은 노드를 찾아 최우선 탐색을 계속 수행한다. 풀이를 얻을 가능성이 가장 높은 방향으로 탐색하기 위해 깊이우선 탐색을 사용한다. 그러나 원하는 목표 풀이를 찾지 못하면, 이전에는 부적당한 것으로 간주되어 무시되었지만, 현재는 가장 유망한 것으로 평가되는 경로를 찾아 탐색을 계속한다.

최우선 탐색방법뿐만 아니라 다른 정보 탐색방법들도 모두 체험적 탐색의 가장 기본적인 접근방법으로 평가 함수 $f(n)$을 기반으로 한 '트리(tree) 탐색' 혹은 '그래프(graph) 탐색' 확장방식이다. BFS의 기본적인 실행방법은 균일비용 방식과 비슷하다. 균일비용 방식은 현재 노드에서 비용이 가장 적은 노드로 이동하는 방식이지만, BFS는 단지 그 비용 계산을 평가 함수를 사용하는 것뿐이다. 여기에 휴리스틱 함수 $h(n)$이 등장한다. 이 방식은 균일비용 방식처럼 현재 노드에서 가까운 노드를 찾는 것이 아니라 현재 모드에서 목표 노드까지의 거리를 직선으로 계산하는 것이다. 현재 노드에서 목표 노드까지의 거리를 $h(n)$이라고 한다. 예를 들어 현재 노드가 목표 노드라고 한다면 $h(n) = 0$이 된다.

이 방식에서는 평가 함수를 휴리스틱 함수로만 구성한다. 즉, $f(n) = h(n)$이다. 여기서 $h(n)$을 어떻게 설정하느냐에 따라서 알고리즘의 질이 바뀌게 된다. 흔히 길찾기와 같은 유형에서는 이 $h(n)$을 현재 노드와 목표 노드 사이의 직선거리로 확인한다. **휴리스틱 탐색 알고리즘과 기존의 무정보 알고리즘의 차이는 목표 노드의 위치를 알고 있다는 사실이다.** 즉, 경험적 근거에 의해서 목표 노드를 알 수 있는 것이다. 따라서 많은 길찾기의 예들이나 장애물을 효과적으로 건너서 길을 찾는 프로그램들은 휴리스틱 탐색 알고리즘을 사용한다.

예제 직선거리(SLD : Straight Line Distance)가 휴리스틱을 결정한다는 것을 Start라는 도시에서 Goal 이라는 도시로 이동하는 과정을 예로 들어보자.

start	366	meha	241
goal	0	neam	234
craio	160	orad	380
drob	242	pitesti	100
efor	161	rimni	193
faga	176	sibi	253
giur	77	timiso	329
hirs	151	urzic	80
la	226	vasl	199
lugo	244	zeri	374

[그림 2-14] 어느 도시 경로의 예

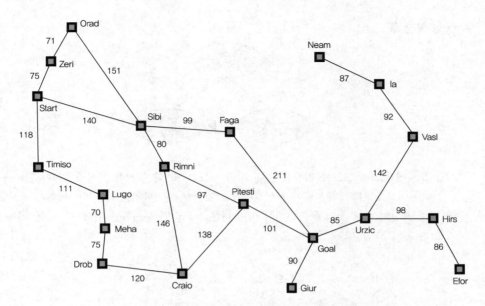

[그림 2-15] h_{SLD}의 값—목표 도시까지의 직선거리

① 초기 상태

② start 도시 확장 후

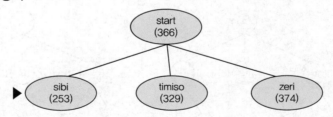

③ sibi 확장 후

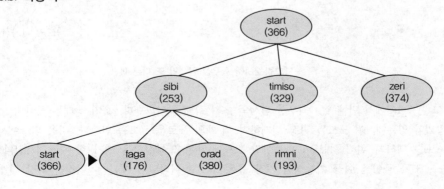

④ faga 확장 후

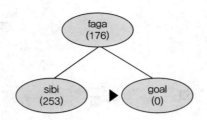

시작 도시에서 sibi 노드를 확장했을 때 자식 노드로 또 다른 시작 도시가 있는 것을 볼 수 있다. 만일 시작 도시로 다시 들어가는 경우가 생기면 무한 반복이 계속된다. 따라서 노드를 확장할 때는 자신의 부모 노드를 확인해서 이미 나온 노드라면 무시하면 된다. 또 다른 예를 살펴보기로 하자.

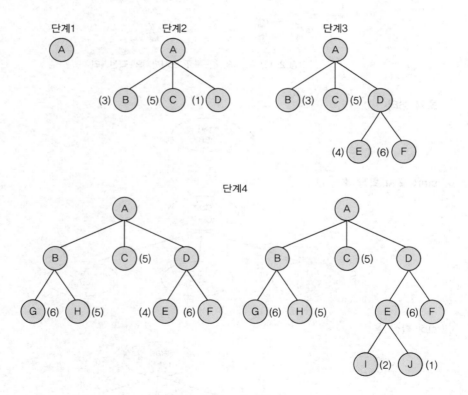

[그림 2-16] 최우선 탐색의 또 다른 예

[그림 2-16]에서 단계 1은 최우선 탐색의 초기 상태를 나타낸다. 초기 상태는 하나의 노드로 구성되어 있는데, 이 노드를 확장·전개하여 세 개의 새로운 노드를 만든다. 다음 단계에서 수행될 노드를 택하기 위해, 새로이 만들어진 노드에 비용을 계산하는 평가 함수를 적용한다. 여기서 노드 D가 풀이를 이끌 가능성이 가장 높은 노드로 나타났기 때문에, 이것을 확장·전개하여 두

개의 후계 노드 E와 F를 만들어 이 두 개의 노드에 다시 경험적 방법에 사용되는 평가 함수를 적용한다. 지금까지 조사한 A-D-E/F 경로보다 A-B 경로가 더 유망한 것으로 나타났기 때문에, B를 확장·전개하여 G와 H라는 후계 노드를 만든다. 그러나 새로운 G와 H를 평가하여 이 경로가 다른 경로들 더 비효율적인 것으로 판단되었기 때문에 D와 E를 지나는 경로를 다시 조사한다. E를 확장하여 I와 J를 만들고, 다음 단계에서, 가장 유망한 것으로 평가된 노드 J를 확장·전개한다. 원하는 목표 상태를 얻을 때까지 이 과정을 계속 수행한다. 최우선 탐색은 기본적으로 우선순위가 정해져야 하고, 많은 메모리가 필요하며 구현 방법이 복잡하다는 단점이 있다.

(2) 알고리즘

① 루트 노드를 큐(queue)에 넣는다.
② 큐가 비거나 목표에 도달할 때까지 큐의 첫 번째 노드가 목표 노드인가를 조사한다.
③ 첫 번째 요소가 목표 노드이면 아무것도 하지 않는다.
④ 첫 번째 요소가 목표 노드가 아니면 큐로부터 첫 번째 요소를 제거하고 그 자식들을 큐에 첨가한다. 그리고 평가값에 따라 큐의 모든 요소를 정렬한다.
⑤ 목표 노드를 발견하면 성공, 발견하지 못하면 실패한다.

(3) 처리 순서도

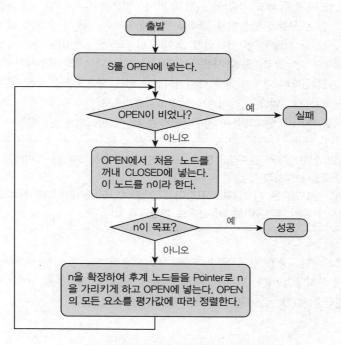

[그림 2-17] 최우선 탐색기법의 순서도

3 A* 알고리즘 중요 ★★★

(1) 개요

최(적)우선 탐색 중에서 가장 잘 알려진 방법인 A* 알고리즘은 1968년 방 안의 장애물을 피해 다닐 수 있도록 만든 'Shakey Robot'을 지원하기 위해 미국 스탠포드 대학교 팀(Peter Hart, Nils Nilsson, Bertram Raphael)이 개발했다. A* 알고리즘은 **너비우선 방법**과 **최우선 방법**의 강점만을 조합하여 만든 **탐색방법**으로 BFS처럼 가장 짧은 경로를 찾아내고, 최우선 방법처럼 **빠르다**. A*(에이 스타) 방식은 실제로 매우 많이 사용되고 있는 방식이다.

A* 알고리즘은 $h(n)$과 $g(n)$을 조합하여 사용한다. $g(n)$은 현재 상태의 비용을 나타낸다. 즉, $g(n)$는 목표 노드까지의 예상 이동비용으로 가중치를 고려한 값이다. 현재 상태에서 다음 상태로 이동할 때의 휴리스틱 함수를 $h(n)$이라고 할 때, 둘을 더한 $f(n) = g(n) + h(n)$이 최소가 되는 지점을 우선적으로 탐색하는 방법이다. $f(n)$이 작은 값부터 탐색하는 특성상 우선순위 큐가 사용된다. 휴리스틱 함수 $h(n)$에 따라 성능이 극명하게 갈리며, $f(n) = g(n)$일 때는 다익스트라 알고리즘과 동일하다. 이 알고리즘은 도로 교통망 같은 곳에서 나타날 수 있는 그래프로 꼭짓점 간의 최단 경로를 찾는 알고리즘이다. A*를 사용하는 이유는 다익스트라의 현실 적용이 매우 어렵기 때문이다. 사람이 다닐 수 있는 거리는 디지털이 아닌 모든 객체가 어우러지는 아날로그 공간이다. 이것들을 모두 노드화하기에는 그 수가 엄청나게 많아질 수 있다. 만일 노드화를 한다면 탐색해야 하는 공간도 그만큼 커지게 되고, 시간의 복잡도 역시 커질 것이다. 만일 노드화를 잘해서 다익스트라를 사용할 수 있는 상황을 만들어서 경로를 발견했다고 가정하자. 그렇게 탐색한 경로가 자동차 정체 구간, 출근길 등 다양한 변수로 인해 오히려 더 느려질 수 있는 경우도 발생하기 마련이다. 이러한 변수 때문에 A* 알고리즘을 사용하는 것이다. 그리고 A*를 발전시킨 형태가 D*(Dynamic A*) 알고리즘인데, 현대의 대부분 차량 내비게이션은 이를 활용한다고 보면 된다.

최단 거리를 구하는 알고리즘은 다익스트라 알고리즘, 프로이드 알고리즘, A* 알고리즘이 있다. 이 중에 다익스트라와 A* 알고리즘이 자주 비교되는데 이들을 비교 정리하면 다음과 같다.

> ① 다익스트라 알고리즘은 목표점이 없고 시작점만 있어 잔여 거리를 고려하지 않는다. 따라서 최적의 경로를 보장하지 못한다.
> ② 반면에 A* 알고리즘은 시작점과 목표점이 있고 잔여 거리를 고려하여 최적의 경로를 제공한다. 따라서 차량의 내비게이션 솔루션으로 활용되고 있다.

다익스트라 알고리즘은 종종 링크 상태 라우팅 프로토콜의 원리에 의해 작동하며, OSPF와 IS-IS가 그중 가장 일반적인 것이다. 너비우선 탐색은 다익스트라 알고리즘을 비가중치 그래프에서 우선순위 큐를 선입선출(FIFO) 큐로 만든 특수한 경우로 볼 수 있다.

(2) 알고리즘

① 출발 노드를 OPEN에 넣는다. 출발 노드의 평가 함수 값을 식에 따라 계산하면 된다.

② OPEN에 노드가 남아 있는 동안 다음을 반복한다.

　　㉠ OPEN에서 f값이 최소인 노드를 꺼내어 CLOSED에 넣는데 이 노드를 n이라 한다. 만일 동일한 f값을 가지고 있는 노드가 여러 개 있을 때는 임의로 선택하되 목표 노드가 있다면 우선적으로 선택한다.

　　㉡ 노드 n이 목표 노드라면 탐색은 성공적으로 끝난다. 포인터를 역으로 추적하면 탐색 경로를 얻을 수 있다.

　　㉢ 노드 n을 확장하여 후계 노드 n_1, n_2, ..., n_i를 생성한다. 이들 후계 노드에 부모 노드인 노드 n을 가리키는 포인터를 첨부한다.

　　㉢ 각각의 후계 노드에 대해 평가 함수 $f(n_1)$, $f(n_2)$, ..., $f(n_i)$를 계산하여 첨부한다.

　　㉣ 각각의 후계 노드 n_k, k = 1, 2, ..., i에 대하여 살펴보면 다음과 같다.

> • 동일한 노드가 OPEN에 이미 존재한다면(그 노드를 n_{old}라 하자)
> $f(n_{old})$가 $f(n_k)$보다 작다면 n_k는 버린다.
> 그렇지 않으면, n_{old}를 OPEN에서 제거한다.
> • 동일한 노드가 CLOSED에 이미 존재한다면(그 노드를 n'_{old}라 하자)
> $f(n'_{old})$가 $f(n_k)$보다 작다면 n_k는 버린다.
> 그렇지 않으면 n'_{old}의 부모 포인터가 노드 n을 가리키도록 수정하고 평가 함수를 $f(n_k)$로 수정한다. 또한, n'_{old}의 모든 후계 노드에 대한 경로 비용 g가 변화하였으므로 이를 수정한다.

　　㉤ 동일한 노드가 OPEN이나 CLOSED에 존재하지 않으면 n_k를 OPEN에 삽입한다.

③ 탐색은 실패로 끝난다.

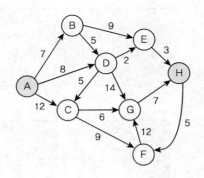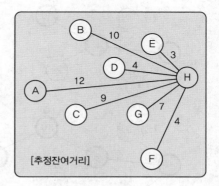

[추정잔여거리]

[그림 2-18] A* 알고리즘의 예제

위의 예제는 A에서 H까지의 최단 경로를 A* 알고리즘을 이용하여 풀이하는 문제이다.

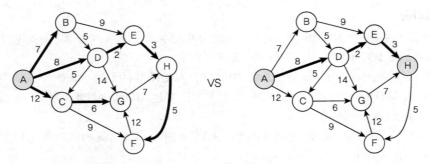

[그림 2-19] 다익스트라 알고리즘(좌)과 A* 알고리즘(우)

(3) A* 알고리즘의 풀이과정

A* 알고리즘은 시작점에서부터 현재 정점까지의 최단 거리와 현재 정점에서 목표점까지의 추정잔여거리를 합산하여 최단 경로를 구한다. 즉, 현재 정점이 D라고 할 때 A→D의 최단 거리와 D→H의 추정잔여거리를 합산하는 것이다. 여기서 추정잔여거리는 목표점과 각 정점을 잇는 직선거리이다. 시작점에서 각 정점에 이르는 거리를 g(n)이라고 하고 목표점에서 각 정점에 이르는 잔여 추정거리(평가 함수)를 h(n)라고 하면 다음과 같은 식을 도출할 수 있다.

$$f(n) = g(n) + h(n)$$

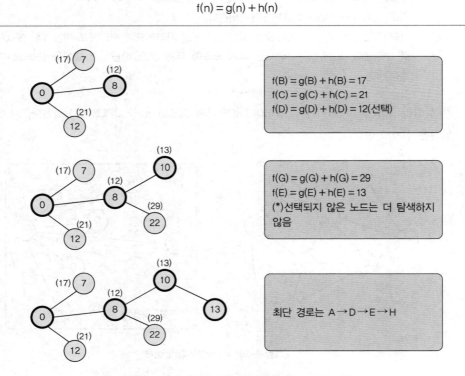

[그림 2-20] A* 알고리즘을 이용한 최단 경로 탐색

따라서, 최단 경로는 A→D→E→H임을 알 수 있다.

(4) 다익스트라 알고리즘의 풀이과정

① 시작점만 0으로 초기화하고 다른 정점의 최단 거리는 모두 ∞로 한다.

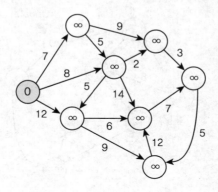

② 시작점 A에서 인접 정점들에 이르는 거리를 계산하고 이 값을 임시로 저장한다.

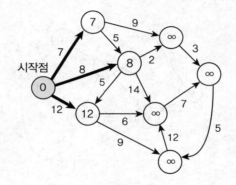

③ 계산된 정점 중 최단 거리가 가장 짧은 정점으로부터 인접 정점들의 거리를 계산하여 임시 저장한다. 이때 최단 거리는 시작점에서부터의 최단 거리이며 더 짧은 최단 거리가 있을 경우 업데이트하고 그렇지 않으면 기존의 최단 거리를 유지한다.

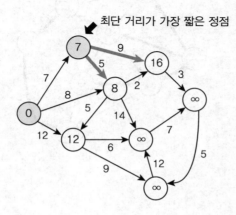

④ 정점 B 다음으로 최단거리가 가장 짧은 정점 D에서 시작하여 인접 정점들의 거리를 계산하여 임시 저장한다. E는 10으로 최단거리가 업데이트된다([그림 2-19] 왼쪽 그림 참고).

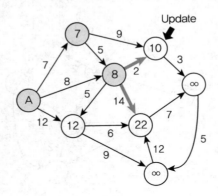

⑤ 앞의 작업을 반복적으로 수행한다.

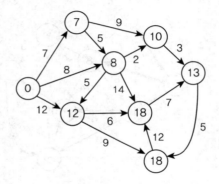

⑥ 최단 경로가 구해진다.

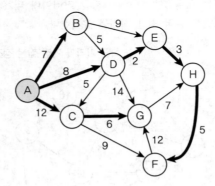

(5) 처리 순서도

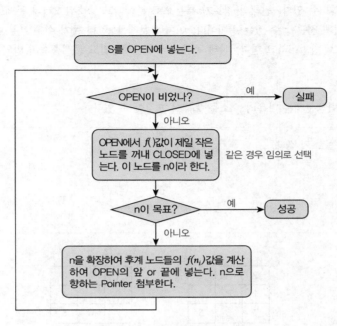

[그림 2-21] A* 알고리즘 처리 순서도

지금까지 설명한 어느 시점에서 최단 경로를 바탕으로 최단 거리가 되는 지점을 선택함으로써 전체적인 경로를 도출해 내는 것을 '최적성의 원리(principle of optimality)'라고 한다. 최적성의 원리를 이용한 방법을 일반적으로 '동적 계획법'이라고 한다. '동적 계획법'은 경로 계산을 대폭 줄일 수 있기 때문에 다양한 분양에서 널리 사용되고 있다.

제 5 절 문제축소에 의한 해결방식 중요 ★★★

문제축소에 의한 해결방식은 주어진 문제를 몇 개의 부분 문제로 분할하여 각각의 부분 문제를 해결함으로써 전체 문제를 해결하는 방식이다. 각각의 부분 문제들도 유사한 문제 축소 과정을 반복하며, 이러한 과정상에서 더 분해할 필요가 없거나 문제의 해가 발견되면 탐색을 종료한다.

1 문제축소(Problem Reduction)

문제축소 방식은 숲 전체를 관망하는 것이 아니라 숲 속의 나무들을 먼저 관찰한 후 그 나무들의 특성이나 생김새 등에 의해서 숲 전체의 특성을 탐색하는 방식이라고 할 수 있다. 즉, 서울에서 남아프리카공화국으로 여행을 하려면 서울-두바이, 두바이-남아프리카공화국으로 경로를 나누어 부분적 문제로 전체의 여정을 축소하여 생각할 수 있다. 원래의 경로가 부분으로 분할되고 축소된 2개의 문제를 해결함으로써 전체 경로 문제를 더 쉽게 접근할 수 있는 방법이다. 이처럼 문제를 좀 더 풀기 쉬운 부분 문제로 나누어 해결하는 방법을 문제축소 방법이라고 한다. 상태 공간에서의 탐색방법도 문제축소 방법의 특이한 경우 중 하나로 볼 수 있다.

상태 공간에서의 탐색문제는 다음의 요소를 통해서 표출할 수 있다.

- 현재 상태(또는 초기 상태)
- 목표 상태
- 연산자
- 제약조건
- 목적 함수

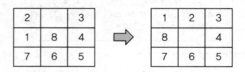

[그림 2-22] 8-퍼즐 문제

현재 상태는 현재 상황에 대해서 표현하는 것이고 목표 상태는 최종적으로 도달해야 하는, 즉 문제가 해결된(SOLVED) 상태를 말한다. 연산자는 연산능력을 가진 함수로써 어떤 상태를 다른 상태로 옮겨 주는 기능을 수행한다. 제약조건은 주어진 문제에서 지켜야 할 조건이고, 목적 함수(또는 평가 함수)는 효과적으로 목표 방향에 도달하기 위해서 각 상태에서 탐색해야 할 방향을 결정하기 위해 사용하는 함수이다. [그림 2-22]의 8-퍼즐 문제는 문제축소 방법을 설명하기 위한 것이다. 좌측은 현재 상태, 우측은 목표 상태를 나타낸다.

이 문제에서 표현된 요소를 살펴보면 아래와 같다.

- 연산자
  - UP, DOWN, LEFT, RIGHT
- 제약조건
  - 한 번에 한 칸씩 이동, 퍼즐의 내부에서만 이동
- 목적 함수(평가 함수)
  - 현재 상태와 목표 상태의 차이를 최소화하는 목적으로 사용
- 목표 상태
  - 탐색과정의 종료는 새로 생성된 상태 묘사가 목표 상태인지를 확인하는 최적화 문제 또는 최적해를 구하는 작업이 필요

이때의 상태 공간은 퍼즐의 이동으로 얻어질 수 있는 모든 상태의 구성을 의미하므로 다음과 같은 상태를 얻을 수 있다.

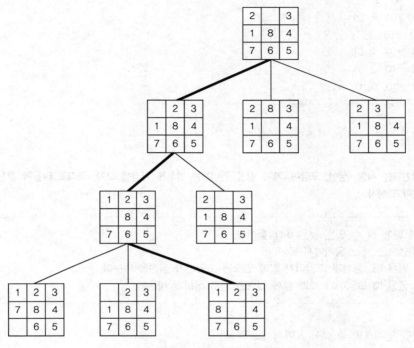

[그림 2-23] 8-퍼즐의 상태 공간

선교사와 식인종의 예를 통해서 초기 상태, 목표 상태, 상태 공간, 연산자, 제약조건을 이해하도록 하자.

예제 1 선교사 3명과 식인종 3명이 배로 강을 건너려고 한다. 배는 최대 두 사람씩 건널 수 있고, 남아 있는 숫자가 식인종이 많으면 선교사는 잡아 먹힌다.

풀이

출발점의 선교사의 수(X), 식인종의 수(Y)와 배의 위치(Z)이다.

X = (0, 1, 2, 3)

Y = (0, 1, 2, 3)

Z = (1 : 승선 장소, 0 : 하선 장소)

초기 상태는 (3, 3, 1)이고 목표 상태는 (0, 0, 0)이다. 이때 생성될 수 있는 상태 공간은 다음과 같다.

(3, 3, 1) → (3, 1, 0)

(3, 1, 0) → (3, 2, 1)

(3, 2, 1) → (3, 0, 0)

$$(3, 0, 0) \rightarrow (3, 1, 1)$$
$$(3, 1, 1) \rightarrow (1, 1, 0)$$
$$(1, 1, 0) \rightarrow (2, 2, 1)$$
$$(2, 2, 1) \rightarrow (0, 2, 0)$$
$$(0, 2, 0) \rightarrow (0, 3, 1)$$
$$(0, 3, 1) \rightarrow (0, 1, 0)$$
$$(0, 1, 0) \rightarrow (0, 2, 1)$$
$$(0, 2, 1) \rightarrow (0, 0, 0)$$

동일한 유형의 예를 하나 더 살펴보기로 하자.

예제 2 이번에는 사람, 생선, 고양이, 개가 강을 건너가는 경우를 가정해 보자. 그리고 다음과 같은 제약조건이 있다고 하자.

- 한 번에 배에 탈 수 있는 것은 최대 둘이다.
- 사람이 없으면 배는 움직이지 못한다.
- 사람이 없을 때, 생선과 고양이가 함께 있으면 고양이가 생선을 먹는다.
- 사람이 없을 때 고양이와 개가 함께 있으면 서로 심하게 싸운다.

이러한 상황을 먼저 다음과 같이 표현하기로 하자.

- 사람이 이쪽 기슭에 있을 때(있으면 1, 없으면 0)
- 생선이 이쪽 기슭에 있을 때(있으면 1, 없으면 0)
- 고양이가 이쪽 기슭에 있을 때(있으면 1, 없으면 0)
- 개가 이쪽 기슭에 있을 때(있으면 1, 없으면 0)
- 배가 이쪽 기슭에 있을 때(있으면 1, 없으면 0)

이렇게 시작하면 시작 상태는 [1, 1, 1, 1, 1]이 된다. 이 상태에서 [0, 0, 0, 0, 0]의 상태로 이동하기 위한 경로를 탐색하면 문제는 해결된다.

이 상태는 깊이우선 탐색방법에 의해서도 해결된다는 것을 알 수 있다.

- 고양이를 옮긴다 → 사람만 되돌아간다 → 생선을 옮긴다 → 고양이를 데리고 돌아온다 → 개를 옮긴다 → 사람만 돌아간다 → 고양이를 옮긴다
- 고양이를 옮긴다 → 사람만 되돌아간다 → 개를 옮긴다 → 고양이를 데리고 돌아온다 → 생선을 옮긴다 → 사람만 돌아간다 → 고양이를 옮긴다

이와 같은 2가지의 경로로 문제의 해답을 얻어 종료할 수 있다.

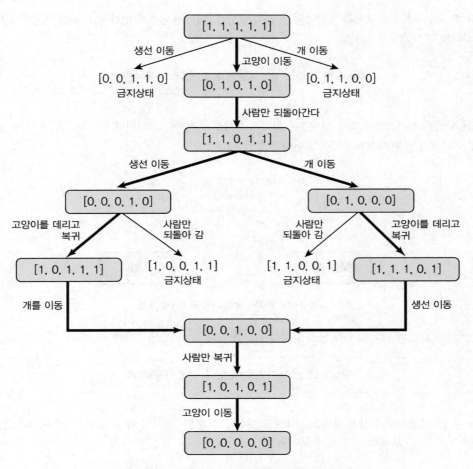

[그림 2-24] 강건너기 문제의 DFS의 문제 풀이 경로

2 AND-OR 그래프 중요 ★★★

AND-OR 그래프란 규칙(rule)의 조건 및 결론 관계를 AND/OR 관계를 이용한 그래프 형태로 나타내는 것이다. 문제축소 과정을 트리 구조의 한 형태로 표현한 것이라고도 볼 수 있다. AND-OR 그래프에서는 동시에 문제를 풀어야 하는 경우(AND의 경우)의 노드는 아크로 묶어 놓는다. 만약 여러 규칙이 있는데 이들이 모두 같은 IF … THEN 문을 갖는다고 할 때 예를 들어 다음과 같은 규칙을 살펴보자.

> 동물이 젖이 있다. → 포유류이다.
> 동물이 털이 있다. → 포유류이다.

이것을 하나의 규칙으로 표현하는 방법은 두 가지가 있다. 하나는 논리적 연산자인 OR를 이용하여 다음과 같이 하나의 규칙 형태로 표현할 수 있다.

동물이 젖이 있다. OR 동물이 털이 있다. → 포유류이다.

또 다른 방법은 시각적인 효과를 더해주는 그래프 형태로 표현하는 방법이다. 즉, 노드로써 각 문장을 나타내고 기호로서 IF와 THEN 관계를 표현하는 것이다.

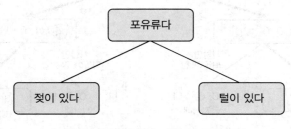

[그림 2-25] AND-OR 그래프 중 OR의 표현

만일 IF 문에 AND가 있는 다음과 같은 규칙이 있다고 하자.

포유류이다. AND 발굽이 있다. → 초식동물이다.

이는 다음 [그림 2-26]과 같은 형태의 그래프로 표현될 수 있다. 이처럼 아크 표시가 있으면 두 조건 간에는 AND의 관계가 성립한다는 것을 알 수 있다.

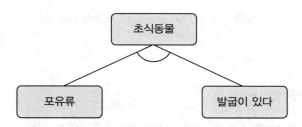

[그림 2-26] AND-OR 그래프 중 AND의 표현

AND 관계는 어떠한 문제를 분해한 부분 문제이다. 즉, 모든 부분 문제가 해결되어야 주어진 문제가 풀이되기 때문에 부분 문제들 간의 관계를 나타낸다. OR 관계는 문제를 분해하는 방법이 여러 가지 있을 때 각각의 부분 문제 조합 중에서 하나라도 풀이되면 주어진 문제를 해결할 수 있는 관계를 표현한다.

하노이 타워(탑)의 퍼즐을 예로 하여 문제축소 방법을 접근해 보도록 하자. 하노이 타워의 문제, 연산자, 제약조건과 평가 함수는 다음과 같다.

① **문제** : A봉에 있는 n – 1개의 원판을 C봉을 이용하여 B봉으로 이동하는 것이다.
② **연산자** : A, B, C 3개의 봉과 위로 원판을 뽑는 행위(up), x, y, z의 봉으로 이동하는 행위(left move right move)와 다시 원판을 꼽는 행위(down)로 나눌 수 있다.
③ **제약조건**
　㉠ 봉의 맨 위의 원판만 한 번에 하나씩 이동할 수 있다.
　㉡ 큰 원반은 항상 작은 원반 밑에 놓여야 한다.
④ **평가 함수** : 초기 상태의 하노이 타워를 목표 상태로 만드는 것이다.

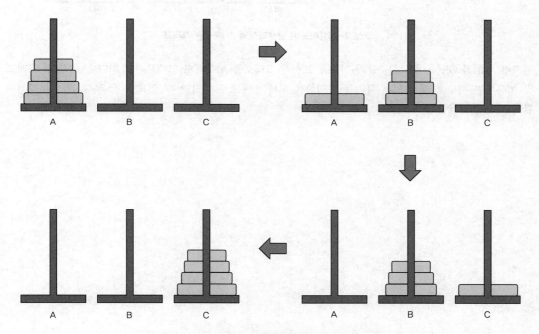

[그림 2-27] 하노이 타워를 이용한 문제축소 문제

위의 문제를 축소하면 다음과 같다.

① A의 모든 원판을 봉 B로 이동시키기 위해서는 가장 큰 원판을 C로 이동시킨다. 이때 봉 C는 비어 있어야 한다.
② 초기 상태에서 가장 큰 원판은 작은 원판과 중간의 원판을 먼저 움직여야 이동이 가능하고, 이때 작은 원판과 중간 원판은 봉 B로 이동시키는 것이 좋다. 그러면 큰 원판을 봉 C로 이동할 수 있다.
③ 위의 과정을 유사하게 반복하면서 문제를 해결한다.

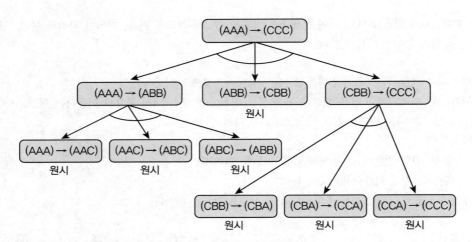

[그림 2-28] 하노이 탐색과정의 AND-OR 그래프

이처럼 AND와 OR를 이용하는 규칙 형태를 표현한 그래프를 AND/OR 그래프라고 한다. AND/OR 그래프를 이용하면 서로 산재해 있는 규칙들의 집합을 하나의 구조로 파악할 수 있으며 각 문장 간의 논리적인 관계를 쉽게 파악할 수 있다.

○×로 점검하자

※ 다음 지문의 내용이 맞으면 ○, 틀리면 ×를 체크하시오. [1 ~ 6]

01 상태 공간을 그래프로 표현하면 해를 찾아가는 탐색과정을 설명하기가 매우 효율적이다. 그래프의 종류는 크게 두 가지가 있는데, 방향 그래프와 비방향 그래프이다. ( )

>>>◯ 상태 공간을 그래프로 표현하면 해를 찾아가는 탐색과정을 설명하기가 매우 효율적이다.
그래프(graph)는 꼭짓점(또는 노드)과 꼭짓점을 잇는 엣지(또는 링크)로 구성된 일종의 집합체이다. 이때 그래프의 종류는 크게 두 가지가 있다. 하나는 엣지에 방향이 존재하여 한 꼭짓점에서 다른 꼭짓점을 가리키는 방향성 그래프와 엣지에 특정한 방향이 존재하지 않는 비방향성 그래프이다.

02 제약조건은 연산자의 값을 의미하며, 목적 함수는 현재 상태와 목표 상태의 최소화를 목적으로 사용하고 목표 상태는 최적화와 최적해를 구하는 작업에서 필요하다. ( )

>>>◯ 제약조건은 연산의 움직임에 대한 조건을 의미한다. 목적 함수는 평가 함수라고도 하며, 현재의 상태와 목표 상태의 차이를 최소화하는 목적으로 사용한다. 목표 상태는 탐색과정의 종료를 위하여 새로 생성된 상태 묘사가 목표 상태인지를 확인하는 최적화 문제 또는 최적해를 구하는 작업이므로 반드시 필요하다.

03 선교사가 강을 건너는 문제나 하노이 타워를 이동하는 문제는 모두 경험적 탐색을 설명하기 위한 예제들이다. ( )

>>>◯ 선교사가 강을 건너는 문제나 하노이 타워를 이동하는 문제는 모두 경험적 탐색을 설명하기 위한 예제가 아니라 문제를 축소하여 문제에 대한 답을 구하는 탐색방법이다.

04 하나의 정점에서 다른 하나의 정점까지의 최단 경로를 구하는 문제를 다익스트라 알고리즘이라고 한다. ( )

>>>◯ 다익스트라 알고리즘은 하나의 정점에서 다른 모든 정점까지의 최단 경로를 구하는 문제이다. 하나의 정점에서 다른 하나의 정점까지의 최단 경로를 구하는 문제는 A*(에이스타) 알고리즘이라고 한다.

정답 **1** ○ **2** ○ **3** × **4** ×

05 A*(에이스타) 탐색방식, 너비우선 탐색방식은 큐를 사용하고, 깊이우선 탐색방식은 스택을 사용한다. (   )

>>>○ 에이스타 탐색방식과 너비우선 탐색방식은 먼저 생성된 노드를 확인해야 하기 때문에 FIFO(First In First Out)인 큐라는 저장기억장치를 사용해야 하고, 깊이우선 탐색방식은 최근에 생성된 노드를 우선 확인해야 하므로 LIFO(Last In First Out)인 스택기억장치를 사용해야 한다.

06 내비게이션은 경로를 찾기 위해 A* 방식을 일반적으로 사용한다. (   )

>>>○ 차량 내비게이션은 출발지점과 목표지점, 그리고 중간에 경유하는 중간지점이 필요하다. 그리고 중간 경유지 간의 이동 가능한 경로에 대한 정보와 각 경유지 간의 거리 등과 같은 추가적인 정보가 필요하다. 이러한 정보들에 기초로 필요한 그래프를 작성하고 출발지점부터 목적지까지의 도착하기 위한 과정을 순서대로 기술하는 탐색에 의한 문제 해결 과정에 일반적으로 에이스타(A*) 탐색방법이 사용된다.

02 실제예상문제

해설 & 정답   checkpoint

01 다음 중 일반적으로 문제를 풀이하는 방법으로 틀린 것은?

① 절차에 의한 방식
② 형식에 의한 방식
③ 탐색에 의한 방식
④ 사례에 의한 방식

01 일반적으로 문제를 풀이하는 방법에는 절차에 의한 방식, 탐색에 의한 방식 그리고 사례에 의한 방식이 있다.

02 다음 중 무정보 탐색기법이 <u>아닌</u> 것은?

① 언덕 오르기 탐색
② 너비우선 탐색
③ 깊이우선 탐색
④ 비용균일 탐색

02 무정보 탐색기법에는 너비우선 탐색, 깊이우선 탐색, 비용균일 탐색방법이 있다.
깊이우선 탐색은 가능한 가장 깊이 들어갔다가 더 이상 파고들어갈 수 없을 때 이전상태로 복귀하고 파고들어가고 나오고를 반복하는 형태이다. 반면, 너비우선 탐색방법은 어떤 방점에서 연결된 가장 빠른 정점들을 방문한 후에 다시 같은 방법들을 연결된 순서들을 다시 방문해 나가는 방법이다. 비용균일 탐색은 출발 노드로부터의 경로비용이 최소인 노드를 선택하여 확장하는 방법이다.

03 하나의 상태를 나타내는 표현을 어떤 행동에 관한 결과 상태를 나타내는 표현으로 바꾸어주는 함수를 무엇이라고 하는가?

① 목표 조건
② 연산자
③ 지식베이스
④ 추론 엔진

03 연산자는 하나의 상태를 나타내는 표현을 어떤 행동에 관한 결과 상태를 나타내는 표현으로 바꾸어주는 함수이다. 목표 조건은 어떤 상태 표현에 대해 참 또는 거짓이 되는 함수이거나, 목표 상태에 해당하는 실제 상태 표현들의 리스트가 된다.

정답 01 ② 02 ① 03 ②

안심Touch

04 탐색을 한 부분에 집중시킬 수 있도록 해주는 그 문제 고유의 정보가 있는 경우에 사용하는 방법인 체험적 탐색방법으로는 언덕 오르기 탐색, 최우선 탐색, 에이스타 알고리즘이 있다.

05 목표 노드를 찾기 위하여 수직 방향으로 노드를 탐색해 가는 방법을 깊이우선 탐색이라고 한다.
너비우선 탐색은 어떤 방점에서 연결된 가장 빠른 정점들을 방문한 후에 다시 같은 방법들을 연결된 순서들을 다시 방문해 나가는 방법이다. 최우선 탐색은 지역적으로 확장된 트리의 모든 노드 중, 가장 좋은 노드부터 탐색을 시작하는 방법으로, 산의 최고 지점을 찾기 위해 여러 팀이 협동하여 움직이는 것과 비슷하다. 기본적으로 우선순위가 정해져야 하고, 많은 메모리가 필요하며 구현 방법이 복잡하다.

06 탐색과정이 시작 노드에서 한없이 깊이 진행되는 것을 막기 위해 깊이 제한을 사용하고, 깊이제한에 도달할 때까지 목표 노드가 발견되지 않으면 최근에 생성된 노드의 부모 노드로 되돌아와서, 부모 노드에 이전과는 다른 동작자를 적용하여 새로운 자식 노드를 생성하는 과정을 역추적(백트래킹, backtracking)이라한다. 즉, 백트래킹은 최근의 탐색하지 않은 후계 노드로 복귀하거나, 다른 방향으로의 탐색이 가능한 최근의 상태로 복귀하는 것을 의미한다. 언덕 오르기 탐색은 체험적 탐색기법으로 백트래킹이 나타나지 않는다.

정답 04 ④ 05 ② 06 ④

04 탐색을 한 부분에 집중시킬 수 있도록 해주는 그 문제 고유의 정보가 있는 경우에 사용하는 방법은?

① 균일비용 탐색
② 깊이우선 탐색
③ 너비우선 탐색
④ 언덕 오르기 탐색

05 다음 중 목표 노드를 찾기 위하여 수직 방향으로 노드를 탐색해 가는 방법은 무엇인가?

① 너비우선 탐색
② 깊이우선 탐색
③ 언덕 오르기 탐색
④ 최우선 탐색

06 다음 중 백트래킹에 대한 설명으로 옳지 <u>않은</u> 것은?

① 목표 노드가 발견되지 않을 때 실행한다.
② 최근에 탐색하지 않은 후계 노드로 복귀한다.
③ 다른 방향으로의 탐색이 가능한 최근의 상태로 복귀한다.
④ 한번 탐색한 노드도 필요시 재방문할 수 있다.

07 다음 내용 중 깊이우선 탐색의 장점이 <u>아닌</u> 것은?

① 현 경로상의 노드만 기억하면 되므로 기억공간이 적다.

② 백트래킹을 위한 공간을 확보해야 하므로 기억공간이 많이 필요하다.

③ 목표 노드의 단계가 깊으면 해를 빨리 구할 수 있다.

④ 목표 노드를 비교적 빨리 찾을 수 있다.

08 다음 중 균일비용 탐색방법과 거리가 <u>먼</u> 것은?

① 목적지에 도착하는 것에만 집중한다.

② 노드 간의 거리를 고려하여 탐색한다.

③ 노드 간 비용이 적은 것을 선택하여 다음 노드로 확장한다.

④ 최단 경로 또는 최적의 경로를 선택한다.

09 다음 중 아래의 설명으로 적합한 탐색방법은?

> 해법이 유일하지 않으며 최적의 해를 보장할 수 없고, 해의 결정에 허용치를 부과하는 탐색방법이다.

① 너비우선 탐색

② 균일비용 탐색

③ 언덕 오르기 탐색

④ 깊이우선 탐색

07 현 경로상의 노드들만을 기억하면 되므로 저장공간의 수요가 비교적 적다. 목표 노드가 깊은 단계에 있을 경우 해를 빨리 구할 수 있고, 원하는 목표를 비교적 빨리 찾을 수도 있다. 백트래킹은 깊이 탐색이 완료되고 난 후 다시 탐색하지 않은 상위 노드로 되돌아가는 것이므로 원래의 저장공간에 영향을 주지 않는다.

08 깊이우선 탐색과 너비우선 탐색은 단순히 목적 노드에 도착하는 것에만 집중하는 탐색기법이다. 그러나 목적 노드에 도착하는 것은 최소한의 조건이고, 어떤 문제의 경우에는 최단 경로 또는 최적 경로를 요구하는 경우도 있다. 균일비용 탐색방법은 노드 간의 거리를 고려해서 경로를 탐색하는 방법으로써, 각 노드까지의 비용이 적은 것을 우선하여 다음 노드를 탐색해 나간다. 특정 노드로 가는 경로가 여러 개 있을 경우 가장 비용이 낮은 경로를 우선 선택한다.

09 경험적 탐색은 해법이 유일하지 않으며 최적의 해를 보장할 수 없고, 해의 결정에 허용치를 부과하는 방법이 유용하게 사용된다. 따라서 경험적 탐색방법인 언덕 오르기 방식이 답이 된다.

정답 07 ② 08 ① 09 ③

안심Touch

10 언덕 오르기 방법은 지역 검색 계열에 속하는 수학적 최적화 기법이다. 문제에 대한 임의의 솔루션으로 시작하여 솔루션에 점진적인 변화를 줌으로써 더 나은 솔루션을 찾으려고 시도하는 반복 알고리즘이다. 또한, 탐색 공간 내에서 움직일 방향을 결정하기 위해 피드백을 사용한 해답의 생성과 테스트 방법의 한 변형이다. 데이터양이 방대하고 비구조화된 문제에서 언덕 오르기 방법은 매우 비효율적이다.

11 로컬 옵티마(local optima) 문제는 이웃한 솔루션 중에서 문제에 대한 최적의 해를 찾는 것이고 글로벌 옵티마(global optima)는 모든 가능한 솔루션을 고려하여 최적의 솔루션을 찾는 것을 말한다. 에러를 최소화시키는 최적의 파라미터를 찾는 문제에 있어서 파라미터 공간에 수많은 지역적인 홀(hole)들이 존재하여 이러한 local optima에 빠질 경우 전역적인 해(global minimum)를 찾기 힘들게 되는 문제를 일컫는다.

12 최우선 탐색에서는 휴리스틱 함수 $h(n)$이 등장한다. 이 방식은 균일 비용 방식처럼 현재 노드에서 가까운 노드를 찾는 것이 아니라 현재 모드에서 목표 노드까지의 거리를 직선으로 계산하는 것이다. 현재 노드에서 목표 노드까지의 거리를 $h(n)$이라고 할 때 현재 노드가 목표 노드라고 한다면 $h(n)=0$가 된다. 이 방식에서는 평가 함수를 휴리스틱 함수로만 구성한다. 즉, $f(n)=h(n)$이다.

정답 10 ④ 11 ③ 12 ④

10 다음 중 언덕 오르기 탐색방법의 내용이 <u>아닌</u> 것은?
① 수학적 최적화 기법을 사용한다.
② 반복 알고리즘을 사용한다.
③ 데이터양이 방대하고 비구조화된 문제에는 적합하지 않다.
④ 피드백은 사용하지 않고 해답을 생성하고 테스트하는 방법의 한 변형이다.

11 다음 중 local optimum에 대한 설명과 관련이 <u>없는</u> 것은?
① 언덕 오르기 탐색방법에서 발생한다.
② 한정된 솔루션에서 최적의 솔루션을 찾는 것이다.
③ 모든 가능한 솔루션 중에서 최적의 해를 찾는 것이다.
④ 숲을 보지 못하고 나무만 보고 탐색하는 경우와 비슷한 경우라고 할 수 있다.

12 다음 중 현재 노드가 목표 노드라고 할 때 휴리스틱 함수 $h(n)$의 값은?
① 3
② 2
③ 1
④ 0

✔ 주관식 문제

01 깊이우선 탐색기법의 (1) 개념과 (2) 장·단점을 기술하고 (3) 경우에 따라서는 해가 없는 경로를 계속해서 따라갈 수 있으므로, 필요에 따라 상위 노드로 되돌아가는 기법을 사용하는데 이를 무엇이라고 하는지 각각 기술하시오.

02 문제축소 탐색방식에서 목표를 탐색하기 위해서 필요한 요소들을 모두 열거하시오.

01

정답 (1) 출발 노드로부터 시작하여 노드를 계속적으로 확장하고, 가장 최근에 생성된 노드를 먼저 확장시키는 탐색 기법이다. 만약 후계 노드가 없다든지, 어떤 노드의 모든 후계 노드를 방문했지만 목표 노드를 발견하지 못하였을 경우에는 즉각적으로 바로 직전 노드로 돌아간다.

(2) 장점으로는 신속하게 원하는 목표를 찾을 수 있으며 구현하기가 용이하며 많은 가지들을 가지고 있는 상태 공간에서 매우 유용하다. 단점으로는 해가 없는 경로를 계속해서 탐색할 수 있기 때문에 통상적으로 깊이 제한을 두어 필요에 따라 전 노드로 되돌아갈 수 있는 백트래킹이 요구된다.

(3) 백트래킹(역추적)

02

정답 (1) 현재 상태(초기 상태)
(2) 목표 상태
(3) 연산자
(4) 제약조건
(5) 목적 함수

해설 문제축소 탐색은 원래의 경로를 부분으로 분할하여 축소된 부분 문제를 해결함으로써 전체 경로 문제를 더 쉽게 접근할 수 있는 방법이다. 목표를 탐색하기 위해서는 현재 상태(또는 초기 상태), 목표 상태, 연산자, 제약조건 및 목적 함수와 같은 요소들을 사용한다.

03

정답 (가) 너비우선 탐색
(나) 에이스타 탐색방법(또는 에이스타 알고리즘)
(다) 다익스트라

해설 너비우선 탐색(breadth-first search)은 초기 노드에서 출발하여 초기 노드의 모든 후계 노드, 즉 깊이 1인 모든 노드들을 탐색하고, 그 다음에는 깊이 2인 모든 노드 등의 순서로 탐색하여 목표 노드가 발견되거나 가장 깊은 노드가 탐색될 때까지 계속하여 탐색하는 방법이다. 알고리즘 루트 노드를 큐(queue)에 넣고, 큐가 비거나 목표에 도달할 때까지 큐의 첫 번째 노드가 목표 노드인가를 조사하며 전진하는 방법이다.
에이스타 알고리즘은 A* 알고리즘 출발 노드로부터 목표 노드까지의 최적 경로를 탐색하기 위한 것으로 각각의 노드에 대한 평가 함수를 정의한다. 또한, 알고리즘 출발 노드를 OPEN에 넣는다. 출발노드의 평가 함수 값을 식에 따라 계산하고, OPEN에 노드가 남아 있는 동안 다음을 반복하는 알고리즘으로 다익스트라 알고리즘을 확장한 것이다.

03 다음 괄호 안에 알맞은 탐색 방법을 적으시오.

(가)은(는) 초기 노드에서 출발하여 초기 노드의 모든 후계 노드, 즉 깊이 1인 모든 노드들을 탐색하고, 그 다음에는 깊이 2인 모든 노드 등의 순서로 탐색하여 목표 노드가 발견되거나 가장 깊은 노드가 탐색될 때까지 계속하여 탐색하는 방법이다. 반면에 (나)은(는) 출발 노드로부터 목표 노드까지의 최적 경로를 탐색하기 위한 것으로 각각의 노드에 대한 평가 함수를 정의한다. (나)는 (다) 알고리즘을 확대한 것이다.

04 경험적 탐색의 (1) 정의에 대해서 기술하고 (2) 경험적 탐색에서 사용하는 특별한 함수를 무엇이라고 부르는지 적으시오. 또한, (3) 경험적 탐색 방법의 종류에 대해서 2가지 이상 기술하시오.

04

정답 (1) 목표 상태를 더 신속하게 탐색하기 위해 경험적 지식을 활용하는 탐색방법으로 논리적으로 혹은 수학적으로 증명할 수 없으나 경험이나 직관에 의해서 효율적인 해를 얻을 수 있을 것이란 기대를 갖게 하는 어떤 근거에 의한 방법이다.
(2) 평가 함수
(3) 언덕 오르기 탐색, 최적(최우선) 탐색, 에이스타 알고리즘

해설 경험적 탐색(heuristic search)은 목표 상태를 보다 신속하게 탐색하기 위해 경험적 지식을 활용하는 탐색 방법이다. 논리적으로 혹은 수학적으로 증명할 수 없으나 경험이나 직관에 의해서 효율적인 해를 얻을 수 있을 것이란 기대를 갖게 하는 어떤 근거에 의한 방법이다.
경험적 탐색방법은 해법이 유일하지 않으며 최적의 해를 보장할 수 없고, 해의 결정에 허용치를 부과하는 방법이 유용하게 사용된다. 탐색과정에서 노드들의 확장 순서를 정하기 위해서 평가 함수를 사용한다. 평가 함수는 어떤 노드에 대해 이것이 최상의 경로에 있을 확률을 이용하기도 하고 임의의 노드와 목표 노드 간의 거리나 차이를 이용하기도 한다. 종류에는 언덕 오르기 탐색, 최적(최우선) 탐색, 에이스타 알고리즘이 있다.

안심Touch

여기서 멈출 거예요? 고지가 바로 눈앞에 있어요.
마지막 한 걸음까지 시대에듀가 함께할게요!

제3장

지식표현과 논리

I wish you the best of luck!

어떠한 사실, 개념, 명령 또는 과학적인 실험이나 관측 결과로 얻은 수치나 정상적인 값 등 실체의 속성을 숫자, 문자, 기호 등으로 표현한 것을 데이터라고 하며, 데이터에 특정한 의미가 부여될 때 정보가 된다. 데이터(data) 자체는 단순한 사실에 불과하지만, 일련의 처리과정에 따라 특정한 목적에 필요한 정보를 만들기 위한 재료로 사용되는 것이다. 즉, 정보(information)는 특정한 목적을 위해 처리된 데이터의 결과물이다. 이러한 측면에서 지식은 정보와는 다른 의미를 갖는다.

지식(knowledge)은 사물에 관한 사람 개개인의 단편적인 실제적, 경험적 인식을 뜻하며 사전적으로는 다음과 같이 정의되고 있다.

> ① 객관적 타당성을 요구할 수 있는 판단의 체계를 말한다.
> ② 지혜와 식견 또는 어떤 사항에 대한 명석하고 확정적인 의식이나 판단이다.
> ③ 어떤 사건을 인식하고 이해하고 있는 것 또는 그 내용이다.
> ④ 안다고 알려진 인간의 모든 활동과 특히 그 내용을 말하며 좁은 의미로는 원인의 파악을 기반으로 한 확실한 인식을 말한다.

그렇다면 인공지능에서의 지능이란 무엇일까? 우선 사전적 의미를 살펴보자.

> ① 지능은 적응적(adaptive)으로서 다양한 상황과 문제에 융통성을 갖고 반응하는 데 사용된다.
> ② 지능은 학습능력과 관련이 있어서 특별한 영역에서 지적인 자는 그렇지 아니한 자보다 더 신속하게 새로운 정보를 처리할 수 있다.
> ③ 지능은 새로운 상황을 효과적으로 분석하고 이해하기 위해 선행지식을 활용하는 것이다.
> ④ 지능은 여러 가지 다른 정신 과정들의 복잡한 상호작용과 조정을 포괄한다.
> ⑤ 지능은 문화특수적이다. 한 문화에서 지적인 행동이 반드시 다른 문화에서 지적인 행동으로 간주될 필연성은 없다. 즉, 지능은 보편적이지 아니하다.

지능과 지식의 관계를 한마디로 압축하기는 어려운 일이다. 그러나 정의된 사전적인 의미를 활용하여 관계성을 부여한다면 지식은 지능을 만들기 위한 데이터의 축적이고, 지능은 이렇게 입력된 지식의 산출물이라고 할 수 있을 것이다. 지능은 외부로부터의 정보를 인식하고 지식을 체계화한 것이다.
지식표현이란 지식을 컴퓨터와 사람이 동시에 이해할 수 있는 형태로 나타내는 것으로 목적달성에 부합되는 구조를 가져야 한다. 그리고 추론의 효율성, 지식 획득의 용이성, 저장의 간결성 및 표현의 정확성, 다양성 등을 갖추어야 한다. 인공지능 시스템을 구현하는 가장 중요한 요소는 획득한 지식을 효율적이고 효과적으로 표현해야 하는 것이다. 이것은 자연어를 컴퓨터가 이해할 수 있도록 프로그램화되어야 한다.

지식표현 방법은 인간의 일상언어와 컴퓨터 언어와의 표현구조 사이의 어느 중간에서 타협점을 결정하게 된다. 만약 인간의 언어, 즉 자연언어로만 표현한다면 아직 컴퓨터에 의한 자연어의 처리가 완벽하지 못하므로 구현이 불가능하고, 반면 컴퓨터의 입장에서 지식을 컴퓨터 언어의 알고리즘과 자료구조로만 표현하면 그 또한 인간이 이해하기가 어렵기 때문이다. 이러한 중간 절충안이 규칙이나 프레임, 의미망, 그래프, 전치논리 형태 등이다. 이러한 표현을 위한 전문적인 컴퓨터 언어, 예를 들면 LISP, PROLOG, PHYTHON 등이 개발되어 있다. 즉, 지식을 책을 집필하듯 서술적으로 나타내기보다는 구조화와 체계화를 이루어야 컴퓨터에 의해 쉽게 구현될 수 있고, 추론 및 검색이 용이해진다.

지식표현의 기능은 대략 네 가지로 구분할 수 있다.

① 지식표현은 일련의 존재론적 약속이다(ontological commitments). 따라서 그 약속은 가장 초기에 선택되어지며 단계마다 축적된다. 지식표현은 자료구조가 아니다.
② 지식표현은 지능적 추론의 단편적인 이론이다(fragmentary theory).
③ 효율적인 전산화(computation)를 위한 수단이다.
④ 인간 표현의 수단이다.

지식의 종류에는 '○○이면 ××이다.'라고 하는 선언적(기술적) 지식, 업무의 처리절차와 방법에 대한 절차적 지식, 무의식 속에 각인되거나 신체의 숙련도에 의해서 진행되는 암묵적 지식이 있다. 또 다른 지식으로는 상식이라는 것이 있다.

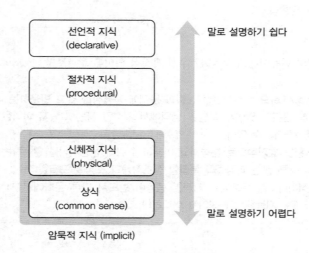

[그림 3-1] 지식의 종류

제 1 절 지식의 표현

1 지식표현의 필요성

실세계의 대부분 문제는 너무나 방대한 양의 정보를 가지는 경우가 많아서 지식으로 표현하기에는 어려운 경우가 자주 발생한다. 애매모호한 상황, 끊임없이 변화하는 지식의 특성 등으로 정확하게 지식에 대해서 표현하기가 쉽지 않다. 또한, 대부분 지식은 정적인 경우보다 동적인 경우가 많아 상황에 따라 변한다. SNS로 인한 데이터의 폭증으로 데이터의 양은 기하급수적으로 증가하고 있고 이러한 데이터로부터 필요한 지식을 추출하는 일 또한 매우 중요한 과제가 되었다. 지식은 데이터 또는 가공된 정보가 개념화된 것으로 이러한 지식을 사용하여 보편적인 정리와 규칙 또는 사실에 대한 진리를 발견할 수 있다. [그림 3-2]는 데이터, 정보, 지식의 관계를 표현한 것이다.

[그림 3-2] 데이터/정보/지식의 관계

데이터를 컴퓨터가 가공한 결과를 정보라고 하고 정보를 인간의 오감으로 받아들이고 필요한 상황에서 적절하게 표현하는 것을 지식이라고 한다. **정보와 지식의 개념**을 좀 더 구체적으로 세분화하여 표현하면 다음과 같다.

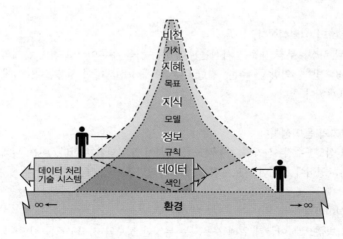

[그림 3-3] 데이터, 정보, 지식의 계층구조

데이터는 사실을 샘플링하는 룰에 의하여 정보로 변환되고 정보는 모델링의 과정을 거쳐서 지식으로 전환된다. 여기에 목표나 목적이 더해지면 지혜가 구축되고, 미래 지향적인 비전이 구축될 수 있다. 외부 환경으로부터 데이터를 수집하는 역할은 인간의 인지 능력에서 비롯된다. 지식은 정보를 개념화한 것으로 사람에게 가치를 제공해야 한다. 정보가 지식이 되기 위해서는 적절한 구조가 있어야 하고, 구조화된 정보의 체계가 인간에게 이해될 경우 우리는 그것을 '개념'이라고 한다. 지식의 영역은 체계화(개념화)된 정보를 통해서 얻어지고 얻어진 정보를 보편화(이론화)하여 진리, 정리, 법칙을 만들어 내는데 이것을 '지혜'라고 부른다.

지식을 표현하기 위해서는 다음과 같은 것들이 고려되어야 한다.

첫째, **지식표현의 정확성**이다.
해당 문제에 있어서 객체 간의 상관관계를 정확하게 표현해야 한다. 그러나 컴퓨터의 특성상 너무 상세한 지식표현은 용이하지 않기 때문에 지식표현의 정도(level)가 문제된다. 즉, 어느 수준까지 상세하게 그리고 정확하게 표현할 것인가의 문제이다. 예를 들면, "I like watching TV very much"를 인공지능 언어인 PROLOG로 표현하면 다음과 같다.

```
low level representation : watch(I, TV);
high level representation : watch(I, TV, very much);
```

low level로 표현할 때는 객체의 수가 적어서 추론이 용이하고 기억용량이 절약되지만 복잡한 문제를 정확하고 세부적으로 표현하기는 어렵다.

둘째, **추론(inference)의 정확성**이다.
지식베이스에 저장된 사실로부터 새로운 사실을 유도하는 것을 추론이라고 하며 문제의 성격에 따라 전진(정방향) 추론, 후진(후방향, 역방향) 추론, 결합 추론 중에서 선택하여 사용한다. 이때 정확한 추론이 될 수 있도록 지식을 표현해야 한다.

셋째, **지식 획득 관리의 용이성**이다.
새로운 사실을 쉽게 삽입, 수정, 삭제가 가능하도록 지식이 표현되어야 한다. 이를 위해 사용자가 직접 지식베이스에 접근할 수 있어야 하거나 프로그램 스스로 지식의 획득을 조정·통제할 수 있게 한다.

넷째, **추론의 효용성**이다.
추론 기법을 최적의 방향으로 이끌기 위해 사용되는 특정한 정보와 지식구조를 결합시키는 능력을 갖추고 있어야 한다. 지식은 질문에 정확히 답하는 능력을 말하며, 이를 위해 질문영역에 관한 사실의 성질과 그 관계를 기술한 것, 그리고 그 사실을 다루는 규칙으로 이루어져 있다.

지식은 다음 4가지로 나눌 수 있다.

① 객체(object)에 관한 지식
　즉 대상에 관한 사실(fact)이다. 예를 들면, 독수리는 날개가 있다, 천둥·번개가 치면 소리가 난다 등이다.
② 사건(event)에 관한 지식
　"오늘 새벽에 ○○ 공장에서 화재가 발생했다.""그는 작년에 국회의원에 당선되었다." 등과 같이 표현형식은 사건 그 자체를 부호화하는 것은 물론 일련의 사건에 관한 시간 경과와 인과관계를 나타내야 한다.
③ 행위(action)에 관한 지식
　'자동차를 운전하다'와 같은 행위는 대상이나 사건에 관한 지식 이상의 지식, 즉 타는 법의 지식과 숙련을 필요로 하는 행위의 지식을 수반하고 있다.
④ 메타지식(meta-knowledge)으로서 우리가 알고 있는 것에 관한 지식
　인식 기계로서의 우리 자신의 성능, 즉 강점, 약점, 애매모호한 점 등 여러 문제에 관한 전문적 지식의 수준, 문제를 풀 때의 해결 감각 등에 관해 자기가 알고 있는 것을 뜻한다. 메타지식은 문제를 해결하는데 어떠한 지식을 우선적으로 이용하면 좋을지에 대한 지식, 즉 지식 이용 방법에 관한 것이다. 그다음으로 필요한 지식은 문제해결에 어떠한 요소가 필요한가, 또 그 적용순서를 결정하는 문제해결의 전략에 관한 지식이다.

지식의 표현 문제를 생각할 때에는 지식의 이용을 항상 고려해야 한다. 지식의 이용에는 지식의 획득, 검색, 추론이라는 세 단계를 생각해야 한다. 지식의 획득은 학습에 의해 지식을 수집하는 것이다. AI의 기억장치에서 이것을 어떻게 기억시킬 것인가의 문제는 기존의 지식과 관련시켜 체계화해야 한다. 지식의 검색은 문제해결에 필요한 지식을 축적해 놓은 지식 중에서 찾아오는 것이며, 지식의 추론은 이러한 지식을 이용하여 합리적으로 문제해결에 임하는 것이다. 이처럼 지식의 이용이란 관점에서 생각하면 각각의 지식이 명확히 구별되어 있어서, 새로운 지식의 추가, 수정, 삭제가 타인의 지식과는 독립적으로 쉽게 실행되어야 할 필요가 있는데 이를 모듈성(modularity)이라 한다. 예를 들면, 데이터베이스가 다른 요소와 많든 적든 독립적으로 각각의 데이터 구조를 추가, 수정, 삭제할 수 있는 능력을 말하며 시스템이 알고 있는 사항에 대해 명확히 구별되는 효과를 가지게 하는 것이다.

2 지식표현의 형태 및 특징 종요 ★

지식표현 방법에는 절차형과 선언형의 표현이 있다.
절차형(procedure representation)은 동작이나 상황 관계를 기술하는 데에 편리하고, 추론시 효율이 우수하며, 상호작업성에 있어 우수하지만, 유연성이 떨어진다. 선언형(declarative presentation)은 모듈성이 우수하여 표현이 이해하기 쉽고, 지식의 추가 및 수정이 용이하다. 대표적인 선언형 지식표현에는 논리식과 의미망(semantic net)이 있다.

이들의 표현은 "서울은 한국의 도시 이름이다.", "뉴욕은 미국의 중심지이며 가장 큰 도시이다."처럼 단언적으로 기술할 수 있다. 이 두 지식에 "서울은 도시 이름이다."란 지식을 다른 둘을 수정하지 않고서 추가시킬 수 있다. 다시 말해 모듈성이 우수하므로, 지식의 추가, 수정이 용이하다. 또한, 선언형 지식표현은 활용할 시스템, 즉 추론기구를 변경해주게 되면 이 지식을 다른 목적에 응용할 수도 있다. 이는 선언형으로 지식을 표현하면 목적에 따라 지식을 고쳐 쓸 필요가 없고, 응용의 유연성이 있다. 이 지식표현이 가능한 프로그램언어는 PROLOG로, '논리형 프로그래밍 언어'의 대표이다.

절차형 지식표현은 PLANNER나 μ-PLANNER라 칭하는 프로그래밍 언어로 지식이 표현된다. 이 때문에 지식 간의 관계, 즉 동작이나 사실의 관계를 절차적으로 기술하는데 편리하다. 이것의 대표적인 예로는 생성 시스템(production system)이 있다. 지식표현에 쓰이는 여러 가지의 구성을 이해하기 위해서는 명제논리와 술어논리, 의미네트워크, 프레임(franme) 이론, 생성(production) 시스템을 살펴볼 필요가 있다.

제 2 절　지식표현 방법 중요 ★★★

지식표현은 문제해결을 위한 상황의 서술과 그것을 이용할 지식을 컴퓨터에서 실행 가능한 형태로 나타내는 것이다. 인공지능 프로그램은 문제의 각 국면에 대해서 어떤 지식을 어떻게 이용할 것인가를 제시한다. 지식표현 방법을 선택하기 위해서는 주어진 문제를 논리적으로 분석할 수 있어야 한다. 지식의 두 가지 측면은 '사실'과 '사실에 대한 표현'이다. '사실'은 관련된 세계에서의 진리로 우리가 표현하고자 하는 것이고, '사실의 표현'은 어떤 사실을 특정한 구조로 기술한 것으로 컴퓨터 프로그램에서 처리할 대상이다. 지식을 표현하는 방법에는 논리기반 지식표현, 규칙기반 지식표현, 의미망기반(즉, 네트워크기반) 지식표현, 프레임기반 지식표현 및 사례기반 지식표현으로 분류할 수 있다.

1 논리기반 지식표현 중요 ★★

애매모호한 언어적인 지식을 형식화하여 명시적으로 기술하기 위해서 기호논리를 사용한다. 인공지능은 연구 초기부터 명제논리와 술어논리 등 기호논리에 기반하여 인간의 지식을 표현하고 추론하는 방법을 연구하였다. 논리 기반의 개념을 이해하기 위해 가사도우미 로봇을 생각해보자. 로봇이 가정환경에서 자연스럽게 사람을 도와주기 위해서는 상대하는 사람, 다루어야 할 물건, 내부의 구조 등과 같은 환경에 대한 지식을 가질 필요가 있다. 개체들을 표현하기 위해서 다음과 같이 술어논리(predicate logic)를 이용한 변수 기호들을 사용하기로 하자.

- 변수의 종류 및 기호
  - p : 사람(person)
  - o : 물체(object)
  - r : 방(room)
  - d : 장치(device)
- 로봇의 역할은 청소, 심부름, 엔터테인먼트라고 하자.
- 로봇의 지식을 표현하는 술어문 P(x)는 "모든 개체 x에 대해서 'x가 P의 특성을 가진다'는 것이 참이다."라는 논리 명제를 표현하며, 이에 대한 술어식은 다음과 같이 표현할 수 있다.
  - P(x, y) : Q(x), R(x), S(x, y)
    ⇔
  즉, 모든 실체 x와 y에 대해서, 만일 (Q(x) and R(x) and S(x, y))이 참이면,
  그러면 P(x, y)도 참이다.

이제 홈 로봇의 임무를 수행하기 위한 지식을 술어논리식으로 표현해보자. 첫 번째 술어식은 다음과 같다.

```
// Home Robot Tasks
Robot_task(r, p, o, d) :
    Cleaning(r) OR
    Delivery(p, o) OR
    Entertain(p, d)
Cleaning(r) :
    Rearrange_objects(r),
    Vacuum_floor(r)
Delivery(p, o) :
    Find_object(o),
    Fetch_object(o),
    Bring_to_person(o, p)
Entertain(p, d) :
    Find_person(p),
    Turn_on_device(d),
    Chat_with_person(d, p)
```

[그림 3-4] 논리기반 지식표현구조의 예

위의 지식표현 내용은 다음과 같다. 로봇의 임무는 청소하는 작업 Cleaning(r), 심부름하는 작업 Delivery(p, o) 그리고 엔터테인먼트 작업 Entertain(p, d)으로 구분된다. 또한, 방을 청소하는 작업은 그 방에 있는 물건들을 정리하는 일 Rearrange_objects(r), 청소기로 바닥을 청소하는 일 Vacuum_floor(r)로 정의된다. 심부름을 하는 일 Delivery(p, o)는 물건을 찾는 행동 Find_object(o), 물건을 드는 행동 Fetch_object(o) 및 사람에게 전달하는 행동 Bring_to_person(o, p)으로 구성된다. 또한, 엔터테인먼트를 하는 일 Entertain(p, d)은 사람을 찾는 일 Find_person(p), 전자장비를 키는 일 Turn_on_device(d)와 필요시 사람과 대화를 하는 일 Chat_with_person(d, p)으로 구성된다. 실제로는 이러한 지식표현이 좀 더 구체적이고 깊이 있는 수준으로 기술되어야 로봇의 움직임을 미세한 수준까지 통제할 수 있다.

술어논리로 지식을 표현하는 방식의 장점은 순차적으로 진행되는 작업에 대해서 추론을 수행할 수 있다는 것이다. 실제로 이러한 방법은 프로그래밍 언어 PROLOG로 구현되어 정리 증명(Theorem Proving)에 의한 추론 기술로 발전하였다.

정리(Theorem)는 '수학적으로 참인 명제'를 의미한다. **정리 증명은 어떤 정리가 참이라는 것을 컴퓨터가 동의하게 하는 과정이다.** 대상이 되는 정리는 전통적인 수학 영역에 있을 수도 있고, 디지털 컴퓨터 설계 같은 다른 영역일 수도 있다.

때때로 정리 증명과 증명 검증(proof verification) 사이에 차이가 있는데 그 차이는 처리과정에서의 자동화 정도에 관한 것이다. **사람이 아주 자세한 단계별 증명을 하고, 컴퓨터는 각 단계를 체크만 한다면 증명 검증**이라고 부른다. 그와는 반대로 사람이 증명할 정리를 단순히 서술만 하고, 컴퓨터가 필요한 모든 보조정리를 제안하고 전체 증명을 한다면 정리 증명이라고 한다. 실제로 관심있는 정리를 완전히 자동으로 증명할 수 있는 범용 시스템은 없으며, 대부분의 정리 증명은 자동화의 정도가 다양하게 여러 가지 방법으로 이루어진다. 따라서 그 두 가지 방법의 차이는 줄어들고 그 연속체(continuum) 두 개를 모두 정리 증명이라고 한다.

또 다른 차이가 정리 증명과는 다른 테크닉 사이에 있을 수 있다. 즉, 공리에서 출발하여 추론규칙(Inference Rule)을 사용해서 새로운 추론 단계를 만드는 전통적인 증명을 구성하는 과정이 있다면 그것은 정리 증명이다. 테크닉은 가능한 많은 문장을 맹목적으로 열거하는 것과 같은 모델 확인작업(Model Checking)을 포함하기 때문에 정리 증명과는 다르다. 추론규칙으로서 모델 확인작업을 사용하는 합성(hybrid) 정리 증명 시스템이 있다. 또한, 특별한 정리를 증명하기 위해 작성된 프로그램이 있는데 만일 그 프로그램이 어떤 결과와 함께 종료된다면 그 정리는 참이라는 (보통은 비형식적인) 증명을 하는 것이다. 정리 증명의 상업적인 용도는 주로 통합회로(integrated circuit) 설계와 검증에 집중되어 있다. Pentium FDIV bug 이후에 현대 마이크로프로세서의 복잡한 부동소수점장치(Floating Point Units)는 초정밀조사로 설계되었다. AMD, Intel 등의 회사에서 만든 최신 프로세서에서의 자동 정리 증명은 분리된 다른 작동이 정확한지를 검증하기 위해 사용되어 왔다.

2 규칙기반 지식표현 중요 ★★★

규칙은 가장 널리 알려진 지식표현 방법의 하나로 생성규칙이라고도 한다. 이는 조건이 만족되면 결론 부분이 새로운 사실로써 생성되기 때문이다. 1971년 Newell과 Simon이 인간의 문제 해결 방식의 많은 부분이 규칙형태로 표현될 수 있음을 밝힘으로써 규칙은 인간 중심의 표현 방식으로 자리잡게 되었다. **규칙기반 시스템은 (if ⟨A⟩, then ⟨B⟩) 형태의 생성규칙(production rules)의 집합으로 지식을 표현하는 방법**이다. 인공지능에서 사용되는 규칙은 매우 좁은 의미로서 주어진 상황을 위한 권고, 지시, 전략을 나타내는 정형화된 표현이다. 이들을 만들어 내는 지식들이 수년간의 경험을 통해 나온 전문적인 것일 때 유용한 결론을 도출할 수 있다. 규칙기반 지식표현은 적용할 규칙을 모아 지식베이스를 만들고 추론기관이 현재 상태에 따라 만족되는 규칙을 선택하여 실행한다. 규칙을 이용한 추론은 전방향 추론과 후방향 추론이 많이 사용되며 전방향 추론과 후방향 추론을 결합한 결합형 추론도 있다.

(1) 전방향 추론(Forward Chaining) 중요 ★★

추론에서 연쇄(chain)라는 것은 각각의 문제와 그것의 해답을 연결하는 모든 추론 과정들의 집합을 말한다. 전방향 추론에서는 **사용자가 추론하고자 하는 문제와 관련하여 알고 있는 모든 사실을 먼저 제공하여야 한다.** 그러면 추론기관은 각각의 사실과 지식베이스에 있는 규칙들의 조건부분과 비교하여 일치하는 규칙을 찾아 해당 규칙을 수행하고, 그 규칙의 결론 부분을 참으로 밝혀진 새로운 사실로서 추가한다. 이러한 과정은 추론기관이 더 이상 지식베이스에 있는 규칙들의 조건부분과 사실들을 비교하여 새로운 결론을 내릴 것이 없을 때까지 진행된다.

(2) 후방향 추론(Backward Chaining) 중요 ★★

어떤 가설에서 추론을 시작하여 이 가설을 지지하는 사실을 역으로 추적해 가는 추론을 후방향 추론이라 한다. 이 추론의 시작점을 목표(goal)라고 하며, 추론의 방향은 이 목표를 지지하는 하위목표 또는 사실들이 참인지를 알아보는 방향으로 진행된다. 예를 들어, 식물원에서 어떤 식물이 파인애플인지를 알고 싶다고 하면 질문 또는 추론의 목표는 파인애플이고 이것은 지식에서 'THEN 파인애플이다'라는 결론이 참인지 아닌지를 밝히는 것이다. 따라서 추론의 시작은 'THEN 파인애플이다'를 결론으로 하는 규칙의 THEN 부분부터 시작하여 역방향으로 추론이 진행되어 그 규칙의 조건 부분이 참인지를 알아보는 방식이다. 후방향 추론의 예로 다음과 같은 규칙이 있다고 하자.

① A→C
② D→E
③ B AND C→F
④ E OR F→G

목표는 G가 참인지를 알아보는 것이라 하자. 역방향 추론에서는 G를 결론부로 삼는 규칙이 있는지를 살펴본다. ④번 규칙의 결론부에 G가 있으므로 다시 ④번 규칙의 조건부를 본다. G가 참이되기 위해서는 ④번 규칙의 조건부인 E나 F가 참이 되어야 한다. 이때 E와 F 중 어느 쪽을 먼저 다음의 목표로 정할 것인가는 문제의 성격에 따라서 적절한 방법을 사용해야 하지만, 일반적으로는 깊이우선 탐색에 따라 진행하므로 E가 다음의 목표가 된다. 추론기관은 다시 E가 결론부인 규칙이 있나를 살펴본다. ②번 규칙의 결론부에 E가 있으므로 이제 현재의 목표는 ②번 규칙의 조건부인 D가 된다. 추론기관은 다시 D를 결론부로 하는 규칙이 있나를 살펴보고, 그러한 규칙이 없으므로 사용자에게 D가 참인지를 질문한다. 만약 사용자가 D가 참이라고 대답하였다면 규칙 ②에 의해 E도 참이라고 결론짓고 계속하여 ④번 규칙에 의하여 G는 참이라고 결론짓는다. 그러나 만약 사용자가 D를 거짓이라고 한다면 E는 참이라고도 거짓이라고도 할 수 없게 된다. 더 이상 E를 통해서는 결론에 도달할 수 없으므로 추론기관은 F로 역추적(Backtracking)하여 F를 다시 목표로 삼는다. F는 ③번 규칙의 결론이고 B와 C가 AND로 연결되어 둘 다 필요하므로 이들 둘이 현재의 목표가 된다. B는 더 이상 자신을 결론부로 갖는 규칙이 없으므로 추론기관은 사용자에게 B의 진위를 물어본다. 만약 사용자가 거짓이라고 대답하면 C의 진위에 상관없이 ③번 규칙의 조건은 거짓이 되고 이러한 경우 추론기관은 G가 참이라고 결론짓는 데 실패하게 된다. 그러나 B를 참이라고 사용자가 대답한다면, 이제는 C가 참인지를 살피게 된다. C는 ①번 규칙의 결론부이므로 추론

기관은 A를 새로운 목표로 삼는다. 더 이상 A를 결론부로 하는 규칙이 없으므로 A의 진위 여부를 사용자에게 물어보게 된다. 사용자가 A를 참이라고 대답한다면 ①번 규칙에 의해 C가 참이 되고, 다시 ③번에 의해 F가 참, 그리고 ④번 규칙에 의해 G가 참이 된다.

(3) 결합형 추론(Hybrid Chaining)

결합형 추론 방법은 **전방향 추론과 후방향 추론을 혼합**하여 사용하는 것이다. 이를 양방향 추론이라 부르기도 한다. 실제로 이들 두 가지 추론 방법을 같이 사용해야 되는 경우가 많다. 예를 들어, A라는 사람이 차를 몰다가 경찰차가 사이렌을 울리며 쫓아오는 것을 알았다고 하자. A는 이 사실에서 경찰차가 자기 차 또는 다른 차를 세우러 온다는 것을 전방향 추론으로 추리할 수 있다. 즉, 경찰차에 대한 최초의 사실이 두 가지의 가능한 결론을 도출해 낸 것이다. 만약 경찰차가 A의 차 옆으로 다가와서 서라는 신호를 보내면 다른 차가 아닌 자신의 차를 세우려 한다는 것으로 결론지을 것이다. 그런 다음 자신의 차를 경찰이 세우려 한다는 결론을 두고 왜 경찰이 자신의 차를 세우는지에 대한 이유를 역방향 추론으로 추론할 것이다. 즉, 경찰이 자신의 차를 세우는 데 대해 이유가 될 하위가설들을 설정할 것이다. 예를 들어 과속, 신호위반, 중앙선 침범, 도난차량, 차량의 고장 등의 하위가설을 두고 이들 중 어느 것이 맞는지를 알기 위해 각각의 가설에 대한 뒷받침할 만한 증거를 찾을 것이다.

또 다른 예로는 의료진단이 있다. 의료진단을 위한 지식이 있을 때, 증상을 알고 있고 이로부터 병명을 알고 싶을 때는 전방향 추론을 사용하고, 병명은 알고 있으나 이로부터 생기는 증상을 알고 싶으면 후방향 추론이 사용될 수 있다.

3 네트워크기반(의미망) 지식표현 중요 ★★

의미망(sementic net) 지식표현은 **노드(node)와 링크(link)로 구성된 네트워크로 관계적인 지식을 표현하는 방법**이다. 네트워크의 노드는 객체, 개념, 또는 사건을 나타내며, 링크는 노드 사이의 관계 또는 속성을 표시한다. 관계를 표현하는 링크의 종류는 다음과 같이 다양하다.

- has-a
- is-a
- part-of
- used-for
- generate
- like

링크들은 물건의 속성이나 소유 관계(has, is-a), 부분-전체 관계(part-of), 그리고 기타 다양한 인과관계를 표현하기 위해서 정의될 수 있다.

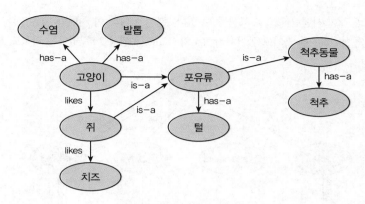

[그림 3-5] 의미망의 예

[그림 3-5]는 개념 간의 관계를 나타내는 화살표, 그리고 쥐·고양이·치즈·털·척추와 같은 개체(또는 개념)를 노드(원)로 표현하고 있다.

① is-a
  집합과 부집합의 관계를 보여주고 있으며 '속한다', '~부류이다'라는 관계를 나타낸다. 즉, 고양이는 포유류이고 포유류는 척추동물에 속한다는 관계를 나타낸다.
② has-a
  has-a는 '가지다'라는 관계를 나타내고 고양이는 수염, 발톱을 가지고 있다는 관계를 'has-a' 화살표를 사용하여 표현하고 있다.
③ likes
  likes는 '~을 좋아한다'라는 의미를 가지고 있다.

만일 인공지능 시스템에게 [그림 3-5]와 같은 의미망을 가르쳐 주고, '수염을 가진 포유류를 알려줘'라는 질문을 던지면 '수염'과 'has-a' 관계이고 '포유류'와 'is-a' 관계인 개념을 찾아 '고양이'라는 답을 제공할 수 있게 되고, 추론도 할 수 있다. '고양이는 포유류'이고 '포유류는 척추동물이다'라는 지식이 있으므로 연역적 추론을 사용해서 '고양이는 척추동물'이라는 지식을 도출할 수 있게 된다. 의미망에서 사용하는 관계는 필요에 따라서 그때그때 정의하면 된다. 예를 들면 '고양이는 척추동물이다'라는 관계를 설명하기 위해 사용한 'is-a'를 'part-of'로 사용할 수 있다. 노드로 사용되는 객체도 단어가 아닌 문장으로 표현되는 복잡한 개념이어도 관계없다.

예제 홈 로봇의 기능에 따른 의미망 이해

홈 로봇이 집안 어른을 도와주기 위해서는 TV와 같은 장치를 잘 다룰 수 있어야 할 것이다. 예를 들어, 할머니가 기분이 안 좋을 때는 재미있는 연속극을 틀어줄 수 있어야 할 것이다. 이러한 서비스를 위해서 로봇이 할머니는 노인이고(Oma is elder), 노인들은 연속극을 좋아한다는(elder likes drama series) 것을 알고, 연속극은 엔터테인먼트의 일종이고(drama series is an entertainment), TV를 통해서 방영될 수 있다는 것을 알며(TV is used for entertainment), 할머니 집에 TV가 있다는 것을 안다면(Oma has a TV) 이러한 지식은 다음과 같이 시멘틱 웹으로 표현될 수 있다. 뿐만 아니라 이 시멘틱 웹은 TV가 엔터테인먼트에 사용되고 display와 speaker를 가지고 있어서 image와 sound를 생성할 수 있다는 지식도 표현하고 있다.

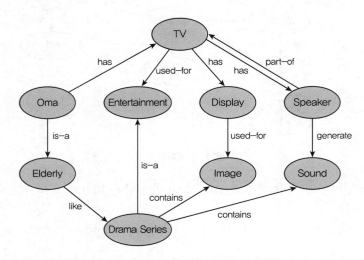

[그림 3-6] 네트워크기반의 지식표현의 예

의미망은 초기에 자연어로 된 지식을 표상하는 방법으로써 개발되었으나, 후에 하이퍼텍스트에서 사용하는 의미 링크로 발전하였으며 HTML, XML 등에 영향을 주었다. 현대적인 네트워크기반의 지식표현 방식들은 링크에 수치가 부여되고 확률적인 관계를 표현하도록 연결적이고 확률적인 모델이며 보통은 기계 학습을 통해서 데이터로부터 자동으로 만들어진다. 특히 신경망 기반의 딥 러닝 모델들과 베이지안 넷 기반의 지식표현 방식들은 고전 인공지능의 지식표현 방법과 현대 인공지능의 머신 러닝을 결합하려는 좋은 시도들이다.

4 시멘틱 웹(semantic web) 중요 ★★

시멘틱 웹은 '의미론적인 웹'이라는 뜻으로 현재의 인터넷과 같은 분산환경에서 **리소스(웹 문서, 각종 파일, 서비스 등)에 대한 정보와 자원 사이의 관계-의미 정보를 컴퓨터가 처리할 수 있는 온톨로지 형태로 표현하고, 이를 자동화된 컴퓨터가 처리하도록 하는 프레임워크이자 기술이다.** 시멘틱 웹은 웹의 창시자인 팀 버너스리가 1998년에 제안했다.

기존의 HTML로 작성된 문서는 컴퓨터가 의미정보를 해석할 수 있는 메타 데이터보다는 사람의 눈으로 보기에 용이한 시각정보에 대한 메타 데이터와 자연어로 기술된 문장으로 가득 차 있다. 예를 들어 '〈em〉바나나〈/em〉는 〈em〉노란색〈/em〉이다.'라는 예에서 볼 수 있듯 〈em〉이라는 태그는 단지 바나나와 노란색이라는 단어를 강조하기 위해 사용된다. 이 HTML을 받아서 처리하는 기계(컴퓨터)는 바나나라는 개념과 노란색이라는 개념이 어떤 관계를 가지는지 해석할 수 없다. 단지 〈em〉 태그로 둘러싸인 구절을 다르게 표시하여 시각적으로 강조를 할 뿐이다. 게다가 바나나가 노란색이라는 것을 서술하는 예의 문장은 자연어로 작성되었으며 기계는 단순한 문자열로 해석하여 화면에 표시한다.

시멘틱 웹은 XML에 기반한 시멘틱 마크업 언어를 기반으로 한다. 가장 단순한 형태인 RDF는 〈주어, 술어, 목적어〉의 트리플 형태로 개념을 표현한다. 위의 예를 트리플로 표현하면 〈urn:바나나, urn:색, urn:노랑〉과 같이 표현할 수 있다. 이렇게 표현된 트리플을 컴퓨터가 해석하여 'urn:바나나'라는 개념은 'urn:노랑'이라는 'urn:색'을 가지고 있다는 개념을 해석하고 처리할 수 있게 된다. 인터넷에는 이미 수많은 정보가 올라와 있어 사람이 처음부터 지식을 만들어 내는 것보다 이러한 정보를 조합하여 지식을 만드는 것이 훨씬 효율적이다.

(1) 온톨로지(ontology) 중요 ★★★

사람들이 세상에 대하여 보고 듣고 느끼고 생각하는 것에 대하여 서로 간의 토론을 통하여 합의한 것을 개념적이고 컴퓨터에서 다룰 수 있는 형태로 표현한 모델로서 개념의 타입이나 사용상의 제약조건들을 명시적으로 정의한 기술이다. 온톨로지는 일종의 지식표현(knowledge representation)으로 컴퓨터는 온톨로지로 표현된 개념을 이해하고 지식처리를 할 수 있게 된다. 프로그램과 인간이 지식을 공유하는데 도움을 주기 위한 온톨로지는 정보시스템의 대상이 되는 자원의 개념을 명확하게 정의하고 상세하게 기술하여 더 정확한 정보를 찾을 수 있도록 하는 데 목적이 있다. 온톨로지는 시멘틱 웹을 구현할 수 있는 도구로서 지식개념을 의미적으로 연결할 수 있는 도구로서 RDF, OWL, SWRL 등의 언어를 이용해 표현한다.

온톨로지는 일단 합의된 지식을 나타내므로 어느 개인에게 국한되는 것이 아니라 그룹 구성원이 모두 동의하는 개념이다. 그리고 프로그램이 이해할 수 있어야 하므로 여러 가지 정형화가 존재한다. 최근의 시멘틱 웹, 지식공학, 인공지능, 자연어 처리 등 정보기술 분야에서의 온톨로지는 각각의 지식(혹은 단어, 개념)이 전체 지식 체계 중에서 어디에 위치하는지를 밝히는 연구 분야를 의미하는데, 어떤 단어와 단어 사이의 상관관계를 더 빠르고 편하게 검색할 수 있도록 돕는 연구 분야를 의미한다.

(2) 메타 데이터 중요 ★★

데이터에 관한 구조화된 데이터로, 다른 데이터를 설명해 주는 데이터이다. 대량의 정보 가운데에서 찾고 있는 정보를 효율적으로 찾아내서 이용하기 위해 일정한 규칙에 따라 콘텐츠에 대하여 부여되는 데이터이다. 어떤 데이터, 즉 구조화된 정보를 분석, 분류하고 부가적 정보를 추가하기 위해 그 데이터 뒤에 함께 따라가는 정보를 말한다. 예를 들면, 디지털카메라에서는 사진을 찍어 기록할 때마다 카메라 자체의 정보와 촬영 당시의 시간, 노출, 플래시 사용 여부, 해상도, 사진 크기 등의 사진 정보를 화상 데이터와 같이 저장하게 되어 있다. 이러한 데이터를 분석하여 이용하면 그 뒤에 사진을 적절하게 정리하거나 다시 가공할 때에 아주 유용하게 쓸 수 있는 정보가 된다. GPS 기능을 사용하여 위치 정보까지 사진의 메타 데이터에 입력할 수도 있는데, 이를 이용하면 사진이 어디에서 촬영되었는지를 쉽게 알 수 있고, 이로써 다시 다른 지역 정보를 검색하거나 같은 지역에서 찍은 다른 사진을 검색하게 하는 검색성을 향상시킬 수 있다. 메타 데이터는 메타 데이터가 부여될 때와 쓰일 때의 문맥 정보를 구조화시켜 그 활용도를 확대시키는 역할을 한다. 웹 2.0이나 온톨로지(Ontology)의 분야에서 구조화된 메타 데이터는 매우 유용하다.

5 프레임기반 지식표현 중요 ★★★

(1) 개요

인공지능을 똑똑하게 만들기 위해서는 생각나는 지식을 의미망의 개념을 사용해서 표현한 후 인공
지능에 입력하면 된다. 그러나 지식이 아무리 많더라도 실제 문제에 직면했을 때에는 어느 지식을
꺼내서 사용해야 할지 모르는 문제가 발생한다. 즉, 문제해결의 대상으로 삼은 문제에 필요한 지식
을 적절하게 끄집어내기 어렵다. 이 문제의 해결책으로 고안된 방법이 '프레임(frame) 표현'이다.
**프레임 표현이란 문제해결에 필요한 지식을 인간이 정리한 것을 의미하는 것으로, 프레임은 의미망
의 한 종류이다.** 프레임에는 여러 개의 슬롯이 있고 슬롯 안에는 슬롯의 값, 디폴트 값, 값이 추가
되었을 때의 동작, 값을 물었을 때의 동작 등이 정의된다. 여기서 **여러 가지 속성에 대한 값들을
묘사하는 부분을 필러(filler)**라고 한다. 하나의 프레임은 아주 구체적인 객체를 나타낼 수도 있고
더 일반적인 개념을 나타낼 수도 있다. 다음의 몇 가지 예를 살펴보기로 하자.

예 - 1 책을 기술하는 프레임

프레임 이름은 '책'이며, 세 개의 슬롯으로 구성되어 있다. 슬롯명은 제목, 저자명, 출판년도이고,
각각 해당하는 값(필러)을 가진다.

[표 3-1] 프레임기반 지식구조의 예

프레임 : 책	
슬롯	필러
제목	인공지능
저자	홍길동
출판년도	2019

프레임은 별도의 프레임 표현을 사용하여 추가적인 정보를 구체적으로 제공하는데 사용할 수 있다.
하나의 프레임이 다른 프레임을 포함할 수 있기 때문에 두 개의 프레임 간에 계층 관계가 존재하
고, 상위 프레임의 내용이 하위 프레임에 전달되는 상속이 존재한다. 프레임이 가질 수 있는 슬롯
의 값은 다음과 같이 세 종류로 구분된다.

- 디폴트 값 : 주어지지 않을 경우 암묵적으로 취하는 값
- 상속 값 : 상위 프레임으로부터 물려받은 값
- 구체적 값 : 이 프레임에서 지정한 슬롯의 값

예 - 2 항공기 운항 정보

[표 3-2] 운항정보 프레임과 날짜를 나타내는 프레임

편명	○○ 777		년	2020
항공사	ABCD		월	12
출발지	Incheon		일	4
도착지	NewYork			
날짜	xx			
환승편	vv			

슬롯의 값은 범위나 조건으로 기술될 수도 있다.

예 - 3 홈 로봇의 시나리오에서 나온 TV를 프레임의 형태로 기술해 보자.

```
Frame: TV
        Function: entertainment
        Is_a: home appliance
        Location: home
        Color: black
        Actors: viewer, celebrities
        Actions: watching, switching, turn-on, turn-off
        Contains: display, speaker, switch, remote

Frame: Display
        Function: imaging
        Location: front-facing
        Shape: square
        Color: black
        Surface: flat
        Contains: glass, LCD
```

[그림 3-7] 홈 로봇의 프레임기반 지식표현의 예(TV와 Display)

대상의 개체는 어떤 기능에 사용되고, 관련되는 행위자가 누구이고, 어떤 사건들이 관여하고, 무슨 구성요소로 구성되어 있는지를 기술한다. 여기서 TV 프레임은 Display 프레임을 포함하고 있는 것을 알 수 있다. 이는 위에서 이야기한 프레임들 간의 계층적 구조이며 상위 프레임의 지식이 하위 프레임으로 상속될 수 있다.

이것을 특성 상속(Property Inheritance)이라고 한다. 특성 상속은 부모 클래스로부터 슬롯과 필러의 값을 이어받는 것을 말한다. 이러한 슬롯들은 유사 클래스들이 공통적으로 가지고 있는 속성 외에 그 클래스를 고유하게 특정지을 수 있는 속성을 표현한다. 이 점에서 **프레임은 객체지향 프로그래밍에서 클래스(class)와 매우 유사한 것**을 알 수 있다. 실제로 프레임에서의 상속의 개념은 후에 객체지향 프로그래밍과 객체지향 데이터베이스 시스템의 기반이 되었다.

프레임기반 지식표현 구조는 많은 장점이 있다. 쉽게 이해할 수 있고, 새로운 특성과 관계를 갖는 슬롯을 새로이 도입할 수가 있다. 암묵적인 값을 지정하거나 생략된 변숫값을 아는 것도 장점이다. 그러나 프레임 구조의 단점으로는 슬롯 필러에 대한 표준이 없고, 너무 일반적인 지식이며, 관련하여 체계적인 추론 메카니즘 등이 개발되어 있지 않은 것이다. 프레임의 발전된 형태는 객체들과 그 객체들을 다루는 행위뿐만 아니라 사건을 기술하기도 한다.

예 - 4 **식품점 쇼핑 프레임의 예**

```
Frame: Grocery Shopping
    EventType: shopping
    Purpose: gettingGrocery
    Location: groceryStore
    Actors: buyer, cashier
    SubEvents: gettingCart(A), selectingItems(B), paying(C)
    TemporalRelations: precedes(A, B), precedes(B, C)
```

[그림 3-8] 프레임기반 지식표현의 예(식품점)

위의 구조는 사건 타입이 쇼핑이며, 목적은 식품을 구매하는 것이며, 장소는 식품점, 관련자는 구매자, 계산대직원 등이라는 것을 표현한다. 그리고 관련 사건들이 카트를 가져오고(A), 물건을 고르고(B), 계산한다(C)는 것이며 이들 간에도 사건 A는 B보다 앞서고, 사건 B는 C보다 앞서는 순서로 전개된다는 것을 기술한다. 이러한 방법을 체계화한 것이 스크립트이다.

(2) 스크립트(script) 중요 ★

의미망은 지식의 단위를 표현하는 데 집중하지만, 프레임은 지식 단위 간의 관계를 표현하는 데 집중한다. 이들은 단어나 문장 수준에서의 지식표현을 잘 다룬다. 그러나 이야기에서의 사건과 같이 문장 단위를 넘어서는 고차원의 지식구조는 잘 표현하지 못한다. **스크립트는 사건에 대한 스키마로 전형적인 일련의 사건들을 나타내는 지식표현** 방식이다. 스크립트는 사건의 시간적인 전개를 잘 기술하는데 상황을 이해하고 생길 사건을 기대에 기반하여 예측하는 데 활용된다. 스크립트 지식표현의 전형적인 활용 사례는 식당 방문이다. 식당에 가서 식사하는 시나리오를 다루기 위해서 여기에 관여하는 소품들(테이블, 메뉴 등), 이 상황에 관련되는 사람들(손님, 웨이터 등)을 열거한다.

```
Restaurant Script(Coffee Shop)

Props: tables, menu, food, check, money
Opening conditions:
    The customer is hungry.
    The customer has money.
Roles: customer, waiter, cook, cashier, owner
Scenes: entering, ordering, eating, paying, exiting
Results:
    The customer has less money.
    The owner has more money.
    The customer is no longer hungry.
    Sometimes the customer and the owner are happy.
```

[그림 3-9] 스크립트 지식표현 구조

스크립트의 핵심 구성요소 중의 하나는 일어나는 전형적인 사건들의 순서를 기술해 주는 것이다. 식당의 경우 전형적으로 다음과 같은 순서로 사건이 발생된다.

- Entering : 식당에 들어간다.
- Ordering : 식사를 주문한다.
- Eating : 음식을 먹는다.
- Paying : 식사비를 지불한다.
- Exiting : 식당을 나온다.

뿐만 아니라, 스크립트는 식당을 들어갈 시점과 식사 후 식당을 떠나는 시점에서의 변화된 상태도 기술하고 있다. 이는 기계에게 상식을 부여하려는 시도이다. 즉, 식당에 들어갈 때는 "손님은 배가 고프다.", "손님은 돈이 있다."라는 것을 스크립트에 기술한다. 그리고 식당을 나올 때는 "손님은 돈이 줄어들었고", "식당 주인은 돈이 늘었으며", "손님과 주인 모두 즐거워할 수 있다."라는 것도 기술한다. 이는 식당을 나올 때는 손님들은 식사를 잘해서 배가 부르고, 밥값을 지불하였기 때문에 돈이 줄었고, 또한 서비스를 잘 받고 배가 부르니 기분이 좋아질 수 있다는 상식을 기술한다. 기계가 일상생활에서 문맥을 이해하고 스토리를 이해하기 위해서는 상식을 가지는 것이 중요하다. 이는 인공지능 대화 시스템이나 스토리 이해 시스템, 보고서 자동 작성 시스템 등에 특히 중요하다. 인공지능이 상식을 갖도록 하려는 시도는 인공지능 연구의 초기부터 있었다(McCarthy, Minsky).

6 사례기반 지식표현 중요 ★★

사례기반 시스템은 과거의 경험 사례(case)를 그대로 기억함으로써 지식을 표현하는 방법이다. 과거의 문제를 해결하는데 사용했던 해를 변형하여 새로운 문제를 해결하는 것이 규칙을 정의하는 것보다 사람에게는 쉽다는 사실에 기반한다. 과거의 사례를 저장하고 비슷한 케이스를 회상하여 변경하여 문제를 해결하기 때문에 **사례기반 추론**(CBR : Case-Based Reasoning)이라고도 한다. 또한, 사례를 계속 축적함으로써 경험에 의한 학습 효과가 있어서, 사례기반 학습의 변형으로도 볼 수 있다. 학습 관점에서는 머신 러닝 알고리즘 중 K 최근법 분류기(K-Nearest Neighbor Classifier)와 유사하다. 그러나 KNN이 주로 수치화된 변수 벡터로 사례를 기술하는 데 반해서 CBR은 상당히 표현력이 뛰어난 기호 기반의 사례 표현 방식을 취한다.

다음 [그림 3-10]은 프레임 구조로 기술된 사례의 예시이다. 자동차 고장 진단 문제(정면등이 켜지지 않는 문제)에 대해서 차종, 연식, 배터리, 등의 상태, 스위치 상태 등을 기술한 후, 그 해결책으로서 진단할 것(퓨즈 고장), 수리할 것(퓨즈 교체)을 제시한다.

예 자동차 고장 진단의 예

```
Problem(Symptoms)
    Problem: Front light doesn't work.
    Car: A company B model 2.0L
    Year: 2015
    Battery Voltage: 13.6V
    State of light: Good
    State of light switch: Good
Solution
    Diagnosis: Front light fuse detect
    Repair: Replace front light fuse
```

[그림 3-10] 사례기반 지식표현의 예(자동차 고장 수리)

CBR은 다음의 4R(retrieve, reuse, revise, retain) 과정을 통해서 문제를 해결하고 학습한다.

① **검색(retrieve)**
유사한 사례(case)를 찾는다. 과거 사례와 현재 사례의 기술에 대한 유사도(similarity) 측정을 사용한다.

② **재사용(reuse)**
현재 문제를 해결하기 위해 과거 사례를 사용한다. 과거의 지식을 현재의 문제에 적용한다.

③ **수정(revise)**
해를 생성하고, 새로운 실제 상황에서 해를 평가한다.

④ **유지(retain)**

올바른 해를 저장한다. 미래의 재사용을 위해서 사례를 학습한다.

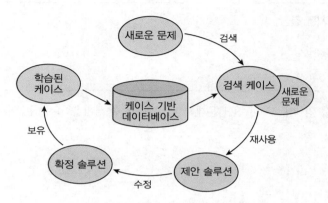

[그림 3-11] 사례기반 시스템의 문제해결 사이클

사례를 표현하기 위해서는 어떤 측면을 문제와 해로 기술할지를 결정하여야 한다. 보통은 다음의 방법들이 사용된다.

> ① 특징-값의 리스트(특징벡터기반 시스템)
> ② 객체지향 표현(프레임기반 시스템)
> ③ 그래프 표현(네트워크기반 시스템)

즉 CBR은 다루는 도메인과 과제의 특성에 따라서 표현방법을 유연하게 선택한다. 앞에서 다룬 다른 지식 표현 방법론들이 개발해 온 다양한 방식을 수용한다. CBR은 과거의 사례를 재사용하기 위해서 새로 작성하고, 기존의 것을 변형하고, 해를 유도하는 방식을 사용한다.

> ① 작성(composition)
> 　여러 해를 결합하여 최상의 해를 만든다.
> ② 변환(transformation)
> 　과거 사례의 해를 변형하여 사용한다.
> ③ 유도(derivation)
> 　해를 도출하는 과정을 적용한다.

CBR의 장점은 유지가 쉽고 사용함에 따라서 학습이 향상되고, 일반 지식과 학습된 지식의 결합이 용이하며, 사용된 지식의 이해가 쉽다는 점이다. 지식표현 관점에서 고려할 사항들은 다음과 같다.

> ① 무엇을 저장할지를 결정
> ② 구조를 선택
> ③ 기억을 조직화하는 방법
> ④ 일반적인 지식 등

사례기반 추론 방법은 안내데스크나 진단 문제와 과거의 유사한 상황을 고려하는 의사 결정 문제 등에 잘 활용될 수 있다.

제 3 절 논리에 의한 지식표현 중요 ★★

우리는 일상적으로 논리(logic)란 말을 사용하고 있다. "너는 말을 하는데 논리의 일관성이 없다." 또는 "이야기가 매우 논리정연하다." 등으로 마치 논리란 말은 '산'이나 '강', 또는 '눈'이나 '비'라는 단어처럼 뜻이 분명하여 까다롭게 따질 필요가 없는 낱말로 알고 있기도 하다. 그러나 다른 한편으로는 논리란 말은 너무나 애매해서 도대체 그 말이 무엇을 의미하는지 분명치 않다고 생각할 수도 있다. 간단히 말해서 논리란 추론이다. A가 "비가 오겠네, 그럼 오늘 오후 야외공연은 취소되겠지."라고 한다. 이 말을 듣고 있던 B는 오후의 날씨를 기상청 사이트에서 확인하고는 "소나기가 온대."라고 한다. 그럼 A는 "야외공연은 취소다."라고 한다. 이것을 정리하면, 다음과 같다.

> • 만일 소나기가 오면 야외공연은 취소된다.
> • 소나기가 온다.
> • 그러므로 야외공연은 취소된다.

이것을 추론이라고 한다. 논리가 추론이라고 하면 그것은 우리의 일상생활 속에서 늘 행하는 사고의 실질적 활동이고, 또 행동을 결정하는 중요한 요소가 된다. 그러나 추론이라고 해서 모두 다 타당한 것은 아니다. 비록 외양은 추론형식을 갖추었지만 타당하지 못한 추론도 얼마든지 있다. 그러기에 추론의 타당성 여부를 검토해야 한다. 그 추론의 타당성 검증을 기능적으로 수행하기 위하여 추론을 형식화하고, 정확하고 엄격하게 하기 위하여 기호를 사용하기도 한다. 그리하여 **일반적으로 논리는 형식논리라** 불리고, 특히 **기호를 사용한 논리를 기호논리**(symbolic logic)라고 한다. 논리를 추론의 타당성 검증이라고 한다면 논리는 일종의 기술일 수도 있지만, 논리는 기술 이상의 것이다.

지금까지 논리학(logic)은 사고의 과학으로 알려져 왔다. 다시 말하면 논리학은 사고를 연구대상으로 하는 과학 또는 사고의 원리를 다루는 과학으로 간주되고 거기에 논리학의 특수성이 인정된다. 그러나 사고를 연구대상으로 삼는 과학에는 논리학만이 아니라 심리학도 있다. 심리학과 논리학은 어떻게 다른가? 심리학은 넓은 의미의 사고 즉 상상, 표상, 기억, 자각 등이 생기는 여러 심리 현상의 법칙, 사고와 사고와의 연결법칙, 사고와 행동과의 관계양상 등을 주로 그 과정의 측면에서 연구한다. 하지만 논리학은 대상에 관계없이 사고를 그 개별성에서가 아니라 보편성에 있어서, 실질적 내용의 측면에서가 아니라 형식의 측면에서, 생성과정에서가 아니라 형성된 '명제의 참과 거짓'을 다룬다.

논리학은 명제의 참과 거짓을 형식의 면에서 검증하는 것이다. 그러므로 논리학은 실질과학이 아니라 형식과학이다. 뿐만 아니라 논리학은 '추론의 학문'이다. 추론은 하나의 언표된 명제로부터 다른 새로운 명제를, 즉 한 명제를 전제로 하여 결론이 되는 명제를 이끌어내는 것이다. 그것은 시간의 경과 속에서 진행되는 심리 현상의 변화과정과 다르다. 심리 현상에서는 지금 사랑하는 연인을 공상하다가 다음 순간에는 결혼을 반대할 아버지를 상상할 수도 있고, 그것과는 아무런 관계도 없는 논리학 시험을 걱정할 수도 있다. 그러나 논리학은 그러한 상상을 대상으로 하지도 않을뿐더러 그와 같은 사고의 변화과정을 다루지도 않는다. 그것은 어디까지나 심리학의 대상이다. 논리학은 언어로 분명하게 표현된 명제의 진위를 따지고 명제와 명제를 연결하는 추론의 타당성과 부당성을 탐구한다. 또 심리학은 심리 현상을 어떤 자극에 대한 반응에 있어서 기술하기 위하여 몰모트나 쥐를 가지고 실험하는, 말하자면 실험과학 또는 경험과학의 입장을 취하지만 논리학은 실험도 할 필요가 없을뿐더러 경험과학이 아니라 형식과학이다.

순수한 형식과학으로서 수학이 있다. 논리학과 수학 사이에는 어떤 관계가 있는가? 라이프니츠 이후 논리학은 언어가 빚는 여러 가지 혼란과 오류에서 탈피하여 명실공히 보편과학이 되기 위하여 점차 수학처럼 기호화하기에 이르렀고, 그리하여 현대의 논리학을 수리논리학(mathematical logic)이라고도 한다. 즉, 논리학은 순수 형식과학이다. 그러나 다른 한편으로 아리스토텔레스 이래로 논리학은 모든 학문연구를 위한 필수 불가결의 기초 또는 도구로서 공인되어 왔다. 수학도 한편으로는 순수과학이면서 다른 한편으로는 도구로써 이용되는 과학이다. 그러나 수학은 주로 양의 영역에서 양을 연구하는 추상적 특수과학인데 반하여 논리학은 그보다 훨씬 보편적이고 구체적이다. 논리학이 엄격성과 기능성을 기하기 위하여 기호화될 수는 있으나, 그것이 곧 논리학의 수학화는 아니다. 오히려 학문의 체계상, 수학은 논리학으로 환원되어야 마땅하다. 수학은 논리학의 기초 위에서 성립되는 한 분과과학이요, 논리학은 그것을 포괄하는 보편과학이다. 논리를 이용한 지식표현에는 명제논리와 술어논리가 있다.

1 명제논리(Propositional Logic) 중요 ★★★

(1) 개요

명제는 '참과 거짓을 판단할 수 있는 내용'이다. 명제논리는 논리식을 이용해 명제를 기술하는 형식 체계로서 기호논리학의 가장 기초적인 영역이다. 사고를 개념으로까지 분해하는 고전논리학과는 달리, 사고의 최소 구성단위를 원자적 명제로 명제의 내용·구조에는 개입하지 않고 각 명제 사이의 결합관계만을 연구한다. 명제의 결합을 4~6종의 기호로 통일적으로 나타내고, 각 명제를 진릿값의 관점으로부터만 생각하여 복합적 명제의 진위를 원 명제의 진위로부터 수학적 계산법에 의해 결정하려고 한다. 우리들이 일상에서 쓰고 있는 자연언어는 아주 많은 것을 표현하여, 타인에 전달할 수가 있다. 그러나 컴퓨터로 지식을 처리하는 인공지능의 분야에서는 말의 정확한 사용이 요구된다. 이 때문에 말이 갖는 논리성에 관해 생각할 필요가 있게 된다. 그러나 논리를 잘못 사용하면 형식적 오류에 빠질 수 있다.

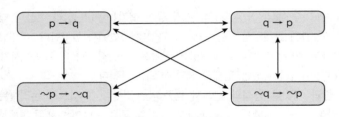

[그림 3-12] 명제와 대우명제의 관계

① 하나의 가언명제에 대하여 전건과 후건을 모두 부정하고 그 순서를 바꾼 명제를 대우명제라 한다.
② 참인 명제에 대하여 대우는 언제나 참이다. 그러나 참인 명제의 순서만을 바꾼 '역'이나 전건과 후건을 모두 부정하되 순서는 바꾸지 않은 '이'도 반드시 참일 것이라고 생각하면 논리적 오류가 일어난다.

'p→q'라는 명제가 참일 경우, 대우 명제인 '~q→~p'도 참이 된다. 즉, 원 명제와 대우 명제는 동일한 진릿값(참, 거짓)을 갖는다. 그러나 대우 명제와 비슷한 형식을 취하는 잘못된 형식이 있는데, 이는 후건 긍정의 오류와 전건 부정의 오류로 나뉜다.

① **후건 긍정의 오류** 중요 ★★

원 명제에서 충분조건을 긍정해야만 필요조건이 충족되는 것인데, 이를 혼동하여 **필요조건을 긍정함으로써 충분조건을 충족시키려** 하는 오류이다. 즉, 'p→q'라는 원 명제에서 'q→p'라는 '역 명제'는 원 명제와 언제나 같은 진릿값을 갖지 못하며, 이 같은 형식을 취하는 경우를 후건 긍정의 오류라 한다.

> • 〈고양이는 동물이다〉에서 〈그것이 동물이 아니라면, 결코 고양이도 될 수 없다〉
>   (대우 명제. 언제나 성립한다. 즉, 동일한 진릿값을 갖는다.)
> • 〈고양이는 동물이다〉에서 〈그것이 동물이라면, 반드시 고양이다〉
>   (후건 긍정의 오류. 혹은 역 명제. 언제나 성립하지는 않는다. 즉, 진릿값이 언제나 동일하지는 않다.)

② **전건 부정의 오류** 중요 ★★

'전건 부정'이라 함은 '앞을 부정한다'는 뜻이다. 원 명제와 대우 명제는 동일한 진릿값을 갖는데, 대우 명제는 필요조건(후건)을 부정함으로써 충분조건(전건)을 부정하는 것이다. 그런데 이를 혼동하여 충분조건(전건)을 부정하며 필요조건(후건)을 부정하려 하는 오류가 바로 전건 부정의 오류이다. 즉, 'p→q'라는 원 명제로부터 '~p→~q'라는 명제의 부정을 취하는 경우를 전건 부정의 오류라 한다.

> • 〈고양이는 동물이다〉에서 〈그것이 동물이 아니라면, 결코 고양이도 될 수 없다〉
>   (대우 명제. 언제나 성립한다. 즉, 동일한 진릿값을 갖는다.)
> • 〈고양이는 동물이다〉에서 〈그것이 고양이가 아니라면, 결코 동물일 수 없다〉
>   (전건 부정의 오류. 언제나 성립하지는 않는다. 즉, 진릿값이 언제나 동일하지는 않다.)

논리학에서 전건 긍정(modus ponense)과 후건 부정(modus tollense)은 항상 참이다.

[표 3-3] 논리연산자의 진리표

명제		P∧Q	P∨Q	~P	P→Q	P↔Q
P	Q					
T	T	T	T	F	T	T
T	F	F	T	F	F	F
F	T	F	T	T	T	F
F	F	F	F	T	T	T

논리연산자의 진리표는 이외에도 수학의 기본법칙을 그대로 만족한다. 예를 들면 교환법칙, 분배법칙, 결합법칙, 항등법칙, 드모르간의 법칙 등이다.

유명한 3단 논법의 예에 다음과 같은 것이 있다.

> ㉠ 인간은 죽는다.
> ㉡ 소크라테스는 인간이다.
> ㉢ 따라서, 소크라테스는 죽는다.

이에, '인간'을 p, '죽는다'를 q, '소크라테스'를 r로 하여, 논리기호를 사용하면 다음과 같이 표현된다.

> ㉠ p→q
> ㉡ r→p
> ㉢ 따라서, r→q

이것은 정확한 논리식인데 논리기호 p, q, r을 각각 '동물', '움직임', '돌'이란 말로 대치하면 다음과 같다.

> ㉠ 동물은 움직인다.
> ㉡ 돌은 동물이다.
> 따라서, ㉢ '돌은 움직인다.'

이것은 ㉠, ㉡을 인정하면 필연적으로 ㉢이 나오는 정확한 추론이기는 하지만, 현실 세계에서는 전혀 의미가 없는 문장이다. 이처럼 명제논리는 명제의 참(true), 거짓(false)과 함께, 명제의 조합에 관한 보편적인 참, 거짓 관계도 연구된다. 인간들이 일상적으로 사용하는 자연언어에서는 명시적(explicit)으로 표현되어 있지 않으나 암시적(또는 묵시적, implicit)으로 존재하는 많은 의미의 정보가 있다. 명제논리에는 이와 같은 표현력이 없는데 이를 보완하기 위해서 술어논리(Predicate Logic)가 필요하다. 술어논리 표현은 문장의 내부구조를 논리적으로 표현하고 있기 때문에 명제논리보다 더 높은 표현력을 갖고 있다.

(2) 명제논리식의 정의 중요 ★

> • 기본 명제 p, q, r, ...은 논리식이다.
> • P가 논리식을 때, ~P도 논리식이다.
> • P, Q가 논리식일 때, P→Q도 논리식이다.

이 절차에 따라 얻게 되는 식이 바로 논리식이다. 논리식에서 사용되는 기본적인 논리기호는 다음과 같다.

논리기호	이름	논리식	의미
¬	부정	¬P	P가 아님.
∨	논리합	P∪Q	P 또는 Q
∧	논리곱	P∩Q	P 그리고 Q
→	함의	P→Q	P이면 Q
≡	동치	P≡Q	(P→Q)∩(Q→P)

이 정의 속에 논리기호 ∧, ∨, ↔가 나오지 않는 것을 이상하게 생각할지도 모른다. 하지만 다음에 보이는 바와 같이 이들 논리기호는 ~와 →로부터 끌어낼 수 있다.

> $p \wedge q = \sim(p \rightarrow \sim q)$
> $p \vee q = \sim p \rightarrow q$
> $p \leftrightarrow q = (p \rightarrow q) \wedge (q \rightarrow p)$

즉, 위와 같은 관계가 성립하므로, 이 정의에서는 간결한 표현을 하고 있다.

① **명제논리식의 동치관계(등가관계) 법칙**

$p \leftrightarrow q$는 p, q가 모두 참이거나 거짓이면 참이고 서로 다른 값을 가지면 거짓이라는 등가관계를 보여주는 논리연산자이다. 다음은 등가관계를 보여주는 법칙들이다.

---

① $P \leftrightarrow Q = (P \rightarrow Q) \wedge (Q \leftrightarrow P)$

② $P \rightarrow Q = {\sim}P \vee Q$ (항진식, 항상 참이 되는 논리식)

③ ${\sim}({\sim}P) = P$ (2중 부정 법칙)

④ $P \wedge P = P,\ P \vee P = P$ (항등법칙)

     $P \wedge T = P,\ P \vee T = T$

     $P \wedge F = F,\ P \vee F = P$

⑤ $P \wedge {\sim}P = F,\ P \vee {\sim}P = T$

⑥ $P \wedge Q = Q \wedge P,$ (교환법칙)

     $P \vee Q = Q \vee P$

⑦ $(P \wedge Q) \wedge R = P \wedge (Q \wedge R),$ (결합법칙)

     $(P \vee Q) \vee R = P \vee (Q \vee R)$

⑧ $P \wedge (Q \vee R) = (P \wedge Q) \vee (P \wedge R)$ (분배법칙)

     $P \vee (Q \wedge R) = (P \vee Q) \wedge (P \vee R)$

⑨ ${\sim}(P \wedge Q) = {\sim}P \vee {\sim}Q$ (De Morgan의 법칙)

     ${\sim}(P \vee Q) = {\sim}P \wedge {\sim}Q$

임의의 논리식에 관한 참, 거짓은 거기에 나타나는 기본 논리식의 참, 거짓으로 결정할 수가 있다. 논리식 P, Q에 나타나는 기본 논리식의 여러 조합에 대해, P와 Q의 참, 거짓이 똑같은 경우, P와 Q를 등가라 한다. 등가인 논리식 P, Q는 P 대신에 Q를 쓰거나, 그 역도 가능하다. 그 의미로 $P \leftrightarrow Q$ 대신에 P = Q로 표현(또는 P $\equiv$ Q)한다.

② **정규형**

㉠ 논리합의 정규형

$$G = G_1 \vee G_2 \dots G_i \vee \dots \vee G_n (n \geq 1)$$

위와 같은 형태의 논리식으로 $g_1, g_2, \dots, g_{ij}, \dots, g_n$을 리터럴로 하면 다음과 같다.

$$G_i = g_{i1} \wedge g_{i2} \wedge \dots \wedge g_{im}$$

㉡ 논리곱의 정규형

$$F = F_1 \wedge F_2 \wedge \dots \wedge F_i \wedge \dots \wedge F_n (n \geq 1)$$

$F_1, F_2, F_3, \dots F_n$은 각각 리터럴의 논리곱이다. 즉, $F_i = p_{i1} \vee p_{i2} \vee \dots \vee p_{im}$이 성립한다. P_{ij}는 기본 논리식으로, 리터럴($\sim$)이라고 한다. 리터럴을 p로 할 때, p를 참(정)의 리터럴,

~p를 거짓(부)의 리터럴이라고 하고, 여기서 F_i를 절(clause)이라 부른다.

> 예 F = (~P ∧ Q) ∨ (P ∧ ~P) ∨ (~P ∧ ~S)

다음은 논리식의 예이다.

📋 **예제**

기본 명제

• P가 논리식이면 ~P도 논리식이다.
• P, Q가 논리식이면 P→Q도 논리식이다.
• P, Q가 논리식이면 P ∧ Q, P ∨ Q, P↔Q도 논리식이다.

왜냐하면 아래와 같은 논리식이 성립하기 때문이다.

> P ∧ Q = ~(P→~Q)
> P ∨ Q = ~P→Q
> P↔Q = (P→Q) ∧ (Q→P)

정의 리터럴이 단지 1개만 나타나는 절을 혼(horn)이라 한다. 혼은 전제가 몇 개 있어도 좋으나, 결론은 하나이기 때문에 인공지능 언어인 프롤로그(PROLOG)에서 중요한 의미가 있다.

③ **모든 논리식을 절형식으로 바꾸는 알고리즘**

ㄱ
> F↔G = (F→G) ∧ (G→F)
> F→G = ~F ∨ G

이러한 등가의 관계를 사용하여 논리기호 ↔, →를 제거한다.

ㄴ
> ~(~F) = F
> ~(F ∨ G) = ~F ∧ ~G
> ~(F ∧ G) = ~F ∨ ~G

이러한 등가의 관계를 사용하여, 부정기호를 기본 논리식의 바로 앞에 가져온다.

ㄷ
> F ∨ (G ∧ H) = (F ∨ G) ∧ (F ∨ H)
> F ∧ (G ∨ H) = (F ∧ G) ∨ (F ∧ H)

이러한 분배법칙을 사용하여 논리합의 정규형, 논리곱의 정규형으로 변환한다.

✪ 리터럴의 논리합으로 구성되는 논리식을 절이라고 하는데, 논리곱의 정규형은 절의 논리곱으로 구성되기 때문에 절 형식이라고도 말한다.

④ **명제논리의 한계** 중요 ★★

명제논리는 명제와 명제의 결합 및 그 결합의 구조를 살피는 것이다. 그러나 명제논리는 다음과 같은 제약이 있다. 첫째로 명제는 '모든', '약간' 등의 수량에 대한 **수량사**를 갖는데 **명제논리**에서는 이것을 표현하지 못하고 있다.

> "모든 사람은 정직하다."를 부정함에 있어 그 부정이 명제의 어느 부분에 걸려야 하는지 분명치 않다. '모든'을 부정한다면 "모든 사람은 반드시 정직하지 않다."가 될 것이고, 만일, '정직'을 부정한다면, "모든 사람은 부정직하다."가 된다.

둘째로 아래의 예문을 보자.

> ① '존슨이 장관이든가 아더가 시장이든가'이다.
> ② '존슨이 장관이든가 (그 존슨이) 시장이든가'이다.
> ③ '존슨이 장관이든가 아더가 장관이든가'이다.

이것들은 명제논리에 있어서는 일단 'p ∨ q'로 표시된다. 그러나 엄밀하게는 ②번만이 'p ∨ q'로 표시될 수 있다. 왜냐하면, ②번만이 주어가 같고 술어만 다르기 때문이다. 우리가 명제함수를 도입한다면 ①번은 'Fp ∨ Gk'가 될 것이고, ②번은 'Fp ∨ Gp', 그리고 ③번은 'Fp ∨ Fk'가 될 것이다. ②번을 'p ∨ q'의 전형으로 삼는다면 주어가 같고 술어가 다르다는 것을 조건으로 삼아야 하는데 ①번과 ③번은 그렇지 못하다. 그렇다고 ②, ③번의 예문들을 명제가 아니라고 할 수는 없다.

셋째로 지금 'p ∨ q'의 조건으로서 주어와 술어를 언급했으나, 사실 어떤 것을 주어로 하고 어떤 것을 술어로 하느냐는 문제도 간단한 것이 아니다.

> "꼬마가 컵을 깼다."에서 컵을 깬 동작의 주체는 꼬마니까 주어는 꼬마다. 그러나 동일한 내용의 명제 "컵을 깬 것은 꼬마다."에서 꼬마는 술어이다.

이처럼 명제논리에서 주어, 술어의 문제가 간단치 않음을 알 수 있다.

넷째로 다음의 명제논리는 전통적으로 가장 타당한 추론으로 간주되어 왔다.

> ① 모든 사람은 죽는다....p
> ② 소크라테스는 사람이다....q
> ③ 고로, 소크라테스는 죽는다....r

그러나 이것을 진리함수로 기호화하면 '(p·q) ⊃ r'이 되는데, 이것은 반드시 진(참)은 아니다.

다섯째로 술어는 주어의 성질을 말한다.

> 이승만은 한국의 초대 대통령이다.

위 문장에서 '초대 대통령'은 이승만의 성질이다. 그러나 명제논리에서는 성질로서의 술어가 고려되지 않는다. 이러한 여러 이유로 우리는 명제를 구성하는 주어(subject term)와 술어(predicate term)를 고려하게 된다. 그리고 이런 논리를 **명제논리와 구별해서 술어논리**라고 한다.

2 술어논리(Predicate logic) 중요 ★★★

명제논리는 모든 사실을 논리식으로 표현함으로써 기호화할 수 있다. 그러나 기호화된 사실들이 서로 독립적이어서 상호관계를 알 수 없고, 수량화시킬 수 없다는 단점이 있다. 술어논리는 명제의 내용을 다루기 위해 변수, 함수 등을 도입하고 이들의 값에 따라 참, 거짓이 결정되도록 명제논리를 확장한 논리이다. 문자의 참이나 거짓만을 따지는 것이 아니라 문장의 문법적 구조와 의미를 포함한다. 명제에 주어와 술어의 구조가 존재하고, 주어가 될 수 있는 대상에 한정 기호를 사용할 수 있는 논리이다. 술어논리에는 1차 논리, 2차 논리(혹은, 고차 논리) 등이 있으며, 명제논리와는 달리 명제의 내부 구조 분석에 의한 추론규칙이 존재한다. 인공지능 분야에서 술어논리를 사용하여 실세계에 대한 지식을 표현한 것은 John McCarthy(1958)가 최초이다. 술어는 다음과 같이 정의할 수 있다.

> - 문장의 '주어 + 서술어' 형태에서 서술어에 해당
> - 대상의 속성이나 대상 간의 관계를 기술하는 기호
> - 참(T) 또는 거짓(F) 값을 갖는 함수

(1) 1차 논리(FOL : First Order Logic) 중요 ★★

대상(object)에 대한 양화로 명제를 분석하는 논리이다. 사용되는 기호는 주로 **존재양화사**(existential quantifier = ∃)와 **보편양화사**(universal quantifier = ∀)이다. 주로 사용되는 방식은 아래와 같이 대상 x/y/z/w/~ 등을 논리의 기본대상으로 하고, 일반적으로 접하는 거의 모든 술어논리학이 이쪽에 속한다.

> - ∃x = x가 존재한다.
> - ∀xFx = 모든 x가 F를 만족한다.

(2) 2차 논리(SOL : Second Order Logic) 중요 ★★

1차 논리처럼 대상에 대한 양화뿐만 아니라 '개념(concept)/속성(property)'에 대한 양화까지 포함하는 논리이다. 프레게의 자연수 정의가 2차 논리를 허용하는 방식이었다.

> k is a natural number if and only if $\forall F[F0 \land \forall x \forall y((Fx \land Sxy) \rightarrow Fy) \rightarrow Fk]$

> - $\forall F$: 모든 개념에 대해서~
> - $\exists F$: ~개념이 존재한다

이런 형태로 개념에 대한 양화를 포함하는 논리이다.

1차 논리는 대상을 양화로 하고, 2차 논리는 '1차 논리 + 대상에 대한 속성(개념)'을 양화의 대상으로 삼는다. 관념적으로는 이렇게 해서 고차 논리(higher order logic)까지 만들 수 있다. 3차는 '대상의 속성의 속성', 4차는 '대상의 속성의 속성의 속성' 등 이런 식으로 만든다면 n차 논리까지 만들 수 있지만 보통 고차 논리에서 사용되는 건 2차 논리까지이다.

(3) 존재기호(Existential Quantifier, 존재양화사, 존재한정사) 중요 ★★★

술어논리는 하나의 명제를 술어와 객체로 분리하여 표현한다. 하나의 술어는 하나 이상의 객체를 수식할 수 있다. 또한, 객체에는 상수가 사용될 수도 있고 변수가 사용될 수도 있다. 예를 들어 다음 문장을 살펴보자.

> x가 한국인이라면 x는 인간이다 $\Rightarrow$ Korean(x) $\rightarrow$ Man(x)

변수 x가 나타내는 객체의 집합을 정의역(domain)이라 한다. 이 정의역(x의 범위) 내에서 '한국인'인 x만을 지정하는 기호로 '$\exists$'와 '$\forall$'를 사용할 수 있다.

'$\exists x$'는 '적어도 어느 하나의 x가 존재함'을 나타내며 존재기호라 부른다. 존재양화사 $\exists$는 'there is at least one x(x는 변수)'로 정의되며, 한글로는 '적어도 한 개가 존재한다' 혹은 '존재한다'로 해석된다.

> 예 $\exists x$: x가 존재한다. / 적어도 하나의 x가 존재한다.
> $\exists xFx$: F를 만족하는 x가 존재한다.
> 예 $\exists xFriend(John, x)$
> John은 친구가 한 명은 있다.

논리학에서 보통 F는 Function의 줄임말로 '함수' 혹은 '개념'을 의미한다. 보통은 개념이라고 해석한다. 굳이 F가 아니더라도 대문자에다가 소문자 변수가 달려있으면 대문자는 개념이나 함수를 의미한다.

(4) 전칭기호(Universal Quantifier, 보편양화사) 종요 ★★★

'∀x'는 '모든 x에 대하여'라는 의미로 사용되며 전칭기호라 부른다.

> 예 ∀x : 모든 x에 대하여
>
> ∀xFx : 모든 x가 F를 만족한다. / F를 만족하는 모든 x(에 대하여)
>
> 예 ∀x∃y Friend(x, y)
>
> 누구나 친구가 한 명은 있다.

'∃'와 '∀'를 총칭하여 '한정기호'라 하며 한정기호를 포함하고 있는 논리식에 대해서는 다음의 등식이 성립한다.

> - $\sim(\exists x)P(x) \equiv (\forall x)\{\sim P(x)\}$
> - $\sim(\forall x)P(x) \equiv (\exists x)\{\sim P(x)\}$
> - $(\forall x)\{P(x) \wedge Q(x)\} \equiv (\forall x)P(x) \wedge (\forall x)Q(x)$
> - $(\exists x)\{P(x) \vee Q(x)\} \equiv (\exists x)P(x) \vee (\exists x)Q(x)$
> - $(\forall x)P(x) \equiv (\forall y)P(y)$
> - $(\exists x)P(x) \equiv (\exists y)P(y)$

또한, 다음과 같이 술어논리에서는 객체 사이의 관계를 나타내는 함수기호를 사용할 수 있다. 아버지를 나타내는 함수기호를 'father'라고 하고, 이를 'father(ted)'라고 하면 ted의 아빠에 해당하는 객체를 나타낸다. 따라서, "ted의 아버지는 미국인이다."라는 사실을 다음과 같이 표현할 수 있다.

> American(father(ted))

(5) 술어논리의 구문

술어논리의 구문에는 함수(function), 항(item)이 있고 술어논리식에 대한 정형식이 있다.

① 함수(function)

함수는 주어진 인자에 대해서 참, 거짓 값이 아닌 일반적인 값을 반환하고, 술어나 다른 함수의 인자로 사용된다.

예 f(x), g(x, y)

② 항(item)

함수의 인자가 될 수 있는 것으로, 항이 될 수 있는 것은 개체상수, 변수, 함수 등이다.

㉠ 개체상수, 변수는 항이다.

㉡ t_1, t_2, t_3, ..., t_n이 모두 항이고, f가 n개의 인자를 갖는 함수기호일 때, $f(t_1, t_2, t_3, ..., t_n)$은 항이다.

㉢ 위의 두 가지에 의해서 만들어질 수 있는 것만 항이다.

③ **술어논리식에 대한 정형식**

㉠ t_1, t_2, t_3, ..., t_n이 모두 항이고, p가 n개의 인자를 갖는 술어기호일 때, $p(t_1, t_2, t_3, ..., t_n)$은 정형식이다.

㉡ p와 q가 정형식이면 논리기호를 사용하여 구성되는 논리식 ¬p, p∨q, p∧q, p→q, p≡q도 정형식이다.

㉢ p(x)가 정형식이고 x가 변수일 때 ∀x p(x), ∃x p(x)는 정형식이다.

㉣ 위의 3가지에 의해서 만들어질 수 있는 것만 술어논리의 정형식이다.

∀x ∀y Horse(x) ∧ Dog(y)→Faster(x, y)
∃y Greyhound(y) ∧ (∀z Rabbit(z)→Faster(y, z))
Horse(Harry)
Rabbit(Ralph)
∀y Greyhound(y)→Dog(y)
∀x ∀y ∀z Faster(x, y) ∧ Faster(y, z)→Faster(x, z)

---

3 논리융합(Resolution) 중요 ★★★

논리융합은 새로운 추론규칙이다. 우리는 앞에서 모더스 포넌스(modus ponens, 전건 긍정)를 포함하여 여러 가지의 추론규칙을 학습하였다. 이 중 많은 규칙은 논리융합이라는 하나의 규칙으로 통합될 수 있다.

논리융합은 절(clause)이라는 특별한 형태의 정형식(WFF : Well Formed Formula)에 적용된다. 정형식은 논리에서 문법에 맞는 논리식이다. 우선 리터럴(literal)은 아톰(atom, 양의 리터럴) 혹은 아톰의 부정(음의 리터럴) 중의 하나이다. 절(clause)은 리터럴의 집합으로, 집합은 그 안에 있는 모든 리터럴의 논리합을 의미한다.

리터럴이란 무엇인가? 우선 상수는 값을 가지지만 그 값을 바꿀 수 없는 변수를 말한다. 즉, 한번 기억장소에 변수를 저장하고 그 변숫값을 초기화한 이후에는 값을 바꿀 수 없는 변수를 상수라고 한다. 예를 들면 다음의 PI는 상수가 된다.

예 const float PI = 3.14f;//C, public static final float PI = 3.14f;//Java

---

반면에 리터럴은 이러한 변수 및 상수에 저장되는 값 자체를 말한다. 정수 리터럴, 실수 리터럴, 문자열 리터럴과 같은 것들이 프로그래밍 언어의 한 요소로서 리터럴이라고 불린다.

> 예 정수 리터럴: 1, 10, 100, 1000 등
> 실수 리터럴: 1, 10, 10^3 등
> 문자열 리터럴: 'system', 'exit' 등

그러므로 절은 특별한 형태의 정형식(WFF)이다. 보통 절을 논리합으로 표현하지만, 논리융합에 관련된 정의에서는 집합 표시를 이용해 나타내는 것이 더 간단하다. 예를 들어, 절 {P, Q, ¬R}(P ∨ Q ∨ ¬R과 동치)은 WFF이다. 비어있는 절 { }(Nil이라고 쓰기도 한다)은 F(값이 거짓, False)와 동치이다.

📄 **예제**

주어진 공리

① A
② (A ∧ F)→C
③ (D ∨ E)→B
④ (B ∧ G)→F
⑤ E
⑥ G일 때 C가 참인가?

풀이과정

① 주어진 공리를 절의 형태로 만든다.

> A
> (A ∧ F)→C ≡ ¬(A ∧ F) ∨ C = ¬A ∨ ¬F ∨ C
> (D ∨ E)→B ≡ ¬(D ∨ E) ∨ B = (¬D ∧ ¬E) ∨ B = (¬D ∨ B) ∧ (¬E ∨ B)
> (B ∧ G)→F ≡ ¬(B ∧ G) ∨ F = ¬B ∨ ¬G ∨ F
> E
> G
> (¬D ∨ B) ∧ (¬E ∨ B)는 (¬D ∨ B)와 (¬E ∨ B)로 나뉜다.

② 증명하고자 하는 것을 부정(절)의 형태로 공리집합에 포함시킨다.
  ¬C

③ 공리집합으로부터 논리융합에 의해 새로운 절을 생성한다.

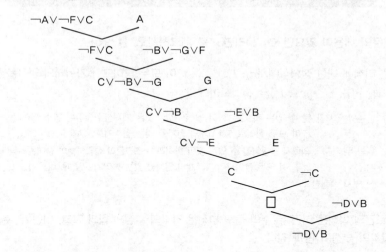

④ 반박에 의해 공절이 생성되지 않으므로 C는 참이 아니다.

O×로 점검하자

※ 다음 지문의 내용이 맞으면 O, 틀리면 ×를 체크하시오. [1~5]

01 술어논리식에 대한 정형식에서 t_1, t_2, t_3, ..., t_n 이 모두 항이고, p가 n개의 인자를 갖는 술어 기호일 때, $p(t_1, t_2, t_3, ..., t_n)$은 정형식이다. (   )

>>>◯ 함수의 인자가 될 수 있는 것으로, 항이 될 수 있는 것은 개체상수, 변수, 함수 등이다.
t_1, t_2, t_3, ..., t_n 이 모두 항이고, f가 n개의 인자를 갖는 함수기호일 때, $f(t_1, t_2, t_3, ..., t_n)$은 항이고, 위의 두 가지에 의해서 만들어질 수 있는 것만 항이라는 조건문이 성립하듯이 술어논리식에 대한 정형식에서 t_1, t_2, t_3, ..., t_n 이 모두 항이고, p가 n개의 인자를 갖는 술어기호일 때, $p(t_1, t_2, t_3, ..., t_n)$은 정형식 역시 성립한다.

02 드모르간의 법칙은 어떤 두 수의 곱의 부정은 각각의 부정의 합과 같고, 어떤 두 수의 합의 부정은 각각의 부정의 곱과 같다. (   )

>>>◯ (De Morgan의 법칙)
$\sim(P \land Q) = \sim P \lor \sim Q$
$\sim(P \lor Q) = \sim P \land \sim Q$

03 ∀x`는 '모든 x에 대하여'라는 의미로 사용되며 존재기호라 부르고, ∃는 'there is at least one x'(x는 변수)로 정의되며, 한글로는 '적어도 한 개가 존재한다' 혹은 '존재한다'로 해석되는 보편기호(전칭기호)이다. (   )

>>>◯ ∀x`는 '모든 x에 대하여'라는 의미로 사용되며 전칭기호(또는 보편양화사, universal quantifier)라 부르고, 존재양화사(존재기호) ∃는 'there is at least one x'(x는 변수)로 정의되며, 한글로는 '적어도 한 개가 존재한다' 혹은 '존재한다'로 해석된다.

04 논리학에서 modus ponense(전건 긍정)와 modus tollense(후건 부정)은 항상 참이다. (   )

>>>◯ 논리학에서 전건 긍정과 후건 부정은 항상 참이지만, 후건 긍정과 전건 부정은 잘못된 오류다.

05 사례기반지식표현은 검색, 재사용, 수정, 유지 등의 4단계를 통해서 문제를 해결하고 학습한다.
(   )

>>>◯ CBR이 문제를 해결하고 학습하는 4R 과정은 다음과 같다.
① 검색(retrieve) : 유사한 사례(case)를 찾는다. 과거 사례와 현재 사례의 기술에 대한 유사도(similarity) 측정을 사용한다.
② 재사용(reuse) : 현재 문제를 해결하기 위해 과거 사례를 사용한다. 과거의 지식을 현재의 문제에 적용한다.
③ 수정(revise) : 해를 생성하고 새로운 실제 상황에서 해를 평가한다.
④ 유지(retain) : 올바른 해를 저장한다. 미래의 재사용을 위해서 사례를 학습한다.

정답 **1** O **2** O **3** × **4** O **5** O

01 다음 중 지식표현의 기능과 거리가 먼 것은?

① 존재론적 약속
② 지능적 추론의 단편적 이론
③ 전산화의 수단
④ 문자화의 지원

02 다음 중 지식표현의 고려사항이 아닌 것은?

① 표현의 정확성
② 문자의 표현성
③ 획득 관리의 용이성
④ 추론의 효용성

03 다음은 무엇에 관한 설명인가?

> 문제를 해결하는데 어떠한 지식을 우선적으로 이용하면 좋을지에 대한 지식, 즉 지식 이용 방법에 관한 지식

① 추론
② 지혜
③ 메타지식
④ 비전

해설 & 정답   checkpoint

01 지식표현의 기능은 대략 네 가지로 구분할 수 있다.
첫째로 지식표현은 일련의 존재론적 약속으로 가장 초기에 선택되며 단계마다 축적되는 것으로, 지식표현은 자료구조가 아니다. 둘째로 지식표현은 지능적 추론의 단편적인 이론이고, 셋째로 효율적인 전산화를 위한 수단이어야 하며, 넷째로 인간 표현의 수단이어야 한다.

02 첫째, 지식표현의 정확성으로서, 해당 문제에 있어서 객체 간의 상관관계를 정확하게 표현해야 한다. 둘째는 추론(inference)의 정확성으로 문제의 성격에 따라 전방향 추론, 후방향 추론, 결합 추론 중에서 선택하여 사용한다. 이때에 추론이 정확하게 될 수 있도록 지식을 표현해야 한다. 셋째는 지식 획득 관리의 용이성으로서 새로운 사실을 쉽게 삽입, 수정, 삭제가 가능하도록 지식이 표현되어야 한다. 넷째는 추론의 효용성으로 추론 기법을 최적의 방향으로 이끌기 위해 사용되는 특정한 정보와 지식구조를 결합시키는 능력을 제공할 수 있어야 한다.

03 메타지식은 문제를 해결하는데 어떠한 지식을 우선적으로 이용하면 좋을지에 대한 지식, 즉 지식 이용 방법에 관한 지식으로서 문제해결 해결에 필요한 전략에 관한 지식이다. 추론은 지식베이스에 저장된 사실로부터 새로운 사실을 유도하는 것을 말한다.

정답 01 ④ 02 ② 03 ③

04 문제의 성격에 따라서 적절하게 사용할 수 있는 추론의 방법에는 전진, 후진, 결합 추론이 있다.

04 문제의 성격에 따라서 적절한 추론 방법을 선택하여 사용할 수 있다. 다음 중 일반적인 추론의 방법이 <u>아닌</u> 것은?

① 전진(전방향) 추론
② 후진(후방향) 추론
③ 결합(하이브리드) 추론
④ 상대 추론

05 절차형은 동작이나 상황의 관계를 기술하는 데에 편리하고, 상호작업성에 있어 우수하지만, 유연성이 떨어진다. 그리고 추론시의 효율이 좋은 특징을 갖고 있다. ②번은 선언형 지식표현의 특징이다. 선언형의 또 다른 특징은 지식의 추가 및 수정이 용이하다.

05 다음 중 절차형 지식표현의 특징이 <u>아닌</u> 것은?

① 동작이나 상황의 관계를 기술하기가 편리하다.
② 모듈성이 우수하여 표현이 이해하기 쉽다.
③ 상호작업성이 우수하다.
④ 유연성이 떨어진다.

06 술어논리를 표현하기 위해 변수를 사용하는 방법을 논리기반 지식표현이라고 한다. 규칙기반 지식표현은 가장 널리 알려진 지식표현 방법의 하나로 생성규칙이라고도 한다. 이는 조건이 만족되면 결론 부분이 새로운 사실로써 생성되기 때문이다. 네트워크기반 지식표현은 노드(node)와 링크(link)로 구성된 네트워크로 관계적인 지식을 표현하는 방법이다. 프레임기반 지식표현은 시멘틱 망의 한 종류로, 프레임이라고 하는 객체의 구조와 하나의 객체를 여러 개의 슬롯(slot)과 필러(filler)라고 하는 객체의 속성 묘사에 중점을 둔 지식표현구조이다.

06 청소기로 바닥을 청소하는 일을 vacuum_floor(r)로 정의하는 지식표현을 무엇이라고 하는가?

① 규칙기반 지식표현
② 논리기반 지식표현
③ 네트워크기반 지식표현
④ 프레임기반 지식표현

정답 04 ④ 05 ② 06 ②

해설 & 정답   checkpoint

07 다음 중 규칙기반 지식표현에서 추론을 위해 사용하는 방식이 **아닌** 것은?

① 전방향 추론
② 후방향 추론
③ 측방향 추론
④ 결합형 추론

07 규칙을 이용한 추론은 전방향 추론과 후방향 추론이 많이 사용된다. 전방향 추론과 후방향 추론을 결합한 추론을 결합형 추론 또는 양방향 추론이라고 한다.

08 다음 중 의미망과 관련이 **없는** 것은?

① 초기에 자연어로 된 지식을 표상하는 방법으로써 개발되었다.
② HTML, XML 등에 영향을 주었다.
③ 노드와 링크가 기호로 표시된다.
④ 전방향 추론과 후방향 추론이 있다.

08 의미망은 초기에 자연어로 된 지식을 표상하는 방법으로써 개발되었으나, 후에 하이퍼텍스트에서 사용하는 의미 링크로 발전하였으며 HTML, XML 등에 영향을 주었다. 시멘틱 망의 특징은 노드와 링크가 기호로 표시된다는 것이다. 즉 고전적 인공지능의 기호기반 지식표현방법의 일종이다. 전방향 추론과 후방향 추론은 규칙기반지식이다.

09 다음 중 메타 데이터에 대한 설명이 **아닌** 것은?

① 사람들간의 합의를 개념적이고 컴퓨터에서 다룰 수 있는 형태로 표현한 모델로서 개념의 타입이나 사용상의 제약조건들을 명시적으로 정의한 기술이다.
② 다른 데이터를 설명해 주는 구조화된 데이터이다.
③ 일정한 규칙에 따라 콘텐츠에 대하여 부여되는 데이터이다.
④ 구조화된 정보를 분석, 분류하고 부가적 정보를 추가하기 위해 그 데이터 뒤에 함께 따라가는 정보이다.

09 데이터에 관한 구조화된 데이터로, 다른 데이터를 설명해 주는 데이터이다. 대량의 정보 가운데에서 찾고 있는 정보를 효율적으로 찾아내서 이용하기 위해 일정한 규칙에 따라 콘텐츠에 대하여 부여되는 데이터이다. 어떤 데이터, 즉 구조화된 정보를 분석, 분류하고 부가적 정보를 추가하기 위해 그 데이터 뒤에 함께 따라가는 정보를 말한다. ①번은 온톨로지에 대한 설명이다.

정답 07 ③   08 ④   09 ①

안심Touch

10 문제해결의 대상으로 삼은 문제에 필요한 지식을 적절하게 끄집어내기 어렵기 때문에 문제의 해결책으로 고안된 방법이 프레임 표현이다. 프레임 표현이란 문제해결에 필요한 지식을 인간이 정리한 것으로 의미망의 한 종류이다. 프레임에는 여러 개의 슬롯이 있고 슬롯 안에는 슬롯의 값, 디폴트 값, 값이 추가되었을 때의 동작, 값을 물었을 때의 동작 등이 정의된다. 여기서 여러 가지 속성에 대한 값들을 묘사하는 부분을 필러(filler)라고 한다. ①번은 의미망에 대한 설명이고, ③번은 시멘틱 웹, ④번은 사례기반 지식표현방법이다.

10 다음 중 프레임기반 지식표현에 관한 설명으로 옳은 것은?

① 자연어로 된 지식을 표현하기 위해 개발되고 하이퍼텍스트에서 사용하는 의미 링크로 발전하였다.

② 문제 해결에 필요한 지식을 슬롯과 필러로 인간이 정리한 것을 의미한다.

③ XML에 기반한 시멘틱 마크업 언어를 기반으로 한다.

④ 과거의 경험 사례(case)를 그대로 기억함으로써 지식을 표현하는 방법이다.

11 논리가 추론이라고 하면, 우리의 일상생활 행하는 사고의 실질적 활동이고, 행동을 결정하는 중요한 요소가 된다. 그러나 추론이라고 해서 모두 다 타당한 것은 아니다. 비록 외양은 추론형식을 갖추었지만 타당하지 못한 추론도 얼마든지 있다. 그러기에 추론의 타당성 여부를 검토해야 한다. 그 추론의 타당성 검증을 기능적으로 수행하기 위하여 추론을 형식화하고, 정확하고 엄격하게 하기 위하여 기호를 사용하기도 한다.

11 다음 중 추론에 관한 설명과 거리가 먼 것은?

① 논리적 사고는 추론을 기반으로 한다.

② 외양은 추론형식을 갖추었지만 타당하지 못한 추론도 있다.

③ 추론의 타당성 여부를 검토할 필요가 없다.

④ 논리는 추론 타당성의 검증이라고 할 수 있다.

정답 10 ② 11 ③

◆ 주관식 문제

01 온톨로지의 (1) 개념과 온톨로지를 구현할 수 있는 대표적인 시멘틱 웹 언어를 (2) 2가지 쓰시오.

02 (1) 심리학과 논리학의 차이에 대해서 비교하여 쓰고, 그리고 (2) 수학의 기초론과 깊은 연관이 있는 논리학을 무엇인지 쓰시오.

해설 논리학은 '논리' 및 그것과 관련된 구성과 원리들을 분석하고 체계화하는 학문이다. 타당한 논증, 곧 추론과 증명의 법칙을 연구하는 학문으로, 일반적으로는 논증의 학문이라고 정의된다. 판단·추리·개념 등과 관련하여 '타당한 추론의 형식'에 관한 인문 과학으로 형식적 논리학은 수학기초론과 깊이 연관되어 있다.

심리학은 인간의 행동과 심리과정을 과학적으로 연구하는 경험과목으로서, 인문과학에서부터 자연과학, 공학, 예술에 이르기까지 많은 분야에 공헌하고 있다. 심리학은 연구 분야에 따라 크게 심리학의 기초 원리와 이론을 다루는 '기초심리학'과 이러한 원리와 이론의 실제 문제를 해결하기 위한 '응용심리학'으로 구분한다.

01

정답 (1) 사람들이 세상에 대하여 보고 듣고 느끼고 생각하는 것에 대하여 서로 간의 토론을 통하여 합의한 것을 개념적이고 컴퓨터에서 다룰 수 있는 형태로 표현한 모델로서 개념의 타입이나 사용상의 제약조건들을 명시적으로 정의한 지식표현이다.
(2) RDF, OWL, SWRK 등

해설 온톨로지는 시멘틱 웹을 구현할 수 있는 도구이자 지식개념을 의미적으로 연결할 수 있는 도구로서 RDF, OWL, SWRL 등의 언어를 이용해 표현한다. OWL(Web Ontology Language)는 웹상에서 첨단의 웹 검색, 소프트웨어 에이전트 및 지식관리 기능을 제공하는 온톨로지를 발간 및 공유하기 위한 시멘틱 웹 생성 언어로서 자원 기술 프레임워크(RDF)의 확장언어로 개발되었다.

02

정답 (1) 심리학은 넓은 의미의 사고, 즉 상상, 기억, 자각 등이 생기는 여러 심리 현상과 사고와 사고, 사고와 행동과의 관계양상 등을 주로 연구하는 것이다. 논리학은 대상에 관계없이 사고를 그 개별성에서가 아니라 보편성과 형식의 측면, 그리고 형성된 '명제의 참과 거짓'을 다룬다.
(2) 형식(적)논리학

안심Touch

03

정답 (1) p, q가 모두 참이거나 거짓이면 참이고 서로 다른 값을 가지면 거짓이라는 등가관계를 보여주는 논리연산자이다.

(2) ∼(P ∧ Q) = ∼P ∨ ∼Q

해설 명제논리식 p↔q는 p, q가 모두 참이거나 거짓이면 참이고 서로 다른 값을 가지면 거짓이라는 등가관계를 보여주는 논리연산자이다. 드모르간의 법칙은 제1법칙과 제2법칙이 있으며 다음과 같이 표시된다. ∼(P ∧ Q) = ∼P ∨ ∼Q(제1법칙), ∼(P ∨ Q) = ∼P ∧ ∼Q(제2법칙)

04

정답 (1) 존재양화사 : ∃x
보편양화사 : ∀x

(2) ∃x는 '적어도 어느 하나의 x가 존재함'을 나타내고, ∀x는 '모든 x에 대하여'라는 의미다.

해설 정의역(x의 범위) 내에서 '한국인'인 x만을 지정하는 기호로 ∃x는 '적어도 어느 하나의 x가 존재함'을 나타내며 '적어도 한 개가 존재한다' 혹은 '존재한다'로 해석된다. ∀x는 '모든 x에 대하여'라는 의미로 사용되며 전칭기호라 부른다.

03 (1) 명제논리식 p ↔ q는 어떤 의미인지 쓰시오. 그리고 (2) 드모르간 제1법칙을 명제논리식으로 표현하시오.

04 정의역 x에 대해서 (1) 존재양화사와 보편양화사를 표시하는 기호를 각각 쓰고, (2) 그 의미를 작성하시오.

제4장

불확실한 지식표현

I wish you the best of luck!

CHAPTER 04 불확실한 지식표현

현실 세계는 복잡하다. 이러한 복잡성은 일반적으로 불확실성에서 비롯된다. 인간은 사고할 수 있는 능력 덕분에 무의식적으로 복잡하고 모호하며 불확실한 문제를 해결할 수 있다. 컴퓨터의 계산 능력이 향상되면서 과학자나 엔지니어들은 불확실성을 추론할 방법과 기술을 개발하기 위해 더욱더 많은 관심을 두기 시작했다. 고전적 집합론에서 요소는 동시에 집합(1)에 있거나 집합(0)에 존재할 수 없다. 이것은 실제 세계의 많은 문제가 고전적 집합론에 의해 처리될 수 없다는 것을 의미한다. 이와는 반대로 퍼지집합론은 어떤 집합에 속하면 '1', 속하지 않으면 '0'이라는 기존 집합론을 좀 더 일반화시켰다.

'퍼지이론(Fuzzy Theory)'은 자연 언어 등의 애매함을 정량적으로 표현하기 위한 이론이다. 1965년 미국 버클리대학교 L. A.자데(Zadeh) 교수는 『불확실성 원칙』에서 "현실 세계 문제를 더 가깝게 볼수록 더 많은 애매모호함을 갖고 있다."라고 했다. 이처럼 부정확성과 복잡성은 서로 관련되어 있다. 복잡성은 우리가 문제나 시스템에 대해 가질 수 있는 이해와 반비례 관계이다. 복잡한 시스템일 때는 불확실성을 감소할 수 있는 신경망과 같은 방법이 필요하다. 시스템이 많지 않은 수치 데이터만 있고 이 정보의 대부분이 애매할 때, 퍼지추론이 이 같은 정보를 처리하는 데 사용된다.

퍼지논리(Fuzzy logic)는 불분명한 상태, 모호한 상태를 참 혹은 거짓의 이진 논리에서 벗어나 다치성으로 표현하는 논리 개념이다. 퍼지논리는 근사치나 주관적인 값을 사용하는 규칙들을 생성함으로써 **부정확함을 표현할 수 있는 규칙 기반기술(rule-based technology)**이다. 퍼지집합의 개념은 각 대상이 어떤 모임에 '속한다' 또는 '속하지 않는다'는 이진법 논리에서 벗어나, 각 대상이 그 모임에 속하는 정도를 소속함수(membership function)로 나타내고 그 소속 함수를 대응되는 대상과 함께 표기하는 집합이다. 퍼지이론을 이해하기 위해서는 불확실성, 퍼지집합, 퍼지논리, 퍼지추론을 이해해야 한다.

확률론과 퍼지이론은 모두 '확실하게 알 수 없는 현상'을 다룬다는 점에서는 공통점이 있다. 대략적으로 생각하면 비슷하고 퍼지이론을 확률론의 연장으로 생각하기도 하지만 둘은 기본적으로 차이가 있다. 퍼지이론이 확률론을 구체화한 것이 아니고 퍼지이론적인 면에서 확률 개념을 다루는 퍼지 확률론이라는 분야도 따로 있다. 확률론을 적용하는 주된 대상 중 하나로 주사위를 던질 때 어떤 눈이 나올지를 예측하는 문제가 있다. 주사위를 던지기 전에는 어떤 눈이 나올지 알 수 없지만, 일단 주사위를 던지고 나면 어떤 눈이 나오는지가 확실히 정해진다. 5의 눈에도 속하면서 6의 눈에도 속하는 것과 같은 상황은 나타나지 않는다. 한편으로 생각하면 주사위의 초기 위치(손 안에 쥐고 있을 때 어느 눈이 위에 가 있었나), 던지는 힘, 떨어지는 거리, 대기의 흐름 같은 변수들을 빠짐없이 계산하면 주사위의 눈을 예측할 수 있을 것이다. 그러나 그러한 변수들을 정확히 반영해서 계산하는 것은 대단한 시간과 노력이 드는 일이고, 그 이전에 어떤 변수들을 반영해야 하는지 아는 것도 쉬운 일이 아니다.

확률론은 결과는 확실하지만 예측이 불가능하거나 원리적으로 가능하다 해도 대단히 어려운 문제를 다루는 수단으로 쓰인다. 여기에는 일어날 수 있는 여러 종류의 사건이 동등한 빈도로 일어난다는 전제 아래 (구하려는 사건)/(모든 사건)의 비율로써 계산하는 수학적 확률을 실제로 실험을 해서 그때까지의 빈도로써 계산하는 통계적 확률이 포함된다.

반면 퍼지이론에서 다루는 대상은 이러한 접근 자체가 불가능한, 결과 자체가 불확실한 대상이다. 주사위는 일단 주사위를 던진 다음에는 결과가 확실하게 정해진다. 단지 주사위를 던지기 전에는 던진 후에 어떤 결과가 나올지를 예측할 수 없는 것뿐이다. 반면 '얼굴이 예쁜 여자의 모임' 같은 것은 예쁜지 아닌지, 예쁘다면 어느 정도나 그러한지를 확실히 정할 수 없다. 이는 각자의 주관에 따라 그 척도가 다르다는 것도 그 원인이 될 것이나, 기본적으로 그 대상 자체가 명확히 정량화할 수 없는 것이기 때문이다. 이러한 '명확하게 상태를 기술할 수 없는 애매모호한 대상'을 수학적으로 다루고자 만들어진 이론이 퍼지이론이고, 퍼지이론의 기본이 되는 것은 퍼지집합(fuzzy set)이다. 이는 일반적인 집합과, 그 집합의 각각의 원소에 0부터 1까지의 함숫값을 대응시킨 함수를 하나로 묶어서 생각하는 것과 같다. 또한, 각각의 원소에 어떤 값이 대응되는가를 나타내는 함수를 소속 함수라고 한다.

즉 퍼지집합은 일반 집합 A와 소속 함수 mA(x)(x ∈ A)의 세트라고 정의할 수 있다. 물론 일반 집합 A가 같아도 소속 함수가 다르면 다른 퍼지집합이 된다. 그리고 소속 함수의 값이 0과 1만 있을 때는 특별히 특성 함수(characteristic function)라고 부르며 이때 퍼지집합은 흔히 알고 있는 일반적인 집합과 같은 것이 된다. 여기서 소속 함수라는 것은 퍼지집합, 예를 들면 '키가 큰 사람의 집합', '얼굴이 예쁜 사람의 모임' 같은 것이 있을 때 어떤 원소가 어느 정도나 많이 소속되는가 하는 것을 의미한다. 이것을 '어떤 퍼지집합에 속할 확률'로 생각할 수도 있을 것이나, 위에서 설명한 수학적 확률이나 통계적 확률로써 계산되는 것이 아니기에 확률 개념과는 다르다.

퍼지집합 A는 고전적인 집합 U와 소속 함수 $\mu_A : U \rightarrow [0, 1]$로 정의된다. 여기서 $x \in U$에 대해 $\mu_A(x)$는 A에 대한 x의 소속도를 나타낸다. 이것은 다음과 같이 표기할 수 있다.

$$A = (x, \ \mu_A(x)) \,|\, x \in U$$

이것을 소속 함수 표기법이라고 한다. U가 유한집합일 때 고전적인 집합의 원소 나열법과 비슷한 방법으로 표시할 수 있다. 예를 들면, $U = 1, 2, 3, 4, 5$이고 $\mu_A(1) = 0.7, \ \mu_A(2) = 0.5, \mu_A(3) = 0.2, \ \mu_A(4) = 0,$ $\mu_A(5) = 0$이라면 이것을 $A = (1, 0.7), \ (2, 0.5), \ (3, 0.2)$와 같은 순서쌍으로 나열할 수 있다. 그러나 $x \in U \,|\, \mu_A(x) \neq 0$이 무한집합일 때는 이와 같은 방법을 적용할 수 없다.

제 1 절 불확실성 중요 ★

1 불확실성의 요인

인간이 자유 의지를 표출할 수 있는 것은 불확실성(uncertainty)에 의한 것이다. 의사 결정자의 편의성을 높이기 위해 불확실성을 처리하거나 줄이기 위한 많은 조치와 전략들이 있다. 학계에는 아직 공통적으로 받아들여지는 이론은 없지만 여전히 공통적인 이해를 하기 위해 고심하고 있다. 우리가 불확실성 하에서 결정을 내릴 수 있는 이론은 많이 있지만, 그중에서 확률이론, 퍼지이론 및 증거 이론을 이용할 수 있다. 불확실성은 매일 매일을 살아가는 인간들에게는 피할 수 없는 요인이다. 회의에 참석해야 할 사람이 아직 나타나지 않아 기다려야 하는 일, 비나 눈이 너무 심하게 내려 학교에 가야 할지 말아야 할지 결정해야 하는 일, 의학이나 법률 등과 같이 판단을 해야 하는 영역 등에서 우리는 많은 불확실성을 경험하고 있다. 일반적으로 불확실성의 요인으로는 다음과 같은 3가지 요인이 있다.

(1) 불완전한 지식(incomplete knowledge) 중요 ★

우선 지식에 대한 정리가 필요하다. 지식(knowledge)은 가공되지 않은 데이터(data)와 데이터를 가공하여 인간이 인식할 수 있는 형태의 출력물인 정보(information)를 포함하는 것이다. 엄밀한 의미에서의 지식은 정보를 다시 한번 가공한 것을 의미하는 것이다. 이러한 지식은 때로는 애매모호하고 체험적인 과정을 통해서 얻어지는 경우가 많다. 예를 들면, 의학에서 어떤 질병은 부정확한 학설을 가질 수 있고, 실험실의 데이터는 확실치 않을 수 있다.

(2) 부정확한 지식(imprecise knowledge) 중요 ★

부정확한 지식은 예를 들면 어떤 일이 발생한 시간이 대략 몇 시경이라고 말하는 것이다. 몇백만분의 일 초 차이로 큰 문제를 일으킬 수 있는 인공위성이나 우주탐사선의 경우에는 심각한 문제를 발생할 수 있기 때문이다.

(3) 신뢰할 수 없는 지식(unreliable knowledge) 중요 ★

신뢰할 수 없는 지식은 측정 장비에 편차가 있거나 결함이 있는 경우와 같은 것이다. 이러한 장비나 시스템을 통해 얻은 결과는 신뢰할 수 없기 때문에 완전하지 않다고 할 수 있다.

2 존재론적 약속과 인식론적 약속 중요 ★

확실한 지식을 표현하는 것을 논리라고 하고, 불확실한 지식을 표현하는 것을 확률이라고 한다. 정보시스템이나 인공지능에서 온톨로지(존재)는 특정한 어휘를 의미하며 이 같은 단어의 의미와 용법에 관한 어떤 명백한 가정의 집합을 의미하기도 한다.

(1) 존재론적 약속(ontological commitment)

존재론적 약속은 공유한 어휘를 일관성 있는 방식으로 사용하는 것을 합의한 것이다. 존재론적 약속은 논리와 확률에서 같은 의미로 사용된다. 다양한 사람들이 표현한 지식이 서로 섞였을 경우에도 거기서 추론을 수행하거나 전혀 새로운 지식을 발견해 낼 수 있다. 이처럼 개념의 정의나 관련성의 정의에 관한 메타적 기술을 온톨로지라고 하는데 세상에 어떤 것이 있는지를 설명하는 것을 말한다. 온톨로지에 따라서 지식을 작성하면 각 지식의 관계가 명확해져서 다양한 지식을 연관 짓기 쉬워진다.

(2) 인식론적 약속(epistemological commitment)

인식론적 약속 또는 판단은 어떤 사실에 관해서 결정하는 행위(행동)나 그것을 만든 상태를 의미한다. 즉, 어떤 것을 믿기로 결정하거나 이미 결정된 신념을 고수하는 문제이다. 믿음이라는 좀 더 일반적인 개념을 이해해 보도록 하자. 가장 단순하고 가장 일반적인 신념 이론은 신념이 명제(proposition)에 대한 태도라고 말한다. 명제를 믿는 것은 그것을 사실로 받아들이는 것이고, 그것을 믿지 않는 것은 거짓으로 간주하는 것이다. 명제는 비언어적이거나 적어도 하나의 언어에 묶여 있지 않다.

그러나 인식론적 약속에 대한 의미는 논리와 확률에서의 해석이 서로 다르다. 논리에서는 "어떤 에이전트가 참이거나 거짓이거나 또는 의견이 없는 어떤 문장을 믿는 것"이고, 확률에서는 "어떤 특별한 문장에 대해서 0(분명히 거짓이라는 의미)부터 1(분명히 참이라는 의미)까지 믿음의 정도를 가지는 확률적인 에이전트"라고 정의할 수 있다.

3 불확실성과 합리적 결정 중요 ★★★

의사결정자는 발생 가능한 여러 가지의 상황을 고려하여 특정한 결과를 갖는 대안 중에서 항상 최선의 값을 갖는 대안을 선택함으로써 최적의 의사결정을 하려고 한다. 이때 의사결정자는 과거의 통계자료 및 기타 정보를 통하여 각 상황이 발생할 확률을 예측하여 더 정확한 의사결정을 하게 된다. 그러나 다음에서 설명하고자 하는 불확실한 상황에서의 의사결정은 정보의 부족으로 인하여 미래의 상황을 예측할 수는 있으나, 각 상황이 발생할 확률을 구하기 어려운 경우로서 앞으로 설명할 다섯 가지의 의사결정 기준을 사용하여 효율적으로 최적의 의사결정 대안을 선택하게 된다.

(1) 라플라스 기준(laplace criterion) 중요 ★

라플라스 기준은 최적 대안의 선택을 간단하게 각 조건부 값을 합한 값을 평균하여 구한 **평균 조건부 값을 서로 비교하여 최대의 평균 조건부 값을 가진 대안을 최선의 대안으로 선택**하는 것이다. 이때 각 대안에 대한 평균 조건부 값을 각 대안에 대한 기댓값이라 한다. 각 대안의 결과들에 대한 확률정보가 없거나 확신이 부족한 경우에 단순히 평균값을 취하는 의사결정 기준이다.

(2) 낙관적 기준(optimistic criterion) 중요 ★

낙관적 기준에 의한 의사결정에서는 낙관적이라는 단어가 의미하는 바와 같이 **앞으로 가장 좋은 상황만이 발생한다는 가정하에서 각 대안에 대한 최선의 조건부 값을 서로 비교하여 최적 대안을** 선택하게 된다. 이때 각 대안의 조건부 값이 이익을 나타내는 의사결정 문제에서는 먼저 각 대안별로 최대 조건부 값을 찾은 후, 이 값들을 서로 비교하여 이 중에서 가장 큰 값을 갖는 대안을 택하게 되는데, 이러한 방법을 **맥시맥스 기준**(maximax criterion)이라고 한다. 그러나 각 조건부 값이 비용 혹은 손실을 나타내는 의사결정 문제에서는 각 대안별로 최소 조건부 값을 찾은 후, 이 값 중에서 가장 적은 값을 갖는 대안을 택하게 되는데, 이러한 방법을 **미니민 기준**(minimin criterion)이라고도 한다.

(3) 비관적 기준(pessimistic criterion) 중요 ★

비관적 기준은 낙관적 기준에 의한 의사결정과는 달리 앞으로 비관적인 상황만 발생할 것이라는 가정하에서 각 대안에 대한 최선의 조건부 값을 서로 비교하여 최적 대안을 선택하는 방법이다. 비관적 기준은 왈드(Wald)에 의하여 처음 소개되었기 때문에 흔히 왈드 기준이라고도 한다. 각 대안의 조건부 값이 이익을 나타내는 의사결정 문제에서는 먼저 각 대안별로 최소 조건부 값을 찾은 후, 이 값들을 서로 비교하여 이 중에서 최댓값을 갖는 대안을 택하게 되는데, 이러한 방법을 맥시민 기준(maximin criterion)이라고도 한다. 반대로 각 대안의 조건부 값이 비용 혹은 손실을 나타내는 의사결정 문제에서는 각 대안별로 최대 조건부 값을 찾은 후, 이 값들을 서로 비교하여 최솟값을 갖는 대안을 택하게 되며, 이러한 방법을 미니맥스 기준(minimax criterion)이라고도 한다.

(4) 후르비츠 기준(hurwitz criterion) 중요 ★

후르비츠는 의사결정 낙관도를 나타내는 낙관계수(α)의 개념을 도입하여 의사결정 기준을 정립했다. 이러한 낙관계수는 확률분포와 같이 항상 0과 1 사이의 값을 갖게 된다. 비관계수(β)는 ($1 - \alpha$)이다. 개인마다 낙관의 정도가 다르기 때문에 자신들만의 낙관계수 값을 변동시키면서 의사결정을 달리할 수 있다.

(5) 새비지 기준(savage criterion) 중요 ★

이 기준은 의사결정자가 미래의 상황을 잘못 판단함으로써 가져오는 손실 혹은 비용을 최소화하려는데 착안한 것으로 흔히 미니맥스 리그렛 기준(minimax regret criterion)이라고도 한다. 먼저 의사결정표를 참조하여 기회손실표를 작성하여야 하는데, 기회손실표는 의사결정표에서 각 상황별로 최대 조건부 값을 찾은 후, 이 값에서 각 대안의 조건부 값을 뺀 값으로 작성한다. 이러한 기회손실표를 참조하여 이 기준에서 최선의 대안을 택하면 된다.

결정 이론은 확률 이론과 유용성 이론의 합(결정 이론 = 확률 이론 + 유용성 이론)에 의해 결정된다. 모든 상태는 어떤 에이전트에게 있어서 유용함이나 유용성의 정도를 가지고 있다. 에이전트는 유용성이 더 높은 것을 선호한다. 에이전트가 가능한 모든 행위나 행동의 결과에 대해 가장 평균화가 높다고 생각되는 것을 선택했을 때 합리적이라고 할 수 있다.

4 확률 이론 중요 ★★

의사결정에 있어서 불확실성을 고려하는 것은 매우 중요하고 확률 이론(probability theory)은 불확실성을 다루는데 가장 적절한 메커니즘이다. 확률의 역사는 곧 도박의 역사로 르네상스 시대부터 시작되었다. 당시 지중해 연안의 도시에는 일확천금을 꿈꾸는 상인들이 많이 모여들었는데 이들은 날씨가 나빠 출항하지 못할 때 심심함을 달래기 위하여 주사위를 이용해서 도박을 하곤 했다고 한다. 이때 사람들이 그 승률의 대소를 미리 알기 위해 수학자와 함께 연구하기 시작하면서 확률의 사상은 싹텄다. 그러다가 수학자 카르다노가 도박에 수학을 적용하여 이론적으로 연구하기 시작하지만 본격적인 연구가 진행된 것은 17세기의 페르마(Pierre de Ferma)와 파스칼(Blaise Pascal)에 의해서였다.

(1) 확률의 기본

일어날 수 있는 모든 결과의 집합을 표본공간(sample space)이라고 한다. 표본공간은 S라고 할 때, 조사대상이 된 집단의 총합을 모집단 Ω로 표현한다. 따라서 다음과 같은 식을 만족한다.

$$1 = \sum_{x \in \Omega} p(x),\ 0 \leq p(x) \leq 1,\ any\ x \in \Omega$$

이럴 때 다음과 같은 확률 공간을 정의할 수 있다.

- 표본공간은 유한집합 Ω이다.
- 사건 시그마 대수는 이산 시그마 대수 P(Ω)이다. 즉, 표본공간의 모든 부분집합이 사건을 이룬다.
- 사건 S⊂Ω의 확률은 다음과 같다.
$$\Pr(s) = \sum_{x \in \Omega} p(x),\ \Pr(x) = 1$$

유한한 표본공간에서 확률분포 값은 이산적(discrete)이라고 가정한다. 확률은 수학적으로 0과 1 사이의 수치적 지표로 표시되며, 실험 또는 임의적인 시도의 모든 가능한 산출들의 집합이다. 표본공간은 확률의 기본적인 접근에서 나타난다.

예를 들어, 동전을 던지는 실험에서 표본공간은 {앞면, 뒷면}이고, 6면체 주사위를 던지는 실험에서 표본공간은 {1, 2, 3, 4, 5, 6}이다. 표본공간에서 임의의 부분집합을 사건이라고 부르며, 단 하나의 요소를 갖는 표본공간의 부분집합을 근원사건이라고 부른다. 만일 동전을 던져서 앞면이 나올 확률을 계산한다면 다음과 같은 식이 성립할 수 있다.

- 성공확률 = 성공횟수/모든 경우의 수
- 실패확률 = 실패횟수/모든 경우의 수

만일 성공확률을 p, 실패확률을 q, 성공횟수를 s, 실패횟수를 f라고 할 때 위의 식은 다음과 같이 일반화할 수 있다.

- 성공확률(p) = s/s + f
- 실패확률(q) = f/s + f

여기서 p + q = 1이다.

예를 들어 주사위를 한 번 던져서 6이 나올 확률을 구해보자. 6이 나올 확률은 한 번이고 6이 아닌 다른 숫자가 나올 확률이 다섯 번이다. 따라서 6이 나올 확률은 다음과 같다.

$$p = 1/1 + 5 = 1/6 = 0.16666$$

그리고 6이 나오지 않을 확률은 다음과 같다.

$$q = 5/1 + 5 = 5/6 = 0.8333$$

(2) 확률의 덧셈정리 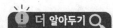 ★★★

X라는 사건(event)의 발생이 Y라는 사건과 무관하게 발생한다면 X와 Y는 독립적(independent)이라고 하고, X나 Y의 사건이 서로에게 영향을 받아 발생한 경우는 종속적(dependent)이라고 한다. 독립적일 때 X와 Y가 일어날 확률은 두 사건이 일어날 확률을 더하면 되고, 종속적인 경우는 두 사건이 일어날 확률을 더한 다음 각각의 사건이 일어날 확률을 빼준다.

> 💡 **더 알아두기** 🔍
>
> **확률의 덧셈정리 확장**
> 세 사건 X, Y, Z에 대하여 정리하면 다음과 같다.
> ① $P(X \cup Y \cup Z) = P(X) + P(Y) + P(Z) - P(X \cap Y) - P(Y \cap Z) - P(Z \cap X) - P(X \cap Y \cap Z)$
> ② 세 사건 X, Y, Z가 서로 배반사건일 때는 $P(X \cup Y \cup Z) = P(X) + P(Y) + P(Z)$

두 사건 X와 Y에 대해서 다음과 같은 관계식이 성립한다.

$$n(X \cup Y) = n(X) + n(Y) - n(X \cap Y)$$

이것을 표본공간 n(S)으로 양변을 나누면 아래와 같다.

$$n(X \cup Y)/n(S) = n(X)/n(S) + n(Y)/n(S) - n(X \cap Y)/n(S)$$

따라서 사건 (X∪Y)가 일어날 확률은 $P(X \cup Y) = P(X) + P(Y) - P(X \cap Y)$
특히, 두 사건이 서로 독립적이면(즉, 배반사건) $n(X \cap Y) = 0$이다.
즉, $P(X \cap Y) = 0$이므로 다음이 성립한다.

$$P(X \cup Y) = P(X) + P(Y)$$

> **! 더 알아두기 🔍**
>
> **확률의 덧셈정리**
> • 독립적인 경우
>   사건 X 또는 사건 Y가 일어날 확률
>   = (사건 X가 일어날 확률) + (사건 Y가 일어날 확률)
>   P(X∪Y) = P(X) + P(Y)
>
> • 종속적인 경우
>   사건 X 또는 사건 Y가 일어날 확률
>   = (사건 X가 일어날 확률) + (사건 Y가 일어날 확률) − (사건 X와 Y가 동시에 일어날 확률)
>   P(X∪Y) = P(X) + P(Y) − P(X∩Y)

(3) 확률의 곱셈정리 중요 ★★★

① 조건부확률(conditional probability)

조건부확률은 어떤 사건 X에 대해서 '사건 X가 일어났을 때 사건 Y가 일어날 확률'을 사건 X가 일어났을 때 사건 Y의 조건부확률이라고 한다. 사건 X가 발생했을 때 사건 Y가 발생할 확률은 사건 X의 영향을 받아 변하기 때문에 이를 조건부확률이라 한다. 기호로는 P(Y|X)로 표현한다.

> **! 더 알아두기 🔍**
>
> **확률의 곱셈정리**
> • 두 사건 X, Y에 대해서 두 사건 X, Y가 동시에 일어날 확률
>   P(X∩Y)는 (사건 X가 일어날 확률) × (사건 Y가 일어날 확률)이므로 다음과 같다.
>
> $$P(X \cap Y) = P(X) \cdot P(Y)$$
>
> • 종속적인 경우(즉, 조건부확률인 경우)
>   P(X∩Y)는 (사건 X가 일어날 확률) × (사건 Y가 일어날 확률 | 사건 X가 일어날 확률) 또는
>   (사건 Y가 일어날 확률) × (사건 X가 일어날 확률 | 사건 Y가 일어날 확률) 다음과 같다.
>
> $$P(X \cap Y) = P(X) \cdot P(Y|X)$$
> $$= P(Y) \cdot P(X|Y)$$

어떤 시행에서 표본공간 S의 두 사건 X, Y에 대해서 사건 X가 일어났을 때 사건 Y가 일어날 확률을 살펴보자. 한 개의 주사위를 던졌을 때 표본공간을 S, 짝수의 눈이 나오는 사건을 X, 6의 약수의 눈이 나오는 사건을 Y라고 하면, X = {2, 4, 6}, Y = {1, 2, 3, 6}, X∩Y = {2, 6}이다. 이때 짝수의 눈이 나왔을 때 6의 약수일 확률은 짝수의 눈 중에 포함된 6의 약수의 눈의 비율과 같으므로 그 확률은 n(X∩Y)/n(X) = 2/3이다.

즉, $P(Y|X) = \dfrac{n(X \cap Y)}{n(S)} \Big/ \dfrac{n(X)}{n(S)} = \dfrac{P(X \cap Y)}{P(X)} = \dfrac{2}{6} \Big/ \dfrac{3}{6} = \dfrac{2}{3}$ 가 된다.

P(X) ≠ P(X|Y)인 이유는, 표본공간을 S라고 하면

$P(X) = \dfrac{n(X)}{n(S)}$ 이고 $P(X|Y) = \dfrac{n(X \cap Y)}{n(S)}$ 이기 때문이다.

즉, P(X|Y)는 사건 Y가 일어났을 때, 사건 X가 일어날 확률을 생각하는 것이므로

P(X) ≠ P(X|Y)이다.

② **확률의 곱셈정리** 중요 ★★

서로 배반사건인 두 사건 X, Y에 대해서 어떤 측정한 사건 Z가 일어날 조건에서 두 사건 X∩Z와 Y∩Z는 서로 배반사건이다. 이때 Z = (X∩Z)∪(Y∩Z)이므로 확률의 덧셈정리에 의하여 P(Z) = P(X∩Z) + P(Y∩Z)가 된다.

$$\text{조건부확률 } P(X|Z) = \frac{P(X \cap Z)}{P(Z)} = \frac{P(X \cap Z)}{P(X \cap Z) + P(Y \cap Z)}$$

💥 **더 알아두기** 🔍

조건부확률의 계산
① 사건 X가 일어났을 때 사건 Y의 조건부확률
   • P(Y|X) = n(X∩Y)/n(X) = P(X∩Y)/P(X)(단, P(X) > 0)
② 사건 Y가 일어났을 때 사건 X의 조건부확률
   • P(X|Y) = n(X∩Y)/n(Y) = P(X∩Y)/P(Y)(단, P(Y) > 0)

✪ 확률 P(X|Y)와 확률 P(Y|X)는 다르다.
✪ 조건부확률 P(Y|X)는 "사건 X가 일어나고 사건 Y가 나중에 발생했다."라는 의미가 아니라, 단지 "사건 X가 일어났다."는 것일 뿐 사건의 순서가 있는 것은 아니다.

다음은 독립과 종속을 이해할 수 있는 예이다.

📋 **예제**

52장의 카드 중에서 무작위로 한 장씩 두 번 뽑는다.

① 첫 번째 뽑은 카드 무늬가 스페이드이고 이 카드를 다시 집어넣는다. 두 번째 뽑는 카드가 스페이드일 확률은?

> 이 문제의 핵심은 첫 번째 뽑은 카드를 확인한 후 다시 집어넣은 것이다. 이 경우를 복원 추출이라고 한다. 첫 번째 카드를 뽑을 때 52장 중 하나를 뽑는 것이다. 카드를 확인한 후 다시 집어넣고 두 번째 카드를 뽑는 것도 52장 중에서 하나를 뽑는 것이므로 첫 번째 카드를 뽑는 것과 두 번째 카드를 뽑는 것은 서로 무관하다. 즉, 서로 독립적이라는 것이다.
>
> ㉠ 첫 번째 뽑은 카드가 스페이드일 확률 : $\dfrac{13}{52}$ = P(A)

　　　　ⓛ 두 번째 뽑은 카드가 스페이드일 확률 : $\dfrac{13}{52}$ = P(B)

　　　　ⓒ 따라서 구하고자 하는 확률은 $\dfrac{13}{52} \times \dfrac{13}{52} = \dfrac{1}{16}$ = P(A∩B)

② 첫 번째 뽑은 카드 무늬가 스페이드이고 이 카드를 다시 집어넣지 않는다. 이때 두 번째 뽑는 카드가 스페이드일 확률은?

> 이 문제는 첫 번째 뽑은 카드를 확인한 후 다시 집어넣지 않는 것이다. 즉, 비복원 추출이다. 첫 번째 카드를 뽑을 때 52장 중 하나를 선택하고, 두 번째 카드를 뽑을 때는 51장 중에서 하나를 뽑는 것이다. 첫 번째 카드를 뽑은 행위가 두 번째 카드를 뽑는 행위에 영향을 미치기 때문에 종속적이라고 할 수 있다.
>
> 　　ⓞ 첫 번째 뽑은 카드가 스페이드일 확률 : $\dfrac{13}{52}$ = P(A)
>
> 　　ⓛ 두 번째 뽑은 카드가 스페이드일 확률 : $\dfrac{13}{51}$ = P(B|A)
>
> 　　　　✪ P(B|A)은 첫 번째 카드가 스페이드라는 전제하에 두 번째 카드도 스페이드를 뽑는 것을 표시한다.
>
> 　　ⓒ 따라서 구하고자 하는 확률은 $\dfrac{13}{52} \times \dfrac{13}{51}$ ≒ 0.064 이다.

여기서 수학적인 개념에 대한 오해를 풀고 가도록 하자.

배반사건과 독립사건을 오해하는 경우가 많은데 이들은 서로 완전히 다른 개념이다. 배반사건은 P(A∩B) = 0이라는 것이다. 즉, 서로 일어날 확률이 전혀 없다는 것이다. 반면에 독립사건은 P(A∩B) = P(A)·P(B)로서 P(B|A) = P(B)라는 사실이다. 즉, A가 발생하든 아니든 관계없이 B가 일어날 확률이 같다는 것이다.

사건 B가 발생했을 때 사건 A가 발생할 조건부확률은 다음과 같다.

> P(A|B) = $\dfrac{P(A \cap B)}{P(B)}$

P(A∩B)는 사건 A와 B가 동시에 발생할 확률로써 사건 A와 B의 결합확률(joint probability)이라고 한다. 이러한 식의 관계에서 다음과 같은 식을 얻을 수 있다.

> P(B∩A) = P(B|A) × P(A)

결합법칙은 교환법칙이 설립하므로 위의 식은 다음과 같이 표현할 수 있다.

- $P(B \cap A) = P(A \cap B)$
- $P(A \cap B) = P(B \mid A) \times P(A)$
- $P(A \mid B) = \dfrac{P(B|A) \times P(A)}{P(B)}$

3가지 사건에 대한 곱셈 수식은 다음처럼 정의할 수 있다.

$P(A \cap B \cap C) = P(A \mid B \cap C) \cdot P(B|C) \cdot P(C)$

이것을 일반화시키면 다음과 같은 식이 구해진다.

$P(A_1 \cap A_2 \cap \cdots \cap A_n) = P(A_1 \mid A_2 \cap \cdots \cap A_n) \cdot P(A_2 \mid A_3 \cap \cdots \cap A_n) \cdot \cdots$
$P(A_{n-1} \mid A_n) \cdot P(A_n)$

(4) 베이지안의 정리(Bayes' theorem) 중요 ★★

베이지안의 정리는 두 확률 변수의 사전확률과 사후확률 사이의 관계를 나타내는 정리로써, 불확실성 하에서 의사결정 문제를 수학적으로 다룰 때 중요하게 이용된다.

> 💡 더 알아두기 🔍
>
> **베이지안의 법칙**
>
> $p(X_k \mid Y) = p(X_k \cap Y)/p(Y)$
> $\qquad = p(X_k \cap Y)/p(X_1 \cap Y) + p(X_2 \cap Y) + \cdots + p(X_n \cap Y)$
> $\qquad = p(Y|X_k) \cdot p(X_k)/p(Y|X_1) \cdot p(X_1) + p(Y|X_2) \cdot p(X_2) + \cdots + p(Y|X_n) \cdot p(X_n)$
> 여기서 $k = 1,\ 2,\ 3,\ 4,\ \cdots,\ n$

베이지안의 법칙에서 3가지 확률을 살펴보면 다음과 같다.

① **사전확률(prior probability)**

이미 알고 있는 사건으로부터 나온 확률로 위의 정리에서 $p(X_1)$, $p(X_2)$, $\cdots$, $p(X_n)$을 의미한다.

② **사후확률(post probability)**

사전확률과 우도를 통해서 알게 되는 조건부확률로 $p(X_k \mid Y)$를 의미한다.

③ **우도(likelihood probability)**

이미 알고 있는 사건이 발생했다는 조건에서 다른 사건이 발생할 확률로 $p(Y|X_1)$, $p(Y|X_2)$, $\cdots$, $p(Y|X_n)$을 의미한다. 우도는 여러 가능한 가설들을 평가할 수 있는 측도로 사용된다.

5 베이지안 네트워크 중요 ★★★

(1) 개요

여러 확률 변수의 결합분포를 구해야 하는 경우를 생각하자. 예를 들어 A, B, C 3개의 확률 변수가 있고 각 확률 변수가 0, 1, 2 세 가지의 값만 가질 수 있는 카테고리 확률 변수인 경우 이 세 확률 변수의 결합분포는 다음과 같이 표로 나타낼 수 있다. 이 표는 $3^3 - 1 = 26$개의 모수를 가지므로(합이 1이 되어야 하므로 하나는 다른 값들에 의존한다) 이 표를 저장하려면 26개의 저장 공간이 필요하다.

[표 4-1] 세 확률 변수의 결합분포표

A	B	C	P(A, B, C)
0	0	0	P(A = 0, B = 0, C = 0)
0	0	1	P(A = 0, B = 0, C = 1)
0	0	2	P(A = 0, B = 0, C = 2)
0	1	0	P(A = 0, B = 1, C = 0)
0	1	1	P(A = 0, B = 1, C = 1)
0	1	2	P(A = 0, B = 1, C = 2)
0	2	0	P(A = 0, B = 2, C = 0)
0	2	1	P(A = 0, B = 2, C = 1)
0	2	2	P(A = 0, B = 2, C = 2)
1	0	0	P(A = 1, B = 0, C = 0)
1	0	1	P(A = 1, B = 0, C = 1)
1	0	2	P(A = 1, B = 0, C = 2)
1	1	0	P(A = 1, B = 1, C = 0)
1	1	1	P(A = 1, B = 1, C = 1)
1	1	2	P(A = 1, B = 1, C = 2)
1	2	0	P(A = 1, B = 2, C = 0)
1	2	1	P(A = 1, B = 2, C = 1)
1	2	2	P(A = 1, B = 2, C = 2)
2	0	0	P(A = 2, B = 0, C = 0)
2	0	1	P(A = 2, B = 0, C = 1)
2	0	2	P(A = 2, B = 0, C = 2)
2	1	0	P(A = 2, B = 1, C = 0)
2	1	1	P(A = 2, B = 1, C = 1)
2	1	2	P(A = 2, B = 1, C = 2)
2	2	0	P(A = 2, B = 2, C = 0)
2	2	1	P(A = 2, B = 2, C = 1)
2	2	2	P(A = 2, B = 2, C = 2)

그런데 현실에서는 모든 확률 변수가 서로 영향을 미치는 복잡한 경우보다 특정한 몇 개의 확률분포들이 서로 영향을 미친다. 예를 들어 A, B, C가 각각 어떤 학생의 변수를 나타낸 것이라고 하자.

> • A : 건강 상태
> • B : 공부 시간
> • C : 시험 성적

이 확률 변수는 각각 {0, 1, 2}라는 값을 가질 수 있는데 하(0), 중(1), 상(2)의 상태를 나타낸다. 즉, A = 0이면 건강 상태가 안 좋은 것이고 B = 1이면 공부 시간이 보통이며 C = 2이면 시험 성적이 좋은 것이다.

공부 시간 B는 시험 성적 C에 영향을 미친다. 하지만 건강 상태 A는 공부 시간 B와 인과 관계가 있지만 시험 성적 C와는 직접적인 인과 관계가 없다. 이렇게 다수의 확률 변수 중 특정한 소수의 확률 변수들이 가지는 관계를 그래프로 표현한 것을 그래프 확률모형(graphical probability model)이라고 하고, 그래프 확률모형 중에서도 이렇게 인과 관계가 확실하여 방향성 그래프로 표시할 수 있는 것을 '베이지안 네트워크(BN : Bayesian Network)' 또는 '빌리프 네트워크(Belief Network)'라고 한다. 베이지안 네트워크는 랜덤 변수의 집합과 방향성 비순환 그래프를 통하여 그 집합을 조건부 독립으로 표현하는 확률의 그래픽 모델이다. 베이지안 네트워크라는 용어는 유디 펄이 다음 세 개의 특징을 강조하면서 만들어졌다.

> ① 입력 정보의 주관적인 특성
> ② 정보를 갱신하기 위한 기초로 베이지 조건에 의존함
> ③ 추론의 원인과 증거 사이의 구분

그리고 이러한 것들은 토마스 베이즈의 1763년 논문에 기초하고 있다. 베이지안 네트워크는 지난 수십 년 동안 다양한 분야의 과학자와 공학자의 주목을 받아왔으며, 컴퓨터공학 분야에서는 인공지능적 측면에서, 통계학에서는 확률 그래프 모델 중 하나로서 폭넓은 연구 결과와 응용 사례가 축적되어왔다. 의학 분야에서 질환과 증상 사이의 확률 관계를 나타냄으로써, 다양한 질병의 존재 확률을 계산할 수 있다. 베이지안 네트워크는 주어진 상황에서의 여러 가지 변수 간의 확률적 관계(조건확률분포)를 표현하는 그래프 모델로서 변수 간의 원인-결과 관계를 확률적으로 모델링하고 있다. 이러한 점에서 베이지안 네트워크는 불확실성 하에서의 모델 구축 및 추론에 항상 적용할 수 있는 범용 도구로서 자리 잡아 왔다. 수많은 응용문제가 베이지안 네트워크에서의 추론 문제로 귀결되며 새로운 알고리즘을 고안할 필요 없이 베이지안 네트워크 알고리즘을 활용하여 해결할 수 있다.

베이지안 네트워크는 변수를 나타내는 노드와 변수 간의 의존관계를 나타내는 링크, 그리고 변수 간의 조건부확률을 표로 나타낸 조건부확률 테이블로 구성되어 있다. 방향성(directed) 그래프가 가지는 장점을 이해하기 위해 우선 세 개의 변수 a, b, c에 대한 결합확률 p(a, b, c)를 고려해보자. 변수는 노드로 표현하고 이들의 관계는 엣지로 표현한다. 이 변수들이 연속 변수인지 이산 변수인지도 상관이 없다. 더불어 그래프 모델이 가지는 장점은 특정 그래프가 분포들의 확률적 상태들을 나타낼 수 있다는 것이다.

확률 곱셈 법칙을 이용하여 결합확률 분포를 다음과 같이 전개할 수 있다.

$$p(a, b, c) = p(c \mid a, b)p(a, b)$$

우측의 두 번째 항을 확률 곱셈 법칙으로 전개해 보면 아래와 같다.

$$p(a, b, c) = p(c \mid a, b)p(b \mid a)p(a)$$

이러한 분해는 어떠한 결합확률 분포에서도 만들어 낼 수 있다. 이를 그래프로 나타내면 다음과 같다.

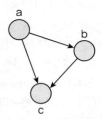

[그림 4-1] 베이지안 네트워크 구조

그림을 통해 쉽게 a, b, c 사이의 결합확률 분포가 어떻게 구성되어 있는지를 손쉽게 확인할 수 있다. [그림 4-1]은 조건부확률 분포(conditional distribution)를 방향성 링크로 표현하고 있다. $p(a, b, c) = p(c \mid a, b)$와 같은 조건부확률식은 a와 b 노드에서 c 노드로의 화살표로 표기되고 있다. p(a) 자체는 링크로 표현되는 것이 아니라 노드로 표현되고 있고, a에서 b 방향으로 화살표가 가고 있다. 이런 경우 a는 b의 부모 노드라고 한다. 반대로 b는 a의 자식 노드라고 한다. k개의 변수를 가지는 결합확률 분포가 $p(x_1, ... x_k)$로 주어졌을 때, 다음과 같은 식이 성립한다.

$$p(x_1, ..., x_k) = p(x_k \mid x_1, x_2, ..., x_{k-1})...p(x_2 \mid x_1)p(x_1)$$

아래와 같은 그래프를 완전연결(fully connected) 그래프라고 하는데 임의의 두 쌍의 노드가 서로 연결되어 있기 때문이다. 지금까지 완전히 일반화된 결합확률 분포를 다루고 있기 때문에 어떤 분포를 사용하든지 상관없이 이러한 분해를 사용할 수 있다. 링크가 일부 없는 형태의 예를 살펴보도록 하자.

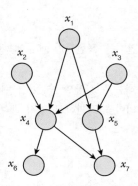

[그림 4-2] 일부 링크가 없는 베이지안 네트워크 구조

위의 [그림 4-2]는 완전연결된 그래프는 아니다. 예를 들어 x_1에서 x_2로, x_3에서 x_7로 가는 링크가 존재하지 않는다. 완전연결된 그래프 모델은 사용자가 사전 지식이 없는 경우 만들어질 수 있는 모든 관계에 대한 도식을 나타낸 모델이다. 그래프가 '표기'가 아닌 그래프 '모델'인 이유는 사용자가 정의한 모델을 그래프화된 형태로 표현하고 있기 때문이다. 추가적으로 그래프 자체가 포함하고 있는 가정에 의해서도 모델 속성이 달라지기 때문이다.

베이지안 네트워크는 방향성 비순환 그래프로서 그래프의 각 노드(node)는 변수를 나타내고, 노드를 연결하는 링크는 변수 간의 조건부 의존성(conditional dependency)을 표현한다. 노드는 측정된 모수, 잠재 변수, 가설 등 어떤 종류의 변수든 표현할 수 있다.

베이지안 네트워크에서는 추론과 학습을 수행하기 위한 효과적인 알고리즘이 존재한다. 음성 신호나 단백질 순열과 같은 일련의 변수를 모형화하는 베이지안 네트워크를 동적 베이지안 네트워크(dynamic bayesian network)라고 부른다. 불확실성 하에 문제를 표현하고 해를 구할 수 있는 베이지안 네트워크의 일반화를 영향 다이어그램이라고 부른다. 베이지안 네트워크 혹은 빌리프 네트워크 또는 유향 비순환 그래픽 모델(directed acyclic graphical model)은 랜덤 변수의 집합과 유향 비순환 그래프를 통하여 그 집합을 조건부 독립으로 표현하는 확률의 그래픽 모델이다. 베이지안 네트워크의 대표적인 응용 분야는 질환과 증상 사이의 확률 관계를 나타내는 것이다. 즉, 증상이 나타나면 다양한 질병의 존재 확률을 계산할 수 있다.

네트워크를 구한다는 것은 DAG(Directed Acyclic Graph) 구조와 DAG의 각 노드에 연관된 조건부확률표(CPT : Conditional Probability Table)를 함께 구하는 것을 의미한다. 네트워크의 구조를 안다면 CPT만 구하면 되고, 네트워크의 구조를 모르면 DAG와 CPT를 함께 구해야 한다. 일반적인 베이지안 네트워크는 베이지안 정리, 곱셈 법칙, 체인 규칙(chain rule)에 의해 다음과 같은 식이 만들어진다.

$$P_b(X_1, \ldots, X_n) = \prod_{i=1}^{n} p_B(X_i \mid \prod X_i)$$

(2) 베이지안 네트워크의 장점

① 모든 변수 간의 상호 의존 관계를 표현하기 때문에 데이터 일부분만을 가지는 상황에 적절히 대처할 수 있다.

② 변수 간의 상호 관계를 학습하는데 사용할 수 있기 때문에 응용 분야에 대한 이해를 돕는다.

③ 모델 자체가 원인과 확률적 의미를 표현하고 있기 때문에 사전 지식과 학습 데이터를 결합하는 데 적합하다.

제 2 절 퍼지집합 중요 ★★★

1 퍼지집합의 기본 개념 및 정의 중요 ★★★

퍼지집합(fuzzy set)은 기존의 집합을 퍼지논리 개념을 사용해 확장한 것으로, 각 원소는 그 집합에 속하는 정도(소속도)가 존재한다. 이때 소속도는 0과 1 사이의 실수로 표현되고, 원소가 집합에 완전히 속하는 경우를 1, 전혀 속하지 않는 경우를 0으로 나타낸다. 퍼지집합은 수학자이자 전산학자인 버클리 대학의 전산학 교수 로트피 자데(Lotfi Asker Zadeh)가 1973년 고전적인 집합을 확장한 개념으로써 퍼지논리를 제안하였다.

지금까지 수학에서 사용하고 있는 집합은 칸토르(Cantor)가 정의한 엄밀한 의미의 집합으로, 조건과 범위가 확실한 것들의 모임만을 취해왔다. 그래서 '큰 수들의 집합'이나 '부지런한 사람들의 집합'과 같이 경계가 명확하지 않은 집합은 수학에서 제외되었다. 그러나 퍼지집합에서는 모든 종류의 모임을 대상으로 하되 소속 정도에 따라 [0, 1] 사이의 수치를 주자는 것이 기본 개념이다. 우리가 보통 집합을 표하는 방법은 주로 원소 나열법과 조건 제시법, 그리고 특성 함수를 사용하는 것인데 특성 함수를 이용한 방법은 다음과 같다. 전체집합 E와 그것의 진부분집합 A에 대해 E의 원소 x가 A의 원소일 때 x의 값은 1, $x \notin$ A일 때 x의 값에 0 을 매긴다면 E에서 {0, 1}로 가는 특성 함수 x_A로서 A를 나타낼 수 있다. 이때 특성 함수 x_A의 그래프는 {(x, a)|$x \in$A}로 (x, 1), (x, 0)과 같이 순서의 첫 부분에는 X의 원소를, 뒷부분에는 그 원소가 집합 A에 속하면 1 인 값을, 속하지 않으면 0인 값을 주어 소속 정도(membership grade)를 순서쌍에 의해 나타낼 수 있다.

조건과 범위가 확실한 것들의 모임인 집합의 입장에서 볼 때 '젊은 노인들의 집합'이라는 말은 할 수 없으 며 '젊은 노인들의 모임'이라는 말이 옳다. 그러나 이것을 집합의 범주에서 다루기 위해 60세에서 65세의 노인을 젊은 노인으로 부른다고 하면 59세나 66세의 사람들은 어떻게 부를 것인가? 우리의 정서에 맞도록 표현한다면 이들에게도 이 집합에의 소속 정도가 0.95쯤 되는 젊은 노인으로 부르는 것이 더 정확하고 객 관적 표현이 될 것이다. 이처럼 애매한 집합을 표현할 때는 특성 함수의 변역 {0, 1}을 [0, 1]로 확장한 함 수로 나타내면 더 정확한 의미전달을 할 수 있다. 예를 들면, 40세 이하의 사람들에게는 '젊은 노인들의 집합'에 대한 소속 정도를 0으로 주고 40세에서 60세까지의 사람에게는 0에서 1까지의 차이 1을 40살에서 60살까지의 차이 20년으로 나누어 41살의 사람에게는 소속 정도를 1/20, 42살의 사람에게는 2/20, x살의 사람에게는 (x − 40)/20을 주도록 하자. 그리고 60세에서 65세의 사람들에게는 '젊은 노인들의 집합'에 대 한 소속 정도를 1이라 주고 65세에서 80세까지의 사람에게는 소속 정도를 1 − (x − 65)/15로, 80세 이상인 사람들에게는 0으로 주면 모든 사람의 집합에서 [0, 1]로 가는 함수가 정의한다. 이 함수로서 '젊은 노인들의 집합'을 표현하자는 것이다.

(1) 퍼지명제(fuzzy proposition)

고전적인 명제논리(크리스프 집합, crisp set)에서 다루는 명제가 참이냐 거짓이냐와 같은 이치 논리 개념이 우리의 모든 생활상, 사고, 그리고 대화 등을 모두 다 설명할 수는 없다. 예를 들어 "댐에 물이 가득 찼다."라는 진술은 '참이다 혹은 거짓이다'라고 할 수 없으므로 명제가 아니다. 보는 사람에 따라 물이 가득 차지 않았을 수도 있기 때문에 그 진술은 수리논리학에서는 명제로 다루지 않는다. 그러나 우리의 삶을 좀 더 논리로 다루기 위해서는 "댐에 물이 가득 찼다."라는 것과 같은 진술이 논리의 범주 속에 들어와야 한다. 참의 수치값을 1, 거짓의 수치값을 0으로 할 때, 집합 {0, 1}을 확대하여 0과 1을 포함하는 단위 구간 [0, 1]을 생각해 볼 수 있다. 예를 들어, 가득 찬 정도에 따라 단위 구간 [0, 1]에서 값을 매기는 것을 생각해 볼 수 있다. 우리 육안으로 볼 수 있는 물의 양이 약 85%가 찼으면 "댐에 물이 제법 찼다."라는 진술이 어울릴 것이고 그때의 '물의 양'의 값을 0.85쯤으로 주자는 것이다.

크리스프 집합은 일반 집합으로 경계가 명확하다. 예를 들면, 전체집합 $X = 1, 2, 3, 4, ..., 9$ 가 있을 때, A = $\{x \mid x > 6\}$ → A = {7, 8, 9}로 모델링할 수 있다. 즉, '0', '1'의 명제 값을 갖는다.

그러나 "내일 계약이 성사될 확률이 50%다."라는 문장은 내일 계약의 성사 여부는 모호하기 때문에 기존의 크리스프 집합으로 표현하기가 어렵다. 따라서 어떤 명제가 참과 거짓으로 구분할 수 없고 부분적으로 참과 거짓일 수 있을 경우에는 퍼지집합으로 표현한다.

X를 전체집합이라고 하면 X의 퍼지집합 A는 X의 임의의 원소 x가 A에 속하는 정도가 다음과 같은 퍼지집합 A의 소속 함수 μ_A에 따라서 주어지는 x의 모임으로 정의한다.

$\mu_A(x) : x \in X$ 가 퍼지집합 A에 소속되는 정도
$\mu_A(x) : X \rightarrow [0, 1]$

$\mu_A(x) = 1, x \in A$, x가 완전히 A에 속한 경우
$\mu_A(x) = 1, x \notin A$, x가 완전히 A에 속하지 않는 경우
$0 < \mu_A(x) < 1$, x가 부분적으로 A에 속한 경우

[0, 1]은 0과 1을 포함하는 0과 1 사이의 모든 실숫값을 표시한다.

(2) 퍼지집합(fuzzy set)

① 정의 및 개요

X = {1, 2, 3, 4, ..., 9}에서 A = $\{x \mid x$는 큰 쉬일 때, 퍼지집합 A의 원소는 아래와 같다.

$\mu_A(9) = 1.0, \ \mu_A(8) = 1.0, \ \mu_A(7) = 1.0, \ \mu_A(6) = 0.8, \ \mu_A(5) = 0.5, \ \mu_A(4) = 0.2,$
$\mu_A(3) = 0.1, \ \mu_A(2) = 0.0, \ \mu_A(1) = 0.0$

이처럼 표시하면 여기에서 크다는 개념이 나타날 수 있다. 퍼지집합을 표시하는 방법은 다음과 같다.

전체집합 X가 이산집합, 즉, A = {$\mu_A(x_1)/x_1$, $\mu_A(x_2)/x_2$, ..., $\mu_A(x_n)/x_n$}인 경우이다.

여기서 '/' 기호의 의미는 나눗셈이 아니라 함숫값과 원소를 구분하기 위한 기호이다.
퍼지집합은 위에서도 설명했듯이 애매모호함을 가진 개념을 설명하는데 적합한 개념이다. '젊은이'라는 단어를 생각해보자. 20대부터 30대 중반까지의 사람들을 젊은이라고 하면 다음과 같은 집합을 그려볼 수 있다.

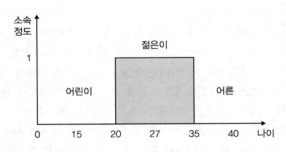

[그림 4-3] 보통집합에서 젊은이의 정의

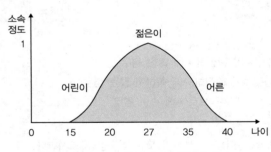

[그림 4-4] 퍼지집합에서의 젊은이의 정의

그렇다면 35세를 넘어서거나 20세가 되지 않으면 젊은이가 아닌가? 이런 문제를 퍼지집합에서는 소속의 정도로 표현한다. 좀 더 구체적으로 이산집합과 퍼지집합에 대해서 살펴보자.
전체집합 X = {1, 2, 3, 4, ..., 9}, A = {$x \mid x$ is large}라고 하면,
표현할 수 있는 집합 A = {(9, 1.0), (8, 1.0), (7, 1.0), (6, 0.8), (5, 0.5), (4, 0.2)}를 다음과 같이 원소와 함숫값으로 표현하는 이산집합으로 표시할 수 있다.

A = {1.0/9, 1.0/8, 1.0/7, 0.8/6, 0.5/5, 0.2/4}

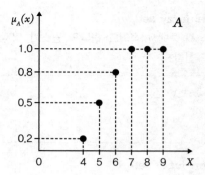

집합 X가 연속이면 X = $\{x \mid 0 \leq x \leq 9\}$, A = $\{x \mid x$ is large$\}$일 때의 수식표현은 다음과 같다.

$$\mu_A(x) = \begin{cases} 1, & \text{if } 7 \leq x \leq 9 \\ \dfrac{x-4}{3}, & \text{if } 4 \leq x \leq 7 \\ 0, & \text{if 그 외의 경우} \end{cases}$$

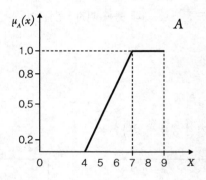

② **지지집합(support set)**

퍼지집합 A에 대한 지지집합 supp(A)는 소속 함숫값이 0보다 큰 원소로 이루어진 집합을 말한다.

supp(A) = $\{x \in X \mid \mu_A(x) > 0\}$ → A에 속하는 모든 것들

예를 들어, 퍼지집합 A = {1.0/1, 0.1/2, 0.5/3, 0/4, 0.2/5}일 때 supp(A)를 구하면 다음과 같다.

supp(A) = $\{x \in X \mid \mu_A(x) > 0\}$이므로 supp(A) = {1, 2, 3, 5}이다.

③ 정규 퍼지집합(normal fuzzy set)

정규 퍼지집합은 $x \in X$ 중에서 적어도 하나의 원소가 퍼지집합 A의 소속 함숫값이 1이 될 때 A는 정규 집합이라고 한다.

$$\mu_A(x) = 1, \text{ for } \exists x \in X \text{ 또는}$$
$$\bigvee_{x \in X} \mu_A(x) = 1$$

④ 볼록 퍼지집합(convert fuzzy set)

퍼지집합 A에서 그 소속 정도의 최댓값이 1일 때 A는 정규(normal)라고 한다. 또한, 전체집합 X를 실수 집합이라 정의할 때 임의의 2개 실수 x_1과 x_2 사이의 모든 실수 $x(x_1 \leq x \leq x_2)$에 대해 퍼지집합 A의 소속 함수가 아래 식을 만족하면, 집합 X를 볼록 퍼지집합이라고 한다.

$$\mu_A(x) \geq (\mu_A(x_1) \wedge \mu_A(x_2))$$

예를 들어 퍼지집합으로 젊은이를 정의한 앞의 [그림 4-4]에서 나이 축을 x라고 하면, $x_1 = 15$, $x_2 = 40$ 사이의 모든 x에 대해 볼록 퍼지집합을 이룬다.

2 퍼지집합의 연산

고전적인 집합의 연산에는 4가지 종류가 있다.

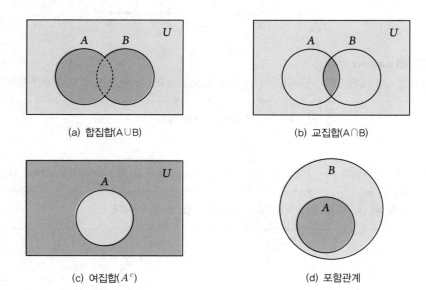

(a) 합집합(A∪B)

(b) 교집합(A∩B)

(c) 여집합(A^c)

(d) 포함관계

다음은 고전적인 집합과 퍼지집합의 연산을 살펴보자.

(1) 합집합 중요 ★★★

① 고전적인 집합에서 합집합은 그들의 모든 원소를 한 군데 합쳐놓은 집합이다. 즉, 그들 중 하나에라도 속하는 원소들을 모두 모은 집합이다. 즉, 두 집합 A, B가 있을 때,
$A \cup B = \{x \mid x \in A \lor x \in B\}$이다. 다른 말로 x가 $A \cup B$에 속할 필요충분조건은 '$x \in A$ 또는 $x \in B$'의 의미이다.

② 퍼지합집합(또는 퍼지논리합)에서는 원소가 어느 곳에 얼마만큼 속하느냐 하는 것을 의미한다. 퍼지명제 p와 퍼지명제 q의 진릿값을 각각 a, b라 하자. 그러면 p와 q의 퍼지논리합(fuzzy logical disjuntion) p∨q의 진릿값을 max(a, b)로 정의한다.
예를 들어, 퍼지명제 "철수는 키가 크다."에서 큰 정도가 0.7이고, 퍼지명제 "철수는 무거운 편이다."에서 무거운 정도가 0.5이면 퍼지논리합 "철수는 키가 크거나 무거운 편이다."의 퍼지명제 값은 0.7이다.

$$\mu_{A \cup B}(x) = \max[\mu_A(x), \mu_B(x)], where\ x \in X$$

(2) 교집합 중요 ★★★

① 전통적 집합에서의 교집합 A∩B는 그 두 집합이 공통으로 포함하는 원소로 이루어진 집합이다. 예를 들어, 두 집합 {★, ●, ◆}, {●, ◆, ♥}의 교집합은 {●, ◆}이다. 셋 이상의 집합, 나아가 무한히 많은 집합에게도 교집합을 취할 수 있다. 여러 집합의 교집합은 동시에 그들 모두의 원소인 대상들을 모아놓은 집합이다. 두 집합 A, B의 교집합 A∩B는 A에도 속하고 B에도 속하는 원소들을 골라 놓은 집합이다. 즉, A∩B = $\{x \mid x \in A$ and B$\}$ 또는 $x \in A \cap B$일 필요충분조건은 $x \in A$ 그리고 B이다.

② 퍼지교집합(또는 퍼지논리곱)은 원소가 두 집합의 어느 곳에 속하느냐 하는 것이다.
퍼지논리곱(fuzzy logical conjunction)의 퍼지명제 p와 q의 진릿값을 각각 a, b라 하자. 그러면 p와 q의 퍼지논리곱(fuzzy logical conjunction) p∧q의 진릿값은 min(a, b)로 정의한다.
예를 들어, 퍼지명제 "부산은 아름다운 항구이다."에서 아름다운 정도를 0.7이라 하고, 퍼지명제 "부산은 역사가 깊은 도시이다."에서 진릿값을 0.8이라 할 때, 합성명제 "부산은 아름다운 항구이며 역사가 깊은 도시이다."의 진릿값은 0.7이다.

$$\mu_{A \cap B}(x) = \min[\mu_A(x), \mu_B(x)], where\ x \in X$$

(3) 여집합 중요 ★★★

① 전통적 집합에서의 여집합, 집합 A의 여집합(complement set) A^c은 전체집합 U의 원소 중 A의 원소가 아닌 것들의 집합이다. 전체집합 U가 정의되었을 때 그 부분집합 A의 여집합 $A^c = \{x \in U \mid x \notin A\}$ 또는 임의의 $x \in U$에 대해서 $x \in A^c$일 필요충분조건은 $x \notin A$이다.

② 퍼지여집합(또는 퍼지부정)은 "x는 A이다."라는 퍼지명제 p의 진릿값이 a이면 "x이면 A가 아니다."라는 퍼지부정명제 ~p의 진릿값은 1 - a로 정의한다. 예를 들어, 퍼지명제 "그녀는 미인이다."의 진릿값이 0.7이라면 "그녀는 미인이 아니다."의 퍼지 진릿값은 1 - 0.7 = 0.3이다. 또한, "x는 매우 큰 수이다."의 진릿값이 0.4이고 "x는 보통 크기의 수이다."의 진릿값이 0.9라 할 때 퍼지합성명제 "x는 매우 큰 수가 아니라 보통 크기의 수이다."의 진릿값은 min(0.6, 0.9) = 0.6이다.

$$\mu_{A^c}(x) = 1 - \mu_A(x),\ \forall x \in X$$

(4) 포함관계

① 고전적인 집합론에서 집합 B의 부분집합(subset) A는, 모든 원소가 B에도 속하는 집합이다. 이런 관계를 주로 A ⊆ B라 표기한다. 예를 들어 집합 {1, 2}는 {1, 2, 3}의 부분집합이다. 벤 다이어그램에서는 부분집합 관계를 하나가 하나를 완전히 감싼 두 원으로 나타낸다. A = B인 경우에도 A는 B의 부분집합이 된다. 집합 A, B가 주어졌을 때, A의 모든 원소가 B의 원소인 경우, 즉 $\forall x \in A \mid x \in B$가 성립하는 경우, 집합 A는 B의 부분집합이라고 하며, 'B가 A를 포함한다' 또는 'A가 B에 포함된다'라고 한다. 기호로는 A⊆B 또는 B⊇A로 표시한다.

② 퍼지포함관계(또는 퍼지함의, fuzzy logical implication)에서 퍼지명제 p의 진릿값은 a, 퍼지명제 q의 진릿값은 b라 하자. 이때 'p이면 q이다'라는 **퍼지포함관계 p→q의 진릿값은 min(1, 1 - a + b)로 정의**한다. 예를 들어 '사과가 익었다'의 진릿값을 0.9, '사과가 맛있다'의 진릿값은 0.8이라 하자. 퍼지합성 명제 '사과가 익었으면 맛있다'의 진릿값은 min(1, 1 - 0.9 + 0.8) = 0.9이고 '사과가 맛있으면 잘 익은 것이다'의 진릿값은 1이다.

(5) 집합의 연산

집합 사이의 연산도 이산집합과 연속집합의 경우로 구분할 수 있다. 이산집합의 연산은 다음과 같다.

$$A = \{1,\ 2,\ 3\},\ B = \{2,\ 3\}\text{일 때 } A + B = \{z \mid z = x + y,\ x \in A,\ y \in B\}$$

A + B = Z의 결괏값은 {3, 4, 5, 6}이다.

[표 4-2] 이산집합의 덧셈

A	B	Z
1	2	3
1	3	4
2	2	4
2	3	5
3	2	5
3	3	6

위의 이산집합을 연속집합으로 표현하면 다음과 같다.

A = {x | 1 ≤ 3}, B = { y | 2 ≤ 3}일 때 A + B = { z | 3 ≤ z ≤ 6}이 된다.

즉, A + B = [a + c, b + d]

　　A = [a, b] = [1, 3]

　　B = [c, d] = [2, 3]이 된다.

① 퍼지수의 연산(이산) 중요 ★★★

이러한 집합을 퍼지집합에 적용하면 어떤 차이가 있을까?

A = {0.1/1, 0.5/2, 1.0/3}, B = {1.0/2, 0.5/3}일 때, A + B의 값은 어떻게 되는지 살펴보자.

[표 4-3] 퍼지집합의 덧셈

A	B	C
1, 0.1	2, 1.5	3, 0.1
1, 0.1	3, 0.5	4, 0.1
2, 0.5	2, 1.0	4, 0.5
2, 0.5	3, 0.5	5, 0.5
3, 1.0	2, 1.0	5, 1.0
3, 1.0	3, 0.5	6, 0.5

결론적으로 A + B는 다음과 같은 집합이 된다.

$$A + B = \{0.1/3 + 0.5/4 + 1.0/5 + 0.5/6\}$$
$$\rightarrow \mu_{A+B}(z) = \max_{z=x+y}[\min[\mu_A(x), \mu_B(y)]]$$

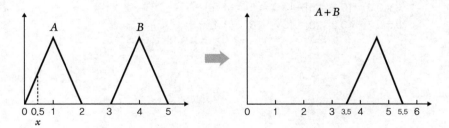

[그림 4-5] 이산 퍼지수의 연산

x = 0.5(고정)
y = 3 → 5
x + y = 3.5 → 5.5

x + y = 3.5 → 5.5

② α-컷 퍼지수의 연산(이산)

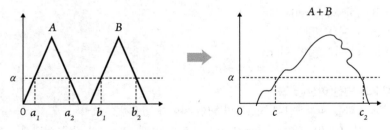

[그림 4-6] α-컷 퍼지 연산

$$[a_1,\ a_2] + [b_1,\ b_2] = [c_1,\ c_2]$$
$$A_\alpha = \{x \,|\, a_1 \le x \le a_2\}$$

연속적인 경우 구간을 가지고 구하면 쉽게 구할 수 있다.

다음은 α-컷 연산의 예제이다.

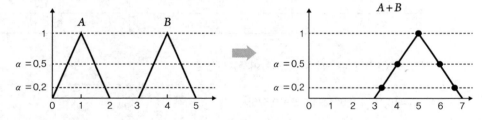

[그림 4-7] α-컷 퍼지수의 연산의 예제

$$\alpha = 0.5 \rightarrow [0.5,\ 1.5] + [3.5,\ 4.5] = [4,\ 6]$$
$$\alpha = 0.2 \rightarrow [0.2,\ 1.8] + [3.2,\ 4.8] = [3.4,\ 6.6]$$

3 퍼지법칙

(1) 소속 정도 함수

퍼지집합 함수 μ_A: E→[0, 1]가 정의된 집합을 퍼지집합이라 하고. 퍼지집합을 A라 표시하며 $\mu_{\underline{A}}$를 $\underline{A}$의 소속 정도 함수라고 한다. 혹은 함수 자체를 퍼지집합이라 한다.

> **📋 예제**
>
> > 앞에서 정의된 '젊은 노인들의 집합'은 소속 정도 함수가 아래와 같이 주어진 퍼지집합이다.
>
> $$\mu(x) = \begin{cases} 0 & 0 \leq x \leq 40 \\ \dfrac{x-40}{20} & 40 \leq x \leq 60 \\ 1 & 60 \leq x \leq 65 \\ 1 - \dfrac{x-65}{15} & 65 \leq x \leq 80 \\ 0 & 80 \leq x \end{cases}$$

> **📋 예제**
>
> > E = {영수, 영준, 준수, 수호, 유선, 선미}라 하고 이들의 부지런한 정도에 따라 다음과 같이 값을 주면 E에서 $\underline{A}$ = '부지런한 사람들의 모임'은 퍼지집합이라 할 수 있으며 아래의 함수로 표시된다. E에서 $\underline{B}$ = '남자들의 집합'은 퍼지집합으로 {영수, 영준, 준수, 수호}로 표현한다.
>
> | | 영수 | 영준 | 준수 | 수호 | 유선 | 선미 |
> |---|---|---|---|---|---|---|
> | $\underline{A}$ = | 0.5 | 0.2 | 0.9 | 0.3 | 0.7 | 0.8 |
> | $\underline{B}$ = | 1 | 1 | 1 | 1 | 0 | 0 |
>
> ✪ 전체집합 E에서 '남자들의 집합'인 퍼지집합은 E의 부분집합으로 표현할 수 있지만 '부지런한 사람들의 집합'은 E의 부분집합으로 표시할 수 없으며 단지 E→[0, 1]인 함수 μ_A로서만 나타내든지 함수의 그래프인 순서들의 집합으로 나타낼 수 있다.

이처럼 퍼지집합은 전체집합 E의 원소에 대해 소속 정도의 값을 단위 구간 [0, 1]의 임의의 한 값으로 매기는 함수이고 보통집합 A는 전체집합 E의 원소에 대해 소속 정도의 값을 단지 0과 1만 가지는 함수이다. 그러므로 보통집합 A는 소속 정도 함수가 A의 특성 함수로 표시되는 퍼지집합이다.

(2) 퍼지집합 E

전체집합 E는 모든 원소의 소속 정도가 1인 퍼지집합으로 생각할 수 있으므로 소속 정도 함수를 상수 함수 1을 가지는 퍼지집합으로 정의한다. 기호는 E로 나타낸다.

(3) 퍼지 공집합 φ

퍼지 공집합 φ는 소속 함수 μ_ϕ가 0인 값을 가지는 상수 함수로 정의한다.

📋 **예제**

E = {영수, 영준, 준수, 수호, 유선, 선미}라 하면 E와 φ는 아래와 같이 정의된다.

	영수	영준	준수	수호	유선	선미
$E=$	1	1	1	1	1	1
$\phi=$	0	0	0	0	0	0

📋 **예제**

E = {a, b, c, d, e, f, g}이고 A, B는 A = {a, b, c, f}, B = {a, c, e, g}인 보통집합일 때 A와 B의 특성 함수 x를 나타내면 다음과 같다.

	a	b	c	d	e	f	g
$A=$	1	1	1	0	0	1	0
$B=$	1	0	1	0	1	0	1

그리고, 이때 A∪B, A∩B, A^C의 퍼지집합으로서의 소속 함수는 아래와 같이 이들의 특성 함수와 일치한다. A∪B={a, b, c, e, f, g}, A∩B={a, c}이므로 다음과 같다.

• $A \cup B =$

a	b	c	d	e	f	g
1	1	1	0	1	1	1

$X_{A \cup B}(x) = \max\{X_A(x), X_B(x)\}$ 이다.

• $A \cap B =$

a	b	c	d	e	f	g
1	0	1	0	0	0	0

$X_{A \cap B}(x) = \min\{X_A(x), X_B(x)\}$ 이다.

- $A^c =$

a	b	c	d	e	f	g
0	0	0	1	1	0	1

이므로 $X_{A^c}(x) = 1 - X_A(x)$ 이다.

위의 예에서와 같이 퍼지집합에서 소속 정도 함수의 변역이 {0, 1}인 경우에는 연산이 보통집합의 연산과 일치하므로 퍼지집합은 보통집합의 확장이라 할 수 있다.

❂ 칸토르(cantor)의 집합론은 이치논리를 따르기 때문에 보통집합 A와 공집합 Φ에서는 A∩A^c = Φ(모순율)이고, A∪A^c = E(배중률)이 성립한다. 그러나 퍼지집합에서 $\underline{A}$와 $\underline{\phi}$는 $\underline{A} \cap \underline{A}^c = \underline{\phi}$, $\underline{A} \cup \underline{A}^c = \underline{E}$가 성립하지 않는다.

📄 예제

	a	b	c	d	e	f
$\underline{A} =$	0.5	0.6	0.2	0.9	0.3	0.4
$\underline{A}^c =$	0.5	0.4	0.8	0.1	0.7	0.6
$\underline{A} \cap \underline{A}^c =$	0.5	0.4	0.2	0.1	0.3	0.4
$\underline{A} \cup \underline{A}^c =$	0.5	0.6	0.8	0.9	0.7	0.6

제 3 절   퍼지논리 중요 ★★★

퍼지명제의 진릿값에 관계없이 논리식의 진릿값이 항상 1인 합성명제를 '퍼지논리 항진명제'라고 하고 논리식의 진릿값이 항상 0인 합성명제를 '퍼지논리 모순명제'라고 한다. 이처럼 퍼지논리에서는 모든 진술을 퍼지명제로 다루고 이치논리에서는 퍼지명제의 진릿값이 0과 1일 때만 명제로 취한다. 위에서 정의된 퍼지명제들 사이의 논리 연산은 진릿값이 0과 1인 경우는 이치논리의 연산과 일치하므로 퍼지논리는 이치논리를 확장하고 일반화시킨 논리라고 할 수 있다. 그리고 이치논리에서처럼 퍼지논리에서도 다음과 같은 논리 법칙이 성립한다. p와 q를 퍼지명제라 할 때 다음의 퍼지합성 명제들은 퍼지논리 항진명제이다.

---

① $p \rightarrow p \lor q$(합의 법칙)

② $(p \land q) \rightarrow p$, $(p \land q) \rightarrow q$(단순화 법칙)

③ $(p \rightarrow q) \Leftrightarrow (\sim q \rightarrow \sim p)$(대우 법칙)

④ $\sim(\sim p) \Leftrightarrow p$(이중부정)

⑤ $p \lor p \Leftrightarrow p$, $(p \land p) \Leftrightarrow p$(멱등 법칙)

⑥ $\sim(p \land q) \Leftrightarrow (\sim p \lor \sim q)$, $\sim(p \lor q) \Leftrightarrow (\sim p \land \sim q)$(드모르간 법칙)

⑦ $(\sim p \lor q) \rightarrow (p \rightarrow q)$

그러나 $(\sim p \lor q) \rightarrow (p \rightarrow q)$의 역인 $(p \rightarrow q) \rightarrow (\sim p \lor q)$는 퍼지논리 항진명제가 아니다. 왜냐하면, 퍼지명제 p의 진릿값이 0.7, q의 진릿값이 0.4라 하면 $p \rightarrow q$의 진릿값은 $\min(1, 1 - 0.7 + 0.4) = 0.7$이고 $\sim p \lor q$의 진릿값은 $\max(0.3, 0.4) = 0.4$이다. 따라서 $(p \rightarrow q) \rightarrow (\sim p \lor q)$의 진릿값은 $\min(1, 1 - 0.7 + 0.4) = 0.7$이다. 그러나 p와 q가 이치논리 명제로써 진릿값이 1이거나 혹은 0인 경우 $(p \rightarrow q) \rightarrow (\sim p \lor q)$는 이치논리 항진명제이다.

퍼지논리와 이치논리의 근본적인 차이점은 퍼지논리가 이치논리학에서 추론의 기초가 되는 배중률이 성립하지 않는 것이다. 배중률이란 모든 명제는 참이나 거짓인가의 어느 한 쪽이며, 참도 거짓도 아닌 중간인 것이 되지는 않는다는 원리로 결국, 명제 p와 $\sim p$와의 진리 집합은 전체집합이라는 것으로 퍼지논리의 근본이념에는 위배될 수밖에 없다.

📄 **예제 1**

> **퍼지 합성명제 $(p \lor \sim p)$와 $(p \land \sim p)$는 퍼지논리 항진명제가 아니다.**

왜냐하면, 퍼지명제 p의 진릿값을 0.30이라 하면 부정 명제 $\sim p$의 진릿값은 0.70이므로 $p \lor \sim p$의 진릿값은 $\max(0.3, 0.7) = 0.70$이고 $p \land \sim p$의 진릿값은 $\min(0.3, 0.7) = 0.30$이다. 그러나 p의 진릿값이 0이거나 혹은 1이면 $p \lor \sim p$의 진릿값은 항상 1이 되어 이치논리 항진명제가 되거나 $p \land \sim p$의 진릿값은 항상 0이 되어 이치논리 모순명제가 된다.

📄 **예제 2**

> **삼단논법 $(p \rightarrow q) \land (q \rightarrow r) \rightarrow (p \rightarrow r)$은 이치논리 항진명제이나 퍼지논리 항진명제는 아니다.**

퍼지명제 p, q, r의 진릿값이 각각 0.8, 0.7, 0.6인 경우 이것의 진릿값은 $\min(1 - 0.7 + 0.6, 1 - 0.8 + 0.7) = 0.90$이다.

✪ 퍼지함의(또는 조건집합, $p \rightarrow q$)는 p의 진릿값이 q의 진릿값보다 크면 퍼지논리 항진명제가 아니므로 퍼지함의가 있는 퍼지추론명제에서는 주의할 필요가 있다.

[표 4-4] 퍼지논리 연산자의 성질

Involution	$(A')' = A$
교환법칙(commutativity)	$A \cup B = B \cup A$ $A \cap B = B \cap A$
결합법칙(associativity)	$A \cup (B \cup C) = (A \cup B) \cup C$ $A \cap (B \cap C) = (A \cap B) \cap C$
분배법칙(distributivity)	$A \cup (B \cap C) = (A \cup B) \cap (A \cup C)$ $A \cap (B \cup C) = (A \cap B) \cup (A \cap C)$
멱등법칙(idempotency)	$A \cup A = A$ $A \cap A = A$
흡수법칙(absorption)	$A \cup (A \cap B) = A$ $A \cap (A \cup B) = A$
φ / E 흡수법칙	$A \cap \varphi = \varphi$ $A \cup E = E$
항등법칙(identity)	$A \cup \varphi = A, \ A \cap E = A$
드모르간 법칙(De Morgan's law)	$(A \cap B)^c = A^c \cup B^c$ $(A \cup B)^c = A^c \cap B^c$
동일법칙	$(A^c \cup B) \cap (A \cup B^c) = (A^c \cap B^c) \cup (A \cap B)$
대칭차법칙	$(A^c \cup B) \cap (A \cup B^c) = (A^c \cap B^c) \cup (A \cap B)$

제 **4** 절 **퍼지추론** 중요 ★★

1 개요

퍼지의 명제는 애매함을 포함하고 있는 언어적 명제이다. $x \in X$, A가 X의 퍼지집합일 때 퍼지명제 P = 'x is A'이다. 예를 들어 명제 P : "지하철이 있는 도시는 매우 큰 도시다."라고 할 때, x는 모든 도시, A는 매우 큰 도시가 된다. 퍼지의 조건 명제는 다음과 같다.

$$
\begin{aligned}
P \rightarrow Q &= \text{if } P \text{ then } Q \\
&= \text{if 'x is A' then 'y is B'} \\
&= (x, \ y) \text{ is } R_{p \rightarrow q}
\end{aligned}
$$

여기에서, $R_{p \rightarrow q}$: 조건 명제 P→Q에 대한 X×Y상의 퍼지 관계는 다음과 같다.

> P : 전건부(antecedent portion)
> Q : 후건부(consequent portion)

퍼지추론은 몇 개의 퍼지명제로부터 하나의 다른 근사적인 퍼지명제를 유도하는 근사추론(approximate reasoning)이라고도 한다.

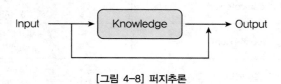

[그림 4-8] 퍼지추론

이진논리에 기반한 명제논리에서 추론은 보통의 조건명제 'P이면 Q'라는 추론 규칙인 긍정식에 기반을 두고 수행된다. 긍정식 추론의 기반은 [P와 Q가 참이면, Q가 참]임을 주장하는 규칙이다. 예를 들어 "영희는 미인이다."와 "미인은 박명하다."의 경우 일반추론은 "영희는 박명하다."로 표현되지만, 퍼지추론은 "영희는 미인인 만큼 박명하다."로 표현된다.

퍼지추론의 경우에는 어떤 내용의 퍼지명제가 결론으로 유추되는지를 문제로 한다. 예를 들어 다음의 식에 나타난 것처럼 퍼지추론은 퍼지명제 P^{+}를 전제, 조건명제 P→Q를 조건으로 하여 이들에게 P→Q의 후건부 Q에 의미상으로 가까운 퍼지명제 Q^{+}를 추론하는 것이다.

> 전제 P^{+} : 저 학생은 매우 기분이 좋다.
> 조건 P→Q : 만일 학생이 기분이 좋으면 그 학생은 웃는다.
> 결론 Q^{+} : 저 학생은 매우 웃는다.

위와 같은 추론은 전제와 전건부가 완전 일치가 되지 않기 때문에 후건부도 결론과 완전 일치가 되지 않는다. 그렇지만 긍정식을 따른다는 의미에서 일반화된 긍정식이라고 한다. 퍼지추론에서는 이진 논리에 의한 추론과는 달리 여러 가지 해석이 있을 수 있어 다양한 방법이 개발되었다. 퍼지추론법에는 퍼지추론의 합성규칙을 기반으로 한 직접법, 언어적 진릿값을 매개로 한 간접법 및 이들을 혼합한 혼합법 등이 있다.

2 퍼지추론의 합성규칙

일반화된 긍정식에 대한 구체적인 추론방법은 관계 개념을 퍼지명제에 대한 관계개념으로 확장하여 최대-최소 합성 연산에 의한 근사적 결론을 추론하는 것이다. 퍼지의 합성규칙은 다음과 같은 조건문으로 정의할 수 있다. x, y는 언어 변수이고, A, B는 각각 논의영역 X와 Y의 퍼지집합에서 결정된 언어 값이다.

고전적인 IF-THEN 규칙은 이진 논리를 사용한다. 다음의 IF-THEN 규칙에 대한 예를 살펴보자.

> IF 시험성적 ≥ 90점
> THEN 학점＝A 이상이다.

그러나, 퍼지언어를 사용하면 다음과 같다.

> IF 시험성적이 좋으면
> THEN 좋은 학점을 받는다

논의영역에 따라서 퍼지규칙으로 표현해야 된다.

일반형식은 다음과 같다.

> 전제 P_1 : "x is A"
> 조건 P_2 : "(x, y) is R"
> 결론 Q : "y is A∘R"

실제 추론에서 퍼지 조건 명제가 사용될 때를 살펴보면 다음과 같다.

> 전제 P_1 : "x is A^+"
> 조건 P_2 : if "x is A" then "y is B"
> 결론 Q : "y is B^+" → $B^+ = A^+$

- $R_{A \to B}$ 따라서 $\mu_{B^+}(y) = \bigvee\limits_{x \in X} (\mu_{A^+}(x) \wedge \mu_{R_{A \to B}}(x, y))$

퍼지조건 명제와 퍼지 관계의 변환이 중요하지만, 표준해결 방법은 없다.

제 5 절 퍼지시스템과 퍼지응용 중요 ★★

1 퍼지시스템 모델 중요 ★★

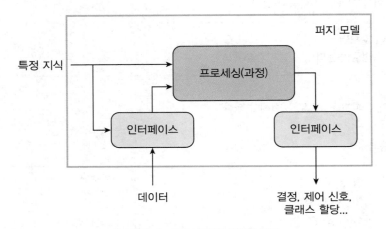

[그림 4-9] 퍼지시스템의 일반적 구조

① **입력 인터페이스**는 여러 가지 다양한 형태를 받아들이고 퍼지집합 수준에서 수행되는 내부 형식으로 데이터를 변환한다.
② **처리장치**는 정보의 정확성과 관련이 있다.
③ **출력 인터페이스**는 처리된 정보의 결과를 모델링 환경이 수용할 수 있는 형식으로 변환시킨다. 퍼지모델의 기본적인 모듈은 룰 기반 시스템(rule-based system)이다.
④ 처리모델은 **룰을 수집**한다.
　　IF 조건-1 is A_i, 조건-2 is B_i(여기서, i = 1, 2, ⋯, N) THEN action is D_i
⑤ 입력 인터페이스는 퍼지집합 A_i의 관점에서 **룰의 조건에 나타나는 것을 표현**한다.
⑥ 출력 인터페이스는 모델링 환경에서 요구하는 형식으로 퍼지집합 D가 의미하는 **처리 결과를 해독**한다.

2 모델의 분류 중요 ★

(1) 진단, 분류, 패턴인식 중요 ★★★
이 분야에서 **특징 추출**(feature extraction) 작업은 분류 또는 진단 분야에서 의미있고 차별적인 특징을 매핑하는 것이다. 특징 추출에서, 퍼지시스템의 응용은 다차원 측정으로부터 복잡한, 종종 언어적으로 표현한 특징을 유도하는 것을 목표로 한다. 퍼지시스템의 또 다른 응용은 전처리(preprocess) 단계에서 신호 필터링을 하는 것이다. 분류에서 객체는 그 특성값에 따라 클래스 레이블을 부여한다. 퍼지 분류기를 사용하면 미리 정의된 모든 클래스에 개체의 멤버십 등급을 지정할 수 있고 구현을 위해서는 퍼지 규칙 기반 시스템 또는 퍼지 결정 트리가 실제로 중요하다.

진단의 목적은 특정 사건 및 관찰된 증상을 유발한 원인(예 결함, 질병)을 탐지하는 것이다. 진단의 구체적인 특징은 증상을 설명하는 원인을 추론하는 근본적인 인과 관계의 사용으로, 진단, 결함 감지 및 격리, 의료 진단의 두 가지 주요 응용 프로그램이 있다. 질병의 증상에 퍼지시스템의 사용은 증상과 결함이 연속적이기 때문에 유리할 수 있다. 퍼지시스템은 증상 생성(예 체험적 프로세스 모델과 같은 모델 기반 결함 진단) 및 결함 진단의 추론에서 사용된다.

(2) 모델링과 예측

대부분 자연, 경제 기술 처리 과정은 시계열에 의해 설명될 수 있다. 이 같은 시계열 모델은 시계열과 미래 개발 예측 간의 종속성을 알 수 있다. 규칙 기반의 퍼지시스템은 동적인 모델로 사용된다. 그 외의 응용 분야에서 퍼지 방법은 시계열과 유사성 평가를 위해 사용된다.

퍼지시스템은 전문적 지식이 데이터에 추가되거나 데이터에서 지식을 추출하는 것이 목적인 경우에 특히 장점이 있다. 동적 프로세스의 시뮬레이션을 위해 퍼지 모델은 프로세스가 복잡하고 전문 지식을 사용하면서 모델링하기가 어려운 경우에는 합리적인 선택일 수 있다. 시뮬레이션의 작업은 다양한 입력 시나리오에 대한 프로세스 응답을 찾는 것이다. 특히 생태, 사회, 기반 시설 및 이와 유사한 시스템에서 많이 사용되고 있다.

(3) 의사결정 지원

의사결정 지원에서의 퍼지시스템은 진단 전문가 시스템, 생산 기획 및 스케줄링 시스템 등에서 사용된다. 의료분야에서 퍼지시스템은 의료 전문가의 의사 결정을 지원하는 데 사용된다. 하지만 자동으로 지원되는 것이 아니고 실수가 감지될 때 지원된다.

○×로 점검하자

※ 다음 지문의 내용이 맞으면 ○, 틀리면 ×를 체크하시오. [1 ~ 5]

01 인간이 자유 의지를 표출할 수 있는 것은 불확실성(uncertainty) 때문이다. (　　)

>>>〇 인간이 자유 의지를 표출할 수 있는 것은 불확실성(uncertainty)이 있기 때문이다. 의사 결정자의 편의성을 높이기 위해 불확실성을 처리하거나 줄이기 위한 많은 조치와 전략들이 있다.

02 퍼지논리는 불분명한 상태, 모호한 상태를 참 혹은 거짓의 이진 논리로 표현한 것이다. (　　)

>>>〇 퍼지논리는 근사치나 주관적 값을 사용하는 규칙들을 생성함으로써 부정확함을 표현할 수 있는 규칙 기반기술이다. 퍼지집합의 개념은 각 대상이 어떤 모임에 '속한다' 또는 '속하지 않는다'는 이진법 논리에서 벗어나, 각 대상이 그 모임에 속하는 정도를 소속 함수로 나타내고 그 소속 함수를 대응되는 대상과 함께 표기하는 집합이다.

03 결정 이론은 확률 이론과 유용성 이론의 합(결정 이론 = 확률이론 + 유용성 이론)에 의해 결정된다는 것으로 이해할 수 있다. (　　)

>>>〇 결정 이론은 확률 이론과 유용성 이론의 합(결정 이론 = 확률 이론 + 유용성 이론)에 의해 결정된다. 모든 상태는 어떤 에이전트에게 있어서 유용함이나 유용성의 정도를 가지고 있다. 에이전트는 유용성이 더 높은 것을 선호한다. 에이전트가 가능한 모든 행위나 행동의 결과에 대한 평균화된 가장 높다고 생각되는 것을 선택했을 때 합리적이라고 할 수 있다. 이것을 결정 이론이라고 한다.

04 비관적 기준은 낙관적 기준에 의한 의사결정과는 달리 앞으로 비관적인 상황만 발생할 것이라는 가정하에서 각 대안에 대한 최선의 조건부 값을 서로 비교하여 최적 대안을 선택하는 방법이다.
(　　)

>>>〇 비관적 기준은 왈드에 의하여 처음 소개되었기 때문에 흔히 왈드(Wald) 기준이라고도 한다. 각 대안의 조건부 값이 이익을 나타내는 의사결정 문제에서는 먼저 각 대안별로 최소 조건부 값을 찾은 후, 이 값들을 서로 비교하여 이 중에서 최댓값을 갖는 대안을 택하게 되는데, 이러한 방법을 맥시민 기준(maximin criterion)이라고도 한다.

05 배중률이란 모든 명제는 참이나 거짓인가의 어느 쪽이며, 참도 거짓도 아닌 중간인 것이 되지는 않는다는 원리이다. (　　)

>>>〇 퍼지논리와 이치논리의 근본적인 차이점은 퍼지논리가 이치논리학에서 추론의 기초가 되는 배중률이 성립하지 않는 것이다. 배중률이란 "모든 명제는 참이나 거짓인가의 어느 쪽이며, 참도 거짓도 아닌 중간인 것이 되지는 않는다."는 원리로 결국, 명제 p와 ～p와의 진리 집합은 전체집합이라는 것으로 퍼지논리의 근본이념에는 위배될 수밖에 없다.

정답 **1** ○ **2** × **3** ○ **4** ○ **5** ○

01 일상에서는 많은 부정확성과 불확실성이 존재한다. 시스템이 많지 않은 수치 데이터만 있고 이 정보의 대부분이 애매함을 가지고 있을 때 사용하는 방식을 무엇이라고 하는가?

① 신경망
② 퍼지추론
③ 부울 함수
④ 확률

02 다음 중 소속 함수와 관계 없는 설명으로 옳은 것은?

① 각각의 원소에 어떤 값이 대응되는가를 표시하는 함수를 말한다.
② 퍼지집합 A는 고전적인 집합 U와 소속 함수 $\mu_A : U \rightarrow [0, 1]$으로 정의된다.
③ 유한집합과 무한집합에서도 소속 함수를 사용할 수 있다.
④ 퍼지집합 A와 고전집합 U가 있을 때 소속 함수는 $A = (x, \mu_A(x))|x \in U$으로 표기한다.

01 복잡한 시스템일 때는 불확실성을 감소할 수 있는 신경망과 같은 방법이 필요하지만, 많지 않은 수치 데이터만 있고 이 정보의 대부분이 애매함을 가지고 있을 때, 퍼지추론이 이같은 정보를 처리하는 데 사용된다.

02 퍼지집합 A는 고전적인 집합 U와 소속 함수 $\mu_A : U \rightarrow [0, 1]$로 정의된다. 여기서 $x \in U$에 대해 $\mu_A(x)$는 A에 대한 x의 소속도를 나타낸다. 이것은 다음과 같이 표기할 수 있다.
$A = (x, \mu_A(x))|x \in U$ 이것을 소속 함수 표기법이라고 한다. U가 유한집합일 때 고전적인 집합의 원소 나열법과 비슷한 방법으로 표시할 수 있다. 예를 들면,
$U = 1, 2, 3, 4, 5$이고 $\mu_A(1) = 0.7$, $\mu_A(2) = 0.5, \mu_A(3) = 0.2$, $\mu_A(4) = 0, \mu_A(5) = 0$
이라면 이것을
$A = (1, 0.7), (2, 0.5), (3, 0.2)$와 같은 순서쌍으로 나열할 수 있다. 그러나 $x \in U | \mu_A(x) \neq 0$이 무한집합일 때는 이와 같은 방법을 적용할 수 없다.

정답   01 ②   02 ③

안심Touch

03 인식론적 약속 또는 판단은 어떤 사실에 관해서 결정하는 행위(행동)나 그것을 만든 상태를 의미한다. 즉, 어떤 것을 믿기로 결정하거나 이미 결정된 신념을 고수하는 문제이다. 존재론적 약속은 공유한 어휘를 일관성 있는 방식으로 사용하는 것을 합의한 것을 말하며, 논리와 확률에서 같은 의미로 사용된다. 다양한 사람들이 표현한 지식이 서로 섞였을 경우에도 거기서 추론을 수행하거나 전혀 새로운 지식을 발견해 낼 수 있다. 이처럼 개념의 정의나 관련성의 정의에 관한 메타적 기술을 온톨로지라고 하는데 세상에 어떤 것이 있는지를 설명하는 것을 말한다.

04 라플라스 기준, 낙관적 기준, 비관적 기준, 후르비츠 기준, 새비지 기준의 5가지가 있다.
라플라스 기준은 평균 기대값 기준으로서 각 상황이 발생할 확률은 모두 동일하다고 가정하고 발생가능한 모든 성과의 평균값을 비교하여 최선의 대안을 선택하는 불충분이유의 기준을 말한다.
후르비츠 기준은 의사 결정을 할 때 각 대안의 최대 이익과 최소 이익에 가중치를 부여하여 계산한 후 그중에 최대가 되는 것을 선택하는 기법이다.
낙관적 기준은 여러 예상 가능한 수익값 중 낙관적으로 생각하여 가장 큰 값을 갖는 것을 대안으로 하는 기법이다.

05 새비지 기준은 의사결정자가 미래의 상황을 잘못 판단함으로써 가져오는 손실 혹은 비용을 최소화하려는데 착안을 한 것으로 흔히 미니맥스 리그렛 기준(minimax regret criterion)이라고도 한다. 후르비츠 기준은 개인마다 낙관의 정도가 다르기 때문에 자신들만의 낙관계수 값을 변동시키면서 의사결정을 달리 할 수 있다. ③번은 라플라스의 기준이고 ④번은 낙관적 기준에 대한 설명이다.

정답 03 ① 04 ① 05 ②

---

03 다음 중 인식론적 약속에 관한 설명으로 옳은 것은?

① 어떤 사실에 관해서 결정하는 행위(행동)나 그것을 만든 상태를 의미한다.
② 공유한 어휘를 일관성 있는 방식으로 사용하는 것을 합의한 것을 말한다.
③ 논리와 확률에서 같은 의미로 사용된다.
④ 개념의 정의나 관련성의 정의에 관한 메타적 기술을 말한다.

04 다음 용어 중 최적의 의사결정을 위한 기준이 <u>아닌</u> 것은?

① 평가함수
② 라플라스 기준
③ 후르비츠 기준
④ 낙관적 기준

05 다음 의사결정 기준에 대한 설명 중 새비지 기준으로 옳은 것은?

① 자신들만의 낙관계수 값을 변동시키면서 의사결정을 하는 것을 말한다.
② 미래의 상황을 잘못 판단함으로써 가져오는 손실을 최소화하려는 데 착안한 것이다.
③ 최적 대안의 선택을 간단하게 각 조건부 값을 합한 값을 평균하여 구한 평균 조건부 값을 비교하여 최대의 평균 조건부 값을 가진 대안을 최선의 대안으로 선택하는 것이다.
④ 앞으로 가장 좋은 상황만이 발생한다는 가정하에서 각 대안에 대한 최선의 조건부 값을 서로 비교하여 최적 대안을 선택하게 된다.

06 다음 중 조건부확률에 대한 설명으로 옳은 것은?

① 사건 X 또는 사건 Y가 일어날 확률

② 사건 X와 사건 Y가 동시에 일어날 확률

③ 사건 X가 발생한 후에 사건 Y가 일어날 확률

④ 사건 X가 일어났을 때 사건 Y가 일어날 확률

07 첫 번째 뽑은 카드 무늬가 클로버이고 이 카드를 다시 집어넣지 않는다. 이때 두 번째 뽑는 카드가 클로버일 확률은?(소수점 넷째자리에서 반올림 하시오)

① 0.25

② 0.255

③ 0.064

④ 0.063

08 다음 중 베이지안 네트워크의 특징으로 옳지 <u>않은</u> 것은?

① 그래프에서 노드는 변수를 표시하고 노드 간의 선은 변수 간의 조건부 의존성을 나타낸다.

② 변수를 모형화하는 베이지안 네트워크를 동적 베이지안 네트워크라고 한다.

③ 베이지안 네트워크의 일반화를 영향 다이어그램이라고 한다.

④ 베이지안 네트워크는 노드와 노드 간에 반드시 링크로 연결되어야 한다.

06 조건부확률은 어떤 사건 X에 대해서 "사건 X가 일어났을 때 사건 Y가 일어날 확률"을 사건 X가 일어났을 때 사건 Y의 조건부확률이라고 한다. 조건부확률은 P(Y|X)처럼 "사건 X가 일어나고 사건 Y가 나중에 발생했다."라는 의미가 아니라, 단지 "사건 X가 일어났다."는 것일 뿐 사건의 순서가 있는 것은 아니다.

07 첫 번째 뽑은 카드가 클로버일 확률

: $\frac{13}{52} = P(A)$

두 번째 뽑은 카드가 클로버일 확률

: $\frac{13}{51} = P(B|A)$

(*) $P(B|A)$은 첫 번째 카드가 클로버라는 전제하에 두 번째 카드도 클로버를 뽑는 것을 표시한다.

• 따라서 구하고자 하는 확률은

$\frac{13}{52} \times \frac{13}{51} \fallingdotseq 0.064$

08 베이지안 네트워크는 방향성 비순환 그래프로서 그래프의 각 노드(node)는 변수를 나타내고, 노드를 연결하는 링크는 변수 간의 조건부 의존성을 표현한다. 즉, 노드 간에 반드시 링크로 연결되지 않아도 된다. 변수를 모형화하는 베이지안 네트워크를 동적 베이지안 네트워크라고 부른다. 불확실성 하에 문제를 표현하고 해를 구할 수 있는 베이지안 네트워크의 일반화를 영향 다이어그램이라고 부른다.

정답 06 ④ 07 ③ 08 ④

안심Touch

09 어떤 명제가 참과 거짓으로 구분할
수 없고 부분적으로 참과 거짓일 수
있을 경우에는 퍼지집합으로 표현한
다. 고전적인 집합은 참과 거짓의 논
리가 확실할 때 사용하는 이치논리
이며 크리스프 집합이라고 부른다.

09 어떤 명제가 참과 거짓을 구분하기 어려운 부분적으로 참과 거짓
일 수 있을 경우에 필요한 것은?

① 이치논리
② 퍼지집합
③ 고전적 집합
④ 크리스프 집합

10 소속집합의 조건을 만족하기 위한
수식은 ④번이다.
다음과 같은 그래프가 그려지기 때
문에 ③번은 틀린 답이 된다.

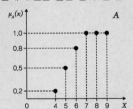

예를 들어 x가 7일 때, 값이 1.0이
되어야 한다.

③번 : $\dfrac{7-4}{2} = 1.5(\times)$

④번 : $\dfrac{7-4}{3} = 1.0(\bigcirc)$

10 집합 X가 연속이면 X = $\{x \mid 0 \leq x \leq 9\}$, A = $\{x \mid x \text{ is large}\}$일
때를 다음과 같이 표현했을 때, 수식표현이 <u>잘못된</u> 것은?

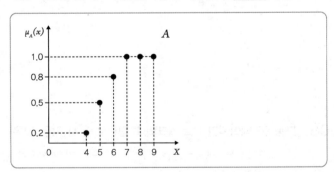

① 1, if $7 \leq x \leq 9$

② 0, if 그 외의 경우

③ $\mu_A(x) = \dfrac{x-4}{2}$, if $4 \leq x \leq 7$

④ $\mu_A(x) = \dfrac{x-4}{3}$, if $4 \leq x \leq 7$

정답   09 ② 10 ③

11 퍼지집합의 소속집합 μ_A와 μ_B가 있다. 이때 각 소속집합의 값이 0.5, 0.7일 때 논리합의 값으로 옳은 것은?

① 0.5

② 0.7

③ 0.3

④ 0.8

✅ **주관식 문제**

01 베이지안 네트워크의 (1) 기본 개념과 (2) 대표적인 응용 분야에 관해 쓰시오.

02 퍼지집합 A = {1.0/1, 0.1/2, 0.5/3, 0/4, 0.2/5}일 때 지지집합 (A)를 구하는 풀이와 답을 쓰시오.

해설 퍼지집합 A에 대한 지지집합(support set) supp(A)는 소속 함숫값이 0보다 큰 원소로 이루어진 집합을 말한다.
즉, supp(A) = $\{x \in X \mid \mu_A(x) > 0\}$ → (A에 속하는 모든 것들)
따라서, 퍼지집합 A = {1.0/1, 0.1/2, 0.5/3, 0/4, 0.2/5}일 때 supp(A)를 구하면, supp(A) = $\{x \in X \mid \mu_A(x) > 0\}$이므로, 지지집합 supp(A) = {1, 2, 3, 5}이다.

해설 & 정답 checkpoint

11 퍼지합집합(또는 퍼지논리합)에서는 원소가 어느 곳에 얼마만큼 속하느냐 하는 것을 의미한다. 퍼지명제 p와 퍼지명제 q의 진릿값을 각각 a, b라 하자. 그러면 p와 q의 퍼지논리합 p∨q의 진릿값을 max(a, b)로 정의한다.
$\mu_{A \cup B}(x) = \max[\mu_A(x), \mu_B(x)]$, $where \; x \in X$
따라서 논리합의 값은 0.7이다.

01
정답 (1) 베이지안 네트워크는 랜덤 변수의 집합과 방향성 비순환 그래프를 통하여 그 집합을 조건부 독립으로 표현하는 확률의 그래픽 모델이다.
(2) 다양한 질병의 존재 확률을 계산한다.

해설 랜덤 변수의 집합과 방향성 비순환 그래프를 통하여 그 집합을 조건부 독립으로 표현하는 확률의 그래픽 모델이다.
예를 들어, 베이지안 네트워크는 질환과 증상 사이의 확률관계를 나타낼 수 있다. 증상이 주어지면, 네트워크는 다양한 질병의 존재 확률을 계산할 수 있다. 베이지안 네트워크는 불확실하에 있는 문제 결정을 표현하고 풀어낼 수 있는 효과적인 알고리즘이다.

02
정답 supp(A) = $\{x \in X \mid \mu_A(x) > 0\}$이므로, supp(A) = {1, 2, 3, 5}

정답 11 ②

안심Touch

03

정답 (1) supp(A) = {4, 5, 6}

(2) 위의 지지집합은 소속 함숫값이 1보다 크거나 같은 원소들로 이루어진 집합이기 때문이다. 즉, 1보다 작은 소속 함숫값을 가진 0.9/1과 0.8/2, 0.7/3는 지지집합에 속할 수 없다.

03 지지집합 A를 다음과 같이 정의했다. supp(A) = $\{x \, INX | \mu_A(x) \geq 1\}$, 퍼지집합 A = {0.9/1, 0.8/2, 0.7/3, 1/4, 1.2/5, 2.7/6}일 때 지지집합의 (1) 값과 그 (2) 풀이를 쓰시오.

04

정답 (1) 맥시맥스(maximax) 기준

(2) 맥시민(maximin) 기준

(3) 비관적 기준

해설 맥시맥스 기준법은 가장 좋은 상황만이 발생한다는 가정하에서 각 대안에 대한 최선의 조건부 값을 서로 비교하여 최적 대안을 선택하기 위해 사용하고, 맥시민 기준은 비관적인 상황만 발생할 것이라는 가정하에서 각 대안에 대한 최선의 조건부 값을 서로 비교하여 최적 대안을 선택하는 비관적 기준법에서 사용하는 방법이다.

04 의사결정 문제에서는 먼저 각 대안별로 최대 조건부 값을 찾은 후, 이 값들을 서로 비교하여 이 중에서 가장 큰 값을 갖는 대안을 택하게 되는데, (1) 이러한 방법을 무엇이라고 하는가? 이와는 반대로 먼저 각 대안별로 최소 조건부 값을 찾은 후, 이 값들을 서로 비교하여 이 중에서 최댓값을 갖는 대안을 택하는 것을 (2) 어떤 방법이라고 하며 이러한 방법을 사용하는 (3) 의사결정 기준법은 무엇인지 쓰시오.

제5장

생성 시스템

I wish you the best of luck!

제 1 절 생성 시스템의 특성 중요 ★★

생성 시스템은 인공지능에 어떠한 형식을 제공하기 위해 보편적으로 사용되는 컴퓨터 프로그램을 의미한다. 여기에서 사용되는 규칙은 주로 행동에 관한 규칙들로 구성되어 있고 시스템이 세계의 상태에 반응하기 때문에 이 같은 규칙을 준수하는데 필요한 메커니즘을 포함하고 있다. 생성(production) 시스템은 IF 문장(조건부)과 THEN 문장(실행부)의 두 부분으로 구성된다. 만일 생성의 사전조건이 세계의 현재 상태와 일치하면 트리거(triggered)되었다고 한다. 하나의 생성 행동이 실행되면 그것을 점화(fired)되었다고 한다. 생성은 간혹 작업 메모리라고 불리는 데이터베이스를 포함하고 있는데 이것은 현재 상태 또는 지식 그리고 규칙 인터프리터에 대한 데이터를 유지·관리한다. 규칙 인터프리터는 하나 이상의 생성이 트리거되었을 때 우선순위 생성을 위한 메커니즘을 제공해야만 한다.

1 생성 시스템의 기본 동작

규칙 인터프리터는 생성을 선택할 때 현재의 목표를 만날 수 있도록 일반적으로 전방향 추론 알고리즘을 실행하는 데이터지향형 생성 시스템이다. 이것은 시스템의 데이터 또는 믿음(belief)을 업데이트시키는 것도 포함할 수 있다. 각 규칙의 조건 부분은 작업 메모리의 현재 상태에 대해서 테스트한다. 데이터지향형 생성 시스템에서 조건에 따르는 행동은 작업 메모리에 데이터를 추가하거나 제거하는 것과 같은 에이전트의 지식을 업데이트시킨다. 시스템은 이용자가 전방향 추론을 중단시키거나 주어진 수많은 사이클이 실행될 때, 행동부문을 정지시키거나 조건부문이 참이라고 하는 규칙이 발견되지 않으면 처리가 중단된다. 이와는 반대로 실시간 전문가 시스템은 상호 배타적인 생성 간에 선택해야만 한다. 왜냐하면, 행동은 시간이 필요하고 단지 하나의 행동이 발생할 수 있거나 추천되기 때문이다. 이러한 시스템에서 규칙 인터프리터 또는 추론 엔진은 두 단계의 과정을 거쳐서 움직인다. 데이터베이스를 활용하기 위해서는 생성 규칙을 매칭하는 것과 선택된 행동을 적용하고 실행하기 위해 매칭된 규칙을 선택하는 두 가지가 필요하다.

2 생성 시스템 구조 중요 ★★

의미망이 노드와 링크의 연결로 이루어진 기본 구조에 근거하여 여러 변화된 형태의 지식 표현 방법을 구사하듯이 생성 시스템은 조건과 행동의 쌍으로 구성된 생성 규칙의 집합, 작업 메모리 및 인터프리터의 3개 부분으로 구성된다.

① 조건부와 행동부로 구성된 생성 규칙의 집합
조건(condition)은 주어진 규칙을 언제 적용할지를 결정하고 행동(action)은 그것이 적용될 때 어떤 일이 일어날지를 결정한다.
② 작업 메모리(working memory)
문제 해결에 대한 현재의 상태를 담고 있다. 데이터베이스에서 선택할 규칙의 조건과 비교할 대상으로서의 현재의 상태가 만족하여 선택되기 위해서는 규칙의 조건부가 작업 메모리를 통해서 만족되어야 한다.
③ 인터프리터(interpreter)
현재의 작업 메모리 내용에 따라 규칙을 선택하여 실행하고 수정 보완이 필요한 경우에는 한 번에 적은 양의 내용을 추가하고 그것을 빠르게 테스트할 수 있다. 사용자와의 대화를 통해서 수행해야 할 규칙을 선택하고 처리한다.

(1) 생성 규칙 중요 ★★

생성 규칙은 IF … THEN …과 같이 조건부와 행동부로 구성된다. 조건이 만족되면 then 이하의 내용을 실행하는 (조건, 행동)의 쌍으로 구성되어 있다. 예를 들어서, "비가 오지 않으면 산에 갈 거다."를 생성 규칙으로 표현하면 다음과 같다.

> If it has no rain then I go to mountain.

IF 부분은 조건부가 되고 THEN 부분은 생성 규칙을 만족할 때 실행하는 행동이 된다. 생성 시스템이 조건부를 만족하는 규칙의 행동을 실행하는 것을 점화(fire)라고 부른다.

(2) 작업 메모리 중요 ★★

작업 메모리는 프로세싱에 필요한 정보를 일시적으로 저장만 하는 제한된 능력을 갖추고 있는 인지 시스템으로 추론을 하는 단기(short-term) 메모리이다. 일부 학자는 작업 메모리는 저장된 정보를 조작하기 위한 메모리로서, 정보를 단기간 저장하는 단기 메모리와는 다르다고 주장하기도 한다. 작업 메모리는 인지 철학, 신경심리학, 신경과학의 중심이 되는 이론적 개념이다. 작업 메모리의 사례에 대해서 살펴보기로 하자.

데이터베이스에는 다양한 정보가 기억되어 있고, 현재의 상태가 규칙의 조건과 맞는지 비교한 후에 규칙의 행동부는 그에 합당한 조치를 할 수 있다. 이때 선택한 규칙의 조건과 비교할 대상으로서 현재의 상태를 표시하기 위해 작업 메모리를 사용한다. 위의 생성 규칙의 예에서 "만일 비가 내리더라도 비가 심하게 내리지 않으면 산에 갈 거다."로 조건을 변경할 수 있는데 이때 규칙의 행동부는 작업 메모리의 내용을 변화시킬 수 있다.

작업 메모리는 문제 해결의 현재 상태를 표시한다. 조건을 인식하고 그에 따라서 행동하는 인식-행동 주기(cycle)는 생성 시스템이 규칙들 속에서 목표를 향해 나아가면서 탐색을 하도록 한다. 인식-행동 주기의 실행과정은 패턴을 직접 탐색한다.

① 작업 메모리는 문제 해결 과정에서 현재 상태에 대응하는 패턴을 담고 있다.

② 패턴은 규칙의 IF 또는 THEN과 대응한다(탐색의 방향과 관련 있다).

③ 만일 여러 개의 규칙이 패턴에 적용되면 갈등이 발생한다. 갈등이 발생하면 생성 규칙이 활성화되고 갈등집합(conflict set)에서 한 개의 규칙이 선택되는데 이를 갈등해결(conflict solution)이라고 한다.

④ 활성화된 규칙 중 한 개가 점화(조건부가 만족한 규칙의 행동을 수행하는 것)되고 그것이 작업 메모리의 내용을 변경시킨다.

⑤ 제어 사이클은 변경된 작업 메모리와 함께 반복 실행된다.

⑥ 작업 메모리의 내용에 의해서 매칭되는 규칙이 없으면 과정이 종료된다.

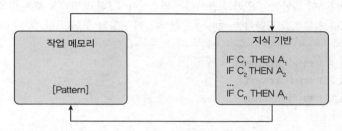

[그림 5-1] 패턴 직접 탐색 과정

제 2 절 　추론 방법 중요 ★★★

추론(inference)이란 가지고 있는 정보에서 새로운 사실을 유추하는 것으로 인공지능 시스템이 다른 시스템과 차별화되는 이유이다. 19세기 중엽 미국의 철학자이자, 수학자이며 과학자인 찰스 샌더스 퍼스(Charles Sanders Peirce)는 추론을 연역법, 귀납법, 유추법으로 구분하였다.

1 　연역법(deduction) 중요 ★★

사람은 자신이 언젠가 죽을 것이라는 사실을 알고 있다.

"인간은 죽을 수밖에 없는 존재이다."
"나 역시 인간이다."
"따라서 나도 죽는다."

이것이 바로 연역 추론이다. 이미 알고 있는 일반적인 근거로 구체적인 사실을 이끌어내는 것이다. 자명한 사실(진리)인 대전제, 즉 '인간은 죽는다'라는 일반적인 사실과 소전제로서 '나는 인간이다'라는 사실로부터, '나는 죽는다'라는 구체적인 결론을 끌어낸 것이다. 바로 이렇게 **일반적 원리를 근거로 어떤 특수한 사실을 추론해내는 방법**을 연역적 추론이라고 부른다. 여기에서 대전제와 소전제가 논리의 근거가 된다. 따라서, 연역법의 규칙은 'IF A then B'와 'A'라는 사실에서 'B'라는 사실을 얻는 것이다.

2 귀납법(induction) 중요 ★★

일반적 원리로부터 구체적 원리를 끌어내는 연역적 추론과는 정반대의 방법으로 추론하는 것이 귀납법이다. **구체적인 사실들을 근거로 하여 일반적 원리를 추론해내는 방법**이다. 자신이 직접 관찰하고 경험한 구체적인 여러 사실로부터 일반적인 원리를 끌어내는 방법이다. 그리고 귀납적 추론 방법에 의해 얻어진 결론이 하나의 사실이나 진리로 인정받기 위해서는 오랜 기간의 관찰과 경험이 필요하다.

```
IF something is A then it spawns.
IF something is B then it spawns.
IF something is C then it spawns.
...
```

이러한 결과에서 우리는 "IF something is insecta(곤충류) or amphibian(양서류) then it spawn(알을 낳다)"이라는 사실을 얻어낸다.

다음은 귀납적 추론의 예이다.

📄 **예제 1**

사과는 과일의 한 종류이다.
바나나도 과일의 한 종류이다.
포도도 과일의 한 종류이다(전제).
→ 과일은 한 종류만 있지 않다(결론).

사과, 바나나, 포도, 딸기가 과일이라는 개별적인 사실로부터 과일은 여러 종류라는 결론을 도출할 수 있다. 그러나, 귀납에서 찾아낸 진리(결론)는 전제에서 예외가 한 가지라도 나오면 틀린 것이 된다.

📄 **예제 2**

소크라테스는 죽었다.
아리스토텔레스도 죽었다(전제 1).
소크라테스와 아리스토텔레스는 사람이다(전제 2).
→ 사람은 죽는다(결론).

"사람은 죽는다."는 진리(결론)를 도출해냈다. 하지만 전제라고 할 수 있는 소크라테스, 아리스토텔레스가 죽었다는 것이 사실이 아니라든지 혹은 사람이 아니었다면, 결론은 틀린 것이 된다.

3 유추법(abduction) 중요 ★★

유추법은 가설유도적 추론이라고도 한다. 즉, 가설(가정)을 설정하거나 규칙과 결과를 통해 어떤 상황을 추론하는 방법이다. 이런 의미에서 유추법을 유사추론(plausible abduction)이라고 하는 것이다. 찰스 퍼스는 유추법이 가설을 추측해 상정하는 것이므로 일종의 근거있는 추리이기 때문에 논리라고 보았다. 이 논리는 전제가 참이면 결론이 필연적으로 참인 연역법도 아니고 귀납법도 아닌 것을 뜻한다. 즉 유추론은 일종의 추측이고 대부분 경우에 옳지만, 항상 옳은 것은 아니다. 퍼스의 유명한 콩주머니의 예를 통해 귀납적, 연역적, 유추적 추리를 비교하면 다음과 같다.

> 〈연역적 추리〉
> 규칙 : 이 주머니에서 나온 콩은 모두 하얗다.
> 사례 : 이 콩들은 이 주머니에서 나왔다.
> 결과 : 이 콩들은 하얗다.
>
> 〈귀납적 추리〉
> 사례 : 이 콩들은 이 주머니에서 나왔다.
> 결과 : 이 콩들은 하얗다.
> 규칙 : 이 주머니에서 나온 콩은 모두 하얗다.
>
> 〈유추적 추리〉
> 규칙 : 이 주머니에서 나온 콩은 모두 하얗다.
> 결과 : 이 콩들은 하얗다.
> 사례 : 이 콩들은 이 주머니에서 나왔다.

유추법은 전문가 시스템에서 이용되는 추론 방법이다. 유추론적 결론은 불확실성이나 의심의 잔재를 갖게 되므로 가능성 있음과 같은 용어로 표현될 뿐이다. 1990년대에 컴퓨터의 처리 능력이 점점 향상됨에 따라 법학 분야, 컴퓨터과학 및 인공지능 연구가 새로운 관심을 불러일으키면서 인정을 받게 되었다.
일반적으로는 'A는 b, c, d, e이다'와 'B는 b, c, d이다'에서 'B는 e가 아니다'라는 형태의 추리이다. '지구에는 생물이 있다'와 '화성은 여러 점에서 지구와 유사하다'에서 '화성에도 생물이 있을 것이다'라는 추리가 유추다. 과학 연구에서는 이러한 추리가 대단한 역할을 하고 있다. 그러나 유추 그 자체는 증명이 아니며 단지 개연성을 가질 뿐이다. 이 개연성을 크게 하기 위해서는 다음을 주의해야 한다.

> ① 본질적 특징에 기초하여 가능한 많은 공통의 성질을 비교하는 대상을 요구해야 한다.
> ② 결론으로 된 성질과 비교되는 대상의 공통된 여러 성질 사이에 가장 큰 결합이 있어야 한다.
> ③ 일정의 관계에서만 비교되는 대상에서 같은 것이 얘기될 수 있을 뿐, 모든 점에서 동일하지 않다는 것 등에 주의해야 한다.

유추는 이러한 의미에서 대상들 사이의 동등성을 세우는 것에 이용되는 것이고 다른 연구로 보충되어야 한다.

연역 추론과 귀납 추론의 차이는 다음과 같다.

[표 5-1] 연역법과 귀납법 비교

연역법	귀납법
과학적 논리와 추리에 의함	경험적 관찰과 실험적인 지식에 의함
만일 전제가 참이면 결론도 반드시 참임	만일 전제가 참이면 결론은 확률적으로 참이지만 반드시 참은 아님
결론에서 표현하는 모든 내용은 이미 전제 속에 포함되어 있음	결론의 내용이 전제 속에 포함되어 있지 않음

제 3 절 추론 방향 중요 ★★★

일반적으로 생성 시스템은 네 단계의 행동 인식 사이클을 실행하는 규칙 인터페이스를 갖는다.

> ① 적용 가능한 규칙들의 집합을 구분하기 위하여 작업 메모리에 있는 요소들을 규칙 내의 조건과 전제 패턴으로 매칭
> ② 적용할 수 있는 규칙이 한 개 이상 있으면 갈등 전략을 사용해서 적용할 한 가지의 규칙을 고르고, 만일 규칙이 없다면 중단
> ③ 선택한 규칙을 적용하여 작업 메모리에 내용을 추가하거나 오래된 내용을 제거
> ④ 종료 조건이 만족되는지 체크하여 만족하면 중지하고 그렇지 않으면 ①번으로 돌아감

종료 조건은 목표 상태, 자원이나 시간의 제약(예 최대 사이클 수)에 의해서 결정된다. 추론 엔진은 인공지능의 도구이다. 첫 번째 추론 엔진은 전문가 시스템의 구성 요소였다. 전형적인 전문가 시스템은 지식 베이스와 추론 엔진으로 구성된다. 지식 베이스는 세상에 관련한 사실을 저장한다. 추론 엔진은 논리적인 규칙을 지식 베이스에 적용해서 새로운 지식을 유도한다. 이 과정은 지식 베이스의 새로운 사실이 추론 엔진에서 추가 규칙을 만들 때마다 반복된다. 추론 엔진은 주로 특별한 규칙이나 사실 중의 하나로 작업을 한다. 생성 시스템은 추론 규칙에 따라서 전방향 추론과 후방향 추론으로 구분할 수 있다.

1 전방향 추론(froward chaining, forward reasoning) 중요 ★★★

전방향 추론(또는 데이터 구동형 추론, data-driven inference)은 **반복적으로 작업**을 한다. 왜냐하면, 전방향 추론은 **사실이 주어짐에 따라 추론이 형성**되기 때문이다. 사용자가 입력한 정보에서 시작(현재 상태)하여 결론에 도달할 때까지 지식 베이스를 검색하는 것이다. 전방향 추론에서는 사용자가 추론하고 자 하는 문제와 관련하여 알고 있는 모든 사실을 먼저 제공하여야 한다. 그러면 추론기관은 각각의 사실 과 지식 베이스에 있는 규칙들의 조건 부분을 매치하여 일치하는 규칙을 찾아 해당 규칙을 실행하고 그 규칙의 결론 부분을 참으로 밝혀진 새로운 사실로 추가한다. 조건 부분이 참이면 그 규칙의 실행 부분이 처리된다. 처리 과정은 수행할 명령문이 없을 때까지 계속된다. 전방향 추론은 **항상 지식 베이스와 작업 메모리를 갱신**한다. 이러한 과정은 추론기관이 더 이상 지식 베이스에 있는 규칙들의 조건부분과 사실들 을 매치해서 **새로운 결론을 내릴 것이 없을 때까지** 진행된다.

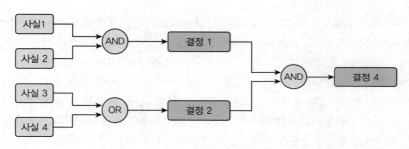

[그림 5-2] 전방향 추론

[그림 5-2]에서 사실은 규칙에 의해서 새로운 결론을 만들고 그 사실은 또 다른 결론을 유도한다는 것을 쉽게 파악할 수 있다.

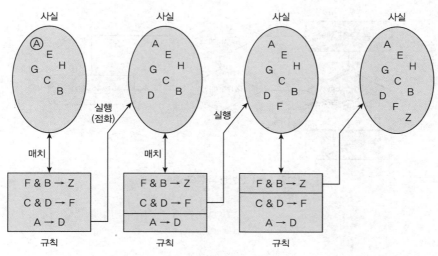

[그림 5-3] 전방향 추론의 예

사실은 작업 메모리에 해당하고, 규칙은 생성 메모리에 해당한다. 사실 A, B, F가 주어졌을 때, 처음으로 만족하는 규칙 A→D가 실행되고 여기에서 D가 결론으로 유도되어 작업 메모리에 추가된다. 또한, 두 번째 규칙에서 'IF C AND D THEN F'의 조건부가 만족되고 그 결과로 F가 유도된다. 세 번째 규칙에서는 최종적으로 'IF F AND B THEN Z'가 만족되어 Z라는 결과를 낳는다. 이 방법을 전방향 추론(연결)이라고 하는데 이는 새로운 사실을 추론하여 나가는 방향이 IF에서 THEN으로 조건부에서 행동부로 진행되어 나가기 때문이다.

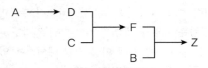

[그림 5-4] 전방향 추론 사슬

이 시스템을 사용하여 상황 Z가 존재하는지 여부를 확인해 보자. 단순하게 생각하면 Z가 세 번에 걸친 반복 주기 후에 쉽게 유도될 것으로 판단하기 쉽다. 그러나 [그림 5-3]은 인위적으로 간단하게 만든 것이다. 현실적인 생성 시스템에서는 수백 또는 수천 개의 규칙이 만들어진다. 이런 큰 시스템의 경우 단지 Z를 찾기 위해 전방향 추론을 이용한다면 Z와 관련 없는 수많은 규칙을 수행해야 한다. 즉, 수많은 상황과 커다란 추론 사슬이 나타나는데 이들 모두가 옳기는 하지만 Z와는 무관할 수 있다. 따라서 목표가 단순히 Z와 같이 하나의 주어진 사실만을 추론하기 위하여 전방향 추론을 사용하면 많은 시간과 메모리 용량을 낭비하게 된다. 이런 경우에는 후방향 추론을 사용하는 것이 더욱 효율적이다. 후방향 연결에서는 시스템이 증명하고자 하는 것, 즉, Z가 존재하는지의 여부로부터 출발하여 Z를 얻기 위한 규칙만을 수행할 수 있다.

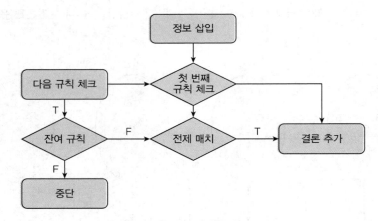

[그림 5-5] 전방향 추론의 추론 과정

2 전방향 추론과 상태의 변화

다음과 같은 지식 베이스가 있다고 하자.

[지식 베이스]

1. IF John is a student THEN John enjoys student's life. →A의 조건문과 B의 실행문
2. IF John enjoys student's life THEN John meets friends AND John participates in university's events. →B의 조건문과 C, D의 실행문
3. IF John meets friends THEN John needs money. →C의 조건문과 E의 실행문
4. IF John needs money THEN John has a job. →E의 조건문과 F의 실행문
5. IF John meets friends AND John participates in university's events THEN John has little free time. →C, D의 조건문과 G의 실행문
6. IF John has little free time AND John has a job THEN John is not successful in studies AND John does not receive scholarship. →G, F의 조건문과 H, I의 실행문

위의 지식 베이스는 각각의 지식별로 조건문과 실행문을 가지고 있다.
시작 노드가 A이고 목표 노드가 I일 경우 작업 메모리와 갈등세트 및 점화규칙은 다음과 같다.

[지식 베이스]

1. IF A THEN B
2. IF B THEN C AND D
3. IF C THEN E
4. IF E THEN F
5. IF C AND D THEN G
6. IF G AND F THEN H AND I

반복횟수	작업 메모리	갈등세트	점화규칙
0	A	1	1
1	A, B	1, 2	2
2	A, B, C, D	1, 2, 3, 5	5
3	A, B, C, D, E	1, 2, 3, 5	3
4	A, B, C, D, E, F	1, 2, 3, 5, 4	4
5	A, B, C, D, E, F, G	1, 2, 3, 5, 4, 6	6
6	A, B, C, D, E, F, G, H, I	1, 2, 3, 5, 4, 6	목표

전방향 추론은 작업 메모리에 추가되는 문제 설명(패턴)으로 시작하여, 목표가 발견되면 탐색을 종료하게 된다. 인식-행동 주기는 지식 베이스의 IF 부분 규칙과 패턴이 매칭되는지 비교하여 하나의 규칙이 점화되면 규칙의 THEN 부분이 작업 메모리에 추가되고 그 과정이 계속된다.

3 후방향 추론(backward chaining) 중요 ★★★

후방향 추론은 도출해야 할 결론을 미리 결정하고 이 결론을 도출하기 위해 필요한 규칙들을 작업 메모리를 보면서 역방향으로 찾아가는 것이다. 그렇지 않은 경우 하위 목표를 설정하는 규칙의 행동부(THEN 부분)를 확인하고 규칙의 전제(IF 부분)를 달성하기 위한 새로운 하위 목표가 설정된다.

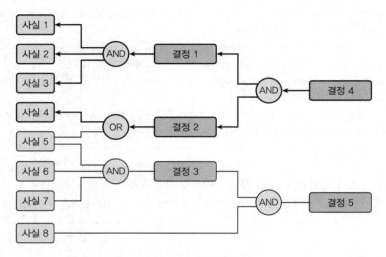

[그림 5-6] 후방향 추론

다음 [그림 5-7]은 Z라는 상황이 존재함을 증명하기 위해 Z를 결론으로 하는 규칙을 찾고 이러한 규칙이 찾아지면 이 규칙을 만족하게 하는 상황을 찾는 것이다. 이 경우에는 F&B를 찾는다. 이러한 과정을 반복해 가면서 현재 상황이 필요한 규칙을 만족시키면 Z의 존재가 입증되는 것을 보여주고 있다.

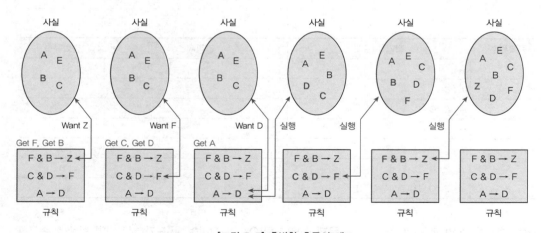

[그림 5-7] 후방향 추론의 예

① **1단계**

1단계에서 시스템은 상황 Z가 존재하는지를 먼저 확인한다. Z가 작업 메모리에 있는가를 보고 그렇지 않으면 Z를 규칙의 행동부에서 찾는다. 규칙 F & B → Z(IF F AND B THEN Z)를 찾아 Z를 얻으려면 F 와 B를 구해야 한다는 것을 인식한다.

② **2단계**

시스템은 F를 얻으려 하고 F는 그 자체가 작업 메모리에는 없기 때문에 규칙 C & D → F를 발견, F를 얻기 위해 C와 D가 필요하다는 것을 인식한다.

③ **3단계**

3단계 과정에서 시스템은 C를 작업 메모리에서 찾아내기는 하지만 A를 얻어야 한다는 사실을 인식하고 A를 작업 메모리에서 찾아낸다.

④ **4단계 ~ 6단계**

4단계 ~ 6단계에서는 세 번째 규칙을 수행하여 D를 얻고 두 번째 규칙을 수행하여 F를 얻고 마지막으 로 첫 번째 규칙을 수행하여 원래의 목표인 Z를 얻게 된다.

여기서의 추론 사슬은 전방향 추론에 의하여 얻어진 것과 동일하다. 후방향 추론과 전방향 추론은 작업 메모리의 데이터와 생성 메모리의 규칙을 찾는 방법에서 차이가 있고, 유추법에 의한 추론과도 차이가 있다. 후방향 추론은 'IF A THEN B'와 A가 주어졌을 때 B를 추론할 필요가 있는지 먼저 확인한 후, 필 요한 경우에 A에서 B를 얻어내는 연역법이다. 이와는 달리 유추법은 'IF A THEN B'와 B에서 A를 유도 하는 것으로 규칙의 조건부를 추측해 내는 것으로 연역법에서의 후방향 추론과는 근본적으로 다르다.

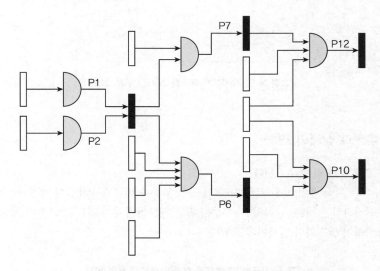

[그림 5-8] 추론 회로를 표현하는 그림(동물원)

추론 사슬을 좀 더 구체적으로 이해하기 위해서 추론 회로(inference net)에 대해서 살펴보기로 하자. 추 론 회로란 규칙들의 연결상태를 나타내는 것으로 한 규칙의 행동부에 있는 사실들이 어떤 산출의 조건부에 포함되는가를 회로로 표시한 것이다. 위의 [그림 5-8]은 동물원의 IDENTIFIER의 규칙 부분을 표시한 것으로 조건부의 여러 조건이 동시에 만족되어야 함을 논리회로에서 사용되는 AND 게이트로 표시하였다. 하얀 막대는 다른 규칙으로부터 얻어지지 않는 사실들을 나타내고, 검은 막대는 유도된 사실을 나타낸다. 추론 회로를 표현하는 또 다른 방법은 AND/OR 트리를 사용하는 것이다. 하단은 작업 메모리에 저장된 사실들이고 이들로부터 생성 규칙에 의하여 얻어질 수 있는 결론은 가장 상단에 나타난 바와 같이 두 가지가 된다. 보통 AND/OR 트리의 경우와 마찬가지로 끝 노드(tip node)로부터 만족되는 AND/OR 트리를 얻을 수 있다면 최상 노드(top node)에 해당되는 결론은 증명되는 것이다.

[그림 5-9]에서 노드와 노드를 연결하는 가지(branch)는 하나의 규칙에 해당된다. 단, AND로 연결된 경우에는 연결된 가지들이 하나의 규칙을 나타낸다. 흰 원은 규칙에서 유도되지 않은 사실을 나타내고, 검은 원은 유도된 사실을 나타낸다. 점선으로 연결된 노드는 같은 내용임을 나타낸다. 이 회로는 [그림 5-8]의 추론 회로에서 얻어진다.

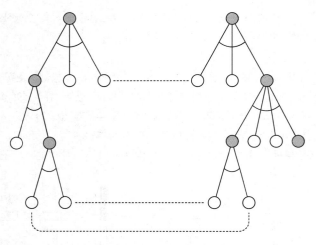

[그림 5-9] AND/OR 트리를 표시한 추론 회로

4 후방향 추론과 상태의 변화

① 목표(패턴)는 작업 메모리에 추가된다.
② 인식-행동 주기는 지식 베이스에 있는 THEN의 규칙 부분과 비교해서 패턴이 매칭되는지를 비교한다.
③ 하나의 규칙을 점화하는 것은, 규칙의 IF 부분이 작업 메모리에 추가되고 그 과정이 계속된다.
④ 문제에 대한 사실이 발견되면 탐색이 종료된다.

[표 5-2] 전방향 추론과 후방향 추론 추론의 비교

전방향 추론	후방향 추론
최초로 사실로부터 시작함	가정이나 목표로부터 시작함
많은 질문을 함	질문이 적음
모든 규칙을 테스트함	일부 규칙만 테스트함

모든 규칙을 테스트하기 때문에 느림	일부 규칙만 테스트하기 때문에 빠름
소량의 데이터만으로 엄청난 정보를 제공함	소량의 데이터만으로 소량의 정보를 제공함
사용할 수 있는 정보를 가지고 가능한 모든 것을 추론하려고 함	현재 문제와 관련된 지식 기반의 일부만 탐색함
데이터 구동형	목표 구동형
입력값을 사용 : 대답에 대한 규칙들을 탐색함	가정으로 시작 : 가정을 만족하거나 거절될 때까지 정보를 탐색함
Top-down 추론	Bottom-up 추론
사실들로부터 결론을 찾기 위해 전방향으로 작업함	가정을 지원하는 사실들을 찾기 위해 후방향으로 작업함
너비우선 방식과 유사함	깊이우선 방식과 유사함
수집된 데이터로부터 시작하는 문제들에 적합함 예 모니터링, 플래닝, 제어	가정으로 시작하는 문제들에 적합함 예 진단
Non-focused : 관계없는 질문들에 대해 답변하는 모든 결론을 추론하기 때문임	Focused : 문제와 관련이 있는 지식 기반의 일부로서 탐색하고 목표를 제공하는 것에 집중된 질문만 함
설명하기가 쉽지 않음	설명하기가 쉬움
모든 데이터를 사용함	데이터가 대화식으로 수집되어야 함
초기 상태는 적지만 엄청 많은 결론 생성	소수의 초기 목표와 많은 수의 규칙이 사실과 일치함
목표를 형성하는 것이 어려움	목표를 쉽게 형성함

제 4 절 생성 시스템의 사용 중요 ★

1 생성 시스템의 선택 및 운영

(1) 생성 규칙의 복잡성

생성 시스템의 크기 및 복잡성이 증가함에 따라 생성 메모리 내에 있는 규칙의 조건부와 행동부도 따라서 확장된다. 어떤 시스템은 복잡한 조건의 규칙을 검토하기 위해 LISP 언어로 프로그램하는 경우도 있고, 어떤 시스템에서는 조건부를 검토하는 것이 일종의 부수적 효과를 나타내기 때문에 이 규칙의 미실행에도 불구하고 작업 메모리의 내용이나 인터프리터의 내용을 업데이트시키기도 한다. 또는 실행부에 변수들을 포함하여 이 변수의 값이 각 주기에서 조건 검토 시에 주어져 단순히 작업 메모리를 변화시키는 이상의 작업을 하기도 한다. 이런 여러 가지 유형의 시스템은 문제 분야에서 정해진 개념적 묘사를 이용하여 행동을 지정하게 되는데 이러한 행동이 다른 생성을 실행시키거나 금지시키기도 한다. 이런 것들은 초기의 생성 시스템과는 다른 많은 변화를 보여준다.

생성 시스템의 주기는 크게 세 단계가 있다. 실행 가능한 생성을 찾는 매칭 단계, 이러한 생성 중 실행할 하나를 고르는 갈등해결 단계, 선택된 규칙을 수행하는 실행 단계이다. 이 세 단계에서 **가장 많은 연산시간 및 자원을 필요로 하는 것이 매칭 단계이다.** 생성 시스템이 점차 커지고 복잡해짐에 따라서 생성 메모리와 작업 메모리의 데이터 구조를 복잡한 구조로 하기 위한 효율성 문제가 대두된다. 예를 들면 주어진 상황에 만족하는 규칙을 빨리 찾기 위해 조건에 따라서 규칙을 색인하거나 분할시키면 관계되는 것을 더 쉽게 선택할 수 있다. 또는 필터를 사용하는 방법도 있는데 각 규칙에서 서술에 해당하는 주요 특징을 정의하여 새로운 주요 특징이 작업 메모리에 삽입되거나 제거될 때 이에 영향을 받는 규칙을 필터를 이용하여 쉽게 찾는 방식이다. **작업 메모리 내의 구조가 더 복잡한 상황을 효율적으로 나타내기 위하여 점점 다양화되고 복잡화되고 있다.**

(2) 갈등해결

일반적으로 규모가 큰 생성 시스템의 동작은 각 주기에서 수행 가능한 규칙이 한 개 이상인 경우가 많다. 수행 가능한 규칙들의 집합을 갈등집합(Conflict set)이라고 하며, 시스템은 이들 중 하나를 선택해야 한다. 선택 과정의 정책은 다음과 같다.

① 작업 메모리에 의하여 만족되는 최초의 규칙을 선택한다.
   여기서 최초라는 의미는 생성 메모리의 가장 앞에 위치한 규칙을 말한다.
② 가장 높은 우선순위를 가진 규칙을 선택한다.
   이를 위하여 문제 분야의 성격에 따라 각 규칙에 적당한 우선순위를 부여한다.
③ 현재의 작업 메모리에 만족되는 가장 특수한 규칙을 사용한다.
   가장 세분화된 조건을 갖는 규칙이다. 조건부를 구성하는 논리곱 요소가 가장 많은 규칙을 말한다.
④ 작업 메모리에 삽입된 가장 최근의 정보에 만족하는 규칙이다.
⑤ 가장 새로운 규칙을 사용한다.
   이전에는 수행되지 않았던 또는 수행되었더라도 다른 변숫값으로 수행되었던 규칙이다.
⑥ 임의의 규칙을 사용할 수 있다.
⑦ 순서에 상관없이 만족되는 모든 규칙을 병행하여 수행한다.

다른 여러 생성 시스템은 간단한 충돌 해결 방법 중에 서로 다른 조합을 사용하고 어떤 것은 매우 복잡한 스케줄링 알고리즘을 사용하기도 한다.

(3) 운영

전방향 추론과 후방향 추론의 두 가지 중에서 어느 것이 좋은가 하는 문제는 추론의 목적과 문제 분야의 성격에 따라서 결정된다. 목적이 주어진 사실로부터 유도될 수 있는 것이라면 전방향 추론을 사용해야 한다. 반면에 목적이 어떤 주어진 결론을 입증하거나 부정하고자 하는 것이라면 그러한 결론으로부터 역방향으로 출발하는 후방향 추론을 사용해야 한다. 이는 불필요한 사실의 유도를 막기 위해서다. 주어진 전제로부터 후방향으로 연결하는 것은 적당한 규칙이 존재하는 한 주어진 결론이 입증되기까지 계속된다. 만일 더 적용할 규칙이 없을 때는 입력장치를 통하여 정보를 입수하거나 시스템 사용자에게 문의한다.

2 확신율 종요 ★★

CF(Certainty-Factor)는 규칙기반 시스템에서 불확실성을 관리하는 방법이다. 쇼틀리프(Shortliffe)와 뷰캐넌(Buchanan)은 1970년대 중반에 수막염과 혈액 감염의 진단 및 치료를 위해 전문가 시스템인 MYCIN의 CF 모델을 개발했다. 그 이후로 CF 모델은 규칙기반 시스템에서 불확실성 관리에 대한 표준 접근 방식이 되었다. 확신율의 장점은 확실성 요소가 있는 규칙을 기반으로 하는 시스템에서는 전문가가 작은 숫자 집합만 제시하면 답을 빠르게 계산할 수 있다는 것이고, 단점은 계산된 답변이 비이성적인 결정으로 이어질 수 있다는 것이다.

MYCIN 시스템의 경우 성능은 MYCIN이 전문의 의사보다 더 우수하지만 직관적인 것은 또 다른 문제이다. 지식 기반을 구성하는 규칙이 모듈 방식으로 설계된 경우 일반적으로 문제가 발생하지 않지만 대답을 신뢰할 수 없는 것은 확실하다.

MYCIN 이전에는 불확실성을 가진 대부분의 추론이 확률 이론을 사용하여 수행되었다. 확률 법칙, 특히 Bayes의 법칙은 확실성 요소의 불일치에 영향을 받지 않는 잘 정립된 수학적 형식을 제공한다. 실제로 확률 이론은 어떤 불확실한 사건에 대해 일련의 베팅을 해야 하는 경우, 확률 이론과 정보를 결합한다는 관점에서는 합리적 행동으로 이끄는 유일한 형식주의로 보일 수 있다. 그럼에도 불구하고, 확률 이론은 1970년대 중반에 대부분 제외되었다. 쇼틀리프와 뷰캐넌(1975)의 주장은 확률 이론에 너무 많은 조건부확률이 필요했으며 사람들이 이를 추정하는 데 능숙하지 않다는 주장이었다. 그들은 확실성 요인이 직관적으로 다루기가 더 쉽다고 주장했다. 샴프(Shamp)는 나중에 뎀프스터(Dempster)의 개선을 통해 확실성 요인과 마찬가지로 사건에 대한 신념과 사건에 대한 신념의 조합을 나타내는 신념 기능 이론을 만들었다. 사건을 단일 확률 또는 확실성으로 표현하는 대신 Dempster-Shafer 이론은 확률의 하한 및 상한과 유사한 두 개의 숫자를 유지한다. 0.5와 같은 단일 숫자 대신, Dempster-Shafer 이론은 확률 범위를 나타내기 위해 [0.4, 0.6]과 같은 간격을 사용하였다. 지식의 완전한 부족은 범위 [0, 1]로 표시된다. 1970년대 후반과 1980년대 초반에 이러한 노력과 다른 비확산 이론에 많은 노력이 투자되었다. 또 다른 예는 자데(Zadeh)의 퍼지 세트 이론이다.

사람들이 확률과 관련된 문제에 어려움을 겪고 있다는 충분한 증거가 있다. 트버스키와 카네만(1974, 1983, 1986)은 매우 재미있고 생각을 자극하는 일련의 기사에서 사람들이 수학적 관점에서 매우 간단한 문제에 직면했을 때 비이성적인 선택을 하는 방법을 보여주었다. 그들은 이러한 착오를 착시로 인한 시각적 지각의 오차에 비유한다. 숙련된 의사와 통계 학자조차도 이러한 오류의 영향을 받는다.

예를 들어, 다음과 같은 시나리오를 생각해보자. 아드리안과 도미니크는 결혼해야 한다. 아드리안은 정기적인 혈액 검사를 받고 그 결과가 10,000명 중 1명에 불과한 희귀한 유전 질환에 대해 양성이라고 들었다. 의사는 이 검사가 99% 정확하다고 말한다. 100 건 중 1건에서만 오·탐지가 가능하다는 말이다. 아드리안은 낙담하며 실제로 질병에 걸릴 확률이 99%라고 확신하게 된다. 다행스럽게도 도미니크는 베이지안 이론에 의거하여 아드리안에게 기회가 1%나 있다고 안심시킨다. 추론은 다음과 같다. 무작위로 10,001명을 데려간다. 이 중 1명만이 질병에 걸릴 것으로 예상된다. 그 사람은 확실히 이 질병에 대해 양성 반응을 보일 것으로 기대할 수 있었다. 그러나 다른 10,000명의 사람이 모두 혈액 검사를 받았다면, 그들 중 1%, 또는 100명도 양성 반응을 보일 것이다. 따라서, 한 번의 검사에서 양성으로 평가될 때 실제로 질병에 걸릴 확률은 1/101이다. 의사들은 이런 종류의 분석에 대해 훈련을 받았지만, 불행히도 많은 사람이 도미니크보다 아드리안과 같은 추론을 계속하게 된다.

1980년대 후반, 학계의 흐름은 주관적인 베이지안 확률 이론으로 되돌아가기 시작했다. 치즈만(1985)은 Dempster-Shafer 이론이 가능한 것처럼 보이지만 실제로는 확률 이론보다 더 나은 결정을 내리는 데 도움이 될 수 없음을 보여주었다. 해커만(1986)은 MYCIN의 확실성 요인을 재검토하여 확률로 해석할 수 있는 방법을 보여주었다. 1990년대의 불확실한 추론은 점점 베이지안 확률 이론에 근거할 것으로 보이기 시작했다.

MYCIN에 사용된 확실성 요인 미적분학을 대표하는 확장 시스템(쇼틀리프, 1976)은 불확실성을 일반화된 진릿값으로 취급한다. 즉, 수식의 확실성은 하위 수식의 확실성의 고유한 기능으로 정의된다. 따라서, 화학식의 결합제는 적절한 중량-결합 기능을 선택하는 역할을 한다. 예를 들어, 연결 A∧B의 확실성은 A와 B에 개별적으로 할당된 확실성 척도의 일부 기능(예 최솟값 또는 곱)에 의해 주어진다. 대조적으로, 확률 이론의 전형은 인텐시브 시스템에서, 확실성 척도는 집합에 할당되고, 결합물은 집합 이론 작동에 의해 세계 집합을 결합한다. 예를 들어 확률 P(A ∧ B)는 A가 참이고 B가 참인 두 집합의 곱에 할당된 가중치에 의해 주어지지만, 개별 확률 P(A) 및 P(B)로 P(A ∧ B)는 결정할 수 없다. 규칙은 이 두 시스템에서 서로 다른 역할을 한다. 확장 시스템의 규칙은 특정 기호 활동에 대한 자격을 부여한다. 예를 들어 규칙 A→mB는 "A가 표시되면 규칙 강도 m의 함수만큼 B의 확실성을 업데이트할 수 있는 자격이 부여됩니다."라는 의미일 수 있다. 내부적 시스템에서의 규칙은 어떤 환경에 대한 제약사항을 의미한다. 예를 들어, Dempster-Shafer 형식주의에서 규칙 'A→mB'는 하나의 에이전트가 A의 결과에 어떻게 반응하느냐를 설명하는 것이 아니라 A와 ¬B가 동시에 갖는 집합이 낮은 확률을 갖는다는 것을 의미한다. 그러므로 확률 m은 배제되어야 한다. 베이지안에서 규칙 A→mB는 조건부확률 표현식 P(B | A) = m으로 해석되며, A를 만족하는 모든 것은 크기 m의 일부분인 B를 만족한다는 의미이다.

다음의 [그림 5-10]은 동물원의 예에서 얻어진 추론 회로에 대해 계산하였다. 이 경우 분명히 호랑이에 대한 가설이 얼룩말에 대한 가설보다 신뢰성이 높다.

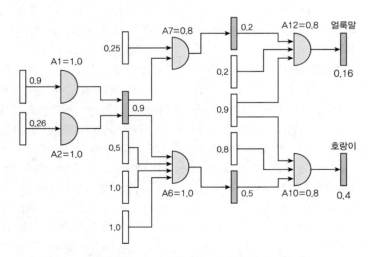

[그림 5-10] 동물원의 예에서 얻어진 추론 회로에 대한 확신율

이 예에서 보면 얼룩말의 확신율은 0.16으로 호랑이의 0.4보다 확신율이 낮다는 것을 알 수 있다. 다른 방법으로 확률론적 접근방법을 생각할 수 있는데 이는 확률이론에 대한 기본지식이 필요하기 때문에 간단히 접근 방법만 요약한다.

① 규칙의 입력 확신율은 각 조건과 관계된 확신율의 곱으로 한다.
② 출력 확신율은 입력 확신율에 대한 일가함수(single valued function)에 따라서 주어진다.
③ 여러 규칙을 통해 뒷받침되는 사실은 확신율을 확신비율(certainty ratio)이라는 측정값으로 변환하고, 이 확신비율을 간단한 공식에 대입시켜 그 결과를 다시 확신율로 변환하는 것이다.

이 개념의 가장 간단한 실현 방법은 각 조건의 확신율의 곱을 전반적인 입력 확신율로 사용하는 것이다. 이 생각은 여러 사건이 동시에 발생하는 복합사건(joint events)의 확률, 즉, 여기에 참여하는 각 사건이 서로 영향을 미치지 않는 한, 각 사건의 확률을 곱한 것과 같다는 이론에서 나온 것이다. 동전을 던져서 앞면이 나올 확률은 동전을 한 번 던져서 앞면이 나올 확률을 두 번 곱한 것과 같다. 즉, 조건의 수가 n개이고 각 조건의 확률을 C_i라고 한다면 전체확률은 $C_1 \times C_2 \times ..... \times C_n$으로 표시할 수 있다. 이 방법에서의 문제는 각 조건이 서로 독립적이어야 한다는 예비조건이다.

동전 던지기를 예로 들면, 두 번 던질 때 각각은 서로 독립적이어서 한 번 던졌을 때의 결과가 다음번에 아무런 영향을 미치지 않는다. 그러나, 생성 규칙의 조건들은 종종 서로 의존하며 비독립적이므로 곱하는 방법이 적당치 않은 경우가 많다. 이런 경우 확률이론에 의해 정당화될 수 없다. 일단 입력 확신율이 얻어지면 다음에는 출력 확신율을 얻어야 한다. 이를 위해서는 보통 관련된 분야의 전문가에게 의뢰하여 입력과 출력을 관계짓는 [그림 5-11]의 (a)와 같은 함수를 얻는다. 보인 바와 같이 이 경우 입력 확신율이 1일 때 출력은 0.8이고, 입력이 0일 때 출력도 0이며, 입력이 그 사이일 때는 출력이 (0, 0)과 (1, 0.8)을 연결하는 직선상에 놓인다. 실제로 이 특별한 함수는 감쇠율을 0.8로 사용한 것과 완전히 같은 결과를 보여준다. 각 규칙은 그 규칙 자체의 신뢰도에 따라서 확신율을 0부터 1까지 가지고 있는데 이것을 감쇠율(attenuation factor)이라고 한다. 그러나 [그림 5-11]의 (b)의 직선이 원점을 통과하지 않으므로 감쇠율을 사용한 것과는 다르다. 명백히 입력이 0일 경우에도 출력은 0.2를 갖는다. 이는 결과가 참이 되기 위하여 조건이 참이어야 할 필요가 없음을 의미한다. [그림 5-11]의 (a)나 (b)와는 다르게 대부분 함수는 두 개의 다른 기울기를 갖는 선분들로 구성된다. 이는 **입력 확신율과 출력 확신율 간의 관계가 끝점 관계만을 반영하는 것이 아니라, 분석 전 평가값도 반영해야 하기 때문이다. 분석 전 평가값은 선험값**(a priori value)이라고도 하는데 현재 주어진 특별한 경우에 대하여 아무런 정보도 없을 때의 확신율을 나타낸다. 만일 예로써 모든 동물에 대하여 머리털을 갖는 확률이나 포유류일 확률을 특수한 동물을 살펴보기 전에 정한다면 선험 확신율을 주게 되는 것이다. 선험값의 사용이 [그림 5-11]의 (c)에서 설명되는데 여기서는 입력과 출력 관계를 나타내는 선이 입력 선험값 0.5와 출력 선험값 0.5를 지닌다. 이러한 두 기울기를 갖는 선은 입력과 출력 관계를 나타내기 위하여 필요하다. 고전적인 확률이론에 의하면 모든 점은 직선상에 놓여야 한다. 그러나 분명한 것은, 사람에 관한 것이 항상 수학적으로 모델링될 수는 없다는 것이다.

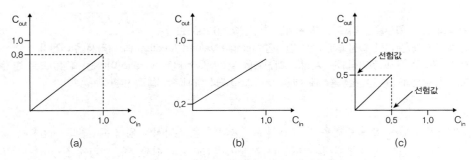

[그림 5-11] 입·출력 확신율을 관계 짓는 세 함수

마지막으로 여러 규칙이 같은 사실을 유도하는 복합 논의 확신율의 경우를 계산하기 위해서는 확신비율 (certainty ratio)을 사용하여야 한다. 확신율 c와 확신비율 r은 다음처럼 관계될 수 있다.

$$※ \ c = \frac{r}{r+1}, \ r = \frac{c}{1-c}$$

확신율 0.5는 확신비율 1에 해당함을 알아야 한다. 각 규칙에서 출력 확신율을 확신비율로 변환한 뒤 복합 논의된 사실의 확신비율은 다음과 같이 주어진다.

$$※ \ r_0 \times \frac{r_1}{r_0} \times \ldots\ldots \times \frac{r_n}{r_0}$$

여기서 r_0는 사실의 선험 실험률을 확신비율로 바꾼 값이고 r_i는 관여된 규칙의 입·출력 함수에서 얻어진 확신율에 해당하는 확신비율이다. 이 수식은 어떤 사실이 0.5 선험 확신율을(이때 확신비율 $r_0 = 1$) 가질 때는 결국 확신비율의 곱으로 나타난다는 것을 이해해야 한다. 이렇게 하여 얻은 확신비율은 다시 확신율로 변환함으로써 복합 논의 확신율을 얻게 된다. 이 수식을 입증하기 위해서는 확률이론에 대한 다양한 지식이 필요하다. 그러나 복합 논의 결론의 확신율을 계산하기 위해 확신비율로 확신율을 바꾼다는 것은 매우 중요한 의미가 있다. 즉, 주어진 문제가 현재 표현방법으로 풀기 어렵다면 문제를 좀 더 쉽게 풀 수 있는 다른 표현으로 변환해 본다. 확신비율로 변환하는 것은 곱하기를 편하게 하기 위한 로그(log)로의 변환, 컨벌루션(convolution)을 위한 푸리에의 변환(Fourier transform) 등과 같은 것이다.

3 생성 시스템 장점 및 단점 중요 ★

생성 시스템은 의료 진단이나 언어 이해 또는 광물 탐사 같은 실세계의 일에 대한 지식을 표현하는 데 사용되고 있다. 특히 심리학에서는 생성 시스템을 자극과 반응(stimulus and response)이라는 생성 규칙의 특성을 이용하여 인간 행동을 모델화하는 유용한 도구로써 사용해 왔다. 이러한 생성 규칙을 이용하는 인공지능 시스템은 매우 다양한 범위에 걸쳐 존재한다.

(1) 장점

① 독립성(modularity)

독립성은 지식 베이스 내 개개의 생성 규칙들이 서로 독립적으로 첨가되고 제거되고 수정될 수 있도록 한다. 하나의 생성 규칙을 변화시키는 것은 비록 그것이 시스템 전체의 성능을 변화시킨다 할지라도 다른 생성 규칙에 직접적으로 영향을 끼치지는 않는다. 왜냐하면, 규칙들 사이의 상호작용은 작업 메모리에 저장된 정보를 통해서 다른 생성 규칙들을 적용 가능하게 만들거나 그렇지 않게 만들 뿐이지 함수 호출처럼 직접 호출하지는 않기 때문이다.

이러한 상대적인 독립성은 현재의 인공지능 시스템 내의 대규모의 지식 베이스를 구성하는 데 있어서 매우 중요한 역할을 한다. 즉, 제시된 생성 규칙이 어떠한 상황에서 사용되더라도 그 생성 규칙이 어떠한 의미를 지니는지만 알고 있으면 지식 베이스를 구성하는 것이 매우 쉬운 일이 된다. 그러나 시스템의 크기가 커질수록 생성 규칙의 독립성은 보장하기가 어렵게 되고 비록 독립성이 보장된다고 하더라도 독립성 보장으로 인한 규칙 간의 상호작용 제한은 시스템의 비효율성으로 나타날 수 있다.

② 지식표현의 단일성(uniformity)

생성 시스템은 규칙 베이스의 지식이 매우 단일한 형태의 자료구조로 유지된다. 모든 지식은 생성 규칙이라는 다소 엄격한 형태의 구조 속에 맞게 형성되어야 한다. 이러한 구조는 다소 자유로운 형태를 띠고 있는 의미망이나 프레임에 비해서 다른 사람이 이해하기 쉽고 또 시스템의 다른 부분에서 사용하기 편리하다. 특히 이러한 특성을 이용하여 시스템 자체적으로 규칙 베이스를 검사하여 오류를 수정하는 방법까지 연구되고 있다.

③ 규칙 형태의 자연성(naturalness)

생성 규칙의 형태는 여러 가지 중요한 지식을 매우 쉽게 표현할 수 있다. 특히 어떠한 상황에서 어떤 일을 할 것인가 하는 종류의 지식은 매우 자연스럽게 생성 규칙으로 표현할 수 있다. 그리고 이런 방식은 인간 전문가가 다른 사람에게 자신이 하는 일을 설명할 때 사용하는 방법이기도 하다.

(2) 단점

① 비효율성(inefficiency)

생성 시스템의 지식 표현방법은 본질적으로 내재되어 있는 단점이 있다. 그중 하나가 **프로그램 수행의 비효율성**이다. 강한 독립성과 표현의 단일성은 문제 풀이(problem solving)에서 생성 시스템을 사용하는 데 매우 큰 부담을 주고 있다. 한가지 예를 들면 생성 시스템은 match－action 순환을 통해 모든 행동을 실행하고 작업 메모리를 통해서만 정보를 전달하므로 미리 정해진 단계를 거쳐 수행되는 특별한 상황에 대해서는 잘 반응하지 못하고 다른 상황과 똑같은 식으로 매우 긴 처리 과정을 밟는다.

② 불분명함(opacity)

생성 시스템의 두 번째 문제점은 문제 해결 과정의 제어 흐름을 따라가기가 곤란하다는 점이다. 즉, 어떤 주어진 상황에 대한 행동을 나타내는 지식은 잘 표현되지만 미리 문제 해결의 알고리즘이 주어진 지식의 경우는 제대로 표현하기가 곤란하다. 이러한 **문제를 유발시킨 두 가지 요인**은 생성 규칙들의 상호 분리와 크기의 단일성이다. 즉 생성 규칙이 상호 분리되고, 독립적으로 유지되기 때문에 서로를 호출할 수가 없고 크기가 단일하므로 부 생성 규칙(sub productions)이라는 개념이 존재하지 않는다. 즉, 한 생성 규칙 내에 여러 개의 부 생성 규칙이 존재하지 않는다는 것이다. 함수 호출의 기능은 일반적인 모든 프로그래밍 언어에서 사용되는데 이를 사용하면 제어의 흐름을 따라가기가 쉬워진다.

4 생성 시스템 응용 분야

생성 시스템의 유용도를 평가하기 위한 더 나은 방법은 생성 규칙 지식 표현 방법으로 적절히 사용될 수 있는 분야를 규정하는 것이다. 생성 시스템의 응용 분야는 다음과 같다.

(1) 지식이 많은 사실로 구성되어 널리 퍼져 있는 분야이다. 예로는 의료분야가 있으며, 이에 상반되는 분야로는 간결하고 통일된 이론이 있는 물리학 등이 있다.

(2) 문제의 처리 과정이 독립된 행위의 모임으로 표현될 수 있는 분야로 의료의 환자 검사 시스템 분야이다. 이와는 반대되는 분야는 서로 관계된 세부 처리 과정으로 행해지는 급료 계산 등의 프로그램이 있다.

(3) 사용하는 법으로부터 쉽게 구분되는 지식을 이용하는 생물학 분야에서는 분류학적 분류법이 사용된다. 이와 상반되는 분야로는 표현과 제어가 합쳐진 의학 분야의 처방 등이 있다.

(4) 인공지능에서 연구되고 있는 적응 생성 시스템(adaptive production system)도 생성 시스템의 응용 분야 중 하나이다. 인공지능에서 연구된 포커 게임을 위한 적응 생성 시스템의 프로그램이 적응적인(adaptive) 이유는 자동적으로 자신의 생성 메모리의 규칙을 변화시키는 능력이 있기 때문이다. 처음에는 포커 게임을 위한 아주 간단한 지식(휴리스틱한 지식)을 갖고 시작하지만, 주기가 거듭할수록 실제 게임을 통하여 경험을 쌓아 규칙들을 확장하고 향상시켜 나간다. 이러한 생성 시스템에서는 지식이 제한된 모듈 형태를 취하게 되므로, 프로그램의 형태 분석과 변형이 쉬워 학습이 가능해지는 것이다.
마이신(MYCIN) 시스템은 의료 자문용 전문가 시스템으로 의료진과의 대화를 통해 자신의 추론 과정을 설명할 수 있는 능력을 구비하고 있다. MYCIN은 또한 TEIRESIAS라는 지식 획득 프로그램을 운영하는데 이는 의료진의 생성 메모리의 내용 확장 및 변경에 도움을 준다. MYCIN의 생성 메모리는 전문의료인의 지식을 나타내는 수백 개의 규칙을 저장하고 있다. MYCIN은 특별히 후방향 추론에 의한 추론을 하고, 확신율을 사용하여 가능한 진단을 하기도 한다.

○×로 점검하자

※ 다음 지문의 내용이 맞으면 ○, 틀리면 ×를 체크하시오. [1 ~ 4]

01 생성 시스템의 단점은 프로그램 실행의 비효율성과 문제 해결 과정의 제어 흐름을 따라가기가 곤란하다는 점이다. ( )

>>>◯ 생성 시스템의 지식 표현 방법은 본질적으로 내재되어 있는 단점이 있는데 프로그램을 수행할 때 비효율적이다. 강한 독립성과 표현의 단일성은 문제 풀이에서 생성 시스템을 사용하는 데 매우 큰 부담을 주고 있다. 두 번째 단점은 불분명함으로 문제 해결 과정의 제어 흐름을 따라가기가 곤란하다는 점이다. 어떤 주어진 상황에 대한 행동을 나타내는 지식은 잘 표현되지만, 미리 문제 해결의 알고리즘이 주어진 지식의 경우는 제대로 표현하기가 곤란하다. 이것은 생성 규칙들의 독립성과 크기의 단일성 때문에 발생한다.

02 복합 논의 확신율은 각 확신율을 확신비율로 변환시켜 곱한 뒤, 다시 확신율로 변환시킨 것이다. ( )

>>>◯ 선험 확신율을 가질 때는 확신비율의 곱으로 나타낼 수 있다. 이렇게 얻은 확신비율을 다시 확신율로 변환하면 복합 논의 확신율을 얻게 된다. 이 수식을 입증하기 위해서는 확률이론에 대한 많은 지식이 필요하다. 주어진 문제가 현재 표현방법으로 풀기 어렵다면 문제를 좀 더 쉽게 풀 수 있는 다른 표현으로 변환해 볼 수 있는데 이것이 복합 논의 확신율이다.

03 적응 생성 시스템이 인공지능에 사용되는 이유는 체험적 학습을 통해서 생성 메모리의 규칙을 변화시킬 수 있는 능력이 있기 때문이다. ( )

>>>◯ 인공지능에서 연구된 포커 게임을 위한 적응 생성 시스템의 프로그램이 적응적(adaptive)인 이유는 자동적으로 자신의 생성 메모리의 규칙을 변화시키는 능력이 있기 때문이다. 처음에는 포커 게임을 위한 아주 간단한 경험적 지식을 갖고 시작하지만, 주기가 거듭될수록 실제 게임을 통하여 경험을 쌓아 규칙들을 확장하고 향상시켜 나간다. 이러한 생성 시스템에서는 지식이 제한된 모듈 형태를 취하게 되므로, 프로그램의 형태 분석과 변형이 쉬워 학습이 가능해지는 것이다.

04 생성 시스템은 생성 규칙의 집합, 작업 메모리의 2개의 부분으로 구성된다. ( )

>>>◯ 생성 시스템은 조건과 행동의 쌍으로 구성되며 3개의 부분으로 구성된다.
① 조건부와 행동부로 구성된 생성 규칙의 집합은 주어진 규칙을 언제 적용할지를 결정하는 조건과 그것이 적용될 때 어떤 일이 일어날지를 결정하는 행동으로 구성된다.
② 작업 메모리는 문제 해결에 대한 현재의 상태를 담고 있어, 데이터베이스에서 선택할 규칙의 조건과 비교할 대상으로서의 현재 상태의 규칙의 조건부가 작업 메모리를 통해서 만족되어야 한다.
③ 인터프리터는 현재의 작업 메모리 내용에 따라 규칙을 선택하여 실행하고 수정 보완이 필요한 경우에는 한 번에 적은 양의 내용을 추가하고 그것을 빠르게 테스트할 수 있으며 추론 엔진으로서의 역할을 한다.

정답 **1** ○ **2** ○ **3** ○ **4** ×

01 생성 시스템은 인공지능에 어떠한 형식을 제공하기 위해 보편적으로 사용되는 컴퓨터 프로그램을 의미한다. 여기에서 사용되는 규칙은 주로 행동에 관한 규칙들로 구성되어 있고 시스템이 세계의 상태에 반응하기 때문에 이 같은 규칙을 준수하는데 필요한 메커니즘을 포함하고 있다.
생성(production)이라고 하는 용어로 사용되는 이 같은 규칙들은 전문가 시스템, 자동화 계획 및 행동선택에서 유용하게 사용되는 기본적인 표현이다.

02 하나의 생성의 행동이 실행되면 그것을 점화(fired)되었다고 한다. 여러 가지의 생성 규칙 중에서 조건에 부합되는 하나를 선택하여 실행하는 것을 말한다.

03 데이터 지향형 생성 시스템에서는 어떠한 트리거된 조건이 실행되어야만 한다는 가정이 있다. 이에 따른 행동은 작업 메모리에 데이터를 추가하거나 제거하는 것 같은 에이전트의 지식을 업데이트시킨다. 시스템은 이용자가 전방향 추론을 중단시키거나 주어진 수많은 사이클이 실행될 때, 행동부문을 정지시키거나 조건부문이 참이라고 하는 규칙이 발견되지 않으면 처리가 중단된다. 목표 지향형 생성 시스템은 후방향 추론을 제공한다.

정답 01 ① 02 ② 03 ③

01 인공지능에 어떠한 형식을 제공하기 위해 보편적으로 사용되는 컴퓨터 프로그램으로 주로 행동에 관한 규칙들로 구성되어 있는 시스템을 무엇이라고 하는가?

① 생성 시스템
② 목표 시스템
③ 프로그램 언어
④ 전문가 시스템

02 다음 중 하나의 생성 규칙이 실행되는 것을 무엇이라고 하는가?

① 트리거
② 점화
③ 반응
④ 자동화

03 규칙 인터프리터는 전방향 추론을 제공한다. 다음 중 전방향 추론와 관련이 없는 것은?

① 어떠한 트리거된 조건이 실행되어야만 한다는 가정이 있다.
② 작업 메모리에 데이터를 추가하거나 제거하는 것 같은 에이전트의 지식을 업데이트시킨다.
③ 목표 지향형 생성 시스템은 전방향 추론을 제공한다.
④ 전방향 추론의 중단, 행동을 정지시키거나 조건부문이 참이라고 하는 규칙이 발견되지 않으면 처리가 중단된다.

04 다음 중 생성 시스템을 구성하는 요소가 <u>아닌</u> 것은?

① 생성 규칙의 집합
② 작업 메모리
③ 인터프리터
④ 컴파일러

04 생성 시스템을 구성하는 요소로는 조건부와 행동부로 구성된 생성 규칙의 집합, 작업 메모리, 인터프리터가 있다.
생성 규칙의 집합은 조건과 행동에 관한 것들이고, 작업 메모리는 문제 해결에 대한 현재의 상태를 담고 있다. 인터프리터는 현재의 작업 메모리 내용에 따라 규칙을 선택하여 실행하고 수정 보완이 필요한 경우에는 한 번에 적은 양의 내용을 추가하고 그것을 빠르게 테스트할 수 있다.

05 다음의 그림과 관련이 <u>없는</u> 항목은 무엇인가?

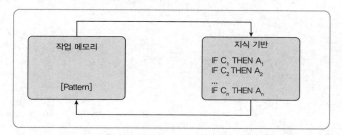

① 직접탐색
② 간접탐색
③ 작업 메모리
④ 점화

05 작업 메모리는 문제 해결 과정에서 현재 상태에 대응하는 패턴을 담고 있다. 패턴과 매칭이 되는 규칙을 지식 베이스에 찾는 이 과정을 직접탐색이라고 한다.
갈등에 대한 문제가 없다면 실행부의 내용을 점화시킨다. 점화된 내용이 작업 메모리의 패턴을 변경시키는 이러한 작업이 반복되다가 작업 메모리의 내용에 의해서 매칭되는 규칙이 없으면 작업을 종료한다.

06 다음 용어 중 가지고 있는 정보에서 새로운 사실을 유추하는 것을 무엇이라고 하는가?

① 규칙
② 추론
③ 실행
④ 조건

06 가지고 있는 정보에서 새로운 사실을 유추하는 것을 추론(inference)이라고 한다. 인공지능 시스템이 다른 시스템과 차별화되는 이유이다.

정답 04④ 05② 06②

안심Touch

07 귀납에서 찾아낸 진리(결론)는 전제에서 예외가 한 가지라도 나오면 틀린 것이 된다. 즉, 사람은 죽는다는 진리(결론)를 도출했지만, 전제라고 할 수 있는 괴테와 나폴레옹이 죽었다는 것이 사실이 아니라든지 혹은 사람이 아니었다면, 결론은 틀린 것이 된다.

08 행동 인식 사이클은 다음과 같다. ⓑ 적용 가능한 규칙들의 집합을 구분하기 위하여 작업 메모리에 있는 요소들에 대해서 규칙 내에서 조건과 전제 패턴을 매칭시킨다 → ⓓ 적용할 수 있는 규칙이 한 개 이상 있으면 갈등 전략을 사용해서 적용할 한가지의 규칙을 고른다. 만일 규칙이 없다면, 중단한다 → ⓒ 선택한 규칙을 적용하여 작업 메모리에 새로운 아이템을 추가하거나 오래된 아이템을 제거한다 → ⓐ 종료 조건이 만족되는지 체크한다. 만족하면 중지하고 그렇지 않으면 처음으로 돌아간다.

07 다음의 예는 어떤 방식에 의한 추론 방식인가?

> 괴테는 죽었다.
> 나폴레옹도 죽었다(전제 1).
> 괴테와 나폴레옹은 사람이다(전제 2).
> → 사람은 죽는다(결론).

① 변증법
② 귀납법
③ 유추법
④ 연역법

08 생성 시스템에서 네 단계 행동 인식 사이클(Act-recognize Cycle)의 실행과정을 순서대로 나열한 것으로 옳은 것은?

> ⓐ 종료 조건이 만족되는지 체크한다. 만족하면 중지하고 그렇지 않으면 처음으로 돌아간다.
> ⓑ 적용 가능한 규칙들의 집합을 구분하기 위하여 작업 메모리에 있는 요소들에 대해서 규칙 내에서 조건과 전제 패턴을 매칭시킨다.
> ⓒ 선택한 규칙을 적용하여 작업 메모리에 새로운 아이템을 추가하거나 오래된 아이템을 제거한다.
> ⓓ 적용할 수 있는 규칙이 한 개 이상 있으면 갈등 전략(conflict strategy)을 사용해서 적용할 한 가지의 규칙을 고른다. 만일 규칙이 없다면, 중단한다.

① ⓓ→ⓑ→ⓒ→ⓐ
② ⓑ→ⓒ→ⓓ→ⓐ
③ ⓑ→ⓓ→ⓒ→ⓐ
④ ⓓ→ⓑ→ⓐ→ⓒ

정답 07 ② 08 ③

09 다음 중 전방향 추론과 관련한 설명으로 거리가 먼 것은?

① 사실이 주어짐에 따라 추론이 형성되기 때문에 반복적인 작업을 한다.

② 사용자가 입력한 현재 상태에서 시작하여 결론에 도달할 때까지 지식 베이스를 검색한다.

③ 원하는 결론에 도달하면 추론 과정을 즉시 중단한다.

④ 사용자가 추론하고자 하는 문제와 관련하여 알고 있는 모든 사실을 먼저 제공하여야 한다.

09 전방향 추론은 사실이 주어짐에 따라 추론이 형성되기 때문에 반복적으로 작업을 한다. 사용자가 입력한 정보에서 시작(현재 상태)하여 결론에 도달할 때까지 지식 베이스를 검색하는 것이다.

전방향 추론에서는 사용자가 추론하고자 하는 문제와 관련하여 알고 있는 모든 사실을 먼저 제공하면 추론 기관은 각각의 사실과 지식 베이스에 있는 규칙들의 조건 부분을 매치하여 일치하는 규칙을 찾아 해당 규칙을 실행하고 그 규칙의 결론 부분을 참으로 밝혀진 새로운 사실로서 추가한다.

조건 부분이 참이면 그 규칙의 실행 부분이 처리되고, 처리 과정은 수행할 명령문이 없을 때까지 계속된다. 전방향 추론은 항상 지식 베이스와 작업 메모리를 갱신한다.

10 다음 중 아래의 그림에 관한 내용으로 옳은 것은?

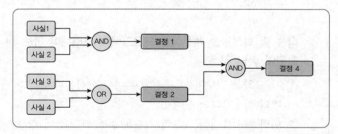

① 전방향 추론

② 후방향 추론

③ 지식 베이스

④ 추론기관

10 사실은 규칙에 의해서 새로운 결론을 만들고 그 사실은 또 다른 결론을 유도한다는 것을 쉽게 파악할 수 있는 이 그림은 전방향 추론과 관련된 그림이다.

정답 09 ③ 10 ①

checkpoint 해설 & 정답

11 추론 회로(inference net)를 이용하면 추론 사슬을 좀 더 구체적으로 이해할 수 있다. 추론 회로란 규칙들의 연결상태를 나타내는 것으로 한 규칙의 행동부에 있는 사실들이 어떤 산출의 조건부에 포함되는가를 회로로 표시한 것이다. 조건부의 여러 조건이 동시에 만족되어야 함을 논리회로에서 사용되는 AND 게이트로 표시한다.

11 다음 중 추론 회로와 연관이 없는 내용은?

① 추론 사슬을 좀 더 구체적으로 이해할 수 있다.

② 규칙들의 연결상태를 나타내는 것이다.

③ 여러 조건이 동시에 만족되어야 할 경우는 논리회로에서 사용되는 OR 게이트로 표시한다.

④ 규칙의 행동부에 있는 사실들이 어떤 산출의 조건부에 포함되는가를 회로로 표시한 것이다.

12 확신율의 계산이 실용적으로 매우 중요하기 때문에 확신율을 계산하는 프로그램이 다음의 세 가지 질문에 대한 답변을 수용해야 한다.
첫째, 각 규칙 조건부에 부여된 확신율과 규칙의 전체조건의 확신율(입력 확신율) 관계
둘째, 규칙 그 자체에 있어서 입력 확신율이 행동부의 확신율(출력 확신율)에 대한 영향력
셋째, 여러 규칙의 결론이 같은 사실을 추론할 때 이 사실의 확신율에 관한 결정 방법

12 다음 중 확신율을 계산하는 프로그램이 고려해야 하는 세 가지 요건이 아닌 것은?

① 각 규칙 조건부의 각 조건에 부여된 확신율과 규칙의 전체조건의 확신율과의 관계

② 입력 확신율이 행동부의 확신율(출력 확신율)에 영향을 주는 요인 이해

③ 확률이론에 따른 변수와 표본값에 따른 함숫값

④ 여러 규칙의 결론이 같은 사실을 추론할 때 이 사실의 확신율을 결정하는 요인

정답 11 ③ 12 ③

✓ **주관식 문제**

01 생성 시스템이 갖는 (1) 가장 큰 장점을 기술하고, (2) 생성 시스템의 독립성이란 어떤 의미인지를 기술하시오.

01

정답 (1) 생성 시스템의 가장 큰 장점은 지식베이스 내의 각각의 생성 규칙들이 서로 영향을 주지 않으면서 추가, 삭제 및 수정이 가능하다는 것으로 규칙들은 서로 독립적인 지식의 한 조각처럼 존재한다는 의미이다.
(2) 독립성이란 시스템의 성능에는 영향을 주더라도 다른 생성 규칙에 직접적으로 영향을 끼치지는 않는다는 의미이다. 왜냐하면, 규칙들 사이의 상호작용은 작업 메모리에 저장된 정보를 통해서 다른 생성 규칙들을 적용할 수 있도록 하는 것으로 함수를 호출하는 것처럼 직접 호출하지는 않기 때문이다.

02 아래와 같은 지식 베이스가 있다. 시작 노드가 A이고 목표 노드가 I일 경우 작업 메모리, 갈등세트 및 점화규칙에 해당되는 조건과 실행(작업 메모리), 갈등세트 번호, 점화규칙 번호를 각각 적으시오.

02

해설 전방향 추론은 작업 메모리에 추가되는 문제 설명(패턴)으로 시작하여, 목표가 발견되면 탐색을 종료하게 된다. 인식-행동 주기는 지식 베이스의 IF 부분 규칙과 패턴이 매칭되는지 비교하여 하나의 규칙이 점화되면 규칙의 THEN 부분이 작업 메모리에 추가되고 그 과정이 계속된다.

(1) IF A THEN B
(2) IF B THEN C AND D
(3) IF C THEN E
(4) IF E THEN F
(5) IF C AND D THEN G
(6) IF G AND F THEN H AND I

반복 횟수	(1) 작업 메모리	(2) 갈등세트	(3) 점화 규칙
0			
1			
2			
3			
4			
5			
6			

정답

반복 횟수	작업 메모리	갈등세트	점화 규칙
0	A	1	1
1	A, B	1, 2	2
2	A, B, C, D	1, 2, 3, 5	5
3	A, B, C, D, E	1, 2, 3, 5	3
4	A, B, C, D, E, F	1, 2, 3, 5, 4	4
5	A, B, C, D, E, F, G	1, 2, 3, 5, 4, 6	6
6	A, B, C, D, E, F, G, H, I	1, 2, 3, 5, 4, 6	목표

03

정답 (가) 전방향 추론
(나) 후방향 추론(역방향 추론)

해설 생성 시스템은 규칙, 또는 생성 규칙을 바탕으로 지식을 표현하고, 새로운 지식을 생성해 내는 전문가 시스템의 기반이 되는 시스템이다. 생성 시스템에서의 규칙을 이용한 추론 방법의 종류는 현재의 상황이나 사실의 집합으로부터 목표 상태 또는 원하는 결론을 얻는 추론 방법인 전방향 추론과 목표나 결론이 현재 상태 또는 기존 사실들로부터 유도해 낼 수 있는가를 알아내기 위해 결론부에서 조건부 방향으로 진행하는 추론방식인 후방향 추론이 있다.

03 다음의 괄호 안에 알맞은 용어를 적으시오.

사용자가 추론하고자 하는 문제와 관련하여 알고 있는 모든 사실을 먼저 제공하는 방식을 (가) 추론이라고 한다. 그러면 추론기관은 각각의 사실과 지식 베이스에 있는 규칙들의 조건 부분을 매치하여 일치하는 규칙을 찾아 해당 규칙을 실행하고 그 규칙의 결론 부분을 참으로 밝혀진 새로운 사실로 추가한다. (나) 추론은 도출할 결론을 미리 결정하고 이 결론을 도출하기 위해 필요한 규칙들을 작업 메모리를 보면서 역방향으로 찾아가는 것이다.

제6장

전문가 시스템

I wish you the best of luck!

전문가 시스템

전문가 시스템은 어떤 형태의 문제를 해결하기 위해서 비알고리즘 전문기술을 구현하는 컴퓨터 응용 프로그램이다. 전문가 시스템은 주로 두 가지 이유로 흥미롭다. 첫 번째는 현실의 요구를 수행하는 일반적으로 유용하고 실용적인 프로그램이고, 두 번째는 시스템을 실현할 수가 있다. 이것이 바로 전문가 시스템이 AI의 상업적 성공의 대부분을 차지하는 이유이다. 전문가 시스템을 개발하기 위한 계층에는 여러 가지 주제가 있다. 전문가 시스템은 어떤 영역에서 복잡한 의사결정 문제를 풀기 위해 인간의 전문가적인 사고의 과정을 모방한 컴퓨터 프로그램이다. 전문가 시스템의 특징은 기존의 전통적인 프로그램이나 전형적인 의사결정 지원 도구와는 다르다. 전문가 수준으로 문제를 해결하기 위해서는 실제적인 지식 기반의 영역에 효율적으로 접근할 수 있어야 하고 주어진 문제에 대해서 지식을 적용하기 위한 추론 장치를 이용할 수 있어야 한다. 전문가 시스템은 표현하고자 하는 지식, 산출 규칙, 탐색 등의 아이디어에 따라서 개발되어야 한다.

세계 최초로 성공한 전문가 시스템인 MYCIN은 1970년대 스탠포드 대학에서 탄생했고, 의사가 어떤 세균성 질병을 진단하는 것을 돕기 위해 환자가 제시하는 증상과 병의 징후 사이에 일치가 발견될 때까지 비교하는 시스템이다. 의사가 존재하는 모든 병을 빠르고 확실하게 진단하는 것은 어렵지만 MYCIN(LISP언어 사용)은 진단을 확실히 함으로써 이 요구를 만족시켰다. 전문가 시스템에 대해 적극적이었던 프랑스는 PROLOG로 개발된 시스템에 집중했고, 미국에서는 LISP 프로그래밍 환경에서 전문가 시스템 쉘에 대한 규칙 기반 시스템에 집중하는 경향이 있었다. 전문가 시스템 쉘의 장점은 프로그래머가 아닌 사람도 사용하기가 다소 쉽다는 점이었다. 1980년대에 전문가 시스템은 확산되었고 대학들도 이러한 과정을 개설하였다. 전문가 시스템 쉘은 5세대 컴퓨터 프로젝트와 함께 국제적 관심사가 되었고 유럽에서는 연구목적의 투자가 증가하였다.

또한, 클라이언트-서버 모델이 전문가 시스템 시장에 큰 영향을 끼치게 되었고, PC 시장과 클라이언트 서버 시장이 커지면서 벤더들은 PC 기반의 도구를 개발하는 쪽으로 개발의 우선순위를 옮겼다. 하지만 소프트웨어를 개발하는 예산의 문제로 논쟁은 끊이지 않았다. 1990년대 이후 암흑기를 거치고 솔루션 업체(SAP, Oracles 등)는 전문가 시스템의 능력을 사업 논리를 규명하는 수단으로써 그들의 제품 내에 통합시켰다.

전문가 시스템은 지식 베이스와 추론 기관(inference engine)으로 구성된다. 지식 베이스는 어떤 주제에 대해서 특정한 정보와 규칙을 갖는 데이터베이스이다. 이는 관련된 규칙으로 정의된 대상과 규칙과 함께 대상을 정의하는 것을 돕는 특정한 성질인 속성을 이용하기 때문에 가능하다. 추론 기관은 일치하는 대상을 찾기 위해 제공하는 정보를 사용하려고 시도하는 전문가 시스템의 일부분이다. 규칙 기반(rule-based)의 전문가 시스템은 70년대, 80년대의 인공지능 연구에서 시작되었고 IF … THEN … ELSE의 규칙을 사용한다. 중요한 구성 요소는 사실 기반의 워킹 메모리와 규칙 엔진으로는 추론 엔진이 있다. 기존 시스템과 전문가 시스템은 다음과 같은 차이가 있다.

[표 6-1] 기존 시스템과 전문가 시스템 비교

기존 시스템	전문가 시스템
정보와 정보의 처리 과정은 항상 하나의 연속된 프로그램 내에서 연결되어 있음	지식 기반은 처리 과정 메커니즘과는 독립적임
프로그램은 실수를 하지 않음	프로그램은 실수할 수 있음
설명은 기존 시스템의 일부분이 아님	설명은 전문가 시스템의 한 부분임
시스템은 프로그램이 완성되어야 운영됨	시스템은 일부 규칙으로도 운영할 수 있음
실행은 단계별로 처리됨(알고리즘)	실행은 체험적인 것과 로직을 사용해서 처리됨
운영하기 위해서는 완벽한 정보가 필요함	불완전한 또는 불확실한 정보를 가지고 운영할 수 있음
대형 데이터베이스의 효율적인 처리	대형 지식 베이스의 효율적인 처리
데이터의 표현과 사용	지식의 표현과 사용
효율성이 가장 큰 목적(efficiency)	유효성(effectiveness)이 가장 큰 목적

전문가 시스템이 기능적 측면에서 갖춰야 할 요소는 다음과 같다.

- 추론 기능
- 사용자와 시스템 간의 상호작용에 의한 데이터 획득
- 결론의 정당성(justification)
- 모듈 구조

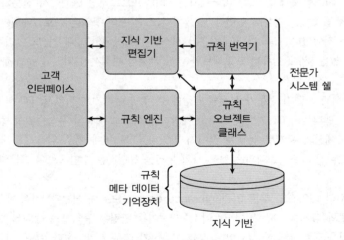

[그림 6-1] 일반적인 전문가 시스템의 구조

전문가 시스템은 수치계산이나 데이터 검색뿐만 아니라 인간의 지식에 대한 추론을 실행한다. 전문가 시스템은 추론 엔진, 지식 기반과 같은 모듈을 가지고 있다. 즉, 자기 지식을 가지고 있다. 연산 솔루션처럼 옳으냐 적절하냐만을 따지는 것이 아니라 효과적으로 실제 세계의 문제를 풀기 위해 체험적인 방법, 확률적인 방법 또는 적절한 방법으로 문제를 해결할 수 있어야 한다. 또한, 상징적인 추론을 사용하고, 추론이 옳다는 것을 사용자에게 확신시키기 위해 솔루션이나 추천방식에 대한 설명이나 정당성을 제공할 수 있어야 한다.

어떤 분야의 전문가가 있다고 가정할 때 이 전문가의 지식을 기반으로 만드는 시스템이 전문가 시스템이다. 의사나 변호사처럼 컴퓨터가 아닌 분야의 전문가 시스템을 직접 구축하기는 쉽지 않은 일이다. 이때 지식 공학자(knowledge engineer)가 전문가로부터 지식을 전해 듣고 전문가 시스템을 구축해 준다. 입력할 때 입력을 쉽게 하기 위해서 구축지원 인터페이스를 사용하며 입력된 지식은 지식 베이스에 저장된다.

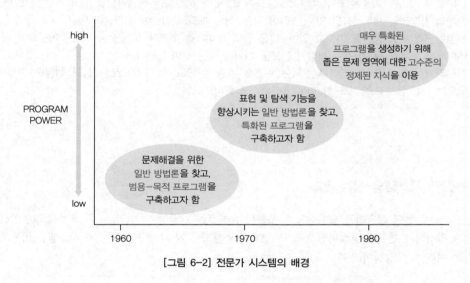

[그림 6-2] 전문가 시스템의 배경

전문가 시스템의 특성 중요 ★

1 전문가 시스템의 필요성

전문가 시스템은 양방향성의 컴퓨터 기반 의사결정 도구로서 전문가로부터 획득한 지식에 근거하여 사실적인 내용과 체험적인 내용을 이용하여 어려운 문제를 해결한다. 그래서 전문가 시스템은 인간 전문가의 컴퓨터 시뮬레이션처럼 보여질 수도 있으며 기존의 MYCIN 전문가 시스템에서부터 XOCN(컴퓨터 시스템의 구성관리를 위한 전문가 시스템)까지 실로 놀라운 성공적인 사례가 있다. 1971년 DENDRAL이 개발되면서 기존의 일반적인 목적으로 개발하고자 했던 전문가 시스템의 개발 방향이 특수 목적 분야를 위한 방향으로 선회되었는데 그 이유는 다음과 같다.

> • 범용의 문제해결자는 고성능 전문가 시스템을 구축하기 위한 기반으로는 부적당
> • 문제해결자는 매우 좁은 영역에 적용할 때 유용
> • 전문가 시스템은 새로운 정보의 유지를 위해 끊임없는 수정이 필요
> • 전문가 시스템은 문제영역에 대한 상당한 양의 지식이 필요

전문가 시스템은 의사결정 과정에서 다음과 같은 인간들의 제약사항으로 인하여 다양하고 폭넓은 분야에서 필요해지고 있다.

> ① 전문적 지식이나 기술은 매우 부족하고, 물리적으로나 정신적인 작업량으로 인해 피곤을 느끼고, 문제의 결정적인 세부사항을 잊는 경향이 있고, 매일 매일의 결정에 일관성이 없다.
> ② 한정된 작업 기억공간을 가지고 있어, 많은 양의 데이터를 빠르게 이해할 수 없고, 머릿속에 많은 데이터를 보유할 수 없으며, 저장한 정보를 기억해 내는 것이 느리다.
> ③ 자신의 행동에 고의적이거나 부주의한 편견을 가질 수 있고, 의도적으로 결정의 책임을 피할 수 있으며, 거짓말하고 숨기도 하고 심지어 죽기도 한다.

2 전문가 시스템의 장점 중요 ★

전문가 시스템을 통해 **신속**하고 **효율적**으로 **훌륭한 솔루션**을 제공할 수 있고, 추론 프로세스는 인간의 사고 과정과 밀접하게 연관된 상징적인 조작 및 경험적 추론 절차에 기반한다. 전문가 시스템을 이용하면 다음과 같은 여러 가지 장점이 있다.

> ① 바람직한 의사결정을 할 수 있는 확률, 빈도수, 일관성이 증가한다.
> ② 인간의 전문적 기술이나 지식을 배포할 수 있다.
> ③ 비전문가라도 실시간, 저비용으로 전문가 수준의 결정을 쉽게 할 수 있다.
> ④ 모든 가용 데이터의 효율성을 향상시킨다.
> ⑤ 편견이나 사용자의 개인적·감정적 영향없이 증거에 입각하여 객관적 타당성을 제시한다.
> ⑥ 전문가가 더 창조적인 행동에 집중할 수 있도록 시간이나 정신을 자유롭게 한다.
> ⑦ 문제의 미묘한 영역에 대한 분석이 강화된다.

3 전문가 시스템의 특징 중요 ★

(1) 영역별 특수성

전문가 시스템은 영역에 따라서 크게 다르다. 예를 들면, 컴퓨터 장애 진단 전문가 시스템은 실제로 인간 전문가가 해야 하는 것처럼 모든 필요한 데이터를 조작해야 한다. 특별한 도구나 프로그램 언어는 시스템의 이러한 특수 목적을 달성하기 위해 필요하다.

(2) 특수 프로그램 언어 사용

전문가 시스템은 특수한 프로그램 언어로 작성된다. 전문가 시스템 개발 단계에서 LISP나 PROLOG와 같은 언어를 사용하면 코딩 과정을 간단하게 할 수 있다. 전문가 시스템은 기호식 언어 외에도 알고리즘 언어로 C, PASCAL, BASIC 언어를 사용하고, 개발환경은 Art, KEE, LOOPS를 사용한다. 최근에는 Phython 언어의 활용도가 높아지고 있다. 전문가 시스템 쉘로는 Crystal, XpertRule, Leonardo, Xi-Plus가 있다.

(3) 상호작용 시스템으로 운영

① 질문에 응답한다.
② 질문에 명쾌하게 답변한다.
③ 권장 사항을 만든다.
④ 의사결정 과정을 돕는다.

(4) 지식을 여과할 수 있는 도구를 갖춤

① 지식의 저장과 검색을 한다.
② 계속해서 지식을 갱신하고 확장할 수 있는 구조이다.

(5) 저장된 지식을 기반으로 하는 논리적 추론이 가능

① 간단한 추론 메커니즘을 사용한다.
② 지식 기반은 저장된 지식을 활용할 수 있는 수단이 있어야 한다. 예를 들면, 의미 있는 문장을 구성하기 위하여 단어를 어떻게 연결해야 하는지 배우지 않고도 언어에서 모든 단어를 배울 수 있어야 한다.

(6) 추론을 설명할 수 있는 능력

① 추론의 논리적 사슬(logical chain)을 기억한다. 그래서 사용자는 질문할 수 있고 권고 사항에 대한 설명을 요구할 수 있다.
② 전문가 시스템의 권고 사항 및 수용에 대한 사용자의 신뢰도를 증가시킨다.

(7) 신뢰도 값을 할당하는 기능

① 정량적 정보를 전달할 수 있다.

② 신뢰성 값을 할당하여 부정확하고 불완전한 데이터를 처리할 수 있다.

(8) 인간 전문가보다 비용이 효율적

① 전문가 시스템은 전문성 때문에 인기가 올라간다.

② 특수한 지식 영역을 인코딩하고 저장하는 것은 사이즈가 작기 때문에 경제적인 프로세스다.

③ 많은 영역에서 전문가들을 찾기 쉽지 않고 컨설팅 비용도 높다. 전문가 시스템은 비용 효율적인 도움을 줄 수 있다.

이러한 특성이나 기능은 전문가 시스템의 문제 풀이 능력과 관련이 있다. **전문가 시스템의 구축과정을 지식 공학**(knowledge engineering)이라고 한다. 지식 공학은 어떤 지식을 갖추고 있느냐가 중요하므로 구축과정은 매우 중요하다. 이때 지식 공학자가 시스템을 구축하게 되는데 주어진 분야에 정통한 전문가에게서 유용한 지식, 문제해결 전략, 규칙 등을 도출하고 이것들을 체계적으로 표현하여 전문가 시스템을 완성하게 된다.

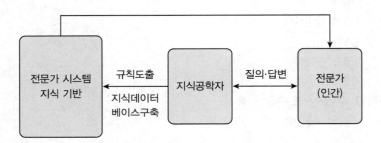

[그림 6-3] 지식 공학 구축 절차

지식 공학의 구축 절차는 다음과 같다.

① 해당 분야의 전문가로부터 지식을 얻기 위하여 질의응답을 하고 그것을 전문가 시스템 지식 기반으로 코딩을 한다.

② 코딩이 끝나면 전문가는 전문가 시스템을 평가하고 지식 공학자에게 평가 결과를 알려준다.

③ 지식 공학자는 전문가의 평가에 따라서 지식 베이스를 수정·보완한다.

4 전문가 시스템 쉘 중요 ★

전문가 시스템 쉘(expert system shell)은 전문가 시스템의 가장 중요한 부분으로 **지식 표현 기능**과 **추론 엔진**을 제공한다. 일반적인 전문가 시스템 쉘이 제공하는 기능은 다음과 같다.

① 지식 표현 언어
② 지식 기반 편집기
③ 트레이싱과 디버깅 기능
④ 사용자 인터페이스 기능
⑤ 기존 프로그램/외부 프로그램의 링크
⑥ 불확실 추론에 대한 기능
⑦ 규칙 유도 기능
⑧ 기능을 추가할 수 있도록 설계됨

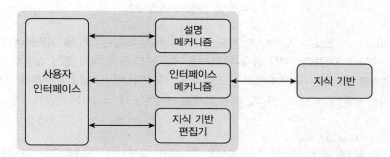

[그림 6-4] 전문가 시스템 쉘의 구조

5 전문가 시스템 언어 중요 ★

전문가 시스템의 지식 표현 언어로는 다음과 같은 도구가 있다.

① 알고리즘 언어 – C, 파스칼, 베이직
② 기호 언어 – Prolog, LISP
③ 개발환경 – Art, KEE, LOOPS
④ 전문가 시스템 쉘 – Crystal, XpertRules, Leonardo, Xi-Plus

제 2 절 전문가 시스템의 구조 중요 ★★

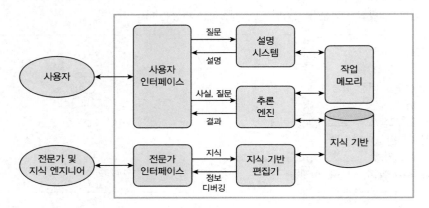

[그림 6-5] 전문가 시스템 구조

전문가 시스템의 구조는 **전문가 지식이 저장되는 지식 베이스, 저장된 지식을 이용하여 추론을 하는 추론 기관, 지식 습득을 지원하는 지식 습득부 시스템, 추론 결과를 설명해 주는 설명부 시스템, 사실과 추론의 중간 결과를 저장하는 작업 메모리** 등으로 구성된다. 전문가 시스템을 구축하는 과정을 지식 공학이라고 하며, 지식 공학자는 전문가 시스템의 전 과정을 구축하는 데 참여하는 엔지니어를 말한다.

① 지식 기반(knowledge base)
  문제해결에 필요한 특정 분야에 관한 지식을 포함하고, 규칙기반 시스템에서는 지식을 규칙의 집합으로 표현한다. 각각의 규칙은 관계, 추천, 지시, 전략, 휴리스틱을 명시하고 조건과 실행의 구조로 구성된다. 규칙의 조건을 만족하면 취해야 할 행동 부분을 실행한다.
② 데이터베이스(data base)
  데이터베이스는 기반지식에 저장된 규칙의 조건과 비교할 때 사용하는 사실들의 집합을 저장하고 있다.
③ 추론 엔진(inference engine)
  추론 엔진은 전문가 시스템이 해를 구할 수 있도록 추론 역할을 담당하며 기반지식에 주어진 규칙들을 데이터베이스에 있는 사실과 연결시킨다.
④ 설명 시스템(explanation facility)
  설명부 시스템은 사용자에게 전문가 시스템이 어떻게 특정 결론에 이르렀는지 왜 특정 사실이 필요한지를 설명한다.
⑤ 사용자 인터페이스(user interface)
  사용자 인터페이스는 문제의 답을 찾고 싶어 하는 사용자와 전문가 시스템간의 통신수단으로, 통신은 가능한 의미 있고 사용하기 편리해야 한다.
⑥ 외부 인터페이스(external interface)
  전통적인 프로그램 언어로 만든 외부 데이터 파일과 프로그램을 전문가 시스템이 사용할 수 있도록 한다.

⑦ 개발자 인터페이스(developer interface)
주로 지식 기반 편집기, 디버깅 보조도구, 입·출력 장치들을 포함한다.
⑧ 텍스트 편집기(text editor)
규칙을 입력, 수정하고 규칙의 형식과 절차를 검사할 수 있는 간단한 텍스트 편집기를 제공한다.
지식 공학자나 전문가가 만든 변화를 감지하기 위해 필요하고, 규칙이 바뀌면 나중에 참조하기 위
해 편집기는 자동으로 수정한 날짜와 사람의 이름을 저장해야 한다. 또한, 다수의 지식 공학자와
전문가가 기반지식에 접근해서 규칙을 수정할 때 중요한 기능이다.

1 지식기반

지식이란 데이터(data), 정보(information), 사실(facts) 등과 같은 의미로 사용되기도 하지만 지식이란
정보를 더 체계화하고 개념화한 것으로 볼 수 있다. 여기서 개념화란, 정보를 구조화함으로써 사람으로 하
여금 더 쉽게 이용할 수 있게 하고 이해가 가능하도록 하는 것을 말한다.

(1) 지식 베이스

문제를 이해하고 해결하는데 필요한 지식이 저장된 지식기반의 데이터베이스를 지식 베이스라고
표현한다. 지식 베이스는 문제의 상황과 문제영역에 대한 사실과 특별한 영역에 있는 문제를 해결
하기 위해 지식의 사용을 인도하는 규칙으로 구성되어 있다. 규칙은 문제해결을 위한 탐색과정을
효율적으로 단축시키기 위해 체험적(경험적)인 것들의 집합이라고 인식할 수 있다. 전문가 시스템
을 만들기 위해서는 전문가와 지식 공학자의 협업이 필요하고 서로 간의 협의를 통해서 전문가로
부터 정보를 수집하고 정리하여 지식 베이스에 저장해야 한다. 지식을 수집하기 위해서는 지식 공
학자와 전문가는 대화가 가능하도록 전문 분야에 대한 기본 지식이 있어야 하고 습득된 전문 지식
을 지식 베이스로 옮길 수 있는 능력이 있어야 한다.
지식 베이스의 사실은 단기적 정보로서 컨설팅하는 중에도 빠르게 변경될 수 있다. 규칙은 장기적
정보로서 현재 알려진 것들에서 새로운 사실을 어떻게 생성하고 어떻게 가설을 만들 것인지에 관
한 것이다. 지식표현은 지식을 컴퓨터와 사람이 동시에 이해할 수 있는 형태로 나타내는 것을 말하
며 합목적적, 즉 목적달성에 부합되는 구조를 가져야 할 뿐만 아니라 추론의 효율성, 지식 획득의
용이성, 저장의 간결성 및 표현의 정확성, 다양성 등을 갖추어야 한다. 이러한 점에서 지식 베이스
는 기존 데이터베이스와는 확연한 차이가 있다. 가장 중요한 차이는 지식기반이 좀 더 창조적이라
는 것이다. 데이터베이스에 있는 사실은 수동적이다. 즉, 정보가 데이터베이스에 있거나 없거나 둘
중 하나이다. 그러나 지식기반은 능동적으로 빠진 정보를 채워 넣으려고 시도한다. 지식을 표현하
는 방법에는 규칙을 이용하여 지식을 표현하는 생성 규칙, 의미망(semantic net)을 이용한 방법,
의사 결정 트리를 사용한(dP. ACLS) 방법, 술어논리(predicate calculus) 등이 있다.

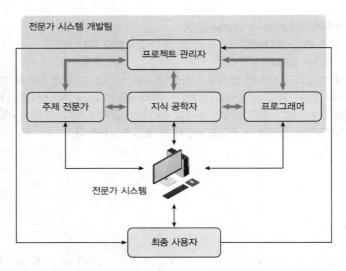

[그림 6-6] 전문가 시스템에서 지식 공학 집단의 구성

(2) 지식 공학 집단

지식 공학 집단은 일반적으로 다음과 같이 구성된다.

① **주제 전문가(domain expert)**

특정 분야나 주제에 대한 지식이 풍부하고, 관련 문제를 푸는 데 능숙한 사람으로 주제에 대해 최고의 전문 지식을 갖추고 있어야 한다. 전문가의 지식은 전문가 시스템에 저장되어야 하고 자신의 지식을 전달할 수 있는 전문가 시스템 개발에 기꺼이 참여해야 하며, 프로젝트에 많은 시간을 투자해야 한다. 주제 전문가는 전문가 시스템 개발팀에서 가장 중요한 사람이다.

② **지식 공학자(knowledge engineer)**

전문가 시스템을 설계하고, 구축하고, 테스트할 수 있는 사람으로 전문가 시스템을 만들기 위해 어떤 일을 해야 하는지 결정하는 역할이다. 지식 공학자는 전문가가 사실과 규칙을 다루기 위해 어떤 추론 방법을 사용했는지 알아내고, 전문가 시스템에서 이를 어떻게 표현할지 결정한다. 그 후에 지식 공학자는 기존의 개발 소프트웨어나 전문가 시스템 틀을 선택하고 지식을 표현할 프로그래밍 언어를 조사한다. 지식 공학자는 전문가 시스템의 초기 설계 단계부터 최종 단계, 그리고 프로젝트가 완료 후에도 시스템을 유지하는 일에 참여한다.

③ **프로그래머(programmer)**

프로그래밍을 책임지며 지식을 컴퓨터가 이해할 수 있는 용어로 기술하고 개발하는 사람이다. 프로그래머는 LISP, PROLOG, OPS5 같은 AI 언어를 프로그래밍할 줄 알아야 한다. 전문가 시스템 틀을 사용할 때는 지식 공학자가 전문가 시스템에 지식을 쉽게 코딩할 수 있어서 프로그래머가 필요하지 않을 수 있다. 그러나 그렇지 않을 때는 프로그래머가 지식, 데이터 표현 구조(기반지식과 데이터베이스), 제어 구조(추론 엔진), 대화 구조(사용자 인터페이스) 등을 개발해야 하고, 전문가 시스템을 테스트할 때에도 참여할 수 있다.

④ **프로젝트 관리자(project manager)**
전문가 시스템 개발팀의 리더로서, 프로젝트를 제대로 진행할 수 있도록 관리하고 실행 가능한 모든 일과 목표를 충족시키고, 다른 역할의 구성원과 상호작용을 한다.

⑤ **사용자(user)**
개발한 전문가 시스템을 사용하는 사람을 말한다.

(3) 전문가 시스템의 생성 [중요] ★

규칙기반 전문가 시스템은 1970년대 초반 카네기 멜론 대학의 뉴웰과 사이먼이 규칙기반 전문가 시스템의 기초가 된 생성 시스템 모델을 제안했다. 생성모델은 인간이 자신의 지식을 적용해서 제시된 문제를 관련 정보로 해결한다는 아이디어에 기반한다. 생성규칙은 장기 기억장치에 저장되고 특정 정보나 사실은 단기기억장치에 저장된다.

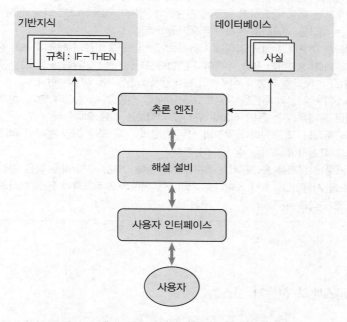

[그림 6-7] 생성 시스템과 규칙기반 전문가 시스템의 구조

생성규칙이란 "○○이면 ××이다."라는 형식으로 표현된 규칙을 말한다. 규칙은 프로그램으로 고정되는 것이 아니고 추론 엔진을 위한 데이터이다. 지식 베이스에 생성규칙을 사용하고 추론 엔진을 통해서 새로운 지식을 늘려 갈 수 있다. 생성규칙은 어떠한 조건이 성립했을 때 새로이 얻어지는 지식을 작업영역에 기록하는 것이다. 의사가 수행한 전문가 시스템에서의 작업영역이란 환자의 상태와 관련하여 사전에 알고 있던 정보와 진료 과정에서 새롭게 알아낸 정보들이 기록된다. 전문가 시스템은 '매칭→갈등 해결→실행'이라는 사이클을 반복하여 새로운 지식을 늘려간다. 매칭이란 생성규칙의 만약 '○○이면'에 일치하는 내용이 작업영역에 들어 있는지 체크하는 것을 말한다. 갈등 해결은 여러 생성규칙이 있을 때 어느 규칙을 선택할지 결정하는 과정이다. 이것은 여러 가지

조건 중에서 가장 적합한 규칙을 선택할 수 있도록 하는 것으로 인공지능 분야에서 항상 따라다니는 숙제이기도 하다. 실행은 생성규칙의 'XX이다'를 실제로 실행한 후, 그 결과를 작업영역에 기록하는 처리 과정이다. 이를 통해 전문가 시스템에 새로운 지식이 증가한다.

2 전문가 시스템의 고려사항

전문가 시스템은 기본적으로 다음과 같은 내용이 고려되어야 한다.

① 전문가 시스템은 특정의 전문화된 분야에서 전문가 수준으로 동작하도록 설계되었고 전문 시스템의 가장 중요한 특징인 고품질의 성능을 보장해야 한다.
② 시스템의 성능과 관계없이 결과가 잘못되었다면 사용자는 만족하지 않는다.
③ 문제해결 속도는 매우 중요하기 때문에 판단이나 진단이 정확하다고 해도 원하는 시간 내에 문제를 해결하는 해답을 제공하지 못하면 무용지물이 된다.
④ 문제를 정확히 이해하고 실제 경험을 사용하여 일반인보다 빠르게 해를 구해야 한다.
⑤ 전문가가 문제를 해결하기 위해 추론이나 경험을 사용하듯이 인간을 모방하는 전문가 시스템은 추론을 잘 이끌어 내도록 경험을 적용하여 탐색영역을 줄일 수 있어야 한다.
⑥ 전문가 시스템은 자신의 추론을 재검토하고, 결론을 설명할 수 있어야 한다. 실제 전문가 시스템에서 설명이란 문제를 푸는 동안 점화된 규칙을 추적하는 것을 의미한다.
⑦ 기반지식에 저장된 각 규칙이나 각각의 상위 레벨의 규칙 모두 해당 분야의 적당한 기초적인 원칙을 텍스트로 표현하여 추가할 수 있어야 한다.
⑧ 전문가 시스템은 문제를 풀 때 기호 추론을 사용한다. 개념, 규칙 같은 다른 종류의 지식을 표현하는 데 기호를 사용하고, 수치 데이터를 처리하는 기존의 프로그램과 달리 지식을 처리하며 질적인 데이터를 쉽게 다룰 수 있다.

3 전통적 시스템과 전문가 시스템

전통적인 프로그램은 알고리즘을 이용하여 데이터를 처리한다. 알고리즘은 항상 같은 순서로 같은 연산을 수행하며, 늘 정확한 해를 제공하므로 전통적인 프로그램은 실수하지 않는다. 하지만, 데이터가 완전하고 정확할 때에만 문제를 다룰 수 있다는 제약이 있다. 데이터가 불완전하거나 약간의 에러를 포함하고 있으면 전통적인 프로그램은 아무런 해도 제공하지 못할 뿐만 아니라 틀린 해를 제공한다. 전문가 시스템은 미리 기술된 단계의 순서를 따르지 않기 때문에 정확하지 않은 추론을 허용하고 사용할 정보가 불완전하거나 모호한 상황에서도 동작할 수 있으며, 여전히 합리적인 결론에 도달할 수 있다. 또한, 전문가 시스템의 장점은 다음과 같다.

전문가 시스템을 전통적인 시스템과 구별할 수 있는 중요한 특징은 지식이 처리 과정과 분리되어 있다(기반 지식과 추론 엔진이 구분되어 있다)는 점이다. 그리고 전문가 시스템 틀을 사용하면 지식 공학자나 전문가가 기반지식에 규칙을 간단하게 입력할 수 있다.

[표 6-2] 전문가/전문가 시스템/전통적 시스템의 비교

전문가	전문가 시스템	전통적인 시스템
특정 영역의 문제를 푸는 데 어림짐작이나 휴리스틱 형태로 된 지식을 사용	규칙의 형태로 표현된 지식을 처리하고 특정 영역의 문제를 풀기 위해 심벌 추론을 사용	일반적인 수치 문제를 풀기 위해 데이터를 처리하고, 잘 정의된 연산자인 알고리즘을 사용
지식은 인간의 머릿속에 수집된 형태로 존재	처리 과정과 명확히 분리된 지식을 제공	지식을 처리하기 위해 제어 구조를 지식과 분리하지는 않음
추론 과정을 설명할 수 있고, 세부사항을 제공할 수 있음	문제 풀이 세션 동안 점화된 규칙을 추적하고 어떻게 특정 결론에 이르렀는지, 왜 특정 데이터가 필요했는지 설명함	특징 결과가 어떻게 나왔는지, 왜 입력 데이터가 필요했는지 설명하지 않음
부정확한 추론을 사용하고, 불완전하고 불확실하며 모호한 정보를 다룰 수 있음	부정확한 추론을 허용하며, 불완전하고 불확실하며 모호한 데이터를 다룰 수 있음	데이터가 완전하고 정확할 때만 동작함
데이터가 불완전하거나 모호할 때 실수할 수 있음	데이터가 불완전하거나 모호할 때 실수할 수 있음	데이터가 불완전하거나 모호하면 해를 제공하지 않거나 잘못된 해를 내놓음
• 오랜 세월에 걸친 학습과 실제 훈련을 통해 문제 푸는 능력을 향상 • 이 과정은 느리고 비효율적이며 비용이 많이 듦	• 기반 지식에 새로운 규칙을 추가하고 오래된 규칙을 조정함으로써 문제 푸는 능력을 향상 • 새로운 지식이 생겼을 때 수정하기 쉬움	• 프로그램 코드를 바꿈으로써 문제 푸는 능력을 향상 • 지식과 처리 과정 둘 다에 영향을 주므로 수정하기 어려움

제 3 절 추론 엔진 중요 ★★

추론 엔진은 지식 베이스를 이용하여 문제를 해결하기 위해 논리적으로 지식을 제어하고 새로운 지식을 얻어내기 위해 규칙을 어떻게 적용해야 할지를 결정하는 인터프리터와 규칙들이 적용되는 순서를 결정하는 스케줄러로 구성되어 있다. 규칙기반 시스템에서 추론의 종류는 추론을 실행하는 방향에 따라서 전방향 추론과 후방향 추론으로 구분된다. [그림 6-8]의 의료진단 시스템은 다음과 같은 규칙을 가지고 있다.

> 규칙 1. 목이 차거나 콧물이 나면 감기 증상이 있는 것이다.
> 규칙 2. 토할 것 같은 느낌이 있다면 위장염 증상이 있는 것이다.
> 규칙 3. 감기 증상이 있고 고열이 있다면 독감이다.
> 규칙 4. 위장염 증상이 있고 고열이 있다면 바이러스성 위장염이다.
> 규칙 5. 독감이라면 충분한 휴식을 취한다.

이 시스템은 동작이 시작될 때 작업영역에 환자에 대한 사전 정보로 '콧물이 나온다'라는 지식이 입력되어 있다. 시스템은 여기서부터 진단을 시작한다.

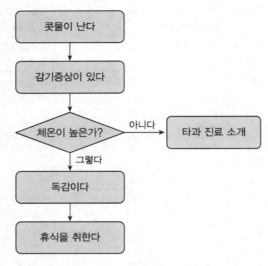

[그림 6-8] 의료진료에서 전문가 시스템의 예

① 생성규칙과 작업영역의 내용 매칭을 수행한다. 규칙 1이 매칭되므로 '감기증상이 있다'는 정보가 작업영역에 입력된다.
② '콧물이 난다', '감기증상이 있다'는 정보로는 더 매칭되는 생성규칙이 없으므로 환자에게 질문한다. 현재 규칙 3의 일부분과 매칭되는 상태이므로 고열이 있는지 확인하고 있다면 이 규칙을 실행할 수 있기 때문이다.
③ 환자에게 고열이 있다는 것을 확인했으므로 규칙 3이 매칭되어 '독감이다'라는 내용을 작업영역에 기록한다.
④ 규칙 5가 매칭되므로 환자에게 충분히 휴식하도록 조언한다.

위의 예에서처럼 생성규칙의 조건을 매치시키고 결과의 내용을 작업영역에 기록하는 방법을 '전방향 추론' 이라고 한다. 이와는 반대로 '후방향 추론'은 '○○일지 모른다'는 예측을 하고 그 예측이 성립하는지 필요한 것들을 찾아서 확인하는 방법을 말한다.

규칙기반 전문가 시스템에서 **전문 분야 지식은 IF-THEN 생성규칙의 집합이며 데이터는 현재 상황에 대한 지식의 집합 표현**이다. 추론 엔진은 기반지식에 저장된 각각의 규칙을 데이터베이스에 있는 사실과 비교하여 IF(조건) 부분이 사실과 일치하면 그 규칙은 점화되어 THEN(행동) 부분을 수행하고 데이터베이스에 있는 문자와 기반지식은 상황 또는 개념을 표현하는 데 사용한다. 규칙의 IF 부분과 사실과의 일치는 **추론 사슬을 생성한다. 추론 사슬은 전문가 시스템이 결론에 이르기 위해 규칙을 어떻게 적용했는지를** 표현하는 것이다.

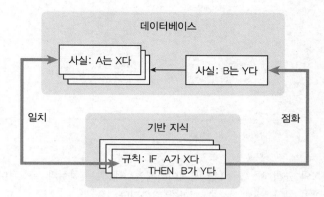

[그림 6-9] 추론 엔진 사이클

기반지식의 조건 내용이 데이터베이스의 내용과 일치하면 그러한 조건에 맞는 행동을 실행한다.

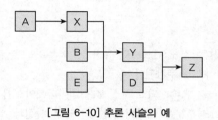

[그림 6-10] 추론 사슬의 예

규칙 1. IF Y is true AND D is true THEN Z is true.
규칙 2. IF X is true AND B is true AND E is true THEN Y is true.
규칙 3. IF A is true THEN X is true.

주어진 사실 A로부터 새로운 사실 X를 연역하기 위해서 규칙 3이 실행된다. 그리고 초기에 알려진 사실 B와 E 그리고 이미 알려진 사실 X로부터 사실 Y를 추론하기 위해 규칙 2를 수행한다. 마지막으로 규칙 1은 결론 Z에 이르기 위해 초기에 알려진 사실 D와 방금 얻은 사실 Y를 적용한다.

1 전방향 추론 종요 ★★

전방향 추론은 데이터 지향(data-driven) 추론, event driven, bottom-up driven으로 알려진 추론방식으로 데이터에서 추론을 시작하여 전방향으로 진행해 나아가는 방식이다. 한 번에 가장 좋은 규칙 하나만 실행되며 규칙이 점화되면 그 규칙은 데이터베이스에 새로운 사실을 추가한다. 어떤 규칙이라도 한 번만 수행된다. 일치-점화 사이클은 더 점화할 수 있는 규칙이 없으면 중단하게 된다. 다음과 같은 IF ⋯ THEN(화살표 좌측이 IF, 우측이 THEN) 규칙을 생각해보자.

규칙 1. Y&D→Z
규칙 2. X&B&E→Y
규칙 3. A→X
규칙 4. C→L
규칙 5. L&M→N

(1) 첫 번째 사이클

① 규칙 3 : A→X와 규칙 4 : C→L만이 데이터베이스에 있는 사실과 매칭된다.

② 규칙 3 : A→X가 가장 위에 있으므로 먼저 점화된다.

③ 이 규칙의 IF 부분이 데이터베이스에 있는 사실 A와 일치하면 규칙의 THEN 부분이 수행되고, 새로운 사실 X가 데이터베이스에 추가된다.

④ 그 다음 규칙 4 : C→L이 점화되고 사실 L도 데이터베이스에 추가된다.

(2) 두 번째 사이클

① B, E, X가 이미 데이터베이스에 있으므로 규칙 2 : X&B&E→Y가 점화되고, 그 결과로 사실 Y가 추론되어 데이터베이스에 추가된다.

② 이로써 규칙 1 : Y&D→Z가 수행되고 사실 Z가 데이터베이스에 추가된다(사이클 3).

③ 규칙 5 : L&M→N의 IF 부분은 데이터베이스의 모든 사실과 부합하지 않기 때문에 규칙 5가 점화되지 않고 일치-점화 사이클이 멈춘다.

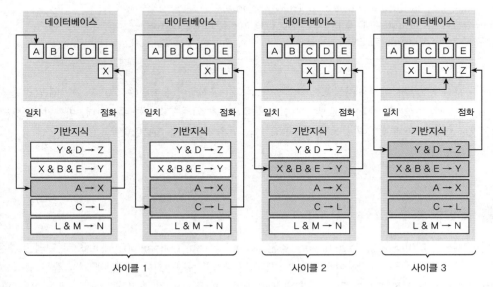

[그림 6-11] 전방향 추론

전방향 추론은 정보를 모으고 난 후, 이를 바탕으로 추론이 가능한 무언가를 추론한다. 사이클 3 추론에서는 정해진 목표와 관련 없는 많은 규칙이 수행될 수 있다. 앞의 예에서 사실 Z를 결정하는 것이 목표라고 가정하면, 기반지식에는 다섯 개의 규칙이 있고, 그중 네 개가 점화되었다. 그러나 규칙 4 : C→L은 사실 Z와 관련이 없는데도 다른 것과 마찬가지로 점화된다.

기반 전문가 시스템에는 수백 개의 규칙이 있을 수 있고, 그중 상당수는 유효한 새로운 사실을 이끌어 내기 위해 점화되겠지만, 불행히도 목표와 무관할 수 있다. 그러므로 정해진 목표가 단지 하나의 특정한 사실을 추론하는 것이라면 전방향 추론 기법은 효과적이지 못할 수 있다. 그런 상황에는 후방향 추론이 필요하다.

2 후방향 추론 중요 ★★

후방향 추론은 **목표 지향(goal-driven) 추론**, expectation driven, top-down으로 전문가 시스템이 목표를 정하고 추론 엔진은 이를 증명하기 위해 탐색을 시도한다. 먼저 원하는 해가 있는 규칙을 찾기 위해 **기반지식을 탐색한다.** 규칙은 THEN 부분에 목표가 반드시 있어야 한다. 목표로 하는 규칙을 발견하고 IF 부분이 데이터베이스에 있는 데이터와 일치한다면 규칙은 점화되고 목표는 증명된다. 그러나 이런 경우는 드물다. 따라서 추론 엔진은 규칙의 IF 부분을 증명하기 위해 작업 중이던 규칙은 잠시 보류하고(스택에 넣어둔다) 새로운 목표와 하위 목표를 설정한다. 그리고 하위 목표를 증명할 수 있는 규칙을 찾아 기반지식을 다시 탐색한다. 추론 엔진은 현재의 하위 목표를 증명하기 위해 기반지식에서 더 규칙을 발견할 수 없을 때까지 규칙을 스택에 쌓아 올리는 과정을 반복하게 된다.

(1) 1단계

① 추론 엔진은 사실 Z를 추론한다.
② 기반지식을 탐색해서 THEN 부분에 설정된 목표(여기서는 사실 Z)가 있는 규칙을 찾는다.
③ 추론 엔진은 규칙 1 : Y&D→Z를 찾아서 스택에 넣는다.
④ 규칙 1의 IF 부분은 사실 Y와 D를 포함하므로 이 사실을 반드시 검증해야 한다.

(2) 2단계

① 추론 엔진은 하위 목표와 사실 Y를 설정하고 그것을 검증한다.
② 먼저 데이터베이스를 검사하지만 사실 Y는 데이터베이스에 없다. 이 경우 THEN 부분에 사실 Y가 있는 규칙을 찾기 위해 기반지식을 다시 검색한다.
③ 추론 엔진은 규칙 2 : X&B&E→Y를 발견하고 스택에 넣는다.
④ 규칙 2의 IF 부분은 사실 X, B, E로 이루어져 있고, 이 사실들 또한 검증해야 한다.

(3) 3단계

① 추론 엔진은 새로운 하위 목표로 사실 X를 설정한다.

② 사실 X를 찾아 데이터베이스를 검사하고, 검사가 실패할 때는 X를 추론해내는 규칙을 찾는다.

③ 추론 엔진은 규칙 3 : A→X를 찾아내고 스택에 넣는다. 이제 추론 엔진은 사실 A를 검증해야 한다.

(4) 4단계

추론 엔진은 데이터베이스에서 사실 A를 발견하고, 규칙 3 : A→X가 점화되며 새로운 사실 X를 추론한다.

(5) 5단계

① 추론 엔진은 하위 목표인 사실 Y로 돌아가 규칙 2 : X&B&E→Y를 다시 수행한다.

② 사실 X, B, E는 데이터베이스에 있으므로 규칙 2가 점화되며, 새로운 사실 Y가 데이터베이스에 추가된다.

(6) 6단계

① 시스템은 원래의 목표, 사실 Z를 이끌어내기 위해 규칙 1 : Y&D→Z로 돌아간다.

② 규칙 1의 IF 부분은 데이터베이스에 있는 모든 사실과 일치하므로 규칙 1을 수행하고, 원래의 목표는 증명이 완료된다.

전방향 추론을 사용했을 때는 네 개의 규칙이 점화되지만, 후방향 추론을 적용했을 때는 단지 세 개의 규칙만 점화된다. 이 간단한 예는 특정한 사실(여기서는 사실 Z) 하나를 추론해야 할 때 후방향 추론 기법이 좀 더 효과적이라는 것을 보여주고 있다.

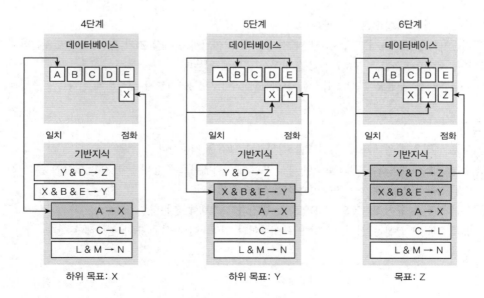

[그림 6-12] 후방향 추론 사슬

그렇다면 전방향 추론과 후방향 추론 중에서 무엇을 선택해야 할지 고민해야 한다. 이것에 대한 해답은 주제 전문가의 문제 풀이 방식에 달려 있다. 만일 전문가가 먼저 정보를 수집한 후 그 수집한 정보로부터 무엇인가를 추론하려 한다면 전방향 추론 엔진을 선택하면 된다. 그러나 전문가가 목표에서 시작해서 이를 증명하기 위해 어떤 사실을 찾으려 한다면 후방향 추론 엔진을 선택해야 한다. 전방향 추론은 분석과 해석을 위한 전문가 시스템을 설계하기에 자연스러운 방법이다. 예를 들면, 질량 스펙트럼 데이터를 기반으로 알려지지 않은 토양의 분자 구조를 결정하는 전문가 시스템인 DENDRAL이 대표적이다.

후방향 추론의 전문가 시스템 대부분은 진단 목적으로 사용된다. 대표적인 예가 전염성 혈액 질환을 진단하는 의학 전문가 시스템인 MYCIN이다. 그러나, 많은 전문가 시스템 구조가 전방향과 후방향 추론 엔진을 결합하여 사용하기 때문에 반드시 하나만 선택할 필요는 없다. 하지만, 기본적인 추론 메커니즘은 주로 후방향 추론을 사용하고, 새로운 사실이 들어왔을 때, 새로운 데이터를 최대로 활용하기 위해서만 전방향 추론을 채택하는 것이 효과적이다.

제 4 절 갈등해결 중요 ★★

1 갈등의 정의

갈등(conflict)이란 여러 개의 규칙이 동시에 점화됨으로 발생되는 문제를 의미한다.

- 규칙 1. IF the light is Green THEN cross the road.
- 규칙 2. IF the light is red THEN wait a moment.
- 규칙 3. IF the light is red THEN cross the road.

위와 같은 세 가지의 규칙이 있다고 가정할 때 어떤 일이 발생하는지 살펴보자.

- 추론 엔진은 규칙의 IF(조건) 부분을 데이터베이스에 있는 데이터와 비교하여 조건을 만족하면 그 규칙을 점화 상태로 설정하게 된다.
- 어느 한 규칙의 점화는 다른 규칙을 활성화하는 데 영향을 주기 때문에 추론 엔진은 반드시 한 번에 하나의 규칙만 점화해야 한다.
- 위에 나온 길 건너기 예에서 규칙 2와 규칙 3은 IF 부분이 동일하다. 그러므로 조건을 만족하는 두 규칙은 점화하게 되어 갈등(conflict)이 발생한다.
- 주어진 사이클에서 두 개 이상의 규칙이 점화되었을 때 그 중 어느 규칙을 점화할지 선택하는 방법을 갈등해결(conflict resolution)이라고 한다.

만일, 신호등이 빨간색이라면 어떤 규칙을 수행해야 할까?

> - 전방향 연결을 사용하는 경우에는 규칙 두 개가 점화된다.
> - 규칙 2가 가장 위에 있는 규칙이므로 먼저 점화되고, THEN 부분이 수행되어 멈춰서 '기다린다'라는 값을 얻게 된다.
> - 그러나 규칙 3의 조건 부분 역시 데이터베이스에 있는 사실 '신호등'이 '빨간색이다'와 부합되므로 이 규칙 또한 점화될 것이다.
> - 그 결과로 취해야 할 행동 객체는 새로운 값인 '길을 건너다'를 얻게 된다.

이 예는 전방향 추론 기법을 사용할 때 규칙의 순서가 아주 중요하다는 것을 보여 주고 있다.

2 갈등해결

충돌을 해결할 수 있는 명백한 전략은 목표를 설정하고, 설정한 목표에 도달하면 규칙 수행을 멈추는 것이다. 예를 들어, 위 문제의 목표는 취해야 할 행동의 값을 정하는 것이다. 전문가 시스템이 취해야 할 행동의 값을 결정했다면 이는 목표에 도달한 것이므로 규칙 수행을 멈춰야 한다. 따라서 신호등이 '빨간색이다'라는 규칙 2가 실행되면 '멈춰 기다린다'라는 값이 들어가고, 전문가 시스템은 멈춰야 한다. 주어진 예에서 전문가 시스템은 옳은 결정을 내렸지만, 규칙을 반대로 정렬했다면 결론은 잘못되었을 것이다. 이는 기반지식 내에서 규칙의 순서가 매우 중요하다는 사실을 의미한다.

3 갈등해결 전략의 종류

(1) 우선순위 전략 중요 ★

우선순위 전략은 가장 높은 우선순위를 가진 규칙을 점화하는 방법이다. 간단한 응용 사례에서는 기반지식에 적당한 순서로 규칙을 배치함으로써 우선순위를 정하는 것이다. 그러나 어떤 응용 사례에서는 중요한 순서에 따라 데이터를 처리해야 하는 경우도 있다.

> **예제**
>
> 목표 1 : 처방전
> 규칙 1 : 뇌막염 처방전 1(우선순위 100)
> IF 감염이 뇌막염이다 AND 환자가 어린이다
> THEN 처방전은 Number_1이다
> AND 추천 약은 암피실린(ampicillin)이다
> AND 추천 약은 겐타마이신(gentamicin)이다
> AND 뇌막염 처방전 1을 보여준다
> 규칙 2 : 뇌막염 처방전 2(우선순위 90)
> IF 감염이 뇌막염이다 AND 환자가 어른이다
> THEN 처방전은 Number_2이다
> AND 추천 약은 페니실린(penicillin)이다
> AND 뇌막염 처방전 2를 보여준다

(2) 최장 일치 전략 중요 ★

최장 일치 전략(longest matching strategy)은 **가장 특수한 규칙을 점화시키는 전략**이다. 특수한 규칙일수록 일반적인 규칙보다 더 많은 정보를 처리할 것이라는 가정에 근거한다.

> **예제**
>
> 규칙 1
> IF 가을이다 AND 하늘이 흐리다 AND 일기예보에서는 비가 온다고 한다
> THEN 조언은 '외출하지 않고 집에 있는다'
> 규칙 2
> IF 가을이다
> THEN 조언은 '우산을 가져간다'

만일 계절이 가을이고 하늘이 흐리고 일기예보에서는 비가 온다고 했다면, 규칙 1의 매칭 부분이 규칙 2보다 좀 더 특수하기 때문에 규칙 1이 점화될 것이다. 그러나 계절이 가을이라는 것만 알려져 있다면 규칙 2가 수행될 것이다.

(3) 최근 데이터 사용전략 중요 ★

최근 입력 데이터 사용 전략(data most recently entered)은 데이터베이스에 **가장 최근에 입력된 데이터를 사용하여 규칙을 점화하는 방식**이다. 이 방법은 데이터베이스에 있는 각각의 사실에 붙여진 시간 태그에 의존하며, 충돌 집합 중에서 전문가 시스템은 가장 최근에 데이터베이스에 추가된 데이터가 들어있는 규칙을 먼저 점화한다.

> **📑 예제**
>
> 규칙 1
>   IF 일기예보에서는 비가 온다고 한다[2018/03/25 10:16 AM]
>   THEN '우산을 가지고 외출한다'
> 규칙 2
>   IF 비가 온다[2018/03/27 11:10 PM]
>   THEN '집에 있는다'

두 규칙의 IF 부분이 데이터베이스에 있는 사실과 일치한다고 가정하자. 이때 비가 온다는 사실이 일기예보에서는 "비가 온다고 한다."라는 사실 다음에 입력되었기 때문에 규칙 2가 점화될 것이다. 이 기법은 데이터베이스의 정보가 자주 업데이트되는 실시간 전문가 시스템에 특히 유용하다.

4 메타지식 중요 ★★

갈등 해결은 쉽게 구현할 수 있으며 대부분 만족스러운 해를 제공한다. 그러나 프로그램이 커지고 복잡해질수록 지식 공학자가 기반지식에 있는 규칙을 관리하고 감독하기가 점점 어려워진다. 그러므로 전문가 시스템 자신이 적어도 그 부담 중 일부를 맡고, 자신의 작동 방식을 이해해야 할 필요가 있다. 전문가 시스템의 성능을 개선하려면 전문가 시스템에 수록된 '지식에 관한 지식', 즉 메타지식(metaknowledge)을 시스템에 제공해야 한다. 메타지식은 **전문가 시스템 내에 있는 분야 지식을 사용하고 제어하는 데 필요한 지식**으로 규칙기반 전문가 시스템에서는 메타지식을 메타규칙으로 표현하고 있다. 메타규칙은 전문가 시스템 업무와 관련된 규칙을 어떻게 사용할 것인지에 대한 전략을 결정한다.

> • 메타규칙 1
>   전문가가 제공한 규칙은 무경험자가 제공한 규칙보다 우선순위가 높다.
> • 메타규칙 2
>   인명 구조를 다루는 규칙은 시스템 장비의 부하를 처리하는 규칙보다 우선순위가 높다.

전문가 시스템에서 메타규칙을 이해하고 사용하기 위해서는 메타규칙을 위한 추론 엔진을 따로 제공해야 한다. 그러나 대부분의 전문가 시스템은 규칙과 메타규칙을 구분하지 못한다. 따라서 메타규칙은 기반지식 내에서 우선순위를 높게 설정해야 활용이 가능하다. 메타규칙이 점화되면 다른 규칙의 우선순위를 바꿀 수도 있는 중요한 정보가 데이터베이스에 저장되게 된다.

제 5 절   전문가 시스템의 개발 도구

전문가 시스템을 개발할 경우 표준화된 범용프로그래밍 언어를 사용하여 처음부터 문제 성격에 맞는 전문가 시스템을 구축할 수도 있으나 전문가 시스템의 개발을 위해 특별히 만들어진 소프트웨어를 사용함으로써 개발시간과 노력을 단축시킬 수도 있다.

1 범용 프로그래밍 언어

전문가 시스템의 개발에 있어 범용 프로그래밍 언어인 LISP, PROLOG, PASCAL, FORTRAN, ASSEMBLER 등을 사용함으로써, 문제의 성격에 가장 적합한 지식 표현과 추론 기관을 설계하고 코드화하여 개발할 수 있다. 범용 프로그래밍 언어 가운데는 LISP가 가장 많이 사용되는데 이는 LISP가 기호(symbol)를 처리하는데 용이하기 때문이다. 그러나 LISP를 사용할 경우 전문가 시스템의 개발이 편리하다는 것이지 반드시 LISP로 전문가 시스템을 개발하여야 한다는 것은 아니다. 실제로 EXPERT는 FORTRAN을 사용하여 개발한 전문가 시스템이며, M-1은 ASSEMBLER로 되어있다. 범용 프로그래밍 언어를 사용할 경우 비록 개발시간과 노력이 많이 소모되기는 하지만 주어진 문제에 가장 적합한 시스템을 구축할 수 있다는 장점이 있다.

2 범용 표현 언어

다음 방법으로는 OPS 5, ART, Knowledge Craft, Goldworks, HEARSAY III, AGE, UNIK(UNIfied Knowledge)와 같이 특별히 지식 공학자를 위해 개발된 범용 표현 언어를 사용하여 전문가 시스템을 개발할 수 있다. 특수하고 구체적인 문제영역에서 사용될 수 있도록 개발된 지식틀과는 달리 이들은 문제영역에 무관하게 단지 전문가 시스템의 개발을 쉽게 할 수 있도록 만들어진 소프트웨어이다. 예를 들어 OPS 5는 DEC사(Data Equipment Co.)가 VAX의 판매를 위한 시스템 구성도를 마련하기 위하여 사용하는 전문가 시스템인 XCON을 개발하는 데 사용되었는데 OPS 5가 지식 공학자에게 필요한 기본적인 메커니즘을 제공하기는 하지만 어떤 특정한 문제해결 전략이나 표현체계를 위해 만들어진 것은 아니다.

KEE, ART, Knowledge Craft, Goldworks, UNIK는 프레임, 규칙 등의 기능을 종합적으로 가진 개발 도구들이다. 이외에도 RLL, ROSIE 등을 들 수 있는데, 범용 표현 언어는 대상 문제의 속성에 민감한 지식틀과는 달리 특정한 틀이나 문제영역에 묶여 있지 않으므로 융통성 있게 사용될 수 있는 제어구조를 제공하고 있는 셈이다. 그러나 범용 프로그래밍 언어를 사용하여 전문가 시스템을 개발하는 경우에 비하면 융통성이 부족하다고 하겠다.

3 **지식틀**

지식틀(shell or skeletal system)은 특정한 지식의 표현과 추론을 할 수 있도록 미리 마련된 소프트웨어이다. EMYCIN은 MYCIN에서 사용한 지식표현과 추론 기능을 MYCIN과 유사한 환경을 갖는 새로운 문제영역에 사용할 수 있도록 만든 지식틀이다. 즉, MYCIN이 환자의 박테리아 감염 여부를 진단하는 데 사용하기 위해 만들어진 전문가 시스템이므로, 다른 병에 대한 진단지식을 MYCIN에서 사용하는 지식표현체계를 통하여 지식 베이스화하고 그 위에 EMYCIN이 사용하는 추론 기능을 껍질(shell)처럼 씌움으로써 새로운 진단용 전문가 시스템을 구축할 수 있도록 한 것이 EMYCIN이다. 따라서 EMYCIN은 그 자체가 지식베이스를 갖고 있지 않으나 시스템 개발자는 단지 지식습득(knowledge acquisition)만 함으로써 새로운 전문가 시스템을 개발할 수 있으므로 그만큼 전문가 시스템의 개발에 시간과 노력이 단축될 수 있는 것이다. 실제로 몰리브덴 광맥을 찾은 전문가 시스템인 PROSPECTOR도 EMYCIN을 사용하였다. 국내에서 개발된 지식틀인 SKI 2와 지식습득지원도구인 LIFT는 주제별 추론을 도와줄 수 있는데 세무자문 등의 상담 목적으로 개발되었다. 지식틀은 특정한 문제를 대상으로 한 전문가 시스템으로부터 파생된 시스템이므로 새로운 대상 문제가 가지는 환경, 즉 새로운 문제의 지식표현체계나 추론 기능이 지식틀과 부합되어야만 사용할 수 있다는 제약조건을 가지고 있다. 그러나 새로운 문제영역이 가지는 환경과 기존의 지식틀이 부합될 경우 지식틀의 사용으로 전문가 시스템의 개발시간과 노력을 상당히 단축시킬 수 있다.

제 **6** 절 전문가 시스템의 개발 절차 중요★

전문가 시스템도 궁극적으로는 전체 정보 시스템의 한 구성 요소로 볼 수 있기 때문에 일반적인 정보 시스템의 개발에 필요한 시스템 분석 및 설계와 관련된 모든 개념이 전문가 시스템의 개발에도 적용될 수 있다. 종래의 시스템 분석이나 설계기법을 전문가 시스템 개발을 위해 다소 변형시킴으로써 더 효율적으로 시스템을 구축할 수 있다.

1 **시스템 개발 개요**

일반적으로 전문가 시스템을 효율적으로 개발하기 위하여 그 개발절차를 정형화하여 사용하고 있다. 전문가 시스템의 개발도 기존의 정보 시스템 개발에 사용되는 방법을 근간으로 하고 있으나, 이들 두 시스템 간의 특성상의 차이 때문에 그대로 활용될 수는 없고 다소 변형된 독자적인 개발과정을 거치는 것이 바람직하다.

(1) 전문가 시스템과 일반 정보 시스템

일반적인 정보 시스템과 전문가 시스템의 공통점은 다음과 같다.
첫째, 양 시스템이 모두 의사결정과 관리과정의 질적 향상을 궁극적인 목적으로 삼고 있다.

둘째, 시스템의 개발에 필요한 자원과 시간을 확보하기 위하여 최고경영층과 사용자의 동의를 구하여야 한다.

셋째, 개발과정에서 시스템 분석과 설계기법으로부터 큰 도움을 받을 수 있다. 규모가 크고 전략적인 차원에서 중요성이 높은 전문가 시스템을 개발하고자 할 경우에는 이러한 시스템 분석과 설계의 필요성은 더욱 커지게 된다.

기업에서의 정보 시스템과 전문가 시스템의 분석, 설계과정에서의 차이점은 다음과 같다.

첫째, 전문가 시스템은 정보 시스템에 비하여 새롭다. 따라서 최고경영층, 전문가, 그리고 사용자들로서는 전문가 시스템의 목적을 정의하고 그 능력과 한계를 정확하게 파악하기 위하여 더 깊은 대화와 토의가 필요하다.

둘째, 일반적으로 정보 시스템은 정형화된 업무처리부문을 주요 대상으로 하고 있으나, 전문가 시스템은 비구조화 혹은 반구조화된 의사결정 문제를 해결하기 위하여 설계된다. 따라서 최종적인 전문가 시스템을 개발하기 위해서는 수차례의 반복과 시행착오를 거칠 수 있는 개발 방법론이 채택되어야 한다. 이러한 방법이 바로 프로토타이핑(prototyping) 방식이다.

셋째, 전문가 시스템은 해당 분야의 전문적인 지식을 보유하고 있는데, 이러한 지식은 상당히 복잡하고 어려운 지식획득 과정을 통해서 얻을 수 있다. 전문가 시스템을 개발하기 위해서는 지식획득을 효율적으로 수행할 수 있는 적절한 방법이 강구되어야 한다.

넷째, 전문가 시스템은 대개 구체적인 해답을 제시하거나, 문제를 진단하거나 특정 조치를 취하게 한다. 이에 비하여 정보 시스템은 궁극적인 해답을 제시하기보다는 이를 위한 입력자료만을 던져준다. 따라서 전문가 시스템의 개발에는 시스템으로부터 제공될 해답에 대한 절차검증(verification) 및 성과검증(validation)을 위한 추가적인 절차가 필요하게 된다.

(2) 시스템 개발주기와 프로토타이핑

전문가 시스템을 개발하기 위해서는 더 정형화된 시스템 개발주기를 사용해야 한다. 시스템 개발주기의 내용은 대개 분석, 설계, 코딩, 테스팅, 구현, 그리고 유지보수 등의 여섯 단계로 구성되는 것이 일반적이다. 시스템 개발주기 접근방법은 정형화된 틀을 제공하기 때문에 개발과정에서 발생할 수 있는 오류나 실수의 가능성을 최소화할 수 있다는 장점도 있지만 개발 기간이 길어질 수 있어 시스템 개발주기가 지닌 문제점을 해결하기 위하여 프로토타이핑 방식이 많이 사용된다.

프로토타이핑이란 초기 모형을 뜻하는 것으로 개발 초기에 시스템의 모형을 간단히 만들어 사용자에게 제시하여 사용자로 하여금 실제 작동시켜 기능의 추가, 변경 내지 삭제를 요구하도록 하여 시스템을 점차적으로 개선시켜 나가도록 하는 방식을 말한다. 일반적으로 시스템 개발에는 불확실성이 수반된다. 많은 인력과 자금을 투입하여 개발한 시스템이 사용자 요구를 제대로 충족시킨다는 보장이 없기 때문이다. 이러한 불확실성은 사용자 요구를 정의하기 어려운 비구조적 혹은 반구조적인 문제를 주로 다루는 의사결정지원 시스템 혹은 전문가 시스템일수록 더욱 커진다. 이러한 이유로 전문가 시스템의 개발에 프로토타이핑 방식이 많이 사용되고 있다. 프로토타이핑 방식은 분석단계에서의 사용자 요구를 정의하는 하나의 방법일 뿐 나머지 시스템 개발주기 전체를 포괄하는 방법은 아니다. 따라서 프로토타이핑 방식을 기존의 시스템 개발주기에 접목시킴으로써 상호보완적으로 활용할 수 있게 된다. 이러한 절충방식은 비구조적 혹은 반구조적인 문제를 다루는 의사결정지원 시스템이나 전문가 시스템의 개발에 아주 적합한 방법으로 생각된다.

(3) 전문가 시스템 개발을 위한 절차

일반적으로 정보 시스템의 경우에는 전체적인 계획을 먼저 수립한 후 이 계획을 근거로 실제 단위 시스템들에 대한 개발 작업이 수행된다. 그러나 전문가 시스템의 개발을 위해서는 계획 절차와 개발 절차를 모두 거쳐야 할 필요가 있다. 개발 경험이 많지 않으며, 개발 과정이 정형화되어 있지 않은 시스템을 개발할 경우 초기 개발 계획의 내용이 최종적인 시스템의 성공 여부에 아주 중요한 영향을 미치기 때문에 전문가 시스템의 성공적 개발을 위해서는 효과적인 계획 수립이 필연적으로 뒤따라야 하기 때문이다. 전문가 시스템의 개발 절차는 계획 절차와 개발 단계로 크게 나눌 수 있다.

2 계획 절차

(1) 기초요구 분석

기초 요구 분석 단계에서는 문제해결 구조를 결정하기 위하여 현재 상황을 분석하여 문제의 특성을 파악한다.

① 계획 프로젝트 편성

계획 절차를 더 체계화하기 위하여 계획단계에서 수행해야 할 작업을 프로젝트로 편성하여 수행하도록 한다. 여기서는 주로 다음과 같은 내용의 작업이 이루어져야 한다.

㉠ 계획 프로젝트의 추진계획 및 범위의 결정

　　전문가 시스템의 영역을 파악하여 계획 프로젝트의 범위를 설정하고 이를 수행하기 위한 추진방향을 정의한다.

㉡ 계획 프로젝트의 접근방법 정의

㉢ 계획 프로젝트의 범위와 목표에 대한 구현방법 및 기술을 확정

㉣ 계획 프로젝트의 추진계획 승인 및 프로젝트팀 구성

　　프로젝트 관리자는 계획 프로젝트에 대한 승인 후에도 해당 프로젝트가 완료될 때까지 관련자들과 긴밀한 의사소통을 유지할 수 있도록 팀을 구성해야 한다.

② 문제 인식

해당 영역의 문제점을 인식하여 해결해야 할 문제를 정확하게 정의하고 문제해결의 범위와 목표를 명확히 설정한다.

㉠ 문제의 정의

　　전문가 시스템의 대상 업무영역이 무엇인가를 정의한다.

㉡ 문제의 범위

　　정의된 문제의 대상 업무영역 중 일부를 전문가 시스템으로 개발할 것인지 혹은 전부를 개발할 것인지를 결정한다. 일부만을 개발할 경우 어느 영역을 포함할 것인가를 명시한다.

㉢ 개발목적과 사용대상자의 정의

　　현재의 문제점을 해결하기 위한 목적이 무엇인가를 정의하고, 문제해결 후의 효과에 대하여 기술하며, 개발될 시스템이 전문가를 대체하기 위한 것인지 아니면 지원하기 위한 것인지를 확실하게 설정한다.

③ **현재의 상황 기술**

수작업으로 이루어지고 있는 대상 문제영역 내에서 현재 상황을 정확하게 기술하고 현재 처리되고 있는 지식의 형태를 파악함으로써 향후 개발될 시스템에서의 문제해결 방법을 결정하기 위한 기초로 활용한다.

㉠ 현재 사용하고 있는 문제해결 수단과 해결방법

현재 사용하고 있는 전문적인 문제해결 수단과 해결방법을 모두 기술한다. 특히 전문가의 도움으로 문제를 해결하고 있는 경우, 시스템 개발시 이러한 전문가의 지원을 받을 수 있을 것인지도 조사하여야 한다. 문제해결 방법을 파악하기 위해서는 입력-처리-출력의 관점에서 조사한다.

㉡ 전문가의 지식 습득방법

계속 변화되는 지식일 경우 전문가가 신규지식을 습득하는 방법을 조사한다. 여기에는 수동 혹은 반자동 습득방법, 자동화된 도구의 사용 등이 있을 수 있다.

㉢ 수작업 상황에서 문제해결의 성능 및 시기

문제해결에 필요한 시간이나 1일 사용횟수 등과 같은 시간적 측면과 사용하는 지식의 양과 투입 인원 등과 같은 자원적 측면에서 조사가 이루어져야 한다.

④ **요구사항 파악**

개발될 전문가 시스템에 대한 요구사항을 파악한다. 이러한 요구사항에 따라 개발될 시스템의 규모, 성능, 타당성 등의 내용이 결정되고, 시스템 개발 후의 시스템 평가를 위한 기초자료로 활용될 수 있다.

㉠ 개발 목적에 따른 시스템 수준

일반적으로 개발될 시스템은 개발 목적에 따라서 정보형 시스템, 제도형 시스템 및 개발형 시스템으로 분류한다. 정보형 시스템은 보편적으로 모든 사람이 공유할 수 있는 시스템을 개발하는 것이고, 제도형 시스템은 교육 참여를 제도화하거나 어떤 기관에 의해 독자적으로 제공되는 일방적인 정보의 전달이 목적이다. 개발형 시스템은 어떤 문제를 해결하기 위해 특정한 상황에서 개발되는 시스템이다. 궁극적으로 개발될 시스템은 이 중 어느 분류에 속하는지 미리 결정해야 한다.

㉡ 프로토타입의 개발과 시스템 개발

전체 문제영역 중 일부분만을 대상으로 시스템을 개발하고, 이를 통해 전체시스템 개발의 가능성 여부를 파악한다. 프로토타입의 성능 평가 결과에 따라서 생산모델을 개발한다.

㉢ 사용자 요구사항 및 성능요구사항을 정의

⑤ **개발 환경 조사**

현재 보유하고 있는 기술 수준, 시스템 환경, 개발 도구 및 네트워크 등의 정보 시스템 기반구조에 대한 조사와 확보된 예산 등 고려하여 전문가 시스템으로의 개발을 할 것인지의 여부를 결정하고 내부에서 자체적으로 할 것인가 아니면 외부에 용역을 줄 것인지를 결정하는 기초자료가 되도록 한다.

(2) 문제해결 구조 정의

일반적인 정보 시스템 개발과정은 계획, 분석, 설계, 구현, 시험 등의 개발주기 모델로 구성되지만, 전문가 시스템의 개발과정에는 이외에 지식획득이라는 단계가 추가되기 때문에 이를 구현하기 위한 지식표현 구조에 따라 시스템의 구조가 크게 달라진다.

① **문제해결 구조 파악**

전문가 시스템에 의한 문제해결 구조를 파악하기 위한 방법은 단순한 문제 유형의 분석에서부터 구체적인 수준의 지식표현을 통한 분석에 이르기까지 매우 다양하다. 문제에 따라서는 이러한 모든 과정을 거쳐야만 그 구조를 파악할 수 있는 경우도 있지만 극히 일부의 정보만으로도 지식 기반 시스템 혹은 신경 회로망 시스템의 유형이 적합한지를 쉽게 파악할 수도 있다.

㉠ 대상 범위의 결정

문제해결 구조의 분석을 위해서 전체 문제를 대표할 수 있는 일부 대상 영역을 선정해야 한다. 문제해결 구조의 파악을 위한 대상 영역의 범위를 결정할 때에는 기초요구 분석의 결과를 토대로 전체 문제영역 중에서 가장 어렵다고 판단되는 부분이나 데이터의 성격이나 지식의 형태가 가장 보편적이라 생각되는 부분을 선택하는 것이 좋다.

㉡ 시스템의 역할 설정

영역 전문가의 일을 대신하거나 지원하는 역할, 현재 업무의 개선 혹은 현재 시스템의 성능 향상을 위한 역할 및 현재까지 풀 수 없었던 문제를 해결하는 역할 등으로 개발될 시스템의 역할을 명확하게 설정한다.

㉢ 문제해결 방안의 형식 정의

사용자와 대상 영역으로부터 문제해결 방식을 추출할 수 있는 형태인 지식을 기반으로 하는 문제해결 형식과 방안을 대상 영역으로부터 추출할 수 없는 형식으로 정의한다. 예를 들면, 신경 회로망의 문제해결 방식은 특정 대상 영역의 지식에 의존적인 것이 아니라 일반적인 문제해결 방식이다. 만일 당장 현실화할 수 없는 문제해결 방안이라면 연구과제로 남겨둔다.

㉣ 지식의 원천 파악, 지식획득 및 형태 분석

지식의 원천을 조사하고, 수동 방법, 반자동 방법, 자동 방법 등의 지식획득 방법과 대상 영역의 문제해결에 사용되는 지식의 형태가 문서 위주, 데이터 위주, 규칙 위주 중 어느 부류에 속하는지 확인한다.

㉥ 지식표현의 불확실성 파악

지식을 표현하는데 불확실성이 있는지 파악하고 있다면 어떤 형태로 이를 표현할 수 있는지를 정리한다. 불확실성을 표현하는 방법으로는 크게 퍼지, 불확실성, 통계적 방법 등이 있다.

㉦ 시스템 요구사항 및 사용자 요구사항 확인

기초요구 분석 단계에서 파악된 시스템 및 사용자 요구사항을 문제해결 관점에서 다시 정리한다.

② **개발 방법론 선정**

분석결과를 토대로 상황에 알맞는 적절한 개발 방법론을 결정하기 위한 단계이다. 전문가 시스템 개발에 주로 사용되는 대표적인 방법론으로 지식기반 시스템, 사례기반 시스템, 그리고 신경 회로망 개발 방법론 등이 있다.

ⓐ 대상 문제의 시스템 유형 정의

직전 단계인 문제해결 구조 파악단계의 결과를 토대로 대상 영역의 문제를 어떻게 해결할 것인가를 정리할 수 있는데, 대개 다음에 열거된 문제해결을 위한 시스템 유형의 범주에 속한다.

> - 지식기반 시스템
> - 사례기반 시스템
> - 신경 회로망 시스템
> - 지식기반 시스템 + 사례기반 시스템
> - 신경 회로망 시스템 + 사례기반 시스템 등

ⓑ 적절한 방법론의 선택 및 정의

지식기반 시스템, 사례기반 시스템 그리고 신경 회로망 시스템 중의 어느 하나로 정의되는 문제의 경우에는 각각의 수명주기 모형(상세분석, 설계, 구현, 시험 등)을 개발 방법론으로 선택한다. 시스템이 혼합되는 네 번째와 다섯 번째 유형에 속하는 경우에는 어느 하나를 주된 방법론으로 결정할 수 있는지를 검증한다.

(3) 개발 추진계획 수립

개발 추진계획 수립 단계에서는, 이제까지의 과정을 거쳐 선정된 전문가 시스템 개발 방법에 따른 개발비용과 시스템 운영비용을 산정하고 시스템 효과를 예측함으로써 개발 타당성에 대한 검토 및 조정작업을 수행하고, 본격적인 개발을 위한 프로젝트를 편성한다.

① 시스템 개발계획 및 효과분석

전문가 시스템으로의 개발을 위한 가능한 대체안들을 파악하여 그중 최적의 대안을 선정하고, 선정된 대안에 대하여 소프트웨어 개발비용을 산정하며, 전문가 시스템 운영비용을 추정하며 시스템 개발일정을 작성한다. 즉, 전문가 시스템 개발의 정량적, 정성적 효과를 분석함으로써 위험을 최소화하자는 데 그 목적이 있다. 이 단계에서 수행해야 할 구체적인 내용은 다음과 같다.

ⓐ 시스템 개발 대체안 평가

전문가 시스템 개발을 위한 가능한 여러 가지 방안들을 평가하여 최적의 방안을 선정한다. 전문가 시스템 개발 도구를 도입하여 활용하는 것이 효과적일 경우에는 전문가 시스템 개발 도구의 도입 평가 기준에 의해 도입을 추진한다. 특히 시스템 개발 대체안을 작성·평가할 때에는 전문가 시스템 개발계획서 상에 다음 사항이 복수 개로 작성·평가되어야 한다.

> - 시스템 구조(아키텍쳐)
> - 하드웨어 및 소프트웨어 요건
> - 시스템 운영 방향
> - 시스템 이용형태

ⓛ 소프트웨어 개발비용 및 운영비용

소프트웨어 개발비용의 경우 전문가 시스템 개발비용 및 운영비용의 산정기준을 만들어 사용한다.

ⓒ 시스템 개발 일정계획 및 효과분석

소프트웨어 개발에 필요한 소요기간을 고려하여 일정계획을 수립하고, 시스템 개발 완료 후 적용에 따른 정량적 및 정성적 효과를 분석한다.

② **타당성 검토 및 조정**

전문가 시스템 개발 추진계획의 내용을 조직의 전체적인 정보 시스템의 중장기 계획 및 연간 계획과의 관련성, 경제성, 기술성, 효율성 등의 관점에서 종합적으로 타당성을 검토하고 조정하는 단계이다.

ⓒ 타당성 검토

전문가 시스템 추진계획에 대해 타당성 검토를 실시한다. 그러나 어떠한 문제를 해결하기 위한 다른 특별한 방법이 없다고 해서 그것이 전문가 시스템으로 해결되어야 한다는 것은 올바른 생각이 아닐 수도 있다. 현재 고려되고 있는 대상 영역의 문제를 전문가 시스템으로 개발하기 위해서는 이에 대한 타당성이 있다고 판단될 경우라야 할 것이다.

• 정보 시스템 계획과의 연계성

전체 조직에서 정보 시스템의 중장기 및 연간 계획과 해당 전문가 시스템 계획과의 연계성을 검토한다.

• 경제적 타당성

시스템의 개발로 인하여 발생하는 유형 및 무형의 이익과 개발 및 운영에 소요되는 인건비, 장비 구입 및 유지보수 비용 등을 상호 비교하는 것이다.

• 기술적 타당성

제시된 대안을 위해 사용될 기술의 실용성과 그러한 기술과 기술인력의 확보 가능성 및 기간 내 완성이 가능한가 등을 따지는 것이다.

• 운영적 타당성

시스템의 운영에 문제가 없는지를 검토하는 것으로 제시된 대안에 대한 개발에 관련된 직·간접적인 인사들과 사용자의 관심 사항 및 수용 여부, 관리자의 지원정도, 그것이 조직구성원의 직무와 동기유발에 미치는 영향 등을 검토하는 한편 입력자료의 획득 및 정확성 여부, 자료 입·출력 일정의 실현 가능성 등을 조사한다.

③ **개발 프로젝트 편성**

계획 프로젝트의 편성과 마찬가지로 전문가 시스템의 개발을 더 체계화하기 위하여 개발단계에서 수행해야 할 과업을 프로젝트로 편성하여 수행한다.

ⓒ 개발 프로젝트의 범위 및 방법 결정

전문가 시스템 추진계획을 참조하여 프로젝트의 범위를 결정하고, 시스템 개발에 사용될 방법, 도구 등을 고려하여 프로젝트의 수행방법을 결정한다.

ⓒ 개발 프로젝트의 추진계획

개발 환경 및 사용가능한 도구, 사용자 부서의 참여 정도, 작업장소 등을 고려하여 개발 방법, 개발 범위, 개발 공정별 추진계획, 예상문제점 및 대책, 소요예산 등의 내용을 결정한다.

ⓒ 작업 계획 및 팀 편성

소프트웨어 개발 프로젝트 유형에 따른 개발공정별 작업순서, 작업 계획을 구성하는 세부작업 항목별 계획(일정, 투입인력), 프로젝트의 작업표준 등을 설정하고 팀을 구성한다.

3 개발 절차

(1) 상세분석 단계

상세분석 단계에서는 시스템 개발계획을 수립하기 위해 시행했던 기초요구 분석의 결과를 토대로 더 세부적인 분석작업을 수행함으로써 이후의 설계작업을 원활하게 할 수 있게 한다. 이 단계에서는 현행업무 또는 시스템에서 수행하는 업무기능, 의사결정 과정 및 관련 자료들을 상세하게 조사하고 사용자의 요구정보, 자동화 업무영역, 성능, 기타 요건 등을 명시하고 업무에 대한 조사결과를 객체지향구조로 분석함으로써 신규 시스템에서 수행되어야 할 자동화 처리기능, 객체 요건, 입·출력 및 기타 요건 등을 정의한다. 이 단계에서 수행되는 주요 업무는 상세 업무 분석, 자동화 요구 정의, 객체 정의, 입·출력 정의 등이다.

① 상세 업무 분석

개발대상 업무별로 업무처리절차의 내용을 상세하게 기술하는데, 이는 자동화 업무영역 정의를 위한 기초자료로 활용될 것이다. 그리고 대상 영역의 용어 및 관련 자료들을 수집함으로써 개발자(지식 공학자)로 하여금 자신의 업무를 더 명확히 이해하게 하고, 대상 업무의 조직적 상황을 이해하기 위해 타업무와의 상관관계도 조사한다.

② 자동화 요구 정의

여기서는 자동화 대상 업무의 영역을 정의함으로써, 이후 단계에서의 소프트웨어 및 하드웨어 기능요건의 파악을 위한 기초자료를 제공한다. 이를 위해서는 자동화 기능 요구 정의, 성능 요건 정의 등의 작업이 이루어져야 한다.

③ 객체 정의

전문가 시스템에서 필요로 하는 모든 객체를 파악하여 정리함으로써, 차후 데이터베이스 혹은 파일구조, 지식 베이스의 프레임 구조 설계를 위한 기초를 제공하도록 한다. 이를 위해 다음과 같은 작업이 수행되어야 한다.

ⓐ 객체 도출

- 상세 업무분석 단계에서 수집된 자료를 토대로 객체를 도출한다.
- 서식, 자료 등의 분석을 통하여 엔티티 객체를 도출한다.
- 처리절차의 분석을 통하여 컨트롤 객체를 도출한다.
- 담당자와의 면담을 통하여 인터페이스 객체를 도출한다.

ⓑ 객체 정규화

엔티티 객체 정의 내용의 중복성 분리(제1 정규형)와 하위 키(secondary key)에 종속되는 종속항목의 분리(제2 정규형), 주 키(primary key)에 의존하지 않는 종속항목의 분리작업(제3 정규형)을 통하여 데이터 정규화를 수행하고, 정규화 결과에 따라 엔티티 객체를 확정한다.

ⓒ 속성 정의

엔티티 객체의 각 속성에 대하여 속성명, 타입, 도메인, 길이 등을 정의하고, 코드체계를 정의하고 호환성을 검토한다.

ⓔ 관계 정의

객체 간의 계층 관계, 구성 관계 등을 정의하고 이를 해당 객체의 속성으로 반영하며, 유사 객체들의 일반화를 통하여 상속 관계를 정의한다.

ⓜ 연산 정의

객체 간의 협력과정을 상호 전달하는 메시지를 통하여 분석함으로써 연산 목록을 작성하고, 각 연산을 적절한 객체에 할당한다. 또한, 연산에 대한 매개변수와 타입을 정의한다.

ⓗ 객체모델 정의

객체의 속성, 연산 부분을 통합하여 객체모델을 정의한다.

④ **입·출력 정의**

신규 시스템의 입·출력 내용을 정의하고 사용자의 동의를 획득함으로써, 전문가 시스템에서 관리, 유지, 보고되어야 할 데이터의 파악을 위한 기초를 제공할 수 있도록 한다. 이러한 입·출력 정의 단계에서 고려해야 할 내용은 보고서, 화면, 서식 등이다.

㉠ 보고서 정의

보고기능의 정의로부터 필요한 보고서 목록, 보고서 표준에 따른 각 보고서의 견본 및 출력 매체 및 빈도수에 따른 출력방법을 정의한다.

㉡ 화면 정의

다양한 운영체제하에서 그래픽 사용인터페이스(GUI)에 의한 개발 방법을 채택할 경우에는 기본메뉴화면과 입력화면 및 출력화면에 대한 정의를 위주로 하고, 운영과정에서 발생하는 구체적인 양식 등은 설계시 구체화하도록 한다.

㉢ 서식 정의

입·출력에 사용되는 일정한 서식의 목록, 각 서식에 관한 내용 및 사용법 등에 대한 설명을 기술한다.

(2) 설계 단계

설계를 통하여 개발될 시스템은 어떠한 모양을 갖게 될 것인지, 문제를 어떻게 해결하는지, 시스템의 주요 특성은 무엇인지, 다른 시스템과의 관계는 어떠한지 등을 알 수 있게 된다. 일반적으로 전문가 시스템의 개발을 위한 설계 단계는 대상 영역으로부터 지식을 획득하는 것으로 시작된다. 즉, 문제해결을 위한 지식을 체계적으로 정리함으로써, 이를 표현하는 적절한 방법, 추론 방법 등을 설계할 수 있게 된다. 따라서 지식 베이스의 설계가 선행되어야 하며 다음으로 이를 뒷받침할 수 있는 소프트웨어 설계, 하드웨어 설계, 사용자 인터페이스 설계 등이 뒤따르게 된다.

① **지식 베이스(knowledge base)의 설계**

지식 베이스의 설계는 지식을 모델링하는 과정을 일컫는 것으로서 일반적으로 논리적 설계라고도 부르고 있다. 이 단계에서의 주된 내용은 지식획득 과정을 말하는 것으로, 이는 전문가 시스템을 위한 도구나 프로그래밍 언어와 독립적으로 수행되어야 한다. 지식획득이란 여러 형태의 지식 원천으로부터 필요한 지식을 추출하여 이를 구조적으로 조직화하는 과정을 말한다. 지식

베이스의 구축을 위하여 지식의 수집을 책임지는 사람을 지식 공학자라 하는데 이러한 지식 공학자는 컴퓨터와 직접적으로 관계되는 기술보다는 오히려 대화 및 면담기술, 지식획득을 위한 그룹의 조직 및 관리, 새로운 대상 영역에 관련된 지식의 학습 의지, 대규모의 신기술을 유연하게 처리하고 관리할 수 있는 능력 등이 요구된다.

이와 같은 관점에서 볼 때, 지식획득으로 대변되는 지식 베이스의 논리적 설계업무는 소프트웨어와는 독립적으로 수행되는 것이 바람직한데 이렇게 함으로써 지식모델링 과정에서 유연성과 자유성이 보장되기 때문이다. 다시 말해서 지식표현을 위한 소프트웨어는 지식의 종류나 성격에 의해 결정되어야 한다. 즉, 소프트웨어가 지식모델링에 영향을 미쳐서는 안 된다는 것이다. 따라서 모델링 단계에서의 지식은 유사코드 형태로 표현되는 것이 바람직한데 이를 지식 베이스의 논리적 설계라고 부른다.

② **소프트웨어(software) 설계**

소프트웨어와 관련하여 직면하게 되는 사항은 시스템을 소스코드(Source Code)로부터 개발할 것인지 아니면 상업화된 수많은 전문가 시스템 개발용 도구 중에서 구매할 것인지를 결정하는 것이다.

여기서 만약 직접 개발하는 것으로 결정되면 개발자는 지식표현 방법, 프로그래밍 언어, 그리고 프로그래밍팀의 구성 등을 결정하여야 한다. 그런데 이러한 의사결정은 소프트웨어의 개발이 완료될 때까지 수차례씩 수정·반복되는 경우가 허다하다.

요즘은 전문가 시스템 개발을 위한 다양한 도구들이 보급되고 있어 직접 개발하는 것보다는 소프트웨어를 구매하는 경우가 상대적으로 많은데, 이러한 경우에도 지식표현 방법을 우선 결정하고 소프트웨어 상품에 대한 평가작업을 수행하여야 한다. 이처럼 전문가 시스템 소프트웨어를 결정하는 일은 생각만큼 그렇게 쉬운 작업은 아니다. 소프트웨어와 관련된 의사결정 문제는 시스템 설계 단계에서의 다른 문제들, 특히 하드웨어의 결정, 지식획득의 결과 등과 매우 밀접하게 연계되어 있다.

③ **하드웨어(hardware) 설계**

하드웨어의 선정기준은 주로 처리속도와 가격문제로 귀착된다. 소프트웨어를 직접 개발하기로 결정한 경우에는 개발에 사용될 프로그래밍 언어에 대해서 더 나은 컴파일러를 제공하거나, 개발될 시스템에서 요구되는 그래픽, 음성합성, 네트워킹 기능 등과 같은 하드웨어 특성을 잘 갖추고 있는 하드웨어를 선정해야 한다. 그리고 특히 초기 프로토타이핑을 개발하는 과정에서는 새로운 하드웨어를 구매하는 것보다는 기존에 사용되고 있는 기계를 그대로 사용하는 것도 좋은 대안이 될 수 있다. 개발될 전문가 시스템의 효용성이 높으면 높을수록 하드웨어에 대한 투자는 상대적으로 큰 반대급부를 보장하게 된다.

④ **사용자 인터페이스(user interface) 설계**

대부분의 전문가 시스템 개발 도구에는 사용자가 자료를 입력하거나 시스템이 던지는 질문에 답할 수 있는 사용자 인터페이스가 제공되고 있다. 일반적으로 사용자 인터페이스로 활용되고 있는 기술들로는 메뉴, 서식, 그래픽, 아이콘, 음성, 하이퍼텍스트, 자연어 등을 들 수 있다. 이 중에서 메뉴나 서식, 그래픽 등은 상대적 보편화되어 있으며, 아이콘의 경우에 객체를 주로 다루는 전문가 시스템에 있어서는 사용자에게 매우 편리한 형태의 인터페이스로 인식될 수 있다. 음성을 이용하는 방식은 다른 작업을 수행하면서 시스템을 활용해야 하는 사용자에게는 효과적으로 활용될 수 있다. 전문가 시스템의 개발이 궁극적으로 성공하기 위해서는 사용자의 요구사항을 정확하게 인식하고 이를 만족시키기 위한 적당한 인터페이스가 제공되어야 한다.

(3) 코딩(coding) 및 테스팅(testing) 단계

설계작업이 완료되면 코딩을 하고 테스팅하는 과정이 필요하다. 이러한 코딩 및 테스팅은 오류가 없는 완전한 시스템이 될 때까지 계속적인 반복과정을 거쳐야 한다.

① 코딩(coding)

전문가 시스템의 개발에 있어서 코딩과 관련된 주요 활동을 살펴보면 다음과 같다.

> ㉠ 쉘(추론 기관)의 코딩 혹은 설치
> ㉡ 지식 베이스의 코딩
> ㉢ 사용자 인터페이스의 코딩
> ㉣ 다른 시스템과의 연계부문의 코딩

일반적으로 코딩작업의 난이도에 영향을 미치는 요인으로는 사용자 인터페이스의 복잡성 혹은 다른 시스템과의 연계성 정도 등을 들 수 있다. 여기서 소프트웨어를 소스코드로부터 자체 개발하거나 사용자 인터페이스의 설계내용이 매우 복잡한 경우에는 일반적인 정보 시스템을 개발하는 데 주로 사용되는 소프트웨어 공학적 절차와 기법을 최대한으로 활용함으로써 개발될 시스템의 품질과 소프트웨어의 일체성을 확보할 수 있다.

외부로부터 구매하는 경우에는 지식 베이스의 코딩이 가장 힘든 문제로 제기된다. 특히 지식획득 단계에서 지식에 관한 문서화가 어느 정도 잘 되어 있느냐에 따라 코딩에 소요되는 노력이 달라지게 된다. 즉, 문서화가 잘 되어있는 경우 지식 베이스의 코딩은 아주 쉽게 처리될 수 있다.

② 테스팅(testing)

전문가 시스템의 개발에 있어서 테스팅의 대상이 되는 주요 항목들을 살펴보면 다음과 같다.

㉠ 시스템 개발 도구의 검증

시스템 개발 도구에는 자체개발품과 외부구매품이 모두 해당된다. 특히 자체개발품의 경우에는 더욱 철저한 검증작업이 요구된다. 구매품의 경우도 구매 시점에서 시스템에서 제공되는 예제 시스템이 있으면 이를 통하여 자신의 대상 영역에서 요구되는 특성을 해결할 수 있을 것인가를 검증하여야 한다. 만약 제공되는 예제 시스템이 없을 경우에는 검증용으로 아주 간단한 시스템을 개발하여 사용하도록 해야 할 것이다. 이렇게 함으로써 대규모의 지식 베이스를 구축하기 전에, 해당 시스템의 문제점을 사전에 파악하여 해결할 수 있을 것이다.

㉡ 지식표현상의 문법적 오류 검증

구축된 지식 베이스는 우선 문법적 측면에서 검증과정을 거쳐야 한다. 이러한 문법적 오류는 시스템에 따라 제공되는 수도 있지만 그렇다고 해서 완전하게 오류를 찾아주는 것은 아니다. 따라서 개발자는 이러한 오류를 쉽게 발견하기 위한 방법을 강구해야 한다. 대개 지식 베이스가 크고 복잡해지면 오류를 찾는다는 것은 매우 어려워진다. 따라서 지식 베이스를 구축할 때 더 작은 단위로 잘게 쪼개어서 각 단위별로 시스템을 구축하는 방법이 필요하다. 기존의 정보 시스템을 개발하는데 사용되는 모듈화의 원리가 여기서도 적용될 수 있다. 즉, 지식 베이스를 모듈화함으로써 개발 시점에서의 오류의 발견 및 수정을 용이하게 할 뿐만 아니라 사용단계에서의 유지보수 작업도 효율적으로 수행할 수 있게 된다.

ⓒ 절차검증 및 성과검증

이것은 개발된 전문가 시스템을 전체적인 관점에서 검증하는 과정이다. 우선 성과검증이란 시스템의 성능을 다루는 평가의 한 부분으로 인식된다. 즉, 성과검증이란 올바른 시스템을 구축하였는가를 판단하는 것으로 개발된 시스템이 받아들일 만한 정도의 의미 있는 시스템 인가를 확인하는 것이다. 이를 효과적으로 추진하기 위하여 현장테스트를 수행하기도 한다. 이에 비해 절차검증이란 시스템을 올바르게 개발하였는가를 파악하는 과정이다. 이것 또한 평가의 한 부분으로 얼마나 정확하게 시스템을 구축하였는가를 검증하고자 하는 것이다. 결국, 절차검증은 개발된 시스템의 내부적인 측면에 초점이 맞추어지는 반면 성과검증은 시스템의 외부적인 측면에 초점이 맞추어지는 것으로 생각할 수 있다.

ⓓ 신뢰도 검증

전문가 시스템이 사용자에게 정확한 해답을 제시할 수 있기 위해서는 이러한 시스템을 구성하고 있는 모든 하위시스템(subsystems)들이 잘 설계되고 코딩되어야 한다. 즉, 시스템이 전체적으로 신뢰도가 높아야 한다. 전문가 시스템의 신뢰도는 사용자들에게 얼마만큼 만족할 만하게 주어진 과업을 잘 수행하느냐의 정도에 달려 있다. 전문가 시스템의 신뢰도에 영향을 미치는 항목을 나열해보면 다음과 같다.

- 소프트웨어 신뢰도
- 지식 베이스 신뢰도
- 사용자 인터페이스 신뢰도

이론적인 관점에서 보면 전체적인 전문가 시스템의 신뢰도는 이러한 세 개 구성요소들의 신뢰도를 각각 합산함으로써 구할 수 있을 것으로 생각된다. 우선 전문가 시스템에서의 소프트웨어 신뢰도 측정을 위해서는 소프트웨어 공학에서 사용되는 일반적인 소프트웨어 신뢰도 측정방법을 활용할 수 있으며, 지식 베이스의 신뢰도는 앞에서 설명되었던 절차검증과 성과검증 과정을 통하여 테스트할 수 있을 것이다.

(4) 구현 단계

시스템에 대한 코딩과 테스팅이 완료되면 실행 단계로 넘어가게 된다. 이러한 구현 단계는 시스템의 분석, 설계 및 개발 단계에 못지 않게 중요한 단계로 전체적인 시스템의 성공 여부에 결정적인 역할을 담당할 수도 있다. 구현 단계에서 고려되어야 할 사항은 사용자에 의한 시스템 수용, 사용자 교육, 시스템 전환 등이다. 시스템 구현 단계에는 문서화과정이 반드시 포함되어야 한다. 문서화를 통해서 사용자들의 교육을 원활하게 수행할 수 있을 뿐만 아니라 향후 시스템의 유지보수를 효율적으로 수행할 수 있게 된다.

(5) 유지보수 단계

시스템이 사용자들에 의해 활용되는 과정에서 수행되어야 할 몇 가지 활동이 있는데 여기에는 시스템의 운영, 유지보수, 시스템의 확장, 평가 등이 포함된다.

제 7 절 전문가 시스템의 활용

1 감시(surveillance)

감시 시스템은 시스템의 작동에 대한 관찰결과를 그것의 운용에 중요하다고 여겨지는 시스템의 상태와 비교한다. 이 시스템은 대개 센서로 감지된 신호를 해석하여 심각한 상태에 대한 정보와 비교한다. 심각한 상태가 탐지되면 일련의 조치들이 취해진다. NAVEX는 우주 셔틀의 속도와 위치를 레이더로 감시해 주는 시스템으로 실수를 찾아내고 문제가 생길 가능성이 있으면 예고해 준다. 또한, 실수에 대한 적절한 조치를 제시해 준다.

2 계획(planning)

계획 시스템은 주어진 제약조건하에서 목표를 달성하기 위한 행동을 설계하는 것으로 로봇이 수행해야 할 여러 작업 계획을 세우는 것 등이 있다. 계획 시스템은 만일 새로운 정보가 생기면 계획되었던 일련의 작업들을 변경시킬 수 있는 유연성을 가져야 한다. 그러기 위해서는 현재까지의 추론 과정을 되돌아가고, 더 좋은 해결안을 위해 현재의 추론 결과를 취소할 수 있는 기능이 있어야 한다. PlanPower는 재무분야 상담자들이 고소득층을 상대로 재무계획안을 준비하도록 도와준다. 즉, 세금 및 상속과 관련된 제반 사항들을 고려하여 투자계획안을 제시해 준다.

3 교육(education)

교육 시스템은 학생을 진단과 수리를 받아야 할 시스템으로 취급한다. 이 시스템들은 흔히 주어진 주제를 얼마나 이해하고 있는지를 모형화하는 것부터 시작한다. 이 모형을 이상적인 모형과 비교하여 학생이 이해하고 있지 못한 것을 찾아낸다. GUIDON은 의학 분야에서의 지능적 교육 시스템이다. 이 시스템은 MYCIN의 응용으로 학생들에게 의학 진단을 위한 교육을 제공한다. GUIDON은 해결해야 할 의료사례를 제공하고 MYCIN이 사용하는 진단규칙을 사용해 학생들의 이해 정도를 체크한다.

4 모의실험(simulation)

모의실험 시스템은 여러 조건하에서의 운용 가능한 공정이나 시스템을 모형화한다. 이들은 시스템의 여러 구성 요소와 그들 간의 상호작용을 모형화한다. 사용자들은 여러 조건을 변경시키며 실험이 가능하다. 사용자들이 제시한 정보와 모형을 사용하여 이 시스템들은 실제 시스템을 위한 운영조건들을 예견할 수 있다. STEAMER는 해군 엔지니어들에게 해군의 증기추진 기관의 작동을 모의실험하며 설명한다. 이 시스템은 사용자가 압력, 온도 등과 같은 항목에서 변화를 관찰하여 기관의 전반적인 작동상태에 미치는 영향을 조절·관찰할 수 있고 밸브, 스위치 등과 같은 여러 가지 기관구성부품들을 모의실험할 수 있다.

5 선택(choice)

선택시스템은 사용자들이 정의한 문제의 사양으로부터 그것에 가장 부합하는 해결안을 찾고자 한다. 이 과정에서 흔히 근사추론기법이나 일치 여부에 대한 평가함수를 사용한다. IREX는 작업환경에 맞는 산업용 로봇 선택을 지원한다.

6 설계(design)

설계 시스템은 주어진 문제의 제약조건하에서 물체를 배열한다. 이들 시스템은 대개 여러 단계를 거치며 작업을 수행하는데, 각 단계들은 상호 의존적이어서 한 단계에서의 변화가 다른 단계에 어떤 영향을 미치는지 알기가 어렵다. 이런 복잡성 때문에 많은 경우 비단조 추론(non-monotonic reasoning) 기법을 사용하고 있다. PEACE는 설계 분야의 전문가 시스템으로 전자회로의 설계를 도와준다. 이것은 회로의 합성과 분석을 동시에 수행할 수 있는 지능형 CAD 도구이다. 이 시스템은 정의된 단계에 따라 회로를 합성하여 주어진 제약하에서의 설계명세를 만든다.

7 예견(forecasting)

예견 시스템은 주어진 상황의 추이를 추론한다. 이들 시스템들은 현재의 정보를 사용하여 앞으로의 상황을 예견하거나 문제를 모형화한다. 이 시스템들은 시간과 순서에 대한 추론을 할 수 있는 기능을 지녀야 한다. PLANT는 해충이 옥수수에 입히는 피해의 정도를 예견해 준다. 이 시스템은 옥수수 씨앗의 양, 토양의 상태, 옥수수의 종자 등에 대한 정보를 가지고 해충에 대한 모의실험을 하여 예상되는 피해의 정도를 알려준다.

8 제어(control)

제어 시스템은 시스템의 동작을 상황에 적응하도록 제어한다. 제어 시스템은 운용상태에 있는 시스템으로부터 자료를 모으고 해석하여 시스템의 상태를 이해하거나, 앞으로의 상태를 예측하고 필요한 조정기능을 수행한다. 제어 시스템은 또한 시간의 변화에 따른 시스템의 동작을 추적하며 감시하고 해석하는 일을 수행해야 한다. 몇 개의 시스템들은 예상되는 문제를 피하기 위한 예측과 계획 기능들을 포함하고 있다. VM은 제어 분야의 전문가 시스템으로 중환자실의 환자를 감시하고 환자에 대한 처방을 조절해 준다. 시스템은 감지한 자료로부터 환자의 상태를 판단하고 위급상태를 감지하여 적절한 처방을 제시해 준다. 또한, 환자의 심장박동수와 혈압, 산소호흡기의 상태를 측정하여 이 정보와 환자의 과거 병력자료를 토대로 산소호흡기를 조정해 준다.

9 진단(diagnosis)

진단 시스템은 관찰된 결과로부터 시스템의 고장을 추론한다. 대부분의 진단 시스템은 가능한 고장조건들에 대한 지식과 관찰된 시스템 동작에 대한 정보로부터 고장이 났는지 여부를 추론하는 기능을 가지고 있다. NEAT는 기술 요원이 아니더라도 자료처리와 통신망기기에서 발생하는 고장을 수리할 수 있도록 진단해 주는 전문가 시스템이다. 사용자들이 단말기나 응용 프로그램 등에 문제가 생겨 그 사실을 알려주면 문제를 찾아 진단하여 해결해 준다.

10 처방(remedy)

처방 시스템은 고장에 대한 치유책을 마련한다. 이 시스템들은 대개 우선적으로 고장의 성격을 찾아내어 진단하는 일을 한다. 고장의 원인이 밝혀지면 내장된 처방이 제시된다. 몇몇 시스템들은 정형화된 처방을 하기 위하여 계획과 예견기법을 동시에 사용하고 있다. BLUE BOX는 의사가 조울증의 유형과 정도를 진단하여 조울증 환자를 통제 및 보호하게 한다. 이 시스템은 환자의 증상, 가족의 병력, 정신병 치료 및 약물에 대한 지식을 사용하여 약물치료 또는 병원치료 중 어떤 것이 좋은가를 처방해 준다.

전문가 시스템의 응용분야

1 의학 분야

MYCIN은 혈액 감염증의 진단과 치료 분야의 의사를 돕는 시스템으로 개발되었다. 이 시스템은 전문가와 동일한 수준으로 진단 및 처방을 하며 추론 행위에 대해서 사용자에게 설명을 해주는 최초의 대형 시스템 이었다. MYCIN을 위하여 개발된 여러 가지 기술들이 전문가 시스템을 구축하는 도구로 이용되었다. MYCIN은 환자에 대한 4가지 정보(나이, 성별, 이름, 인종)에 대해서 질문하는 것으로부터 진단을 시작한 다. MYCIN은 수백 가지 경우의 검사 결과에서 감염원을 식별하고 적당한 분량의 약을 조제하며, 부가적 인 진단 검사를 추천하는 데 있어서 그 우수성이 입증되었다. 이러한 평가에서 나타난 MYCIN의 우월성 은 다음의 4가지에 근거한다.

① 가장 뛰어난 의사들로부터 얻어진 MYCIN의 지식 베이스는 아주 상세하고 수막염을 다루는 대부분 의사들의 지식처럼 포괄적이었다.
② MYCIN은 모든 것을 신중히 고려하여 세세한 것이라도 잊어버리지 않으며 모든 가능성을 고려했다.
③ MYCIN 프로그램은 상세한 조사 없이 곧바로 결론을 내리지 않으며 정보의 주된 부분에 대해서는 반드시 질문을 하고 분명하다고 해도 MYCIN은 상세한 점에 대한 모든 것을 검토하고 모든 대체안 을 고려한다.
④ MYCIN은 주요 의학센터에 설치되어 거의 완벽하게 현재 가동 중이다. 결론적으로 여러 평가들로부 터 MYCIN이 대부분의 의사만큼은 혹은 그 이상의 능력을 가지고 있다고 인정을 받았다는 것이다.

2 화학 분야

(1) DENDRAL

1965년 발족한 스탠포드 대학의 DENDRAL 프로젝트는 주어진 분자식을 만족하는 가능한 모든 구조 식을 열거하는 프로그램으로써 알고리즘과 미지 화합물의 질량 스펙트럼을 해석하는 일련의 규칙 (heuristic)을 조합한 전문가 시스템이다. 이 시스템은 간단한 화합물들의 구조를 추정하기 위한 것 으로, 그 가치는 화학의 문제를 인공지능의 연구 대상으로 인식시킨 데 있다.

(2) MACSYMA

MIT에서 1960년대 중반에 개발을 시작한 MACSYMA 시스템은 수학의 대수식을 변환하고 제한된 범위 내에서 계산과 기호 통합·등식 해결 등을 주요 목적으로 한다. MACSYMA를 개발할 때에 연 인원 30명이 소요되었으나, 요즈음에 이 정도의 시스템을 만든다면 연인원 10명 정도면 될 것으로 예상된다.

3 컴퓨터 시스템 분야

(1) XCON

카네기 멜론 대학과 Digital Equipment사가 1970년대 공동으로 연구·개발한 것으로, 컴퓨터 시스템의 구성을 조언하는 상업용 시스템으로 발전했다. XCON은 VAX 컴퓨터의 이상적인 시스템 구성을 도와주었다고 알려져 있다. 이 시스템은 컴퓨터 시스템의 전체적인 윤곽뿐만 아니라, 각 부품의 관계 및 위치에 관한 도표까지 제시하며 각 부품을 연결하는 케이블의 길이까지 결정해 주는 장점을 가지고 있다.

(2) ACE

1980년대 초, 벨 연구소가 개발한 ACE는 고장 진단 시스템의 대표적인 예이다. ACE는 전화 선로의 유지, 보수 활동에 관한 자료들을 검토한 후, 전화 선로가 불량하다고 생각되는 지점을 찾아주고 고장 내용의 특성을 제시해주는 시스템이다.

4 기계공학 분야

1980년대 중반 General Electric이 개발한 DELTA가 대표적인 기계공학의 전문가 시스템이다. DELTA는 디젤 기관차의 고장을 발견하기 위해 고안하였다. 그 외에 공학 분야의 전문가 시스템 연구는 복잡한 공정 제어 시스템의 고장 진단이나 결함을 진단 및 처리하는 데 집중되고 있다.

5 지질학 분야

지질학에서의 전문가 시스템은 1970년대 중반에 스탠포드 연구소에서 개발된 PROSPECTOR가 시초이다. 이 시스템은 지질학자가 광석 매장지를 찾는 데 도움을 주기 위해 개발되었으며, 1980년대에 수백만 달러의 몰리브덴 광맥의 위치를 정확히 탐사하는 데 성공한 적도 있어 유명해졌다.

6 군대·군사 분야

(1) ALMC

1991년 ALMC(U.S. Army Logistics Management College)와 Gale Group에서 개발한 전문가 시스템으로써 컴퓨터를 기반으로 가능한 모든 통신 수단(전화, 인터넷, e-mail)을 사용하여 신속하고 안전하게 정보를 전달할 수 있는 경로를 찾기 위한 목적으로 개발되었다. DDESEX를 사용함으로써 얻을 수 있는 이점은 음성인식과 DSN(Defense Swiched Network)를 통한 핫라인 연결, 보안 및 전자서명이 가능하고, 지속적인 대화 인식 등을 할 수 있다. DESEX로 인하여 Routing 기술, 음성인식 기술, 보안 기술 등이 더욱 발전하는 계기가 되었다.

(2) OWKEST

OWKEST(Operator Workload Knowledge-Based Expert System Technology)는 1992년 미육군 보병연구위원회에서 개발한 전문가 시스템이다. OWKEST는 군용 시스템 개발에 있어서 필요한 인력 및 기술을 결정하기 위한 평가 목적으로 개발되었다.

(3) CoSAR

2003년 Edinburgh대학의 AIAI(Artificial Intelligence Application Institute)에서 개발한 군사 작전 목적의 웹 기반 전문가 시스템이다. 시맨틱 웹을 주축으로 규칙기반 및 사례기반 추론을 사용한다. 부상을 당하거나 실종된 병사의 탐색에서부터 포로 구출 등의 목적에 사용된다. 빠른 탐색부터 신속한 구출 작전 및 후송에 이르는 군사 작전에 탁월한 성능을 발휘하며 실제로 이라크전에서 사용되었다.

7 대기오염 측정 분야

(1) OSCAR

OSCAR(Optimised Expert System for Conducting Environmental Assessment of Urban Road Traffic)는 대기오염의 관점에서 도시의 도로 교통이 환경에 미치는 영향을 평가하기 위해 최적화된 모델링 시스템을 제공하는 것을 목적으로 개발된 전문가 시스템이다. CLEAR의 프로젝트로써 영국 Hertfordshire 대학의 Ranjeet S Sokhi가 주도하고 있다.

(2) FUMAPEX

FUMAPEX(Integrated Systems for Forecasting Urban Meteorology, Air Pollution and Population Exposure)는 도시의 대기 상태와 오염 노출 모델을 통해 구축된 기상 예측 모델을 이용하여 유럽의 여러 도시의 기후 변화 및 기상 상태를 예측하기 위한 전문가 시스템이다. CLEAR의 프로젝트로써 덴마크 DMI의 Alexander Baklanov가 주도하고 있다.

○×로 점검하자

※ 다음 지문의 내용이 맞으면 ○, 틀리면 ×를 체크하시오. [1 ~ 5]

01 추론하기 위해서는 반드시 전방향 추론이나 후방향 추론 중 하나를 선택하여 추론해야 한다.
( )

≫≫ο 많은 전문가 시스템 구조가 전방향과 후방향 추론 엔진을 결합하여 사용하기 때문에 반드시 하나만 선택할 필요는 없다. 하지만, 기본적인 추론 메커니즘은 주로 후방향 추론을 사용하고, 새로운 사실이 들어왔을 때, 새로운 데이터를 최대로 활용하기 위해서만 전방향 추론을 채택하는 것이 효과적이다.

02 "비가 오면 우산을 쓴다."라는 사실과 "비가 오지 않아도 우산을 쓴다."라는 사실은 상호 충돌되는 조건을 가지고 있다. 이때 어떤 조건을 실행해야 하는지를 결정해 주는 것을 갈등해결이라고 한다. ( )

≫≫ο 상호 충돌을 해결할 수 있는 명백한 전략은 목표를 설정하고, 설정한 목표에 도달하면 규칙 수행을 멈추는 것이다. 이렇게 충돌되는 조건들로부터 한 가지의 조건을 선택하여 실행토록 하는 것이 갈등해결이다. 갈등해결의 방법으로는 우선순위 전략, 최장 일치 전략, 최근 데이터사용 전략 등 다양한 전략이 있다.

03 시스템 개발주기가 지닌 문제점을 해결하기 위하여 많이 사용되는 것이 프로토타이핑 방식이다.
( )

≫≫ο 시스템 개발주기 접근방법은 전문가 시스템의 개발을 위한 정형화된 틀을 제공하기 때문에 개발과정에서 발생될 수 있는 오류나 실수의 가능성을 최소화할 수 있다는 장점을 가지고 있지만 개발기간이 길어질 수 있고 개발기간이 의도치 않게 지연될 경우 비용 등의 추가적인 부담을 감수해야 한다는 단점도 있다. 시스템 개발주기가 지닌 문제점을 해결하기 위하여 많이 사용되는 것이 프로토타이핑 방식이다.

04 전문가 시스템의 신뢰도에 영향을 미치는 항목 중에서 소프트웨어 신뢰도와 지식 베이스 신뢰도가 가장 중요하다. ( )

≫≫ο 전문가 시스템의 신뢰도에 영향을 미치는 항목에는 여러 가지가 있지만, 그중에서도 가장 중요한 것은 소프트웨어 신뢰도, 지식 베이스 신뢰도, 사용자 인터페이스 신뢰도이다. 이론적인 관점에서 보면 전체적인 전문가 시스템의 신뢰도는 이러한 세 개 구성요소들의 신뢰도를 각각 합산함으로써 구할 수 있을 것이다.

05 특수하고 구체적인 문제영역에서 사용될 수 있도록 개발된 전문가 시스템 개발 도구를 지식틀이라고 한다. ( )

≫≫ο 지식틀(shell or skeletal system)은 특정한 지식의 표현과 추론을 할 수 있도록 미리 마련된 소프트웨어이다. EMYCIN은 MYCIN에서 사용한 지식 표현과 추론 기능을 MYCIN과 유사한 환경을 갖는 새로운 문제영역에 사용할 수 있도록 만든 지식틀이다.

정답 **1** × **2** ○ **3** ○ **4** × **5** ○

01 전문가 시스템과 기존 시스템을 비교했을 때 전문가 시스템의 특징이 <u>아닌</u> 것은?

① 불완전한 또는 불확실한 정보를 가지고 운영할 수 있다.
② 프로그램은 실수를 하지 않는다.
③ 설명은 전문가 시스템의 한 부분이다.
④ 시스템은 일부 규칙으로도 운영될 수 있다.

02 전문가 시스템이 기능적 측면에서 갖춰야 할 요소가 <u>아닌</u> 것은?

① 추론 기능
② 결론의 정당성
③ 모듈 구조
④ 데이터베이스

03 다음 중 전문가 시스템의 특성과 거리가 <u>먼</u> 것은?

① 인간 전문가보다 비용이 효율적이다.
② 인터렉티브(상호작용) 시스템으로 운영된다.
③ 일반 프로그램 언어로도 쉽게 시스템을 구현할 수 있다.
④ 저장된 지식을 기반으로 하는 논리적 추론이 기능하다.

정답   01 ②   02 ④   03 ③

04 DENDRAL은 어떤 화합물의 구성요소와 그 화합물의 샘플로부터 얻어진 질량 스펙트로그램을 이용하여 그 화합물의 분자 구조를 결정하는 화학전문가의 역할을 담당하는 전문가 시스템으로 이 시스템의 실험 중에 DENDRAL은 화학 전문가에게도 알려지지 않은 몇 가지의 분자 구조를 발견하기도 하였다.

이후 개발된 MYCIN은 감염성 질환에 대하여 항생제의 처방을 자문하여주는데, 현재는 대표적인 전문가 시스템의 하나로써 간주되고 있다. XCON은 판매용 컴퓨터의 부품을 선정하고 시스템의 조합을 완성시키는 것으로써 연간 수 백만 불의 경비 절감 효과를 나타냈다. NAVEX는 우주 셔틀의 속도와 위치를 레이다로 감시해 주는 시스템이다.

05 여러 많은 구성요소 중에서 설명 메커니즘, 인터페이스 메커니즘, 지식 기반 편집기가 가장 중요한 세 가지 구성 요소이다. 트레이싱은 에러 발생시 에러의 원인을 추적하는 기능이고 디버깅은 에러를 수정하여 바로 잡는 기능이다.

06 지식 베이스는 문제해결에 필요한 특정 분야에 관한 지식을 포함하고, 규칙기반 시스템에서는 지식을 규칙의 집합으로 표현한다. 각각의 규칙은 관계, 추천, 지시, 전략, 휴리스틱을 명시하고 조건과 실행의 구조로 구성된다. 규칙의 조건을 만족하면 취해야 할 행동 부분을 실행한다. 지식 기반의 데이터베이스를 지식 베이스라고 한다.

정답 04 ① 05 ③ 06 ①

---

04 전문가 시스템의 개발 방향이 전문성을 추구하는 방향으로 선회토록 한 계기가 된 시스템은?

① DENDRAL
② MYCIN
③ XCON
④ NAVEX

05 전문가 시스템의 쉘 구조에서 가장 중요한 3요소가 <u>아닌</u> 것은?

① 설명 메커니즘
② 인터페이스 메커니즘
③ 트레이싱 및 디버깅 기능
④ 지식 기반 편집기

06 문제해결에 필요한 특정 분야에 관한 지식을 포함하고 있고, 관계, 추천, 지시, 전략, 휴리스틱, 조건, 실행의 구조로 구성된 것은 무엇인가?

① 지식 베이스
② 데이터베이스
③ 추론 기관
④ 설명 시스템

07 지식 공학팀의 구성 요원으로 적합하지 <u>않은</u> 사람은?

① 지식 공학자, 프로젝트 관리자
② 사용자, 투자자
③ 프로젝트 관리자, 주제 전문가
④ 프로그래머, 사용자

08 다음 중 전문가 시스템의 특징으로 옳은 것은?

① 데이터가 완전하고 정확할 때만 동작한다.
② 제어 구조와 지식이 분리되어 있지 않다.
③ 처리 과정과 명확히 분리된 지식을 제공한다.
④ 특정 결과가 어떻게 나왔는지 입력데이터가 왜 필요했는지 설명하지 않는다.

09 다음 중 추론 엔진에 대한 설명으로 옳지 <u>않은</u> 것은?

① 기반지식에 저장된 각각의 규칙을 데이터베이스에 있는 사실과 비교한다.
② 행동 부분을 실행하고 저장된 문자와 기반지식은 상황 또는 개념을 표현하는 데 사용한다.
③ 조건 부분이 사실과 일치하면 그 규칙은 점화된다.
④ 지식표현방법은 추론 엔진의 효율과 관련 없다.

해설 & 정답 checkpoint

07 지식 공학자, 프로젝트 관리자, 사용자, 프로그래머, 투자자 등 모두가 전문가 시스템 개발을 위해 필요한 인력이지만 지식 공학팀의 구성 요원으로 투자자는 적합하지 않다.

08 정답을 제외한 나머지 설명은 전통적인 시스템에 대한 설명이다.
전문가 시스템은 전문가가 가지고 있는 지식을 인위적으로 컴퓨터에 부여하여 그 방면에 비전문가라 할지라도 그러한 전문가의 지식을 이용하여 상호 대화를 통하여 원하는 결과를 얻는 일종의 자문형 컴퓨터 시스템이다. 기본적으로 분석과 예측을 실행하기 때문에 데이터의 완전성과는 관계가 없고 제어 구조와 지식 구조가 분리되어 있다.

09 추론 엔진은 기반지식에 저장된 각각의 규칙을 데이터베이스에 있는 사실과 비교하여 IF(조건) 부분이 사실과 일치하면 그 규칙은 점화되고 THEN(행동) 부분을 수행하고 데이터베이스에 있는 문자와 기반지식은 상황 또는 개념을 표현하는 데 사용한다. 지식표현방법은 지식 베이스의 효율과 추론 엔진의 작업능률이 달라지므로 관계가 있다.

정답 07② 08③ 09④

10 데이터에서 추론을 시작하여 전방향으로 진행해 나아가는 방식이다. 한 번에 가장 좋은 규칙 하나만 실행되며 규칙이 점화되면 그 규칙은 데이터베이스에 새로운 사실을 추가한다.

10 전방향 추론의 추론 과정에 관한 내용으로 관련이 없는 것은?

① 전방향으로 추론하며 진행하는 방식이다.

② 한 번에 가장 좋은 규칙 하나만 실행한다.

③ 한 번에 두 가지의 규칙 적용이 가능하다.

④ 더 이상 점화할 수 있는 규칙이 없으면 중단한다.

11 갈등(conflict)이란 여러 개의 규칙이 동시에 점화됨으로 발생되는 문제를 의미하고 두 개 이상의 규칙이 점화되었을 때 그중 어느 규칙이 점화될지 선택하는 방법을 갈등해결(conflict resolution)이라고 한다.

11 여러 개의 규칙이 동시에 실행되지 못하도록 하는 것을 무엇이라고 하는가?

① 목표달성

② 조건변경

③ 갈등해결

④ 조건점화

12 메타 제1규칙은 전문가가 제공한 규칙으로 무경험자가 제공한 규칙보다 우선순위가 높으며, 제2규칙은 인명구조를 다루는 규칙으로 시스템 장비의 부하를 처리하는 규칙보다 우선순위가 높다.
전문가 시스템에서 메타규칙을 이해하고 사용하기 위해서는 메타규칙을 위한 추론 엔진을 따로 제공해야 한다. 대부분의 전문가 시스템은 규칙과 메타규칙을 구분하지 못하기 때문에 메타규칙은 기반지식 내에서 우선순위를 높게 설정해야 활용이 가능하다. 메타규칙이 점화되면 다른 규칙의 우선순위를 바꿀 수도 있는 중요한 정보가 데이터베이스에 저장되게 된다.

12 다음 메타규칙에 대한 설명으로 옳지 않은 것은?

① 메타규칙은 기반지식 내에서 우선순위를 높게 설정해야 활용이 가능하다.

② 메타규칙을 이해하고 사용하기 위해서는 기존의 추론 엔진을 공유하여 사용하는 것이 좋다.

③ 전문가가 제공한 규칙은 무경험자가 제공한 규칙보다 우선순위가 높다.

④ 인명 구조를 다루는 규칙은 시스템 장비의 부하를 처리하는 규칙보다 우선순위가 높다.

정답 10 ③ 11 ③ 12 ②

✔ **주관식 문제**

01 전문가와 동일한 수준으로 진단 및 처방을 하며 추론 행위에 대해서 사용자에게 설명을 해주는 (1) 최초의 대형 시스템을 무엇이라고 하는가? 그리고 이 시스템의 (2) 특징을 2가지 이상 기술하시오.

02 전문가 시스템과 일반 정보 시스템의 (1) 정의를 기술하고 (2) 서로 간의 차이점을 2개 이상 기술하시오.

정답 (1) 정보 시스템은 정보와 정보의 처리 과정이 항상 하나의 연속된 프로그램 내에서 연결되어 있고, 입력값에 의해서 출력값이 정해지는 시스템이지만, 전문가 시스템은 지식 기반을 활용하여 처리 과정 메커니즘을 실행하는 시스템이다.

(2) 첫째, 전문가 시스템은 정보 시스템과는 다르게 다양한 분야 관련자들의 의견이 매우 중요하다.

둘째, 일반적으로 정보 시스템은 정형화된 업무처리부문을 주요 대상으로 하고 있으나, 전문가 시스템은 비구조화 혹은 반 구조화된 의사결정 문제를 해결하기 위하여 설계된다.

셋째, 전문가 시스템은 해당 분야의 전문적인 지식을 보유하고 있지만, 정보 시스템은 그 수집 및 보관 방법이 이미 잘 정의된 자료를 주로 처리한다.

넷째, 전문가 시스템은 대개 구체적인 해답을 제시하거나, 문제를 진단하거나 특정 조치를 취하게 하지만 정보 시스템은 궁극적인 해답을 제시하기보다는 이를 위한 입력 자료만을 던져준다.

01

정답 (1) 마이신(MYCIN)

(2) 가장 뛰어난 의사들로부터 얻어진 마이신의 지식 베이스는 아주 상세하고 대부분 의사들의 지식처럼 포괄적이었다. 그리고 모든 것을 신중히 고려하여 모든 가능성을 고려했다.

마이신 프로그램은 상세한 조사 없이 곧바로 결론을 내리지 않으며 정보의 주된 부분에 대해서는 반드시 질문을 하고 분명하다고 해도 상세한 점에 대한 모든 것을 검토하고 모든 대체안을 고려한다. 또한, 마이신은 해당 분야인 수막염에 있어서만큼은 어느 의사 못지 않은 능력이 있다고 인정받았다.

해설 마이신은 전염성 혈액 질환을 진단하는 전문가 시스템으로 600여 개의 규칙으로 이루어져 있는데 증상에 대한 질문에 환자가 대답하면 추론을 통해서 적절한 치료법을 제시하였다.

02 [문제 하단의 내용 참고]

checkpoint 해설 & 정답

03

정답 (1) 범용 프로그램 언어, 범용 지식 엔지니어링 언어

(2) 특정한 지식의 표현과 추론을 할 수 있도록 미리 마련된 소프트웨어로서, 유사한 지식표현체계를 통하여 지식 베이스화하고 그 위에 사용하는 추론 기능을 껍질처럼 씌움으로써 새로운 전문가 시스템을 구축할 수 있도록 한 것이다.

해설 범용 프로그램 언어는 개발시간과 노력이 많이 소모되기는 하지만 주어진 문제에 가장 적합한 시스템을 구축할 수 있다는 장점이 있다. 범용 지식 엔지니어 언어는 특수하고 구체적인 문제영역에서 사용될 수 있도록 개발된 지식틀과는 달리 문제영역에 무관하게 단지 전문가 시스템의 개발을 쉽게 할 수 있도록 만들어진 소프트웨어이다.
지식틀을 이용하면 시스템 개발자는 단지 지식습득만 함으로써 새로운 전문가 시스템을 개발할 수 있으므로 그만큼 전문가 시스템의 개발에 시간과 노력이 단축된다.

04

정답 (1) 메타지식, (2) 종속적

해설 전문가 시스템의 성능을 개선하려면 전문가 시스템에 수록된 '지식에 관한 지식', 즉 메타지식을 시스템에 제공해야 한다.
메타지식은 전문가 시스템 내에 있는 분야 지식을 사용하고 제어하는 데 필요한 지식으로 규칙기반 전문가 시스템에서는 메타지식을 메타규칙으로 표현하고 있다. 메타규칙은 전문가 시스템 업무와 관련된 규칙을 어떻게 사용할 것인지에 대한 전략을 결정한다. 지식 공학자는 주제 전문가의 지식을 전문가 시스템으로 전달하고 문제에 관련된 규칙을 어떻게 사용할지 배우며, 점차적으로 전문가 시스템의 전체적인 작동에 관한 지식과 새로운 지식의 형태를 머릿속에 만들어나간다. 즉, 메타지식은 분야에 종속적이다.

03 일반적인 전문가 시스템에는 지식틀 외에도 2가지의 개발 도구가 필요하다. 이 (1) 두 가지의 개발 도구는 무엇인지 기술하고 (2) 지식틀에 대해서 쓰시오.

04 전문가 시스템 내에 있는 분야 지식을 사용하고 제어하는 데 필요한 (1) 지식을 무엇이라고 하는가? 또한, 이러한 지식은 분야에 (2) (① 종속적 ② 독립적)인지 쓰시오.

제7장

패턴인식

I wish you the best of luck!

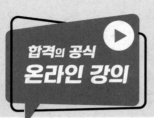

잠깐!

혼자 공부하기 힘드시다면 방법이 있습니다.
시대에듀의 동영상강의를 이용하시면 됩니다.
www.sdedu.co.kr → 회원가입(로그인) → 강의 살펴보기

패턴인식

인류의 가장 중요한 능력 중 하나는 경험으로 노력에 의해, 그리고 시행착오에 의해 경험하는 것으로 이것을 곧 학습이라 한다. 일반적으로 5세가 될 무렵에는 대부분 숫자와 문자를 인식할 수 있다. 그것이 크든 작든 간에, 대문자이든 소문자든, 회전이나 기울임이 있든, 문자가 절단된 종이에 있거나, 부분적으로 가려졌거나 심지어는 많은 문자가 뒷배경으로 쓰여 있어도 인식할 수 있다. 지식에 대한 인간의 탐색 역사를 비추어 볼 때, 인간이 본질적으로 패턴을 인식하고 이해하며, 패턴을 일련의 규칙으로 연관시키려는 시도에 매료된 것은 분명한 사실이다. 그러나 문제는 이 경험을 어떻게 기계가 배우게 만드는지에 관한 것이다.

우선 패턴에 대한 정의를 보도록 보자. 국어사전에 패턴(pattern)은 일정한 형태나 양식이라고 정의되어 있고, 영어사전에는 어떤 것이 규칙적으로 발생하거나 반복되는 것이라고 정의되어 있다. 그러나 실제로 실생활에서의 패턴은 이름은 가질 수 있지만 애매모호한 실체로 정의하는 것이 더 확실한 표현일 듯싶다. 패턴의 예로는 지문 이미지, 손으로 쓴 글자, 인간의 얼굴, 음성신호, DNA 염기순서 등 무수하게 많은 실체가 존재한다.

그렇다면 패턴인식(pattern recognition)이란 무엇인가? 패턴인식은 복잡한 문제를 해결하는 데 도움이 되는 작고 분해된 문제들 사이의 유사점 또는 패턴을 찾는 것을 의미한다. 인공지능(AI)과 패턴인식 사이의 가장 중요한 차이점은 AI는 추론에 집중하는 데 반하여 패턴인식은 모든 데이터에서 파생된 관측에 집중한다는 점이다. AI는 주로 인간의 지식과 추론의 모델링을 강조하고 이 모델들을 관찰하기 위해서 인공지능을 적용하지만, 패턴인식은 지식과 추론을 직접적으로 모방하는 것이 아니라 주어진 관찰을 처리한 후에, 관찰을 일반화하고 가용할 수 있는 지식을 사용해서 통합되는 것이다. 인공지능이라는 용어는 기계가 학습(learning)이나 문제해결(problem solving), 인지 기능을 흉내낼 때 사용하지만, 패턴인식은 인공지능의 하부영역으로서 패턴의 인식과 데이터에서의 규칙성에 관련된 것이다. 패턴은 서로 비슷하거나 매우 긴밀한 객체 간의 유사성을 식별함으로써 찾을 수 있다. 때때로 특성이 발견되지 않아도 유용한 결과가 될 수 있다.

무엇을 인식한다는 인식 능력은 살아 움직이는 다른 유기체뿐만 아니라 인간의 기본 속성으로 간주된다. 우리는 깨어 생활하는 매 순간마다 인식 활동을 하고 있다. 주위에 있는 대상물을 인식한 다음, 그와 관련하여 움직이고 행동한다. 우리는 패턴을 이용하여 CCTV의 영상 속에서 목표물을 식별할 수 있고, 군중 속에서 친구를 찾아낼 수 있고, 친구가 말하는 것을 인식할 수 있다. 또한, 아는 사람의 음성을 식별하고, 필기된 문자나 기호, 그리고 그림 등을 보고 이해하며, 지문인식을 통해 출입을 허가하거나 범죄 수사의 자료로 활용할 수 있다. 인간이 매우 복잡한 정보 시스템이라 할 수 있는 부분적인 이유는 월등한 패턴인식 능력을 보유하고 있기 때문이다. 또한, 조용히 생각하면서 오래된 어떤 논거 또는 문제에 대한 해답을 인식할 수 있다. 이러한 과정은 추상적인 항목을 인식하는 것으로 개념적 인식이라고 한다. 인간이 구체적인 패턴을 인식하는 것은 인간과 물리적인 자극 간의 관계와 연관된 정신·생리학적인 문제(psychophysiological problem)로 간주될 수 있다. 인간은 감지한 패턴을 귀납적인 추론을 통해 과거의 경험으로부터 유도해 낸 일반적인 개념이나 단서와 관계를 부여한다. 패턴인식 문제는 개개의 패턴 중에서 입력 데이터를 구별하는 것이 아니라, 모집단의 구성원 중에서 특징 또는 변하지 않는 속성을 탐색함으로써 모집단 중에서 입력 데이터를 구별하는 것으로 간주될 수 있다.

논리적인 측면에서 볼 때 패턴인식은 인간 및 다른 유기체의 패턴인식 능력에 대하여 연구하는 것과 특정 응용 분야에서 주어진 인식 업무를 수행할 수 있는 장치들을 설계하기 위한 이론과 기법을 개발하는 것이다. 첫 번째 문제 영역은 심리학, 생리학, 생물학과 같은 학문 분야와 연관이 되고, 두 번째 문제 영역은 주로 공학, 컴퓨터 그리고 정보 과학과 관련된다. 패턴인식은 데이터의 패턴을 인식하는 시스템의 설계 및 개발과 관련된다. 패턴인식 프로그램의 목적은 실제 세계의 장면을 분석하고 그 장면을 설명하고 어떤 작업을 수행하는 데 유용하게 활용하는 것이다. 실제 관측은 센서를 통해 수집되며 패턴인식 시스템은 이러한 관측을 분류하거나 설명할 수 있어야 한다.

제 1 절 패턴인식 시스템 중요 ★

패턴인식은 입력 데이터의 중요한 특징 또는 특성 추출을 통해 식별 가능한 클래스로 입력 데이터를 분류하는 것으로 정의할 수 있다. 패턴인식에 대한 개념적인 정의를 저명한 학자의 주장으로 다시 살펴보면 다음과 같다.

- 물리적 객체 혹은 사건을 이미 정해진 몇 가지 분류 중의 하나로 할당하는 것 : 'Duda & Hart'
- 다차원 공간 내에서 밀도함수를 추정하고 공간을 분류 혹은 클래스 영역으로 나누는 것 : 'Fukudaga'
- 복잡한 신호의 몇 가지 표본과 이들에 대한 정확한 결정이 주어질 때, 계속해서 주어지는 미래 표본들에 대하여 자동적으로 결정을 내리게 하는 것 : 'Ripley'
- 패턴은 다음 질문에 답하는 것이다. "What is this?" : 'Morse'

위의 학자들의 주장을 보면 모두가 정답이다. 그러나 좀 더 구체적으로 표현한다면 우리가 인공지능에서 처리하고자 하는 패턴은 실세계에서의 이미지를 분석하고, 그 이미지에 적합한 그룹을 찾아서 해당 그룹으로부터 원래의 이미지가 속하는 목표를 찾아내는 것이다. 즉, 패턴인식은 인지과학과 인공지능의 결합을 통해서 결론을 찾아가는 과정이라고 할 수 있다.

1 패턴인식 절차 중요 ★★★

패턴인식의 일반적인 절차는 다음과 같다.

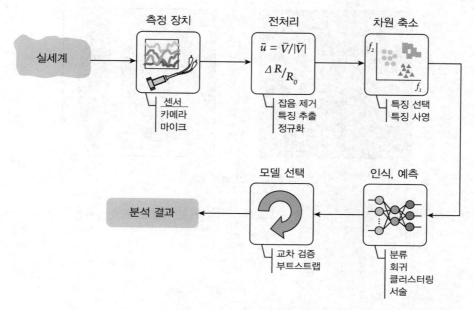

[그림 7-1] 패턴인식 시스템 처리 과정

① 센서, 마이크, 카메라 등 다양한 측정 장치를 이용하여 데이터를 획득하고 수집한다.

② 전처리를 통하여 불필요한 잡음을 제거하고 특징을 추출하고 정규화한다.

③ 대상 패턴에 사전 분석을 통해 어떤 특징을 선택할 것인지 결정한다. 이때 패턴의 유사성을 탐지하기 위해 분류기(classifier)를 사용한다.

분류기

분류기는 특정 벡터들로 이루어진 특징 공간을 클래스들 간의 결정 영역으로 분할하는 기능을 수행한다. 이때 결정 영역의 경계를 결정 경계(decision boundary)라고 한다. 특징 벡터 x의 분류는 어느 결정 영역에 이 특징 벡터가 속해 있는지를 결정하고, x를 이 클래스 중의 하나로 할당한다. 패턴 분류기는 추출된 패턴의 특징을 이용하여 해당 이미지가 어느 그룹에 속할 것인지를 결정한다.

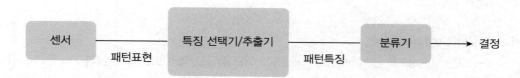

[그림 7-2] 패턴 분류기

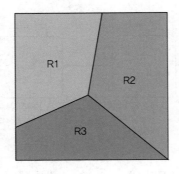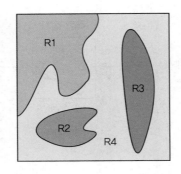

[그림 7-3] 결정 경계

④ 최종 분석 결과는 인식과 예측 그리고 모델 선택 단계를 거친 후에 결정된다. 다음은 인식과 예측 단계에 관한 설명이다.

2 인식, 예측 단계 ★★

인식, 예측과정에서는 분류, 회귀, 군집화(집단화) 및 서술의 작업을 실행한다.

(1) 분류(classification)

분류는 어떤 대상 객체를 특정한 클래스에 할당하는 것을 말한다. 패턴인식의 대부분이 이러한 분류의 문제이다. 분류의 문제를 다루는 패턴인식 시스템의 출력은 모호한 퍼지(fuzzy)적인 결과가 아니라 정수 라벨(integer label)의 명확한 결정이 요구된다. 예를 들어, 품질 검사 분류는 제품의 합격·불합격과 같은 명확한 결정을 요구하는 분류의 대표적인 예이다.

(2) 회귀(regression)

회귀란 분류를 일반화한 것이다. 회귀를 통하여 패턴인식 시스템의 출력으로부터 실수로 추정된 결과를 얻을 수 있다. 즉, 회귀를 이용하면 예측이 가능하게 된다. 예를 들어, 어떤 회사의 주식에 대한 배당 가치를 예측하는 문제는 과거의 실적과 주가에 근거하여 추정하는 회귀의 문제에 해당한다.

(3) 군집화(clustering)

군집화는 일반적으로 클러스터링이라고 한다. 어떤 집합을 의미 있는 복수 개의 그룹들로 조직하는 것을 말한다. 군집화 시스템의 출력은 객체들이 속한 클래스가 된다. 군집화는 생명체를 종으로 분류하는 것처럼 때로는 계층적으로 처리될 수 있다.

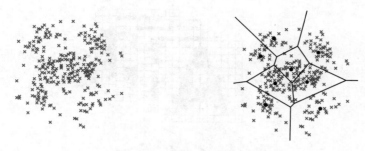

[그림 7-4] 벡터 양자화와 클러스터링

(4) 서술(description)

서술은 대상 객체를 일련의 프로토타입이나 기본형으로 표현하는 문제를 말한다. 패턴인식 시스템은 객체에 대한 구조적 혹은 언어적인 서술을 행할 수도 있다. 예를 들어 ECG(심전도) 생체 신호를 P, QRS 그리고 T의 항으로 라벨을 붙이는 경우가 이에 해당한다.

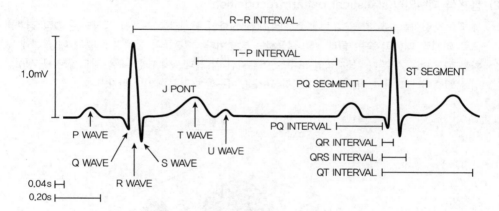

[그림 7-5] 심전도 생체신호

3 패턴인식에 사용하는 접근방법 중요 ★★★

패턴인식의 접근방법은 대체로 다음과 같은 4가지의 방법으로 분류할 수 있다.

(1) 기본틀 일치법(template matching)

패턴인식에서 가장 오래되고 가장 쉬운 접근법이다. 비교 대상 패턴에 대한 기본틀(템플릿)을 미리 마련해두고, 인식하고자 하는 패턴을 템플릿 구성 조건에 맞추는 정규화 과정을 거쳐서 상관관계 혹은 거리와 같은 유사도를 척도로 하여 패턴을 인식하는 방법이다. 동일한 카테고리에 속한 다양한 데이터에서 그 카테고리를 가장 잘 설명하는 일반화된 템플릿을 마련하는 과정이 가장 중요하다. 알고리즘이 간단하여 계산 속도가 빠르지만, 대상 패턴의 특징 변화에 민감한 특성이 있다.

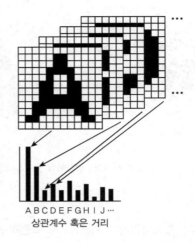

[그림 7-6] 기본틀 일치법

(2) 통계적 패턴인식(statistical pattern recognition)

통계적 패턴인식법은 각 클래스에 속하는 패턴 집합의 통계적 분포에서 생성되는 **결정 경계를 기반**
으로 미지의 패턴이 속한 클래스를 결정하는 방법이다. 패턴들의 통계적 모델은 해당 클래스에서의
확률 밀도 함수가 된다. 통계적인 모수로 이루어진 각 클래스에 대한 확률 밀도 함수를 생성하는 과
정을 학습이라고 하고, 베이지안의 결정 규칙을 이용하여 분류해 인식한다.

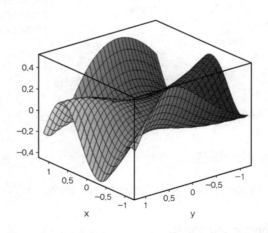

[그림 7-7] 베이지안의 확률 모델

(3) 인공신경망(ANN : Artificial Neural Network)

인공신경망은 기계 학습과 인지과학에서 생물학의 신경망(동물의 중추신경계 중 특히 뇌)에서 영감을 얻은 통계학적 학습 알고리즘이다. 인공신경망은 시냅스의 결합으로 네트워크를 형성한 인공 뉴런(노드)이 학습을 통해 시냅스의 결합 세기를 변화시켜, 문제해결 능력이 있는 모델 전반을 가리킨다. 좁은 의미에서는 오차 역전파법을 이용한 다층 퍼셉트론을 가리키는 경우도 있지만, 이것은 잘못된 용법으로, 인공신경망은 이에 국한되지 않는다.

인공신경망에는 교사 신호(정답)의 입력에 의해서 문제에 최적화되어 가는 교사 학습과 교사 신호를 필요로 하지 않는 비교사 학습이 있다. 명확한 해답이 있는 경우에는 교사 학습이, 데이터 클러스터링에는 비교사 학습이 이용된다. 인공신경망은 많은 입력에 의존하면서 일반적으로 베일에 싸인 함수를 추측하고 근사치를 낼 경우 사용한다. 일반적으로 입력으로부터 값을 계산하는 뉴런 시스템의 상호연결로 표현되고 적응성이 있어 패턴인식과 같은 기계 학습을 수행할 수 있다.

예를 들면, 필기체 인식을 위한 신경망은 입력 뉴런의 집합으로 정의되며 이들은 입력 이미지의 픽셀에 의해 활성화된다. 함수의 변형과 가중치가(이들은 신경망을 만든 사람이 결정한다) 적용된 후 해당 뉴런의 활성화는 다른 뉴런으로 전달된다. 이러한 처리는 마지막 출력 뉴런이 활성화될 때까지 반복되며 이것은 어떤 문자를 읽었는지에 따라 결정된다.

다른 기계 학습과 같이(데이터로부터 학습하는) 신경망은 일반적으로 규칙 기반 프로그래밍으로 풀기 어려운 컴퓨터 비전 또는 음성 인식과 같은 다양한 범위의 문제를 푸는 데 이용된다.

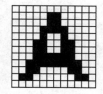

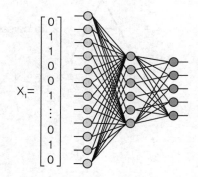

[그림 7-8] 인공신경망 패턴인식

(4) 구문론적 패턴인식(syntactic pattern recognition)

구문론적 패턴인식 방법은 형식 문법 혹은 그래프적인 관계 설명으로 표현된 **패턴 정보의 구조적인 유사성을 조사하여 분류하는 방법**이다. 구문론적 패턴인식은 분류뿐만 아니라 해당 객체를 서술하기 위해서도 사용된다. 한 패턴에 대한 의미 있는 정보로 특징의 유무 또는 수치를 만들 수 있지만, 특징 간의 상호 관련성 또는 상호 연결성 정보와 같은 중요한 구조적 정보도 만들 수 있다. 이러한 구조적 정보는 구조적 묘사 또는 분류를 쉽게 해준다. 이것이 바로 구문론적(또는 구조적) 패턴인식의 기본이다. 그러나, 구문론적 패턴인식을 사용하기 위해서는 구조적 정보를 정량화하여 추출할 수 있어야 하며 패턴의 구조적 유사성을 평가할 수 있어야 한다. 구문론적 패턴인식은 패턴의 구조를 정규 언어의 구문(syntax)으로 연관시키는 것이다. 전형적인 구문론적 패턴인식은 간단한 부분 패턴으로 구성된 복잡한 패턴을 계층적으로 묘사한다. 가장 하위 계층에서는 입력 데이터로부터 원시어(primitive) 요소를 추출한다. 구문론적 패턴인식의 구별되는 특성은 원시어의 선택과 관련이 있다. 원시어는 부분 패턴 즉, 건축물에서의 벽돌에 해당하는 반면에, 특징은 이에 대한 임의의 측정치이다. 구문론적 패턴인식은 유사한 부분 패턴들로부터 구축된 복잡한 패턴들의 계층적 서술을 수식화하는 패턴인식이다.

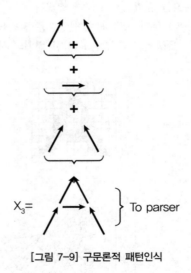

[그림 7-9] 구문론적 패턴인식

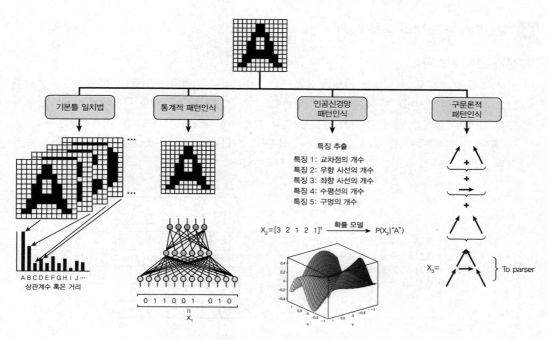

[그림 7-10] 패턴인식 분류 총괄표

[표 7-1] 패턴인식 접근방법의 비교

구분	통계적 패턴인식	구문론적 패턴인식	인공신경망을 이용한 패턴인식
패턴생성	확률모델	정규문법	안정상태 또는 가중치 배열
패턴분류	추정/결정 이론	파싱	신경망의 예측 가능한 특성에 기반
특징구성	특징 벡터	원시어 및 관측된 관계	신경 입력 또는 저장된 상태
학습방법 – 지도 – 자율	밀도/분포 추정 (모수적) 군집화	문법을 구성 (문법 추론) 군집화	신경망 시스템의 매개변수 결정 – 군집화
제약	구조 정보의 표현이 어려움	구조 규칙의 학습이 어려움	네트워크로부터 의미 정보를 거의 얻을 수 없음

4 패턴인식 시스템의 응용 중요 ★

(1) 문자 인식 시스템

자동 우편물 분류기, 터치펜을 사용한 문자 인식, 스캐너로 입력된 텍스트 이미지를 편집 가능한 코드 문자로 변환, 수표 및 지폐 인식, 차량번호 식별 등 우리의 일상생활 곳곳에서 사용되고 있는 응용 분야이다. 예를 들어, 간단한 영문자 인식 시스템에 대해서 살펴보기로 하자. 영문자 L, P, O, E, Q를 인식하는 시스템의 경우 문자의 특징을 수직선의 개수, 수평선의 개수, 기울어진 수직선과 커브의 개수로 특징을 구분하여 분류를 시도하였다.

- 특징 1: 수직선의 개수(V)
- 특징 2: 수평선의 개수(H)
- 특징 3: 기울어진 수직선(O)
- 특징 4: 커브의 개수(C)

문자	특징			
	V	H	O	C
L	1	1	0	0
P	1	0	0	1
O	0	0	0	1
E	1	3	0	0
Q	0	0	1	1

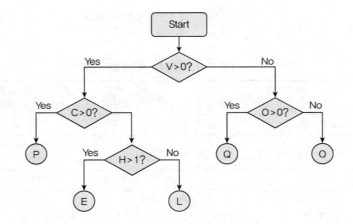

[그림 7-11] 영문자 인식 시스템의 절차도

(2) 한글 인식 시스템

한글의 경우는 영문자보다 고려해야 할 조건이나 제약사항이 많다. 그러나 패턴인식 문제에 대한 명료하고도 단순한 해법은 각 패턴 부류의 특징을 추출하기 위하여, 개개의 입력 패턴에 대한 간단한 실험을 많이 수행하는 것이다. 그러한 실험은 서로 다른 부류에 속하는 사용 가능한 입력 패턴을 서로 구별하기에 충분해야 한다. 마찬가지로 한글도 간단한 방법을 사용하여 인식할 수 있다. 예를 들어, 패턴인식이라는 4글자를 입력하고 인식하는 시스템을 구현한다면 다음과 같을 것이다.

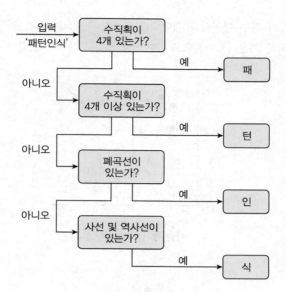

[그림 7-12] 한글 패턴인식의 예

(3) 자동 어류 분류 시스템 중요 ★★

공장의 자동 어류 분류 시스템은 연어와 농어만을 대상으로 한다. 우선 공장으로 어류를 운반하는 컨베이어 벨트 시스템과 분류된 연어와 농어를 각각 다른 라인으로 실어 나르는 두 대의 컨베이어 시스템, 어류를 집을 수 있는 기능을 갖춘 로봇 팔, CCD 카메라가 장착된 시스템 그리고 영상을 분석하고 로봇 팔을 제어하는 컴퓨터로 구성되었다. 시스템의 분류 영역에 도달한 고기에 대해서 영상을 얻고 영상처리 시스템 알고리즘을 통해서 영상의 명암값을 정규화하여 영상에서 배경과 고기를 분리하는 전처리 과정을 거친다.

> **더 알아두기**
>
> **CCD 카메라**
> CCD 카메라는 전하결합소자(Charge-Coupled Device)의 약자로 빛을 전하로 변환시켜 화상을 얻어내는 센서로 1969년 조지 E. 스미스와 윌러드 보일이 공동개발하였다. CCD는 여러 개의 축전기(Condenser)가 쌍으로 상호 연결된 회로로 구성되어 있고, 회로 내의 각 축전기는 자신 주변의 축전지로 충전된 전하를 전달한다. CCD는 디지털 스틸 카메라, 광학 스캐너, 디지털 비디오카메라와 같은 장치의 주요 부품으로 사용되는 장비이다.
>
> **결정경계**
> 결정 경계란 클래스가 다른 데이터들을 가장 큰 마진(margin)으로 분리해내는 선 또는 면을 찾아내는 것으로 결정 경계를 분리 초평면이라고도 부른다. 마진이란 두 데이터군과 결정 경계와 떨어져 있는 정도를 의미한다.

[그림 7-13]에서 H_1의 경우 데이터를 제대로 분류하지 못했고, H_2는 분류하기는 했지만 작은 마진으로 분류했다. H_3가 가장 큰 마진으로 데이터를 적절히 분류해낸 결정 경계가 된다.

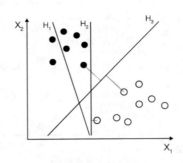

[그림 7-13] 결정 경계-1

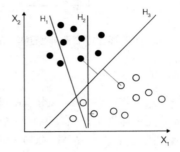

[그림 7-14] 결정 경계-2

4개의 데이터가 새롭게 추가된 [그림 7-14] 상황에서 H_3와 달리 H_2는 데이터를 제대로 분류해낼 수 없는 것을 알 수 있다. 평균적으로 농어가 연어보다 크다는 지식을 바탕으로 분할된 영상에서 고기의 길이를 측정하는 특징추출이 끝나면 두 종류의 고기에 대한 표본 집합에 대해 길이의 분포를 계산하고 분류 오류를 최소로 하는 결정 경계의 문턱값을 [그림 7-15]의 위의 그래프처럼 결정 하였더니 분류율이 60%로 낮은 결과가 나타났다.

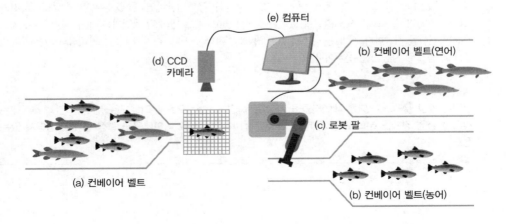

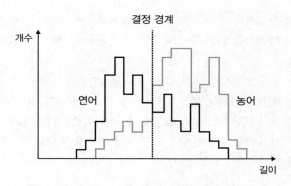

[그림 7-15] 고기 길이로 특징을 추출한 경우의 분류율

60%의 인식률을 95%까지 향상시키기 위하여 고기의 특징을 재관찰하여 고기의 폭, 면적, 입에 따른 눈의 위치 등의 특징을 추가로 추출하였고, 그래도 결괏값이 만족되지 않아 고기의 평균 명암 스케일을 추가하였더니 [그림 7-16]처럼 결정 경계가 결정되어 좋은 특징이 됨을 알게 되었다.

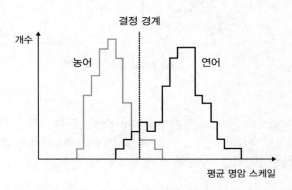

[그림 7-16] 명암 스케일로 분류한 경우

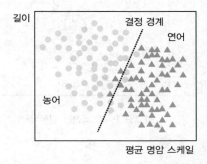

[그림 7-17] 명암 스케일을 기준값으로 사용한 경우

[그림 7-17]을 보면 클래스 간의 분리 정도가 좋아지도록 '길이'와 '평균 명암'을 조합하여 2차원 특징 벡터를 만들고, 선형판별함수를 사용하여 두 부류로 분류하여 95.7%의 인식률을 얻었다.

① 비용과 인식률

어류 분류기는 전체 오인식률을 최소화하도록 설계되었다. 그러나 이 분류기가 물고기 처리공장에 대한 가장 적절한 판별함수일까? 연어를 농어로 잘못 분류한 경우의 비용과 농어를 연어로 잘못 분류했을 때의 비용은 고객의 입장에서는 이익이 될 수도 있고 손실이 될 수도 있지만, 결과적으로 고객 서비스에 대한 실패다. 따라서 손실 비용 함수를 최소화하도록 아래와 같이 결정 경계를 우측으로 이동하여 조정하였다.

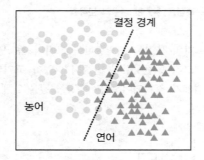 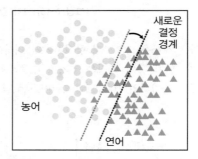

[그림 7-18] 결정 경계 이동

② 일반화

선형 분류기의 인식률이 95.7%로 최초의 요구사항은 충족하지만, 성능을 좀 더 개선하기 위해 리븐버그 마크워트(Levenberg Marquardt) 알고리즘을 적용하여 결정 경계를 비선형으로 한 결과 99.9975%라는 인상적인 인식률을 얻게 된다.

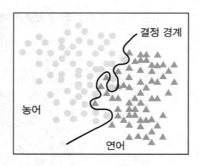

[그림 7-19] 비선형 결정 경계

제 2 절 패턴인식 시스템의 구조 중요 ★★★

일반적인 패턴인식 시스템의 구조는 [그림 7-20]과 같이 구성된다.

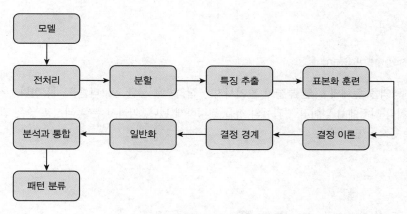

[그림 7-20] 패턴인식 시스템의 구조

입력장치는 영상을 획득하기 위한 카메라, 조명 및 카메라를 제어하고 해당 출력 신호를 저장하여 컴퓨터와 접속할 수 있는 인터페이스로 구성된다. 카메라는 영상 센서를 통해 피사체를 인지한다. 측정할 대상이 정해지면 대상이 되는 물리량을 전기량으로 변환하고 전자회로 기술을 이용하여 디지털 처리를 한다. 전처리를 통해서 분할된 데이터로부터 특성을 추출하고 표본화 작업을 통해서 패턴을 식별하는 과정을 실행한다.

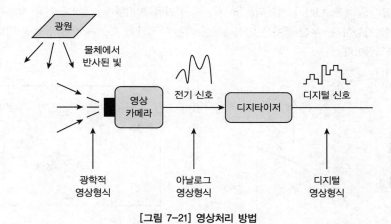

[그림 7-21] 영상처리 방법

1 전처리(preprocessing) 중요 ★★

전처리 과정은 측정이 완벽하지 않을 경우, 결함을 제거하는 과정이다. 이것은 소음 제거, 필터링 작동, 표준화와 같은 작업을 포함한다.

2 분할(segmentation) 중요 ★★

분할은 관심 영역을 물체의 다른 부분과 분리시키는 작업으로 분할 알고리즘을 사용한다. 분할의 결과에 따라서 연속처리 과정에서 얻어진 결과물의 질을 결정하게 된다. 따라서 분할 과정은 좋은 결과를 획득하기 위한 매우 중요한 단계이다.

3 특징 추출(feature extraction) 중요 ★★

객체를 분류하기 위해서는 측정할 수 있는 단위로 정량화시켜야 한다. **분류된 물체로부터 얻어진 측정할 수 있는 정량들을 특징이라고 부른다.** 즉, 어떤 객체가 가지고 있는 객체 고유의 분별 가능한 측면 (aspect), 질(quality) 혹은 특성(character)과 같은 것이다. 예를 들면, 색깔과 같은 상징기호 또는 높이·넓이·무게와 같은 수치적인 값들을 의미한다.

특징을 표현하기 위해서는 특징 벡터(feature vector), 특징 공간(feature space)과 분산 플롯(scatter plot)이 사용된다. 특징 벡터는 특징이 하나 이상의 수치값을 가질 경우, d-차원의 열 벡터로 표현하는 것이고, 특징 공간은 특징 벡터가 정의되는 d-차원의 공간을 의미한다. 특징 공간은 3차원 공간까지 시각적으로 표현이 가능하다. 분산 플롯은 인식대상이 되는 객체들을 특징 공간에서 특징 벡터가 형성하는 점으로 표현된 그림이다.

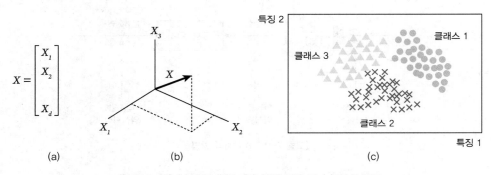

[그림 7-22] (a) 특징 벡터, (b) 특징 공간 및 (c) 분산 플롯

그리고 패턴이란 개별 객체의 특징이나 특색들의 집합이다. 분류작업에서의 패턴은 보통 쌍 {x, ω}로 주어지고 x는 특정 벡터, ω은 이 특정 벡터가 속한 클래스로 즉, 라벨을 의미한다. 라벨은 카테고리 또는 영역

이라고도 불린다. 클래스는 동일 소스에서 발생한 공통된 특성 또는 특정 집합을 공유하는 패턴의 집합이다. 패턴인식에서 패턴을 이루는 특징 벡터를 어떤 것으로 선택할 것인가의 문제는 중요한 결정사항이다. 어떠한 패턴을 이루는 개별 특징의 선택은 패턴인식 알고리즘의 결정과 더불어 인식률에 결정적인 영향을 끼친다. 따라서 특징은 서로 다른 클래스 표본 간에 분별 가능한 특성을 많이 가져야 하고, 다른 클래스에서 취해진 표본은 다른 클래스와 서로 다른 특정값을 가져야 한다. 서로 다른 패턴값이 섞여 있는 경우는 좋은 패턴이 아니다.

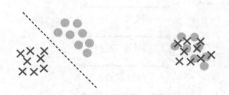

[그림 7-23] 좋은 패턴과 나쁜 패턴의 예

패턴을 이루는 특징 벡터는 특징 공간에서 분포하는 유형에 따라서 다음과 같이 네 가지로 분류가 가능하다. (a) 선형분리가 가능한 유형, (b) 비선형분리가 가능한 유형, (c) 높은 상관관계를 갖는 유형 그리고 (d) 멀티모달(MultiModal)의 특성을 가진 유형이다.

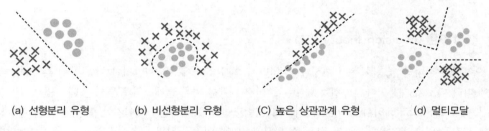

(a) 선형분리 유형   (b) 비선형분리 유형   (C) 높은 상관관계 유형   (d) 멀티모달

[그림 7-24] 패턴의 유형

선형분리가 가능한 유형은 간단하게 선을 중심으로 서로 다른 패턴을 분리할 수 있는 유형이다. 비선형분리가 가능하다는 의미는 곡선으로 곡선 내의 패턴과 곡선 외부의 패턴을 구분할 수 있는 유형이다. 변수 간의 또는 패턴 간의 관계성이 높은 경우는 높은 상관관계의 유형을 나타낸다.

멀티모달(MultiModal)은 사용자의 제스처, 손의 움직임, 음성, 패턴 등 사용자가 컴퓨터에 전달할 수 있는 다양한 입·출력을 컴퓨터가 동시에 받아들이고 조합하여 이해할 수 있는 인터페이스 시스템을 의미한다. 여기서 모달은 modality라는 뜻으로 모달리티란 인터랙션 과정에서 사용되는 커뮤니케이션 채널을 말한다. 예를 들면, 우리가 PC에 무엇인가를 입력할 때 사용하는 키보드, 마우스 하나 하나가 바로 하나의 모달리티를 위한 장치라고 할 수 있는 것으로 손으로 접촉하여 입력하는 개개의 모달리티인 것이다. 여기서 주의해야 할 점은 마우스나 키보드는 하나의 모달리티를 위한 '기기'인 것이지 모달리티 자체를 의미하지는 않는다. 말 그대로 모달리티란, 한 가지 방식의 사람-컴퓨터 의사소통의 '채널'을 의미한다. 우리가 보통 사용하는 PC 입력 방법 외에 또 다른 모달리티는 접촉하지 않아도 입력 가능한 제스처(동작), 음성 입력은 물론 표정 인식과 시선 인식까지도 개개의 모달리티가 된다. 멀티모달 인터페이스는 인간의 제스처, 시선, 손의 움직임, 행동의 패턴, 음성, 물리적인 위치 등 인간의 자연스러운 행동들에 대한 정보를 해석하고 부호화하는 인지기반 기술이다.

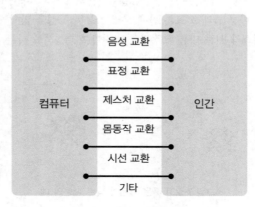

[그림 7-25] 멀티모달 병렬 입력

따라서 패턴을 분석하고 그 패턴에 맞는 출력값을 표현하는 것이 멀티모달에서도 매우 중요하다.

4 결정 이론(decision theory) 중요 ★★

분류 요구사항에 따라 결정 기능이 형성된다. 따라서 의사결정 기능은 일반적인 기능이 될 수 없다. 문제 정의에 따라 다르기 때문이다. 이 결정 함수는 주어진 객체를 다른 클래스와 구별하는 데 도움이 된다. 대표적인 결정 이론으로 **베이지안 이론**과 **가우스 혼합모델**이 있다. 특히 베이지안 이론(정리)의 활용도는 갈수록 커지고 있으며 암호해독부터 전쟁 중 의사결정이나 실종된 사람이나 선박의 위치 추적, 암 발명률 예측, 스팸 메일 걸러내기 등 무한대에 가깝다고 할 수 있다.

5 결정 경계(decision boundary) 중요 ★★

앞에서도 설명했듯이 **결정 경계**는 기본 벡터공간을 각 클래스에 대하여 서로 다른 집합으로 나누는 초**표면**이다. 분류기는 결정 경계의 한쪽에 있는 모든 점을 한 클래스로 다른 한쪽에 있는 모든 점을 다른 클래스에 속하는 것으로 분류한다. **결정 경계는 출력 계층이 모호한 문제 공간의 영역이다.** 만약 결정표면이 초평면이라면, 분류문제는 선형이며 그 계층들은 선형적으로 분리 가능하지만, 결정 경계가 항상 명확한 것은 아니다. 즉 특징 공간 안에서의 한 계층으로부터 다른 계층으로의 전이는 불연속적인 게 아니라 점진적이다. 이 효과는 계층들이 모호할 때 퍼지논리 기반의 분류 알고리즘에서 보편적이다.

분류자의 개념을 좀 더 명확하게 이해하도록 하자. 예를 들어, 긍정의 단어를 great, awesome, good, amazing, …으로 그룹화하고, 부정의 단어를 bad, terrible, disgusting, … 등으로 그룹화한다. 그리고

"Boolgigi was great, the food was awesome but the service was terrible."이라는 문장을 입력했을 때 간단한 분류자는 문장 속의 긍정과 부정의 단어를 세어서 긍정의 단어가 부정의 단어보다 많으면 '+' 그렇지 않다면 '−'를 출력하라는 문제에 답변할 수 있으나 다음과 같은 실제적인 한계가 있다.

① 긍정, 부정의 단어를 어떻게 작성하는지?
② 각 단어마다 의미의 강도가 다른 것은 어떻게 표현할 것인지?
③ 단어 자체로는 판단이 불가능하다.

이러한 문제를 해결하기 위하여 가중치를 둔다.

단어	가중치
good	1.0
great	1.2
awesome	1.7
bad	−1.0
terrible	−2.1
awful	−3.3
restaurant, the, we, where, ⋯	0.0
⋯	⋯

이것을 선형 분류기라고 한다. 왜냐하면, 출력은 입력 가중치의 합이기 때문이다.
만일 awesome = 1.0의 가중치를 갖고 awful = −1.5의 가중치를 갖는다고 하면 다음과 같은 그래프를 그리게 된다.

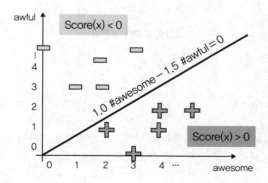

이처럼 가중치의 합이 양과 음으로 나누어지는 면을 결정 경계라고 한다. 2차원일 때는 선(line), 3차원일 때는 평면(plane), 4차원의 경우는 초평면(hyper plane)이 결정 경계가 된다. 또한, 분류기가 스스로 가중치를 학습하는 것(learning the weights)을 'training classifier(트레이닝 분류기)'라고 한다.

6 표본화(sampling) 중요 ★★

추출된 특징은 적절한 식별을 위한 기여도 검사를 한다. 분류에 도움이 되는 것으로 확인된 특징이 선택되는데, 이를 기능 선택(feature selection)이라고 한다. 특징이 선택되고 나면, 선택된 특징은 특징 벡터를 구성하는 데 사용된다. 더 많은 수의 샘플을 위해서 특징 벡터가 형성되어야 한다. 아날로그 신호를 모든 시간에 이산적인 신호로 변화하여 처리한다는 것은 불가능하므로 시스템의 성능과 목적의 요구를 만족시키는 범위 내에서 기준이 되는 시간 간격을 설정하여 신호의 표본을 추출해야 한다. 아래 [그림 7-26]은 입력된 아날로그 신호를 표본화 간격에 맞추어 그 시점에서의 이산적인 신호값을 취한 것이다.

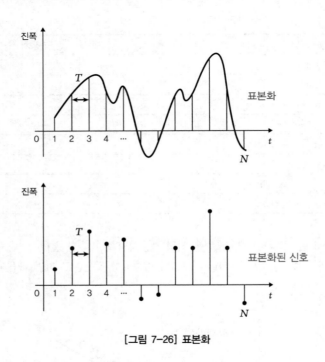

[그림 7-26] 표본화

7 일반화(generalization)

일반화 또는 학습은 제공되는 입력 샘플을 근거로 한다. 이 단계에서 컴퓨터는 아이디어를 공식화하고 서로 다른 샘플에서 제공되는 서로 다른 클래스를 학습하려고 시도한다.

8 분석과 통합(analysis and synthesis)

일반적인 학습에서 특정 의사 결정으로의 추론은 이 단계에서 이루어진다. 달성된 학습 또는 일반화에 기초하여 새로운 샘플이 제공될 때, 새로운 패턴 샘플은 임의의 패턴 클래스로 그룹화될 수 있다.

9 인식과 군집화 중요 ★★★

(1) 인식(recognition)

패턴인식은 어느 카테고리에 속하는가를 결정하는 과정이다. 신호를 전처리해서 노이즈를 제거해야 하고 중요한 정보를 강화하여 인식할 수 있는 문자를 정규화한다. 식별방법은 두 가지로 통계적/결정 이론적 접근방법과 구문적/언어 이론적 접근방법이 있다.

① 통계적/결정 이론적 접근방법(statistical/deterministic approach) 중요 ★★

우리가 생각하는 추론은 알지 못하는 것에 대하여 알려고 노력하는 것이다. 통계적 추론은 알고자 하는 것을 통계적으로 접근한다는 것이다. 통계적 추론의 방법에는 크게 3가지가 있다.

ⓐ 모수적 추론(parametric inference)

모수적 추론은 "우리가 알고 싶어하는 대상(주로 모집단)을 어떠한 분포일 것이다."라는 가정을 하고 **분포의 모수에 대해서 추론하는 방법**이다. 모집단을 정규분포로 가정한다면, 가정한 분포의 모수는 평균과 분산이 된다.

$$N \sim (\mu, \delta^2)$$

이러한 모집단에 대한 가정은 최종 결론에 큰 영향을 끼친다. 그래서 처음에 선택한 가정이 적절한지에 대한 적절성 평가가 필요하다.

ⓑ 비모수적 추론(non-parametric inference)

비모수적 추론은 모수적 추론과 반대로 모집단에 대한 가정을 하지 않아 가정한 분포의 모수가 없다. 주로 모집단의 특성을 단순히 몇 개의 모수로 결정하기 어려울 정도로 **많은 모수가 필요한 경우**가 여기에 속한다.

ⓒ 베이지안 추론(bayesian inference)

베이지안 확률을 기초로 하여 추론한다. 모수적 추론에서는 가정한 분포의 모수로 추론을 진행한다. 모수적 추론에서 모수는 상수지만 여기서 상수의 의미는 변하지 않는 수로 생각해야 한다. 모수가 변하지 않아야 그 변하지 않는 수를 찾기 위해 추론을 하는 것이다. 그러나 베이지안 추론은 모수를 확률변수로 바라본다. 모수를 확률변수로 바라보니 확률분포를 갖는데 이런 확률분포를 **사후분포(posterior distribution)**라고 한다.

② 구문적/언어 이론적 접근방법(syntactic/linguistic approach) 중요 ★★

구문적/언어 이론적 접근방법에는 구문적 접근방법과 의미론적 접근방법이 있다. 구문적 접근방법에서 의미는 규칙(rule)에 저장되고 의미론적 접근방법에서는 스키마에 저장된다는 차이가 있다.

(2) 군집화(clustering) 중요 ★★★

우리는 실제로 패턴의 많은 부분이 총 몇 개의 클래스로 구성되었는지 모르는 경우가 있다. 이때 사용하는 알고리즘이 군집화로 이는 패턴 분포가 주어졌을 때 같은 종류라고 생각할 수 있는 몇 개의 서브 클래스로 분할하는 것이다. 카테고리가 확정되지 않았거나, 식별 함수로 기술이 곤란한 경우에 이용한다. 군집화 기술이 많이 쓰이는 분야는 바이오 분야이다. 클러스터링에는 K-평균 클러스터링과 K-mode 클러스터링이 있다.

① K-평균 클러스터링

K-평균 클러스터링(K-means Clustering)은 **데이터를 입력받아 이를 소수의 그룹으로 묶는 알고리즘이다.** 이 알고리즘은 레이블이 없는 데이터를 입력받아 각 데이터에 레이블을 할당함으로써 군집화를 실행한다. K-평균 클러스터링은 개념과 구현이 매우 간단한 기본적인 알고리즘이면서도 실행속도가 빠르고 특정한 형태의 데이터에 대해서는 매우 우수한 성능을 제공하는 알고리즘이다.

[그림 7-27] K-평균 클러스터링의 전과 후

K-평균 클러스터링은 분석 결과가 관찰치 사이의 거리 또는 유사성을 어떻게 정의하느냐에 따라 크게 좌우된다. 즉, K-평균 클러스터링은 초기화에 따라 다른 결과가 나타날 수 있다. 초기화가 잘못된다면 나쁜 경우 지역적 최적화(local optima)에 빠지는 경우가 존재한다. 또 다른 단점은 결과해석이 어렵다는 것이다. 왜냐하면, 탐색적인 분석방법으로 장점을 갖추고 있지만, 사전에 주어진 목적이 없으므로 결과를 해석하는데 어려움이 존재한다. 이러한 문제를 보완하기 위해 K-mode 클러스터링이 등장한다.

② K-mode 클러스터링

이 방식은 mod 연산자를 사용한 것이다. 데이터가 하나의 mod로 있다가 분포가 만나지 않는 경우 분리(split)가 일어난다. 가장 많이 모여있는 곳에 등고선을 그리고 퍼지면서 오류가 몇 개인지 계산하는 알고리즘이다. 이런 알고리즘의 대표적인 예가 mean-shift 클러스터링(알고리즘)으로 K-평균 클러스터링의 단점을 해결할 수는 있지만, 더 좋다고 말할 수 없다. 중요한 것은 식별할 때 기계 학습 메커니즘을 사용하는데 문제의 유형에 따라 K-클러스터링을 쓰거나 식별을 써야 한다.

제 **3** 절 패턴인식 시스템 설계시 고려사항 중요 ★★

패턴인식 시스템을 설계할 때 고려해야 하는 사항들은 다음과 같다.

1 입력 데이터를 표현하는 방법

인식하고자 하는 대상물에서 측정할 수 있는 입력 데이터를 표현하는 방법에 관한 문제로 이것을 감지 문제(sensing problem)라 한다. 각각의 측정된 양은 패턴 또는 대상물의 특성을 묘사한다. 예를 들어, 문제의 패턴이 영문자와 숫자라고 가정하자. 이러한 경우에는 [그림 7-28]의 좌측에 있는 것과 같은 격자형 측정 기법을 효과적으로 센서에 사용할 수 있다. 격자가 n개의 원소로 구성되었다고 가정하면, 다음과 같은 측정 벡터 또는 패턴 벡터의 형태로 그 측정치를 표현할 수 있다.

$$x = \begin{bmatrix} x_1 \\ x_2 \\ . \\ . \\ x_n \end{bmatrix}$$

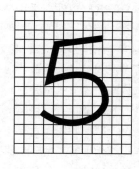

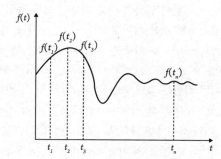

$$x = \begin{bmatrix} x_1 \\ x_2 \\ . \\ . \\ x_n \end{bmatrix} \quad x_1 = 0 \text{ or } 1 \qquad\qquad x = \begin{bmatrix} x_1 \\ x_2 \\ . \\ . \\ x_n \end{bmatrix} \quad x_1 = f(t_1)$$

[그림 7-28] 패턴 벡터의 생성을 위한 두 가지 구조

여기서, n번째 격자가 문자 일부분을 포함하고 있으면, 원소 x_i에 1을, 그렇지 않으면 0을 배정한다. 의미가 명백한 경우에는 패턴 벡터를 단순히 패턴이라고 부르기로 한다.

[그림 7-28]의 우측 그림은 두 번째 예를 보여 준다. 이 경우, 패턴은 음향 신호와 같이 변수 t로 구성된 연속 함수에 해당한다. 이 함수가 불연속 점 t_1, t_2, ..., t_n에서 표본 추출되었다면, $x_1 = f(t_1)$, $x_2 = f(t_2)$, ..., $x_n = f(t_n)$으로 패턴 벡터를 구성할 수 있다.

패턴 벡터는 x, y, z처럼 획이 굵은 소문자로 표기하기로 한다. 편의상, 이러한 벡터를 위에서 보인 열 벡터(column vector)로 가정한다. 본문에 나타나는 $x = (x_1, x_2, ..., x_n)'$도 같은 의미로 사용할 것이다. 여기서, 프라임 부호(')는 전치(transposition)를 나타낸다.

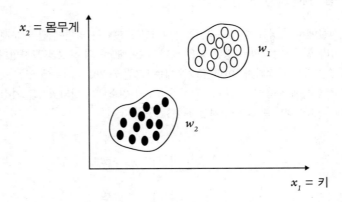

[그림 7-29] 구별되는 두 개의 패턴 유형

패턴 벡터는 패턴에 관하여 사용 가능한 모든 측정 정보를 포함하고 있다. 임의의 패턴 부류에 속하는 대상물을 측정하는 것은 알파벳 집합 x_i에 속하는 하나의 기호를 각 패턴의 특성에 배정하는 부호화 과정(coding process)으로 간주할 수 있다. 측정을 통하여 실수 형태의 정보를 만들어 낼 때, 하나의 패턴 벡터를 n차원 유클리드 공간(euclidean space)상의 한 점으로 간주하는 것이 종종 유용하다. 동일한 부류에 속하는 패턴 집합은 측정 공간상의 임의의 영역 내에 산재해 있는 점들의 집합에 해당한다.

w_1과 w_2는 각각 프로 미식축구 선수들과 경마 기수들을 원소로 하는 집합으로 가정할 수 있다. 각각의 '패턴'은 키와 몸무게에 대한 두 개의 측정치로 특징이 된다. 따라서, 패턴 벡터는 $x = (x_1, x_2)'$와 같은 형태가 된다. 여기서, x_i은 키를 나타내고 x_2는 몸무게를 나타낸다. 각각의 패턴 벡터는 2차원 공간상에서 하나의 점으로 간주될 수 있다. [그림 7-29]에 나타나 있듯이, 이들 두 부류는 측정치의 속성으로 인하여 서로 분리된 집합을 형성한다. 그러나, 실제 상황에서는 말끔히 분리된 집합을 결과로 내주는 측정법을 항상 명시할 수는 없다. 예를 들어, 구별하기 위하여 선택한 기준이 키와 몸무게라면 프로 미식축구 선수 부류와 프로 농구 선수 부류 간에 상당한 중복이 존재하게 될 것이다.

2 **받아들인 입력 데이터의 특징 또는 속성을 추출하는 문제와 패턴 벡터의 차수를 줄이는 문제**

이러한 문제는 종종 전처리 및 특징 추출 문제라고 일컬어진다. 예를 들어, 음성 인식에서 주파수 대역 내의 주파수에 관한 에너지 분포를 측정함으로써 모음과 유사 모음을 마찰음 및 다른 자음과 구별할 수 있다. 음성 인식에 공통적으로 사용되는 특징으로는 음의 지속 기간, 다양한 주파수 대역에서 에너지의 비율, 주파수 대역에서 최고점(spectral peak)의 위치, 시간상에서 최고점의 이동 등을 들 수 있다.

패턴 부류의 특징은 그 부류에 속하는 모든 패턴의 공통적인 성격을 나타내는 속성이다. 그러한 특징을 종종 집합 내부 간 특징(intraset feature)이라고 한다. 반면에, 패턴 부류 간의 차이점을 나타내는 특징을 집합 간 특징(interset feature)이라고 한다. 특징 추출은 패턴인식 시스템의 설계에 있어서 중요한 문제로 간주되어 왔다. 측정한 데이터로부터 각 패턴 부류 간에 서로 구별되는 완전한 특징 집합을 결정할 수 있다면, 패턴인식 및 분류의 어려움은 별로 없을 것이다. 이 경우, 간단한 정합 과정 또는 테이블 조회(table look-up) 구조로 자동 인식 과정을 단순화시킬 수 있다. 그러나, 실제로 발생하는 대부분의 패턴인식 문제에서는 서로 구별되는 완전한 특징 집합을 결정하는 것이 불가능하거나 아니면 매우 어렵다. 다행스럽게도, 관측한 데이터로부터 구별력이 강한 특징을 종종 찾아낼 수 있는데 이러한 특징은 자동 인식 과정을 간단하게 해 준다.

3 **최적의 결정 절차를 선택하는 문제**

최적의 결정 절차를 선택하는 문제는 구별 및 분류 과정에 필요하다. 인식할 패턴으로부터 관측한 데이터를 패턴 공간상의 패턴 점 또는 측정 벡터 형태로 표현한 후에, 이 데이터가 어느 패턴 부류에 속하는가를 결정해야 한다. $w_1, w_2, w_3, ..., w_M$으로 표기된 M개의 서로 다른 패턴 부류를 인식하는 인식기를 설계한다고 가정하자. 그러면, 패턴 공간이 각 부류에 대한 패턴 점들을 둘러싸고 있는 M개의 영역으로 구성된다고 간주할 수 있다. 인식 문제는 관측한 측정 벡터를 바탕으로 하여 M개의 패턴 부류를 분리시킬 수 있는 결정 경계를 생성하는 문제로 볼 수 있다. 예를 들어, 결정 경계가 결정 함수 $d_1(x), d_2(x), ..., d_M(x)$로 구성되어 있다고 간주해 보자. 판별 함수라고 부르기도 하는 이 함수들은 스칼라(scalar)이면서 단일 값을 갖는 패턴 x에 관한 함수이다.

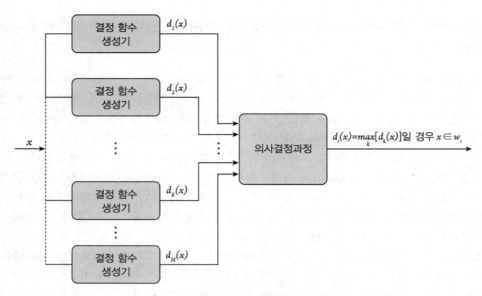

[그림 7-30] 패턴 분류기의 블록 구조도

만일, i가 자신과 다른 모든 $j(j = 1, 2, ..., M)$에 대하여 $d_i(x) > d_j(x)$이면, 패턴 x는 패턴 부류 w_i에 속한다. 다시 말해서, i번째 결정 함수 $d_i(x)$가 패턴 x에 대하여 가장 큰 값을 가지면, 패턴 x는 패턴 부류 w_i에 속하게 된다. 그러한 의사결정과정을 사용하는 자동 분류 구조가 [그림 7-30]에 개념적으로 설명되어 있다. 다양한 방법으로 결정 함수를 만들 수 있는데, 인식할 패턴에 대한 완벽한 사전 지식(prior knowledge)을 사용할 수 있는 경우에는 그 사전 지식에 바탕을 두고 결정 함수를 결정할 수 있다. 패턴에 대한 정성적(qualitative) 지식만을 사용할 수 있는 경우에는 결정 함수의 형태를 합리적으로 추측할 수 있다. 이 경우, 결정 경계는 정확하지 않을 수 있으므로 일련의 조정을 통해서 만족스러운 성능을 얻도록 인식기를 설계할 필요가 있다. 일반적인 상황에서는 인식할 패턴에 관한 사전 지식이 거의 존재하지 않는다. 이러한 환경하에서는 훈련(training) 또는 학습(learning) 절차를 사용하여 패턴 인식기를 설계할 수 있다. 먼저 임의의 결정 함수를 가정하고, 일련의 반복 훈련 과정을 통하여 이들 함수가 최적 또는 만족스러운 형태에 접근하도록 수정된다. 결정 함수에 의한 패턴 분류는 다양한 방법으로 접근될 수 있다. 일반적으로, 전처리 및 특징 추출의 문제와 최적의 결정 및 분류의 문제를 해결하기 위해서는 매개변수 집합을 추정한 후에 이를 최적화시켜야 한다. 즉, 매개변수 추정의 문제를 야기시킨다. 더욱이, 패턴의 문맥 정보를 사용하여 특징 추출 과정과 의사결정 과정을 대폭 개선시킬 수 있다. 문맥 정보는 존재 가능한 확률, 언어적 통계, 이웃의 변화량 등을 통하여 측정될 수 있다. 어떤 응용에서는, 정확한 인식 결과를 얻기 위하여 문맥 정보가 필수불가결하기도 하다. 예를 들어, 음성의 파형 정보를 보충해 주는 문맥 및 언어학적 정보가 존재할 경우에만 완전한 자동적 음성 인식이 가능하다. 마찬가지 방법으로, 흘려 쓴 필기체 문자를 인식하고 지문을 분류할 경우에도 문맥 정보가 매우 유용하다. 왜곡을 극복할 수 있고, 편차가 큰 패턴에도 융통성이 있으며 스스로 조정할 수 있는 패턴인식 시스템을 설계할 때 유용하게 사용할 수 있다.

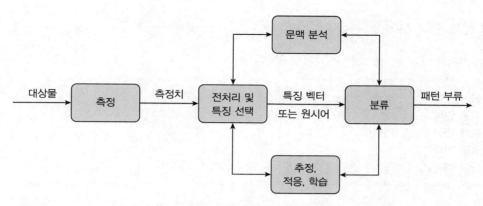

[그림 7-31] 적응적 패턴인식 시스템의 기능적 블록 구조도

적응적 패턴인식 시스템을 개념적으로 설명하기 위하여, [그림 7-31]과 같은 기능적 블록 구조도를 통하여 패턴인식에 관련된 주요 문제를 간략하게 설명한다. 이 그림은 패턴인식 시스템이 수행하는 기능을 자연스럽고 편리하게 나누어 놓은 것이다. 여기서, 기능적 블록은 분석에 편리하도록 구성하였을 뿐, 블록 간에 상호작용하는 연산을 구별하기 위하여 구성한 것은 아니다. 최적 결정과 전처리 또는 특징 추출을 반드시 구별할 필요는 없지만, 기능적 분석 개념은 패턴인식 문제에 대한 명쾌한 이해가 가능하도록 해준다. 자동 패턴인식 시스템으로 인식 및 분류해야 할 패턴은 반드시 측정 가능한 특성들의 집합을 포함하고 있어야 한다. 이러한 측정치가 패턴 집단 내에서 서로 유사하면 같은 패턴 부류의 구성원으로 간주한다. 패턴인식 시스템의 목적은 관측된 정보에 바탕을 두고 측정된 데이터와 유사한 측정치를 생성할 수 있는 패턴 부류를 결정하는 것이다. 측정치에 포함된 구별되는 정보의 양과 이러한 정보를 얼마나 효율적으로 활용하느냐에 따라 인식의 정확도가 결정된다.

제 4 절 ｜ 패턴인식의 응용 분야 중요 ★

1 문자 인식 분야

일반적으로 스캐너로 받아들인 텍스트 이미지는 컴퓨터에서 편집 가능한 코드화된 문자로 변환하게 된다.

- 자동 우편물 분류기
- 필기체 문자 인식
- 수표 및 지폐 인식
- 차량 번호판 인식

2 생체 인식 분야

인간의 생체를 인식하는 분야에 다양하게 적용된다.

- 음성 인식
- 지문 인식
- 홍채 인식
- 얼굴 인식
- DNA 매핑

3 인간 행동 패턴 분석 분야

- 보행 패턴 분석 및 분류
- 발화 습관 분석 및 분류

4 진단 시스템 분야

- 자동차 오동작 진단
- 의료 진단
- EEG(뇌전도), ECG(심전도) 신호 분석 및 분류 시스템
- X-Ray 판독 시스템 등에 많이 사용됨

의사를 대체하는 것이 아니라 도움을 주기 위한 시스템이다(예 X-Ray 유방 조영 사진 판독의 10 ~ 30%가 오·판독의 가능성이 있는데 이를 적절한 영상 분석 처리를 통하면 이들 중 2/3는 방지 가능).

5 예측 시스템 분야

- 인공위성 데이터에 기반한 날씨 예측
- 지진 패턴 분석과 예측 시스템
- 주가 예측 시스템에 활용됨

6 보안과 군사 분야

- 네트워크 트래픽(traffic) 패턴 분석을 통하여 컴퓨터 공격 확인
- 물품 자동 검색 시스템
- 인공위성 영상 분석을 통한 테러리스트 캠프 혹은 지형 목표물 추적 공격
- 레이더 신호 분류
- 항공기 피아식별 시스템에 사용됨

[표 7-2] 패턴인식의 관련 분야와 응용 분야

관련 분야	응용 분야
• 적응 신호 처리 • 기계 학습 • 인공 신경망 • 로보틱스/비전 • 인지 과학 • 수리 통계학 • 비선형 최적화 • 데이터 분석 • 퍼지/유전 시스템 • 검지/추정 이론 • 형식 언어 • 구조적 모델링 • 생체 사이버네틱스 • 계산 신경 과학	• 영상처리/분할 • 컴퓨터 비전 • 음성 인식 • 자동 목표물 인식 • 광학 문자 인식 • 지진 분석 • 인간 기계 대화 • 생체 인식(지문, 정맥, 홍채 등) • 산업용 검사 • 금융 예측 • 의료 진단 • ECG 신호 분석

※ 다음 지문의 내용이 맞으면 O, 틀리면 ×를 체크하시오. [1 ~ 4]

01 패턴은 애매모호한 실체로 실생활에서의 패턴을 가지고 있다. (　　)

>>>◯ 사전에는 패턴은 어떤 것이 규칙적으로 발생하거나 반복되는 것이라고 정의되어 있다. 그러나 실제로 실생활에서의 패턴은 이름은 가질 수 있지만 애매모호한 실체로 정의하는 것이 더 확실한 표현일 듯싶다. 패턴의 예로는 지문 이미지, 손으로 쓴 글자, 인간의 얼굴, 음성신호, DNA 염기순서 등 무수하게 많은 실체가 존재한다.

02 패턴인식 문제에 대한 연구는 유기체의 패턴인식 능력에 대하여 연구하는 것과 특정 응용 분야에서 주어진 인식 업무를 수행할 수 있는 장치설계를 개발하는 것으로 나눌 수 있다. 첫 번째 영역은 공학, 컴퓨터, 정보 과학과 관련되고 두 번째 영역은 심리학, 생리학, 생물학과 관련된다.

(　　)

>>>◯ 논리적인 측면에서 볼 때, 패턴인식 문제에 대한 연구는 두 가지의 주요 범주로 나눌 수 있다. 하나는 인간 및 다른 유기체의 패턴인식 능력에 대하여 연구하는 것이고, 다른 하나는 특정 응용 분야에서 주어진 인식 업무를 수행할 수 있는 장치들을 설계하기 위한 이론과 기법을 개발하는 것이다. 첫 번째 문제 영역은 심리학, 생리학, 생물학과 같은 학문 분야와 관련 있고 두 번째 문제 영역은 주로 공학, 컴퓨터 그리고 정보 과학과 관련된다. 위의 문제는 첫 번째와 두 번째의 관련 학문 분야가 뒤바뀌었다.

03 분류작업에서의 패턴은 보통 쌍 $\{x, \omega\}$로 주어지고 x는 특정 벡터, ω은 이 특정 벡터가 속한 클래스로 즉, 라벨을 의미한다. (　　)

>>>◯ 분류 작업에서의 패턴은 보통 쌍 $\{x, \omega\}$로 주어지고 x는 특정 벡터, ω은 이 특정 벡터가 속한 클래스로 즉, 라벨을 의미한다. 라벨은 카테고리 또는 영역이라고도 불린다. 클래스는 동일 소스에서 발생한 공통된 특성 또는 특징 집합을 공유하는 패턴의 집합이다. 패턴인식에서 패턴을 이루는 특징 벡터를 어떤 것으로 선택할 것인가의 문제는 중요한 결정사항이고, 패턴의 개별 특징의 선택은 인식률에 결정적인 영향을 끼친다.

04 마우스, 키보드, 음성 인식 장치와 같이 컴퓨터에게 정보를 전달하는 장치를 멀티모달이라고 한다.

(　　)

>>>◯ 멀티모달(MultiModal)은 사용자의 제스처, 손의 움직임, 음성, 패턴 등 사용자가 컴퓨터에 전달할 수 있는 다양한 입·출력을 컴퓨터가 동시에 받아들이고 조합하여 이해할 수 있는 인터페이스 시스템을 의미한다. 모달은 모달리티(modality)의 뜻으로 인터랙션 과정에서 사용되는 커뮤니케이션 채널이란 말이다. 예를 들면, 우리가 PC에 무엇인가를 입력할 때 사용하는 키보드, 마우스 하나 하나가 바로 하나의 모달리티를 위한 장치라고 할 수 있다.

정답 **1** O **2** × **3** O **4** O

01 다음 중 패턴인식의 정의에 대한 설명을 정확하게 표현한 것은?

① 패턴인식은 추론에 집중하지만 인공지능은 관측에 집중한다.
② 패턴인식은 기계의 학습이나 인지능력을 모방하기 위해서 사용한다.
③ 인공지능은 지식과 추론의 모델링을 강조하고 패턴인식은 관찰을 일반화하고 가용할 수 있는 지식을 사용한다.
④ 패턴인식은 인공지능과는 별개의 영역으로 문제해결을 위해 사용한다.

01 AI는 추론에 집중하고, 패턴인식은 모든 데이터에서 파생된 관측에 집중한다. AI는 인간의 지식과 추론의 모델링을 강조하고 이 모델들을 관찰하기 위해서 인공지능을 적용하지만, 패턴인식은 지식과 추론을 직접적으로 모방하는 것이 아니라 주어진 관찰을 처리한 후에, 관찰을 일반화하고 가용할 수 있는 지식을 사용해서 통합되는 것이다.
인공지능이라는 용어는 기계가 학습(learning)이나 문제해결(problem solving)과 인지 기능을 흉내낼 때 사용하지만, 패턴인식은 인공지능의 하부영역으로서 패턴의 인식과 데이터에서의 규칙성에 관련된 것이다. ②번은 인공지능에 대한 설명이다.

02 패턴인식의 일반적인 처리 과정을 바르게 나열한 것은?

① 전처리 – 차원축소 – 모델선택 – 인식 및 예측 – 분석 결과
② 전처리 – 인식 및 예측 – 차원축소 – 모델선택 – 분석 결과
③ 전처리 – 차원축소 – 인식 및 예측 – 모델선택 – 분석 결과
④ 전처리 – 모델선택 – 차원축소 – 인식 및 예측 – 분석 결과

02 관측을 통해 패턴을 표현하는 물리량을 정의하게 되는데, 표본화와 양자화를 거쳐서 아날로그 신호를 디지털 신호로 전환한다. 전처리 과정에서는 잡음 제거와 왜곡의 보상이 실행되어 차원을 축소하고, 분할에서는 입력된 신호로부터 인식하여 대상이 되는 패턴을 분리해내고, 패턴의 형태를 예측하여 관련되는 모델을 선택하게 된다. 정규화는 위치의 정규화, 크기의 정규화, 진폭의 정규화를 포함하고, 특징 추출은 패턴의 판별에 사용될 수 있는 정보를 추출하는 과정이다.

정답 01 ③ 02 ③

03 대상 패턴에 사전 분석을 통해 어떤 특징을 선택할 것인지 결정한다. 이때 패턴의 유사성을 탐지하기 위해 분류기를 사용한다. 분류기는 특정 벡터들로 이루어진 특징 공간을 클래스들 간의 결정 영역으로 분할하는 기능을 수행한다.
이때 결정 영역의 경계를 결정 경계라고 한다. 특징 벡터 x의 분류는 어느 결정 영역에 이 특징 벡터가 속해 있는지를 결정하고, x를 이 클래스 중의 하나로 할당한다. 패턴 분류기는 추출된 패턴의 특징을 이용하여 해당 이미지가 어느 그룹에 속할 것인지를 결정한다.

04 인식과 예측은 해당 패턴이 어느 카테고리에 속하는가를 결정하는 과정이다. 신호를 전처리해서 노이즈를 제거해야 하고 중요한 정보를 강화하여 인식할 수 있는 문자를 정규화한다. 식별방법은 두 가지로 통계적/결정 이론적 접근방법과 구조적/언어 이론적 접근방법이 있다.

05 ②번은 분류, ③번은 서술, ④번은 회귀에 관한 설명이다.
회귀란 분류를 일반화한 것으로 패턴인식 시스템의 출력으로부터 실수로 추정된 결과를 얻을 수 있다. 군집화는 일반적으로 클러스터링이라고 한다. 어떤 집합을 의미있는 복수 개의 그룹들로 조직하는 것을 말한다. 서술은 대상 객체를 일련의 프로토타입이나 기본형으로 표현하는 문제를 말한다.

정답 03① 04④ 05①

---

03 다음 중 패턴인식에서 분류기의 설명으로 옳은 것은?

① 목표 객체로부터 패턴의 유사성을 탐지하기 위해 분류기를 사용한다.
② 특정 벡터들로 이루어진 특징 공간을 클래스들 간의 결정 영역으로 통합하는 기능을 수행한다.
③ 결정 영역의 경계를 분류 경계라고 부른다.
④ 센서로부터 입력되는 값을 이용하여 패턴을 표현하기 위해 사용한다.

04 다음 중 패턴인식에서 인식, 예측의 작업 내용으로 옳지 않은 것은?

① 잡음 제거
② 문자 정규화
③ 집단화
④ 데이터의 입력작업

05 패턴인식 과정에서 클러스터링이란 무엇을 의미하는가?

① 어떤 집합을 의미 있는 복수 개의 그룹들로 조직하는 것이다.
② 어떤 대상 객체를 특정한 클래스에 할당하는 것이다.
③ 대상 객체를 일련의 프로토타입이나 기본형으로 표현하는 것이다.
④ 분류를 일반화한 것이다.

06 다음 중 패턴인식의 접근방법이 <u>아닌</u> 것은?

① 기본틀 일치법
② 통계적 패턴인식법
③ 인공신경망 접근법
④ 베이지안의 결정 규칙

07 다음 중 구문론적 패턴인식 방법의 특징이 <u>아닌</u> 것은?

① 패턴의 정보는 형식 문법 혹은 그래프적인 관계로 설명할 수 있다.
② 비교 대상 패턴에 대한 기본틀과 비교하여 패턴을 인식하는 방법이다.
③ 간단한 부분 패턴으로 구성된 복잡한 패턴을 계층적으로 묘사할 수 있다.
④ 유사한 부분 패턴들로부터 구축된 복잡한 패턴들의 계층적 서술을 수식화할 수 있다.

08 다음 중 패턴인식 시스템을 응용한 분야가 <u>아닌</u> 것은?

① 뇌신경 시스템
② 우편물 분류 시스템
③ 한글 인식 시스템
④ 어군 분류 시스템

06 구문론적 패턴인식 방법을 포함하여 기본틀 일치법, 통계적 패턴인식, 인공신경망 접근법의 네 가지 방법이 있다. 베이지안의 결정 규칙은 통계적 패턴인식법에서 패턴을 분류하고 인식하는 데 사용한다.

07 구문론적 패턴인식 방법은 패턴의 구조적인 유사성을 조사하여, 이를 이용하여 분류하는 방법이다. 이때, 패턴의 정보(knowledge)는 형식 문법 혹은 그래프적인 관계 설명으로 표현된다. 구문론적 접근방법을 사용하기 위해서는 구조적 정보를 정량화하여 추출할 수 있어야 하며 패턴의 구조적 유사성을 평가할 수 있어야 한다.
구문론적 패턴인식 접근방법은 간단한 부분 패턴으로 구성된 복잡한 패턴을 계층적으로 묘사한다. 또한, 유사한 부분 패턴들로부터 구축된 복잡한 패턴들의 계층적 서술을 수식화하는 접근법이다. ②번은 기본틀 인식법이다.

08 뇌신경 시스템은 신경망 시스템의 분야로서 패턴인식과는 거리가 있다. 패턴인식의 응용 분야는 문자 인식, 생체인식과 인간 행동 패턴 분석, 진단 시스템, 예측 시스템 분야 등 다양하게 적용이 가능하다.

정답 06 ④ 07 ② 08 ①

09 전처리 과정은 패턴인식 시스템의 처음 과정으로 초기측정이 완벽하지 않을 경우, 결함을 제거하는 과정이다. 이것은 소음 제거, 필터링 작동, 표준화와 같은 작업을 포함한다. 관심 영역을 물체의 다른 부분과 분리시키는 작업을 분할이라고 한다. 특징추출 과정은 객체를 분류하기 위해서 측정할 수 있는 단위로 정량화시키는 과정이다. ③번은 결정 경계에 대한 설명이다.

09 패턴인식 시스템의 전처리에 대한 설명으로 옳은 것은?

① 객체를 분류하기 위해서는 측정할 수 있는 단위로 정량화시키는 과정이다.
② 초기측정이 완벽하지 않을 경우, 결함을 제거하는 과정이다.
③ 기본 벡터공간을 각 클래스에 대하여 하나씩 두 개의 집합으로 나누는 초표면이다.
④ 관심 영역을 물체의 다른 부분과 분리시키는 작업이다.

10 특징 추출은 특징 벡터, 특징 공간, 분산 플롯으로 구성한다. 특징 벡터는 특징이 하나 이상의 수치값을 가질 경우, d-차원의 열 벡터로 표현하는 것이고, 특징 공간은 특징 벡터가 정의되는 d-차원의 공간을 의미한다. 특징 공간은 3차원 공간까지 시각적으로 표현이 가능하다. 분산 플롯은 인식대상이 되는 객체들을 특징 공간에서 특징 벡터가 형성하는 점으로 표현된 그림이다. 즉, 특징 공간이 표현 가능한 공간은 2차원까지가 아니라 3차원까지다.

10 다음 연결 중 서로의 내용이 <u>틀리게</u> 짝지어진 것은?

① 특징 벡터 – d-차원의 열 벡터
② 특징 공간 – 2차원까지 시각적 표현이 가능
③ 분산 플롯 – 특징 벡터의 점으로 표현된 그림
④ 특징 추출 – 특징 벡터, 특징 공간, 분산 플롯으로 구성

11 어떠한 패턴을 이루는 개별 특징의 선택은 패턴인식 알고리즘의 결정과 더불어 인식률에 결정적인 영향을 끼친다. 따라서 특징은 서로 다른 클래스 표본 간에 분별 가능한 특성을 많이 가져야 하고, 다른 클래스에서 취해진 표본은 다른 클래스와 서로 다른 특정값을 가져야 한다.

11 다음 괄호 안에 들어갈 용어로 옳은 것은?

어떠한 패턴을 이루는 개별 특징의 선택은 패턴인식 알고리즘의 결정과 더불어 (   )에 결정적인 영향을 끼친다.

① 결정 이론
② 특정값
③ 인식률
④ 결정 경계

정답 09 ② 10 ② 11 ③

12 패턴을 이루는 특징 벡터를 특징 공간에서 분포하는 유형으로 분류할 때 <u>관계없는</u> 것은?

① 멀티모달의 특성을 가진 유형
② 낮은 상관관계를 갖는 유형
③ 비선형분리가 가능한 유형
④ 선형분리가 가능한 유형

12 패턴을 이루는 특징 벡터는 특징 공간에서 분포하는 유형에 따라서 선형분리가 가능한 유형, 비선형분리가 가능한 유형, 높은 상관관계를 갖는 유형 그리고 멀티모달의 특성을 가진 유형으로 분류한다.

⊘ 주관식 문제

01 패턴인식 과정 중 인식, 예측 단계에서의 (1) 군집화의 의미와 (2) 서술의 의미를 쓰시오.

01

정답 (1) 클러스터링이라고 불리는 군집화는 어떤 집합을 의미 있는 복수 개의 그룹들로 조직하는 것으로 이 단계를 거친 출력은 객체들이 속한 클래스가 된다.
(2) 서술은 군집화를 거친 단계로써 대상 객체를 일련의 프로토타입이나 기본형으로 표현하는 것이다.

해설 군집화는 인식, 예측단계의 첫 번째 단계인 분류와 두 번째 단계인 회귀를 거친 세 번째 단계에 해당된다. 일반적으로 클러스터링이라고 불리는 군집화는 어떤 집합을 의미 있는 복수 개의 그룹들로 조직하는 것으로 이 단계를 거친 출력은 객체들이 속한 클래스가 된다. 서술은 군집화를 가친 네 번째 단계로서 대상 객체를 일련의 프로토타입이나 기본형으로 표현하는 것이다.
패턴인식 시스템은 객체에 대한 구조적 혹은 언어적인 서술을 행할 수도 있다. 예를 들어 ECG(심전도) 생체 신호를 P, QRS 그리고 T의 항으로 라벨을 붙이는 경우가 이에 해당한다.

정답 12 ②

안심Touch

02

정답 (1) 결정 경계
(2) 선형 분리가 가능한 유형의 패턴, 비선형분리가 가능한 유형의 패턴, 상관 관계가 높은 유형의 패턴, 멀티모달 패턴

해설 애매모호한 집단을 분류하기 위해서는 패턴을 구성하는 특징 벡터는 특징 공간에서 분포하는 유형에 따라서 선형분리가 가능한 유형, 비선형분리가 가능한 유형, 높은 상관 관계를 갖는 유형과 멀티모달의 특성을 가진 유형으로 분류한다. 이 모든 유형에 결정경계가 적용된다.

02 특징 추출을 하기 애매모호한 경우 이를 적절하게 분리해 주는 (1) 최적의 분리선을 무엇이라고 하는가? 이 분리선이 필요한 (2) 패턴의 종류에는 어떤 것이 있는지 쓰시오.

03

정답 (1) 센싱 – 분할 – 특징 추출 – 분류 – 표본화 – 일반화 – 인식 – 군집화
(2) 센싱과 분할

해설 센싱과 분할까지를 전처리 과정이라 하고, 특징 추출과 분류는 패턴인식 과정이라고 하며 이후를 후처리 과정이라고 한다.

03 패턴인식의 처리 과정을 (1) 단계별로 나열하시오. 또한, 처리 과정 중에서 (2) 전처리 과정은 어느 과정까지를 말하는지 쓰시오.

04 다음 괄호 안에 적당한 용어를 기술하거나 선택하시오.

> 패턴의 많은 부분이 총 몇 개의 클래스로 구성되었는지 모르는 경우가 발생할 때 사용하는 알고리즘을 (가)(이)라고 한다. 패턴 분포가 주어졌을 때 같은 종류라고 생각할 수 있는 몇 개의 서브 클래스로 분할하는 것이다. 이 기술이 많이 쓰이는 분야는 (나) (① 전기통신 분야 ② 바이오 분야 ③ 물리화학 분야)이다. 대표적인 알고리즘으로는 (다)과 (라)가 있다.

04

정답 (가) 군집화(클러스터링)
(나) 바이오 분야
(다) K-means 알고리즘
(라) K-mode 알고리즘

해설 K-means(평균) 알고리즘은 데이터를 입력받아 이를 소수의 그룹으로 묶는 알고리즘으로 레이블이 없는 데이터를 입력받아 각 데이터에 레이블을 할당함으로써 군집화를 실행한다. 개념과 구현이 매우 간단한 기본적인 알고리즘이면서도 실행속도가 빠르고 특정한 형태의 데이터에 대해서는 매우 우수한 성능을 제공하는 알고리즘이다.
K-mode 알고리즘은 데이터가 가장 많이 모여있는 곳에 등고선을 그리고 퍼지면서 오류가 몇 개인지 계산하는 알고리즘이다. 이런 알고리즘의 대표적인 예가 mean-shift 알고리즘이다.

여기서 멈출 거예요? 고지가 바로 눈앞에 있어요.
마지막 한 걸음까지 시대에듀가 함께할게요!

제8장

자연어 이해

I wish you the best of luck!

자연어 처리를 본격적으로 이해하기 위해서는 언어적·음성학적으로 다양한 연구가 필요하다. 자연어를 이해하기 위한 최초의 노력은 1964년 밥로우(Bobrow)가 개발한 STUDENT 프로그램이다. 이것은 고등학교 수학 문제를 자연어 형식으로 풀기 위한 프로그램이었다. 예를 들면 STUDENT는 "만일 Tom이 얻는 고객의 수가 그가 한 광고 수의 20%의 2배면(광고의 수는 45) Tom이 얻는 고객의 수는 얼마입니까?"에 대해서 방정식 해결 프로그램에 적합한 형식으로 쿼리를 변환하여 일치시킴으로써 처리할 수 있었다. 2년 후인 1966년에는 바이젠바움(Weizenbaum)이 간단한 파서(parser)를 사용하여 어떤 주제에 대해서 서로 대화를 할 수 있는 엘리자(ELIZA)라는 응답식 컴퓨터 프로그램을 개발하였다. 엘리자는 장난감처럼 만든 프로젝트였지만 정신치료 분야에서는 놀라운 인기를 얻었다. 엘리자 및 이와 유사한 프로그램의 대중화로 인하여 인간 친화적인 기능을 수행하는 경향을 묘사하는 '엘리자 효과'라는 용어가 등장하게 되었다. STUDENT와 ELIZA는 언어 이해로 인간의 지능에 접근한 1세대 컴퓨터 프로그램으로 많은 것에 영향을 주었다. 그러나 실제로 자연어를 이해한 프로그램들이었다고 말할 수 있을까? 인공지능에서 궁극적인 목표는 인간과 같은 성능을 발휘하는 것이다. 컴퓨터 시스템을 더 명확하게 파악하기 위해서 인간의 언어에 대한 시나리오를 살펴볼 필요가 있다.

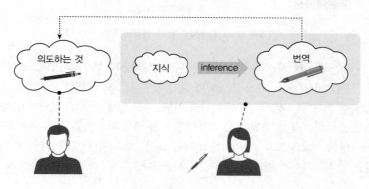

[그림 8-1] 인간 언어의 이해

남자는 여자에게 메모할 필기구를 요구하고 있다. 여성은 그녀의 가능한 지식을 적용하여 그의 요청을 분석하고 무엇을 요구하는지 추측한다. 그리고는 필기구를 요구한다는 결론을 내린다. 이 시나리오의 여성이 남성의 메시지를 이해한다고 말할 수 있을까? 여자는 남자의 요구를 정확하게 준수하지만 우연히 그렇게 되었을 수도 있다. 그녀의 이해에서 우리를 설득시켰을 가능성은 아마도 그녀가 이해한 메시지의 해석을 남성이 의도한 의미와 비교하는 것뿐인데, 불행히도 인간의 경우 이러한 비교는 불가능하다. 왜냐하면, 인간의 개념화는 명백하게 사용할 수 없기 때문이다. 본질적으로 의도의 방향은 평가자의 행동을 예측된 행동과 비교함으로써 이해된다. 해석을 평가하는 간접적인 방법 및 해석자의 행동과 예측된 행동을 비교하는 것만이 가능하다. 간단한 시나리오를 컴퓨터에도 적용할 수 있는데 만일 프로그램이 우리가 기대하는 것을 처리한다면 입력된 것을 이해한다고 말할 수 있다. 우리가 의도하는 것을 찾아내고 우리가 하고자 하는 방식으로 문서화 한다면 컴퓨터 프로그램은 우리의 입력값을 이해하고 있는 것이다. 컴퓨터 프로그램에는 또 다른 이해의 영역이 존재한다. 인간 에이전트와는 달리 컴퓨터 프로그램을 사용하여 처리 과정을 살펴보고 프로그램에서 작성한 메시지 내용의 표현을 확인할 수 있다. 이렇게 자동적으로 만들어진 표현은 처리된 텍스트의 내용에 따라 인간의 평가를 받을 수 있지만, 사람들 개개인의 경험 차이 때문에 평가는 다를 수도 있다. 그러나 출력된 결과는 개개인의 경험보다 일반적인 집단이 이해하는 개념에 의해 평가된다. 이처럼 개념을 공유하는 것은 시스템 사용자들이 요구하는 것이다. 표현할 수 있는 공유된 개념화에서 더 많은 정보가 발생할수록 텍스트를 더 잘 이해할 수 있다.

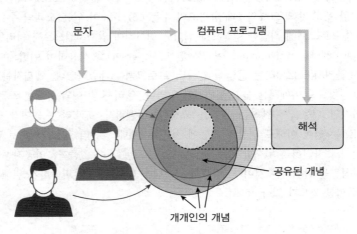

[그림 8-2] 컴퓨터 자연어 이해 시스템

위의 [그림 8-2]는 자연어 이해 시스템이 어떻게 문자를 이해하는지 두 가지 영역으로 보여주고 있다. 첫 번째 평가 기준은 실행기반(performance-based)으로 동일한 테스트에 대한 인간의 처리 결과와 컴퓨터의 자연어 처리 결과를 비교하는 것으로 지식 기반의 인구, 자료 간행 및 인식 요약에서 사용된다. 두 번째 평가 기준은 시스템에 의해 자동 생성된 자료 내용의 표현을 동일한 자료를 다른 사람의 주석과 비교하는 것이다. 예를 들면, 단어 감각의 모호성, 의미론적 역할 표식, 핵심 역량 해결, 하위 분류 획득 등과 같은 작업에 주로 초점을 맞추는 의미적 평가와 같은 것에 사용된다.

제 1 절 자연어의 이해 중요 ★★

1 자연어의 정의 중요 ★

인공지능, 통계언어학과 자연 언어를 이해하는 것 또는 자연어 처리(NLP : Natural Language Processing)는 기계어를 다루는 자연어 처리의 일부분이다. **인간의 문장이나 단어를 컴퓨터가 이해할 수 있도록 처리하는 과정이** NLP이다. 자연어 처리는 사용자의 작업을 쉽게 하고 인간의 언어로 컴퓨터와 대화하고 싶은 요구에서 생겨났다. 언어는 일련의 규칙 또는 기호 집합으로 정의할 수 있다. 기호는 결합된 정보를 전달하거나 정보를 배포하는 데 사용된다. 상징은 규칙에 의해 사용된다. 자연어 처리는 기본적으로 자연어 이해 그리고 자연어 생성의 두 부분으로 분류할 수 있다.

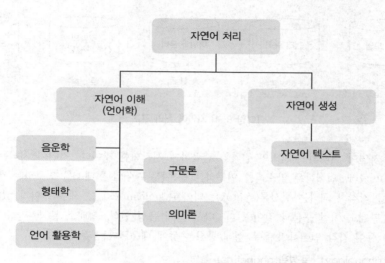

[그림 8-3] 자연어의 분류

언어학은 소리를 나타내는 음운학, 단어 정보를 표시하는 형태학, 구문론, 의미론과 언어 활용학을 포함하고 있는 언어 과학이다. **자연어 처리의 목표는 다양한 알고리즘 또는 시스템의 전문성을 수용하는 것이다.** 알고리즘 시스템에서의 NLP 평가 척도는 언어 이해와 언어 생성의 통합이다. 컴퓨터 과학자가 자연어 처리의 대부분을 수행하지만 다른 여러 전문가는 언어학, 심리학, 철학과 같은 분야에 관심을 보였다. 자연어 처리 분야는 컴퓨터와 의사소통하는 자연어 문제를 다루는 다양한 이론 및 기술과 관련이 있다. 모호함은 자연어의 주요한 문제 중 하나이며, 일반적으로 단어와 단어 형성에 관한 연구와 관련하여 어휘 및 형태학의 하위 주제를 가지는 구문론적 수준에서 직면하게 된다. 모호함을 만들어내는 이러한 수준들은 문장을 완전하게 이해해야만 해결할 수 있다.

2 자연어 처리 수준 중요 ★

(1) 언어학의 기본 지식 중요 ★

'언어 수준(Language level)'은 자연어 처리를 나타내는 가장 유용한 방법 중 하나로 콘텐츠 계획, 문장 계획 및 표면 구현 단계를 실현하여 NLP 텍스트를 생성하는 데 도움을 준다.

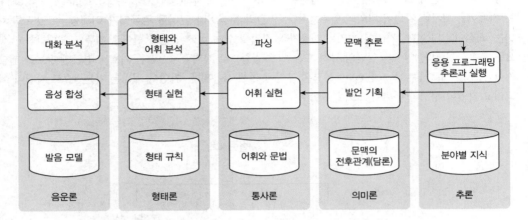

[그림 8-4] 자연어 처리 구조 단계

위 그림은 자연어 처리의 전반적인 절차를 간략하게 시각화한 것이다. 자연어 처리는 언어학을 근간으로 하고 있다. 언어학은 말소리를 연구하는 음운론, 단어와 형태소를 연구하는 형태론, 문법과 맥락/담화를 각각 논의하는 통사론(syntax), 의미론(Senmantics) 등 세부 분야가 있다. 자연어 처리 절차와 단계도 이런 구분과 같이 한다. 다시 말해 음성 인식, 형태소 분석, 파싱(문장의 문법적 구조 분석) 등이 각각 언어학의 음운/형태/통사론 등에 대응된다는 것이다.

① **음운학(phonology), 음성학(phonetics)**

음운학은 소리의 체계적인 배열과 관련한 언어학이다. 음운학은 인간 언어의 의미를 해독하기 위해 소리에 대한 의미적인 사용을 포함한다.

② **형태학(morphology)**

단어(word)는 형태소(morphemes)로 알려진 가장 작은 단위의 의미를 나타낸다. 단어의 본질을 구성하는 형태학은 형태소에 의해 시작된다. 형태소의 예는 다음과 같다. 'precancellation'이라는 단어는 'pre', 'cancella' 그리고 'tion'의 세 부분의 형태소로 구성되어 있다. 복잡한 단어를 해당 구성 요소로 구문 분석하는 작업이다.

③ **어휘(lexical)**

어휘를 이해할 때 자연어 처리 시스템뿐만 아니라 인간은 각 **단어의 의미를** 해석한다. 여러 가지 처리 방법이 단어를 이해하기 위해 제공되는데 그중 하나가 각 단어에 대한 품사 태그이다. 이러한 처리로 하나의 품사 이상으로 사용될 수 있는 단어들은 상황에 가장 부합하는 의미로 사용된다. 어휘 수준에서 의미론적 표현은 한 가지 의미를 갖는 단어로 대체될 수 있고, NLP 시스템에서 표현의 본질은 적용된 의미론적 이론에 따라 다양하다.

④ **구문(syntactic)**

문장의 문법적 구조를 밝힐 수 있도록 문장 내의 단어를 면밀히 조사하는 것으로 **문장에서 단어 사이의 구조적 관계에 관한 연구**를 말한다. 문법과 파서(parser, 문장의 구문 분석기)가 이 레벨에서 필요하다. 구문은 대부분 언어에서 의미를 전달한다. 왜냐하면, 순서와 종속성이 함축되어 있기 때문이다. 예를 들어, '고양이가 쥐를 쫓는다'와 '쥐는 고양이를 쫓는다'라는 두 문장은 구문의 측면에서만 비슷하지만 전혀 다른 의미를 전달한다.

⑤ **의미(semantic)**

단어의 의미에 대한 연구와 이것이 어떻게 결합되어 문장의 의미를 형성하는가에 관한 연구를 말한다. 의미론적 처리는 **문장 내 단어 의미 간의 상호작용을 중심으로 문장이 전달하려는 의미를 결정**한다. 이 처리 수준은 단어의 의미론적 모호성을 합리적으로 통합할 수 있다. 예를 들면 '파일(file)'은 서류철이라는 명사이지만 어떤 경우에는 '손톱 다듬는 도구'라는 의미로도 사용할 수 있다. 의미론적 수준은 사전의 설명뿐만 아니라 문장의 환경에서 파생되는 설명을 위해 단어를 조사하는 것이다. 의미론은 대부분 단어가 하나 이상의 뜻을 가지고 있지만 구성된 문장을 보아 적절한 뜻을 발견할 수 있다는 것을 의미한다. 의미론적인 구분에는 'fall과 autumn'과 같은 동의어(synonymy), 하의어(더 일반적인 의미를 갖는 단어의 뜻에 포함되는 특정 의미를 갖는 낱말, 예를 들어 dog나 cat은 animal의 하의어), 부분어(meronymy, 손가락은 손의 부분어이다), 동음이의어(homonymy, can은 '할 수 있다'와 '통조림'으로 문장에 따라서 번역이 다름), 반의어(antonymy, '작다, 크다'의 관계) 등이 있다.

⑥ **담론(discourse)**

담론은 단일 문장보다 더 큰 언어 단위를 연구하는 것이다. 말이나 특별한 것에 대해서 작성하는 일부를 말하며, **구성 문장들 사이를 연결해서 문장의 전체적인 의미를 전달**한다. 가장 일반적인 두 가지 레벨은 명사의 반복을 피하기 위해 대명사를 사용하는 것과 텍스트에서 문장의 기능을 변화시키고, 텍스트의 의미 있는 표현을 추가하기 위해 문장이나 말의 구조를 인식하는 것이다. 예를 들면 "John reads a book. He borrowed it from his friend."에서 뒷문장의 He는 John을 가리키고, it은 book, his는 John이라는 것을 나타낸다.

> **더 알아두기**
>
> **discourse**
> '말이나 글로 써서 대화하는 것' 또는 '특별하고, 항상 신중한 주제에 대한 언어의 일부나 글의 일부'를 의미한다.

⑦ **활용(pragmatic)**

언어의 사회적 사용을 의미한다. 언어 활용은 상황들 속에서 언어의 확고한 사용과 관련이 있으며 목표를 이해하고 텍스트가 말하고자 하는 핵심에 덧붙여 핵심을 활용하는 것이고 텍스트에 쓰인 의미 외에 어떤 숨겨진 의미가 있는지 설명하기 위해 사용한다. 목표를 달성하기 위해 언어가 사용되는 방법과 의미에 대한 문맥의 영향을 연구하는 작업이다. 이것은 의도(intention), 계획(plan) 및 목표(goal)에 대한 이해를 포함하여 많은 지식관을 필요로 하며, 상황과 세계 지식에 의존하는 언어의 양상을 이해해야 한다.

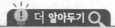

pragmatic
정해진 논리, 아이디어, 규칙에 따른 것보다는 지금 현재 존재하는 조건(또는 환경)에 적합한 의미가
있는 방법으로 문제를 해결하는 것을 말한다.

(2) 언어 생성 과정 종요 ★★

자연어의 구성 요소는 다음과 같다.

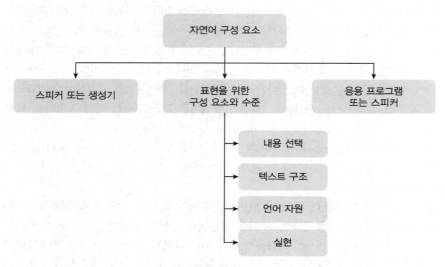

[그림 8-5] 자연어의 구성 요소

① **스피커(프로그램) 또는 생성기**

텍스트를 생성하려면 응용 프로그램과 응용 프로그램의 의도를 해당 상황과 관련된 유창한 구문
으로 만드는 프로그램(이것을 스피커라고 한다)이나 생성기가 있어야 한다. 상황의 모델을 유지
하기 위해서 프로그램은 관련 데이터를 저장하고 관련성이 있는 콘텐츠를 구조화하고 실제로 알
고 있는 것을 표현해야 한다. 이 모든 것들은 상황을 형성하면서 명제의 부분 집합을 선택할 수
있어야 한다. 가장 중요한 것은 프로그램이 상황을 이해해야 한다는 것이다.

② **표현을 위한 구성 요소와 수준**

언어 생성 과정에는 다음과 같은 복잡한 작업이 필요하다.

ⓐ 내용 선택

정보를 선택하고 이 정보가 표현 단위로 구문 분석되는 방식에 따라 단위 일부를 제거하거
나 추가할 수 있어야 한다.

ⓑ 텍스트 구조

정보는 문법에 따라 텍스트로 구성되어야 하며 수정과 같은 언어적 관계에 따라 순차적으로
정렬되어야 한다.

ⓒ 언어 자원

정보의 실현을 지원하려면 언어 자원을 선택해야 하고, 결국 이러한 자원은 특정 단어, 숙어, 구문 구조 등의 선택으로 이어져야 한다.

ⓔ 실현

선택되고 체계화된 자원은 실제 텍스트 또는 음성 출력으로 실현되어야 한다.

3 인공지능의 관점에서 본 자연어 처리

지금까지의 자연어 처리에 대한 설명은 문학적인 관점에서 자연어를 컴퓨터가 어떻게 받아들여야 하고 처리해야 하느냐란 관점에서 이해한 것으로 내용의 단어가 매우 생소하다. 이제 인공지능의 관점에서 자연어 처리를 이해하도록 하자.

(1) 언어의 정의

언어(language)는 단어를 구성하는 어휘(vocabulary)와 어휘에서 연속된 단어들로 구성되는 텍스트(text) 그리고 이러한 텍스트로 구조화된 것이라고 할 수 있다.

(2) 자연어 처리의 기능

① 스펠링과 문법 점검

문법과 스펠링을 체크하고 에러에 대한 올바른 대안을 제시한다.

② 단어 예측

사용자가 입력할 확률이 높은 다음 단어를 예측한다.

③ 정보 검색

사용자의 질문에 대한 적절한 정보를 제공한다.

④ 텍스트 분류

텍스트를 미리 정의한 분류 영역에 할당한다.

⑤ 요약

때로는 질문 기반(query based)에 따라서 여러 문서의 내용을 짧게 요약할 수 있어야 한다.

⑥ 질문에 대한 답변과 요약

질문에 대한 답변을 제공하고 필요시 요약된 답변을 제공한다.

⑦ 정보 추출

텍스트에서 중요한 개념을 끄집어내고 특정 템플릿의 슬롯에 할당한다.

⑧ 기계어 번역

텍스트를 하나의 언어에서 다른 언어로 번역한다.

⑨ 감성 분석

텍스트에 있는 감성과 의견을 식별한다.

⑩ **광학 문자 인식**

프린트되거나 손으로 쓴 문자, 또는 카메라로 찍힌 문자 등을 인식하여 컴퓨터가 읽을 수 있는 형태로 변환한다.

⑪ **음성 인식**

음성 언어를 인식하고 그것을 텍스트로 변환한다.

⑫ **음성 합성**

변환된 텍스트로부터 관련된 음성 언어를 만든다.

⑬ **음성 대화 시스템**

컴퓨터와 사용자 간의 음성 대화를 관리한다.

⑭ **어려움의 수준**

동일한 단어에 대해서 다른 의미를 부여하거나 요구에 적절한 단어를 선별하여 사용한다.

(3) 자연어 처리 기능의 수준

① **하위 수준**

> ㉠ 스펠링과 문법 점검
> ㉡ 텍스트의 분류 작업
> ㉢ 실체 인식 작업

하위 수준에서 처리해야 하는 문제는 대부분 해결되었다.

② **중간 수준**

> ㉠ 정보 검색
> ㉡ 감정 분석
> ㉢ 기계어 번역
> ㉣ 정보 추출

이 단계의 작업은 완료되었거나 현재도 개발을 진행 중이며 잘 진행되고 있다.

③ **고급 수준**

> ㉠ 질문 답변
> ㉡ 요약
> ㉢ 대화식 시스템

아직도 많은 과제를 안고 있지만, 엄청 빠른 속도로 해결해 나아가고 있다.

(4) 자연어 처리 기술

① **텍스트 분할**

텍스트를 여러 개의 섹션으로 나누는 작업이다.

② **문장 분할**

텍스트를 여러 개의 문장으로 나누는 작업이다. 예를 들면 "I came and he went."라는 텍스트를 "I came. And he went."로 구분하는 작업이다.

③ **품사 태깅(part of speech tagging)**

문장의 각 단어에 구문 태그를 지정하는 작업이다.

④ **파싱(parsing)**

문장을 구문 트리로 만드는 작업이다.

⑤ **명확화(disambiguation)**

단어나 실체의 의미를 정확하게 이해하는 작업이다.

⑥ **의미 라벨링(semantic labelling)**

문장에서 주어-술어-목적어를 추출하는 작업이다. 예를 들어, "They had a diamond in their room."를 라벨링 작업을 하면 다음과 같은 결과를 얻는다.

단어	SRL	명목상 전치사
they	owner[A0]	
had	V : have. 0.3	
a diamond	possession [A1]	
in	location[AM-LOC]	
their		
room		

(5) 문맥

문맥(context)은 '특정 문구 또는 텍스트의 바로 앞뒤에 오는 텍스트 또는 음성 및 그 의미를 설명하는 데 도움이 되는 설명'이라고 정의할 수 있다. 문맥을 이해해야 문장이 표현하려는 또는 설명하려는 의미를 정확하게 이해할 수 있다. 문장에서 사용되는 단어만으로는 원래 말하거나 설명하려는 내용의 일부분만 알 수 있어 그 의미가 명확하게 이해되지 않을 수 있기 때문이다. 또한, 단어 하나가 공백으로 표시되면 문맥을 보면서 단어가 무엇인지 추측해야 한다. 즉, 문장의 의미는 문맥에 달려 있다.

> 예 The tall, red-haired man carrying a notebook bought a brand new Ferrari.
> → 노트북을 들고 있는 키가 크고, 빨간 머리를 한 남자가 신형 페라리를 샀다.

위의 예는 어떤 사람은 키가 크고 빨간 머리를 가지고 있다고 예상할 수 있지만, 문장의 전체 의미는 'bought'에 의해서 표현된다고 할 수 있다. 이것을 담론 분석(disclosure analysis)의 관점에서 보면 다음과 같은 지식 기반을 얻을 수 있다.

> tall(x), red-haired(x), carring(x, y), notebook(y), bought(x, z), ferrari(z), a brand new(z)

4 자연어의 도전과제 중요 ★

(1) 의역

의역(paraphrasing)은 '다른 단어와 문장이 같은 의미를 표현한다는 것을 어떻게 보여주느냐'하는 문제이다. 일 년의 계절을 표현할 때 가을은 fall이나 autumn으로 표시할 수 있는데 이는 다른 단어이지만 같은 의미이다. 또한, "When will my book arrive?"와 "When will I receive my book?"은 다른 문장이지만 모두 "언제 책을 받지?"라는 같은 의미를 지니는 문장이다. 이러한 내용은 수많은 단어나 문장에서 빈번하게 발생되는 상황이다. 따라서 이러한 표현들을 서로 동일한 의미로 전달할 수 있는 연구가 지속적으로 필요하다.

(2) 모호성

모호성(ambiguity)은 하나의 단어나 문장이 서로 다른 의미가 있다는 것이다. 즉, fall은 일 년의 세 번째 계절이라는 의미도 있지만, 아래쪽이나 바닥 쪽으로 이동하는 것이라는 의미도 담고 있다. 또한 "The door is open."은 "문이 열려 있다."라는 직접적인 표현이기도 하지만 상황에 따라서는 '문이 열려 있으니 닫아 달라는 간곡한 표현'이기도 한다. 이러한 감정과 의미의 파악을 자연어 시스템은 처리할 수 있어야 한다.

① 음성학과 음운학

음성적 모호성을 처리하는 문제 또한 해결해야 하는 과제이다. 동일한 음성이지만 서로 다른 의미가 있는 두 개 이상의 단어를 음성적 모호성이라고 표현한다. 언어는 한 세트의 소리를 단어로 구성하는 방법 때문에 모호성을 내재하게 된다.

> 예 다음과 같은 단어들은 좋은 예이다.
> - there – their
> - here – hear
> - plane – plain
> - Hamburger(citizen of Hamburg) – hamburger(burger, food)
> - sea – see
> - weekend – weak end
> - icecream – I scream
> - but – butt
> - your student … – you're students …

② 구문과 모호성

'Alice understands that you like your mother, but she …'의 예에서 she는 누구를 지칭하는지의 **모호성**을 제거할 수 있어야 한다.

5 자연어 처리 핵심기술 중요 ★

인간의 이해를 바탕으로 인간 친화적 서비스를 제공하기 위한 지능형 시스템의 발전이 꾸준하게 이루어지고 있다. 인공지능 시스템의 핵심기술은 사용자가 손쉽게 원하는 지식을 대화식으로 서비스받거나 언어의 제약 없이 다양한 정보를 획득하고 의사소통할 수 있는 언어지능 기술이다. 또한, 언어지능을 위한 핵심기술로써 질의응답 기술과 자동통역 기술이 발전되면서 다양한 언어로 만들어진 다양한 정보를 검색하여 정보를 획득할 수 있고 다른 언어를 사용하는 사람들과도 자유롭게 소통할 수 있게 된다. 원활한 의사소통과 지식획득을 위한 언어지능기술의 실현으로 인간 중심의 편리한 세상은 더욱 앞당겨질 것으로 기대된다. 이러한 자연어 기반에서 언어지능 기술의 핵심기술로는 음성 인터페이스 기술, 자동통역 기술, 그리고 자연어 질의응답 기술이 있다.

(1) 음성 인터페이스 기술 중요 ★

① 개요

음성 인터페이스 기술은 인간의 자연스러운 통신 수단인 음성을 인식하여 기계와의 인터페이스를 가능하게 해 주는 기술이며 사람의 말을 이해하고 대화를 통해 사용자의 의도와 상황에 맞는 서비스 및 응답을 제공하는 기술인 대화처리 기술과 함께 사용되어 자연스러운 사용자 인터페이스(NUI : Natural User Interface)의 근간이 되는 기술이다. 이를 위한 주요 기술로 자연어 음성 인터페이스 기술과 자연어 대화처리 기술이 있다.

자연어 음성 인터페이스 기술은 인간의 자연스러운 말을 인식하는 음성 인식 기술로 입력 음성에 대한 음향 및 언어 모델링, 환경에서의 강한 잡음 처리가 기본적으로 필요하며, 음성 인식 기반의 정보 처리를 위한 핵심어 검출 기술개발이 필요하다. 음성 인식 기술의 핵심기술로 자연어 음향 모델링 기술, 의미기반 언어 모델링 기술, 환경에 강한 음성 인식 기술, 핵심어 검출 기술 등이 있다. 자연어 대화처리 기술은 사람과 기계 간의 대화를 처리하는 기술로써 입력 대화체 문장에 대해 사용자의 의도를 이해하기 위한 대화 이해 기술과 자연스러운 대화 유도를 위한 대화 모델링 기술, 외국어 교육 등에 적용할 수 있는 대화 오류 교정 기술 등으로 구성되어 있다. 대화 이해 기술은 사용자 대화의 의도를 인식하는 기술로 도메인이 독립적인 통계적 기반 방법을 대세로 사용된다. 대화처리 기술을 외국어 교육에 접목하여 자동 교육 방식을 제공하려는 연구가 활발히 진행 중이며 향후 대화식 외국어 교육 피드백에 대한 연구가 활발할 것으로 예상된다.

② 표준화 동향

음성 인터페이스와 관련된 국내 표준화는 TTA 메타 데이터 그룹에서 자연어 처리 항목을 표준 대상으로 추가하여 자연어 처리 모듈에 대한 표준화가 수행되고 있다. 음성 인터페이스와 관련된 국제 표준화는 크게 W3C, ITU-T, ISO 등에서 수행되고 있다. ITU-T에서는 'IPTV를 위한 고기능 사용자 인터페이스' 표준화가 진행되어 2016년에 표준이 완료되었다. 또한 ISO JTC SC35에서는 음성 명령어 표준이 진행되고 있으며 향후 자연어 음성 인터페이스와 대화형 음성 인터페이스와 같은 고기능의 음성 인터페이스 표준이 추진될 예정이다. ITU-T SG16 멀티미디어 서비스 그룹에서는 '음성·자연어 처리 기술 기반의 언어 이러닝 서비스 프레임워크(H.LLS-FW)' 표준이 신규 표준항목으로 승인되어 권고안으로 개발 중이다.

㉠ W3C(World Wide Web Consortium)

W3C는 월드와이드웹을 위한 표준을 개발하고 장려하는 조직으로 1994년에 설립되었다. 웹의 지속적인 성장을 도모하는 프로토콜과 가이드라인을 개발하여 월드와이드웹의 모든 잠재력을 이끌어 내는 것이 설립 취지이다.

㉡ TTA(Telecommunication Technology Association)

TTA는 한국정보통신기술협회로 정보통신 표준의 제정, 개정, 폐지 등에 관한 사항을 심의·의결하고 산하 운영위원회와 기술위원회로 구성되어 업무조정과 효율적인 표준화 추진을 위한 업무를 추진하는 기구이다.

㉢ ITU-T(International Telecommunication Union Telecommunication Standardization Sector)

국제전기통신연합은 전기통신표준화부문의 하나로 통신 분야의 표준을 책정하며 스위스 제네바에 위치해 있다. 1947년 국제전신과(CCITT)로 국제전신연합의 전문부서로 출발하였다가 1993년에 현재와 같이 ITU-T로 이름이 바뀌었다. 시기적절하게 모든 전기통신 분야에 적용하는 표준을 효율적으로 만들어 내는 기구이다.

㉣ ISO(International Organization for Standard)

ISO는 여러 나라의 표준 제정 단체들의 대표들로 이루어진 국제적인 표준화 기구이다. 1947년에 출범하였으며 나라마다 다른 산업과 통상 표준의 문제점을 해결하기 위해 국제적으로 통용되는 표준을 개발하고 보급한다.

(2) 자동통역 기술 중요 ★

① 개요

자동통역 기술은 크게 다국어 자동번역 기술과 다국어 음성 자동통역 기술로 구성되어 있다. 다국어 자동번역 기술은 다국어 문서 또는 대화를 자국의 언어로 자동으로 번역하는 기술로써 입력 텍스트 및 대화체 문장에 대한 언어분석, 변환·생성 기술이 기본적으로 필요하며, 번역 성능 향상 및 언어 확장성을 위해 지식 추출·학습 기술과 하이브리드 자동번역 기술이 필요하다. 이를 위한 주요 기술로 다국어 언어분석 기술, 다국어 생성 및 변환 기술, 지식추출 및 학습 기술, 하이브리드 자동번역 기술 등이 주요 구성 요소이다.

다국어 언어분석 기술은 다국어 입력 문장에 대해 컴퓨터가 이해할 수 있는 단위로 언어학적으로 분석하는 기술로 구성되며 형태소 분석, 구문 분석 및 의미 분석 기술은 자연어 처리의 기반 기술로써 크게 규칙 기반 방법과 통계 기반 방법으로 나눌 수 있다. 지식추출 및 학습 기술은 기존의 소규모 지식 전문가에 의한 번역지식 수동 구축의 한계를 벗어나 대용량의 단어 집합으로부터 번역지식을 자동으로 추출 및 학습하는 기술로 지식의 용도에 따라 언어 분석과 생성을 위한 지식학습과 자동번역을 위한 단어 및 구문 단위 번역 지식학습 등으로 나눌 수 있다. 하이브리드 자동번역 기술은 단일 자동번역 엔진에서의 번역 성능 한계로 인해 복수의 엔진에서 최적의 번역결과를 선택하는 기술이다. 다국어 음성 자동통역 기술은 사람의 말을 인식하고 다국어로 통역하는 기술로써 편리한 인터페이스를 위해 텍스트, 제스처, 음성 등을 활용하는 멀티 인터페이스 기술과 연결될 필요가 있다. 자동통역 시스템은 주로 여행·관광 분야 의사소통이 1차 목표이며 일상, 비즈니스 등 다양한 영역으로 확대되고 있으며, 웨어러블 장비의 발달에 따라 스마트폰이 아닌 착용형 안경, 착용형 시계에 통역기가 장착되어 사용성의 편리함이 극대화될 것으로 예상된다.

② 표준화 동향

자동통역 표준화와 관련하여 미디어 접근성의 수혜 대상에 외국인이나 고령자도 포함되는 추세이며, 이에 따라 다양한 언어의 자동통역 기술의 중요성이 강조되고 있다. 국내 표준화 현황은 자동통·번역 개방형 API 및 DB 표준화가 진행되어 국내업체·연구소·대학 등의 공통 활용을 위해 API와 DB 표준화가 추진되었다. 국제 표준화 현황은 음성통역 표준화가 ITU-T와 ISO에서 진행 중인데 ITU-T SG2의 인적요소 그룹인 Q4에서는 편의성과 접근성을 강조하는 반면에, 상황에서 음성통역 서비스의 인적요소를 고려한 음성통역 서비스 평가에 관한 표준화가 ETRI의 제안(일명 '제로유아이 자동통역')으로 시작되었고 SG16으로 이동되어 표준화가 진행되고 있다. 또한, ISO JTC1 SC35에서 음성 자동통역 서비스의 사용자 인터페이스 표준화가 진행되어 현재 최종 투표를 통과한 상태이며 2017년 말 표준으로 승인되었다.

(3) 자연어 질의응답 기술 중요 ★

① 개요

자연어 질의응답 기술은 사용자의 자연어 질문에 맞는 정답 후보들을 추출하여 그중에 최적의 정답을 제시하는 기술로 다양한 인공지능 응용 시스템에서 언어지능의 핵심 모듈로 활용이 가능한 기술이다.

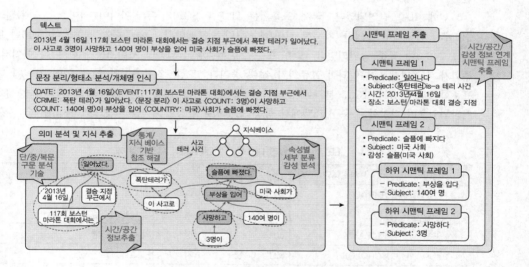

[그림 8-6] 자연어 질의응답을 위한 자연어 처리의 예

자연어 질의응답 기술은 다음과 같은 세부 기술로 구성되어 있다.

㉠ 자연어 질문분석 및 이해 기술

　　최적의 정답추출 전략을 결정할 수 있도록 질문을 정답추출의 전략별 유형으로 구분하여 인식하는 자연어 질문 분류 기술로 정답 유형 인식 기술을 포함한다.

㉡ 정답 후보 생성 기술

　　정답 후보 생성을 위한 효과적인 문서·단락을 검색하고, 관련 단락으로부터 정답 후보를 추출하고 각 정답 후보에 대해 신뢰도를 계산하는 기술이다.

ⓒ 언어 이해를 위한 구조·의미 결합 모델 기술

구조 분석 기술인 구문 분석 기술과 의미 분석 기술인 개체명 인식 기술을 통합적으로 활용하여 언어의 내용을 이해하는 기술이다.

ⓔ 개방형 지식추출 기술

빅데이터 처리를 위해 구문 분석 결과나 의미 역할 결과를 이용하여 이벤트 템플릿을 생성하는 기법과 텍스트 자체만 이용해서 사건의 주체와 객체들을 파악하여 지식을 추출하는 기법을 포함한다.

ⓜ 지식-지식 베이스 연동 기술

텍스트에서 추출된 지식을 지식 베이스에 존재하는 지식들과 비교·대조하여 지식의 진실성, 중복성, 개연성 등을 분석하고 최종적으로 삭제할 것인지 유지할 것인지 결정하는 기술이다.

② **표준화 동향**

자연어 질의응답 기술과 관련된 표준화는 국내에서는 TTA 메타 데이터 표준분과위원회에서 자연어 처리 표준화 활동이 진행되어 한국어 형태소 표준이 제정되고 2015년에 개체명 태깅과 구문 분석 표준화가 ETRI를 중심으로 시작되어 하반기에 표준 승인되었으며 2016년에는 다의어 태깅 표준이 승인되었다. 의미 분석과 관련된 표준화는 ISO의 의미 분석 국제표준을 기반으로 한국어에 적용하고 확장한 의미역 태그셋 표준을 국가표준으로 제안하여 표준화가 진행 중이며 2017년에 표준 승인되었다. 국제 표준화는 ITU-T SG16의 멀티미디어 서비스 분과위원회인 Q21에서 한국에서 발의한 '지능형 질의응답 서비스 프레임워크' 표준화가 진행되어 2015년 11월에 F.746.3이 표준 승인되었다. 후속 표준으로 지능형 질의응답 서비스를 위한 메타 데이터 표준화가 신규과제로 승인되어 표준화가 진행 중이다. 또한, 전문용어와 기타 언어 자원에 대한 표준화 그룹인 ISO/TC37 분과에서 자연어 처리를 위한 요청 포맷 표준화가 한국을 중심으로 시작되었으며 다양한 응용 시스템에서 공통 포맷으로 활용할 수 있을 것으로 예상된다.

[표 8-1] 개발된 대표적인 자연어 처리 시스템의 예

분야	시스템명	개발	기능
질의응답 시스템	SHRDLU	MIT	나무 쌓기의 QA 시스템
	GUS	제롯스사	여행 계획의 QA 시스템
	ELIZA	ditto	정신 분석의 QA 시스템
	SCHOLOR	MIT	지리학습용 CAI
문제해결 시스템	STUDENT	MIT	산수 문제해결 시스템
	Newton	MIT	물리 문제해결 시스템
	Isaoc	텍사스대	지리 문제해결 시스템
문장해석 시스템	MARGIE	스탠퍼드대	영문해석 시스템
	TOPLE	MIT	대화해석 시스템
	LINGOL	MIT	영문해석 시스템

데이터베이스 검색 시스템	LADDER	SRI	대규모 분산 데이터베이스 조회 시스템
	RENDEZOUS	CODD	관계 데이터베이스 조작 시스템
	LUNAR	BBN	지질학에 관한 질의응답 시스템
	REQUEST	IBM	데이터베이스 검색 시스템
	PLANS	일리노이대	항공편에 관한 질의응답 시스템
상용 시스템	INTELLECT	AI	main flame의 데이터베이스용 자연 언어 인터페이스
	SAVVY	에쿠스카리바 테크놀로지	개인 컴퓨터용 자연 언어 인터페이스
	STRAIGHT TALK	딕타폰	워드프로세서와의 자연 언어 인터페이스
	THEMIS	프리 어소시에이트	VAX-Orode용 자연 언어 데이터베이스 인터페이스
	SUPER-NATURAL	마이크로데이터	정보처리시스템과의 자연 언어 인터페이스
	NATURAL LINK	AI	메뉴에 의한 자연 언어 DBMS 인터페이스
	PEARL	코그니티브 시스템	지식 베이스와의 자연 언어 인터페이스

제 2 절   단어의 분할 중요 ★★

1 N-gram 중요 ★★

단어의 순서에 확률을 할당하는 모델을 언어 모델(Language Modelling)이라고 한다. n-gram은 확률 언어 모델 LM을 문장과 단어 시퀀스에 할당하는 것으로 n-gram은 N개의 단어가 연속되어 나타나는 것을 의미한다. 2-gram(또는 bigram)은 'turn right', 'turn on' 또는 'your homework'와 같이 2단어가 연속되는 것이고, 3-gram(또는 trigram)은 'please turn off' 또는 'study your homework'와 같이 3단어가 연속되는 것이다. n-gram이라는 용어는 단어 시퀀스 자체 또는 확률을 지정하는 예측 모델을 의미하는 데 사용된다. 사전을 사용하는 데는 한계가 있고, 기계가 품사 분해를 정확하게 하는 것도 어렵기 때문에 적당한 크기로 잘게 쪼개서 분석하자는 접근 방법을 말한다. 그래서 단어를 분해할 때 별다른 분석 없이 기계적으로 끊어버리는데, 하나의 문장을 N개의 글자당 하나씩 뒤로 옮겨가면서 분할한다. 예를 들어, 3-gram은 다음과 같이 단어를 분해한다.

> "자연어 처리를 학습한다는 것은 매우 어렵고 복잡한 ..."
> "자연어/연어#/어#처/#처리/처리를/리를#/를#학/#학습/학습한/......"

#은 공란을 의미하고 적용한 n-gram은 음절 단위의 n-gram이다. 어절 단위의 3-gram이라면 다음과 같이 표현된다.

> "자연어 처리를 학습한다는/처리를 학습한다는 것은/학습한다는 것은 매우/....."

이 방법을 사용하면 일단 사전이 필요 없고 단어를 분할하는 처리 속도도 빠르다. 사전에 의존하지 않기 때문에 사전에 등록되지 않은 사람 이름이나, 전문용어, 신조어, 약어와 같은 미등록 단어를 다룰 수 있다. 다만, 단어를 분할하는 방법이 너무 단순하다 보니 의도한 단어가 아닌 것이 포함될 수도 있는데, 예를 들어 "아버지가 방에 들어가신다."가 잘못 분할되면 "아버지 가방에 들어가신다."라는 결과가 나올 수 있다. 또한, 분할한 후의 데이터양이 너무 많아진다는 단점이 있다.

2 Stop Word 중요 ★★

문장을 일단 분해하긴 했지만 이렇게 분해된 단어들 중에는 우리가 판별하려는 카테고리의 문장 특징과 관련 없는 정보도 다수 포함되어 있다. 이렇게 문장의 특징을 결정하는 데 큰 영향을 주지 않는 단어들을 스톱워드(stop word)라고 부른다. 한국어를 예로 든다면 '에', '에서', '를', '는' 등이 있고, 영어를 예로 든다면 'of', 'the', 'a' 등이 스톱워드가 된다. 이런 불필요한 단어들을 문장에서 걸러낼 수 있다면 의미 있는 결과를 더 쉽게 얻을 수 있을 뿐만 아니라, 데이터를 처리하는 부하도 줄일 수 있다.

3 BoW(Back of Word) 중요 ★★

앞서 분해되고 필터링된 단어들을 쉽게 다루기 위해 벡터로 변환하는 방법을 사용한다. 과학책을 쓰는 과학자와 인문학책을 쓰는 인문학자가 있다고 하자. 그들이 쓴 글을 단어로 분해한 다음, 그러한 단어들 중에서 '법칙'과 '사상', 그리고 '가설'이라는 세 가지 단어가 등장하는 횟수를 세어보았다. [표 8-2]는 이러한 정보를 벡터로 표현한 것이고, [그림 8-7]은 그래프로 표현한 것이다.

[표 8-2] 글의 특징을 표현한 벡터화의 예

단어	과학자가 쓴 글	인문학자가 쓴 글
법칙	200	20
사상	10	200
가설	100	50

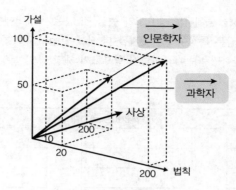

[그림 8-7] 벡터화를 그래프로 표시

이런 방법으로 과학자가 쓴 글과 인문학자가 쓴 글을 벡터 공간 안에 표현할 수 있다. 같은 방법으로 다른 글의 정보를 벡터화해서 이 공간에 배치하면, 그 글이 어느 쪽 벡터에 더 가까운지를 코사인 유사도를 통해 알아낼 수 있을 것이다. 이처럼 단어를 벡터의 열에 할당하고, 해당 단어의 출현 횟수를 요소로 만든 벡터를 Bag of Words(BoW) 벡터라고 부른다.

[표 8-3] 벡터 표현의 방법

'법칙', '사상', '가설', '투자', '섭취', … 사전에 등록된 80만 개의 단어		
단어	과학자가 쓴 글	인문학자가 쓴 글
법칙	200	20
사상	10	200
가설	100	50
투자	60	35
섭취	10	80
최대 80만 차원의 Bag-of-Word 벡터		

이렇게 BoW 벡터를 활용하면 어떻게 다루어야 할지 막막한 '글의 카테고리'라는 정보도 수학적으로 처리할 수 있는 형태로 만들 수 있다.

4 TF-IDF 중요 ★★

어떤 글이 주어졌을 때, 해당 글이 어떤 카테고리에 속하는 글인지를 판별하는 것은 매우 중요한 작업이다. 예를 들어, 과학에 관한 글이라면 '법칙'이라는 단어가 있을 것 같고, 인문학에 관한 글이라면 '사상'이라는 단어가 있을 것 같다. 이렇게 어떤 기준에 대해 주목해야만 하는 단어를 특징어라고 부른다. 각 카테고리의 특징어 리스트만 있다면, 카테고리를 높은 확률로 맞출 수 있다. 하지만 아쉽게도 실제로 다룰 글 안에는 다양한 특징어들이 포함되어 있고, 그러한 특징어가 다른 카테고리에는 나오지 않는다는 보장이 없다. 그래서 특징어에 가중치를 부여하는 방법이 출현하였다. 원래의 BoW 벡터는 단어의 출현 횟수를 세

었지만, 이번에는 그러한 단어들 중에서도 중요도가 높을 것 같은 특징어에는 숫자를 더 크게 만들어 주고, 그다지 중요하지 않을 것 같은 특징어에는 숫자를 더 작게 만들어 주도록 보정하는 것이다. 보정할 때는 가중치가 주어진 행렬을 곱하면 되는데, 이렇게 함으로써 해당 글의 특징을 더 두드러지게 표현할 수 있는 벡터를 만들 수 있다.

과학자가 쓴 글					
법칙	200		0.5		100
사상	10	×	0.1	=	1
가설	100		0.1		10
	단어 출현 횟수		가중치 행렬 W		특징을 잘 표현할 수 있는 벡터

[그림 8-8] 가중치 행렬

이때 가중치를 주는 방법으로는 TF-IDF(Term Frequency-Inverse Document Frequency)를 사용한다. TF는 단어 빈도(Term Frequency)라는 특정 단어의 출현 빈도를 나타내는 지표이다. 이 값은 특정 단어의 출현 횟수를 모든 단어의 출현 횟수로 나눈 값이다. 예를 들어, 어떤 문서가 10,000개의 단어로 이루어져 있고 특정 단어가 120번 나온다면, 그러한 단어의 TF는 120/10000 = 0.012가 된다. 즉, TF의 의미는 어떤 문서에서 특정 단어가 자주 나온다면 그러한 단어는 그 문서에 대한 특징어가 될 수 있다는 의미이다.

반면 IDF는 역문서빈도(Inverse Document Frequency)라는 말 그대로 특정 단어가 전체 문서상에 얼마나 자주 나오지 않는가, 즉 단어의 희소성을 나타내는 지표이다. 이 값은 문서상의 전체 문장 개수를 특정 단어를 포함한 문장 개수로 나눈 값에 로그를 적용한 값이다. 예를 들어, 어떤 문서가 10,000개의 단어로 이루어져 있고, 해당 문서의 문장 개수가 1,000개일 때 120번 나왔던 특정 단어가 100개의 문장에서 나왔다면, 그러한 단어의 IDF는 $\log_{10}(1000/100) = \log_{10}(10/1) = 1$이 된다.

TF-IDF라는 알고리즘은 검색 키워드에 가장 부합하는 문서를 검색 결과 최상위에 배치하는 알고리즘 가운데 하나다. 키워드 검색을 기반으로 하는 검색 엔진이라면 이 알고리즘을 사용하고 있다고 보면 된다. TF-IDF 알고리즘은 문장에 사용된 모든 단어에 점수를 부여하는 알고리즘이다. 이 때문에 가중치라는 표현이 반드시 따라붙는다. 단어의 경중을 통계적으로 가려내 중요한 키워드를 감별해 낸다. TF-IDF는 "특정 단어의 중요도는 단어가 출현한 횟수에 비례하고 그 단어가 언급된 모든 문서의 총수에 반비례한다."라는 명제를 기초로 하고 있다.

TF와 IDF를 구하는 공식은 다음과 같다. 어떤 문서가 D개의 문장, N개의 단어로 구성되어 있다고 가정하자. 특정 단어 t가 n번 나올 때, TF(Term Frequency)는 다음과 같이 구할 수 있다.

$$TF = n/N$$

한편 특정 단어 t를 포함한 문장이 d개 있을 때, IDF(Inverse Document Frequency)는 다음과 같이 구할 수 있다.

$$IDF = -\log_{10}\frac{d}{D} = \log_{10}\frac{D}{d}$$

TF-IDF는 TF와 IDF를 곱하면 된다.

$$TF-IDF = TF \cdot IDF = \frac{n}{N} \log_{10} \frac{D}{d}$$

이때, IDF에서 사용하는 log의 밑은 1보다 큰 임의의 실수를 사용한다.

이 식을 $w_{(x,y)} = tf_{(x,y)} \times \log(\frac{N}{df_x})$으로 다시 표현해 보자.

여기서, $tf_{(x,y)} = y$에서의 x의 빈도수

$df_x = x$를 포함하고 있는 문서의 수

N = 전체 문서의 수이다.

📄 **예제**

예를 들어 4건의 정치 기사가 현재 중요하게 다루는 소재가 무엇인지 확인하라는 지시를 받았다고 가정하자. 현재 정치 뉴스 검색 결과에 4건의 기사(문서)가 저장되어 있다. y_1은 정당 기사, y_2는 청와대발 기사, y_3은 총리실발 기사, y_4는 통일외교 기사이다. 이 4건의 문서에서 이모씨는 4회, 국회의원은 6회, 대통령은 9회 등장했다. 빈도수로 판단하면 대통령이 가장 중요한 소재가 된다. 이들 뉴스에서 비중 있게 다루는 단어가 무엇인지 TF-IDF로 계산해 보면, 가장 빈도수가 높았던 단어 '대통령'이 가장 낮은 중요도로 집계된다. 반면 이모씨라는 단어는 TF-IDF 값이 16으로 세 단어 가운데 가장 높은 수치를 나타내게 된다. 빈도수는 낮았지만, 비중은 가장 높은 단어가 되는 것이다. 여러 문서에서 자주 등장하는 단어는 중요하지 않을 확률이 높다는 가정을 충실히 반영하고 있다.

빈도수 대상자	y_1	y_2	y_3	y_4	빈도값(TF)	w값(가중치)
이모씨	4	0	0	0	0	16
국회의원	2	1	1	2	6	6
대통령	2	4	1	2	9	9

TF-IDF는 수식으로만 보면 간단해 보인다. 하지만 정확한 가중치를 계산하기 위해서는 여러 변형 절차를 거쳐야 하는 것이 일반적이다. 특히, 문서 길이에 따라 가중치를 달리 적용해야 하는 문제부터 해결할 필요가 있다.

A와 B라는 문서에서 '평화'라는 키워드가 각각 10번과 15번 등장했다고 하자. B 문서는 A 문서보다 1.5배나 더 길다. 문서가 길어지면 자연스럽게 특정 단어의 출현 빈도가 높아지기 마련이다. 단어 출현 빈도(TF)라는 측면에서 어느 문서에서 더 비중 있게 다뤄지고 있을까?

이를 측정하기 위해 정규화(normalization)라는 과정이 진행되어야 한다. 즉, A 문서가 총 150개 단어로 이뤄졌다면, '평화'라는 단어의 TF를 정규화한 값은 A에서는 10/150 = 0.066, B에선 15/250 = 0.6이 된다. '평화'라는 단어가 B보다 A에서 상대적으로 더 자주 등장하는 셈이 된다. 복잡성은 TF의 정규화에만 그치지 않고, 불용어 처리문제도 항상 고려해야 한다. 따라서 알고리즘 설계자는 분석에 방해가 되는 단어들을

불용어로 처리해야 한다. 문제는 불용어를 어떻게 정의하느냐에 따라 중요한 키워드가 빠질 수도 있고 삭제될 수도 있다는 점을 잊지 말아야 한다.

제 **3** 절 ## 자연어 생성 중요 ★★

자연어 생성과정은 자연어 이해의 반대로 생각하면 된다. 정보를 나타내는 구조를 원하는 언어로 된 올바른 문자열로 매핑(mapping)시켜야 한다. 자연어 생성은 다음의 세 부분으로 생각해 볼 수 있다.

> ① 전달할 정보의 구조를 이해하여 무엇을 말하려고 하는지를 파악하는 것
> ② 문장의 순서를 정하기 위한 대화 구조 및 문장에 대한 규칙을 적용하는 것
> ③ 실제 문장을 생성하기 위하여 단어에 대한 정보 및 문장의 규칙을 적용하는 것

①번의 경우는 인공지능이 구현하려고 하는 최종의 목표일 수도 있기 때문에 구현하기 가장 어려운 것이다. 시스템의 경우 서로 간의 원활한 대화를 위해서 정보 생성 과정을 강제하기도 한다. ②번과 ③번은 대화할 내용이 구체화 되었을 때, 관련된 문장이나 문맥에 대해서 규칙을 적용하는 문제이기 때문에 구현하기가 상대적으로 수월할 수 있다. 일반적으로 언어 생성이 언어를 이해하기보다는 쉬울 것처럼 보이지만, 언어를 이해하기 위해서는 정보를 입력하는 사람에 의하여 구성되는 모든 대화 범위를 프로그램이 이해할 수 있어야 한다. 언어의 생성은 프로그램이 더 작은 구조로 모듈화되어 여러 가지를 하나로 표현할 수 있어야 하기 때문에 두 가지 모두 간단하게 생각할 문제는 아니다. 자연어 생성이 언어학적 지식을 기반으로 하는 이유는 언어학적 지식이 부족하면 생성된 문장의 이해가 어렵게 되기 때문이다. 또한, 자연어처럼 부드럽고 이용자가 보기에 좋은 문장이라는 칭찬을 받으려면 풍부한 어휘력과 그 어휘와 유사한 대용어를 어떻게 표현할 것인가 하는 문제를 해결해야 한다. 아래의 간단한 문장들을 살펴보자.

> • Brian knows Bali is very beautiful place.
> • Brian wants to buy the ticket for Bali.

두 문장을 비교해 보면 대명사를 사용하여 간결하고 자연스러운 문장을 갖게 되었음을 알 수 있다. 대명사의 사용으로 더 강력한 문장 표현이 가능해졌다.

> Brian wants to go to Bali. He wants to buy it.

위 문장은 문장에서 가끔 보여질 수 있는 표현의 애매성을 어떻게 제거시킬 것인가를 보여주는 예이다.

- Brian saw the big burger in the John's bag.
- Brian wanted the big burger.

위의 문장을 대명사를 사용하여 단순화시킨다면 다음의 문장처럼 표현할 수 있다.

- Brian saw the big burger in the John's bag.
- He wanted it.

하지만 이 문장에서 사용되는 대명사 it는 문장의 애매성을 제거하지 못하고 있다. 왜냐하면, 여기서의 it 는 burger를 의미할 수도 있고, bag을 의미할 수도 있다. 이러한 문제는 처음의 문장에서는 발생하지 않았는데, 이는 Brian이 Bali를 원한다는 표현 자체가 말도 안 되는 소리라는 것을 알고 있기 때문이다. 따라서 자연어 생성 프로그램은 이 문장을 다음과 같이 생성하여야 한다.

- Brian saw the big burger in the John's bag.
- He wanted the burger.

몇 가지의 예를 통해서 문장을 잘게 쪼개어 구성하면(fragment and compose) 문장에 대한 정보를 이해하기 쉽게 구성할 수 있고, 어휘 사용에 신중하면 표현력이 우수해진다는 사실을 이해할 수 있다.

제 4 절 자연어 처리 중요 ★★

자연어(natural language)란 우리가 일상생활 속에서 사용하는 언어를 말한다. 자연어 처리(natural language processing)란 이러한 자연어의 의미를 분석하여 컴퓨터가 처리할 수 있도록 하는 것이다. 자연어 처리는 음성 인식, 내용 요약, 번역, 사용자의 감정 분석, 텍스트 분류 작업(스팸 메일 분류, 뉴스 기사 카테고리 분류), 질의응답 시스템, 챗봇과 같은 곳에서 사용되는 연구 분야이다. 최근 딥 러닝이 주목을 받으면서, 인공지능이 제4차 산업혁명의 중요 키워드로 떠오르고 있다. 자연어 처리는 기계에 인간의 언어를 이해시킨다는 점에서 인공지능에 있어서 가장 중요한 연구 분야이면서 아직도 극복해야 할 요소들이 많은 분야이다.

원래 NLP는 시스템의 독해 역량만을 가리키는 용어였으나 시간이 지나면서 이제는 모든 언어적 활동을 일컫는 단어로 자리 잡았다. NLP의 하위 카테고리로는 컴퓨터가 자체적으로 커뮤니케이션할 수 있는 **자연어 구사**(NLG : Natural Language Generation), 그리고 속어, 발음 실수, 맞춤법 실수 등 언어의 다양한 변수까지 이해할 수 있는 **자연어 이해**(NLU : Natural Language Understanding) 등이 있다.

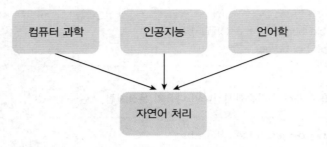

[그림 8-9] 자연어 처리와 관련 분야

1 자연어 처리 종요 ★

자연어 처리는 머신 러닝(ML)을 통해 이뤄진다. 머신 러닝 시스템은 여타 다른 데이터를 수집하는 것과 마찬가지로 다양한 단어와 그 단어들이 어떻게 상호작용하는가에 대한 정보를 저장한다. 문구, 문장, 때로는 책 전체를 ML 엔진에 피딩(feeding)하며, ML 엔진은 문법 규칙이나 발화자의 실생활 속 언어 사용 습관에 기초해 이러한 자연어를 처리하게 된다. 컴퓨터는 이 데이터를 이용하여 패턴을 찾아내고, 발화자가 다음에 하게 될 말을 유추한다. 번역 소프트웨어를 예로 들어보자. 영어에서 "나는 공원에 간다."는 "I go to park."이다. 이 데이터를 피딩받은 머신 러닝 시스템은 추후 발화자가 "나는 음식점에 간다."라고 말할 때도 'I go to'로 시작하는 문장을 만들게 된다. 즉, 최초 문장에 대한 분석이 끝난 상황에서 추후 발화 내용을 번역할 때에는 유일하게 달라진 단어인 '가게'만 새로 가져오면 되는 것이다.

2 자연어 처리 응용 분야 종요 ★

기계 번역은 NLP 애플리케이션이 성공적으로 활용된 사례 중 하나임에도 불구하고 생각보다 많이 사용되지는 않고, 그보다는 검색이 훨씬 더 널리 이용된다. 구글이나 빙(bing)에서 뭔가를 검색할 때 우리는 사실 해당 시스템에 데이터를 피딩해 주는 것이다. 또한, 검색 결과 중 하나를 클릭하면 시스템은 이를 자신이 찾은 결과가 적합했다는 신호로 인식하고 향후 검색에 이 정보를 이용해 검색 정확도를 높인다.

챗봇도 작동 기전은 비슷하다. 챗봇은 슬랙, 마이크로소프트 메신저, 그리고 기타 언어를 읽을 수 있는 챗 프로그램들과 결합하여 키워드를 말하면 활성화된다. **시리**나 **알렉사** 같은 음성 어시스턴트 기술 역시 '헤이 알렉사' 같은 구문을 들으면 활성화된다. 그 때문에 일각에서는 이들이 항상 우리의 말을 엿듣고 있는 것으로 의심하는 것이다. 만일 그렇지 않다면 우리가 불렀을 때 그렇게 즉각 반응할 수 없다는 것이다. 앱을 수동으로 켜지 않는 이상, 자연어 처리 프로그램이 뒤에 숨어서 상시 구동되며 키워드를 말하기만을 기다리고 있다는 것이다. 하지만 설령 그것이 사실이라고 해도 NLP를 빅브라더쯤으로 생각해선 곤란하다. 자연어 처리 기술은 세상에 끼칠 해악보다는 장점이 훨씬 큰 기술이다. 구글 검색이 없는 생활을 상상할 수 있는가? 또 NLP를 사용해 당신이 타이핑한 단어와 사전에 있는 단어들을 대조하고, 이를 통해 맞춤법이 맞는지 확인해주는 맞춤법 검사 기능은 어떠한가? 맞춤법 검사는 두 개의 서로 다른 데이터셋을 대조하여 어떤 단어가 잘못되었는지, 어떻게 고치면 좋을지 등을 제안해 준다.

3 자연어 처리와 비즈니스 중요★

우리는 검색이나 맞춤법 검사 기능 등 매일같이 사용하는 기능을 당연하게 여긴다. 그러나 만일 NLP 기술이 없었다면 직장에서 생산성이 얼마나 감소할지 생각해 본 적 있는가? 아직 안 쓴 연차가 얼마나 남았는지 알고 싶은가? 인사과에 전화할 필요 없이 '탈라(Talla)'에게 물어보면 된다. 탈라는 회사 내규를 자체적으로 검색하여 이러한 질문에 답해주는 챗봇이다. 통화 중에 지난 분기 관련 자료를 봐야 하는 상황이 온다면? 그저 대화 중에 자연스럽게 해당 자료를 언급만 해도 음성 검색 신생벤처 세컨드마인드(SecondMind)가 활성화되어 스크린에 필요한 자료를 찾아 준다. 세컨드마인드는 자사의 검색 툴 덕분에 회계 업무 및 고객 리소스 콜 등이 10배 가까이 짧아졌다고 자랑스럽게 이야기한다.

자연어 처리는 구직자 이력서를 분류하고, 다양한 지원자를 끌어들이며, 양질의 구직자를 선발하는 데에도 활용될 수 있다. 스팸 필터링 기능이 원치 않는 이메일을 걸러낼 수 있는 것도 NLP 덕분이다. 아웃룩이나 지메일 같은 메일 앱들은 NLP 기술을 이용해 특정 발신자에게서 온 이메일을 사용자가 지정한 폴더에 따로 옮겨 주기도 한다.

정서 분석(sentiment analysis)과 같은 툴은 트위터나 소셜미디어 등에 기업에 대한 평가, 소문이 어떻게 나고 있는지를 빠르게 파악하여 고객의 요구 사항을 처리할 수 있게 해준다. 정서 분석은 단순히 소셜미디어에 등장하는 단어만 검색하여 처리하는 것이 아니라, 이러한 단어가 등장하는 맥락까지 고려한다. 분석 전문 업체 페리스코픽(Periscopic)의 데이터 시각화 전문가 스카이예 모레에 따르면, 영어 단어 중 '긍정적'으로 분류되는 단어는 전체의 30%밖에 되지 않는다. 나머지 70%는 중립적이거나 부정적인 단어들이다. NLP는 고객이 소셜미디어에 올린 기업에 대한 평가를 더 전체적으로 이해할 수 있게 해준다. 중립적으로 표현된 단어 뒤에 숨겨진 고객의 진짜 속마음은 무엇인가?

과거 기업들은 NLP를 이용하여 특정 피드백이 긍정적인지, 부정적인지만을 분류하려고 하였다. 그러나 플레시먼힐러드(FleishmanHillard)의 소셜 및 혁신 부대표 라이언 스미스는 오늘날 NLP 기술이 슬픔, 화, 공포와 같이 더 구체적인 감정을 파악할 수 있을 만큼 정교해졌다고 밝혔다.

4 자연어와 인지과학 중요★

인지과학(cognitive science)은 **인간의 사고 과정을 시뮬레이션하는 계산 모델**이다. 데이터마이닝, 패턴 인식, 자연어 처리를 이용한 자가 학습(self learning) 시스템을 포함한다. 인지컴퓨팅 시스템은 빅데이터를 활용하여 어떤 분야의 전문가가 최선(또는 최적)의 결정을 할 수 있도록 지원하는 시스템으로 학습, 추론, 자연어를 이해할 수 있는 새로운 계산 시스템이다. 이러한 인지컴퓨팅 시스템을 위한 중요한 소프트웨어 요소 기술 중의 하나가 바로 자연어 처리이다. 자연어 형식으로 된 질문에 답할 수 있는 인공지능 컴퓨터 시스템으로 IBM의 왓슨(watson)이 있다. 2011년 왓슨은 미국 퀴즈쇼 제퍼디에 참가하여 인간 챔피언을 이기고 우승을 차지했다. 인지 컴퓨팅의 최종 목표는 자연어를 이해하여 지식을 자가 학습시키며, 지식 소통이 가능한 지식과 지능이 진화하는 소프트웨어를 개발하는 것이다. 여기에는 자연어 인터페이스가 매우 중요한 역할을 한다.

5 자연어 분석단계 중요 ★

자연어는 문장을 형태소, 구문, 의미, 활용의 4단계로 분석하여 처리한다. 여기서 활용은 '현실적인 방식으로 지혜롭고 의미 있게 어떤 것을 처리하는 것'을 말한다.

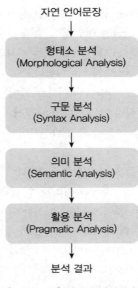

자연 언어문장

형태소 분석
(Morphological Analysis)

구문 분석
(Syntax Analysis)

의미 분석
(Semantic Analysis)

활용 분석
(Pragmatic Analysis)

분석 결과

[그림 8-10] 자연어 처리절차

(1) 형태소 분석 중요 ★

형태소를 이해하기 위해서 음운(phoneme)과 음절(syllable)을 먼저 이해할 필요가 있다. 음운은 말의 뜻을 구별해 주는 소리의 가장 작은 단위로서 음소와 운소로 구성되어 있다.

① 음소(phonemes)

더 이상 작게 나눌 수 없는 **음운론상의 최고 작은 단위**이다. 국어의 자음 모음, 영어의 알파벳이 이에 해당한다. 예를 들어, '강'이라는 단어는 음소를 나누어 보면 'ㄱ', 'ㅏ', 'ㅇ'으로 나뉘고 'river'이라는 단어는 'r', 'i', 'v', 'e', 'r'로 나눌 수 있다.

② 운소(prosodeme)

단어의 의미에 관여하는 **음소 이외의 운율적 특징**을 말한다. 예를 들면, 음의 높낮이, 길이, 세기 등이다.

③ 음절(syllable)

음절은 하나의 종합된 음의 느낌을 주는 말소리의 단위로서 음절은 몇 개의 음소로 이루어지며, 한글의 경우 모음은 단독으로 한 음절이 되기도 한다. 예를 들면, '밥을 먹는다'를 음절로 풀어 보면 '바', '블', '멍', '는,' '다'가 된다.

④ 형태소(morpheme)

형태소는 뜻을 가진 가장 작은 단위로서 문법 요소 중에서 가장 작은 단위이다. 예를 들면, '의사가 진찰을 한다', '배우는 연기를 한다'와 같은 예문은 설명의 편의상 문장을 형태소로 나눈 것으로 각각의 형태소에는 일정한 의미가 있다. '의사, 배우, 진찰, 연기, 한-'에는 어휘적인 의미가 있고, '-가, -는, -을, -를, -다'는 문법적인 의미가 있다. 만일 의사나 배우를 의 + 사, 배 + 우로 나눈다면 음소의 형태이지만 어휘적으로든 문법적이든 의미를 잃게 된다. 이처럼 더 나누면 의미를 잃어버리는 언어 단위를 형태소라고 한다. 즉, 사전에 등록된 색인어의 집합이다.

형태소 분석이란 입력된 문자열을 분석하여 형태소라는 최소 의미 단위로 분리하는 것으로, 사전 정보와 형태소 결합 정보를 이용한다. 형태소는 정규 문법으로 분석이 가능하다. 언어에 따라 난이도가 다르며, 영어, 불어 등의 언어계통은 쉽지만, 한국어, 일본어, 아랍어, 터키어 등은 어렵다. 형태소 분석의 어려운 점은 다음의 여러 가지가 있다.

> ㉠ 첫째는 중의성이다. '감기는'의 분석 결과 감기(명사 : cold) + 는(조사), 감(동사 어간) + 기(명사화 어미) + 는(조사), 감(동사 어간) + 기는(어미)로 분석에 따라서 다른 의미가 될 수 있기 때문이다.
> ㉡ 둘째는 접두사, 접미사 처리의 문제이다.
> ㉢ 세 번째는 고유명사나 사전에 등록되지 않은 단어를 처리하는 문제도 있다. 한국어, 독일어처럼 복합명사 내의 명사를 띄우지 않거나, 일본어처럼 띄어쓰기가 없으면 더욱 어렵다. 참고로 한글의 단위는 '음운(음소, 운소), 음절, 어절, 단어, 형태소, 구절(구, 절), 문장, 문단'으로 구성된다.

(2) 구문 분석 중요 ★

구문 분석은 **문법을 포함**한다. 문법은 문장의 구조적 성질을 규칙으로 표현한 것이다. 구문 분석기(parser)는 문법을 이용하여 문장의 구조를 찾아내는 과정이다. 또한, 문장의 구문 구조는 트리 형태로 표현할 수 있다. 즉, 몇 개의 형태소들이 모여서 구문 요소(구, phrase)를 이루고, 그 구문 요소 간의 결합구조를 트리 형태로써 구문 구조를 이루게 된다.

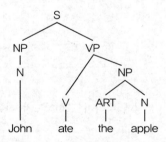

[그림 8-11] 문자에서 parser의 예

문법이란 어떤 것을 바꾸기 위해서 다시쓰는 규칙의 집합을 말한다.

```
S → NP VP
NP → ART N
NP → N
VP → V NP
```

문법의 규칙을 이용하여 문장을 생성할 수도 있고, 분석할(parsing) 수도 있다.

① 문장 생성

다음은 다시쓰기 규칙(rewrite rule)으로 문장을 생성한 예이다.

```
S → NP VP
  → N VP
  → John VP
  → John V NP
  → John ate ART N
  → John ate the N
  → John ate the apple
```

② 문장 분석

다음은 bottom-up 방식으로 한 문장 분석의 예이다.

```
John ate the apple.
  → N V ART N
  → NP V ART N
  → NP V NP
  → NP VP
  → S
```

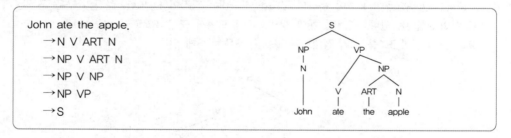

③ 구문 분석의 중의성

앞서서도 언급했듯이 구문 분석에 따라서 표현하고자 하는 의미가 완전히 달라지는 문제가 발생할 수 있다.

(3) 의미 분석

의미 분석은 통사(생각이나 감정을 말로 표현할 때 완결된 내용을 나타내는 최소의 단위) 분석 결과에 해석을 가하여 문장이 가진 의미를 분석하는 것이다. 형태소가 가진 의미를 표현하는 지식표현 기법이 요구되고, 통사적으로 옳으나 의미적으로 틀린 문장이 있을 수 있다[예 돌이 걸어간다(↔사람이 걸어간다), 바람이 달린다(↔말이 달린다)]. 또한, 중의성 분석도 포함된다[예 말(horse, speech)이 많다].

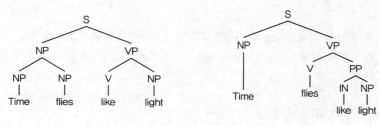

[그림 8-12] 의미 분석의 예-1

문법적으로는 맞지만 의미적으로 틀린 문장들의 예를 조금 더 보도록 하자.

- 사람이 사과를 먹는다. (○)
- 사람이 비행기를 먹는다. (×)
- 비행기가 사과를 먹는다. (×)

이들의 구문 구조는 아래 [그림 8-13]과 같다. '먹다'는 의미적 제약이 있으며, '먹을 수 있는 주체'가 될 수도 있고 '먹을 수 있는 대상'이 될 수도 있다.

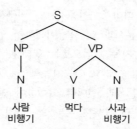

[그림 8-13] 의미 분석의 예-2

통사적 다양성은 다음과 같이 구분할 수 있다.

- Postfix 언어
  동사가 문장의 뒤에 위치한다(예 한국어, 일본어).
- Infix 언어
  동사가 문장의 중간에 위치한다(예 영어, 프랑스어).
- Prefix 언어
  동사가 문장의 맨 앞에 위치한다(예 아일랜드어).

(4) 활용 분석

활용 분석은 문장이 실세계(real world)와 가지는 연관 관계를 분석하는 것이다. 따라서 실세계 지식과 상식의 표현이 요구되고, 지시(anaphora)나 간접화법(indirect speech act) 등의 분석이 필요하다.

> ① 지시 : 대명사의 지시 대상을 나타낸다.
>   예 The city councilmen refused the women a permit because
>   (1) they feared violence.
>   (2) they advocated revolution.
> ② 화법 : 상대방에게 행동을 요구하는 언어 행위를 말한다.
>   예 Please pass me a salt.
>   Do you ming if I open the door?

인공지능은 철학적으로 인간이나 지성을 갖춘 존재, 혹은 시스템에 의해 만들어진 지능을 뜻하며, 지식표현, 탐색, 추론, 문제해결, 기계학습, 인지, 행동, 자연 언어 처리 등과 같은 다양한 연구 주제가 있다. 기계학습은 인공지능의 한 분야로, 컴퓨터가 학습할 수 있도록 하는 알고리즘과 기술을 개발하는 분야를 말한다. 예를 들면, 기계학습을 통해서 수신한 이메일이 스팸인지 아닌지를 구분할 수 있도록 훈련할 수 있다. 따라서, 인공지능의 연구분야로서의 자연 언어 처리는 음성 인식, 형태소 분석, 통사 분석, 의미 분석과 언어를 이해하여 인공지능에게 전달하는 역할을 하는 것이다. 자연 언어 처리를 위한 인공지능 기법으로는 형태론, 구문론, 의미론, 활용론적 언어지식을 지식표현(WordNet)하는 것이 있다. 그리고 인공지능의 연구분야로서의 자연 언어 처리는 음성 인식, 형태소 분석, 통사 분석, 의미 분석과 언어를 이해하여 인공지능에게 전달하는 것이다. 자연 언어 처리문제 해결을 위한 기계학습 알고리즘으로는 의사결정 트리(decision tree), 선형 분리자(Snow, Perceptron), SVM, Maximum Entropy, HMM, K-NN, 신경망(Neural Network), 딥 러닝(Deep Learning) 등이 있다.

6 자연어 표현 문법 중요 ★★★

미국의 언어학자이자 철학자, 인지 과학자, 역사가, 사회비평가, 정치운동가, 저술가인 현대 언어학의 아버지로 묘사되는 촘스키(Avram Noam CHomsky)는 변형 생성 문법 이론을 만들어 낸 학자로 유명하며 20세기에 가장 중요한 공헌을 한 언어학자로 존경받고 있다. 그는 철학 분야에서 1950년대에 주류였던 B. F. 스키너의 언어 행동을 연구하는 행동주의자들을 비판하여 인식의 혁명을 불러일으킨 인지과학의 선구자이기도 하다. 그의 자연주의적인 언어학의 접근은 정신과 언어의 철학에 많은 영향을 주었다. 또한, 촘스키는 1956년에 형식언어를 생성하는 형식 문법의 부류들 사이의 위계인 촘스키 계층을 만들었다. 촘스키 계층은 문맥에서 분리된 문법의 형성에 대한 해석을 표현하고 있다. 촘스키는 형식문법을 생성 규칙에 따라서 4가지의 형태로 분류하였다.

(1) type-0 중요 ★

무제약 문법(UG : Unrestricted Grammar)으로 생성 규칙(production rule)에 제약을 두지 않는다.
단, $\alpha \rightarrow \beta$에서 $\alpha \neq \epsilon$이다.

(2) type-1 중요 ★

문맥 의존 문법(CSG : Context-Sensitive Grammar)은 모든 생성 규칙이 $\alpha \rightarrow \beta$에서 $|\alpha| \leq |\beta|$이다.

(3) type-2

문맥 자유 문법(CFG : Context-Free Grammar)은 모든 생성 규칙이 $A \rightarrow \alpha$ 형태를 갖는다.
A는 하나의 비단말(non-terminal)이고, α는 V^*에 속하는 문자열이다.

(4) type-3

정규 문법(RG : Regular Grammar)은 모든 생성 규칙을 다음의 2가지 중 하나로 표현한다.
① $A \rightarrow tB$ 또는 $A \rightarrow t$, 여기서 $t \in V_{TLSUP*}$이고, $A, B \in V_N$이다.
② $A \rightarrow Bt$ 또는 $A \rightarrow t$, 여기서 $t \in V_{TLSUP*}$이고, $A, B \in V_N$이다.

[표 8-4] 촘스키의 형식문법 계층

유형	문법	언어	오토마타	생성규칙	언어의 예
제0유형	제약없는 문법	귀납적 가산 언어	튜링 기계	제약 없음	–
제1유형	문맥 의존 문법	문맥 의존 언어	선형 구속형 비결정성 튜링 기계	$aA\beta \rightarrow a\gamma\beta$	$a^n b^n c^n$
제2유형	문맥 자유 문법	문맥 자유 언어	비결정성 푸시다운 오토마타	$A \rightarrow Y$	$a^n b^n$
제3유형	정규 문법	정규 언어	유한 상태 기계	$A \rightarrow aB$ $A \rightarrow a$	a^n

제 5 절 단일 문장의 이해 중요 ★

문장이나 대화에서 여러 문장이 모여지는 것을 이해하는 것은 그들 사이의 관계를 규정해야 하기 때문에 어려운 작업이다. 여러 문장에 대하여 일관성 있는 해석을 한 번에 하는 것은 어렵지만, 일단 한 부분에 대한 해석이 얻어지면, 이를 이용하여 나머지 부분들을 이해하는 데 사용할 수 있다. 때로는 단일 문장만 보고 해석할 수 없는 경우가 발생하게 되는데, 이 문제는 역시 군집된 문장이 해석되면 가능하다. 단일 문장을 이해하기 위해서는 문장에서의 각 단어를 이해하는 것과 전체 문장의 의미를 표현하는 구조를 형성하기 위해 단어들을 합치는 것이 필요하다.

1 단어의 이해

각 단어에 대하여 이에 대응되는 대상표현을 저장한 사전을 이용하여 간단히 해결할 것 같지만, 많은 단어가 하나 이상의 의미를 갖기 때문에 단어 자체만 보고 올바른 의미를 선택한다는 것은 매우 어렵다. 예를 들어 '배'라는 단어는 여러 가지 의미가 있다.

> ① 그 배는 맛있다(과일).
> ② 배를 타다(교통).
> ③ 배가 아프다(몸의 일부).

또한 '눈'이라는 단어는 다음과 같이 서로 다른 의미가 있다.

> ① 눈이 부시다(신체의 일부).
> ② 하늘에서 눈이 내린다(자연).

각 단어의 정확한 의미를 결정하는 과정을 단어 의미 명확화(word sense disambiguation) 혹은 어휘적 명확화(lexical disambiguation)라고 한다. 다음의 문장을 생각해 보자.

> Brian found an diamond glittering at the corner of postal office building.

다이아몬드는 야구구장 또는 보석의 의미가 있다. 위의 문장에서 다이아몬드는 반짝이는 보석이라는 의미라는 것을 파악할 수 있다. 왜냐하면, 보석의 반짝거리는 특징 이외에는 야구구장이 갖는 네모난 모양의 기하학적인 구조를 묘사하고 있지 않기 때문이다. 이러한 의미의 차이는 사전에서 각 단어에 대하여, 이 단어의 여러 의미 중 각각의 문맥 중에서 의미할 수 있는 정보를 첨부시켜 놓음으로써 해결된다. 문장에서의 각 단어는 다른 단어의 의미를 파악하기 위하여 사용될 수 있다. 때때로 단어에 대한 매우 단순한 정보만이 사용되는 경우가 있다. 예를 들면, 다이아몬드가 야구장으로 쓰일 때를 위하여 이런 경우를 장소(location)로 표시해 놓는다. 이때 다음의 문장 "I'll meet you at the diamond"에서 전치사 at이 시간이나 장소를 갖는다는 사실을 기록해 놓았다면, 다이아몬드의 의미를 쉽게 파악할 수 있을 것이다. 이와 같은 표시를 어의적 부호(semantic marker)라고 부른다. 다른 유용한 어의적 부호로는 다음과 같은 것이 있다.

> 물리적 – 물체(Physical – Object)
> 동물적 – 물체(Animate – Object)
> 추상적 – 물체(Abstract – Object)

이러한 부호들을 사용하면 주어진 문장에서 단어의 의미는 더 분명해진다.

어휘적 분명화의 문제를 완전히 해결하기 위해서 더욱 많은 어의적 부호의 도입이 필요하다. 하지만 그런 부호의 수가 증가됨에 따라 기억해야 할 단어의 양은 처리하지 못할 만큼 커지게 된다. 또한, 사전에 새로운 단어가 수록될 때마다 기존의 많은 어의적 부호 중에서 해당되는 것은 모두 표시해야 하기 때문에 다른 연구 방법이 필요하다.

또 다른 접근 방법으로는 지역적 정보에 의존하는 것인데, 선호 어의론(preference semantics)이라 불린다. 예를 들면, 'hate' 같은 동사는 주어로서 살아있는 동물을 선호하게 된다. 다음 예문을 보며 생각해 보자.

> Welchs hates the cold.
> (웰치스는 추운 것을 싫어한다.)

이 문장은 사람의 느낌을 묘사한다는 것을 알 수 있다(Welchs는 음료수의 일종이기도 하다). 그러나 다음 예문을 살펴보자.

> The lawn hates the cold.
> (잔디는 추운 것을 싫어한다.)

위 문장의 주어가 살아있는 동물은 아니지만, hate는 살아있는 동물을 선호한다는 것이지 필수적으로 선택한다는 것은 아니므로, 잔디(lawn)에 대한 비유적인 표현으로써 선택함으로써 이 문장을 이해하게 된다.

2 문장의 이해 중요 ★

이해 과정의 두 번째 단계로 문장의 의미를 표현하는 구조를 형성하기 위하여 단어를 결합하는 것도 또한 쉽지 않다. 문장의 이해를 위해서는 정말로 다양한 정보가 필요한데, 예로써 사용되는 언어에 대한 지식, 토의되는 분야에 대한 지식, 그리고 대화자들이 통상적으로 언어를 사용하는 방식들에 관한 것들이 포함될 수 있을 것이다. 이처럼 해석 과정에는 많은 것들이 포함되므로 해석 과정을 쉽게 하기 위하여 이를 다음의 세 부분으로 분리한다.

(1) 문장 구성의 분석(syntactic analysis)

단어들의 순서적 나열을 단어 간의 상호 연관성이 보이는 구조들로 변환한다. 이 과정에서 단어들의 나열순서가 언어 규칙에 위배되면 이 문장은 거부된다. 예를 들어 영어의 구성 분석에서는 다음의 문장을 거부할 것이다.

> Boy the go the to store.

(2) 문장 의미의 분석(semantic analysis)

문장 의미 분석은 문장 구성의 분석 결과로 얻어진 구조들에 의미가 부여된다. 즉, 문장 구성의 분석 결과로 얻어진 구조와 행하고자 하는 업무 범위 내의 객체 간에 대응(mapping)이 이루어지고, 이러한 대응이 불가능한 구조는 거부된다. 다음의 예는 문장 의미로서는 비정상적인 것으로 취급되어 거부된다.

> Boy prefers colorless idea kindly.

(3) 실용적 분석(pragmatic analysis)

문장을 표현하는 구조가 실제로 무엇을 의미하는가를 결정하기 위해서 재해석된다. 예를 들어, "Do you know what time it is?"의 문자는 "지금 시각을 아느냐, 모르느냐?"하는 질문이라기보다는 "현재 시각을 알려다오."라는 질문으로 해석하여야 한다. 이 세 가지의 경계는 애매한 것이 보통이다. 이 단계들은 때로는 순차적으로 처리되기도 하고, 때로는 모두 일시에 행하여지기도 한다. 이들이 순차적으로 행해지는 경우에는 다른 단계로부터 도움을 얻을 수 있다. 다음 문장을 살펴보자.

> John went to the drug store with the ice cream.

위 문장의 구성을 분석하는 과정에서 전치사고 'with the ice cream'에 의하여 수식되는 것이 어느 것인지를 결정하는 것을 생각해 보자. 'ice cream'이 있는 'drug store'를 의미하는 것인지, 혹은 John이 'ice cream'과 함께 'drug store'로 갔는지는 문장 의미의 분석 단계에서 결정하는 수밖에 없다. 따라서 종종 이러한 단계들을 구별하는 것이 유용하긴 하지만, 이들이 서로 상호관계가 있을 수 있으므로, 이 단계들을 완전히 구분하는 것은 불가능하다.

제 6 절   복합 문장의 이해 중요★

하나의 문장을 이해하는 문제에서는 일반적으로 각각의 단어에 의미를 부여하고 문장 전체에 적합한 표현 구조를 배정하게 된다. 그러나 여러 복합 문장을 이해하는 경우 문장 간의 관계를 규명해야 한다. 문장 간의 관계로 중요한 것에는 다음과 같은 것들이 있다.

1 동일한 물체

예들 들어, 다음 문장을 생각해 보자.

> Brian had an open car. Eric wanted it.

여기서 'it'은 'open car'를 의미한다. 이러한 인용을 대용어(anaphora) 또는 어구 반복이라고 한다.

2 물체의 일부

> Brian bought a notebook. The usb port was broken.

'The usb port'는 구매한 노트북의 일부로 인식되어야 한다.

3 행위의 일부

아래의 문장을 살펴보자.

> - Brian went to New York for his business trip.
> - He took an early morning flight.

비행기를 탄 것은 출장을 위한 행위의 일부로써 인식된다.

4 행위에 포함된 물체

다음과 같은 문장을 고려해 보자.

> - Brian is going to church.
> - He uses his car.

Brian의 차(car)는 그가 교회까지 운전하는 행위에 포함된 물체(도구)로 인식된다.

5 인과 관계

인과 관계는 다음과 같은 것이다.

- Some terrorist announced he put the bomb.
- All school would be closed from today.

폭탄(bomb)은 학교 문을 닫게 된 이유로 인식된다.

6 계획 순서

- Eric planned to be a lawer.
- Eric decided to enter the law school.

Eric이 법대에 가기로 결심한 것은 변호사가 되기 위한 것으로 인식된다.

이러한 여러 관계를 인식하기 위해서는 대화의 주제나 배경이 되는 것에 대한 방대한 지식이 필요하다. 따라서 복합 문장들을 이해하기 위한 프로그램은 방대한 지식을 저장할 데이터베이스가 필요하며, 이러한 지식이 어떻게 구성되어 있느냐가 프로그램의 성공 여부를 결정하게 된다.

제 7 절   자연어의 구문 표현 문법 중요 ★★★

문장의 구문을 표현하기 위한 대표적인 문법에는 문맥 자유형 문법, 확장 천이 문법 등이 있다.

1 문맥 자유형 문법(context free grammar) 중요 ★★★

영문에서 문장은 구(phrase)가 모여 이루어진 것이므로, 문장의 구조를 명확히 하기 위해서는 구의 구성을 아는 것이 기본이라는 데서 출발한 것이 문맥 자유형 문법이다. 즉, 문장의 처음부터 끝까지에 다시 쓰기 규칙을 적용함으로써 그 문장을 표현하는 해석 트리를 구성해 나가는 것이다. 영문은 명사구, 동사구라는 구의 결집이라고 할 수 있다. 다음의 예를 보자.

The boy broke the window with a hammer.

이 영문의 구조는 다음과 같다.

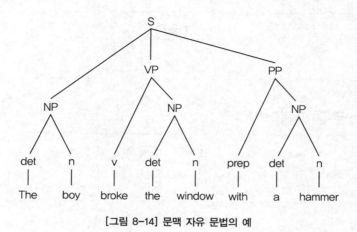

[그림 8-14] 문맥 자유 문법의 예

여기서, 'S = 문장, NP = 명사구, VP = 동사구, PP = 전치사구, det = 관사, n = 명사, p = 동사, prep = 전치사'이다. 이처럼 문장은 구의 결집이라는 생각에서 볼 때 문맥 자유형 문법의 기본이 된다. 문맥 자유형 문법에서는 구조를 설명하기 위해 다음과 같이 다시쓰기 규칙을 사용한다.

a) S→NP·VP·PP
c) NP→DET·N
e) PP→PREP·NP
g) DET→the, a
i) PREP→with

b) VP→V·NP
d) NP→N
f) N→boy, window, hammer
h) V→broke

이 다시쓰기 규칙은 각각 다음의 것을 나타내고 있다.

(a) 명사구, 동사구, 전치사구가 차례로 이어진 것이 문장이다.
(b) 동사, 명사구가 차례로 이어진 것이 동사구이다.
(c) 관사, 명사가 차례로 이어진 것이 명사구이다.
(d) 명사는 그 자체로 명사구이다.
(e) 전치사, 명사구가 차례로 이어진 것이 전치사구이다.
(f) boy, window, hammer는 각각 명사이다.
(g) the, a는 각각 관사이다.
(h) broke는 동사이다.
(i) with는 전치사이다.

이러한 법칙을 문장의 처음부터 끝까지 적용시킴으로써 다음 그림과 같은 해석 트리를 얻을 수 있는 것이다. 중간까지의 적용결과를 보자.

① the는 정관사로 규칙 (g)를 적용한다.

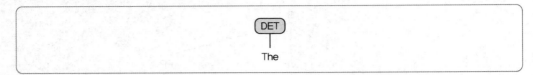

② boy에 대해서는 규칙 (f)를 적용한다.

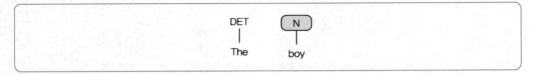

③ the, boy에 대해서 규칙 (c)를 적용한다.

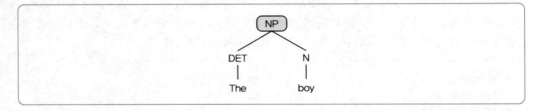

④ broke에 규칙 (h)를 적용한다.

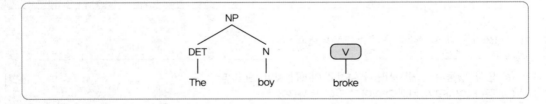

⑤ the에 규칙 (g), window에 규칙 (f)를 적용한다.

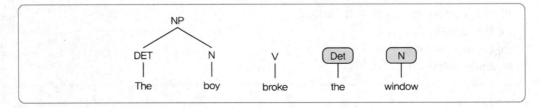

⑥ the window에 규칙 (c)를 적용한다.

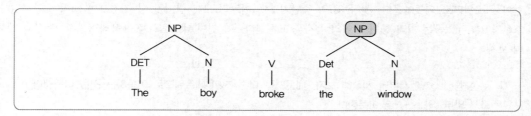

⑦ broke the window에 규칙 (b)를 적용한다.

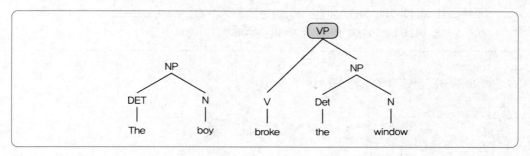

2 확장 천이 문법(augmented transition grammar) 중요 ★★★

확장 천이 문법은 문법을 다시쓰는 규칙이 아니라, [그림 8-15]처럼 천이 네트워크(TN : Transition Network)로 나타낸 것이다.

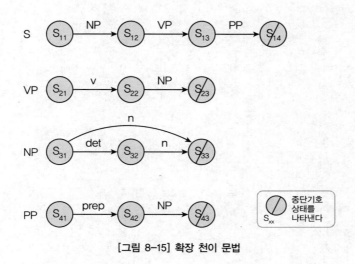

[그림 8-15] 확장 천이 문법

여기서 대문자(NP, VP 등)는 다른 천이 네트워크로 이동하는 것을 나타내고, 종단기호에 도달하면 처음의
천이 네트워크로 되돌아온다. 문장 (S)의 종단기호에 이르러 모든 단어를 다 거쳤으면 처리는 완료된다.
소문자(det, n 등)는 처리 중인 단어의 품사를 표시한다. 이 천이 네트워크를 사용하여 앞의 문장을 해석
해 보자.

① 우선 상태 S_{11}에서부터 시작해 보자. 대문자는 다른 천이 네트워크로 이동하는 것을 나타낸다. 따
라서 바로 상태 S_{31}로 이동한다.
② 최초의 단어 (The)는 관사이므로 상태 S_{32}로 이동한다.
③ 다음 단어 (boy)는 명사이므로 상태 S_{33}으로 이동한다. 상태 S_{33}은 종단이다. 이때는 처음의 천이
네트워크로 되돌아간다. 결국, 상태는 S_{12}로 변한다. 거기에는 VP가 있으므로 S_{21}로 이동한다. 이
렇게 상태를 변화시켜 가면서 문장을 해석하는 것이다.

[그림 8-16]는 최종적인 상태의 천이를 보여주고 있다.

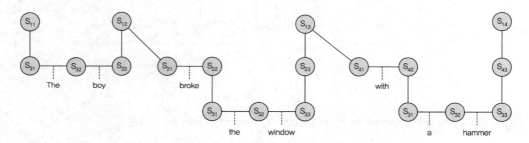

[그림 8-16] 최종 상태 천이도

○✕로 점검하자

※ 다음 지문의 내용이 맞으면 ○, 틀리면 ✕를 체크하시오. [1 ~ 6]

01 최초의 자연어 처리 프로그램은 ELIZA라는 프로그램이다. (　　)

>>>◯ 자연어를 이해하기 위한 최초의 노력은 1964년 밥로우(Bobrow)가 개발한 STUDENT 프로그램이다. 이것은 고등학교 수학문제를 자연어 형식으로 풀기위한 프로그램이었다. 2년 후인 1966년에는 바이젠바움(Weizenbaum)이 간단한 파서(parser)를 사용하여 어떤 주제에 대해서 서로 대화를 할 수 있는 ELIZA라는 응답식 컴퓨터 프로그램을 개발하였다. ELIZA는 장난감처럼 만든 프로젝트였지만 정신치료 분야에서는 놀라운 인기를 얻었다.

02 자연어 이해 시스템은 어떻게 인간의 목소리를 이해하는지에 따라서 두 가지 영역으로 표현할 수 있다. (　　)

>>>◯ 자연어 이해 시스템은 어떻게 문자를 이해하는지에 따라서 다음의 영역으로 구분된다.
첫 번째 평가 기준은 실행기반으로 동일한 테스트에 대한 인간의 처리 결과와 컴퓨터의 자연어 처리 결과를 비교하는 것으로 지식 기반의 인구, 자료 간행 및 인식 요약에서 사용된다.
두 번째 평가 기준은 시스템에 의해 자동 생성된 자료 내용의 표현을 동일한 자료를 다른 사람의 주석과 비교하는 것이다.

03 자연어 구성 요소는 '스피커와 생성기', '표현의 수준과 구성 요소', '응용 프로그램 또는 스피커'이다. (　　)

>>>◯ 텍스트를 생성하려면 응용 프로그램과 응용 프로그램의 의도를 해당 상황과 관련된 유창한 구문으로 만드는 프로그램(이것을 스피커라고 한다)이나 생성기가 있어야 하고, 어느 수준까지 표현할 것인가를 위한 표현의 구성 요소와 수준이 결정되어야 한다.

04 음성적 모호성을 처리하는 문제, 즉 동일한 의미를 가지고 있지만 서로 다른 의미를 갖는 두 개 이상의 단어를 구분하는 것은 음성학과 음운학의 영역에서 다뤄진다. (　　)

>>>◯ 음성적 모호성을 처리하는 문제는 동일한 음성을 가지고 있지만 서로 다른 의미를 갖는 두 개 이상의 단어를 식별하고 구분하는 것으로 음성학과 음운학의 영역이다. 언어는 한 세트의 소리를 단어로 구성할 때의 방법 때문에 모호성이 내재되었다.
다음의 단어들이 좋은 예이다. there – their, here – hear, plane – plain

정답 **1** ✕ **2** ✕ **3** ○ **4** ○

05 "우리는 한국을 정말로 사랑합니다."를 단어별 3-그램으로 표시하면 다음과 같다. (　　)

'우리는/리는#/는#한/국을#/을#정/.....'

>>>○ 단어 3-그램은 최초의 단어를 3음절 선택하고 이어서 다음 음절을 기준으로 3음절씩 끊어서 연속해 나가는 방식으로 중간에 있는 공란도 포함한다.

06 여러 문서에서 자주 등장하는 단어는 중요하지 않을 확률이 높다는 가정을 충실히 반영하고 있는 공식은 다음과 같다. (　　)

$$w_{(x,y)} = tf_{(x,y)} \times \log\left(\frac{N}{df_x}\right)$$

>>>○ TF-IDF 식은 여러 문서에서 자주 등장하는 단어는 중요하지 않을 확률이 높다는 가정을 충실히 반영하고 있는 공식이다. TF-IDF는 수식으로만 보면 간단해 보이지만 정확한 가중치를 계산하기 위해서는 여러 변형 절차를 거쳐야 하는 것이 일반적이다. 특히, 문서 길이에 따라 가중치를 달리 적용해야 하는 문제부터 해결할 필요가 있다. 이를 위해서는 TF의 정규화와 불용어 처리와 같은 과정이 필요하다.

$$w_{(x,y)} = tf_{(x,y)} \times \log\left(\frac{N}{df_x}\right)$$
$tf_{(x,y)} = y$에서의 x의 빈도수, $df_x = x$를 포함하고 있는 문서의 수, $N =$ 전체 문서의 수

01 다음 중 자연어 생성과정과 관련이 <u>없는</u> 내용은 무엇인가?

① 전달할 정보를 나타내는 구조의 구성

② 문장의 순서를 정하기 위한 대화 구조 및 문장에 대한 규칙 적용

③ 실제 문장을 생성하기 위한 단어에 대한 정보 및 문장론적 규칙 적용

④ 자연어 이해의 과정과 똑같은 단계의 반복

01 자연어 생성에 대한 전체 과정은 다음과 같이 세 부분으로 나누어질 수 있다.
전달할 정보를 나타내는 구조의 구성, 문장의 순서를 정하기 위한 대화 구조 및 문장에 대한 규칙의 적용, 실제 문장을 생성하기 위한 단어에 대한 정보 및 문장론적 규칙의 적용이다. 그리고 자연어 생성 과정은 자연어 이해의 과정과 반대로 생각하면 된다.

02 어떤 문서가 20,000개의 단어로 이루어져 있고 특정 단어가 250번 나온다면 이때 TF의 값은 얼마인가?

① 80

② 0.0125

③ 5,000,000

④ 20,250

02 $TF = n/N$ 이므로(n = 특정 단어의 출현 빈도, N = 전체 단어 수) TF = 250/20,000 = 0.0125이다.

03 인간의 문장이나 단어를 컴퓨터가 이해할 수 있도록 처리하는 과정을 무엇이라고 하는가?

① 자연어 처리

② 인공지능

③ 패턴인식

④ 전문가 시스템

03 인공지능, 통계 언어학과 자연 언어를 이해하는 것 또는 자연어 처리(NLP : Natural Language Processing)는 기계어를 다루는 자연어 처리의 일부분이다. 인간의 문장이나 단어를 컴퓨터가 이해할 수 있도록 처리하는 과정이 NLP이다.

정답 01 ④ 02 ② 03 ①

04 튜링은 사람이 하는 일을 대신할 수 있는 능력을 가진 시스템의 구현이 가능하다는 것을 보여주기 위한 실험으로 인간과 컴퓨터가 문자를 쌍방향의 문답식으로 주고받는 방식이었다. 최초의 자연어 처리 프로그램은 1964년 밥로우(Bobrow)가 개발한 STUDENT 프로그램이다. ③번과 ④번은 전문가 시스템으로 구현된 프로그램이다.

04 다음 중 자연어로 구현한 최초의 프로그램 이름은 무엇인가?

① TURING
② STUDENT
③ DENDRAL
④ MYCIN

05 자연어를 처리하기 위해서는 음운학, 구문학, 형태학, 언어 활용학, 의미론과 같은 언어학 분야에 대한 깊은 연구가 함께 동반되어야 한다.

05 다음 중 자연어 처리를 위해서 반드시 연구되어야 할 분야가 <u>아닌</u> 것은?

① 음운학
② 구문학
③ 형태학
④ 심리학

06 surface realizer는 구문이 주어지지 않은 기능적인 정보에서 인간이 읽을 수 있는 문장을 끌어내고, 구문 정보를 discourse plan(담론 기획)의 기능적인 정보에 추가하고, 문장의 어휘와 문법들의 구성이 잘 되었는지를 확인한다.

06 다음 중 surface realizer(표면 실현자)의 기능이 <u>아닌</u> 것은 무엇인가?

① 인간이 읽을 수 있는 문장을 이끌어 내는 것
② 자연어를 테스트하는 것
③ 구문 정보를 추가하는 것
④ 어휘와 문법이 올바른지 확인하는 것

정답 04 ② 05 ④ 06 ②

07 자연어는 기술처리가 어려운 수준에 따라서 상, 중, 하로 구분한다. 중간 수준의 자연어에서 처리할 수 있는 기능은 무엇인가?

① 질문 대답
② 요약
③ 감정 분석
④ 대화식 시스템

08 다음 중 자연어 처리기술과 그 의미에 대하여 <u>틀리게</u> 서술한 것은?

① 텍스트 및 문장 분할 : 텍스트나 문장을 여러 개로 분할하는 작업
② 품사태깅 : 문장의 각 단어에 구문 태그를 지정하는 작업
③ 파싱 : 주어 – 술어 – 목적어를 추출하는 작업
④ 명확화 : 단어나 실체의 의미를 정확하게 이해하는 작업

09 특정 문구나 텍스트의 바로 앞뒤에 오는 텍스트 또는 음성 및 그 의미를 설명하는 데 도움이 되는 설명을 무엇이라고 하는가?

① content
② context
③ syntax
④ sentence

---

07 중간 수준의 자연어에서 처리할 수 있는 기능은 정보 검색, 감정 분석, 기계어 번역, 정보 추출이고, 상위 수준의 자연어에서 처리할 수 있는 기능은 질문 대답, 요약, 대화식 시스템이다.

08 문장을 구문 트리로 만드는 작업을 파싱이라고 한다. 문장에서 주어 – 술어 – 목적어를 추출하는 작업은 의미 라벨링이라고 한다.
텍스트 및 문장 분할은 텍스트나 문장을 여러 개로 분할하여 빠르고 손쉽게 문맥의 구성을 파악하기 위해서고, 명확화는 단어나 실체의 의미를 정확하게 이해하는 작업이다.

09 문맥(context)은 특정 문구나 텍스트의 바로 앞뒤에 오는 텍스트 또는 음성 및 그 의미를 설명하는 데 도움이 되는 설명이다. 문맥을 이해해야 문장이 표현하거나 설명하려는 의미를 정확하게 이해할 수 있다.

정답   07 ③   08 ③   09 ②

10 음성 인식 기술의 핵심기술로 자연어 음향 모델링 기술, 의미기반 언어 모델링 기술, 환경에 강한 음성 인식 기술, 핵심어 검출 기술 등이 있다. 자연어 대화 처리 기술은 사람과 기계 간의 대화를 처리하는 기술로써 입력 대화체 문장에 대해 사용자의 의도를 이해하기 위한 대화 이해 기술, 자연스러운 대화 유도를 위한 대화 모델링 기술, 외국어 교육 등에 적용할 수 있는 대화 오류 교정 기술 등으로 구성되어 있다.

10 다음 중 음성 인식 기술의 관련 기술 분야가 <u>아닌</u> 것은?

① 자연어 대화 처리 기술
② 자연어 음향 모델링 기술
③ 의미기반 언어 모델링 기술
④ 핵심어 검출 기술

11 TTA는 한국정보통신기술협회로 정보통신 표준의 제정, 개정, 폐지 등에 관한 사항을 심의·의결하고 산하 운영위원회와 기술위원회로 구성되어 업무조정과 효율적인 표준화 추진을 위한 업무를 추진하는 기구이다.

11 다음 중 우리나라의 표준화 기구의 용어로 옳은 것은?

① ISO
② ITU-T
③ TTA
④ W3C

12 MARGIE는 스탠퍼드대에서 개발된 영문해석 시스템이고, TOPLE은 MIT에서 개발한 대화 이해 시스템, LINGOL는 MIT에서 개발한 영문해석 시스템이다. 즉, 이들은 문장 분석과 관계된 시스템이라 할 수 있다.

12 다음은 어떤 영역에서 개발된 자연어 처리 시스템인가?

> MARGIE, TOPLE, LINGOL

① 질의응답
② 문제해결
③ 문장 분석
④ 데이터베이스 검색

정답 10 ① 11 ③ 12 ③

✅ **주관식 문제**

01 자연어 처리는 언어학을 근간으로 한다. 언어학의 근간이 되는 4가지 분야는 각각 무엇인지 쓰시오.

01

정답 (1) 음운론, (2) 형태론, (3) 통사론, (4) 의미론

해설 자연어 처리는 언어학을 근간으로 하고 있다. 언어학은 말소리를 연구하는 음운론(phonology), 단어와 형태소를 연구하는 형태론(morphology), 문법과 맥락·담화를 각각 논의하는 통사론(syntax), 의미론(semantics) 등 세부 분야가 있다. 자연어 처리 절차와 단계도 이런 구분과 같다. 즉, 음성 인식, 형태소 분석, 파싱(문장의 문법적 구조 분석) 등이 각각 언어학의 음운·형태·통사론 등에 대응된다는 얘기이다.

02 다국어 문서 또는 대화를 자국의 언어로 자동으로 번역하는 기술을 무엇이라고 하는지 (1) 해당 기술의 이름을 쓰고 (2) 이 기술과 밀접한 관련이 있는 또 다른 기술을 무엇이라고 하는지 쓰시오.

02

정답 (1) 다국어 자동번역 기술
(2) 다국어 언어분석 기술, 다국어 생성 및 변환 기술, 지식추출 및 학습 기술, 하이브리드 자동번역 기술 중에서 하나만 기술해도 정답 처리

해설 다국어 자동번역 기술은 다국어 문서 또는 대화를 자국의 언어로 자동으로 번역하는 기술로써 입력 텍스트 및 대화체 문장에 대한 언어분석, 변환·생성 기술이 기본적으로 필요하며, 번역 성능 향상 및 언어 확장성을 위해 지식 추출·학습 기술과 하이브리드 자동번역 기술이 필요하다. 이를 위한 주요 기술로 다국어 언어분석 기술, 다국어 생성 및 변환 기술, 지식추출 및 학습 기술, 하이브리드 자동번역 기술 등이 주요 구성 요소이다.

checkpoint 해설 & 정답

03

정답 (가) 엔그램(n-gram)
(나) 스톱 워드(stop word)
(다) BoW(Bag of words)

해설 언어 모델에서 n-gram은 확률 언어 모델 LM을 문장과 단어 시퀀스에 할당하는 것으로 n-gram은 n개의 단어가 연속되어 나타나는 것을 의미한다.
문장의 특징을 결정하는 데 큰 영향을 주지 않는 단어들을 스톱 워드(stop word)라고 부른다. 스톱 워드를 문장에서 걸러낼 수 있다면 의미 있는 결과를 더 쉽게 얻을 수 있을 뿐만 아니라, 데이터를 처리하는 부하도 줄일 수 있다. 다른 글의 정보를 벡터화해서 공간에 배치하면, 그 글이 어느 쪽 벡터에 더 가까운지를 코사인 유사도를 통해 알아낼 수 있다.
이처럼 단어를 벡터의 열에 할당하고, 해당 단어의 출현 횟수를 요소로 만든 벡터를 Bag-of-Words(BoW) 벡터라고 부른다.

04

정답 (가) TTA 메타 데이터 표준 분과위원회
(나) ETRI
(다) Q21

해설 자연어 질의응답 기술 관련 표준화는 국내에서는 TTA 메타 데이터 표준 분과위원회에서 자연어 처리 표준화 활동이 진행되어 한국어 형태소 표준이 제정되고 2015년에 개체명 태깅과 구문 분석 표준화가 ETRI를 중심으로 시작되어 하반기에 표준 승인되었으며 2016년에는 다의어 태깅 표준이 승인되었다.
국제 표준화는 ITU-T SG16의 멀티미디어 서비스 분과위원회인 Q21에서 한국에서 발의한 '지능형 질의응답 서비스 프레임워크' 표준화가 진행되어 2015년 11월에 F.746.3이 표준 승인되었다. 후속 표준으로 지능형 질의응답 서비스를 위한 메타 데이터 표준화가 신규과제로 승인되어 표준화가 진행 중이다.

03 다음의 괄호 안에 들어갈 용어를 쓰시오.

> 단어의 순서에 확률을 할당하는 모델을 언어 모델이라고 한다. (가)은(는) 확률 언어 모델 LM을 문장과 단어 시퀀스에 할당하는 것으로 몇 개의 단어가 연속해서 나타난다는 의미가 있고, 전치사처럼 문장의 특징을 결정하는 데 큰 영향을 주지 않는 단어들을 (나)(이)라고 부르며, 단어를 벡터의 열에 할당하고, 해당 단어의 출현 횟수를 요소로 만든 벡터를 (다) 벡터라고 부른다.

04 다음은 자연어 처리와 관련한 국내외 작업그룹이다. 괄호 안에 해당 작업그룹의 이름을 적으시오.

> 국내에서는 (가)에서 자연어 처리 표준화 활동이 진행되어 한국어 형태소 표준이 제정되고 2015년에 개체명 태깅과 구문 분석 표준화가 (나)(을)를 중심으로 시작되어 하반기에 표준 승인되었다. 국제 표준화는 ITU-T SG16의 멀티미디어 서비스 분과위원회인 (다)에서 한국에서 발의한 '지능형 질의응답 서비스 프레임워크' 표준화가 진행되어 2015년 11월에 F.746.3이 표준 승인되었다.

제9장

학습과 신경망

I wish you the best of luck!

09 학습과 신경망

제 1 절 기계 학습(ML : Machine Learning) 중요 ★★★

1 개요 중요 ★★★

인공지능의 대표적인 방법이었던 전문가 시스템은 사람이 직접 많은 수의 규칙을 집어넣는 것을 전제로 하였다. 이 같은 접근 방법은 과학에 기반한 학문들, 예를 들면 의학이나 생물 분야에서 큰 역할을 할 수 있었다. 의사들의 진단을 도와주는 전문가 시스템에 기반한 프로그램을 생각해보면 인간이 지금까지 발견한 의학적인 규칙들을 데이터베이스화하여 등록시켜주면 되는 것이었다. 하지만 시간이 지남에 따라 세상은 사람조차 스스로 어떻게 작동되는지 아직 정확히 모르는 영역을 구현하는 프로그램을 요구하기 시작했다. 대표적으로 음성 인식을 들 수 있다. 애플의 시리(siri) 같은 프로그램을 만든다고 생각해보자. 일단 사람이 어떤 문장을 말했는지 음성을 문자로 알아들을 수 있어야 하며, 문자로 이루어진 그 문장이 어떠한 의미가 있는지 해석할 수 있어야 한다. 이 같은 시스템은 사람이 하나하나 규칙을 만들어 준다고 형성될 수 있는 것이 아니다. 엄청난 분량의 데이터를 포함하고 있기 때문에 쉬운 조건부로 해결될 문제가 아닌 것이다. 전체적인 데이터를 보고 그것이 의미하는 정보들을 명확히 짚어낼 줄 알아야 한다. 그리하여 나온 방법이 기계 학습이다.

기계 학습은 기계, 즉 **컴퓨터를 인간처럼 학습시켜 스스로 규칙을 형성할 수 있지 않을까 하는 시도**에서 **비롯**되었다. 주로 통계적인 접근 방법을 사용하는데, 예를 들면, "독감이 걸린 사람은 대부분 열이 많이 나고 오한이 있고 구토 증상이 있었다."라는 통계에 기반하여 독감을 진단하는 것이다. 이는 인간이 하는 추론 방식과 유사하기 때문에 매우 강력하다. 기계 학습을 위해서는 확률 분포란 무엇이며, 그에 따른 계산을 할 때 왜 적분을 써야 하는가, 베이지안 정리란 무엇인가 등의 지극히 기초적인 지식이 반드시 필요하다. 또한, 고차원의 숫자 데이터를 다루고, 따라서 행렬이 필연적으로 등장하는 선형대수학, 비선형 모델 및 소수점을 컴퓨터로 처리하는 과정 그 자체와 관련된 이러저러한 문제들에 대해 풀이하는 수치해석, 수열, 미적분학 등의 수학과 통계학에 대한 이해도 필요하다. 그리고 기계 학습 알고리즘을 배웠을 때 그것을 구현하는 데 필요한 프로그래밍 언어도 알아야 한다.

대표적으로 3가지를 들자면, R 언어는 현재 가장 많이 쓰이는 통계 기반 프로그래밍 언어이다. Python은 R 언어에 이어 이 분야에서 두 번째로 많이 쓰이는 언어이며, numpy 라이브러리를 써서 기계 학습 알고리즘을 코딩하도록 도와준다. 비록 R 언어보다 코딩에 다소 시간이 걸리지만, Python의 대표적 장점인 이식성이 있어 다양한 분야에서 사용되며, scipy 라이브러리 등을 추가하여 내부 변수의 계산을 하거나 cython 등을 이용하여 알고리즘의 속도를 빠르게 하기에도 용이하다. 마지막으로 MATLAB이 있는데 아무래도 수학적 정밀도가 어느 정도 보장되는 언어이다 보니 주로 연구실 등에서 사용된다. 프로그램 언어는 계속 개선되고 새로운 알고리즘을 지원하는 다양한 언어들이 끊임없이 등장할 것이다.

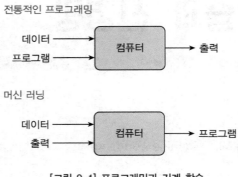

[그림 9-1] 프로그래밍과 기계 학습

기존 컴퓨터 프로그래밍에서의 복잡성은 코드에 있다. 하지만 기계 학습에서 알고리즘은 매우 단순하지만, 복잡성은 데이터에서 기인한다. 즉, 기계 학습은 데이터로부터 학습할 수 있는 시스템 연구와 구축에 관한 것이다. 기계 학습은 많은 데이터로부터 프로그램이 스스로 학습하는 데이터 처리가 목적이 아니라 학습 자체가 목적이다. 알고리즘을 사용해서 수많은 데이터를 학습하고 패턴을 분석하여 패턴인식 기능이 스스로 오류를 인지하고 수정하여 학습의 정확성을 높인다. 기계 학습은 훈련 단계와 예측 단계로 구분할 수 있다. 훈련 단계에서 특징 추출자가 특징을 추출하여 알고리즘으로 전달하면 예측 단계에서는 라벨링을 한다.

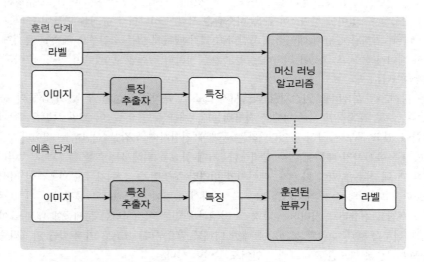

[그림 9-2] 두 가지 단계의 기계 학습 구조 - 훈련 단계와 예측 단계

2 학습방법에 따른 분류 종요 ★★★

기계 학습 문제는 학습방법에 따라서 지도 학습, 비지도 학습, 반지도 학습 및 강화 학습으로 구분한다.

(1) 지도 학습(supervised learning) 종요 ★★★

사람이 교사로서 각각의 입력(x)에 대해 레이블(y)을 달아놓은 데이터를 컴퓨터에 주면 컴퓨터가 그것을 학습하는 것이다. 즉, **컴퓨터에게 먼저 정보를 가르쳐주고 이를 바탕으로 정보를 구분하도록 하는 것이다.** 사람이 직접 개입하므로 정확도가 높은 데이터를 사용할 수 있다는 장점이 있다. 대신에 사람이 직접 레이블을 달아야 하므로 시간적인 측면과 비용의 문제가 있고, 구할 수 있는 데이터양도 적다는 문제가 있다. 지도 학습의 특징은 다음과 같다.

- 목표 변수를 예측하는 것이 목적이다.
- X와 Y에 대한 관계를 찾는다.
- 목표 변수를 알고 있는 학습 데이터로 학습한다.
- 목표 변수가 무슨 값인지를 모르는 데이터로 평가를 한다.

---

① 분류(classification) 종요 ★★

레이블 y가 이산적인 경우, 즉 y가 가질 수 있는 값이 [0, 1, 2, …]와 같이 유한한 경우를 분류, 혹은 인식 문제라고 부른다. 이 문제는 일상에서 가장 접하기 쉬우며, 연구가 많이 되어있고, 기업들이 가장 관심을 가지는 문제 중 하나다. 이런 문제들을 해결하기 위한 대표적인 기법들로는 로지스틱 회귀법, KNN, 서포트 벡터 머신(SVM), 의사결정 트리 등이 있다.

㉠ 로지스틱 회귀법(logistic regression) 종요 ★★

로지스틱 회귀법은 D.R.Cox가 1958년에 제안한 확률 모델로서 **독립 변수의 선형 결합을 이용하여 사건의 발생 가능성을 예측하는데 사용한 통계 기법**이다. 로지스틱 회귀의 목적은 일반적인 회귀 분석의 목표와 동일하게 종속 변수와 독립 변수 간의 관계를 구체적인 함수로 나타내어 향후 예측 모델에 사용하는 것이다. 이는 독립 변수의 선형 결합으로 종속 변수를 설명한다는 관점에서는 선형 회귀 분석과 유사하다. 하지만 로지스틱 회귀는 선형 회귀 분석과는 다르게 종속 변수가 범주형 데이터를 대상으로 하며 입력 데이터가 주어졌을 때 해당 데이터의 결과가 특정 분류로 나뉘기 때문에 일종의 분류 기법이라고 할 수 있다.

> **더 알아두기** 🔍
>
> **회귀 분석(regression analysis)**
> 회귀 분석이란 관찰된 연속형 변수들에 대해 두 변수 사이의 모형을 구한 뒤 적합도를 측정해 내는 분석 방법이다. 회귀 분석은 시간에 따라 변화하는 데이터나 어떤 영향, 가설적 실험, 인과 관계의 모델링 등의 통계적 예측에 이용될 수 있다. 그러나 많은 경우 가정이 맞는지 아닌지 적절하게 밝혀지지 않으면 그 결과가 오용되는 경우도 있다.

ⓛ KNN(K-Nearest Neighbor) 중요 ★★

KNN은 새로운 데이터가 주어졌을 때 기존 데이터 가운데 가장 가까운 K개 이웃의 정보로 새로운 데이터를 예측하는 방법론이다. 데이터로부터 모델을 생성해 과업을 수행하는 모델기반학습법과는 대비되는 개념으로, 별도 모델 생성과정 없이 각각의 관측치만을 이용하여 분류·회귀 등 과업을 수행한다는 취지이다.

ⓒ 서포트 벡터 머신(SVM : Support Vector Machine) 중요 ★★

서포트 벡터 머신은 자료 분석을 위한 지도 학습 모델이며, 주로 분류와 회귀 분석을 위해 사용한다. 두 카테고리 중 어느 하나에 속한 데이터의 집합이 주어졌을 때, SVM 알고리즘은 주어진 데이터 집합을 바탕으로 하여 새로운 데이터가 어느 카테고리에 속할지 판단하는 비확률적 이진 선형 분류 모델을 만든다. 만들어진 분류 모델은 데이터가 사상된 공간에서 경계로 표현되는데 SVM 알고리즘은 그중 가장 큰 폭을 가진 경계를 찾는 알고리즘이다.

② 회귀(regression) 중요 ★★

회귀라는 어렵고 생소한 용어의 정의는 '데이터의 실측치와 모델의 예측치 사이의 차이, 즉 회귀식에서 오차항에 대한 관측치가 평균으로 회귀하는 것'으로 이해하도록 하자. 다시 말해 회귀 모델은 오차항의 합이 최소화가 되도록 만드는 것이다. 무엇을 예측하기 위해서는 먼저 회귀식을 구한 다음에 예측해야 한다. 회귀의 데이터는 입력(x)과 실수 레이블(y)의 짝으로 이루어져 있고, 새로운 임의의 입력(x)에 대해 y를 맞추는 것이 바로 직선 혹은 곡선이므로 기계 학습 문제가 맞다. 통계학의 회귀 분석 기법 중 선형 회귀 기법이 이에 해당하는 대표적인 예이다. 하나의 종속 변수와 하나의 독립 변수 사이의 관계를 분석할 경우를 단순 회귀 분석(simple regression analysis), 하나의 종속 변수와 여러 독립 변수 사이의 관계를 규명하고자 할 경우를 다중 회귀 분석(multiple regression analysis)이라고 한다. 다음은 회귀 분석에 대한 예제이다.

📑 예제

> 부모의 키가 클수록 자식의 키도 크다고 한다. 부자의 키를 조사했더니 다음 표와 같았다. 이를 근거로 회귀식을 구하고 아버지 키가 165cm일 때 아들의 키를 예측하시오.

풀이

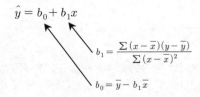

$$\hat{y} = b_0 + b_1 x$$

$$b_1 = \frac{\sum (x - \bar{x})(y - \bar{y})}{\sum (x - \bar{x})^2}$$

$$b_0 = \bar{y} - b_1 \bar{x}$$

아버지 키(x)	150	160	170	180	190
아들 키(y)	176	179	182	178	185

우선 각 변수의 평균을 구하면 $\overline{x}$ = 170, $\overline{y}$ = 180이라는 값이 나온다. 그리고 기울기를 구하기 위해서 필요한 값을 먼저 표로 만들면 다음과 같다.

x	y	$x-\overline{x}$	$y-\overline{y}$	$(x-\overline{x})(y-\overline{y})$	$(x-\overline{x})^2$
150	176	−20	−4	80	400
160	179	−10	−1	10	100
170	182	0	2	0	0
180	178	10	−2	−20	100
190	185	20	5	100	400
합계				170	1000

표를 활용하여 기울기를 구해보면 b_1 = 0.17, y 절편은 b_0 = 151.1이 나온다. 따라서 회귀식은 $\hat{y}$ = 151.1 + 0.17x가 되는 것을 알 수 있다.

$$b_1 = \frac{\sum(x-\overline{x})(y-\overline{y})}{\sum(x-\overline{x})^2} = 170/100 = 0.17$$
$$b_0 = \overline{y} - b_1\overline{x} = 180 - 0.17 \times 170 = 151.1$$

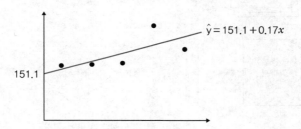

회귀식을 통해서 아버지의 키가 165일 때 아들의 키는 151.1 + 0.17 × 165 = 179.15 정도라고 예측할 수 있다(정답이 아니라 예측값이다).

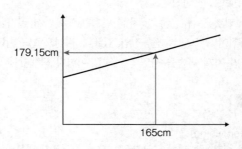

이처럼 회귀식을 구하는 것은 어떤 값을 예측하기 위한 것이다.

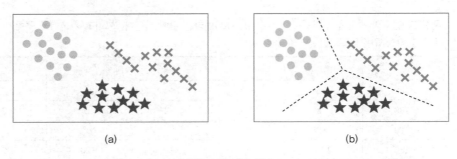

[그림 9-3] 지도 학습

[그림 9-3]의 (a)는 3가지 라벨된 데이터셋을 표현하고 있다. 지도 학습 후에는 (b)처럼 각 구분하는 경계선이 각각의 클래스를 구분하게 된다.

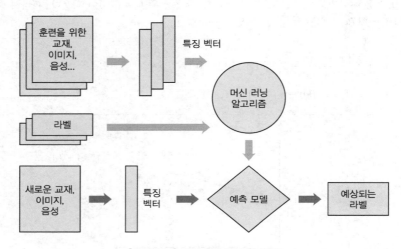

[그림 9-4] 지도 학습의 구현 절차

③ **지도 학습 사례**

㉠ 주차 게이트에서 번호판 인식

요새 주차장들은 티켓을 뽑지 않고, 차량 번호판을 찍어서 글자를 인식하는데 정확도를 높인다. 번호판은 정형화되어 있으므로 전통적인 컴퓨터 비전으로도 처리는 가능하나, 오염 등에 대해 정확도를 높이자면 기계 학습을 하면 더 좋다. 이미지 픽셀값들에 따라 숫자 글자를 분류한다.

> 💡 **더 알아두기** 🔍
>
> **컴퓨터 비전(computer vision)**
> 컴퓨터 비전은 기계의 시각에 해당하는 부분을 연구하는 컴퓨터 과학의 최신 연구 분야 중 하나이다. 인공지능의 한 분야로서, 어떤 영상에서 장면이나 특징들을 '이해'하는 컴퓨터를 프로그래밍하는 것이 목적이다.

ⓛ 페이스북이나 구글 포토의 얼굴 인식

역시 컴퓨터 비전을 이용하되 기계 학습을 결합하여 페이스북에 사진을 올리면 친구 얼굴 위에 이름이 자동으로 달리는데, 이것 역시 기계 학습을 이용한 것이다. x가 이미지 픽셀, y가 사람 이름인 경우이다. 이때 최적의 가설을 찾기 위해 가설과 실제 데이터 간의 차이가 최소인 x, y를 구하는 것이다. 이때 사용하는 방법이 비용 함수로서 선형 회귀 모델의 목표는 비용(cost)을 가장 적게 만드는 x, y의 값을 구하는 것이라고 할 수 있다.

ⓒ 음성 인식

음성 wav 파일에 대해서 해당 wav 부분이 어떤 음절인지를 인식하는 것이다. 애플 시리, 구글 보이스 등에서 사용된다(질문에 대해서 답해주는 부분 말고, 인식 부분만). x가 음성 파형, y가 음절이다.

❗ 더 알아두기 ◯

WAV(WAVeform audio format)
CD에 있는 여러 파일을 어떠한 형태로도 압축하지 않고 하나의 파일로 만들었을 때 해당하는 윈도우용 오디오 포맷의 규격으로 무손실 무압축 포맷이다. mp3 확장자는 편집 후 재압축하면 음질이 손상될 우려가 있고, 손실형 압축을 해버리면 편집에 문제가 생길 수 있기 때문에 wav 확장자를 쓰는 것이 프로그래머나 편집자에게는 훨씬 좋다. mp3는 작업이 끝난 파일을 다른 사람에게 전달할 때 주로 이용한다.

---

(2) 비지도 학습(unsupervised learning) 중요 ★★★

비지도 학습은 배움의 과정 없이 컴퓨터가 스스로 학습하여 정보를 구분하는 것으로, 컴퓨터가 스스로 레이블되어있지 않은 데이터에 대해 학습하는 것이다. 즉, y 없이 x만 이용해서 학습하는 것이다. 이는 정답이 없는 문제를 푸는 것이므로 학습이 맞게 됐는지 확인할 길은 없지만, 인터넷에 있는 거의 모든 데이터가 레이블이 없는 형태로 있으므로 기계 학습이 지향하는 방식이다. 또한, 통계학의 군집화와 분포 추정 등의 분야와 밀접한 관련이 있다. 비지도 학습은 다음과 같은 특징을 가지고 있다.

- 데이터가 본질적으로 가지고 있는 특징을 찾아낸다.
- 데이터에 내재된 분포를 추정한다.
- 데이터를 의미 있는 그룹으로 묶거나 패턴을 찾아낸다.
- 분류하거나 예측하기 위한 목표 변수(target variable)가 존재하지 않는다.

① 군집화(clustering) 중요 ★★★

클러스터링은 특성이 비슷한 데이터끼리 묶어주는 기계 학습 기법이다. 비슷한 뉴스나 사용 패턴이 유사한 사용자를 묶어주는 것과 같은 패턴 인지나, 데이터 압축 등에 널리 사용되는 학습 방법이다. 클러스터링은 라벨링되어 있지 않은 데이터를 묶는 경우가 일반적이기 때문에 비지도 학습방법이 사용되며 이렇게 x만 가지고 군집을 구성하는 것이 군집화이다. 클러스터링 알고리즘은 K-Means(K-평균), DBSCAN, 계층적 클러스터링 등 여러 가지 기법이 있으며, 알고리즘의 특성에 따라 속도나 클러스터링 성능에 차이가 있기 때문에, 데이터의 모양에 따라서 적절한 클러스터링 알고리즘을 선택하는 것이 중요하다.

⊙ K-평균 기법

K-평균 기법은 주어진 데이터를 k개의 클러스터로 묶는 알고리즘으로, 각 클러스터와 거리 차이의 분산을 최소화하는 방식으로 동작한다.

ⓛ DBSCAN(Density Based Spatial Clustering of Application with Noise)

이 기법은 밀도 모델(density model)의 하나로서 k-평균과 같이 데이터의 위치 정보를 이용한다. 그러나 k-평균처럼 데이터의 분포를 통해서 군집을 정하는 것이 아니라 데이터의 밀도를 이용한다. 같은 군집 내의 데이터들은 밀도가 높게 위치해 있을 것이라는 가정에서 출발한다. 즉, 주변 데이터들의 밀도를 이용해서 군집을 생성해 가는 방식이다.

ⓒ 계층적 클러스터링(Hierarchical clustering)

계층적 클러스터링은 **개별 개체들을 순차적, 계층적으로 유사한 개체 내지 그룹과 통합하여 군집화를 수행하는 알고리즘**이다. K-평균 군집화(K-means Clustering)와 달리 군집 수를 사전에 정하지 않아도 학습을 수행할 수 있다. 개체들이 결합되는 순서를 나타내는 트리 형태의 구조인 덴드로그램(Dendrogram) 덕분이다. 즉, 계층적 클러스터링을 수행하려면 모든 개체 간 거리(distance)나 유사도(similarity)가 이미 계산되어 있어야 한다.

② **분포 추정(underlying probability density estimation)** 중요 ★★

군집화에서 더 나아가서, 데이터들이 쭉 뿌려져 있을 때 이들이 어떤 확률 분포에서 나온 샘플들인지 추정하는 문제이다.

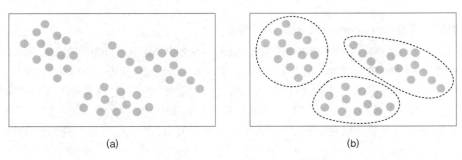

(a)   (b)

[그림 9-5] 비지도 학습

[그림 9-5]의 (a)는 라벨이 없는 3개의 비슷한 특징을 보여주고 있다. 클러스터링을 실행한 후, 3개의 다른 집단이 생성되었다. 또한, 사용자는 다른 종류의 지식을 학습하기 위해서 다른 종류의 비지도 학습 알고리즘을 실행할 수 있다(예 확률 분포).

> **! 더 알아두기 Q**
>
> ### 레이블 데이터와 언레이블 데이터의 차이
> 데이터에는 일반적으로 라벨화된 데이터와 라벨이 없는 데이터의 두 종류가 있다.
> - Labeled dataset D : $X = \{x^{(n)} \in R^d\}_{n-1}^N,\ Y = \{y^{(n)} \in R\}_{n-1}^N$
> - Unlabeled dataset D : $X = \{x^{(n)} \in R^d\}_{n-1}^N$
>
> 여기서 X는 N샘플을 가지고 있는 집합을 표시한다. 각 샘플은 다음과 같고 특징 벡터 또는 특징 샘플이라고 한다. 각 벡터의 차원(dimension)을 attribute, feature, variable, element라고 한다. Y는 라벨 집합이고, 특징 벡터와 대응하는 라벨이 무엇인지를 기록한다.
>
> > d-dimensional vector $x^{(n)} = [x_1^{(n)},\ x_2^{(n)},\ ...,\ x_d^{(n)}]^T$
>
> 어떤 응용 분야에서 라벨은 미관찰되거나 무시되기도 한다. 또 다른 라벨 데이터셋은 데이터 쌍으로 불리며 다음과 같이 묘사될 수 있다.
>
> > $\{X^{(n)} \in R^d,\ y^{(n)} \in R\}_{n-1}^N$, where each $\{x^{(n)},\ y^{(n)}\}$ is called a data pair.

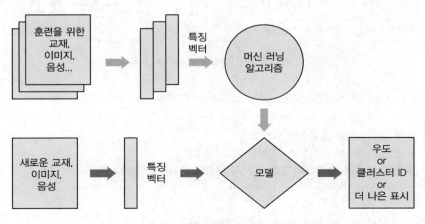

[그림 9-6] 비지도 학습 절차

(3) 준지도 학습(semi-supervised learning) 중요 ★★★

지도 학습 기반의 모델들을 학습시키기 위해서는 정답 레이블이 달려 있는 데이터셋이 필요하다. 그러나, 대량의 데이터 모두 정답 레이블이 달려 있기가 쉽지 않은 일이다. 이것을 사람이 눈으로 보고 하나씩 달자니 또 너무 많고 인건비 또한 무시 못 할 정도로 많이 들기 마련이다. 단순 반복작업에 인건비도 많이 들지만, 영상 데이터같이 특정 도메인의 경우는 전문가만 이런 일을 할 수가 있다. 의사들이 아니면 MRI 사진을 보고 암인지 아닌지 판단할 수는 없는 일이다. 따라서 분류된 자료가 한정적일 때에는 지도 학습을 개선하기 위해 미분류(unlabeled) 사례를 이용할 수 있는데, 이때 기계는 온전히 지도받지 않기 때문에 "기계가 준지도(semi-supervised)를 받는다."라고 표현한다. 준지도 학습은 학습 정확성을 개선하기 위해 미분류 사례와 함께 소량의 분류(labeled) 데이터를 이용한다.
준지도 학습의 목표는 간단하다. 레이블이 달려 있는 데이터와 레이블이 달려 있지 않은 데이터를 동시에 사용해서 더 좋은 모델을 만드는 것이다. 다음 [그림 9-7]의 왼쪽 클러스터링 데이터를 보면 (b)에 있는 작은 초록색 점들이 미분류 데이터(unlabeled data)이다. 레이블된 데이터만 가지고 클러스터링을 시켜도 초록색 점들이 알아서 잘 나뉘는 것을 볼 수 있다. 오른쪽 그림은 서포트 벡터 머신을 학습시키는데 10개의 레이블 데이터와 1400개의 언레이블 데이터를 사용했을 경우 에러 차이를 나타낸다. 무려 140배의 데이터를 사용했는데도 성능이 좋아진 것을 확인할 수 있다. 그러나 네 번째 막대를 보면 큰 차이가 없는 것이 보인다. 준지도 학습은 앙상블 기법들과는 다르게 성능을 보장할 수는 없다. 즉, 앙상블처럼 수식으로 여러 개의 모델이 더 좋다고 증명할 수 없다.

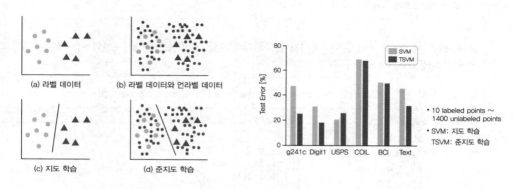

[그림 9-7] 준지도 학습

학습 알고리즘에는 일반적으로 3가지 요구사항이 있다.

> 첫째, 알고리즘은 효율적이어야 한다.
> 둘째, 알고리즘은 안정적인 가설을 찾아야 한다.
> 셋째, 객체 함수를 통해서 정확하고 최적화된 가설을 탐색해야 한다.

(4) 강화 학습(reinforcement learning) 중요 ★★★

강화 학습은 환경으로부터의 피드백을 기반으로 행위자(agent)의 행동을 분석하고 최적화한다. 즉, 주어진 상황에서 보상을 최대화할 수 있는 행동에 대해서 학습하는 것을 말한다. 기계는 어떤 행동을 취해야 할지 듣기보다는 최고의 보상을 산출하는 행동을 발견하기 위해 서로 다른 시나리오를 시도한다. 시행착오와 지연 보상은 다른 기법과 구별되는 강화 학습만의 특징이다. 지도 학습이나 비지도 학습 알고리즘들이 데이터가 주어진 정적인 상태(static environments)에서 학습을 진행하였다면, 강화 학습은 에이전트가 주어진 환경(state)을 인지하고, 주어진 상태에 따라서 행동(action)을 결정하여, 목표(goal)에 도달하는 과정을 통해 어떤 보상(reward)을 얻으면서 학습을 진행한다. 이때, 행위자는 보상을 최대화(maximize)하도록 학습이 진행된다. 즉, 강화 학습은 일종의 동적인 상태(dynamic environment)에서 데이터를 수집하는 과정까지 포함된 알고리즘이다. 강화 학습의 대표적인 알고리즘은 Q-Learning이 있고, 딥 러닝과 결합하여 Deep-Q-Network(DQN) 방법으로도 사용된다. 본 교재에서는 Q-학습에 대해서 살펴보기로 한다.

① Q-learning 중요 ★★★

다음 장의 그림에서 시작지점에서 목표지점까지 가야 하는데, 3차원 상황으로 인식해서 인간이 시작지점에 있다고 가정해 보자. 즉, 현재 인간은 map의 지도를 보지 못하고 그 상황 안에 있다. 여기서 목표지점으로 가고 싶다면 일단 움직여 봐야 한다. 일단 움직여서 장애물이 있는지 없는지, 목표지점이 보이는지 아닌지를 판단해야 한다. 이는 컴퓨터도 마찬가지이다. 컴퓨터에게 시작지점에서 목표지점으로 최단거리로 가도록 하려면, 일단 컴퓨터에게 움직여 보라고 명령을 내려야 한다.

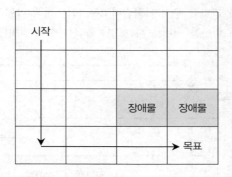

컴퓨터가 시작지점(1, 1)에서 취할 수 있는 행동은 상, 하, 좌, 우로 이동하는 것이다. 이렇게 어느 한 방향으로 이동하는 것을 행동(action)이라고 하고, 현재의 위치(1, 1)를 상태(state)라고 정의한다. 그런데, (1, 1)에서 왼쪽으로 위로 가는 action은 좋은 행동이 아닐 것이다. 이동하더라도 그 자리인 상황이기 때문이다. 각 action이 좋은 행동인지 아닌지 판단할 수 있는 근거(feedback)가 필요하고, 이때의 feedback을 보상(reward)이라고 정의한다. 강화 학습은 보상을 통해 현재 상태에서 어떤 행동을 취하는 게 좋은지 학습하는 과정으로 이해할 수가 있다. 이때 어떤 action을 취하는 것이 좋은지에 대한 의문이 생기게 되는데, 각 action마다 그 action이 취했을 때 얼마나 좋은지를 측정하는 값(Q-value)이 학습된다. 이 Q-value가 높으면 그 action을 선택했을 때 더 좋은 reward를 받는다고 이해할 수 있다. 즉, 선택은 action의 Q-value 중 가장 높은 Q-value를 가지는 action을 취하는 것이다.

여기서 reward의 설정은 이동했을 때 벽에 부딪혀서 제자리이면 -2, 그게 아니면 -1이라고 가정한다. 이동했는데 장애물이 있다면 -10이라고 하자. 이 상황에서 강화 학습을 진행하면 시작지점에서 아래, 오른쪽으로 가는 것이 좋다고 학습이 될 것이고, (1, 2)에서는 위로 가는 것을 제외한 나머지 action이 좋다고 학습이 될 것이다. (2, 3), (2, 4)에서는 아래로 가는 것을 제외한 나머지 action이 좋다고 학습이 된다. 즉, 어떤 최적의 action을 구하는 것이 아니라, 각 상태마다 최악의 action을 제외한 나머지 action을 선택한다고 학습이 된다는 것이다. 하지만 지금 목적은 목표에 갈 수 있게끔 가장 좋은 action을 취하는 것이다. 즉, 지금 당장 좋은 것보다는 궁극적으로는 먼 미래의 목표를 달성할 수 있는 action을 선택해야 하는 것이다. (1, 1)에서 아래쪽과 오른쪽으로 가는 것이 동일한 reward를 받고 동일한 Q-value를 가지게 된다면, 합리적인 결과라고 볼 수 없다. 우측으로 간다면 장애물에 도달할 확률이 더 높아지기 때문이다. 먼 미래에 더 좋은 상황을 갖기 위한 action을 선택하게 하는, 다시 말해서 이 action을 취하면 먼 미래에 더 좋다는 feedback을 주기 위해 discount factor(할인율)를 도입한다. 다음 장의 그림처럼 현재 우측으로 갔을 때 장애물에 도달할 확률이 있다는 것을 feedback으로 주는 것이다. 이를 위해, 각 state가 받는 보상은 현재 행동을 통해 받는 reward + 다음 state에서 받을 reward × discount factor + 그다음 state에서 받을 reward × (discountfactor)^{2}가 되게 된다. 즉 당장 받을 수 있는 reward + 미래 보상의 합이 된다.

강화 학습은 달성하고자 하는 목표에 대해서 각 상태에서 행동에 대한 최적의 Q-value를 학습하는 것이라고 할 수 있다. 이는 현재 상태에서 미래 보상의 합을 최대로 하게끔 학습하면서 이루어진다. 어떤 state(st)에 대한 가치 함수(value function)는 아래와 같이 정의할 수 있다.(미래 보상의 누적합) 그리고 우리가 학습하고자 하는 정책 파이의 최적화(optimum)는 모든 상태에 대하여 각 가치 함수를 최대로 하는 행동을 선택하는 것이다.

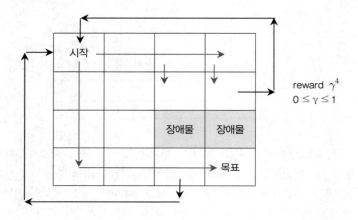

$$V^\pi(s_t) = r_t + \gamma r_{t+1} + \gamma^2 r_{t+2} + \cdots\cdots = \sum_{i=0}^{\infty} \gamma^i r_{t+1}$$

여기서 $\pi^* = argmax_\pi V^\pi(s)$, 모든 s에 대해서 표기법(notation)과 가치 함수를 다시 적으면 아래처럼 적을 수 있다.

state = s, action = a, reward = r, r(s, a) = 즉시 reward, γ = discount factor, π = 정책(학습하고자 하는 것)

state에 따른 최적의 $V^*(s)$와 $\pi^*(s)$를 다음과 같이 쓸 수 있다.

- $V^*(s) = \max_a [r(s,\ a) + \gamma V^*(\delta(s,\ a))]$

- $\pi^*(s) = \mathrm{arg}max_a [r(s,\ a) + \gamma V^*(\delta(s,\ a))]$

여기서, $[r(s,\ a) + \gamma V^*(\delta(s,\ a))] = Q(s\ ,a)$ 라고 하면,

$\rightarrow V^*(s) = \max_a Q(s,\ a)$

$\quad \pi^*(s) = \mathrm{arg}max_a Q(s,\ a)$

위와 같은 식이 성립한다.

즉, 각 state마다 value function(미래 보상의 누적합)은 현재 reward + 다음 state로부터 받을 reward의 합으로 볼 수 있고, 여기서 가장 큰 값을 선택하는 것이기 때문에 이를 Q-value로 정의할 수 있다. 당연히 최적의 정책은 모든 state에 대하여 Q-value를 최대로 하는 action을 선택하는 것으로 이를 학습하게 해주는 것이 Q-learning이다.

[표 9-1] 지도 학습과 비지도 학습 비교

지도 학습	비지도 학습
데이터가 분류(label)되어 있음	데이터가 미분류(unlabel)되어 있음
전문가 또는 선생님의 학습이 선행됨	사전 지식이 전혀 없음
목표는 클래스 또는 value lable을 예측하는 것	목표는 데이터 패턴이나 그룹을 파악하는 것
신경망, 결정트리 등이 있음	k-평균법, 클러스터링 방식 등이 있음

제 2 절 기계 학습 알고리즘 중요 ★★★

기계 학습은 일반적으로 다음과 같이 5단계 과정을 거쳐 구축해야 한다.

> ① 사례 구상 및 형식화
> ② 타당성 조사와 탐구분석
> ③ 모델 설계, 훈련 및 오프라인 평가
> ④ 모델구축, 온라인평가 및 모니터링
> ⑤ 모델유지보수, 장애진단 및 재훈련

기계 학습은 문제를 해결하기 위한 맞춤 코드(custom code)를 작성하지 않고도 일련의 데이터에 대해 무언가 흥미로운 것을 알려줄 수 있는 일반 알고리즘(generic algorithms)을 기반으로 한다. 코드를 작성하는 대신 데이터를 일반 알고리즘에 공급하면, 데이터를 기반으로 한 자체 로직이 만들어지게 된다. 예를 들어, 이러한 알고리즘의 한 종류가 분류 알고리즘이다. 이 알고리즘을 사용하면 데이터를 서로 다른 그룹으로 분류할 수 있다. 손으로 쓴 숫자를 인식하는 데 사용된 것과 동일한 분류 알고리즘을 그대로 코드 변경 없이 사용해서, 이메일을 스팸 메일과 스팸이 아닌 메일로 분류할 수 있다. 결국, 동일한 알고리즘이지만 다른 학습 데이터를 제공하면 다른 분류 로직이 자동으로 만들어지게 되는 것이다. 기계 학습을 위한 수많은 알고리즘에는 의사결정 트리, 선형 회귀, 그래프분석, 전문가 시스템/규칙엔진, 마르코프 체인 몬테카를로(MCMC), 신경망 등이 있다.

1 의사결정 트리의 개요 중요 ★★

의사결정 트리(decision tree)는 아이템을 분류하거나 평가하기 위한 절차를 그래픽으로 표현한 것이다. 의사결정 트리는 데이터를 분석하여 이들 사이에 존재하는 패턴을 예측 가능한 규칙들의 조합으로 분류한다. 의사결정 트리에서 생각할 수 있는 또 다른 방법은 순서도이다. 순서도는 루트 노드에서 시작하여 가지 노드에서 결정이 되면 끝나는 의사지원 도구로써 트리같은 그래프를 사용한다. 의사결정 트리는 일련의 특징을 분리하여 패턴을 예측하기 위해 트리와 같은 그래프를 사용한다. 의사결정 트리는 신경망과는 정반대인 비모수 알고리즘이다.

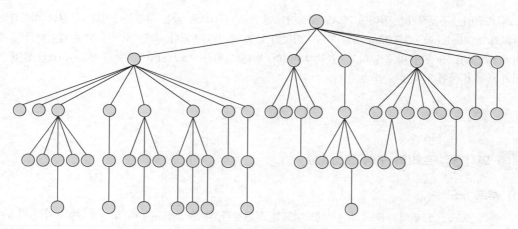

[그림 9-8] 의사결정 트리

의사결정 트리는 분류와 회귀 모두 가능하다. 즉, 범주나 연속형 수치 모두 예측할 수 있다는 말이다. 의사결정 트리의 범주 예측, 즉 분류 과정은 새로운 데이터가 특정 단말 노드(terminal node)에 속한다는 정보를 확인한 뒤 해당 단말 노드에서 가장 빈도가 높은 범주에 새로운 데이터를 분류하게 된다. [그림 9-9]의 운동경기 예시를 기준으로 보면 날씨는 맑은데 습도가 70을 넘는 날은 경기가 열리지 않을 거라고 예측하는 것이다.

회귀의 경우 해당 단말 노드의 종속 변수(y)의 평균을 예측값으로 반환하게 된다. 이때 예측값의 종류는 단말 노드 개수와 일치하고, 만약 단말 노드 수가 3개뿐이라면 새로운 데이터가 100개, 아니 1,000개가 주어진다고 해도 의사결정 트리는 딱 3종류의 답만을 출력하게 된다.

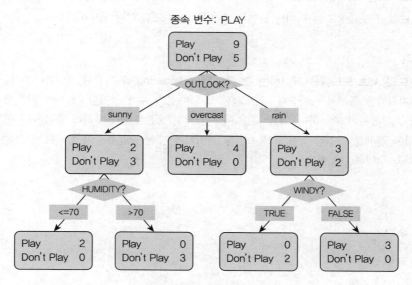

[그림 9-9] 의사결정 트리의 예

[그림 9-9]는 운동경기가 열리면 PLAY = 1, 아니면 PLAY = 0으로 하는 분류문제이다. 그림을 해석하면, 날씨가 맑고(sunny), 습도(humidity)가 70 이하인 날엔 경기가 열렸다. 해당 조건에 맞는 데이터들이 '경기가 열렸다(play 2건)'라고 말하고 있기 때문이다. 반대로 비가 오고(rain), 바람이 부는(windy) 날엔 경기가 열리지 않았다는 것을 알 수 있다.

2 의사결정 트리의 구성 요소 중요★

(1) 루트 노드

루트 노드는 트리의 시작으로 분석할 전체를 표현한다. 루트 노드로부터 노드는 여러 가지 특징에 따라서 나누어지고, 이러한 서브 그룹들은 루트 노드 밑에서 각 결정 노드에서 순서대로 분기된다.

(2) 분기

분기(Splitting)는 하나의 노드를 2개 이상의 서브 노드로 나누는 과정이다.

(3) 결정 노드

결정 노드는 서브 노드가 더 많은 서브 노드로 분기될 때의 노드를 말한다. 결정 노드는 설명능력이 있어 결정 트리의 출력을 해석할 수 있으며 해석하기 위해서 통계적 지식은 요구되지 않는다.

(4) 가지 노드 또는 터미널 노드

가지 노드(leaf node) 또는 터미널 노드는 더 이상 분기되지 않는 노드이다.

(5) 가지치기

부모 노드의 서브 노드들을 제거하는 것을 가지치기(pruning)라고 한다. 트리는 분기를 통해서 커지고 가지치기를 통해서 작아진다. 의사결정 트리의 분기 수가 증가할 때 처음에는 새로운 데이터에 대한 오분류율이 감소하나 일정 수준 이상이 되면 오분류율이 오히려 증가하는 현상이 발생한다. 이러한 문제를 해결하기 위해서는 검증 데이터에 대한 오분류율이 증가하는 시점에서 적절히 가지치기를 수행해줘야 한다.

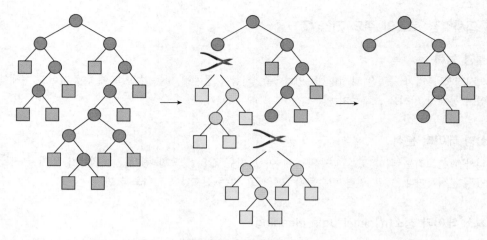

[그림 9-10] 가지치기

(6) 지점 또는 서브 트리

의사결정 트리의 서브 영역을 말한다. 그래프의 일부로서 서브 그래프라고도 한다.

(7) 부모 노드와 자식 노드

이들은 상대적인 용어다. 어떤 노드 밑에 있는 노드는 자식 노드 또는 서브 노드이다. 그리고 이와 같은 자식 노드에 앞선 노드를 부모 노드라고 한다.

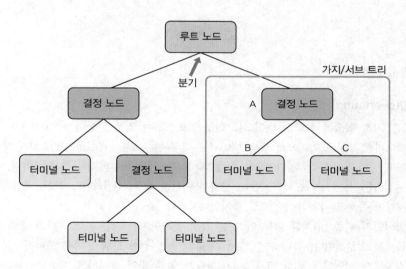

[그림 9-11] 노드의 구조 및 관계

3 의사결정 트리의 주요 기능 중요 ★★★

(1) 설명 능력

의사결정 트리의 출력은 해석할 수 있다. 즉, 사람이 통계적 또는 수학적 배경이 없어도 이해할 수 있어 통계적 지식을 요구하지 않는다.

(2) 설명 데이터 분석

의사결정 트리는 의미 있는 변수와 2개 이상 변수 간의 중요한 관계를 식별하기 위해 분석할 수 있는 분석가이다. 많은 입력 변수들이 포함하고 있는 신호가 드러나도록 한다.

(3) 최소 데이터 청소(minimal data cleaning)

의사결정 트리는 특이치와 누락된 값에 대해 복원력이 뛰어나므로 다른 알고리즘보다 데이터 정리가 덜 필요하다.

(4) 데이터 형태

의사결정 트리는 수치 변수와 카테고리 변수를 모두 분류할 수 있다.

(5) 비모수(non-parametric)

의사결정 트리는 신경망과는 정반대인 비모수 알고리즘이다.

4 문제점 중요 ★★★

(1) 과적합(overfitting) 중요 ★★★

과적합은 기계 학습에서 학습 데이터를 과하게 학습하는 것을 뜻한다. 일반적으로 학습 데이터는 실제 데이터의 부분 집합이므로 학습 데이터에 대해서는 오차가 감소하지만, 실제 데이터에 대해서는 오차가 증가하게 된다. 일반적으로 학습 데이터는 실제 데이터의 부분 집합이며, 실제 데이터를 모두 수집하는 것은 불가능하다. 만약 실제 데이터를 모두 수집하여도 모든 데이터를 학습시키기 위한 시간이 측정 불가능한 수준으로 증가할 수 있다.

[그림 9-12]의 왼쪽 (a)처럼 너무 안 맞는 것도 문제이지만 오른쪽 (c)처럼 모델이 너무 세세하게 구성되는 것도 문제이다. 왜냐하면, Test Data의 녹색 점이 모델 안쪽에 포함될 가능성이 크기 때문에 정확도가 떨어지게 된다. Training Data가 일부 맞지 않더라도 실전에서 더 높은 정확도를 보이는 것은 가운데의 모델 (b)이다. 예를 들면, 검은 고양이를 보고 고양이의 특성을 연구한 사람이 흰색이나 다른 색 고양이를 보고 고양이라고 판단하지 못하는 오류와 유사한 것이다. 모델 변수에 대한 제약조건을 설정하거나 가지치기를 통해서 모델을 더 간단하게 만드는 두 가지 방법으로 의사결정 트리를 규칙화할 수 있다.

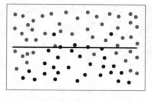 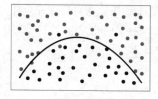 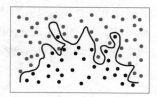

(a) 부적합(underfitting)　　　(b) 최적합(optimal fitting)　　　(c) 과적합(overfitting)

[그림 9-12] 부적합, 최적합, 과적합

과적합의 해결방법은 검은색과 녹색의 영역을 정확하게 하기 위해 데이터를 표준화시키는 것으로 정규화의 일례인 표준화 방법은 불러온 데이터를 MinMaxScaler() 함수에 대입하는 것이다.

(2) 연속으로 변수를 예측하는 것

의사결정 트리는 연속적인 수치 입력을 처리할 수 있지만 의사결정 트리의 예측은 개별 범주로 분리되어야 하므로 모델을 연속 값에 적용할 때 정보가 손실되므로 이러한 값을 예측하는 실제 방법은 아니다.

(3) 무거운 특성 공학(Heavy feature engineering)

특성 공학(feature engineering)의 의미를 먼저 이해할 필요가 있다.

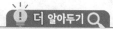

특성 공학(feature engineering)의 정의

기계 학습 알고리즘을 작동하기 위해 데이터에 대한 도메인 지식을 활용하여 특징(feature)를 만들어내는 과정이다. 또는 기계 학습 모델을 위한 데이터 테이블의 특징을 생성하거나 선택하는 작업을 의미한다. 특성 공학은 모델 성능에 미치는 영향이 크기 때문에 기계 학습 응용에 있어서 매우 중요한 단계이며, 전문성은 물론 시간과 비용이 많이 드는 작업이다. 데이터 사이언스 단계에서 보면 데이터를 준비하는 과정 중 마지막 단계, 즉 모델에 데이터를 넣기 전 단계가 바로 특성 공학의 단계이다.

Feature가 중요한 이유

머신 러닝은 입력 데이터의 함수이며 선형 또는 비선형의 형태를 가질 수 있는데, 우리는 훈련 데이터를 사용해서 이 함수를 학습하지만, 매번 학습이 잘되어 결과가 나타나지 않는다. 보유하고 있는 데이터가 방대하다 해도 그 데이터를 모두 결과를 도출하는데 사용하면 정확히 나타날 듯 하지만 오히려 결과를 잘못되게 도출하는 경우가 많다. 이는 통계분석에서 선형 함수의 독립 변수가 많다고 해서 종속 변수에서 기대값과 정확도가 무조건 올라가지 않는 이유라고도 할 수 있다.

즉, 기계 학습의 성능은 어떤 데이터를 입력하는지가 굉장히 의존적이라는 것을 알 수 있다. 가장 이상적인 입력 데이터는 부족하지도 과하지도 않은 정확한 정보만 포함될 때이다. 그렇기에 가장 적절한 방법은 먼저 충분한 데이터를 먼저 모으고 어떤 특징이 유용한지 아닌지 확인하는 과정을 거쳐야 한다. 특징이 유용한지 아닌지 확인하는 과정을 특징 선택(feature selection) 또는 특징 추출(feature extraction)이라고 한다. 해당 과정은 기존 입력을 토대로 새로운 입력 데이터를 만들기 때문에 보통 학습 과정 전에 실행된다.

그러나 의사결정 트리는 너무 무거운 특성 공학을 요구한다. 비정형 데이터 또는 잠재 요인이 있는 데이터를 처리할 때 의사결정 트리는 신경망보다 차선책으로 쓰인다. 즉, 이 점에서 신경망은 의사결정 트리보다 분명히 우월하다고 볼 수 있다.

제 3 절 신경회로망 학습 중요 ★★★

1 신경망의 정의 중요 ★★

신경망은 패턴을 인식하도록 설계된 인간의 뇌를 닮고자 모델링된 일련의 알고리즘이다. 신경망은 일종의 기계 인식을 통해 감각 데이터를 해석하고, 원시 입력을 라벨링하거나 클러스터링한다. 신경망이 인식하는 패턴은 수치이며, 이미지, 소리, 텍스트 또는 시계열과 같은 모든 실제 데이터를 번역한다. 신경망은 입력 데이터의 유사성에 따라서 레이블이 지정되지 않은 데이터를 그룹화하는 데 도움이 되며, 레이블이 지정된 데이터 세트가 있는 경우 데이터를 분류하여 학습한다. 신경망은 클러스터링 및 분류를 위해 다른 알고리즘에 제공되는 기능을 추출할 수 있으므로 심층 신경 네트워크를 강화 학습, 분류 및 회귀 알고리즘과 관련된 대형 기계 학습 응용 프로그램의 구성 요소로 생각할 수 있다.

[표 9-2] 뇌와 컴퓨터의 비교

비교 항목	비교 대상	뇌	컴퓨터
처리 단위의 수		약 10^{11}	약 10^9
처리 단위의 형태		뉴런(neuron)	트랜지스터
연산 형태		엄청난 병렬처리	직렬 또는 병렬
데이터 저장		관련성(associative)	주소기반
스위칭 시간		10^{-3} 초	10^{-9} 초
가능한 스위칭 작업		$10^{13}\dfrac{1}{\sec}$	$10^{18}\dfrac{1}{\sec}$
실제 스위칭 작업		$10^{12}\dfrac{1}{\sec}$	$10^{10}\dfrac{1}{\sec}$

뇌는 계속해서 일을 하지만, 컴퓨터는 수동적으로 데이터를 저장한다. 또 뇌는 스스로 학습하고 실수에 대해서 보상을 하는 능력이 있다.

(1) 생물학적 신경망 중요 ★

인간의 뇌는 약 150억 개의 신경세포(뉴런, neuron)들로 구성되었고, 각 신경세포는 대략 1만 개 정도의 연결점(시냅스, synapse)을 통해 이웃한 다른 신경세포와 신호를 주고 받는다. 뉴런의 동작 속도는 느리지만 수많은 뉴런이 병렬 분산 처리를 통해 대량의 정보를 빠르게 처리할 수 있다.

[그림 9-13]에서 신경세포의 구조처럼 신경세포는 핵을 포함하는 세포체, 가지돌기(또는 수상돌기), 축삭돌기(또는 축색돌기)로 구성되었다. 가지돌기는 자극을 받아 입력하고 축삭돌기는 이러한 자극을 전달한다. 축삭돌기의 끝 신경 말단에서 자극의 출력이 이뤄진다. 인간의 뇌를 포함한 신경 세포를 구성하는 최소단위인 뉴런은 입력 자극의 크기에 따라서 다른 출력을 나타낸다. 뉴런이 자극을 받게 되면 그 자극은 축삭돌기 말단에서 분비되는 화학물질, 즉, 시냅스를 통해 다음 뉴런의 가지돌기로 전달된다. 외부의 자극을 받으면 복잡한 뉴런을 통과하면서 뉴런 간의 연결 강도를 조정하여 일종의 학습이 이뤄지는데 이를 통해 문제를 해결하거나 자극에 대한 반응을 한다. 그리고 정보의 전달은 항상 단방향이다.

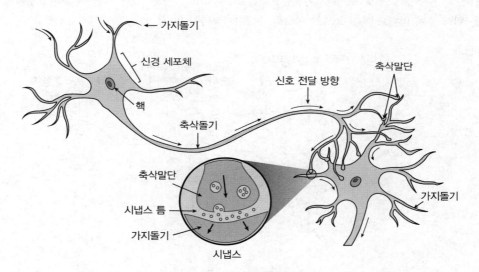

[그림 9-13] 신경세포의 구조

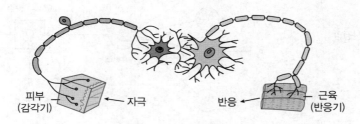

[그림 9-14] 뉴런의 자극과 반응

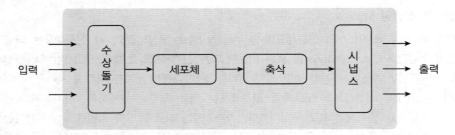

[그림 9-15] 뉴런의 모델링

(2) 생물학적 신경망의 특성

생물학적 신경망은 다음과 같은 특성이 있다. 우선 병렬 분산 처리 방식 및 분산 저장을 하고, 연상기억능력과 장애처리능력 그리고 학습능력을 갖추고 있다. 학습능력은 주어진 입력에 대해 자신의 내부 구조를 스스로 조직해 나가면서 학습할 수 있고, 주어진 입력 패턴에 대해서 정확한 해답을 미리 주지 않아도 자기 스스로 학습할 수 있는 능력이 있다.

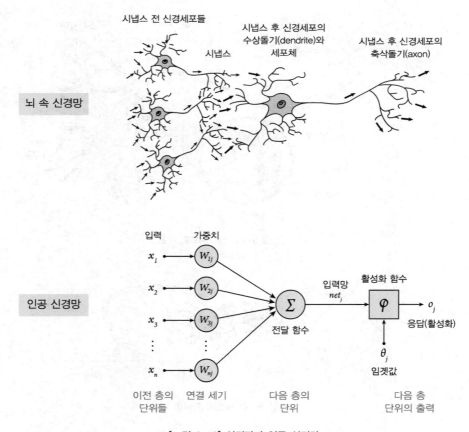

[그림 9-16] 신경망과 인공 신경망

(3) 인공 신경망 중요 ★★★

① 활성화 함수(activation function)

인공 신경망에서 $X = \sum W_i X_i$ 이고, 전달 함수(transfer function) f는 비선형 특성이 있는 함수로서 활성화 함수라고도 부르며, $Y = f(x)$ 를 생성한다.

딥 러닝 네트워크에서는 노드에 들어오는 값들에 대해 곧바로 다음 계층(layer)으로 전달하지 않고 주로 비선형 함수를 통과시킨 후 전달한다. 비선형 함수 신경망에서 층의 수를 헤아릴 때, 입력이 있는 층만 카운트한다. 아래의 [그림 9-17]은 1개의 은닉층(hidden layer)을 가진 2계층 신경망이다. 이 신경망은 3개의 입력 뉴런, 은닉층에 2개의 뉴런, 1개의 출력 뉴런을 가지고 있다. 왼쪽의 입력층에서부터 계산을 시작하여 은닉층으로 결과를 전달하고, 다음엔 은닉층의 출력값을 마지막 층에 보내어 최종 결과를 얻는다. 세 개의 입력 뉴런이 은닉층의 뉴런 두 개에 모두 연결되어 있기 때문에 여러 개의 값을 보내는 것 같이 보이지만, 뉴런마다 하나의 출력값만 있으며, 출력의 연결마다 값이 복사되는 것뿐이다. 얼마나 많은 뉴런이 그 값을 받던지 간에 상관없이 뉴런은 항상 하나의 값만 출력한다. 만일, 선형 함수를 사용할 시 층을 깊게 하는 의미가 줄어들기 때문이다.

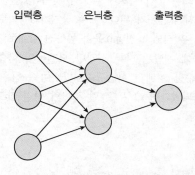

[그림 9-17] 2계층으로 구성된 신경망

이때, $Y = f(x)$는 활성화 함수로서 뉴런의 반응 여부를 결정하는 역할을 하며, 그 시점에서의 PE(Processing Element, 즉 뉴런)의 상태가 된다. W_i는 i번째 입력의 시냅스 결합의 강도를 표시한다. Y = 1이면 뉴런이 자극된 상태이고 Y = 0이면 자극되지 않은 상태다. W는 흥분성 결합의 경우는 양의 값, 억제성 결합의 경우는 음의 값이 된다. PE는 unit, cell, node로 부른다.

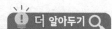

흥분성 시냅스와 억제성 시냅스
• 흥분성 시냅스 : 시냅스 전 뉴런의 펄스에 의해 시냅스 후 뉴런의 전위를 올림
• 억제성 시냅스 : 시냅스 전 뉴런의 펄스에 의해 시냅스 후 뉴런의 전위를 내림

② 뉴런 간의 상호작용

뉴런 간의 연결구조는 뉴런의 활성을 높여주는 협동작용과 활성을 낮추는 억제작용이 있다.

○ 협동작용

　한 뉴런이 흥분하면 그것과 연결된 다른 뉴런도 흥분하도록 상호작용을 한다.

○ 억제작용

　한 뉴런이 흥분하면 그것과 연결된 다른 뉴런은 흥분하지 않도록 억제시키는 상호작용을 한다.

③ **Hebb의 학습규칙**

1949년 캐나다의 심리학자인 Donald Hebb은 동시에 활성화된 신경들이 서로 연결된다는 커넥셔니즘(connectionism)에 대해서 얘기했다. 헵에 따르면 **우리가 새로운 것을 배울 때, 뇌 기억 시스템은 기존의 신경망에 새로운 연결을 추가하면서 학습한다고 한다.** 새로운 정보가 기존의 기억과 만나면 서로의 연결이 강화되면서 기존의 기억을 자극하고 이것이 새롭게 들어온 정보와 연결되면서 신경망이 더욱 활성화된다. 이때 함께 활성화되지 않은 뉴런들은 연결이 약해지게 된다. 그리고 이런 과정을 반복하면서 기억이 형성된다.

예를 들어서, 동남아에서는 사람들은 겨울철의 눈을 모른다. 그들에게 눈을 설탕과 비슷하다고 설명하면 다음에 눈이라는 단어를 들으면 설탕과 관련된 기억을 활성화시킬 수 있을 것이다. 또한, 눈과 설탕에 대한 기억이 반복적으로 점화되면 점화의 효율이 커져서 둘 중 하나의 단어만 듣더라도 두 가지의 속성 모두가 더 빠르게 떠오를 것이다. 빈번하게 사용하는 자극들은 시냅스를 강화시켜 학습과 기억유지의 근거가 된다. 이는 장기기억강화로 이어진다. 장기기억강화는 시냅스가 높은 수준으로 활동한 후 시냅스 전달효율이 높아진 상태로 장시간에 걸쳐 지속되는 현상이다.

헵의 학습규칙은 나중에 개발된 다른 신경망 모델들의 학습규칙의 토대가 된다. 헵의 학습규칙은 가장 오래되고 단순한 형태의 학습규칙이다. 이 규칙은 만약 시냅스 양쪽의 뉴런이 동시에 또 반복적으로 활성화되었다면 그 두 뉴런 사이의 연결 강도가 강화된다는 관찰에 근거한다.

2 **신경망의 구성 요소** 중요 ★★

딥 러닝은 '축적된 신경망'을 위해 사용하는 이름이다. 즉, 네트워크는 여러 층으로 구성되는데, 층은 노드로 구성되고, 노드는 계산이 진행되고, 신호가 통과하면 활성화된다. 노드는 데이터로부터의 입력을 계수 또는 가중치 집합과 결합하여 해당 입력을 증폭하거나 감쇠시킨다.

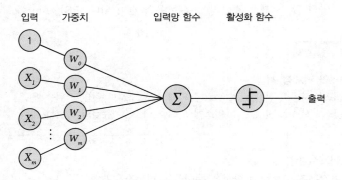

[그림 9-18] 노드의 구조

노드의 층은 뉴런처럼 입력값을 on/off 시키는 스위치 형태의 행(row) 구조를 가지고 있다. 각 층의 출력은 동시에 연속된 다른 층의 입력이 된다. 모델의 조절 가능한 가중치를 입력특징과 연결하는 것(pairing)은 어떻게 신경망이 입력을 분류하고 클러스터할 지의 방식과 관련한 이러한 특징에 의미를 부여하는 방법이다.

3 딥 러닝 네트워크의 주요 개념 중요 ★★

딥 러닝 네트워크는 깊이에 있어서 은닉층 신경망과는 구별된다. 즉, 데이터는 여러 단계의 패턴인식 과정을 거쳐야 한다. 처음에 퍼셉트론(perceptron, 두뇌의 인지 능력을 모방하도록 만든 인위적인 네트워크) 같은 초기 신경망은 하나의 입력과 하나의 출력층으로 구성되었고 그 사이에 기껏해야 하나의 은닉(히든)층이 있었다. 그리고 3계층 이상을 딥 러닝이라고 하였다. 딥 러닝은 둘 이상의 숨겨진 계층을 의미하는 엄격하게 정의된 용어이다.

딥 러닝 네트워크에서 노드의 각 계층은 이전 계층의 출력을 기반으로 하는 고유한 기능 집합을 이용하여 학습한다. 신경망으로 나아감에 따라 노드가 인식할 수 있는 기능은 점점 더 복잡해진다. 왜냐하면, 이전 계층의 기능을 집계하고 다시 결합하기 때문이다.

이것은 특징 계층구조(feature hierarchy)로 알려져 있으며 **복잡성과 추상성이 증가하는 계층구조가 있고**, 딥 러닝 네트워크가 비선형 함수를 통과하는 수십억 개의 매개 변수를 가진 매우 큰 고차원 데이터 세트를 처리할 수 있게 한다.

무엇보다 이러한 신경망은 전 세계 데이터의 대다수를 차지하고 있는 분류화되지 않고(unlabelled), 구조화되지 않은(unstructured) 데이터 내에서 잠재 구조를 발견할 수 있다. 구조화되지 않은 데이터의 또 다른 단어는 그림, 텍스트, 비디오, 오디오 등의 원시 미디어 자료이다. 따라서 학습의 문제 중 하나는 그러한 가공하지 않은 레이블이 없는 미디어 데이터를 처리하고 클러스터링하는 것이다. 즉, 관계형 데이터베이스에서 구성하지 못하는 데이터의 유사성과 생각했던 것과는 다른 점을 파악하는 것이다. 예를 들어, 딥 러닝은 100만 개의 이미지를 찍어서 그것을 유사성에 따라서 분류할 수 있다. 즉, 모퉁이에 있는 고양이들, 다른 모퉁이에 있는 각테일들, 그리고 할머니의 모든 사진을 유사성에 따라 분류할 수 있는데 이것은 스마트 포토 앨범의 기초이다.

딥 러닝은 전자 메일이나 뉴스 기사와 같은 원시 텍스트를 클러스터링할 수 있다. 만족스러운 고객이나 스팸 봇 메시지는 A 벡터 공간으로, 화나고 불만이 가득 찬 이메일은 또 다른 벡터 공간으로 클러스터링할 수 있다. 이것은 다양한 메시징 필터의 기초이며 고객 관계 관리(CRM)에서 사용할 수 있다. 또한, 음성 메시지에도 동일하게 적용할 수 있다.

시계열로 데이터는 정상/건강한 행동과 비정상/위험한 행동을 중심으로 군집화될 수 있다. 스마트폰에 의해 시계열 데이터가 생성되는 경우, 사용자의 건강과 습관에 대한 통찰력을 제공할 것이며, 오토파트(autopart)에 의해 생성되는 경우, 이 데이터는 치명적인 고장을 예방하는 데 사용될 수 있다. 딥 러닝 네트워크는 대부분의 전통적인 기계 학습 알고리즘과 달리 인간의 개입 없이 자동 기능 추출(auto feature extraction)을 수행한다. 데이터 과학자들이 특징 추출에 수년을 허비해야 하는 반면에, 딥 러닝은 제한된 전문가가 이런 어려움을 피할 수 있는 방법이기도 하다. 그것은 본질적으로 인력을 확충하기 어려운 소규모의 데이터 과학팀의 힘을 증가시킨다.

라벨이 없는 데이터에 대한 훈련을 할 때, 심층 네트워크의 각 노드 계층은 네트워크 추측과 입력 데이터 자체의 확률 분포 사이의 차이를 최소화하기 위해 반복적으로 그것의 샘플을 추출하는 입력을 재구성함으로써 자동적으로 특징을 학습한다. 예를 들어 RBM 알고리즘이 이러한 방식으로 재구성을 한다.

💡 더 알아두기 Q

RBM(제한된 볼츠만 머신, Restricted Boltzmann machine)
• 차원 감소, 분류, 선형 회귀 분석, 협업 필터링(collaborative filtering), 특징값 학습(feature learning) 및 주제 모델링(topic modeling)에 사용할 수 있는 알고리즘으로 Geoff Hinton이 제안한 모델이다.
• RBM의 구조는 상대적으로 단순한 편이다. RBM은 자체적으로 사용할 수도 있지만 다른 심층 신경망의 학습을 돕기 위해 쓰인다. 사실, RBM은 두 개의 층(입력층 1개, 은닉층 1개)으로 구성되어 있기 때문에 심층 신경망은 아니다. 다만 RBM은 심층 신뢰 신경망(DBN : Deep Belief Network)을 구성하는 요소로 쓰인다. 첫 번째 층은 우리가 볼 수 있는 층인 가시층(visible layer) 혹은 데이터가 입력되는 입력층이고 두 번째 층은 특징값이 학습되는 은닉층(hidden layer)이다.

이 과정에서 이러한 신경 네트워크는 특정 관련 형상과 최적의 결과 사이의 상관관계를 인식하는 법을 배운다. 즉, 형상 신호와 형상 신호가 나타내는 것, 전체 재구성 또는 라벨이 붙은 데이터 간에 연결을 그린다. 라벨링된 데이터에 대해 훈련된 딥 러닝 네트워크를 비정형 데이터에 적용하면 기계 학습 네트워크보다 훨씬 더 많은 입력에 접근할 수 있다. 이것은 더 높은 성능을 위한 비법으로 하나의 네트워크가 더 많은 데이터를 훈련시킬수록 더 정확해질 것이다. 많은 데이터에서 훈련된 Bad 알고리즘은 아주 적은 양으로 훈련된 Good 알고리즘보다 좋을 수 있다. 라벨이 없는 방대한 양의 데이터를 처리하고 학습하는 딥 러닝의 능력은 이전의 알고리즘에 비해 뚜렷한 이점이 있다.

딥 러닝 네트워크는 출력층으로 끝난다. 또한, **로지스틱, 소프트맥스, 분류기는 특정 결과나 라벨에 가능성을 할당하는데 이것을 넓은 의미에서 예측이라고 한다.** 이미지 형태의 원시 데이터를 고려할 때, 딥 러닝 네트워크는 예를 들어, 입력 데이터가 사람을 나타낼 가능성이 90%라고 결정할 수 있다.

💡 더 알아두기 Q

로지스틱(logistics) 회귀
D.R.Cox가 1958년에 제안한 확률 모델로서 독립 변수의 선형 결합을 이용하여 사건의 발생 가능성을 예측하는데 사용되는 통계 기법이다.

소프트맥스(softmax)
소프트맥스는 입력받은 값을 출력으로 0 ~ 1사이의 값으로 모두 정규화하며 출력값들의 총합은 항상 1이 되는 특성을 가진 함수이다.

분류기(classifier)
분류(classification)는 지도 학습의 일종으로, 기존에 존재하는 데이터와 영역과의 관계를 학습하여 새로 관측된 데이터의 영역을 판별하는 문제이다. 스팸 필터를 예로 들어보자. 스팸 필터의 데이터는 이메일이고, 영역(category), 혹은 label, class는 스팸 메일인지, 일반 메일인지를 판별하는 것이 될 것이다. 스팸 필터는 먼저 스팸 메일, 그리고 일반 메일을 학습한 이후, 새로운 데이터(혹은 메일)가 입력으로 들어왔을 때 해당 메일이 스팸인지 일반 메일인지 판별하는 문제를 풀어야 하며, 이런 문제를 분류라고 하며 이런 기능을 하는 것을 분류기라고 한다.

신경회로망 모델

1 단층 퍼셉트론 모델 중요 ★★★

(1) 퍼셉트론의 개념 중요 ★★★

인공 신경망 모형의 하나인 퍼셉트론(perceptron)은 1957년에 Rosenblatt라는 사람에 의해서 처음 고안된 아주 오래된 알고리즘이다. 일반적으로 인공 신경망 시스템은 동물의 신경계를 흉내내서 만들었기 때문에 개념적으로나 그 형태로나 비슷한 부분이 많다. 우리가 자주 보아온 그림을 다시 한 번 살펴보자.

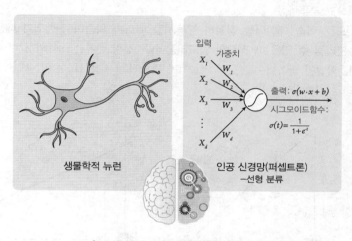

[그림 9-19] 생물학적 뉴런과 퍼셉트론

퍼셉트론은 2진 값을 갖는 다중의 입력을 하나의 2진수 값으로 출력하는 모델로 입력값이 결과에 미치는 영향력을 정해서 결정을 내린다는 이론이다. 퍼셉트론은 다수의 입력 신호를 받아서 하나의 **출력 신호를 생성한다.** 이는 뉴런이 전기 신호를 내보내 정보를 전달하는 것과 비슷해 보인다. 그리고 뉴런의 수상돌기나 축삭돌기처럼 신호를 전달하는 역할을 퍼셉트론에서는 가중치(weight)가 그 역할을 한다. 가중치라고 부르는 이 weight는 각각의 입력 신호에 부여되어 입력 신호와의 계산을 하고 신호의 총합이 정해진 임곗값(θ)을 넘었을 때 1을 출력한다. 이를 뉴런의 활성화라고 하며, 넘지 못하면 0 또는 -1을 출력한다.

각 입력 신호에는 고유한 가중치가 부여되며 가중치가 클수록 해당 신호가 중요하다고 볼 수 있다. 여기서 기계 학습이 하는 일은 이 가중치의 값을 정하는 작업이라고 할 수 있다. 학습 알고리즘에 따라 방식이 다를 뿐 이 가중치를 만들어내는 것이 학습이라는 차원에서는 모두 같다고 할 수 있다.

$$w_1 x_1 + w_2 x_2 + ... + w_n x_n > \theta \longrightarrow \text{출력} \atop 1$$

$$w_1 x_1 + w_2 x_2 + ... + w_n x_n \leq \theta \longrightarrow 0$$

퍼셉트론의 출력값은 앞에서 말했듯이 1 또는 0(or −1)이기 때문에 선형 분류(linear classifier) 모형이라고도 볼 수 있다. 보통 실수형의 입력 벡터를 받아 이들의 선형 조합을 계산하는 것이며 벡터의 내적과도 유사하다. 선형 분류는 평면상에 선을 그어서 선을 넘으면 A, 못 넘으면 B라는 식으로 분류하는 것이다.

(2) 알고리즘 [중요] ★★

처음에는 임의로 설정된 가중치로 시작한다. 학습 데이터를 퍼셉트론 모형에 입력하며 분류가 잘못 됐을 때 가중치를 개선해 나간다. 가중치를 개선해 나간다는 의미는 우리가 수학 문제를 잘못 풀었을 때 정답에 맞게 풀기 위해서 다시 풀고 다시 풀고 하다가 정답을 맞추는 것과 비슷하다. 그래서 이를 학습이라고 부른다.

퍼셉트론은 모든 학습 데이터를 정확히 분류시킬 때까지 학습이 진행되기 때문에 학습 데이터가 선형적으로 분리될 수 있을 때 적합한 알고리즘이다. 선형 분류는 아래와 같이 선으로 분류하는 것을 의미한다. 학습이 반복될수록 선의 기울기가 달라지는 것을 볼 수 있는데 이는 학습하면서 가중치가 계속 조정되는 것이다.

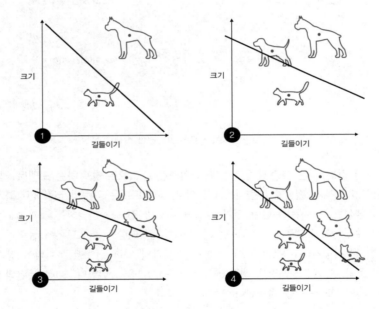

[그림 9-20] 길들이기의 예

퍼셉트론이 하나의 뉴런 단위로 다루어진다면 각 뉴런이 모여 하나의 뇌가 되는 것과 같은 신경망에서 퍼셉트론은 하위 요소일 것이다. 단층 퍼셉트론은 하나의 나무와 같고 신경망은 나무가 모여 숲을 이룬 것과 같은 느낌으로 이해하면 된다. 퍼셉트론이라는 말을 어떻게 정의하느냐에 따라 가리키는 것이 달라진다. 일반적으로는 단층 퍼셉트론은 step function(계단 함수, 임곗값을 넘어섰을 때 출력을 1로 하는 함수)을 활성화 함수로 사용한 모델을 가리킨다. 다층 퍼셉트론은 층이 여러 개이며 시그모이드 함수를 활성화 함수로 사용하는 네트워크를 가리킨다. 신경망은 왼쪽부터

Input layer(입력층), Hidden layer(은닉층), Output layer(출력층)으로 표현할 수 있다. 은닉층은 양쪽의 입력층과 출력층과는 달리 우리 눈에는 보이지 않기 때문에 'hidden(은닉)'이라고 한다.

(3) 퍼셉트론의 한계 중요★

1969년 단순(단일) 퍼셉트론은 XOR 문제조차 풀 수 없다는 사실을 AI 랩 창시자인 Marvin Minsky 교수가 증명하였고, 이의 해결안으로 다층 퍼셉트론을 제안하였다. 퍼셉트론의 한계를 간략히 말하면, 직선 하나로 나눈 영역만 표현할 수 있어 XOR과 같은 데이터 형태는 분류가 불가능하다는 한계가 있다.

2 다층 퍼셉트론 모델 중요★★

단일 퍼셉트론으로는 XOR을 분류할 수 없지만, 다층 퍼셉트론을 만들면 XOR 문제를 풀 수 있다. 다층 (multi-layer)이라는 말은 하나의 퍼셉트론에 또 다른 퍼셉트론을 덧붙인다는 의미로 볼 수 있다. 단층 퍼셉트론이 비선형 영역을 분리할 수 없다는 것이 문제이며 다층으로 할 경우 비선형으로 이를 해결할 수 있다는 것이다.

X_1	X_2	y
0	0	0
1	0	1
0	1	1
1	1	0

아래의 그림을 보면 XOR에서는 선형으로(직선 하나로) 분류가 불가능함을 알 수 있다.

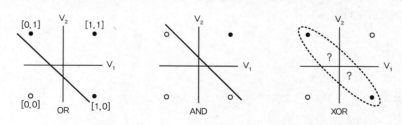

[그림 9-21] 단일 퍼셉트론에서의 XOR 문제

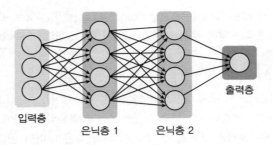

[그림 9-22] 입·출력 계층과 은닉층

이런 식으로 층을 겹겹이 쌓아나가면 선형 분류만으로는 풀지 못했던 문제를 비선형적으로 풀 수 있게 된다고 한 것이 Minsky 교수의 주장이다.

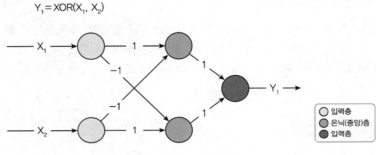

[그림 9-23] Minsky 알고리즘

그러나 Minsky 교수는 은닉층의 가중치를 계산하는, 즉 MLP를 학습시키는 방법은 없다고 선언하였다. 이로 인해 인공지능의 암흑기가 시작되었다. 1974년 하버드 대학교 박사과정이었던 Paul Werbos는 MLP를 학습시키는 방법을 찾게 되는데 이것이 바로 오류 역전파라는 개념이다. 이를 일반적으로 역전파(back propagation)라고 부른다.

3 기타 모델들

(1) 오류 역전파 알고리즘 중요 ★★★

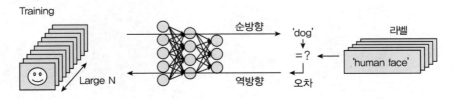

[그림 9-24] 오류 역전파 알고리즘

1986년 인지심리학자이자 컴퓨터공학자인 Geffrey Hinton 교수에 의해서 오류 역전파 알고리즘이 재탄생하게 된다. 오류 역전파(또는 역전파)는 최종 출력값과 실제값의 오차가 최소가 되도록 심층 신경망을 이루는 각 층에서 입력되는 값에 곱해지는 가중치와 편차를 계산하여 결정하는 알고리즘 이다. 역전파 방법은 결괏값을 통해서 다시 역으로 입력 방향으로 오차를 보내서 가중치를 재업데 이트한다. 물론 결과에 영향을 많이 미친 노드(뉴런)에 더 많은 오차를 돌려주게 된다.

위의 그림을 보면 입력이 들어오는 방향(순전파)으로 출력층에서 결괏값이 나온다. 결괏값은 오차 (error)를 가지게 되는데 역전파는 이 오차를 다시 역방향으로 은닉층과 입력층으로 오차를 다시 보내 가중치를 계산하여 출력에서 발생했던 오차를 적용시키는 것이다.

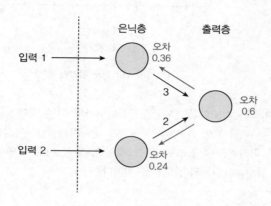

[그림 9-25] 오류 역전파

앞의 그림을 보면 출력층에서 나온 결괏값이 가진 오차가 0.6이라고 되어있다. 이전 노드(뉴런에 서) 출력층에 각각 3, 2라는 값을 전달하였기 때문에 출력의 오차에 위 노드는 60%, 아래 노드는 40% 영향을 주었다고 볼 수 있다. 균등하게 가중치를 나눠줄 수 있지만, 영향을 미친만큼 오차를 다시 역전파하는 것이다. 오차 0.6을 0.6, 0.4와 곱하니 위 노드에는 오차가 0.36이, 아래 노드에 는 0.24가 전달된다.

오차를 역전파하여 계속 업데이트하는 이유는 신경망을 통해 더 나은 결괏값을 위해서 가중치를 조정하는데 오차가 영향을 주기 때문이다. 간단한 신경망이라면 오차를 계산하는 식은 간단하겠지 만 신경망은 수십, 수백 개의 노드(뉴런)가 연결된 수많은 가중치의 조합으로 특정 노드의 가중치 를 계산해야 하기 때문에 더욱 효율적인 방법이 필요하다.

경사 하강법(gradient descent)은 너무나 많은 신경망 안의 가중치 조합을 모두 계산하면 시간이 오래 걸리기 때문에 효율적으로 이를 처리하기 위해 고안된 방법이다. 산의 정상에서 산을 가장 빨 리 내려가는 방법은 일직선으로 하강하는 것이다. 그러나 일직선으로 산을 내려가기 위해서는 더욱 안전에 유의하며 한발 한발 내디뎌야 한다. 경사 하강법을 사용하면 정확한 답을 얻지는 못할 수도 있다. 왜냐하면, 단계적으로 접근하는 것이기 때문에 만족스러운 정확도에 이를 때까지 계속해서 답을 찾아 나가는 방식이기 때문이다. 신경망에서의 경사 하강법은 최저 오차를 단계적으로 찾아가 는 방식이며 신경망의 계산 속도를 빠르게 한다. 아래 [그림 9-26]은 이를 보여주는 그래프로 x축 을 오른쪽으로 조금씩 이동하면서 최저 지점을 찾는다.

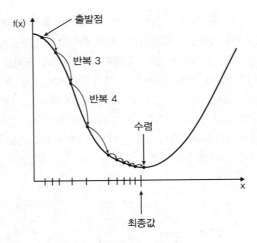

[그림 9-26] 경사 하강법

문제는 이 '조금씩'이라는 정도의 문제다. 조금씩이더라도 너무 많이 이동하면 최저 지점을 지나가게 될 것이고 또는 너무 적게 이동하면 이동횟수가 많아져서 최저 지점을 찾지 못할 수도 있다. 또 다른 문제는 엉뚱한 최저점을 찾을 수 있다는 것이다. 만약 차원이 여러 개라고 한다면 위에서 본 것처럼 단순한 2차 함수 형태가 되지는 않을 것이다.

> 📷 **경사 하강법**
> • 오차 함수의 낮은 지점을 찾아가는 최적화 방법
> • 낮은 쪽의 방향을 찾기 위해 오차 함수를 현재 위치에서 미분함
>
> $$J = \frac{1}{2m}\sum_{i=1}^{m}(y-\hat{y})^2, \quad \nabla J = \frac{1}{m}(y-\hat{y})$$

경사 하강법의 특징은 함수의 최저점을 구하기 좋은 방법으로 신경망과 같이 계산해야 하는 양이 많고(선형 대수학) 접근하기가 복잡한 수식에서 잘 작동하며, 데이터가 불완전해도 탄력적으로 작동한다는 것이다.

(2) 심층 신경망 _{중요} ★★★

1995년 당시에는 다른 방식으로 발전되었던 더 단순한 ML 알고리즘인 SVM, RandomForest와 같은 알고리즘이 손글씨 인식 등과 같은 분야에서 더 잘 작동한다고 Lecun 교수는 발표했다.

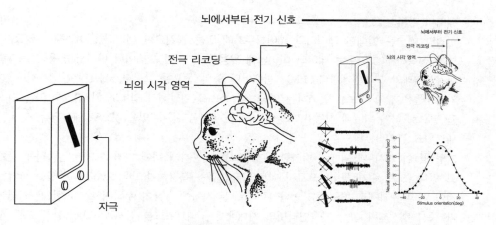

뇌에서부터 전기 신호

전극 리코딩

뇌의 시각 영역

자극

[그림 9-27] CNN 인공 신경망

1998년 Lecun 교수는 1950년대 고양이의 뇌파실험은 고양이의 눈으로 보는 사물의 형태에 따라서 뇌의 특정 영역, 정확히 말하면 특정 뉴런만이 활성화된다는 것을 알게 된다. Lecun 교수는 이런 실험 결과에 영감을 얻어 CNN(Convolutional Neural Network)이라는 새로 새로운 형태의 인공 신경망을 고안한다.

Hinton과 Bengio 교수는 2006년과 2007년에 두 편의 논문을 발표하는데, **초기 입력값을 잘 선택하면 아무리 인공 신경망의 층 개수가 많더라도 학습이 가능하며, 복잡한 문제도 층의 개수가 많게 구성하면 해결할 수 있다고 발표했다.** 그리고 이렇게 층의 개수가 많은 신경망을 심층 신경망(DNN : Deep Neural Network)이라고 리브랜딩하고 심층 신경망을 학습시키는 방법을 딥 러닝이라고 명명하게 되었다. 그리고 네이처지에 시그모이드를 대신하여 사용한 Rectifier라는 활성화 함수를 이용해 효과를 봤다는 내용의 생물학 분야의 논문이 발표되었다. Rectifier는 ReLU(Rectified Linear Unit)라 불리는 활성화 함수인데 이 활성화 함수를 심층 신경망의 딥 러닝에 사용하니 기울기 사라짐 문제가 해결된 것이다. 활성화 함수 ReLU의 등장으로 딥 러닝은 많은 발전을 이루게 되고, 2012년 이미지 인식 분야의 유명한 대회인 ImageNet Large Scale Visual Recognition Challenge(ILVRC)에서 캐나다 토론토 대학의 AlexNet이라 불리는 DNN 인공 신경망이 우승하게 되는데 이전까지의 이미지 인식 오류율이 26%에서 15%로 줄어들게 되었다. 이후 DNN의 신경망 구조가 지속적으로 개선되고 GPU 발전으로 현재의 5% 이내의 오류율로 학습이 가능하게 되었다.

(3) 신경망 응용 분야 중요 ★

① 기술의 응용 분야

신경망 기술의 응용 분야는 데이터 마이닝, 네트워크 관리, 언어(음성) 인식, 의약 및 생명정보공학, 금융 서비스, 머신 비전, 모델링 및 과학이론 개발, 신호처리, 로봇, 화학물질 합성, 생산공정 제어 등 광범위하다. 분야별로 보면 데이터 마이닝과 금융서비스 분야 응용 기술이 비교적 성숙되었고 네트워크 관리, 언어 인식, 머신 비전, 신호처리를 비롯한 다양한 분야에서 응용되고 있다.

㉠ 데이터 마이닝 중요 ★★★

신경망 기술은 방대한 데이터와 웨어하우스에 있는 불필요한 데이터를 여과해서 필요한 정보를 신속하게 찾아주는 데이터 마이닝에 유용하다. 그리고 데이터 마이닝 응용 프로그램은 전자상거래와 고객관계관리(CRM), 빅데이터 등의 중요한 요소다. 정보량이 급증함에 따라 기업체들은 단지 정보를 분석하는 기능보다 스스로 판단해서 업무도 처리할 수 있는 시스템을 필요로 하게 되는데 신경망 기술이 이러한 역할을 할 수 있을 것으로 예상된다.

㉡ 네트워크 관리

기업체들이 회사 내·외에서 다양한 네트워크를 사용하게 됨에 따라 노드는 급속하게 증가하고 있다. 노드 수가 늘어남으로써 네트워크가 점차 복잡해지고 네트워크의 상황을 파악하는 것이 어려운 과제로 떠오르고 있다. 특히 모든 사물에 센서가 부착되고 그러한 센서 데이터가 즉시 갱신되야 하는 사물인터넷의 시대에서는 네트워크를 감시하고 발생할지 모를 장애를 사전에 예측해주는 인공지능의 능력을 겸비한 네트워크가 구축되어야 한다.

㉢ 음성 인식

현재 인공지능 음성 인식 기술의 활용 분야는 전자문서관리, 가전 제어, 쇼핑 등으로 확대 및 고도화되고 있는 추세다. 2011년 사람과의 유사성을 높인 대화형 기술인 애플의 시리가 출현한 이후 IBM의 왓슨, 2015년 아마존의 에코(echo), 알렉사 등의 제품들이 출시되었다. 음성 인식 기술은 speech-to-speech, text-to-speech, voice recognition, emotion analysis 등 4가지 기술로 구분된다.

㉣ 의약 및 생명정보공학

의약 분야에서 신경망 기술은 현재 진찰보조, 생화학분석, 영상분석, 약품 개발 등 널리 적용되고 있고 앞으로 몇 년 안에 생의약 문제를 해결하는 데도 사용될 것으로 보인다. 또 초음파 검사를 통한 종양 탐색, 가슴 X-레이 사진을 통한 미세석회 현상의 탐색·분석과 같은 의학영상을 분석하는 데 적용된다. 또한, 생명정보공학 부문에서도 유전자 연구의 분석 툴로 이용할 수 있다. 앞으로 신경망 기술은 생명과학 산업 분야에서 더욱 많이 활용될 것으로 예상된다.

㉤ 금융 서비스

이 분야가 신경망 기술을 가장 많이 활용한다고 할 수 있다. 금융업계는 데이터가 많은 반면 비교적 그것이 규칙적으로 정리되어 있지 않기 때문에 금융사기 탐색 및 예방, 신용평가 등에 신경망 기술이 유용한 솔루션이 되고 있다.

㉥ 머신 비전

머신 비전(machine vision)의 연구 목표 중 하나는 물체를 3차원으로 식별할 수 있게 하려는 것이다. 머신 비전 기술은 제품의 조립라인 감시, 품질관리, 육필이나 인쇄물, 이미지 등의 신속한 입력, 영상감시 및 보안시스템, 목표물 자동탐색 등에 필요하다. 인공시각은 시각장애인 보조, 로봇의 시각장치, 핵 자기공명 촬영과 같은 고화질·저비트의 이미지 입력 등에 사용된다.

㉦ 모델링 및 과학이론 개발

신경망은 과학적인 연구 및 이론 개발과 예측을 위한 툴로 사용된다. 신경망은 실험심리학, 인지과학, 컴퓨터공학의 인공지능 등의 분야에 기술표준조건 시뮬레이션과 모델링을 지원할 수 있다.

◎ 신호 처리

채널 잡음과 왜곡의 신호 파형과 같은 신호처리 문제를 해결할 수 있다. 신호, 잡음 또는 분산에 관한 통계적 자료가 없을 경우 신경망 기술은 특정 신호처리 문제를 해결해 줄 수 있다. 이 기술은 또 음향방출을 분석하고 활용하는 데 사용할 수 있다. 음향방출 기술은 비파괴 실험과 평가에 활용될 수 있는 새로운 기술로서 신경망 기술과 결합하면 시너지 효과가 있을 것으로 보인다. 음향방출 기술은 정유회사의 시설과 같은 대규모 시설 평가, 항공회사의 현장 서비스, 복잡한 실험 등에 응용될 수 있다.

ⓗ 로봇

신경망 기술은 다축 로봇 팔의 궤적 프로그램의 작성 및 제어, 운행, 팔 카메라 조정, 물체 인식에 필요한 시각·촉각의 결합 등 로봇의 여러 기능을 도와준다. 이 기술은 로봇의 기본 개발 모델에서부터 완제품을 생산할 때까지의 전 공정에 응용된다.

ⓕ 화학물질 합성

최근 새로운 물질을 화학적으로 합성하는 데 신경망 기술을 이용하고 있다. 특히 이 기술은 분석 툴보다는 경험을 바탕으로 개발된 복합적 화학물질이나 구조적 물질을 합성하는 데 유용하다.

ⓚ 생산공정 제어

미항공우주국(NASA)과 캐나다 유틸리티 회사 BC 하이드로 등이 생산공정 제어를 위한 신경망 응용 기술을 개발하고 있다. NASA는 미 공군과 공동으로 신경망으로 제어할 수 있는 초음파 항공기와 우주선을 개발하고 있다. BC 하이드로는 전력 그리드의 전압을 일정하게 유지시키기 위한 신경망 응용 시스템을 개발했다.

② **기술의 응용 사례**

광범위한 분야에서 신경망 기술이 개발됨에 따라 분야별로 많은 업체가 이를 응용하고 있다. 데이터 마이닝 분야에서는 아마존닷컴과 엔코프가 도서구입 고객관리와 전자상거래 사이트의 제품검색 툴을 각각 개발, 사용하고 있다.

금융서비스 부문에서는 일본 니코증권이 차트 형태를 분석하고 주가지수 동향을 예측하는 데 이 기술을 응용하고 있고, 비자인터내셔널과 미국 멜론은행이 이 기술을 응용해 종합 거래위험 탐지 시스템과 신용 불량자를 가려내는 시스템을 각각 개발했다.

모델링 및 과학이론 개발 분야에서는 GTE가 이 기술을 이용해 형광등 제조공정에서 최적의 온도, 압력, 화학물질 등의 조건을 결정하는 네트워크를 개발하고 있고, MIT의 제조 및 생산성 연구소는 시뮬레이션 과정에서 나타나는 역함수를 알아내기 위해 이를 활용하고 있다.

아코사는 어떻게 하면 유전이 '터질' 것인지를 예측하는 데 컴퓨터 시뮬레이션 대신 신경망 기술을 사용하는가 하면 석유산업 서비스업체인 홀리버튼 로깅서비스는 시추하고 있는 유전의 지층에 관한 데이터를 해석하는 데 활용하고 있다.

로봇 부문에서는 카네기 멜론 대학이 미국 국방부 산하 연구기관의 의뢰를 받아 이 기술을 응용해 개발하고 있는 '앨빈' 로봇은 다양하고 복잡한 상황에서도 운행할 수 있을 정도로 성능이 우수하다.

또 일본의 히타치, 미국 프로테우스멀큘러디자인 등이 화학물질 합성 분야에서 신경망 기술을 응용하고 있다. 히타치는 약품 합성 및 폴리머와 세라믹 디자인을 위한 4계층 신경망 시스템을 개발했다. 프로테우스는 대량 병렬기술과 신경망 기반 분자 모델링 시스템을 이용해 3 ~ 4년 걸리던 약품 개발 기간을 불과 3개월로 단축했다.

생산 공정분야에서는 이스트먼코닥은 지분참여회사인 마이크로일렉트로닉스 앤드 컴퓨터테크놀로지가 개발한 신경망 기술을 응용해 고순도 플라스틱과 화학 중간재 생산을 제어하고 있다. 에이이에이테크놀로지는 핵융합 연구를 감시·제어하는 데 이 기술을 사용하고 있다. 이 회사 연구소는 신경망 기술을 응용해 실험용 핵융합 플라즈마 발생장치 안에서 수백만 분의 1초마다 바뀌는 조건에 반응하면서 일어나는 융합반응을 감시, 제어하고 있는데 이것은 기존 컴퓨터로는 처리가 불가능한 속도다.

제 5 절 딥러닝 신경망

인공지능은 기계가 인간의 지능을 모방해 인간과 비슷하게 움직이도록 만든 모든 기술을 뜻한다. 그 중 기계학습은 사람이 경험을 통해 지식을 습득하는 것처럼 기계가 사람의 학습방법을 모방해 학습하는 것으로 다양한 데이터들을 탐색함으로써 데이터 간의 관계를 파악하는 것이다. 기계학습을 이해하기 위해 기존의 컴퓨터 사이언스와 비교해 보자. 기존 컴퓨터 사이언스에서 활용한 방법은 1이라는 값, 2라는 값 그리고 +라는 알고리즘을 주고 그 결과값을 얻어내는 방식이었다. 마치 지금의 계산기와 비슷하다. 하지만 기계학습은 1이라는 값과 2라는 값 그리고 결과값 3을 주고 그 관계에 대해 알아내도록 하는 것이다. 그럼 어떻게 이 숫자들의 관계가 +(더하기)라는 것을 알 수 있을까? 이를 위하여 엄청나게 많은 데이터를 제공해야 한다. (1, 2와 3), (2, 3과 5), (3, 4와 7) … 이와 같은 데이터를 수백만, 수 천 만개를 주면 기계학습을 통해 두 숫자의 관계는 +(더하기)로 이루어 졌구나를 스스로 파악하게 된다. 따라서 기계학습에서는 많은 데이터 즉, 빅데이터를 줄수록 더 정확한 알고리즘을 인간에게 알려줄 수 있는 것이다.

심층학습(Deep Learning, 딥러닝)은 이러한 기계학습의 여러 학습 방법 중 하나이다. 인간의 학습은 뇌에서 이루어진다. 즉, 기계에도 뇌와 비슷한 구조를 만들어주어야겠다는 생각에서 출발한 것이 딥러닝이다. 그 출발점이 인공신경이었고, 그 인공신경들이 서로 연결되어 그물처럼 얽힌 것이 인공신경망이였으며, 그 인공신경망의 구조 중 핵심구조인 층(은닉층)에 여러 개로 쌓여 있는 심층신경망(DNN, Deep neural network)이 있는데, 그 DNN을 활용하여 학습하는 방법이 딥러닝이다. 딥러닝에 대해서는 11장에서 구체적으로 살펴보기로 한다.

제 6 절 기계진화

1 진화연산

진화 연산은 자연의 진화에서 영감을 얻어 개발된 유전 알고리즘, 유전 프로그래밍, 진화 전략 같은 방법을 모두 망라하는 방법론으로 전자계산학의 인공지능 중에서도 더 세분화하면 계산 지능에 속하는 분야이고, 조합최적화 문제를 주로 다룬다. 원래 진화 연산의 각 분야는 서로 교류가 없이 발전해 오다가 1990년대 들어 "진화연산〈Evolutionary Computation〉"이라는 진화 연산 학술지가 창간된 이후 점점 한 분야로 묶이게 되었다. 신경망(NN, Neural Network)이 나오기 전까지 가장 핫 했던 알고리즘이며, 인공지능이 나오며 쇠퇴할 줄 알았으나 딥러닝에서의 초깃값을 설정할 때 쓰이는 등 아직도 중요한 역할을 하고 있다.

2 유전자알고리즘의 장단점

대부분의 전통적 최적화 방법은 지금까지 발견된 가장 좋은 한 개의 해결 방법을 가지고 탐색해 나가는 데에 비하여, 유전자 알고리즘은 후보 해결 방법들의 모집단을 갖고 탐색해 나간다. 물론 현재의 모집단에서 가장 좋은 해결 방법은 오직 한 개 혹은 동등한 목적 함수 값을 갖는 몇 개일 것이지만 다른 해결 방법들은 현재는 좋은 방법이 아니지만 검색공간의 다른 영역에 있는 샘플 포인트로서 향후 그 영역에서 보다 나은 해결 방법을 찾을 수 있도록 하는 거점 역할을 한다. 즉, 해결 방법의 모집단을 사용함으로써 유전자 알고리즘이 로컬 최적화(localoptima)에 빠지는 위험을 방지할 수 있다.

(1) 장점

기울기 정보를 필요로 하지 않으므로, 함수에 연속이거나 미분가능성 등의 제약을 받지 않아 연속적 변수와 불연속적 변수들이 함께 섞여 있는 문제를 해결하는 데 적합하다. 적합한 공간(Promising area)를 찾을 수 있는 능력이 있으므로 빠른 시간 내에 적당한 해를 찾을 수 있으며, 잡음에 민감하지 않다. 또한 로컬 최적화를 피해갈 수 있는 전반적인 매커니즘을 가지고 있다. 유전자 알고리즘은 복수의 개체 사이에서 선택이나 교배 등의 유전적 조작에 의해서 상호 협력적으로 해의 탐색을 수행하고 있다. 따라서, 단순한 병렬적 해의 탐색과 비교하여 보다 좋은 해를 발견하기 쉽다. 인공 신경망(Neural Network), 특히 백프로퍼게이션(Back-propagation) 알고리즘 등에서는 평가 함수의 미분값이 필요했지만, 유전자 알고리즘에서는 현재 적응도를 분별할 수 있으면 되기 때문에 알고리즘이 단순하고, 평가 함수가 불연속인 경우에도 적용이 가능하다.

(2) 단점

유전자 알고리즘에서 도출한 최적 방법은 다른 방법에 비교하여 좋다는 의미일 뿐, 실제로 '최적'의 해결 방법이라는 개념은 포함하지 않는다. 즉, 어떤 도출된 해결 방법이 최적임을 검증할 방법이 없다. 현실 세계에 존재하는 문제 중 대상으로 하는 문제를 유전자형으로 바꾸는 과정이 간단하지 않다. 코딩을 통해서 바뀌어야 하는데 이를 코딩하는 사람의 숙련도가 필요하다. 개체 수, 선택 방법, 교차의 결정, 돌연변이 비율, 최적화 함수 등 결정해 줘야 하는 변수가 많고, 그에 따른 결과 차이가 크다.

3 유전자 프로그래밍

(1) 개념

유전자 프로그래밍(GP Genetic Programming)은 유전자 알고리즘(GA)의 유전자형을 구조적인 표현이 취급될 수 있도록 확장하여 프로그램의 생성과 학습, 추론, 개념형성 등에 적용하는 것을 목적으로 한다. GP의 기본적인 생각은 스텐포드 대학의 J. Koza로 부터 제안되었다. GP의 수법을 AI에 적용하여, 학습, 추론, 문제 해결을 실현하는 방식을 진화론적 학습(evolutionary learning)이라 부른다. 이것은 표현되는 지식을 변환하여, 선택 도태에 의하여 보다 적절한 해를 남기려고 하는 적합적인 학습방법이다. 진화론적 학습은 분류자 시스템(classifier system) 등으로 대표적인 GBML(Genetic-Based Machine Learning, GA와 같은 기계학습)과도 많은 공통점을 가진다. GP에는 그래프구조(특히 나무구조)를 취급할 수 있도록 GA의 방법을 확장한다. 따라서 알고리즘의 기본적일 실행 방법은 GA와 동일하고 염색체의 구조만 다르다. 여기서 일반적으로 LISP의 S-식(Symbolic Expression)은 나무구조로서 표현 가능하기 때문에 GP에서는 유전자로서 LISP의 프로그램을 취급하는 경우가 많다.

(2) 프로그래밍 과정

프로그래밍을 이해하기 위하여 예시로서 "이진수 0000(2) ~ 1111(2)까지의 수 중에서 가장 큰 수를 찾고 싶다"는 예를 가지고 설명하기로 하자.

① 초기화 (Initialize)

유전 알고리즘으로 해결하고자 하는 해를 유전자로 표현한다. 예시에서는 간단하게 해 그 자체를 유전자로 표현해본다.

유전자 : [&, &, &, &] (&은 0 또는 1)

랜덤한 유전자를 적당한 개수만큼 준비한다.

예를 위해서 10개를 준비했지만 실제로는 이 보다는 많아야 해결할 수 있다는 것을 기억하자.

[1, 0, 1, 0], [0, 1, 0, 0], [0, 0, 1, 0], [1, 1, 0, 1], [0, 0, 0, 0], [0, 0, 0, 0], [1, 0, 0, 0], [1, 0, 0, 1], [0, 0, 1, 1], [0, 0, 0, 1]

② 선택 (Selection)

배치한 각 유전자에 대해 적합도(Fitness)를 측정한다. 이때 점수(적합도)를 계산하는 방법에 따라 해를 빨리 찾을 수도, 영원히 찾지 못할 수도 있으니 신중해야 한다. 이러한 이유 때문에 더 좋은 답을 찾아 가기 위해 진화를 모방한 탐색 알고리즘이라고 할 수 있다.

여기서는 1의 개수를 점수로 매긴다.

[1, 0, 0, 0] : 1, [0, 1, 0, 0] : 1, [0, 0, 1, 0] : 1, [1, 1, 0, 1] : 3, [0, 0, 0, 0] : 0, [0, 0, 0, 0] : 0, [1, 0, 0, 0] : 1, [1, 0, 1, 1] : 3, [0, 0, 1, 1] : 2, [0, 0, 0, 1] : 1

점수가 큰 순서대로 정렬하면 다음과 같다.

[1, 1, 0, 1], [1, 0, 1, 1] / [1, 0, 0, 1], [0, 0, 1, 1] / [0, 0, 1, 0], [0, 1, 0, 0], [1, 0, 0, 0], [0, 0, 0, 1] / [0, 0, 0, 0], [0, 0, 0, 0]

현재 세대에서 다음 세대로 전해질 후보를 선택한다.

선택하는 방법에는 여러 가지가 있지만 여기서는 순위 기반 선택을 사용해서 상위 4개의 유전 자만 골랐다.

[1, 1, 0, 1], [1, 0, 1, 0], [1, 0, 0, 1], [0, 0, 1, 1]

③ **교차 (Crossover)**

선택한 유전자들을 가지고 여러 방법을 이용해서 후대 유전자를 만든다.

여기서는 후보 중 두 유전자를 랜덤으로 골라서 각 자리에서 확률적으로 물려받아 후대를 생성 한다. 좌측의 유전자를 물려받은 자리는 −를, 우측의 유전자를 물려받은 자리는 +를, 좌우가 같은 경우는 *를 수 옆에 붙였다.

[1, 0, 1, 0] + [1, 0, 1, 0] → [1*, 0*, 1*, 0*]

[1, 0, 1, 0] + [1, 0, 0, 1] → [1*, 0*, 1−, 0−]

[1, 0, 1, 0] + [1, 0, 0, 1] → [1*, 0*, 1−, 1+]

[1, 1, 0, 1] + [1, 0, 1, 0] → [1*, 0*, 1+, 1−]

[1, 1, 0, 1] + [1, 0, 0, 1] → [1*, 1−, 0*, 1*]

[1, 0, 0, 1] + [1, 1, 0, 1] → [1*, 0−, 0*, 1*]

[1, 0, 1, 0] + [1, 0, 0, 1] → [1*, 0*, 1−, 1+]

[1, 0, 1, 0] + [1, 0, 0, 1] → [1*, 0*, 1−, 0−]

[1, 0, 0, 1] + [1, 0, 1, 0] → [1*, 0*, 1−, 1−]

[0, 0, 1, 1] + [1, 0, 0, 1] → [1−, 0*, 1−, 1*]

결과 : [1, 0, 1, 0], [1, 0, 1, 0], [1, 0, 1, 1], [1, 0, 1, 1], [1, 1, 0, 1], [1, 0, 0, 1], [1, 0, 1, 1], [1, 0, 1, 0], [1, 0, 1, 1], [1, 0, 1, 1]

④ **변이(Mutation)**

만든 후대 유전자에서 낮은 확률로 변이를 일으킨다.

[1, 0, 1, 0], [1, 0, 1, 0], [1, 0, 1, 1], [1, 0, 1, 1], [1, 1 → 0, 0, 1], [1, 0, 0, 1], [1, 0, 1, 1], [1, 0, 1, 0], [1, 0, 1, 1], [1, 0, 1, 1]

정답이었던 유전자가 변이를 일으켰기 때문에 정답의 수가 줄었다. 이렇듯 유전 알고리즘을 동 작시킬 때 항상 답에 근접하는 것은 아니다.

⑤ **대치 (Replace)**

현재 유전자를 후대 유전자로 교체시킨다.

[1, 0, 1, 0], [0, 1, 0, 0], [0, 0, 1, 0], [1, 1, 0, 1], [0, 0, 0, 0], [0, 0, 0, 0], [1, 0, 0, 0], [1, 0, 0, 1], [0, 0, 1, 1], [0, 0, 0, 1]

↓

[1, 0, 1, 0], [1, 0, 1, 0], [1, 0, 1, 1], [1, 0, 1, 1], [1, 1, 0, 1], [1, 0, 0, 1], [1, 0, 1, 1], [1, 0, 1, 0], [1, 0, 1, 1], [1, 0, 1, 1]

전체적으로 정답에 좀 더 가까워졌다.

⑥ **반복 (Loop)**

거의 모든 유전자가 같아졌고 전체적으로 변화가 거의 없어질 때까지 선택, 교차, 변이, 대치를 반복한다. 하지만, 이런 방법으로는 운이 나쁘면 1111(2)에 도달하지 못하고 종료될 수도 있다. 이걸 방지하기 위해서 변이가 있는 것이지만 좀 더 복잡한 문제에서는 항상 최선의 결과가 나오지 않을 수 있다.

⑦ **종료**

얻은 유전자의 해가 원하던 것인지 확인하고 종료한다.

1111(2)라는 결과를 얻었고, 범위 내의 가장 큰 수인 듯하다.

위의 예제는 그냥 간단히 계산기를 사용해서 해를 구할 수 있는 문제인데 이렇게 복잡하고 확률의 존적인 방식을 써서 구하나 의문이 들 수도 있을 것이다. 이와 같은 쉬운 설명을 위해 단순하고 답이 정해져 있는 문제로 예시를 들어서 그렇게 보이는 것이지 실제로는 답이 정해져 있는 것도 아니고 최적해가 이미 알려져 있지 않은 복잡한 문제에 활용을 하게 된다. 인공지능 로봇에게 두 발로 걷는 방법을 가르치는 경우에는 이러한 해를 사용해야 한다.

O×로 점검하자

※ 다음 지문의 내용이 맞으면 O, 틀리면 ×를 체크하시오. [1 ~ 6]

01 로지스틱 회귀법은 D.R.Cox가 1958년에 제안한 확률 모델로서 독립 변수의 선형 결합을 이용하여 사건의 발생 가능성을 예측하는데 사용한 통계 기법이다. (　　　)

>>>O 로지스틱 회귀법은 1958년에 D.R.Cox가 제안한 확률 모델로 독립 변수의 선형 결합으로 사건의 발생 가능성을 예측한 통계 기법이다. 로지스틱 회귀의 목적은 일반적인 회귀 분석의 목표와 동일하게 종속 변수와 독립 변수 간의 관계를 구체적인 함수로 나타내어 향후 예측 모델에 사용하는 것이다. 로지스틱 회귀는 종속 변수가 범주형 데이터를 대상으로 하며 입력 데이터가 주어질 때 해당 데이터의 결과가 특정 분류로 나뉘기 때문에 일종의 분류(classification) 기법이라고 할 수 있다.

02 KNN은 새로운 데이터가 주어질 때 기존 데이터 가운데 가장 가까운 K개 이웃의 정보로 새로운 데이터를 예측하는 방법론이다. (　　　)

>>>O KNN(K-Nearest Neighbor)은 데이터가 새로 주어지면 기존 데이터 중에 가장 가까운 K개 이웃의 정보로 새 데이터를 예측하는 방법이다. 데이터로부터 모델을 생성해 과업을 수행하는 모델기반학습법과는 대비되는 개념으로, 별도 모델 생성과정 없이 각각의 관측치만을 이용하여 분류·회귀 등 과업을 수행한다는 취지이다.

03 서포트 벡터 머신은 밀도 모델(density model)의 하나로서 k-평균과 같이 데이터의 위치 정보를 이용하여 군집을 생성해 가는 방식이다. (　　　)

>>>O 서포트 벡터 머신(SVM : Support Vector Machine)은 자료 분석을 위한 지도 학습 모델이며, 주로 분류와 회귀 분석을 위해 사용한다. 밀도 모델(density model)의 하나로서 k-평균과 같이 데이터의 위치 정보를 이용하여 군집을 생성해 가는 방식은 DBSCAN 기법이라고 한다.

04 DBSCAN 기법은 개별 개체들을 순차적, 계층적으로 유사한 개체 내지 그룹과 통합하여 군집화를 수행하는 알고리즘이다. (　　　)

>>>O DBSCAN 기법은 같은 군집 내의 데이터들은 밀도가 높게 위치해 있을 것이라는 가정에서 출발한다. 즉, 주변 데이터들의 밀도를 이용해서 군집을 생성해 가는 방식이다. 질문의 내용은 계층적 클러스터링에 대한 설명이다.

정답 1 O 2 O 3 × 4 ×

05 비지도 학습은 컴퓨터에 먼저 정보를 가르쳐주고 이를 바탕으로 정보를 구분하도록 하는 것이다.

( )

🔍 비지도 학습은 배움의 과정 없이 컴퓨터가 스스로 학습하여 정보를 구분하는 것으로, 컴퓨터가 스스로 레이블 되어있지 않은 데이터에 대해 학습하는 것이다. 즉, y 없이 x만 이용해서 학습하는 것이다. 정답이 없는 문제를 푸는 것이므로 학습이 맞게 됐는지 확인할 길은 없지만, 인터넷에 있는 거의 모든 데이터가 레이블이 없는 형태로 있으므로 기계 학습이 지향하는 방식이다. 통계학의 군집화와 분포 추정 등의 분야와 밀접한 관련이 있다.

06 인간의 뇌를 포함한 신경세포를 구성하는 최소단위는 뉴런이다. ( )

🔍 인간의 뇌를 포함한 신경세포를 구성하는 최소단위인 뉴런은 입력 자극의 크기에 따라서 다른 출력을 나타낸다. 뉴런이 자극을 받게 되면 그 자극은 축삭돌기 말단에서 분비되는 화학물질, 즉, 시냅스를 통해 다음 뉴런의 가지돌기로 전달된다. 외부의 자극을 받으면 복잡한 뉴런을 통과하면서 뉴런 간의 연결 강도를 조정하여 일종의 학습이 이뤄지는데 이를 통해 문제를 해결하거나 자극에 대한 반응을 한다. 그리고 정보의 전달은 항상 단방향이다.

정답 5 × 6 ○

01 다음 용어의 연결이 바르게 된 것은?

① 단층 퍼셉트론 – 시그모이드 함수

② 다층 퍼셉트론 – 계단 함수

③ 신경망에서 주로 이용하는 활성화 함수 – 계단 함수

④ 단층 퍼셉트론 – 계단 함수

01 활성화 함수는 무언가를 해주는 기능을 가진 것으로 활성화의 말 그대로 입력 신호의 총합이 활성화를 일으킬지 결정하는 역할을 한다. 그 결정하는 내용이 모두 함수 안에 담겨 있는 것이다. 퍼셉트론은 활성화 함수로 계단 함수를 이용한다. 특정 임곗값을 넘기면 활성화되는 함수이다. 신경망에서 주로 이용하는 활성화 함수는 시그모이드 함수이다. 단층 퍼셉트론은 직선형 영역만 표현할 수 있고, 다층 퍼셉트론은 비선형 영역도 표현할 수 있다.

02 모두 관련이 있는 단어들이다. 그러나 가장 연관성이 높은 단어는 딥 러닝이다. 인공지능이 가장 큰 범주이고 그 다음이 기계 학습 그리고 딥 러닝이다.

머신 러닝(ML)은 많은 데이터로부터 프로그램이 스스로 학습하는 것이다. 즉, 프로그램에 내장된 알고리즘으로부터 수많은 데이터를 학습하고 패턴을 분석한다. ML의 목적은 데이터처리가 아닌 학습 자체가 목적이다. 또한, 패턴인식 기능이 스스로 오류를 인지하고 수정하여 학습의 정확도를 높이는 것이다.

이에 반해서 딥 러닝(DL)은 머신 러닝의 부분집합이고 그 핵심은 분류를 통한 예측이다. 딥 러닝은 인공 신경망을 기반으로 하고 있는데, 인공 신경망이란 인간의 뉴런 구조를 본떠서 만든 기계 학습모델이다. 즉, 인간의 두뇌 연결성을 모방한 것이다. DL은 이러한 인공 신경망의 원리를 이용해 인간의 두뇌 연결성을 모방하여 데이터를 분류하며 상관관계를 찾는다.

02 다음 중 신경망과 가장 연관성이 높은 단어로 옳은 것은?

① 인공지능

② 기계 학습

③ 딥 러닝

④ 프로그램

정답 01 ④ 02 ③

안심Touch

03 컴퓨터에 먼저 정보를 가르쳐주고 이를 바탕으로 정보를 구분하는 것을 지도 학습이라고 한다. 비지도 학습은 배움의 과정이 없이 컴퓨터가 스스로 학습하여 정보를 구분하는 것이다. 인공지능의 실제 구현 문제인 센싱된 데이터를 인식하는 것은 패턴인식이라고 한다. 목표값이 표시된 데이터와 표시되지 않은 데이터를 모두 훈련에 사용하는 것을 반지도 학습이라고 한다.

03 다음 기계 학습의 방법 중에서 지도 학습의 개념에 대한 설명으로 옳은 것은?

① 컴퓨터에게 먼저 정보를 가르쳐주고 이를 바탕으로 정보를 구분하는 것
② 컴퓨터가 스스로 학습하여 정보를 구분하는 것
③ 센싱된 데이터를 인식하는 것
④ 목표값이 표시된 데이터와 표시되지 않은 데이터를 모두 훈련에 사용하는 것

04 번호판이나 사진 인식은 전통적인 컴퓨터 비전으로도 처리는 가능하지만, 기계 학습을 이용하면 더 좋고, 음성 인식도 음성 WAV 파일에 대해서 해당 WAV 부분이 어떤 음절인지를 인식하는 것이다. 데이터 압축은 지도 학습의 사례가 아니다.

04 다음 중 지도 학습의 사례가 <u>아닌</u> 것은?

① 자동차번호판 인식
② 음성 인식
③ 사진얼굴 인식
④ 데이터 압축

05 기존 프로그램의 입력값은 데이터와 프로그램이고 처리결과는 출력이다. 그러나 기계 학습의 입력은 데이터와 출력이고 처리결과는 프로그램이다.

05 다음 중 기계 학습의 입력과 컴퓨터의 처리결과로 각각 옳은 것은?

	입력	처리결과
①	데이터와 프로그램	출력
②	데이터와 출력	프로그램
③	데이터와 출력	출력
④	데이터와 프로그램	데이터

정답 03 ① 04 ④ 05 ②

06 시간에 따라 변화하는 데이터나 어떤 영향, 가설적 실험, 인과 관계의 모델링 등의 통계적 예측에 이용하는 기법을 무엇이라고 하는가?

① 회귀 분석
② 선형 이론
③ 확률 이론
④ 부울 함수

06 회귀 분석(regression analysis)이란 관찰된 연속형 변수들에 대해 두 변수 사이의 모형을 구한 뒤 적합도를 측정해 내는 분석 방법이다. 회귀 분석은 시간에 따라 변화하는 데이터나 어떤 영향, 가설적 실험, 인과 관계의 모델링 등의 통계적 예측에 이용될 수 있다. 그러나 많은 경우 가정이 맞는지 아닌지 적절하게 밝혀지지 않으면 그 결과가 오용되는 경우도 있다.

07 다음 중 비지도 학습의 군집화를 위해 사용하는 기법이 <u>아닌</u> 것은?

① 계층적 클러스터링
② DBSCAN
③ 의사결정 트리
④ K-Means

07 클러스터링 알고리즘은 K-Means, DBSCAN, 계층적 클러스터링(hierarchical clustering) 등 여러 가지 기법이 있으며, 알고리즘의 특성에 따라 속도나 클러스터링 성능에 차이가 있기 때문에, 데이터의 모양에 따라서 적절한 클러스터링 알고리즘을 선택하는 것이 중요하다. 의사결정 트리는 지도 학습에서 사용하는 기법이다.

08 다음 중 학습방법에 있어서 시행착오를 가장 중요하게 고려하는 방법은 어느 것인가?

① 지도 학습
② 비지도 학습
③ 준지도 학습
④ 강화 학습

08 강화 학습은 환경으로부터의 피드백을 기반으로 행위자의 행동을 분석하고 최적화한다. 즉, 주어진 상황에서 보상을 최대화할 수 있는 행동에 대해서 학습하는 것을 말한다. 시행착오와 지연 보상은 다른 기법과 구별되는 강화 학습만의 특징이다.

정답   06 ①   07 ③   08 ④

09 지도 학습의 목표는 클래스 또는 value lable을 예측하는 것이고, 비지도 학습의 목표가 데이터 패턴이나 그룹을 파악하는 것이다.

09 다음 중 지도 학습의 특징과 관련이 없는 것은?

① 전문가 또는 선생님의 학습이 선행된다.
② 데이터는 label되어 있다.
③ 목표는 데이터 패턴이나 그룹을 파악하는 것이다.
④ 신경망, 의사결정 트리 등의 기법이 있다.

10 분기는 하나의 노드를 2개 이상의 서브 노드로 나누는 과정이다. 가지 노드(leaf node) 또는 터미널 노드는 더 이상 분기되지 않는 노드를 말한다. 부모 노드의 서브 노드들을 제거하는 것을 가지치기라 한다. 루트 노드는 나무의 시작으로 분석할 전체 인구를 표현한다.

10 의사결정 트리의 분류 요소와 설명으로 옳지 않은 것은?

① 가지치기 – 부모 노드를 서브 노드로 분할하는 것
② 분기 – 하나의 노드를 2개 이상의 서브 노드로 나누는 과정
③ 터미널 노드 – 더 이상 분기되지 않는 노드
④ 루트 노드 – 나무의 시작으로 분석할 전체 인구를 표현

11 패턴을 인식하도록 설계된 인간의 뇌를 닮고자 모델링된 일련의 알고리즘을 신경망이라고 한다. 신경망은 일종의 기계 인식을 통해 감각 데이터를 해석하고, 원시 입력을 라벨링하거나 클러스터링한다.

11 패턴을 인식하도록 설계된 인간의 뇌를 닮고자 모델링된 일련의 알고리즘은 무엇인가?

① 기계 학습
② 신경망
③ 이진 트리
④ 추론 엔진

정답 09 ③ 10 ① 11 ②

12 다음은 몇 개의 층으로 구성된 신경망인가?

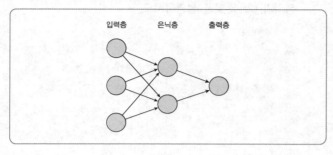

입력층　은닉층　출력층

① 1계층
② 2계층
③ 3계층
④ 4계층

12 딥 러닝 네트워크에서는 노드에 들어오는 값들에 대해 곧바로 다음 계층으로 전달하지 않고 주로 비선형 함수를 통과시킨 후 전달한다. 비선형 함수 신경망에서는 층의 수를 헤아릴 때, 입력이 있는 층만 카운트한다. 즉, 입력이 있는 은닉층과 출력층의 2계층으로 구성이 된 신경망이다.

✓ 주관식 문제

01 다음 제시문의 (1)은 (가)에 들어갈 용어를 쓰고 (2)는 80자 이내로 서술하시오.

> (1) 계층적 클러스터링 기법은 (가) 학습의 대표적인 기법이다.
> (2) 계층적 클러스터링 기법에 대해 설명하시오.

01

정답 (1) 비지도

(2) 계층적 클러스터링은 개별 개체들을 순차적, 계층적으로 유사한 개체 내지 그룹과 통합하여 군집화를 수행하는 알고리즘으로 군집 수를 사전에 정하지 않아도 학습을 수행할 수 있다.

해설 비지도 학습은 기계 학습의 일종으로, 데이터가 어떻게 구성되었는지를 알아내는 문제의 범주에 속한다. 이 방법은 지도 학습(supervised learning) 혹은 강화 학습(reinforcement learning)과는 달리 입력값에 대한 목표치가 주어지지 않는다.
계층적 클러스터링은 주어진 데이터를 k개의 클러스터로 묶어서 각 클러스터와 거리 차이의 분산을 최소화하는 방식인 K-평균 군집화(K-means Clustering)와는 달리 군집 수를 사전에 정하지 않아도 개체들이 결합되는 순서를 나타내는 트리 형태의 구조인 덴드로그램(Dendrogram) 덕분에 학습을 수행할 수 있다.

정답 12 ②

안심Touch

02

정답 (1) 시그모이드 함수는 계단 함수에 비해 완만한 곡선 형태이면서 비선형으로 신경망에서는 입력 신호를 받아서 변환하여 전달만 한다.

(2) 시그모이드(sigmoid) 함수의 특징은, 우선 함숫값이 (0, 1)로 제한되고, 중간값은 1/2이다. 매우 큰 값을 가지면 함숫값은 거의 1이며, 매우 작은 값을 가지면 거의 0이다.

특정 경계를 기준으로 출력이 완전히 바뀌는 계단함수와는 달리 시그모이드 함수는 완만하게 매끄럽게 변화하기 때문에 신경망에서 활성화 함수로 시그모이드 함수를 사용한다. 신경망에서는 활성화 함수를 통해서 각 노드(뉴런)로부터 받은 신호를 변환하고 변환된 신호를 다음 뉴런으로 전달한다. 신경망 연구 초기에는 시그모이드 함수의 은닉층을 사용하는 이점을 충분히 활용할 수 있기 때문에 활용도가 높았다.

03 [문제 하단의 내용 참고]

02 다층 퍼셉트론에서 사용하는 시그모이드 함수에 대한 (1) 개념의 정의와 (2) 특징을 설명하시오.

03 기울기 사라짐(gradient vanishing)이 (1) 발생하는 이유와 (2) 이를 해결하기 위한 방안을 설명하시오.

정답 (1) 기울기 사라짐(gradient vanishing) 문제는 활성화 함수를 선택하는 문제 때문에 발생하는데 직접적인 이유는 활성화 함수가 매우 비선형적인 방식으로 그들의 입력을 매우 작은 출력 범위로 집어넣기 때문이다.

(2) 해결방법은 시그모이드나 Tahn 등의 활성화 함수를 사용하지 않고 ReLU를 사용하는 것이다. ReLU는 미분값의 최대치가 1로 정해져 있지 않기 때문에 gradient 값이 없어져 버리는 일이 크게 줄어든다. 이보다 더 인기 있는 해결책은 Long Short-Term Memory(LSTM)이나 Gated Recurrent Unit(GRU) 구조를 사용하는 방법이다. LSTM은 1997년에 처음 제안되었고, 현재 자연어처리 분야에서 가장 널리 사용되는 모델 중 하나이다. GRU는 2014년에 처음 나왔고, LSTM을 간략화한 버전이다. 두 RNN의 변형 구조 모두 vanishing gradient 문제 해결을 위해 디자인되었고, 효과적으로 긴 시퀀스를 처리할 수 있다는 것이 증명되었다.

04 다음의 괄호 안에 적당한 용어를 적어 넣으시오.

> 가장 간단한 형태의 피드 포워드 네트워크 선형 분류기로도 볼 수 있는 (가)(는)은 인공 신경망의 한 종류로서, 프랑크 로젠블라트에 의해 고안되었다. 이것이 동작하는 방식은 각 노드의 (나)(과)와 (다)(을)를 곱한 것을 모두 합한 값이 (라)에 의해 판단되는데, 그 값이 임계치(보통 0)보다 크면 뉴런이 활성화되고 결괏값으로 1을 출력한다. 뉴런이 활성화되지 않으면 결괏값으로 −1을 출력한다.

04

정답 (가) 퍼셉트론
(나) 가중치
(다) 입력값(입력치)
(라) 활성화 함수

해설 퍼셉트론은 인공 신경망의 한 종류로서, 1957년에 프랑크 로젠블라트(Frank Rosenblatt)에 의해 고안되었다. 이것은 가장 간단한 형태의 피드 포워드(feed forward) 네트워크 선형 분류기로도 볼 수 있다.
퍼셉트론이 동작하는 방식은 다음과 같다. 각 노드의 가중치와 입력치를 곱한 것을 모두 합한 값이 활성화 함수에 의해 판단되는데, 그 값이 임계치(보통 0)보다 크면 뉴런이 활성화되고 결괏값으로 1을 출력한다. 뉴런이 활성화되지 않으면 결괏값으로 −1을 출력한다. 마빈 민스키와 시모어 페퍼트는 저서 '퍼셉트론'에서 단층 퍼셉트론은 XOR 연산이 불가능하지만, 다층 퍼셉트론으로는 XOR 연산이 가능함을 보였다.

여기서 멈출 거예요? 고지가 바로 눈앞에 있어요.
마지막 한 걸음까지 시대에듀가 함께할게요!

제10장

지능형 에이전트

I wish you the best of luck!

지능형 에이전트

에이전트(agent)는 인공지능 분야에서 오래 전부터 연구되어 온 분야로서 1990년대 초부터 독립된 분야로 인식되기 시작한 분야이다. 컴퓨터와 스마트폰의 보급이 증대됨에 따라 통신에 대한 연결성과 이메일, 웹 페이지, SNS 등에 의해 다양한 정보의 교환이 기하급수적으로 증가하고, 정보에 대한 욕구가 계속 증가하게 되었다. 이에 다른 자원들과 통신하고 우리가 필요로 하는 정보를 정확하게 전달하는 도구가 필요하게 되었는데 이러한 역할을 하는 것이 에이전트이다. 분산환경에 적합한 에이전트는 여러 학자들에 의해 개념이 정립되었는데 대표적으로 러셀과 노르빅(Russell & Norvig)의 정의에 의하면 에이전트는 상호작용을 나타내고 자신의 센서(sensor)를 통해 환경을 인지하여 그 환경에 대해 구동장치(actuator)를 통해 반응하는 시스템을 말한다. 또 우드릿지와 제닝스(Wooldridge & Jennings)는 에이전트를 자동성이나 다른 에이전트 간 통신 능력, 시간에 따른 환경 변화에 대응하고 목표 지향적인 특성을 갖는 하드웨어 또는 소프트웨어 기반의 컴퓨터 시스템이라고 정의하였다. 타케다(Takeda)는 에이전트를 소프트웨어 에이전트와 하드웨어 에이전트로 나누고, 소프트웨어 에이전트를 자동적으로 인간과 통신하여 작동하는 목표 지향적 시스템이라 하였고, 이에 학습 기능이 첨가되면 하드웨어 에이전트로 분류하였다.

제 1 절   에이전트 중요 ★★

1 에이전트의 정의 중요 ★★

'소프트웨어 에이전트' 혹은 '에이전트'라고도 부르는데, 특정한 목적을 위해서 사용자를 대신해 작업을 수행하는 자율적 프로세스이다. 독자적으로 존재하지 않고 어떤 환경의 일부이거나 그 안에서 동작하는 시스템이다. 관리자가 별다른 명령을 내리지 않아도 정해진 일정에 따라 인터넷상에서 정보를 수집하거나 서비스를 수행한다. 인터넷에서 지능형 에이전트라고 부르는 것은 사용자의 개입 없이 주기적으로 정보를 모으거나 다른 서비스를 수행하는 프로그램이기 때문이다. 소프트웨어 에이전트는 주로 분산 환경에서 동작하며 독립된 기능을 수행하기 위해 지식(knowledge)이라는 비절차적 처리 정보가 저장된 데이터베이스를 이용하여 자신의 추론 방법을 통해 다른 에이전트와 상호작용한다. 그리고 에이전트는 경험을 바탕으로 한 학습 기능 및 목적 지향적 능력을 가지고 지속적인 행동을 한다. 현재 대다수의 에이전트는 사용자와 시스템이 자원들과 통신하며 반자동화된 방법으로 작동하기 때문에 이때의 에이전트를 지능적 에이전트(intelligent agent)라고도 하며, 여기서 말하는 에이전트는 지능형 에이전트라는 것을 뜻한다. 에이전트는 인지(recognition), 반응(interact), 목표(goal), 환경(environments)이 중요한 요소가 되므로 이들을 묶는 시스템 구성이 중요하다. 따라서 [그림 10-1]처럼 내부에 자신만의 지식 베이스와 추론 능력을 가지고 사용자, 시스템 자원, 다른 에이전트와 통신하는 능력이 에이전트의 기본 개념이다.

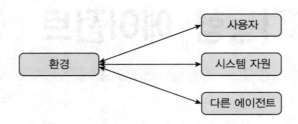

[그림 10-1] 지능형 에이전트의 기본 개념

앞서 설명한 것처럼, 에이전트는 센서를 통해 환경을 인식하고 구동장치를 통해 해당 환경에 작용하는 것으로 볼 수 있는 모든 것이라고 할 수 있다.

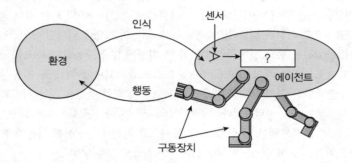

[그림 10-2] 에이전트의 기능

인식(percept)은 에이전트가 인지할 수 있는 입력을 의미하고, 행동(action)은 에이전트의 결과를 나타낸다. 에이전트를 이해하기 위해 진공청소기를 예로 들어보자. 진공청소기는 위치와 내용을 인식하고, 그에 적합한 행동을 취하게 된다.

입력값	출력
[A, Clean]	
[A, Dirty]	
[B, Clean]	
[B, Dirty]	
[A, Clean], [A, Clean]	
[A, Clean], [A, Clean]	
...	?
[A, Clean], [A, Clean], [A, Clean]	
[A, Clean], [A, Clean], [A, Dirty]	
...	

에이전트는 인식한 것에 따라서 올바른 행동을 해야 하고, 올바른 행동은 에이전트를 가장 성공적으로 이끌어 내는 행동이다. 에이전트 행동의 성공을 객관적으로 판단한 것을 성능측정(performance measure)이라고 한다. 진공청소기의 경우 성능측정은 주어진 시간 동안 처리한 먼지의 양을 시간당 $1m^2$를 기준으로 일정한 점수를 부여하는 것으로 이해할 수 있고, 이것을 합리성(rationality)이라고 한다. 합리성에 대한 일반적인 기준은 '에이전트가 얼마나 작업을 처리해야 하느냐'보다는 '우리가 원하는 기준을 만족하느냐'라는 것이다. 즉, 합리적 에이전트(rational agent)는 가능한 각 인식 순서에 대해 인식 순서에 의해 제공된 증거와 에이전트가 가지고 있는 지식이 무엇이든지 성능 측정을 최대화할 것으로 예상되는 행동을 선택해야 한다. 작업 환경을 평가하는 것은 에이전트를 설계할 때 반드시 필요하다. 이것을 PEAS로 표시하는데 PEAS는 성능(P : performance), 환경(E : environments), 구동장치(A : actuator) 그리고 센서(S : sensor)를 의미한다.

[표 10-1] 택시 운전사의 PEAS

성능	환경	구동장치	센서
안전, 빠름, 준법성, 편안함, 이익의 극대화	도로, 다른 교통량, 보행자, 고객	핸들, 가속페달, 브레이크, 신호, 계기판, 경적	카메라, 속도계, 내비게이션, 엔진 센서 등

[표 10-2] 의료진단 시스템의 PEAS

성능	환경	구동장치	센서
건강, 비용 최소화, 고소	환자, 병원, 의사, 간호사, 관리자 등	테스트, 진단, 치료, 디스플레이	증상 입력 키보드, 환자의 답을 찾는 것

2 에이전트의 특징 중요 ★★★

에이전트는 여러 가지의 특징이 있는데 그중에서도 대표적인 것이 다음과 같다.

① **자율성(autonomy)**
에이전트는 사람이나 다른 사물의 개입 없이 스스로 판단하여 동작하고 자신의 행동이나 내부 상태에 대한 제어를 한다.
② **이동성(mobility)**
초기에 부여 받은 작업 수행을 위해 사용자가 요구하는 작업을 현재의 컴퓨터에서 처리하지 않고 그 작업을 처리할 수 있는 다른 컴퓨터로 이동하여 수행함으로서 작업 효율을 높이고 네트워크의 부하를 감소시킨다.
③ **반응성(reactivity)**
현실 세계, 그래픽 사용자 인터페이스를 경유한 사용자, 다른 에이전트들의 집합, 인터넷 등의 환경을 인지하고 그 안에서 일어나는 변화에 적절하게 반응하는 능력을 갖는다.

④ **목표 지향성(goal-oriented)**

복잡한 고수준의 작업을 수행하기 위해 하위의 세부 작업으로 분할되고 처리 순서가 결정되어 처리되는 등의 모든 책임을 에이전트가 진다.

⑤ **학습 능력(learning)**

사용자의 습관과 작업방식 및 취향에 따라서 <u>스스로를 적응</u>시킨다.

⑥ **사회성(sociality)**

에이전트 통신언어를 사용하여 **사람이나 타 에이전트와 상호작용**을 한다.

⑦ **성격(character)**

에이전트는 믿을 수 있는 개성이 있어야 하고 다른 사람이나 에이전트와 구별되는 **정성적(quality)**인 특징이 있다.

이외에도 지능성, 시간 연속성, 합리성, 협동성, 정직성 등과 같은 특징을 갖는다. 에이전트 간 서로 연관되는 특성과 해당 에이전트가 영향력을 미치는 내용을 보면 다음과 같다.

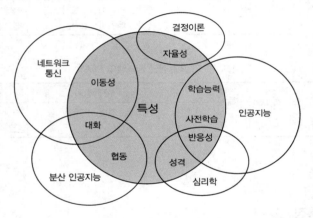

[그림 10-3] 특성 간의 영향력

3 에이전트의 구조와 기능 중요 ★

인공지능 분야에서 에이전트 프로그램(agent program), 즉 인지와 행동 간의 사상 관계를 구현한 함수의 설계는 매우 중요하다. 이 에이전트 프로그램은 특정 컴퓨터 장치나 아키텍처 상에서 수행된다. 예를 들면, 일반 컴퓨터 또는 카메라 이미지, 오디오 입력 등 특수 목적 하드웨어를 가진 컴퓨터가 될 수 있다. 일반적으로 아키텍처는 그 프로그램에서 사용 가능한 장치를 이용하여 정보를 인지하게 해주고 프로그램을 실행시키므로 에이전트와 프로그램, 아키텍처는 다음과 같은 관계를 갖는다.

> 에이전트 = 아키텍처 + 프로그램

에이전트 프로그램은 현재의 인식을 입력으로 받아들이는 것이고, 에이전트 기능은 전체 인식의 내용을 기억하고 있어야 한다. 인공지능이 하는 일은 인식을 행동(percepts to actions)으로 매핑시켜 주는 에이전트 기능을 구현하는 에이전트 프로그램을 디자인하는 것이다.

실제 환경과 인공 환경 간에는 분명 차이가 있을 것이다. 그러나 문제는 이들의 차이가 아니라 에이전트 행동과 환경에 의해 생성된 인지 서열, 에이전트가 수행해야 할 목표 등과의 복잡성이다. 몇몇 실제 환경은 아주 단순한 것들도 있기 때문이다. 예를 들면, 제품 검색용 로봇인 경우 제품을 받아들이든지 반품하든지 둘 중의 하나만 행동으로 나타내면 된다. 그러나 시뮬레이터 같은 소프트웨어 에이전트인 경우는 환경이 매우 복잡하고 다양하다. 프로그램은 특정 컴퓨터 장치나 아키텍처 상에서 수행된다.

지능형 에이전트는 대개 구조적 형태가 유사한데, 앞서 설명했듯이 환경에서 인지하여 행동하는 시스템을 말한다. 초기의 에이전트 프로그램은 매우 단순하게 설계되었는데, 입력되는 새로운 인지 사실에 따라 갱신되는 내부 데이터를 갖는다. 이들 데이터 구조는 에이전트가 행동을 선택하기 위한 의사결정 과정 시 작동하며 아키텍처에 전달된다. 여기에는 두 가지 특징이 있다. 첫째, 에이전트의 입력값으로 인지 서열이 아닌 단일 인지값만을 받아들였다는 점이다. 물론 메모리에 인지 서열을 만드는 것은 전적으로 에이전트에 달려 있다. 그러나 인지 서열의 저장 없이도 성공적으로 동작하기도 하고 완전한 서열의 저장이 불가능한 경우도 종종 존재한다. 둘째, 성능 평가 척도 또는 목표가 초기 에이전트 프로그램의 한 부분이 아니라는 점이다. 성능 평가 척도는 외적으로 에이전트 행동을 평가하기 위한 것이기 때문에 제곱근 문제처럼 성능 평가 척도에 대한 기준이 없어도 매우 좋은 성능을 보이기도 한다. 일반적으로 환경에 대한 제한을 많이 둘수록 에이전트 프로그램의 설계는 쉬워진다.

제 2 절　에이전트 프로그램의 설계 중요 ★

1 작업 환경의 특징 중요 ★

에이전트의 인식과 행동에 영향을 주는 환경에는 여러 가지 특징이 있다.

(1) 완전 관찰 대 부분 관찰

에이전트의 센서들은 일정 시간 간격으로 환경의 상태를 완벽(fully)하게 파악하거나 부분적(partially)으로 파악한다.

(2) 결정적 대 확률적

결정적(deterministic)이라는 뜻은 환경의 다음 상태가 현재의 상태와 에이전트의 행동에 의해 결정된다는 것이다. 만일 환경이 다른 에이전트들의 행동을 예외로 하고 결정적이라면 그러한 환경은 전략적이라고 한다. 확률적(stochastic)이라는 의미는 환경의 다음 상태와 행동이 어떠한 확률에 의해서 만들어 진다는 것이다.

(3) 간헐적 대 연속적

간헐적(episodic) 에이전트는 에이전트의 경험이 이따금 발생하는 사건으로 나눠져 있는 것이다. 각 사건에서의 행동은 사건 그 자체에만 관련 있다. 연속적(sequential) 에이전트는 행동의 과거 내용이 다음 행동에 영향을 주는 것이다.

(4) 정적 대 동적

에이전트가 생각하는 동안 환경이 변화하지 않고 있는 것을 정적(static)이라 한다. 반대로 동적 (dynamic)인 것은 환경은 시간에 따라 변하지는 않지만 에이전트의 성능 점수가 변화한다는 것이다.

(5) 단절 대 지속적(continuous)

제한적이고 명확한 지각과 행동을 단절이라 하고, 연속적이고 이전과 이후의 행동에 연관성이 있는 것을 지속이라고 한다.

(6) 단일 에이전트 대 복수 에이전트

어떤 환경에서 동작하는 에이전트가 하나(single)일 때와 여러 개(multi)일 때를 의미한다.

축구시합의 환경적 특성은 다음과 같다.

① 확률적
에이전트가 수행하는 현재의 상태와 행동에 대해서, 다음의 상태 또는 결과를 정확하게 결정할 수 없다. 예를 들면, 에이전트가 특정 방향으로 공을 찼는데 공이 다른 선수에게 전달되거나 전달되지 않을 수도 있다. 또는 선수가 어떻게 움직이느냐에 따라서 여러 가지 형태로 축구 경기장(환경)이 바뀐다는 것이다.
② 연속적
경기에서의 과거 행동의 이력들이 해당 게임에서 다음 행동에 영향을 끼칠 수 있다.
③ 동적
환경은 에이전트가 결정을 하면 바뀔 수 있다. 즉, 선수가 움직이면 축구 경기장(환경)은 바뀐다.
④ 연속적
공이나 선수의 위치, 에이전트가 공을 차는 속도나 방향은 연속적이다.
⑤ 부분 관찰
에이전트는 행동에 영향을 주는 축구 경기장의 모든 것을 탐지할 수 없다. 즉, 다른 선수가 무슨 생각을 하는지 알 수 없다.
⑥ 복수 에이전트
축구 시합에는 많은 에이전트가 관련된다.

2 에이전트 설계 중요 ★★★

실제 에이전트 프로그램의 설계 방법에 따른 4가지 형태의 에이전트에 관해 살펴보자.

(1) 단순 반응형 에이전트(simple reflex agent) 중요 ★★

단순 반응형 에이전트는 [그림 10-4]와 같이 자신의 지식 베이스에서 인지된 상태와 정확히 일치하는 반응만을 수행한다. 일반적으로 인지할 수 있는 환경은 비결정적이고 동적이기 때문에 항상 이 관계가 성립된다고 볼 수 없으므로 응용 범위가 매우 좁다는 단점을 갖는다.

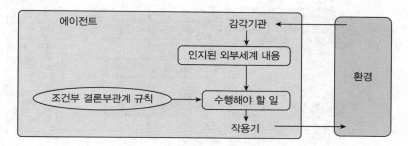

[그림 10-4] 단순 반응형 에이전트

(2) 외부지식 기억형 에이전트(agent that keep track of the world) 중요 ★★

외부지식 기억형 에이전트는 인지된 상태의 범위에 관한 내부 지식을 계속적으로 기억하고 있는 에이전트를 말한다. 즉, 인지된 상태가 지식 베이스와 조건부가 정확히 일치하는 것이 없더라도 인지된 상태의 범위로부터 유사한 결론부를 찾아낼 수 있게 된다. 따라서 거대한 지식 베이스를 필요로 한다.

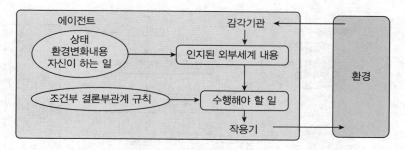

[그림 10-5] 외부지식 기억형 에이전트

(3) 목표 기반 에이전트(goal-based agent) 종요 ★★

목표 기반 에이전트는 인지에 대한 반응이 목표가 주어졌을 경우보다 정확히 수행된다는 것을 기본 전제로 하는 에이전트로서, 탐색(search) 문제나 계획(planning) 문제 등에 적용되는 에이전트를 말한다. 예를 들면, 비가 오는 경우 자동차의 브레이크는 보통 때와는 다른 정도로 밟아야 안전한 운행이 될 수 있을 것이다. 이러한 것을 조절할 수 있는 에이전트가 목표 기반 에이전트이다. 그러나 모든 인지 가능한 환경 자체가 비결정적·동적 특성 외에는 접근하기 쉽지 않다는 특성을 갖고 있으므로 항상 목표를 기반으로 수행되지는 않는다는 점에서 어려운 문제점을 갖는다.

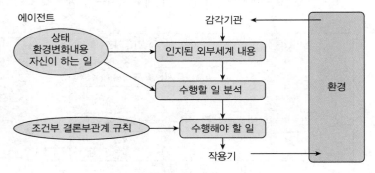

[그림 10-6] 목표 기반 에이전트

(4) 함수 기반 에이전트(utility-based agent) 종요 ★★

목표 기반 에이전트가 수행할 목표들을 선택할 때 문제가 발생하기 때문에 이를 해결하기 위해 제안된 에이전트로서, 에이전트가 인지한 반응을 목표에 대해 얼마만큼 만족하는지 사용자 중심으로 그 목표에 대한 만족도를 수치화하는 에이전트를 말한다. 여기서 'utility'란 어떤 상태의 만족도를 하나의 수치로 나타내는 사상 함수를 말한다. 그러나 수치화 척도 중에 객관성 등이 해결해야 할 과제이다.

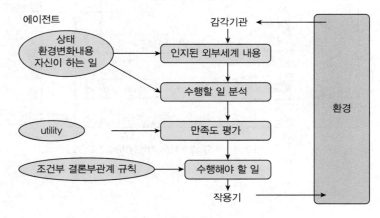

[그림 10-7] 함수 기반 에이전트

동적인 환경에서부터 인지하여 내부 추론을 통해 사용자의 목표 또한 최대한으로 만족시킬 수 있으며, 외부 환경에 대해서도 융통성 있게 반응할 수 있는 지능형 에이전트가 바람직한 시스템이다.

3 에이전트 작동 원리 중요★★

합리적인 에이전트는 올바르고 정확한 일, 즉 에이전트로 하여금 가장 성공적인 일을 하도록 하는 어떤 일을 수행한다. 그러므로 에이전트의 성공 여부를 평가하려면 'how'와 'when'을 결정해야 한다. 에이전트가 얼마나 성공적인가를 결정하는 기준인 'how'를 측정하기 위해 성능 평가 척도(performance measure)를 사용한다. 그러나 모든 에이전트들에 적당하고 고정된 평가 척도가 없기 때문에 에이전트 자체의 만족 여부로 성능 평가를 할 수 밖에 없는데 이것 또한 주관적일 뿐 아니라 가능하지 않을 수도 있다. 그러므로 누가 봐도 알 수 있는 객관적이면서 표준이 되는 성능 평가 척도가 필요하다. 예를 들면, 진공청소기 역할을 하는 에이전트가 있다고 하자. 이 경우 성능 평가 척도는 단위 시간당 청소한 먼지의 양, 전기 소비량 및 소음 정도 등이 될 것이다. 에이전트의 성능을 평가하는 시간인 'when' 또한 중요하다. 이를 위해 시간 간격을 두고 agent의 성능을 평가하는 것도 좋은 방법이 된다. 예를 들면, 에이전트에 따라 하루에 두세 번 정도 평가 시간을 정해 놓는 것도 좋은 방법이다. 또한, 실제의 출력값을 알고 그대로 행동하는 에이전트도 있겠으나 이는 이론적으로는 가능하지만 실제로는 불가능하다. 일반적으로 에이전트는 다음 4가지 정보에 따라 작동한다.

> ① 성공의 정도를 평가하는 성능 평가 척도
> ② 에이전트가 지금까지 인지한 사실들, 즉 인지 서열(percept sequence)
> ③ 에이전트가 환경에 관해 아는 모든 것
> ④ 에이전트가 수행할 수 있는 가능한 행동

요약하면, 가장 이상적인 에이전트는 각 인지 서열에 의해 제공된 사실들과 에이전트가 가진 지식들을 총동원하여 자신의 성능 평가 척도를 최대화시킬 수 있도록 바람직한 행동을 하는 에이전트이다. 그러나 이때 에이전트가 행동을 하기 위해 유용한 정보를 얻지 못하면, 즉 인지 서열이 적당하지 못하면 잘못된 결과를 초래할 수도 있다. 그러므로 에이전트의 행동 결정에는 내부 처리 과정 못지않게 정보를 얻는 과정 또한 매우 중요하다. 에이전트는 외부 환경에서 정보를 얻어 내부에서 처리하는 과정이 행동 결정을 하기 때문이다. 그러나 모든 인지 서열을 전부 인지할 수 있는 경우는 매우 드물기 때문에 앞으로는 적은 정보로도 바람직한 행동 결정을 할 수 있는 더 지능화된 에이전트가 필요할 것이며 그러한 추세로 에이전트 시스템이 개발될 것이다. 에이전트는 실세계를 에이전트와 비에이전트로 구분하는 어떤 절대적 특성이 있는 것이 아니라 시스템을 분석하는 도구일 뿐이다. 예를 들어, '시계'라는 에이전트를 생각해 보자. 시계는 인지 서열도 없고 외부 환경과도 무관한 낮은 수준의 에이전트지만 크고 작은 두 개의 바늘이 움직임으로써 시계 에이전트 고유의 올바른 일을 수행하고 있는 것이다.

에이전트의 행동은 지금까지 인식한 인지 서열에 의해서만 좌우되기 때문에 각 인지 서열에 반응하는 행동 양식을 테이블 형식으로 만들어 특정 에이전트를 설명할 수 있다. 이러한 인지(percept)와 행동(action)의 연결 관계를 사상(mapping)이라고 하는데, 사상 관계를 정확히 기술하는 것이 중요하다. 임의의 주어진 인지 서열에 반응하여 수행하는 에이전트의 행동을 기술하는 것이 합리적인 에이전트 설계의 핵심 사항이 되기 때문이다. 그렇다고 해서 가능한 모든 인지 서열과 행동의 관계를 모두 테이블로 작성해야 한다는 것은 아니다. 일일이 나열하지 않아도 사상 관계를 잘 나타낼 수 있다. 예를 들어, 제곱근 함수를 계산하는 단순한 에이전트를 생각해 보자. 여기서 만약 인지된 입력값이 양수 x이면, 에이전트는 행동으로 $z = \sqrt{x}$ 값을 산출한다. 이때 시스템 설계자는 인지와 행동 간의 관계를 사상시킬 필요가 없게 된다. [그림 10-8]은 제곱근 함수문제를 인지와 행동과의 관계로써 이용하여 사상시킨 프로그램의 일부로서 행동을 소수점 이하 15자리까지 정확하게 나타낸 그림이다.

percept x	Action z
1.0	1.000000000000000
1.1	1.048808848170152
1.2	1.095445115010332
1.3	1.140175425099138
1.4	1.183215956619923
1.5	1.224744871391589
1.6	1.264911064067352
1.7	1.303840481040530
1.8	1.341640786499874
1.9	1.378404875209022
⋮	⋮

[그림 10-8] 제곱근 함수

```
function SQRT(x)
    z ← 1.0/* 초깃값*/
    repeat until |z² − x| < 10⁻¹⁵
    z ← (z² − x)/(2x)
    end
    return z
```

이 제곱근 함수 문제는 사상과 에이전트 설계와의 관계를 보여 주는 좋은 예이다. 위의 사상 테이블은 매우 크지만 이를 의미하는 에이전트는 간결하게 함축된 프로그램이다. 요약하면, 가장 좋은 에이전트는 무한 환경에서 무한 행동을 할 수 있도록 간결하고 함축적으로 작성된 프로그램이라고 정의할 수 있다. 에이전트의 행동 결정에서는 내장된 지식 또한 매우 중요하다. 그러나 에이전트의 행동이 인지된 값에만 전적으로 의존한다면 에이전트는 자동성이 없는 시스템이 될 것이다. 에이전트의 행동은 에이전트 자신의 경험과, 에이전트가 동작하는 특정 환경에 대한 에이전트 구축 시 사용된 내장된 지식에 의해 결정된다. 한 시스템이 어느 정도 자동성이 있다는 것은 시스템의 행동이 자신의 경험에 의해 결정된다는 것을 의미한다. 한 에이전트가 자신의 내장된 지식과 일치하는 인지값에 대해서는 성공적으로 행동할 것이나 융통성이 부족하게 되므로 자동성이 없는 시스템이 될 것이다. 진정으로 자동적이며 지능적인 에이전트가 되려면 조정할 충분한 시간이 주어졌을 때 다양한 환경에서 성공적으로 동작해야 한다.

제 3 절 에이전트 언어 중요 ★★

소프트웨어 에이전트가 사용하는 언어는 상호 의사 교환을 위해 필요하다. 대부분의 언어는 언어행동학이 기본이 되며, KQML과 FIPA-ACL이 가장 널리 알려졌다. 그리고 많은 에이전트들이 어떻게 서로 간에 응답을 주고 받는지를 체계화한 것을 에이전트 언어라고 정의한다. 두 가지 언어는 모두 언어 행동을 기반으로 개발되었다. KQML은 가장 널리 사용되는 언어이고, FIPA-ACL은 에이전트를 표준화하기 위한 최초의 언어이다. 에이전트 통신 언어는 메시지들은 어디에서도 대화한다는 언어 행동 이론(speech act theory)에 근거하고 있고, 메시지 형식을 실행표현이라고 한다.

1 개요

소프트웨어 시스템이 지식, 학습, 자율성 및 의사소통과 같은 특성을 소유하고 있다면 이를 에이전트 시스템이라고 한다. 지능형 에이전트는 통신 언어를 사용하여 다른 에이전트와 통신할 수 있어야 한다. 통신과 관련한 세 가지 기본적인 문제는 상호작용 프로토콜(interaction protocol), 통신 언어(communication language) 및 전송 프로토콜(transport protocol)이다. 상호작용 프로토콜에서는 하나의 에이전트가 다른 에이전트와 상호작용할 수 있다. 각 에이전트는 외부 환경을 고려하지 않고도 가장 최선의 옵션을 선택할 수 있다. 따라서 프로토콜은 비협동 전략 관점에서 설계되어야 한다. 통신 언어는 통신 매체를 의미하고, 전송 프로토콜은 TCP, SMTP, http 등을 다룬다. 에이전트 간에는 공통 구문, 의미, 상호 이해를 공유하는 것이 필요하다. 에이전트 통신 언어들은 담론, 의미의 복잡성, 매우 복잡한 오브젝트들을 서로 교환하는 다른 방법론들과는 다르다. 에이전트 통신은 멀티 에이전트 시스템에서 필수적인 것 중 하나이다. 언어 행동(speech act)은 언어 이벤트를 분석하기 위해 사용하는 언어로서 전달하는 정보가 단어에 제약받지 않는다는 사실에 근거하고 있다. 이 근거에 따라서 인공 언어는 에이전트들 사이의 통신을 지원하기 위해 개발되었다. 에이전트는 다른 에이전트로부터 온 서비스를 요청하고 다른 에이전트에게 그런 정보를 알려주고 그들을 지원할 수 있는 에이전트를 찾는다. 이러한 것들은 ACL(Agent Communication Language)을 통해서 가능하다.

2 에이전트 통신 언어(ACL) 중요 ★

ACL을 구성하려면 여러 가지 조건이 필요하다.

[그림 10-9] ACL 구성요소

(1) 형식

좋은 에이전트 통신 언어는 선언적이고 구문적으로 단순하며, 읽을 수 있고, 간결하며, 쉽게 차지하고 선형화할 수 있어야 한다. 또한, 구문은 확장할 수 있어야 한다.

(2) 내용

ACL은 대화를 실행하는 대화형 언어로 계층화되어야 하고 통신 영역(domain)에 대해서 표현하는 내용 언어가 되어야 한다.

(3) 의미

ACL의 의미는 자연어 설명을 포함하고 통신에 대한 모델을 제공해야 한다. 언어와 프로토콜의 이해를 공유할 수 있어야 한다.

(4) 통신망

언어는 P2P, 브로드캐스팅, 비대칭, 대칭 등의 다양한 통신 기술과 독립적인 전송 메커니즘을 지원해야 한다.

(5) 환경

환경은 이질적이고 동적이며 분산될 수 있고 다른 언어나 프로토콜과 상호 운용될 수 있어야 한다.

(6) 신뢰성

ACL은 에이전트 간에 신뢰할 수 있고 안전한 접속을 지원해야 하고 언어는 에러나 경고 등을 식별할 수 있어야 한다.

(7) 구축

구축할 때는 속도와 대역폭 사용량을 고려해야 하고 쉽게 사용할 수 있는 인터페이스와 현재 소프트웨어 기술과 잘 구성될 수 있어야 한다.

에이전트 통신 언어(ACL)에는 KQML과 FIPA ACL이 있다.

3 KQML(Knowledge Query and Manipulation Language) 중요 ★★

(1) 개요

KQML은 컴퓨터 프로그램을 다른 프로그램과 연결하고 식별하며 서로 간 정보를 교환할 수 있도록 하는 언어이며 프로토콜이다. KQML은 독립적인 내용 언어(content language)의 전송 메커니즘이다.

(2) 계층 중요 ★★

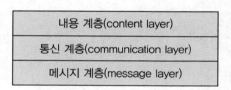

내용 계층(content layer)
통신 계층(communication layer)
메시지 계층(message layer)

[그림 10-10] KQML 계층

① **내용 계층**

내용 계층은 프로그램 언어로 표현되는 메시지의 실제 내용을 가지고 있다. 또 KQML은 ASCII 같은 형태로 표현 언어를 처리할 수 있다.

② **통신 계층**

통신 계층은 송신자와 수신자의 식별과 통신의 식별자를 위한 통신 변수를 표현한다.

③ **메시지 계층**

메시지 계층은 KQML의 핵심이다. 메시지를 인코딩하고, KQML 말하기 에이전트와의 가능한 상호작용을 찾고, 네트워크 프로토콜을 식별하며 KQML 메시지의 성능 결과를 제공한다. 또한, 내용 언어의 제한적 제약사항, 설명 등과 같은 부가적인 기능을 포함하고 있다.

(3) KQML 메시지 중요 ★★

KQML 메시지를 performative(적절한 문맥에서 표현된 언어적인 설명)이라 한다. 예를 들면 단어의 표현이 'I promise 또는 I apologize'처럼 어떠한 실행을 나타내는 것을 말한다. 우리말로 performative를 해석하면 '실행표현' 정도가 될 듯 싶다. 실행표현은 미리 규정되지만 확장할 수 있다. 실행표현의 변수들은 키워드와 값을 가지고 있다. 실행표현은 ask-all, ask-one, tell, srteam-all, standby, subscribe 등이 있다.

(4) KQML 형식

```
(〈Performative〉
    :content 〈statement/speechact〉
    :sender 〈name〉
    :receive 〈name〉
    :language 〈text〉
    :ontology 〈text〉
)
```

[KQML 메시지의 예]

```
(ask-one
       :sender joe
       :content(PRICE IBM? price)
       :receiver stock-server
       :reply-with ibm-stock
       :language LPROLOG
       :ontology NYSE-TICKS)
```

(5) KQML의 중요한 언어

[표 10-3] KQML의 명령어

언어 행동 형태	의미
achieve	S가 그의 환경에서 E에게 어떤 문장이 대해 참인가를 알고 싶어 한다.
advertise	S가 어떤 특정 언어 행동 형태를 실행하기에 적합하다.
ask-all	S가 E의 지식 기반에 있는 모든 답변을 원한다.
ask-one	S가 E의 지식 기반 중 어떤 하나의 답변을 원한다.
broker-one	S가 그의 언어 행동에 대한 답변을 E로부터 듣고자 한다.
deny	언어 행동이 S에게 더 이상 적용되지 않는다.
delete	S는 E에게 그의 지식 기반에서 특정 사실을 제거하기를 원한다.
recommend-one	S는 언어 행동에 대해서 답변할 수 있는 에이전트의 이름을 원한다.
recuit-on	S는 언어 행동을 실행할 수 있는 에이전트를 요청하기 위해 E를 원한다.
sorry	S는 요구된 지식이나 정보를 처리하지 않는다.
subscribe	S는 언어 행동에 대한 E의 답변 정보를 계속 요구한다.
tell	S가 정보 항목을 전달한다.

(6) Facilitator

KQML에는 Facilitator라는 특수한 클래스의 에이전트가 있다. 이것은 다양한 통신 서비스를 수행하며, 이름이 지정된 서비스로 메시지 전달, 내용을 기반으로 메시지를 라우팅하고 정보 제공 업체와 고객 간의 정보 전송 번역 서비스를 제공한다.

(7) 통신 프로토콜

통신 프로토콜에는 비대칭형과 대칭형 등 다양한 형태가 있다.

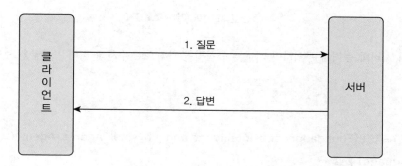

[그림 10-11] 프로토콜-1

고객이 요청하면 서버 측은 일정 시간을 대기한 후 답변을 보낸다.

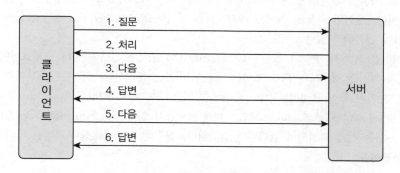

[그림 10-12] 프로토콜-2

고객이 요청하면 서버 측은 제어권을 고객 측에 넘겨주고, 이후부터는 고객이 한 번에 하나씩 질문을 하고 답변을 받는 형식이다.

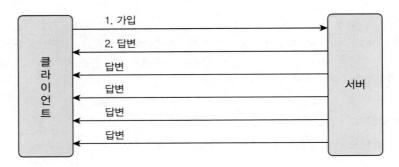

[그림 10-13] 프로토콜-3

고객이 서버의 출력에 동의하면 서버는 규칙적인 간격으로 수차례 비대칭 응답을 보낸다.

4 **FIPA-ACL**(Foundation and Intelligent and Physical Agents Agent Communication Language) 중요 ★★

(1) 개요 중요 ★

지능형 물리 에이전트 재단(FIPA)은 에이전트 및 에이전트 기반 응용 프로그램 간의 상호 운용성을 지원하는 사양을 개발하여 공개함으로서 지능형 에이전트 산업을 발전시키는데 전념하고 있는 국제기구이다. 에이전트 통신 언어는 메시지들은 어디에서도 대화한다는 언어 행동 이론(speech act theory)에 근거하고 있다.

ACL 사양은 메시지 형식과 활용론(pragmatic)으로 구성된다. 메시지는 실행표현이라고 불리는데 메시지의 의미를 정의하는 외부 언어는 내용 언어와는 분리된다. 이들은 서로 다른 내용언어를 준수한다. 여기서 통신 프리미티브(primitive)를 의사소통 행위(act)라고 한다.

의미 언어(semantic language)는 ACL을 나타내는 공식 언어이다. FIPA ACL의 의미(semantic)는 실행할 수 있는 전제 조건이며 합리적인 결과이다. 실행할 수 있는 전제 조건은 각각의 송신 측에서 필수 조건이다.

(2) ACL 메시지 구조 중요 ★

상호 운용성을 보장하고 잘 정의된 프로세스를 제공하기 위해 ACL 메시지가 표준화되어 있다. ACL 메시지에는 상황에 따라 발신자, 수신자 및 콘텐츠 등 다양한 매개 변수가 포함된다. 이들 중 실행표현 매개 변수는 의무적으로 나타나야 한다. 사용자가 정의한 메시지 매개 변수도 허용된다. ACL 메시지 구조를 정의하기 위해 프레임, 매개 변수를 설명하는 내용, 보존치 값(FIPA가 규정한 상수) 등의 여러 가지 변수가 사용된다.

(3) 상호작용 프로토콜

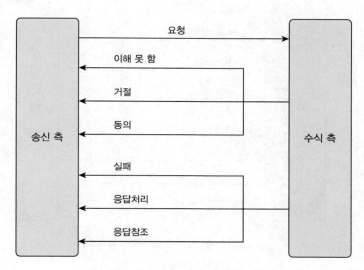

[그림 10-14] 요청 응답 프로토콜

송신 측 에이전트가 수신 측으로 요청을 하고 해당 작업에 대한 승낙 또는 거절 중 하나의 답변을 받는다.

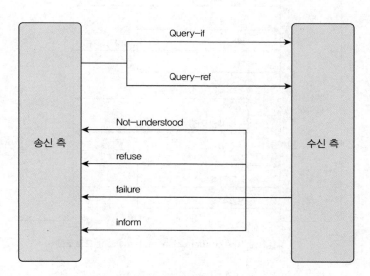

[그림 10-15] 쿼리 응답 프로토콜

송신 측 에이전트는 수신 측 에이전트에게 쿼리에 대한 응답으로서 실행표현 정보를 수행하도록 요청한다. 쿼리 실행은 query-if와 query-ref가 있고, inform은 응답이다. query-ref에서 응답은 참조식 표현이고 에이전트는 응답을 거절하거나 실패했다고 알려줄 수 있다.

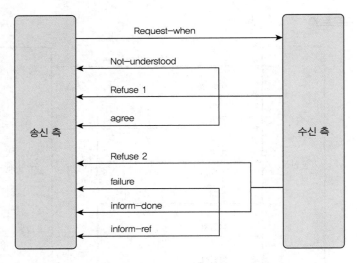

[그림 10-16] request when 프로토콜

사전조건이 **참이면** 송신 측 에이전트가 수신 측에 행동하도록 요청한다. 이 단계에서는 에이전트가 거절 또는 수락을 한다. 사전조건의 실행 끝 무렵에 에이전트는 행동을 거절하거나 수락한다.

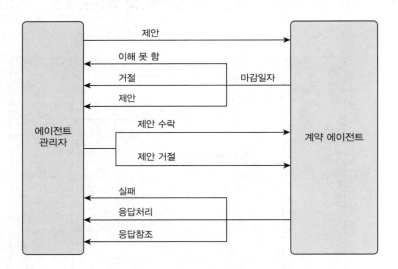

[그림 10-17] contract net(interaction) 프로토콜

contract-net 프로토콜은 거절과 수락을 기존 버전에 추가한 것이다. 여기서는 작업을 효율적으로 실행할 수 있도록 하나의 에이전트가 매니저로서 행동한다. 효율적이라는 것은 가격이거나 완성되는 시간을 의미한다. 이 프로토콜에는 계약자(contractor)가 제안을 준비하여 상대방 에이전트에게 실행을 요청하는 방식이다. 마감시간이 지나면 매니저 에이전트는 제안서를 평가하여 선택된 에이전트에게 제안을 수락한다고 보내면 나머지 에이전트들은 거절되었다는 메시지를 받는다. 계약 에이전트는 작업을 완료하면 매니저 에이전트에게 메시지를 보낸다.

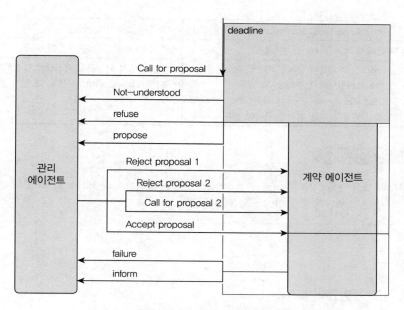

[그림 10-18] iterated contract-net 프로토콜

이 프로토콜은 여러 차례의 반복적인 경합을 허용하는 것으로 contract net interaction 프로토콜의 확장 프로토콜이다. 매니저 에이전트는 제안 행동에 대한 call을 일으키고 계약 에이전트는 제안 행동으로 응답한다. 그러면 매니저 에이전트가 제안 행동에 대한 수정된 call을 일으키는 과정을 반복하는 것이다.

(5) KQML과 FIPA ACL의 유사성과 차별성 비교 _{중요} ★★★

① 유사성
  ㉠ 개념과 원칙에 대해서는 동일하다.
  ㉡ 서로 다른 내용 언어를 지원한다.
  ㉢ 구문적으로 동일하다.
  ㉣ 저수준의 통신 프로토콜을 사용해서 메시지를 파징하고 구성할 수 있다.
  ㉤ 언어 행동 이론을 기본으로 한다.

② 차별성

[표 10-4] KQML과 FIPA ACL의 비교

KQML	FIPA ACL
의미설명은 사전조건, 사후조건과 조건완료를 포함한다.	의미설명은 실행 가능한 사전조건과 합리적 효과를 사용한다.
에이전트 관리와 통신 에이전트에 대한 기능이 있다.	메시지 계층보다는 기본 에이전트가 제공되는 서비스로서 에이전트 관리와 통신에이전트를 고려한다.
ask-all, stream-all 등과 같은 다수의 솔루션들에 대한 기능과 achieve, unachieve와 같은 목표 정의 기능이 있다.	ACL에서 KQML과 같은 개념은 표시하지 않지만 ACL 문맥에서 사용한다.

직접 믿음 조작(direct belief manipulation) 기능이 있다.	직접 믿음조작 기능이 없다.
실패와 거절에 대해서 'sorry'를 사용한다.	실패와 거절 같은 기능이 있다.
• KQML은 서비스의 사양이 불완전하다. • 기능 측면에서 확실하게 설명이 안 된다. • 언어에서 요소(element)의 근거가 불확실하고 통신 프리미티브를 식별하기 위한 엄격한 규칙이 없다.	• 내용 언어의 기능들이 확실하게 명문화되지 않았다. • 충분한 협동 프리미티브를 갖고 있지 않다.

> **더 알아두기**
>
> KQML의 직접 믿음 조작이란 insert, uninsert, delete-one, delete-all, ask-all 등과 같이 실행표현의 변수들은 키워드와 값을 가지고 있음을 뜻한다.

4 에이전트 개발언어 중요 ★★

에이전트 기반 기술과 에이전트 기반 시스템을 구축하는데 필수 구성 요소는 프로그래밍 언어이다. 에이전트 지향 프로그래밍 언어라고 하는 이러한 언어는 신념, 목표, 행동, 계획, 의사 소통 등 에이전트 관련 개념의 직접 구현과 사용을 허용하는 높은 수준의 추상화 및 구조를 개발자에게 제공해야 한다.

대부분의 에이전트 시스템은 여전히 Java, C와 C++로 작성되고 있다. 전통적인 언어는 에이전트 시스템에 적합하지 않지만, Pascal, C, Lisp 또는 PROLOG 언어로 구현할 수 있다. 일반적으로 객체 지향 언어(Smalltalk, Java 또는 C++)는 에이전트가 캡슐화, 상속 및 메시지 전달과 같은 객체로 일부 속성을 공유하기 때문에 에이전트 시스템을 구현하는 데 사용하기 쉽다. 이러한 표준 언어 외에도 에이전트 기반 시스템을 구현하기 위한 몇 가지 프로토타입 언어가 에이전트 특정 개념보다 나은 구현을 지원하기 위해 제안되고 있다. 에이전트 프로그래밍 언어에 대한 분류 및 분석 방법은 고차원적이기도 하고 때로는 상호 의존적인 이기종 기준까지 고려해야하기 때문에 매우 어려운 작업이다. 왜냐하면, 계산 모델, 공식 패러다임, 공식적 의미론, 구조적 디자인 선택, 도구 가용성, 플랫폼 통합, 응용 분야 등이 포함되기 때문이다. 실용적 접근 방법분류에서는 에이전트 지향 프로그래밍 언어(AOP : Agent Oriented Programming), 신념-욕망-의도(BDI : Belief-Desire-Intention) 언어, 단일 모델 내에서 AOP와 BDI를 결합하는 하이브리드 언어(hybrid language), 널리 선언된 기타 언어의 영역으로 언어를 구분한다.

(1) 에이전트 지향 프로그램 언어 중요 ★★

에이전트 지향 프로그래밍(AOP)이라는 용어는 새로운 프로그래밍 패러다임을 정의하기 위해 만들어졌다. 이것은 중심 구성 개념이 에이전트이고, 정신적 특성, 의사 소통 기술 및 시간 개념을 가진 소프트웨어 구성 요소로 간주되는 계산 프레임 워크를 갖는다. AOP는 객체지향 언어(OOP : Object-Oriented Programming)가 구체화된 것으로 간주되지만 이러한 개념 간에는 몇 가지 중요한 차이점이 있다. 첫 번째는 객체와 에이전트는 자율성이 다르다. 에이전트는 다른 개체의 동작을 직접 호출하는 객체와 달리 실행해야 할 작업에 대해서 직접 요구를 표현한다. 즉, OOP에서 결정은 요청 개체 내에 있으며 AOP에서는 수신 측이 실행 중에 있는지 여부를 결정하여 그 자체의 동작을 제어한다. 또한, 에이전트가 다른 에이전트와 종종 상충되는 이해관계를 가질 수 있으므로 에이전트가 다른 에이전트로부터 작업 요청을 실행하는 것은 해로울 수 있다. 두 번째는 유연성이다. 에이전트는 사전 동작 및 적응형 동작을 나타내며 학습을 사용하여 시간이 지남에 따라 성능을 향상시킬 수 있다. 세 번째는 제어 스레드이다. 다중 에이전트 시스템은 기본적으로 다중 스레드이지만 일반적으로 OOP는 단일 제어 스레드이다. AOP 프레임워크의 중요한 부분은 프로그래밍 언어이다. APL은 에이전트 개발을 목표로 하는 높은 수준의 추상화를 제공하고 프레임워크에서 정의한 모든 기능을 나타내는 구문을 통합하는 도구이다.

① 에이전트 제로

에이전트 제로(AGENT-0)는 에이전트 지향 패러다임의 직접 구현을 제공하는 최초의 에이전트 지향 프로그래밍 언어이다. 실제 프로그래밍 언어보다는 프로토타입을 더 많이 사용하지만, AOP 개념을 사용하여 대형 시스템을 구축할 수 있다. 에이전트 제로에서는 에이전트를 정의하기 위해 다음처럼 네 개의 부분으로 구성되어 있다.

> ㉠ 처리능력 집합(에이전트가 무엇을 할 수 있는지를 기술하는 것)
> ㉡ 믿음의 집합
> ㉢ 강한 약속과 의도(commitment and intention)의 집합
> ㉣ 메시지 조건, 정신조건 및 행동을 포함한 약속의 집합

② PLACA

플라카(PLanning Communicating Agents)는 에이전트 제로가 개선된 언어이다. 의사소통 기능을 확장하여 의사소통의 강도를 크게 감소시켰다. PLACA에서 에이전트는 다른 에이전트에게 어떤 작업을 수행하도록 요청할 때마다 별도의 메시지를 보낼 필요가 없다. 대신 다른 에이전트에게 최종적으로 바라는 상태에 대해서 설명을 할 수 있고, 실험적인 언어로서 사용되었다.

③ 에이전트-K

에이전트-0의 또 다른 후속타인 에이전트-K는 표준화된 KQML로 사용자 정의 통신 메시지(즉, 요청 및 알림)를 대체한다. 이를 통해 에이전트의 일반적인 상호 운용성이 향상되고 KQML을 사용하는 여러 유형의 에이전트와 통신할 수 있게 되었다. 이외에도 Mate-M, April & Mail, VIVA, GO! 등의 언어가 있다.

(2) BDI 기반 언어 `중요` ★★

에이전트 프로그래밍 언어를 설계할 때 가장 중요하게 영향력을 끼치는 것은 실제 추론 에이전트 구조가 성공하느냐 실패하느냐는 점이다. 이 중 가장 주목할 만한 것은 절차 추론 시스템(PRS : Procedural Reasoning System)이다. PRS는 신념, 욕망 및 의도(BDI) 구조를 구현한 최초의 시스템이다. 이를 기반으로 쇼함(Shoham)과 거의 같은 시기에 라오(Rao)는 AgentSpeak(L) 언어를 제안했다. AgentSpeak(L)은 혁신적인 에이전트 프로그래밍 언어의 디자인을 형성하기 위해 BDI 아키텍처를 신념, 욕망 및 의도와 같은 은유로 사용하였다. 그러나 AgentSpeak(L)은 단지 제안이었을 뿐이고, 2004년 Jason 프로그래밍 언어가 AgentSpeak(L)의 확장 버전에 대한 첫 번째 구현 도구였다. BDI 기반 언어에는 AgentSpeak, Jason, AF-APL, 3APL, 2APL, JACK Agent Language, JADEX 등이 있다.

(3) 하이브리드 언어 중요 ★

하이브리드 언어에는 CLAIM 언어가 있고, 기타 FLUX, GOAL, Golog 등이 있다. 하이브리드 구조는 반응형과 심사숙고형 에이전트의 장점을 합친 형태이다.

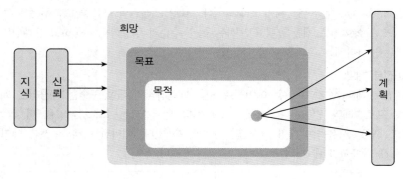

[그림 10-19] BDI 구조

제 4 절   에이전트 시스템 중요 ★★

1 에이전트의 역사 중요 ★

인공지능을 '약한 인공지능(weak AI)'과 '강한 인공지능(strong AI)'으로 분류하는 견해에 의하면 약한 AI는 지능적으로 행동하는 시스템이라 하고, 강한 AI는 실제로 생각하는 지능적인 시스템으로 정의한다. 인공지능에서의 주된 관점은 합리적인 에이전트에 있다. 에이전트는 환경의 인식에 기반을 두고 그런 환경에서 행동하고 존재하는 실체이다. 합리적으로 행동하는 에이전트는 '주어진 정보를 사용'하여 '최대로 예상'하고, '목표를 달성'하는 것이다. 지능적 에이전트의 예로 영화 스타워즈의 'R2', 체스의 'Deep Blue', 구글의 '알파고' 등 이미 수많은 에이전트들이 우리 곁에 존재하고 있다.

에이전트라는 용어가 처음 사용된 것은 1980년 MIT의 분산 인공지능 워크숍 이후라고 볼 수 있다. 이후 본격적인 연구주제로 활용되기 시작했다. 이를 기점으로 인공지능에서 에이전트의 중요성이 인식되었고, 분산 인공지능(distributed AI), 다중 에이전트 시스템(MAS)에 관심이 증가되었다. 1990년에는 컴퓨터 엔지니어링 관련 분야뿐만 아니라 에이전트가 이동 에이전트(mobile agent), 상호작용 에이전트(interactive agent) 등 다른 분야에서도 각광을 받기 시작했다. 1995년에는 다른 영역으로 확산되면서 인공생활(artifical life), 경제 에이전트(economic agent) 등 다양하고 광범위하게 응용 프로그램 영역이 더욱 커지기 시작했다. 1996년 FIPA라는 국제 표준 단체가 조직되어 에이전트 기술을 발전시키기 시작했고, 2005년 이 조직은 IEEE의 11번째 공식 조직으로 인정받아 에이전트와 다중 에이전트(multi agent)에 관한 표준안을 연구하고 있다.

에이전트는 초기 단독 에이전트의 능력의 한계로 지역적으로 분리된 다른 에이전트의 도움을 받아 처리하는 분산 협동 처리(distributed cooperative processing)와 여러 에이전트의 분산 협동 처리를 위한 에이전트 간의 통신을 위한 에이전트 간 통신(inter-agent communication)이 필요해지면서 다중 에이전트 시스템에 대한 연구가 진행되었다. 기존의 인공지능이 추구하는 대상은 하나의 독립된 에이전트로서 주로 인지적인 측면에서 에이전트의 지식표현과 추론, 자연어 처리 등에 대한 연구와 개발이 진행되었고 이를 토대로 전문가 시스템이나 지식기반 시스템 등이 개발되었다. 그러나 다양해지고 복잡해지는 사용자의 요구를 해결하기에는 단독 에이전트의 능력만으로는 한계에 봉착할 수밖에 없었다.

2 다중 에이전트 시스템 중요 ★★

다중 에이전트 시스템(MAS : Multi Agent System)은 일반적인 환경에서 서로 간에 상호작용을 하는 에이전트의 집합으로 정의할 수 있다.

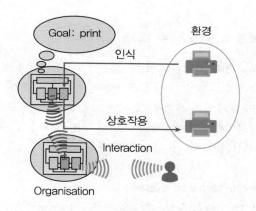

[그림 10-20] 다중 에이전트 세상의 에이전트

프린팅 상점 협회에 가입한 업체들과 고객들의 관계를 표시한 그림을 통해 다중 에이전트 시스템을 살펴보도록 하자. 여기서 환경은 프린터, 목표는 출력이라는 것을 이해할 수 있다. 에이전트는 물리적이거나 소프트웨어적인 자율적 실체(autonomous entity)로 구조화되어 있는 활동에 참여할 수 있는 사회성, 활동성, 상호작용성을 가지고 있다. 그리고 목표를 달성하기 위해서 다른 에이전트나 고객과 상호작용을 한다. 고객의 요청에 의해서 구조화된 상점 간의 통신을 통해 계약이 체결된 상점의 프린터를 통해 출력이라는 목표를 달성하는 그림이다.

Y는 고객이나, 다른 에이전트, 에이전트들의 그룹, 조직 등이고, O는 목표, 계획, 행동, 자원, 역할, 기준 등을 말한다. 에이전트 X는 환경 S에서 O의 수용을 지역적으로 결정할 수 있고, 그리고 Y는 X가 O를 수용하려고 한다는 것을 확신하지 않는다는 것을 의미한다. 다중 에이전트에서 에이전트 X가 S라는 환경 내에서 O를 위해 Y에 대해서 자율적이다.

3 단일 에이전트와 다중 에이전트 중요 ★★★

(1) 단일 에이전트 관점(마이크로 시각)

① 상호작용과 사전행동 실체들/통제의 보호이다.

② **자율성** : 에이전트들이 시스템의 다른 에이전트가 예상하지 않은 활동을 나타낼 수 있다.

③ **위임** : 에이전트들이 그들의 활동에 대해서 일부 통제를 받을 수 있다.

(2) 다중 에이전트(매크로 시각)

① 지식, 자원, 추론·결정 능력의 분산이다.

② 통제와 지휘의 탈중앙화(loose coupling)이다.

③ 자율 에이전트끼리 서로 협동하기 위한 계약(agreement) 기술, 협동 모델 및 방법이다.

④ 새로운(new)·사회질서·규범적 기능이다.

4 다중 에이전트 시스템의 행동 영역 중요 ★

다중 에이전트 시스템은 소프트웨어 프로그램, 인간, 조직 그리고 물리적인 세상을 통합한다. 그들은 서로 유연하고 지속적인 방식으로 상호 운영되고, 상호작용하는데 이것을 '사회적-기술적 시스템'이라고 한다. 문제를 해결하기 위하여 지역 내의 문제 해결자끼리 협동으로 모델링하고 모의실험하여 문제를 해결하고 풀이 과정을 상향 또는 하향식으로 구현해야 한다. 사회적-기술적 시스템, 문제해결과 모의실험은 다중 에이전트 시스템의 세 가지 행동 영역(action domain)이다.

① **사회적-기술적 시스템(socio-technical system)**

다중 통신망으로 서로 연결된 속에서 지식 집약적인 프로세서들이 개발되고 있으며 인터넷, 웹, 사물인터넷 등과 같이 중요한 IT 기술을 기반으로 산업, 서비스, IT 등 모든 실체들이 글로벌화하고 있다. 또한 이들은 끊임없이 발전하고 있다. 따라서 유연성과 민첩성이 지속되면서 더욱 효율적인 협업 프로세스가 필요한 세상이 되었고, 고객들은 점점 더 협업과 협동의 중심에 서게 될 수밖에 없다. 이에 다음과 같은 요구사항이 점점 크게 대두되었다.

> ㉠ 크기와 구조에 있어서의 개방성, 확장성, 투과성
> ㉡ 중앙 통제가 아닌 탈중앙화된 지역 통제 및 상호작용
> ㉢ 다른 어플리케이션들과 느슨하게 묶인(loosely coupling) 자율적으로 상호작용하는 실체
> ㉣ 지식 집약적인 처리 및 공유
> ㉤ 고객들은 응용 프로그램에 대한 그들의 결정을 위임 가능

② **문제해결(problem-solving)**

목표 응용 프로그램의 기능들은 글로벌 전략이나 글로벌 문제해결 방법이 없고, 지역 간 전략과 지역 문제해결 방법이나 지역 프로세스간의 상호작용만으로 작업을 처리하기는 더 이상 어려운 환경이 되었다. 여기에 다중 에이전트의 필요성이 대두되는 것이다. 복잡한 시스템의 해결안을 찾기 위해 서로 협동하고 불확실성의 문제를 관리하여 솔루션을 찾아야 한다.

③ **모의실험(simulation)**

모의실험은 어떤 실체를 이해하고, 설명하고, 개선하고, 문제를 도와주고 지원하기 위해 필요하다. 에이전트의 개발 및 발전은 오브젝트 지향적 프로그램에 영향을 주었다. 캡슐화와 모듈화를 지원하는 C++, Java, Smalltalk 등의 언어가 개발되었고, 분산 오브젝트를 지원하는 CORBA, DCOM의 언어가 있다. 간혹 에이전트와 오브젝트를 같은 것으로 이해하는 경우가 발생한다. 오브젝트(object)로서의 에이전트는 상황과 행동을 담고 있다. 에이전트 간의 상호작용은 객체 간의 방법을 호출하는 것보다 더 넓은 범위를 갖는다. 상호작용은 목표, 계획, 행동, 가설 교환으로 구성되고, 에이전트는 여러 가지 제어 사이클을 갖는다. 즉, 다중 에이전트 시스템은 여러 가지의 제어 흐름(control flow)을 가지고 있지만 오브젝트 시스템은 하나의 제어 흐름을 갖는다.

5 에이전트의 기능

에이전트의 기본적인 특징인 자율성, 이동성, 반응성, 학습, 목표 지향성, 사회성, 성격 등의 7가지에 대해서는 이미 언급한 바 있다. 여기서는 좀 더 구체적인 여러 가지 기능에 대해서 기술하고자 한다.

[표 10-5] 에이전트의 다양한 기능

적응성	에이전트는 예상치 못한 변화를 수용할 수 있어야 한다.
선행(박애)	에이전트는 갈등을 유발하는 목표를 갖지 않고 모든 에이전트는 그것이 요청하는 것을 실행하려는 노력을 해야 한다는 가정이다.
경쟁	에이전트는 한 에이전트의 성공이 다른 에이전트들의 실패를 유발하는 경우를 제외하고는 다른 에이전트들과 협업한다.
협동, 협업	에이전트는 공통의 목표를 달성하기 위해 다른 에이전트들과 협동할 수 있다.
조화	에이전트는 다른 에이전트와 공유한 환경 속에서 어떤 행동을 실행할 수 있다. 행동은 계획, 작업흐름, 어떤 공정관리 구조에 의해서 조화를 이룬다.
신용	에이전트는 신뢰할 수 있는 개성과 감정 상태를 지니고 있다(character와 유사).
심사숙고	심사숙고형 에이전트는 계획이나 목표와 같은 정신적 영역에 포함될 수 있는 추론과정을 통해 행동을 결정한다.
유연성	시스템은 즉각 반응하고, 사전 반응하며 사회적이다.
혼합구조	다른 구조와의 결합. 낮은 행동에 대한 간단한 통제와 고수준 행동에 대해 심사숙고하여 통제를 내리는 시스템의 결합이다.
추론능력	에이전트는 일반적 목표에 대해서 이전에 사용한 지식과 선호하는 방법으로 추상적인 작업 명세에 대해서 작업할 수 있다.

지능	에이전트의 상태는 지식에 의해서 형식을 갖추고 있고 에이전트는 상징 언어를 사용하여 다른 에이전트와 상호작용한다.
해독능력	에이전트는 센서가 읽은 값이 정확하다면 해석할 수 있다.
지식수준의 대화능력	기존의 상징적 수준의 프로그램 프로토콜이라기보다는 인간이 사용하는 언어와 비슷한 언어로 사람이나 다른 에이전트와 대화할 수 있는 능력이다.
예측능력	에이전트는 실세계의 작업 모델이 작업을 어떻게 달성할 수 있는지 충분히 정확하다면 예측할 수 있다.
위임능력	에이전트는 어떤 사람이나 어떤 것을 대신하여 행동할 수 있다.
자발성	에이전트는 환경에 대해서 단순하게 행동하지 않고, 목표지향적인 행동을 표현할 수 있다.
합리성	에이전트는 목표를 성취하기 위해서 순서대로 행동하고, 성취할 목표를 방해하는 식으로 행동하지 않는다는 가정이다.
자원제약성	에이전트는 사용할 수 있는 자원이 있는 경우에만 행동할 수 있다.
재사용성	절차 또는 후속 사례는 정보의 인수인계를 위해 클래스 '에이전트' 사례를 유지하거나 결과에 따라서 이를 확인 및 분석할 수 있다.
확실성	에이전트는 오류 및 불완전한 데이터를 확실하게 처리할 수 있다.
위치성	에이전트(로봇)는 그의 환경에 위치해 있다. 그 행동은 물리적 상호작용(예 센서 – 액터 커플 링)에 의해 유도될 수 있다. 이는 내부 표현을 사용하여 제어하는 효율적인 대안이기도 하다.
자극 반응성	자극 반응 에이전트는 내부 상태를 가지고 있지 않다. 즉, 반응이라는 것이 곧 입력과 같다는 것이다.
시간 연속성	에이전트는 한번만 계산하는 것이 아니라 계속하여 프로세스를 구동한다. 하나의 입력은 하나의 출력이 되며 이후에는 종료한다.
투명성과 책임	에이전트는 투명하게 요구해야 하고, 그 행동에 대한 관련 근거를 제공해야 한다.
예측 불가성	에이전트는 모든 초기조건이 알려진다고 해도 완전히 예측할 수는 없다.
진실성	에이전트는 알고 있어도 거짓 정보와 대화하지 않을 것이라는 가정이다.

제 5 절   에이전트 구조 [중요] ★★★

에이전트는 크게 다음과 같은 구조(architecture)로 구분할 수 있다. 하이브리드 모델은 반응형 에이전트
와 심사숙고형 에이전트를 결합한 모델이다.

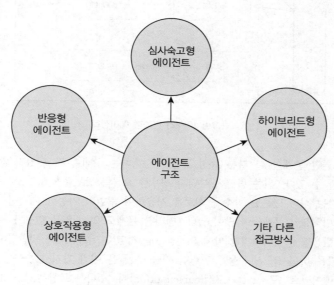

[그림 10-21] 에이전트의 유형

(1) 반응형 에이전트(reactive agent)

반응형 에이전트는 복잡한 추론과정도 사용하지 않고 실세계에 대한 어떠한 기호 모델도 갖지 않
는다. 다만 센서를 통해서 들어온 입력 신호를 감지하고 처리하여 실행 행동을 결정하는 에이전트
이다. 또한, 환경의 변화에 매우 민감한 에이전트이다.

> 행동 : S→A

S는 환경의 상태를 나타내고, A는 에이전트가 실행할 수 있는 그대로의 행동들을 나타낸다. 예를
들면 다음과 같다.

> 행동(S) = 온도가 너무 낮으면 히터를 킨다. 또는 그렇지 않으면 히터를 끈다.

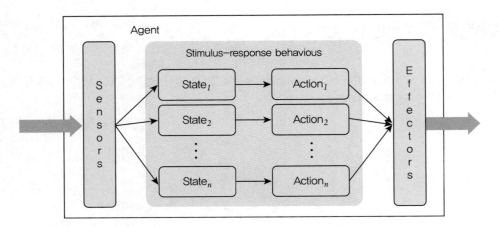

[그림 10-22] 반응형 에이전트

내부는 기능 모듈만 존재할 뿐 다른 특정 기능을 수행하는 상태를 갖고 있지 않다. 단순한 로봇의 움직임을 생각할 수 있다. 왼쪽 벽면에 부딪힐 경우는 오른쪽으로 움직이고 오른쪽 벽면에 부딪히면 왼쪽으로 이동하는 식의 단순한 함수나 회로를 사용하여 구현이 가능한 에이전트이다. 기호식 인공지능과 관련된 미해결된 문제들이 많이 있다. 이러한 문제로 인해 일부 연구자들은 전체 패러다임의 생존 가능성과 반응형 아키텍처의 개발에 의문을 제기하였다. 주류 AI를 뒷받침하는 가정이 일부 잘못되었다는 생각은 하면서도 반응형에 관련한 기술집단들은 여러 가지 기술을 사용하고 있다. 대표적인 반응형 에이전트 구조로는 포섭(subsumption)이 있다. 포섭은 Brooks라는 행동 언어(behavior language)를 사용한다.

[표 10-6] 반응형 에이전트의 장·단점

장점	• 단순하다. • 구현하기가 쉬워 경제적이다. • 수학적인 계산 취급이 용이하다. • 실패에 대해서 엄격하다.
단점	• 반응형 에이전트를 학습시키기 어렵다. • 환경 모델이 없는 에이전트의 경우에는 지역환경에서 충분한 정보를 얻어야 한다. • 많은 행동을 갖는 에이전트를 구현하기 힘들다.

다음은 production rule을 사용하여 구현한 제어 사이클의 예이다.

```
condition-action
rules set of percepts

  do {     percepts := see();
                      state := interpret_input(percepts);
           rule := match(state, rules);
           execute(rule[action]);
  } while (1);
```

(2) 심사숙고형 에이전트(deliberative agent)

심사숙고형 에이전트는 자신이 속해있는 환경과 달성하려는 목표, 그리고 가능한 행동들에 대한 기호 모델을 갖는다.

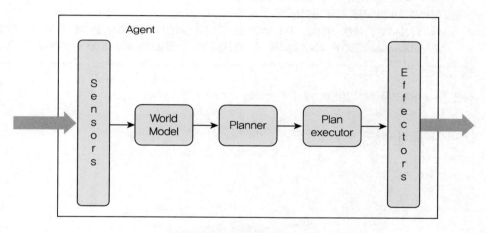

[그림 10-23] 심사숙고형 에이전트 모델

심사숙고형 에이전트는 기호 모델(symbolic model), 기호 추론(symbolic reasoning)을 통해 의사결정을 한다. 기호 모델은 계속하여 변화하는 실세계의 상황을 적절하게 표현하기 위한 도구이다. 심사숙고형 에이전트에서 태도는 환경에 관한 정보와 관련이 있는 정보적 태도와 에이전트들의 행동을 제시하는 pro-attitude가 있다. 정보적 태도는 믿음(belief)이고 pro-attitude는 소망과 의도(desire and intention)이다. 기호 모델은 믿음을 사용하고 소망과 의도의 표기를 사용하는 기호 추론을 통해 의사결정을 한다. 이 세 가지의 믿음, 소망, 의도를 BDI 에이전트라고 한다.

의도적 시스템은 심사숙고형 에이전트의 기반이고 이것은 실용적 추론을 통해 의도된 입장을 따른다. 이론적 추론은 믿음에 관한 것이고 실용적 추론은 행동에 대한 것이다. "소크라테스는 언젠가 죽는다."는 이론적 추론이고 '버스를 잡는 것'은 실용적 추론이다. 즉, 실용적 추론은 다음과 같이 표현할 수 있다.

> 실용적 추론 = 목적을 달성하기 위한 일의 상태가 무엇인지를 결정하는 것 + 그런 상태의 일을 달성하려면 어떻게 해야 하는지 결정하는 것

따라서 계산 자원을 효율적으로 사용해야 하고, 선택한 상황에서 멈추어 그것을 달성해야 한다. 에이전트가 선택해서 넘긴 상황을 의도라고 한다. 의도는 단순한 소망보다 더 강한 것이다. 대표적인 심사숙고형 구조로는 BDI와 에이전트 지향 프로그램 언어인 쇼함이 있다. 심사숙고형 에이전트의 문제는 다음과 같다.

> ㉠ 변환문제
>   환경이 매우 빠르게 변환할 경우 필요한 모든 정보를 기호 표현으로 변환해야 하는 데 시간이 많이 걸린다.
> ㉡ 표현문제
>   기호 모델을 바탕으로 제한된 시간 내에 에이전트를 효과적으로 추론하게 할 것이냐는 문제이다. 늦은 결과들은 사용할 수 없게 될 수도 있다.
> ㉢ 실세계 시나리오로 확장 불가능 문제
>   즉, 현실세계에 대한 반영을 하지 못한다는 것이다. 시간의 측면에서 볼 때, 반응형은 현재만 존재하고, 심사숙고형은 과거에 대해서는 추론을 할 수 있고, 미래에 대해서는 투영할 수 있다.

다음은 심사숙고형 에이전트의 제어 사이클의 예이다.

[제어 사이클의 예]

```
s: state, eq: event queue

s := initialize();
do {
    options := option_generator(eq, s);
    selected := deliberate(options, s);
    s := update_state(selected, s);
    execute(s);  eq := see();
} while(1);
```

[BDI 제어 사이클의 예]

```
b: beliefs, g: desires, i: intentions, eq: event queue

(b, g, i) := initialize();
repeat
    options := option_generator(eq, b, g, i);
    selected := deliberate(options, b, g, i);
    i := selected ∪ i;
    execute(i);
    eq := see();
    b := update_beliefs(b,eq);
    (g,i) := drop_successful_attitudes(b,g,i);
    (g,i) := drop_impossible_attitudes(b,g,i);
forever
```

(3) 하이브리드 에이전트(hybrid agent) 중요 ★★

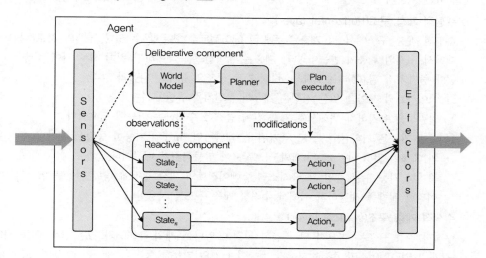

[그림 10-24] 하이브리드 에이전트

반응형과 심사숙고형 에이전트의 행동을 연결한 것으로 여러 개의 하위 시스템으로 구성되었다. 또한, 계층형 구조로 되어 있고 계층 구조는 서로 상호작용한다. 심사숙고형 요소로서의 하위 시스템은 기호 추론을 사용하여 계획하고 의사결정을 한다. 반응형 요소로서의 하위 시스템은 복잡한 추론 없이 빠르게 사건에 반응할 수 있다.

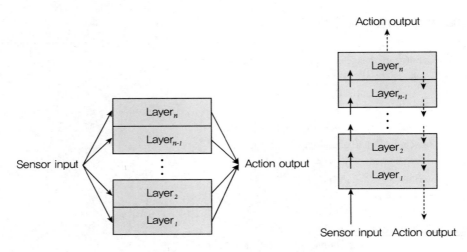

[그림 10-25] 하이브리드 에이전트의 계층형 구조

[그림 10-25]의 좌측은 수평적 계층, 우측은 수직적 계층 하이브리드 구조를 나타낸다. 각 계층은 서로 다른 수준의 추상화를 하며, 수평적 계층 구조와 수직적 계층 구조로 구분한다.

① **수평적 계층 구조(horizontal layer)**

수평적 계층 구조에서 각 계층은 독립된 에이전트로 행동할 수 있다. n개의 서로 다른 행동에 대해서, n개의 계층이 만들어진다. 계층은 에이전트를 제어하기 위해 서로 간에 경쟁을 하기 때문에 중재기가 필요할 수 있다. 수평적 계층 구조의 문제는 다음과 같다.

㉠ 에이전트의 제어를 위한 경쟁은 계층의 불일치를 유발할 수 있다.

㉡ 일관성을 유지하기 위해서는 계층 간에 중재를 수행하는 기능이 필요하다.

㉢ 중재 기능은 기하급수적으로 증가된다. 왜냐하면, m개의 가능한 동작을 제안할 수 있는 n개의 계층이 있을 때, m × n개의 상호작용이 만들어지기 때문이다.

중재자 기능 또는 중앙 제어 시스템은 에이전트의 의사 결정에 병목 현상을 일으킬 수 있다. 이러한 문제를 해결하기 위해서 수직적 계층 구조를 사용한다.

② **수직적 계층 구조(vertical layer)**

수직적 계층 구조는 비교적 덜 복잡한 장점이 있다. n개의 레이어가 있는 경우 이들 사이에 n-1개의 인터페이스가 존재한다. 각 계층이 m개의 가능한 동작을 제안할 때 최대 m × 2(n-1)개의 상호작용이 만들어진다. 중앙 제어가 아니기 때문에 에이전트의 의사결정에서 병목현상이 발생하지 않는다. 하지만 유연성이 떨어지고, 결함을 허용하지 않는다는 단점이 있다.

③ **수직적·수평적 계층 구조**

수직적 계층과 수평적 계층의 장점을 결합한 구조이다.

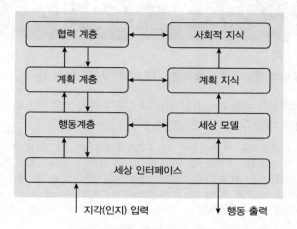

[그림 10-26] 수직적·수평적 계층 구조

각 계층은 두 개의 하위 프로세스로 구성된다. 하나는 상황인식과 목표 활동 프로세스(SG)이고, 다른 하나는 계획, 스케쥴링과 실행 프로세서(PS)이다. 계층 간에는 두 가지 중요한 형태의 상호작용이 발생한다.

㉠ 하위 계층이 상위 계층으로 제어를 전달할 때 만들어지는 활성화 요청(activation request)이 전달된다(bottom up). i 계층의 PS에 의해서 발행된 요청은 i + 1 계층의 SG로 전달된다.

㉡ 약속 메시지는 목표를 달성하기 위해서 i 계층에서 i + 1 계층으로 전달된다.(bottom up) 이것은 두 계층 간의 PS 사이에서 일어난다.

(4) 상호작용형 에이전트(interacting agent)

상호작용형 에이전트는 이기종 환경에서 어느 누구와도 목표 달성을 위해 행동하는 에이전트이다.

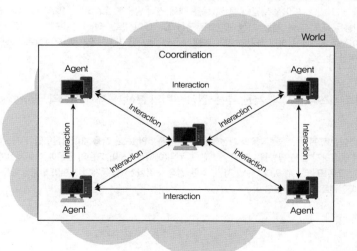

[그림 10-27] 상호작용형 에이전트

OX로 점검하자

※ 다음 지문의 내용이 맞으면 O, 틀리면 X를 체크하시오. [1 ~ 5]

01 하이브리드 에이전트형에서 수평적 계층 구조와 수직적 계층 구조의 단점을 보완하기 위해서 수직적-수평적 계층 구조가 개발되었다. (   )

>>>○ 수직적-수평적 계층 구조는 수평적 계층 구조와 수직적 계층 구조의 장점만을 이용하여 만든 구조이다. 각 계층은 두 개의 하위 프로세스로 구성된다. 하나는 상황인식과 목표 활동 프로세스(SG)이고 다른 하나는 계획, 스케줄링과 실행 프로세서(PS)이다. 계층 간에는 두 가지 중요한 형태의 상호작용이 발생한다. 하위 계층이 상위 계층으로 제어를 전달할 때 만들어지는 활성화 요청(activation request)과 약속 메시지는 목표를 달성하기 위해서 i 계층에서 i+1 계층으로 전달된다. 이것은 두 계층 간의 PS 사이에서 일어난다. 활성화 요청과 약속 메시지는 bottom-up 방식이다.

02 심사숙고형 에이전트는 변환문제와 표현문제의 두 가지 문제를 갖고 있다. (   )

>>>○ 심사숙고형 에이전트는 변환문제, 표현문제와 실세계 시나리오 확장 불가능 문제를 갖고 있다. 변환문제는 환경이 매우 빠르게 변환할 경우 필요한 모든 정보를 기호 표현으로 변환해야 하는 데 시간이 많이 걸린다는 것이다. 표현문제는 기호 모델을 바탕으로 제한된 시간 내에 에이전트를 효과적으로 추론하게 할 것이냐는 문제이다. 늦은 결과들은 사용할 수 없게 될 수 있기 때문이다. 실세계 시나리오 확장 불가능 문제는 시간의 측면에서 볼 때, 반응형은 현재만 존재하고, 심사숙고형은 과거에 대해서는 추론을, 미래에 대해서는 투영을 할 수 있다.

03 오브젝트 지향적 프로그램의 발전은 에이전트의 개발 및 발전에 영향을 주었다. (   )

>>>○ 에이전트의 개발 및 발전이 오브젝트 지향적 프로그램에 영향을 주었다. 캡슐화와 모듈화를 지원하는 C++, Java, Smalltalk 등의 언어가 개발되었고, 분산 오브젝트를 지원하는 CORBA, DCOM의 언어가 있다. 간혹 에이전트와 오브젝트를 같은 것으로 이해하는 경우가 발생한다. 오브젝트(object)로서의 에이전트는 상황과 행동을 담고 있다. 에이전트 간의 상호작용은 객체 간의 방법을 호출하는 것보다 더 넓은 범위를 갖는다. 상호작용은 목표, 계획, 행동, 가설 교환으로 구성되고, 에이전트는 여러 가지 제어 사이클을 갖는다. 즉 다중 에이전트 시스템은 여러 가지의 제어 흐름(control flow)을 가지고 있지만 오브젝트 시스템은 하나의 제어 흐름을 갖는다.

04 단일 에이전트 시스템은 지식, 자원, 추론·결정 능력의 분산, 통제와 지휘의 탈중앙화를 추구한다.
(   )

>>>○ 단일 에이전트 관점은 상호작용과 사전행동 실체들/통제의 보호, 자율성(에이전트들이 시스템의 다른 에이전트가 예상하지 않은 활동을 나타낼 수 있다), 위임(에이전트들이 그들의 활동에 대해서 일부 통제를 받을 수 있다)으로 표현할 수 있다. 지식, 자원, 추론·결정 능력의 분산, 통제와 지휘의 탈중앙화를 추구하는 것은 다중 에이전트의 관점이다.

정답 **1** O **2** X **3** X **4** X

05 FIPA의 상호 프로토콜 중에서 request when 프로토콜은 사전조건이 참이면 송신 측 에이전트가 수신 측에 행동하도록 요청한다. (   )

>>>🔍 request when 프로토콜은 사전조건이 참이면 송신 측 에이전트가 수신 측에 행동하도록 요청한다. 이 단계에서는 에이전트가 거절 또는 수락을 한다. 사전조건의 실행 끝 무렵에 에이전트는 행동을 거절하거나 수락한다.

안심Touch

01 중앙 집중 환경이 틀린 표현이다. 소프트웨어 에이전트는 에이전트 혹은 지능형 에이전트라고도 부르는데, 인터넷에서 지능형 에이전트라고 부르는 것은 사용자의 개입 없이 주기적으로 정보를 모으거나 다른 서비스를 수행하는 프로그램이기 때문이다. 소프트웨어 에이전트는 주로 분산 환경에서 동작하며 독립된 기능을 수행하기 위해 지식(knowledge)이라는 비절차적 처리 정보가 저장된 데이터베이스를 이용하여 자신의 추론 방법을 통해 다른 에이전트와 상호작용한다.

02 인지와 행동 간의 사상 관계를 구현한 에이전트 프로그램의 설계는 매우 중요하다. 이 에이전트 프로그램은 특정 컴퓨터 장치나 아키텍처 상에서 수행된다. 예를 들면, 일반 컴퓨터 또는 카메라 이미지, 오디오 입력 등 특수 목적 하드웨어를 가진 컴퓨터가 될 수 있다. 일반적으로 아키텍처는 그 프로그램에서 사용 가능한 장치를 이용하여 정보를 인지하게 해주며 프로그램을 실행시키므로 에이전트 = 프로그램 + 아키텍처 관계를 갖는다.

정답 01 ② 02 ①

---

01 다음 중 소프트웨어 에이전트에 대한 설명으로 **틀린** 것은?

① 특정한 목적을 위해서 사용자를 대신해 작업을 수행하는 자율적 프로세스이다.

② 중앙 집중 환경에서 동작하며 지식이라는 비절차적 처리 정보가 저장된 데이터베이스를 이용하여 추론 방법을 통해 다른 에이전트와 상호작용한다.

③ 독자적으로 존재하지 않고 어떤 환경의 일부이거나 그 안에서 동작하는 시스템이다.

④ 지능형 에이전트라고 부르는 것은 사용자의 개입 없이 주기적으로 정보를 모으거나 다른 서비스를 수행하는 프로그램이기 때문이다.

02 에이전트와 프로그램과 아키텍처는 상호 어떠한 관계에 있는가?

① 에이전트 = 아키텍처 + 프로그램

② 아키텍처 = 에이전트 + 프로그램

③ 프로그램 = 에이전트 + 아키텍처

④ 에이전트 = 하드웨어 + 소프트웨어

03 다음에서 설명하는 내용 중 옳지 <u>않은</u> 것은?

① 인식(percept)은 에이전트가 인지할 수 있는 입력을 의미하고, 행동(action)은 에이전트의 결과를 나타내는 것을 말한다.

② 에이전트 프로그램은 전체 인식의 내용을 기억하는 것이고, 에이전트 기능은 현재의 인식을 입력으로 받아들이는 것을 말한다.

③ 에이전트는 센서를 통해 환경을 인식하고 구동장치를 통해 해당 환경에 작용하는 것으로 볼 수 있는 모든 것을 말한다.

④ 인공지능이 하는 일은 에이전트 기능을 구현하는 에이전트 프로그램을 디자인하는 것을 말한다.

04 에이전트의 인식과 행동에 영향을 주는 여러 가지 환경 중에서 다음 각 용어에 대한 설명이 <u>잘못된</u> 것은?

① 결정적이란 환경의 다음 상태가 현재의 상태와 에이전트의 행동에 의해 결정되는 것을 뜻한다.

② 확률적이란 환경의 다음 상태와 행동이 어떠한 확률에 의해서 만들어진다는 것을 뜻한다.

③ 간헐적이란 에이전트의 경험이 이따금 발생하는 사건으로 나뉘어 있는 것을 뜻한다.

④ 연속적이란 에이전트가 생각하는 동안에는 환경이 변화하지 않고 있는 것을 뜻한다.

03 에이전트는 센서를 통해 환경을 인식하고 구동장치를 통해 해당 환경에 작용하는 것으로 볼 수 있는 모든 것이다. 인식(percept)은 에이전트가 인지할 수 있는 입력을 의미하고, 행동(action)은 에이전트의 결과를 나타낸다. 에이전트 프로그램은 현재의 인식을 입력으로 받아들이는 것이고, 에이전트 기능은 전체 인식의 내용을 기억하고 있어야 한다. 인공지능이 하는 일은 인식을 행동(percepts to actions)으로 매핑시켜 주는 에이전트 기능을 구현하는 에이전트 프로그램을 디자인하는 것이다. ②번은 내용의 전후 설명이 뒤바뀌었다.

04 결정적(deterministic)이라는 뜻은 환경의 다음 상태가 현재의 상태와 에이전트의 행동에 의해 결정되는 것이다. 만일 환경이 다른 에이전트들의 행동이 예외이면서 결정적이라면 그러한 환경은 전략적이라고 한다. 확률적(stochastic)이라는 의미는 환경의 다음 상태와 행동이 어떠한 확률에 의해서 만들어진다는 것이다. 간헐적(episodic) 에이전트는 에이전트의 경험이 이따금 발생하는 사건으로 나뉘어 있는 것이다. 각 사건에서의 행동은 사건 그 자체에만 관련 있다.
연속적(sequential) 에이전트는 행동의 과거의 내용이 다음 행동에 영향을 주는 것이다. 에이전트가 생각하는 동안에는 환경이 변화하지 않고 있는 것은 정적(static)이라 한다.

정답　03 ②　04 ④

05 단순 반응형 에이전트, 외부지식 기억형 에이전트, 목표 기반 에이전트와 함수 기반 에이전트이다.

05 에이전트 프로그램의 설계 방법에 따른 4가지 형태의 에이전트에 해당하지 <u>않는</u> 것은?

① 단순 반응형 에이전트
② 목표 기반 에이전트
③ 내부지식 기억형 에이전트
④ 함수 기반 에이전트

06 목표 기반 에이전트는 인지에 대한 반응이 목표가 주어졌을 경우보다 정확히 수행된다는 것을 기본 전제로 하는 에이전트로서, 탐색 문제나 계획 문제 등에 적용되는 에이전트를 말한다. 예를 들면, 비가 오는 경우 자동차의 브레이크는 보통 때와는 다른 정도로 밟아야 안전한 운행이 될 수 있을 것이다. 이러한 것을 조절할 수 있는 에이전트가 목표 기반 에이전트이다. 그러나 모든 인지 가능한 환경 자체가 비결정적, 동적 특성 외에는 접근하기 쉽지 않다는 특성이 있으므로 항상 목표를 기반으로 수행되지는 않는다는 점에서 어려운 문제점을 갖는다. ③번은 함수 기반 에이전트이다.

06 다음 중 목표 기반 에이전트에 대한 설명이 <u>아닌</u> 것은?

① 인지에 대한 반응이 목표가 주어졌을 경우보다 정확히 수행된다는 것을 기본 전제로 하는 에이전트이다.
② 탐색문제나 계획문제 등에 적용되는 에이전트이다.
③ 수행할 목표들을 선택할 때 문제가 발생하기 때문에 이를 해결하기 위해 제안된 에이전트이다.
④ 항상 목표를 기반으로 수행되지는 않는다는 점에서 어려운 문제점을 갖는다.

07 에이전트 언어는 ACL이라고 한다. 소프트웨어 에이전트가 사용하는 언어는 상호 의사 교환을 위해 필요하다. 대부분의 언어는 언어 행동학이 기본이 되며, KQML과 FIPA-ACL이 가장 널리 알려졌다. 그리고 많은 에이전트가 어떻게 서로 간에 응답을 주고받는지를 체계화한 것을 에이전트 언어라고 정의한다. 두 가지 언어는 모두 언어 행동을 기반으로 개발되었다. KQML은 가장 널리 사용되는 언어이고, FIPA-ACL은 에이전트를 표준화하기 위한 최초의 언어이다.

07 다음 중 에이전트 언어에 대한 설명으로 <u>틀린</u> 것은?

① 언어는 언어 행동학이 기본이 된다.
② 에이전트를 표준화하기 위한 최초의 언어는 KQML이다.
③ 대표적인 에이전트 언어로는 KQML과 FIPA-ACL이 있다.
④ FIPA-ACL은 에이전트를 표준화하기 위한 최초의 언어이다.

정답 05 ③ 06 ③ 07 ②

08 다음 중 통신을 위한 세 가지 기본적인 요소가 <u>아닌</u> 것은?

① TCP/IP
② 상호작용 프로토콜
③ 통신 언어
④ 전송 프로토콜

09 KQML 언어를 구성하는 계층과 관련이 <u>없는</u> 것은?

① 내용 계층
② 통신 계층
③ 메시지 계층
④ 물리 계층

10 KQML 메시지를 실행표현이라고 한다. 다음 중 실행표현의 단어가 <u>아닌</u> 것은?

① ask-all
② ask-one
③ is
④ subscribe

08 소프트웨어 시스템이 지식, 학습, 자율성 및 의사소통과 같은 특성을 소유하고 있다면 에이전트 시스템이라고 한다. 지능형 에이전트는 통신 언어를 사용하여 다른 에이전트와 통신할 수 있어야 한다. 통신과 관련한 세 가지 기본적인 문제는 상호작용 프로토콜, 통신 언어 및 전송 프로토콜이다. 상호작용 프로토콜에서는 하나의 에이전트가 다른 에이전트와 상호작용할 수 있다. 각 에이전트는 외부 환경을 고려하지 않고도 가장 최선의 옵션을 선택할 수 있다. 따라서 프로토콜은 비협동 전략 관점에서 설계되어야 한다. 통신 언어는 통신 매체를 의미한다. 전송 프로토콜은 TCP, IP, SMTP, http 등이 있다.

09 물리 계층은 KQML과 관련이 없는 계층이고, KQML은 내용, 통신, 메시지의 3계층으로 구성되었다.

10 KQML 메시지를 실행 표현, 즉, 적절한 문맥에서 표현된 언어적인 설명(performative)이라 한다. 예를 들면 단어의 표현이 'I promise 또는 I apologize'처럼 어떠한 실행을 나타내는 것을 말한다. 실행표현은 미리 규정되지만 확장할 수 있다. 실행표현의 변수들은 키워드와 값을 가지고 있다. 실행표현은 ask-all, ask-one, tell, stream-all, standby, subscribe 등이 있다. is는 값을 가지고 있지 않다.

정답 08 ① 09 ④ 10 ③

11 지능형 물리 에이전트 재단(FIPA)은 에이전트 및 에이전트 기반 응용 프로그램 간의 상호 운용성을 지원하는 사양을 개발하여 공개함으로써 지능형 에이전트 산업을 발전시키는 데 전념하고 있는 국제기구이다. 에이전트 통신 언어는 메시지들은 어디에서도 대화한다는 언어 행동 이론에 근거하고 있다. ACL 사양은 메시지 형식과 활용론(pragmatic)으로 구성된다. 메시지는 실행표현이라고 불리는데 메시지의 의미를 정의하는 외부 언어는 내용 언어와는 분리된다. 이들은 서로 다른 내용언어를 준수한다. FIPA ACL 언어에서는 개념은 사용하지 않는다.

12 에이전트 프로그래밍 언어를 설계할 때 가장 중요하게 영향력을 끼치는 것은 실제 추론 에이전트 구조가 성공하느냐 실패하느냐는 점이다. 이 중 가장 주목할 만한 절차 추론 시스템(PRS: Procedural Reasoning System)은 신념, 욕망 및 의도(BDI) 구조를 구현한 최초의 시스템이다.
2004년 Jason 프로그래밍 언어가 AgentSpeak (L)의 확장 버전에 대한 첫 번째 구현 도구였다. BDI기반 언어에는 AgentSpeak, Jason, AF-APL, 3APL, 2APL, JACK Agent Language, JADEX 등이 있다.

정답 11 ④   12 ④

11 FIPA-ACL과 관련이 없는 설명은 무엇인가?

① FIPA는 에이전트 및 에이전트 기반 응용 프로그램 간의 상호 운용성을 지원하는 사양을 개발하는 국제기구이다.
② 에이전트 통신 언어는 메시지들은 어디에서도 대화한다는 언어 행동 이론에 근거한다.
③ ACL 사양은 메시지 형식과 활용론으로 구성된다.
④ ACL 언어에서 개념과 문맥을 함께 사용한다.

12 BDI기반 언어로 구현한 최초의 시스템은?

① JADEX
② Jason
③ Agent Speak
④ PRS

✅ 주관식 문제

01 KQML 언어의 (1) 정의를 쓰고 KQML 언어의 (2) 3계층을 쓰시오.

---

02 하이브리드 에이전트형에서 (1) 수평적 계층 구조와 (2) 수직적 계층 구조에 관해 쓰시오.

정답 (1) 수평적 구조에서 각 계층은 독립된 에이전트로 행동할 수 있다. n개의 서로 다른 행동에 대해서, n개의 계층이 만들어지고, 계층은 에이전트를 제어하기 위해 서로 간에 경쟁을 하기 때문에 중재기가 필요할 수 있다.

수평적 계층 구조의 문제는 에이전트의 제어를 위한 경쟁은 계층의 불일치를 유발할 수 있고, 계층 간에 중재를 수행하는 기능이 필요하며, m개의 가능한 동작을 제안할 수 있는 n개의 계층이 있을 때, m×n개의 상호작용이 만들어지기 때문에 중개 기능은 기하급수적으로 증가된다는 단점이 있다.

(2) 수직적 계층 구조는 이러한 단점을 극복하기 위해 사용되는데 수평적 계층 구조보다 비교적 덜 복잡하다. n개의 계층이 있는 경우 이들 사이에 n−1개의 인터페이스가 존재하고 각 계층이 m개의 가능한 동작을 제안할 때 최대 m×2(n−1)개의 상호작용이 만들어진다. 중앙 제어가 아니기 때문에 에이전트의 의사결정에서 병목현상이 발생하지 않지만, 유연성이 떨어지고, 결함을 허용하지 않는다는 단점이 있다.

01

정답 (1) KQML은 가장 널리 사용되는 언어로서 컴퓨터 프로그램을 다른 프로그램과 연결하고 식별하며 서로 간 정보를 교환할 수 있도록 하는 언어이다.

(2) 내용 계층, 통신 계층, 메시지 계층

해설 KQML은 컴퓨터 프로그램을 다른 프로그램과 연결하고 식별하며 서로 간 정보를 교환할 수 있도록 하는 언어로서, 다양한 지적 시스템들 사이의 지식과 정보의 교환을 위해 설계된 통신 언어이다.

KQML에는 송신자, 수신자, 그들의 주소 등 통신과 관련된 요소들을 나열한 통신 계층과 수행어로써 메시지의 성질을 정의하는 메시지 계층, 실제적인 메시지가 들어 있는 내용 계층이 있다.

02 [문제 하단의 내용 참고]

안심Touch

03

정답 (가) 반응형, (나) 심사숙고형,
(다) 하이브리드

해설 반응형 에이전트는 복잡한 추론과정
도 사용하지 않고 실세계에 대한 어
떠한 기호 모델도 갖지 않는다. 센서
를 통해서 들어온 입력 신호를 감지
하고 처리하여 실행 행동을 결정하
는 에이전트로 환경의 변화에 매우
민감한 에이전트이다.
심사숙고형 에이전트는 자신이 속해
있는 환경과 달성하려는 목표, 그리
고 가능한 행동들에 대한 기호 모델
을 갖는다.
하이브리드 에이전트는 반응형과 심
사숙고형 에이전트의 행동을 연결한
것으로 여러 개의 하위 시스템으로 구
성되었고, 계층형 구조로 되어 있다.

04

정답 (1) 에이전트 프로그래밍 언어(AOP)
(2) 자율성, 유연성, 제어스레드

해설 에이전트 프로그래밍 언어(AOP)는
새로운 프로그래밍 패러다임을 정의
하기 위해 만들어졌다. 이것은 중심
구성 개념이 에이전트이고, 정신적
특성, 의사 소통 기술 및 시간 개념을
가진 소프트웨어 구성 요소로 간주되
는 계산 프레임 워크를 갖는다. AOP
는 객체지향 언어(OOP)와의 개념 간
에 몇 가지 중요한 차이점이 있다.
첫 번째, 객체와 에이전트는 자율성
이 다르다. 에이전트는 다른 개체의
동작을 직접 호출하는 객체와 달리
실행해야 할 작업에 대해서 직접 요
구를 표현한다.
두 번째 차이점은 유연성이다. 에이
전트는 종종 사전 동작 및 적응형 동
작을 나타내며 학습을 사용하여 시간
이 지남에 따라 성능을 향상시킬 수
있다.
세 번째는 제어 스레드이다. 다중 에
이전트 시스템은 기본적으로 다중 스
레드이지만 일반적으로 OOP는 단일
제어 스레드이다.

03 다음의 각 괄호에 알맞은 에이전트 타입을 기술하시오.

환경에 매우 민감한 에이전트로서 센서를 통해 들어온 입
력 신호를 감지하여 처리하는 에이전트를 (가)에이전트
라고 한다. (나)에이전트는 자신이 속해있는 환경과 달
성하려는 목표, 그리고 가능한 행동들에 대한 기호 모델
을 갖는다. (다)에이전트는 (가)과 (나) 에이전트의
행동을 연결한 것으로 여러 개의 하위 시스템으로 구성되
었고, 계층형 구조로 되어 있다.

04 중심 구성 개념이 에이전트이고, 정신적 특성, 의사 소통 기술 및
시간 개념을 가진 소프트웨어 구성 요소로 간주되는 계산 프레임
워크가 있는 형태의 언어를 (1) 무엇이라고 하는가? 이 프로그램
이 객체지향 언어와 다른 (2) 차이점을 한 가지 이상 쓰시오.

제11장

딥러닝

I wish you the best of luck!

CHAPTER 11

딥러닝

제 1 절 딥러닝 관련 개념

1 선형회귀

머신 러닝의 가장 큰 목적은 실제 데이터를 바탕으로 모델을 생성해서 입력 값을 넣었을 때 발생할 출력값을 예측하는 것이다. 이때 우리가 찾아낼 수 있는 가장 직관적이고 간단한 모델은 선(line)이다. 그래서 데이터를 놓고 그걸 가장 잘 설명할 수 있는 선을 찾는 방법을 선형 회귀(Linear Regression) 분석이라 부른다. 예를 들어 키와 몸무게 데이터 값을 가지고 서로의 관계를 가장 잘 설명할 수 있는 선을 하나 그리면 특정인의 키를 바탕으로 몸무게를 예측할 수 있다.

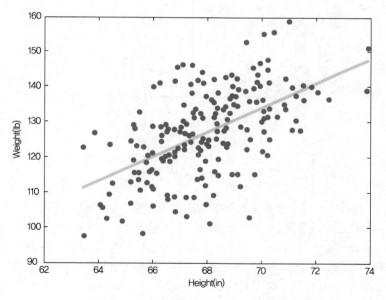

[그림 11-1] 몸무게과 키의 상관관계 그래프

직선 그래프를 나타내는 1차 함수는 아래와 같은 식으로 표시할 수 있다.

$$\text{'y = ax + b'}$$

여기서, a는 기울기, b는 절편이라고 하며 x를 넣었을 때 y를 구할 수 있다. 선형 회귀 분석의 목적은 추정하고자 하는 데이터를 가장 잘 설명할 수 있는 가장 가까운 근사값 a와 b를 구하는 것이다.

2 손실함수와 경사하강법

(1) 손실함수

① 개념

데이터를 놓고 선을 긋는다는 것은 근사치를 구한다는 뜻이므로 당연히 선은 실제 데이터와 약간의 차이가 발생할 수밖에 없는데 이러한 오차를 손실(Loss)이라고 표현한다. 손실 함수란 신경망이 학습 시 훈련 데이터로부터 가중치 매개변수의 최적값을 자동으로 획득하는 하는지를 알 수 있는 지표이다. 즉, 손실함수의 결과값을 가장 작게 만드는 가중치 매개변수를 찾아야 한다. 다음의 그림은 A는 3, B는 1만큼의 손실이 발생한 것을 표현한 손실함수(Loss Function)이다. 또는 비용함수(Cost Function)라고도 부른다.

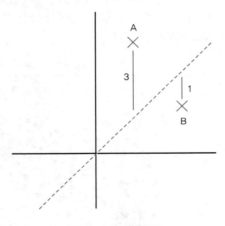

[그림 11-2] 비용함수

선과 실제 데이터 사이에 얼마나 오차가 있는지 구하려면 양수, 음수 관계없이 동일하게 반영되도록 모든 손실에 제곱을 해주는 게 좋다. 이런 방식으로 손실을 구하는 걸 평균 제곱 오차(mean squared error, 이하 MSE)라고 부르며 손실을 구할 때 가장 널리 쓰이는 방법이다. 위의 그림의 오차를 제곱된 거리로 표현하면 A는 9, B는 1이라고 볼 수 있다. 선형 회귀 모델의 목표는 모든 데이터로부터 나타나는 오차의 평균을 최소화할 수 있는 최적의 기울기와 절편을 구하는 것이다. 손실함수에는 평균제곱오차와 교차 엔트로피 오차를 사용한다.

② 데이터 학습

기계학습에서 가장 중요한 것은 데이터다. 데이터를 통해 패턴을 찾고 그 패턴을 통해 특징을 추출한다. 특징이란 데이터 중에 본질적이고 중요한 데이터를 선별하는 것이고, 선별된 특징으로 패턴을 머신러닝(기계학습)하는 것이다. 이때 이미지의 특징은 보통 벡터로 표현되는데, 컴퓨터 비전 분야에서는 SIFT, SURF, HOG 등의 특징을 사용한다. 이런 특징을 사용하여 이미지 데이터를 벡터로 변환하다. 변환 후에는 지도학습의 대표 분류법인 SVM, KNN 등으로 학습을 할 수 있다. 즉, 수집된 데이터를 통해 규칙을 찾아내는 것이 기계가 하는 일이라고 할 수 있다. 그러나 여기서는 특징 자체를 사람이 설계하게 된다. 다시 정리해 보면 이미지 데이터에서 특징을 추출하고 결과를 내는 방식은 아래 3가지로 나눌 수 있다.

> - 이미지 → 사람에 의해 만들어진 알고리즘 → 결과
> - 이미지 → 사람이 생각한 특징(FIFT, HOG 등) → 기계학습(SVM, KNN 등) → 결과
> - 이미지 → Deep Learning(신경망) → 결과

세 번째의 경우, 신경망은 데이터를 그대로 학습한다. 즉, 신경망은 이미지에 포함된 중요한 특징까지도 기계가 학습한다. 처음부터 끝까지 입력 데이터에서 목표한 축력 데이터를 사람의 개입 없이 얻을 수 있다.

③ 훈련데이터(Training Data)와 시험데이터(Test Data)

텐서플로우(Tensorflow)라는 오픈소스 라이브러리를 사용해 보면 처음에 데이터를 훈련데이터와 시험데이터를 분류하게 된다. 이렇게 나누는 이유는 학습한 데이터만 인식하고 분류하는 걸 원하지 않고 범용적으로 분류가 되길 사람들은 원하기 때문이다. 그렇기 때문에 훈련데이터와 시험데이터를 나눈다. 훈련 데이터를 사용하여 최적의 매개변수를 찾고, 시험 데이터를 사용하여 앞에 훈련한 모델의 실력을 평가하는 것이다. 여기서 우리는 새로운 용어에 대해서 이해할 필요가 있다. 한 데이터 셋에만 지나치게 최적화 된 상태를 과적합(Overfitting)이라고 하고 비범용적이라고 할 수 있다. 과적합에 대해서는 다시 설명하기로 한다.

손실함수는 신경망 성능의 나쁨을 나타내는 지표로 현재의 신경망이 훈련데이터를 얼마나 잘 처리하지 못하느냐를 나타낸다. 정확도라는 지표를 놔두고 손실함수 값을 가능한 작계하는 매개변수 값을 찾는 이유는 손실함수에서 사용하는 미분값이 대부분의 장소에서 0이 되어 매개변수를 갱신할 수 없기 때문이다. 신경망학습에서 현재의 상태를 하나의 지표로 표현할 수 있는데 그 지표를 기준으로 최적의 가중치 매개변수 값을 탐색한다. 신경망 학습에서 사용하는 지표가 바로 손실함수(Loss Function)이다. 그리고 일반적으로 평균 제곱 오차와 교차 엔트로피 오차 등을 사용한다.

④ 손실함수의 종류

㉠ 평균 제곱 오차(MSE, Mean Squared Error)

가장 많이 사용하는 손실함수 중 하나이다. 모델이 예측한 값과 정답값의 차를 제곱하여 모두 더한 후 평균을 낸다. 제곱을 하는 이유는 거리가 음수일 때 실제 오차값과 차이가 발생할 수 있기 때문이다. MSE의 장점은 오차가 두드러지는 부분을 잡아내기 쉽다는 것이다. 오차가 작은 데이터는 잘 드러나지는 않지만 오차가 큰 부분은 제곱했을 때 더 커질 수밖에 없기 때문이다.

㉡ 루트 평균 제곱 오차(RMSE, Root Mean Squared Error)

MSE에 루트를 씌운 것으로 MSE와 기본적으로는 동일하지만 실제 오류 평균보다 더 커지는 MSE의 왜곡을 줄여줄 수 있다.

ⓒ 절대값 평균 오차(MAE, Mean Absolute Error)

MSE와 비슷하지만 제곱의 평균을 구하는 것이 아니라 오차에 절대값을 씌우고 합산하여 평균을 구하는 방법이다.

ⓓ 교차엔트로피오차(CEE, Cross Entropy Error)

정답의 확률만을 고려하는 것으로 정답일 때의 출력이 전체 값을 결정하게 된다.

(2) 경사하강법

① 개념

함수의 기울기(경사)를 구하고 경사의 절댓값이 낮은 쪽으로 계속 이동시켜 극값에 이를 때까지 반복시키는 것이 경사하강법이다. 경사 하강법은 모든 차원과 모든 공간에서의 적용이 가능하다. 심지어 무한 차원 상에서도 쓰일 수 있다. 정확성을 위해서 극값으로 이동함에 있어 매우 많은 단계를 거쳐야하며, 주어진 함수에서의 곡률에 따라서 거의 같은 위치에서 시작했음에도 불구하고 완전히 다른 결과로 이어질 수도 있다는 단점이 있다. 경사하강법은 해당 함수의 최소값 위치를 찾기 위해 비용 함수(Cost Function)의 경사 반대 방향으로 정의한 Step Size를 가지고 조금씩 움직여 가면서 최적의 파라미터를 찾는 방법이다. 여기에서 경사는 파라미터에 대해 편미분한 벡터를 의미하며 이 파라미터를 반복적으로 조금씩 움직이는 것이 관건이다. 경사 하강법에서는 학습시 스텝의 크기 (step size)가 중요하다. 학습률이 너무 작을 경우 알고리즘이 수렴하기 위해 반복해야 하는 값이 많으므로 학습 시간이 오래 걸린다. 그리고 지역 최소값(local minimum)에 수렴할 수 있다. 반대로 학습률이 너무 클 경우 학습 시간은 적게 걸리나, 스텝이 너무 커서 전역 최소값(global minimum)을 가로질러 반대편으로 건너뛰어 최소값에서 멀어질 수 있다.

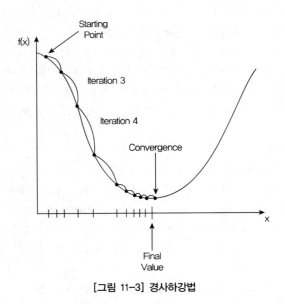

[그림 11-3] 경사하강법

이와 같은 문제점을 해결하기 위해 사용하는 방법이 모멘텀이다. 쉽게 말해 기울기에 관성을 부과하여 작은 기울기는 쉽게 넘어갈 수 있도록 만든 것이다. 즉, 공을 예로 들면 언덕에서 공을 굴렸을 때, 낮은 언덕은 공의 관성을 이용하여 쉽게 넘어갈 수 있게 하여 지역 최소값을 탈출할 수 있게 한다는 뜻이다. 모멘텀을 사용하지 않으면 아주 작은 언덕에도 빠져나오지 못할 수 있으며 기울기가 매우 작은 구간을 빠져나오는 데에는 아주 오랜 시간이 걸린다. 경사 하강법은 전체 데이터를 모두 사용해서 기울기를 계산(Batch Gradient Descent)하기 때문에 학습하는데 많은 시간이 필요하다. 만약 10만개의 데이터가 있을 때, 데이터에 업데이트가 있을 때 마다 10만 번의 계산을 해야 한다. 그래서 학습 데이터가 큰 경우 부담이 있다. 이러한 느린 점을 보완하기 위해서 확률적 경사 하강법(Stochastic Gradient Descent)을 사용한다. 이 방법은 매 step에서 딱 한 개의 샘플을 무작위로 선택하고 그 하나의 샘플에 대한 기울기를 계산한다.

② **확률적 경사 하강법**

확률적 경사 하강법은 다음과 같은 특징이 있다. 매우 적은 데이터를 처리하기 때문에 학습 속도가 빠르고, 하나의 샘플만 메모리에 있으면 되기 때문에 큰 데이터셋도 학습이 가능하고, 손실함수가 매우 불규칙할 경우 알고리즘이 지역최소값을 건너뛰도록 도와주어 전역최소값을 찾을 가능성이 높다. 또한, 샘플이 선택이 확률적(Stochastic)이기 때문에 배치 경사 하강법에 비해 불안정하고, 손실함수가 지역최소값에 이를 때까지 부드럽게 감소하지 않고 위아래로 요동치며 평균적으로 감소한다.

3 오차역전파

입력에서 출력으로 가중치를 업데이트하면서 활성화 함수를 통해서 결과값을 가져오는 것을 순전파(forward)라고 한다. 말 그대로 앞쪽으로 입력값을 전파, 보내는 것이라고 보면 된다. 하지만 임의로 한 번 순전파 했다고 출력 값이 정확해진다고 볼 수는 없다. 임의로 설정한 가중치 값이 입력값에 의해서 한 번 업데이트 되긴 했지만 많은 문제가 있을 수 있다. 역전파 방법은 결과 값을 통해서 다시 역으로 입력 방향으로 오차를 다시 보내며 가중치를 재업데이트 하는 것이다. 이 때 결과에 영향을 많이 미친 노드(뉴런)에 더 많은 오차를 돌려주게 된다.

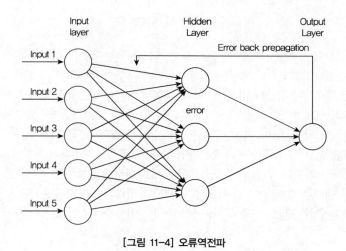

[그림 11-4] 오류역전파

위의 그림을 보면 입력이 들어오는 방향(순전파)으로 출력층에서 결과 값이 나온다. 결과값은 오차(error)를 가지게 되는데 역전파는 이 오차(error)를 다시 역방향으로 은닉층과 입력층으로 오차를 다시 보내면서 가중치를 계산하면서 출력에서 발생했던 오차를 적용시킨다.

이것을 반복하면 할수록 가중치가 계속 업데이트(학습)되면서 점점 오차가 줄어나가는 방법이 오류역전파다. 오차를 역전파하여 계속 업데이트 하는 이유는 신경망을 통해 더 나은 결과 값을 내기 위해서 weight를 조정하는데 오차가 영향을 주기 때문이다

4 과대적합과 과소적합

과대적합(overfitting)은 데이터 모델이 훈련 데이터에는 너무 잘 맞지만 일반성이 떨어진다는 의미이고, 과소적합(underfitting)은 모델이 너무 단순해서 데이터의 내재된 구조를 학습하지 못하는 것을 의미한다. 과대적합(또는 과적합)은 훈련 데이터에 너무 맞추어져 있기 때문에 훈련 데이터 이외의 다양한 변수에는 대응하기 힘든 문제가 있다.

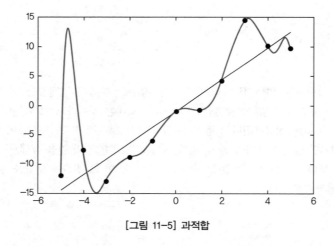

[그림 11-5] 과적합

위의 그림에서 파란 선이 오버피팅의 한 예이다. 훈련 데이터를 정확히 다 거치며 훈련 데이터에 대해 높은 성능을 보여주고 있다. 그러나 이 모델은 훈련 데이터에 너무 맞추어져 있기 때문에 훈련 데이터 이외의 다양한 변수에는 대응하기 힘들기 때문에 테스트 데이터에 대해서는 높은 성능을 보여줄 확률이 낮다. 이는 모델의 복잡도가 필요 이상으로 높기 때문이기도 하다. 특히 심층 신경망 같은 복잡한 모델은 데이터에서 미묘한 패턴을 감지할 수 있어서 훈련 데이터셋에 오류가 많거나 데이터가 너무 적으면 오류가 섞인 패턴을 감지하여 학습할 수 있기 때문에 더 주의해야 한다. 과적합을 해결하기 위해서는 훈련 데이터를 더 많이 모아서 정규화를 시켜주는 것이다. 이를 통해서 훈련 데이터 오류를 줄일 수 있다.

분류 문제에서 훈련 세트의 정확도가 99%이고 검증 세트의 정확도가 80% 수준이라면 과대적합을 의심할 수 있다. 반면에 과소적합은 훈련 세트와 검증 세트의 성능에는 큰 차이가 없지만 모두 낮은 성능을 내는 경우이다.

5 활성화함수 중요 ★★★

입력값이 가중치를 계산하여 다 더하고 사전에 설정한 임곗값(threshold)과 비교해서 임곗값을 넘으면 출력값으로 1을 출력하고, 넘지 않으면 0을 출력하는 것이 퍼셉트론이다.

여기서 함수가 무엇인지 생각해보자. 입력이 있으면 입력을 처리하여 출력이 생기고, 그 입력을 처리하여 출력을 만든 것이 함수이다. 편의점에서 삼각김밥을 사먹을 때 삼각김밥을 전자레인지에 돌리고 꺼내면 뜨겁다. 차가운 나의 삼각김밥(Input)이 전자레인지(Function)에 들어갔다가 밖으로 나오니 뜨거워졌다 (Output). **신경망 네트워크에서 개별 뉴런에 들어오는 입력 신호의 총합을 출력 신호로 변환하는 함수를 활성화 함수라고 한다.**

퍼셉트론은 활성화 함수로 계단 함수를 이용하는데 특정 임곗값을 넘기면 활성화되는 함수이다. 아래 왼쪽 (a)가 계단 함수이다. 0에서 멈추어 있다가 어느 기점에서 1로 바뀐다. 학습과 관련해서 비유한다면 공부할 때는 실력이 오르는지 모르겠지만 꾸준히 노력하다 보면 어느 순간 점수가 확 오른 것이다.

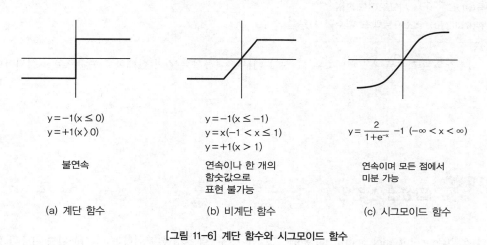

$$y = -1(x \leq 0)$$
$$y = +1(x > 0)$$

불연속

$$y = -1(x \leq -1)$$
$$y = x(-1 < x \leq 1)$$
$$y = +1(x > 1)$$

연속이나 한 개의
함숫값으로
표현 불가능

$$y = \frac{2}{1+e^{-x}} - 1 \ (-\infty < x < \infty)$$

연속이며 모든 점에서
미분 가능

(a) 계단 함수   (b) 비계단 함수   (c) 시그모이드 함수

[그림 11-6] 계단 함수와 시그모이드 함수

단층 퍼셉트론은 활성화 함수로 계단 함수를 사용하고 다층 퍼셉트론은 시그모이드 함수를 사용한다. 즉, **시그모이드 함수의 범위는 [0, 1]이다. 신경망에서 주로 이용하는 활성화 함수는 시그모이드 함수이다.** e는 자연 상수이고, 개별 뉴런이 출력하는 값(계단 형식)을 S자 커브 형태로 자연스럽게 활성화시켜준다. 아래는 시그모이드 함수를 나타낸 식이다. e는 자연 상수로 2.7192…의 값을 갖는 실수이다.

$$f(t) = \frac{1}{1 + e^{-t}}$$

시그모이드 함수는 신경망에서 입력 신호를 받아서 변환하여 전달할 뿐이다. 계단 함수에 비해 완만한 곡선 형태로 비선형이다. 특정 경계를 기준으로 출력이 확 바뀌어버리는 계단 함수와는 달리 시그모이드 함수는 완만하게 매끄럽게 변화하는데 이 매끄러움이 신경망 학습에서 중요하며 활성화 함수로 시그모이드 함수를 사용하는 이유이기도 하다. 신경망에서는 활성화 함수를 통해서 각 노드(뉴런)로부터 받은 신호를 변환하고 변환된 신호를 다음 뉴런으로 전달한다. 시그모이드 함수는 값을 실수형으로 갖고, 시그모이드 함수의 매끄러움은 가중치 값을 전달할 때 좀 더 부드럽게 양을 조절해서 전달할 수 있다는 점으로 이것이 계단 함수와 다른 점이다.

시그모이드 함수를 사용하는 이유는 선형 함수를 사용했을 때는 은닉층을 사용하는 이점이 없기 때문이다. 다시 말해 선형 함수를 여러 층으로 구성한다 하더라도 이는 선형 함수를 세 번 연속 반복한 것에 지나지 않는다는 의미와 같기 때문이다. $y = ax$라는 선형 함수가 있다고 한다면 이것을 3층으로 구성하면 $y = a(a(a(x)))$와 동일한 것으로 이는 $y = a3(x)$와 같다. 굳이 은닉층 없이 선형 함수로 네트워크를 구성하는 것은 의미가 없다는 뜻이다. 신경망은 분류와 회귀 문제에 모두 활용할 수 있는데 어떤 문제냐에 따라 활성화 함수가 달라질 뿐이다. 분류는 어떤 사람이 사기를 쳤는지(1), 안 쳤는지(0) 예측하는 것이고, 회귀는 사기당한 금액이 얼마였는지 예측하는 문제이다. 즉, 둘 다 크게 보면 예측으로 볼 수 있다. 출력 부분에서의 활성화 함수는 문제 상황에 따라 다르며, 일반적으로는 다음과 같다.

- 회귀 → 항등 함수(출력값을 그대로 반환하는 함수)
- 분류(0 또는 1) → 시그모이드 함수
- 분류(multiple) → 소프트맥스 함수를 사용함

0 ~ 1의 실숫값을 출력하는 소프트맥스는 그 성질 때문에 분류하는 결과에 대한 확률값으로 해석되기도 한다.

제 2 절 합성곱 신경망

합성곱 신경망(Convolutional neural network, CNN)은 시각적 영상을 분석하는 데 사용되는 다층의 피드-포워드(feed forward)적인 인공신경망의 한 종류이다. 심층학습에서 심층 신경망으로 분류되며, 시각적 영상 분석에 주로 적용된다. 영상 및 동영상 인식, 추천 시스템, 영상 분류, 의료 영상 분석 및 자연어 처리 등에 응용된다. 합성곱 신경망은 정규화된 버전의 다층 퍼셉트론이다. 다층 퍼셉트론은 일반적으로 완전히 연결된 네트워크, 즉 한 계층의 각 뉴런이 다음 계층의 모든 뉴런에 연결되는 신경망 구조이다. 이와 같이 네트워크가 완전 연결된 경우 주어진 데이터에 과적합 되는 경향이 있다. 일반적인 정규화를 위해 최적화 함수에 특정 척도를 추가하는 방법이 흔히 쓰이지만, CNN은 정규화를 위한 다른 접근 방식을 사용한다. 데이터에서 계층적 패턴을 활용하고 더 작고 간단한 패턴을 사용하여 더 복잡한 패턴을 표현함으로써 정규화와 같은 효과를 내는 것이다. 따라서 합성곱 신경망의 연결 구조의 복잡성은 유사한 기능의 다층 퍼셉트론에 비해 엄청나게 낮다. 합성곱 신경망은 뉴런 사이의 연결 패턴이 동물 시각 피질의 조직과 유사하다는 점에 영감을 받았다. 개별 피질 뉴런은 수용장(receptive field)으로 알려진 시야의 제한된 영역에서만 자극에 반응한다. 상이한 뉴런의 수용 필드는 전체 시야를 볼 수 있도록 부분적으로 중첩된다.

합성곱 신경망을 이용한 영상 분류는 다른 영상 분류 알고리즘에 비해 상대적으로 전처리를 거의 사용하지 않는다. 이는 신경망이 기존 알고리즘에서 수작업으로 제작된 필터를 학습한다는 것을 의미한다. 기존 영

상 분류 알고리즘에서 설계자가 영상의 특징들을 미리 이해해 알고리즘을 만드는 과정이 없는 것이 합성곱 신경망의 주요한 장점이다.

합성곱 신경망은 합성곱층(Convolution layer)과 풀링층(Pooling layer)으로 구성된다.

1 합성곱연산

합성곱 또는 콘벌루션(convolution)은 하나의 함수와 또 다른 함수를 반전 이동한 값을 곱한 다음, 구간에 대해 적분하여 새로운 함수를 구하는 수학 연산자이다. 합성곱은 CNN의 핵심이라고 할 정도로 중요하다.

위의 그림은 좌측부터 입력데이터(4, 4), 필터(3, 3)그리고 입력데이터와 필터를 곱한 결과, 즉 피처맵(2, 2)이다. 합성곱 연산을 위해서는 이처럼 입력데이터와 필터가 필요하다. 크기는 (높이, 너비)로 표현하고 필터는 대체로 (3, 3)또는 (5, 5)와 정방행렬을 사용한다. CNN의 학습 대상은 필터의 값(가중치)이므로 적절한 초기의 값을 설정할 필요가 있다.

합성곱 연산의 계산은 좌측 상단부터 시작한다. 필터의 크기만큼 입력데이터의 범위를 선택하고 같은 위치에 있는 원소끼리 곱하고 그 값들을 모두 합한다. 이렇게 얻은 값을 해당되는 위치에 정렬하면 피처맵이 도출된다.

따라서 첫 번째 피처맵은 $(0 \times 1) + (3 \times 0) + (2 \times 1) + (2 \times 0) + (1 \times 1) + (0 \times 0) + (1 \times 1) + (3 \times 0) + (2 \times 1)$로 구하게 되고 그 값이 6이 된다.

네 번째 피처맵은 아래의 입력데이터와 필터를 곱하고 합해주면 8이 된다.

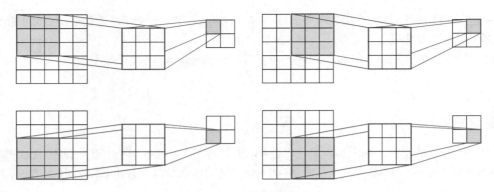

[그림 11-7] 합성곱 계산방법

위 그림은 입력으로 채널이 하나인 흑백 사진의 피처맵 도출과정이다. 이 과정을 컬러 이미지(RGB)에 적용을 한다면 (높이, 너비, 채널)의 크기를 갖게 되고 이 때의 피처맵 도출 과정은 다음과 같다.

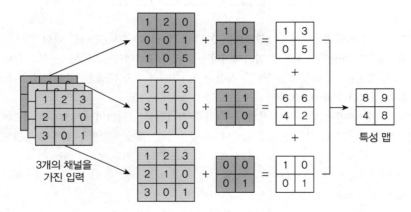

[그림 11-8] 피처맵 도출 과정

위의 그림은 원본 이미지에 필터를 한번만 적용해도 원래의 이미지보다 절반이나 작아진 것을 볼 수 있다. 앞에서 합성곱 연산은 원본 이미지의 특징을 찾기 위해서 필터를 입히는 과정이다. 그러나 피처맵의 사이즈가 계속 작아져서 (1, 1)이 되면 더 이상 합성곱을 적용하지 못하게 되는데 이런 문제를 보완하기 위해서 등장한 기법이 패딩(padding)이다.

패딩은 입력 데이터 주변을 0으로 채워서 출력 크기를 조절하기 위한 목적으로 사용되는 것으로 입력 데이터의 공간적 크기를 고정한 채로 다음 계층으로 값을 전달할 수 있게 된다.

2 풀링연산

위에서도 설명했듯이 합성곱 신경망에서는 합성곱이 일어나는 층을 합성곱층, 풀링이 일어나는 층을 풀링층이라고 한다. 이 두 개의 곱, 즉, 합성곱층과 풀링층에서 만들어진 결과를 특성 맵(feature map)이라고 부르는 것이다. 입력이 합성곱층을 통과할 때 합성곱과 활성화 함수가 적용되어 특성 맵이 만들어지고, 특성 맵이 풀링층을 통과하여 또 다른 특성 맵이 만들어진다. 이렇게 합성곱층 뒤에 풀링층이 뒤따르는 형태는 합성곱 신경망의 전형적인 모습이다. 풀링층에는 학습되는 가중치가 없다. 또한 풀링은 배치 차원이나 채널 차원으로 적용되지 않는다. 즉, 풀링층을 통과하기 전후로 배치 크기와 채널 크기는 동일하다.

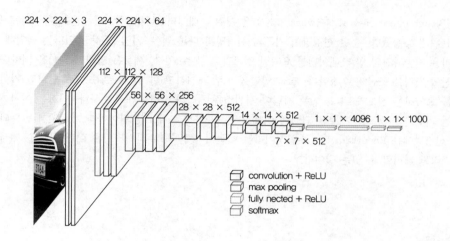

풀링을 하는 중요한 이유는 입력 데이터의 차원 감소 때문이다. 풀링하여 국소부위에서 대표되는 픽셀로 대체하면 데이터의 차원이 반으로 줄어든다. 즉, 신경망의 계산효율성이 향상된다. 이는 메모리 요구량의 감소로 이어진다.

3 드롭아웃기법

드롭아웃은 신경망이 과적합되는 경우를 방지하기 위해서 만들어진 기법이다. 이것은 학습 과정에서 무작위로 뉴런의 집합을 제거하는 것이 과적합을 막는다는 아이디어에서 출발하였다. 드롭아웃을 이해하기 위해서 CNN의 구성을 살펴보도록 하자.

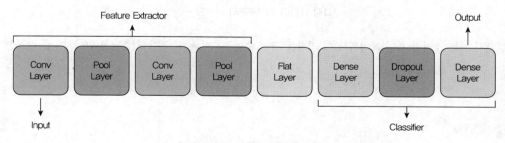

[그림 11-9] CNN의 일반적인 구성

제 **3** 절   순환신경망

1 순차데이터

순환신경망(Recurrent Neural Network, RNN)은 시퀀스 데이터(글의 문장, 입력신호, 주가차트 등)를 모델링하기 위해 등장했다. 순환 신경망이 기존의 신경망과 다른 점은 '기억'을 갖고 있다는 점인데, 네트워크의 기억은 지금까지의 입력 데이터를 요약한 정보라고 볼 수 있다. 새로운 입력이 들어올 때마다 네트워크는 자신의 기억을 조금씩 수정한다. 결국 입력을 모두 처리하고 난 후 네트워크에게 남겨진 기억은 시퀀스 전체를 요약하는 정보가 된다. 이는 사람이 시퀀스를 처리하는 방식과 비슷하다. 인간은 이전까지의 단어에 대한 기억을 바탕으로 새로운 단어를 이해한다. 이 과정은 새로운 단어마다 계속해서 반복되기 때문에 순환 신경망에는 Recurrent, 즉 순환적이라는 이름이 붙는다. 순환신경망은 이런 반복을 통해 아무리 긴 시퀀스라도 처리할 수 있는 것이다.

2 순환층

RNN은 은닉 노드가 방향을 가진 엣지로 연결돼 순환구조를 이루는(directed cycle) 인공신경망의 한 종류이기 때문에 순환층이라는 표현을 사용한다.

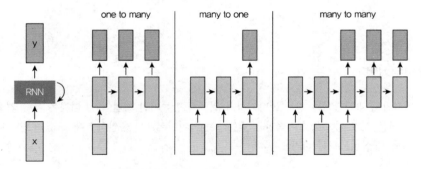

[그림 11-10] 기본구조와 변형된 구조

그림에서 보는 것처럼 은닉층(청록색)이 방향을 갖는 순환구조이다. RNN은 입력 x를 받아서 y를 출력한다.

3 LSTM

RNN은 관련 정보와 그 정보를 사용하는 지점 사이 거리가 멀 경우 역전파시 그래디언트가 점차 줄어 학습능력이 크게 저하되는 것으로 알려져 있다. 기울기사라짐(Vanishing Gradient) 문제라고 한다.

이 문제를 극복하기 위해서 고안된 것이 바로 LSTM(Long Short Term Memory)이다. LSTM은 RNN의 은닉상태에 셀상태(cell state)를 추가한 구조이다. 셀상태는 일종의 컨베이어 벨트 역할을 하기 때문에 상태가 꽤 오래 경과하더라도 그래디언트가 비교적 전파가 잘 되게 된다.

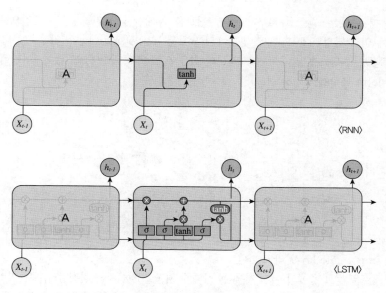

[그림 11-11] LSTM구조

RNN의 성공의 열쇠는 LSTM의 사용이다. LSTM은 RNN의 굉장히 특별한 종류이다. 영화를 frame 별로 이해하는 것과 같은 문제들을 단순 RNN보다 훨씬 잘 해결한다. 기존 RNN도 LSTM 만큼 이런 일을 잘 할 수 있다면 RNN은 대단히 유용할텐데, 아쉽게도 RNN은 그 성능이 상황에 따라 그 때 그 때 다르다. 우리가 현재 시점의 뭔가를 얻기 위해서 최근의 정보만 필요로 할 때도 있다. 예를 들어 이전 단어들을 토대로 다음에 올 단어를 예측하는 언어 모델을 생각해 보자. "The clouds are in the sky"의 문장에서 마지막 단어인 sky일 수 밖에 없다. 이 경우처럼 필요한 정보를 얻기 위한 시간 격차가 크지 않다면, RNN도 지난 정보를 바탕으로 학습할 수 있다. 그러나 반대로 더 많은 문맥을 필요로 하는 경우도 있다. "I grew up in France… I speak fluent French"라는 문단의 마지막 단어를 맞추고 싶다고 생각해보자. 최근 몇몇 단어를 봤을 때 아마도 언어에 대한 단어가 와야 될 것이라 생각할 수는 있지만, 어떤 나라 언어인지 알기 위해서는 프랑스에 대한 문맥을 훨씬 뒤에서 찾아봐야 한다. 이렇게 되면 필요한 정보를 얻기 위한 시간 격차는 굉장히 커지게 된다. 그러나 이 격차가 늘어날수록 RNN은 학습하는 정보를 계속 이어나가기 힘들어지게 된다. 이 때 LSTM이 해결책을 제시한다. LSTM은 긴 의존 기간의 문제를 피하기 위해 명시적으로 설계되었다.

모든 RNN은 신경망 모듈을 반복시키는 체인과 같은 형태를 하고 있다. 기본적인 RNN에서 이렇게 반복되는 모듈은 굉장히 단순한 구조를 가지고 있다. 예를 들어 tanh layer 한 층을 들 수 있다. 위 그림에서 보면 LSTM도 똑같이 체인과 같은 구조를 가지고 있지만, 각 반복 모듈은 다른 구조를 갖고 있다. 단순한 신경망 계층 한 층 대신에, 4개의 계층(청록색)이 특별한 방식으로 서로 정보를 주고받도록 되어 있다. LSTM의 핵심은 셀 상태로서 모듈 그림에서 수평으로 그어진 윗선에 해당한다. 셀 상태는 컨베이어 벨트와 같아서, 작은 비선형 상호연결만을 적용시키면서 전체 체인을 계속 구동시킨다. 정보가 전혀 바뀌지 않고 그대로 흐르게만 하는 것은 매우 쉽게 할 수 있다. LSTM은 3개의 gate를 가지고 있고, 이 게이트들이 셀 상태를 보호하고 제어한다.

LSTM의 첫 번째 단계는 셀 상태로부터 어떤 정보를 제거할 것인지를 정하는 것으로, 시그모이드 (sigmoid)계층에 의해 결정된다. 그래서 이 단계의 gate를 "forget gate layer"라고 부른다. 이 단계에서는 이 단계에서는 h_{t-1}과 x_t를 받아서 0과 1사이의 값을 C_{t-1}에 보내준다. 그 값이 1이면 모든 정보를 보존하는 것이고 0이면 제거하는 것이 된다.

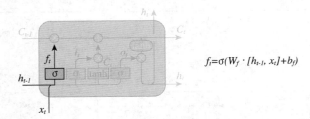

$$f_t = \sigma(W_f \cdot [h_{t-1}, x_t] + b_f)$$

[그림 11-12] LSTM의 forget gate layer

두 번째 단계는 "input gate layer"라고 한다.
앞으로 들어올 새로운 정보 중에서 어떤 것을 셀 상태에 저장할 것인지를 결정한다. 즉, 입력게이트계층이라고 불리는 시그모이드 계층이 어떤 값을 업데이트할지 정하고, 탄젠트 계층(Tahn)이 새로운 후보값인 $\widetilde{C_t}$라는 벡터를 만들고 셀 상태에 더할 준비를 한다. 이렇게 두 단계에서 나온 정보를 합쳐서 상태를 갱신할 값을 만들게 된다.

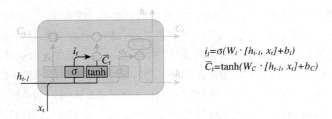

$$i_t = \sigma(W_i \cdot [h_{t-1}, x_t] + b_i)$$
$$\overline{C}_t = \tanh(W_C \cdot [h_{t-1}, x_t] + b_C)$$

[그림 11-13] LSTM의 input gate layer

과거 상태인 C_{t-1}을 업데이트해서 새로운 셀 상태인 C_t를 만들 수 있다. 이미 이전 단계에서 어떤 값을 얼마나 업데이트해야 할지 정해두었기 때문에 이 단계에서는 실행만 하면 된다. 우선 이전 상태에 f_t를 곱해서 가장 첫 단계에서 잊어버리기로 한 것들을 진짜로 잊어버린다. 그리고 $i_t \times \widetilde{C_t}$를 더한다. 이 더하는 값은 두 번째 단계에서 업데이트하기로 한 값을 얼마나 업데이트할지 정한 만큼 스케일한 값이 된다.

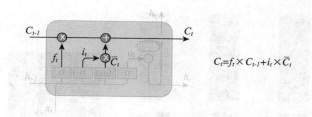

$$C_t = f_t \times C_{t-1} + i_t \times \overline{C}_t$$

[그림 11-14] LSTM의 input gate layer

과거 상태인 C_{t-1}을 업데이트해서 새로운 셀 상태인 C_t를 만들 수 있다. 이미 이전 단계에서 어떤 값을 얼마나 업데이트해야 할지 정해두었기 때문에 이 단계에서는 실행만 하면 된다. 우선 이전 상태에 f_t를 곱해서 가장 첫 단계에서 잊어버리기로 한 것들을 진짜로 잊어버린다. 그리고 $i_t \times \widetilde{C}_t$를 더한다. 이 더하는 값은 두 번째 단계에서 업데이트하기로 한 값을 얼마나 업데이트할지 정한 만큼 스케일한 값이 된다.

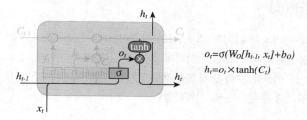

$$o_t = \sigma(W_O[h_{t-1}, x_t] + b_O)$$
$$h_t = o_t \times \tanh(C_t)$$

[그림 11-15] LSTM의 output gate layer

제 4 절   기타 신경망

CNN과 RNN, LSTM외에도 GAN 등 인공신경망의 종류는 정말 다양하다. 각자 기능에 맞게 주로 사용되는 용도가 정해져 있으며, 여러 종류의 인공신경망들을 같이 사용하면서 새로운 기능을 구현하기도 한다. 현재 딥러닝은 텐서플로(Tensorflow)와 케라스(Keras) 등과 같은 프레임워크를 이용해 개발하기 때문에 각 신경망의 구체적인 동작방법과 연산방법을 몰라도 누구나 쉽게 모델을 만들 수 있다.

1 생성대립신경망(GAN)

GAN(Generative Adversarial Network)은 비지도 학습 방법으로 훈련으로 학습된 패턴을 이용해, 이미지나 음성을 생성할 수 있다. GAN은 이미지 및 음성 복원 등에 적용되었고, 심층컨볼루션GAN(Deep Convolution GAN)은 불안정한 GAN 구조를 개선해 새로운 의미를 가진 이미지를 생성할 수 있다. 예를 들면, 웃고 있는 여성들의 사진과 자연스런 표정의 여성 사진의 이미지 그리고 자연스런 표정의 남성 사진 이미지를 통해서 웃는 남성 사진을 출력하는 것이다.

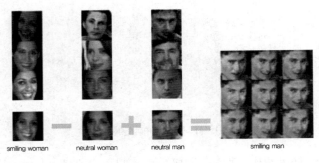

[그림 11-16]

2 관계형 네트워크(RL)

최근 구글의 딥마인드에서 개발한 관계형 네트워크(RL. Relation Networks)는 관계형 추론을 지원한다. RL을 통해, 물리적 사물, 문장, 추상적인 아이디어 들 사이에 관계를 파악해, 논리적 추론을 할 수 있다. 구글 딥마인드 팀은 RN을 이용해 주어진 장면을 학습시키면, 테이블 위 여러개 사각형, 구 등 다양한 모양으로 이뤄진 사물간 관계를 추론하는 데 성공하였다.

O×로 점검하자

※ 다음 지문의 내용이 맞으면 O, 틀리면 ×를 체크하시오. [1 ~ 5]

01 특정인의 키와 몸무게 데이터 값을 가지고 연관성을 예측하기 위하여 경사하강법을 사용한다.
( )

>>>Q 경사하강법은 절댓값이 낮은 쪽으로 계속 이동하면서 정확한 근사값을 찾을 때 사용하는 방법이고 두 개의
데이터 간의 연관성을 예측할 때는 선형회귀를 사용한다.

02 일반적인 알고리즘은 입력값에서 출력값으로 가중치를 변화시키면서 결과값을 전달하지만 이와
는 반대로 출력값을 입력방향으로 다시 보내는 알고리즘도 존재한다. ( )

>>>Q 오차역전파방법은 위하여 출력값을 역으로 입력방향으로 다시 보내며 가중치를 재업데이트하는 시키면서
오차의 정확성을 향상시키는 방법이다.

03 합성곱 신경망에서 합성곱이 일어나는 층을 풀링층이라고 한다. ( )

>>>Q 합성곱이 일어나는 층은 합성곱층, 풀링이 일어나는 층은 풀링층이다

04 과대적합(overfitting)은 데이터 모델이 훈련 데이터에는 너무 잘 맞지만 일반성이 떨어진다는
의미이다. ( )

>>>Q 과대적합(overfitting)은 데이터 모델이 훈련 데이터에는 너무 잘 맞지만 일반성이 떨어진다는 의미이고, 과
소적합(underfitting)은 모델이 너무 단순해서 데이터의 내재된 구조를 학습하지 못하는 것을 의미한다. 과
대적합(또는 과적합)은 훈련 데이터에 너무 맞추어져 있기 때문에 훈련 데이터 이외의 다양한 변수에는 대
응하기 힘은 문제가 있다.

05 과대적합은 데이터 모델이 너무 단순해서 데이터의 내재된 구조를 학습하지 못하는 것을 의미한다.
( )

>>>Q 과대적합, 즉, overfitting은 데이터 모델이 훈련 데이터에는 너무 잘 맞지만 일반성이 떨어진다는 의미이다.

정답 **1** × **2** O **3** × **4** O **5** ×

실제예상문제

checkpoint 해설 & 정답

01 오차역전파는 순방향으로 전달되는 결과값의 오차를 최소화하기 위하여 이 오차를 다시 역방향으로 은닉층과 입력층으로 전달하여 출력에서 발생했던 오차를 조정한다.

02 과소적합은 데이터 모델이 너무 단순해서 훈련데이터나 일반적인 데이터 모두에 대한 성능이 떨어지게 된다. 과대적합은 훈련데이터에 너무 치중되어 있고 이를 해결하기 위하여 정규화 작업을 거친다.

03 다층퍼셉트론에서 사용하는 활성화 함수는 시그모이드 함수이다.

정답 01 ① 02 ② 03 ④

01 다음 중 오차역전파와 관련이 없는 것은?

① 순방향으로 데이터 값을 전달하면서 업데이트한다.
② 순방향과 역방향으로 데이터 값을 전달한다.
③ 가중치를 조정하여 오차를 최소화시킨다.
④ 은닉층으로 입력되는 값이 변화한다.

02 다음 중 과소적합과 관련 있는 것은?

① 데이터 모델이 훈련 데이터에는 너무 잘 맞는다.
② 데이터 모델이 일반 데이터에는 잘 맞지 않는다.
③ 모델의 복잡도가 매우 높다.
④ 문제를 해결하기 위해서 정규화가 필요하다.

03 활성화 함수에 대한 설명으로 <u>잘못된</u> 것은?

① 입력신호의 총합을 출력신호로 변환하는 함수이다.
② 활성화되기 위해서는 특정임계값을 넘어야한다.
③ 단층퍼셉트론에서는 계단함수를 사용한다.
④ 다층퍼셉트론에서는 비계단함수를 사용한다.

04 합성곱 신경망에 대한 설명으로 <u>틀린</u> 것은?

① 시각적 영상 분석에 주로 사용한다.
② 정규화된 버전의 다층퍼셉트론이다.
③ 합성곱층과 활성화함수층으로 구성된다.
④ 합성곱층은 원본 이미지의 특징을 찾도록 한다.

05 순환신경망에 대한 설명으로 <u>잘못된</u> 것은?

① 시퀀스 데이터를 모델링하기 위한 기법이다.
② 기존의 신경망과는 다르게 메모리를 갖고 있다.
③ 순환층을 통해서 아무리 긴 시퀀스도 처리할 수 있다.
④ 풀링층을 통해서 특성 맵의 크기를 입력의 크기와 동일하게 유지한다.

06 비지도 학습에서 사용하며 훈련으로 학습된 패턴을 이용해서 이미지나 음성을 생성할 때 유용한 신경망 기법은?

① CNN
② RNN
③ GAN
④ LSTM

---

04 합성곱 신경망은 합성곱층과 풀링층으로 구성된다.

05 풀링층은 합성신경망이 가지고 있는 구조이다.

06 합성곱 신경망(CNN)은 시각적 영상을 분석하는 데 사용되는 다층의 피드 – 포워드적인 인공신경망으로 시각적 영상 분석에 주로 적용된다. 순환신경망(RNN)은 시퀀스 데이터를 모델링하기 위해 등장했고, 기존의 신경망과 다른 점은 기억을 갖고 있다는 점이다. RNN은 기울기 사라짐 문제가 발생하는데 이 문제를 극복하기 위해서 고안된 것이 바로 LSTM (Long Short Term Memory)이다.

정답 04 ③ 05 ④ 06 ③

07 첫 번째 단계인 forget gate layer는 셀 상태로부터 어떤 정보를 제거할 것인지를 정하는 것으로, 시그모이드(sigmoid)계층에 의해 결정된다. 두 번째 단계인 input gate layer는 앞으로 들어올 새로운 정보 중에서 어떤 것을 셀 상태에 저장할 것인지를 결정하고 세 번째 단계인 cell state update layer는 실행만 하는 계층이고, 마지막 output gate layer는 셀 상태를 바탕으로 필터링 된 값을 출력한다.

07 **LSTM의 처리 단계를 계층별로 순서대로 올바르게 기술한 것은?**

① forget gate layer—input gate layer—cell state update layer—output gate layer

② input gate layer—forget gate layer—cell state update layer—output gate layer

③ input gate layer—forget gate layer—output gate layer—cell state update layer

④ forget gate layer—input gate layer—output gate layer—cell state update layer

✅ **주관식 문제**

01 **합성곱 연산에서 피처맵의 사이즈가 계속 작아져서 (1, 1)이 되면 더 이상 합성곱을 적용할 수 없게 되는데 이런 문제를 보완하기 위하여 사용하는 기법을 무엇이라고 하는가?**

01
정답 패딩(padding)
해설 패딩은 입력층의 둘레에 지정된 개수의 폭만큼 행과 열에 0을 채워주는 기법으로 합성곱 연산 이후에도 특성 맵의 크기가 입력의 크기와 동일하게 유지되도록 한다.

정답 07 ①

02 드롭아웃기법에 대해서 (1) 어떤 신경망에서 사용되는지, (2) 그 의미가 무엇인지를 간단하게 기술하시오.

02

정답 (1) 합성신경망
　　(2) 신경망이 과적합되는 경우를 방지하기 위해서 만들어진 기법

해설 드롭아웃(Drop Out)기법은 학습 과정에서 무작위로 뉴런의 집합을 제거하는 것이 과적합을 막는다는 아이디어에서 출발한 기법으로 합성신경망에서 사용한다.

여기서 멈출 거예요? 고지가 바로 눈앞에 있어요.
마지막 한 걸음까지 시대에듀가 함께할게요!

부록

최종모의고사

I wish you the best of luck!

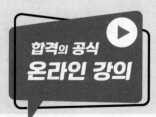

※ 퍼지집합의 소속집합 μ_A와 μ_B가 있다. 이때 각 소속집합의 값이 0.5, 0.2일 때 다음의 문제에 답하시오. [문제 01 ~ 03]

01 논리곱의 값으로 옳은 것은?

① 0.2
② 0.3
③ 0.5
④ 0.8

02 논리합의 값으로 옳은 것은?

① 0.2
② 0.3
③ 0.5
④ 0.8

03 다음 중 조건집합 $\mu_A \rightarrow \mu_B$의 값으로 옳은 것은?

① 0.2
② 0.3
③ 0.5
④ 0.7

04 local optima와 global optima에 대한 설명으로 옳은 것은?

① 최적의 변수를 찾는 문제에 있어서 마치 해를 찾은 듯한 착각을 불러일으키는 것을 global optima라고 한다.
② 해를 찾은 듯한 착각에 빠지면 전체적인 해를 찾기 힘들게 되는데 이를 local optima 라고 한다.
③ 기계 학습이 잘 안 되거나 성능이 잘 안 나오는 이유와 관련이 있다.
④ 균일비용 탐색에서 발생하는 문제이다.

05 마치 숲 전체를 관망하는 것이 아니라 숲속의 나무들을 먼저 관찰한 후 그 나무들의 특성이나 생김새 등에 의해서 숲 전체의 특성을 알아내는 탐색방식을 무엇이라고 하는가?

① 문제축소 방식
② AND-OR 그래프
③ A* 방식
④ 최우선 탐색방식

안심Touch

06 다음 중 생성 시스템의 장점이 <u>아닌</u> 것은?

① 독립성
② 단일성
③ 자연성
④ 연결성

07 다음 중 지식표현의 기능과 관련이 <u>없는</u> 것은?

① 지식표현은 일련의 존재론적 약속이다.
② 지식표현은 지능적 추론의 단편적인 이론이다.
③ 지식표현은 효율적인 전산화를 위한 수단이다.
④ 지식표현은 인간과 동물의 표현 수단이다.

08 지식은 4가지로 분류하는데 이 분류와 설명으로 옳은 것은?

① 사건에 관한 지식 – 대상이나 사건에 관한 지식뿐만 아니라 지식과 숙련을 필요로 하는 지식을 말한다.
② 객체에 관한 지식 – 대상에 관한 사실(fact)을 표현하는 지식이다.
③ 행위(action)에 관한 지식 – 문제를 해결하는데 어떠한 지식을 우선적으로 이용하면 좋을지에 대한 지식에 관한 것이다.
④ 메타 지식에 관한 지식 – 사건 그 자체를 부호화하는 것으로 일련의 사건에 관한 시간 경과와 인과 관계를 나타내는 것이다.

09 다익스트라 알고리즘과 에이스타 알고리즘의 특징을 바르게 설명한 것을 고르면?

	다익스트라	에이스타
①	시작점과 목표점이 있음	목표점이 없음
②	잔여거리를 고려함	최적경로를 보장하지 않음
③	잔여거리를 고려하지 않음	최적경로를 보장함
④	네비게이션에 활용함	라우팅 프로토콜에 사용함

10 다음 중 베이지안 네트워크에 대한 특징이 <u>아닌</u> 것은?

① 입력 정보의 주관적인 특성
② 정보를 갱신하기 위한 기초로 베이지 조건을 사용
③ 추론의 원인과 증거 사이의 구분
④ 비방향성 순환 그래프

11 $(p \lor q) \rightarrow (p \rightarrow q)$의 역인 $(p \rightarrow q) \rightarrow (p \lor q)$의 진릿값으로 옳은 것은? (이때 p의 진릿값은 0.7, q의 진릿값은 0.4라고 한다)

① 0.3
② 0.4
③ 0.6
④ 0.7

12 생성 시스템에서의 확신율에 대한 설명이 <u>다른</u> 것은?

① 입력 확신율 – 각 조건과 관계된 확신율의 곱으로 한다.

② 출력 확신율 – 입력 확신율에 대한 일가함수에 따라서 주어진다.

③ 확신비율 – 확신율을 확신비율이라는 측정 값으로 변환한다.

④ 최종 확신율 – 확신비율을 간단한 공식에 대입시킨 결과이다.

13 다음 그림은 전문가 시스템 쉘의 구조이다. 괄호 안에 용어로 알맞은 것은?

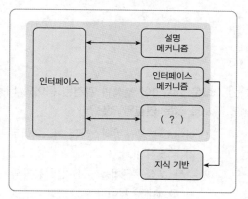

① 지식기반 편집기

② 추론 엔진

③ 작업 메모리

④ 알고리즘 언어 생성기

14 전문가 시스템 개발 도구와 관련된 설명 중 옳지 <u>않은</u> 것은?

① 범용 프로그램 언어는 문제의 성격에 가장 적합한 지식표현과 추론기관을 설계하고 코드화한다.

② 범용 표현 언어는 지식공학자를 위해 개발된 범용적인 언어로 특수하고 구체적인 문제영역에서 사용될 수 있도록 개발된 언어이다.

③ 범용 프로그래밍 언어를 사용하는 것보다 범용 표현 언어를 사용하여 전문가 시스템을 개발하면 융통성 측면에서 우수하다.

④ 범용 표현 언어를 사용하면 지식틀과는 달리 문제영역에 무관하게 전문가 시스템의 개발을 쉽게 할 수 있다.

15 다음 패턴인식에 대한 설명으로 옳지 <u>않은</u> 것은?

① 인식 문제는 입력 데이터를 알려진 통계적 모집단 중의 하나와 연관시킬 수 있는 상대적 가능성을 추정하는 것이다.

② 구체적인 항목을 인식하는 것으로 개념적 인식이라고 한다.

③ 패턴의 속성에 따라 구체적인 항목에 대한 인식과 추상적인 항목에 대한 인식으로 구분한다.

④ 인간이 월등한 패턴인식 능력을 보유하고 있다.

16 패턴의 분류뿐만 아니라 패턴을 서술하는 것에도 사용되는 방법으로 옳은 것은?

① 기본틀 일치법(template matching)
② 통계적 패턴 인식법(statistical pattern recognition)
③ 신경망 접근법(artificial neutral network)
④ 구문론적 패턴인식 방법(syntactic pattern recognition)

17 다음 중 패턴 처리의 단계를 순서대로 나열한 것으로 옳은 것은?

① 전처리 – 일반화 – 분할 – 특징 추출 – 표본화 – 분석 및 통합
② 전처리 – 특징 추출 – 표본화 – 분할 – 일반화 – 분석 및 통합
③ 전처리 – 분할 – 특징 추출 – 표본화 – 일반화 – 분석 및 통합
④ 전처리 – 분할 – 특징 추출 – 일반화 – 표본화 – 분석 및 통합

18 고등학교 수학문제를 자연어 형식으로 풀기 위해 개발한 최초의 자연어 프로그램은?

① ELISA
② STUDENT
③ MYCIN
④ DENTRAL

19 인공지능 언어인 LISP에서 새로운 기능을 추가하고자 할 때 관련 있는 심볼은 어느 것인가?

① 심볼명 + 심볼값
② 심볼명 + 함수
③ 함수 + 속성 리스트
④ 심볼값 + 함수

20 다음의 문장을 4-gram으로 바르게 표시한 것은?(#은 스페이스를 표시한다)

> "자연어 처리를 학습한다는 것은 매우 어렵고 복잡한…"

① 자연어#/연어#처/어#처리/#처리를…
② 자연어#/처리를#/학습한다/는#것을…
③ 자연어처/리를학습/한다는 것/…
④ 자연어# 처리를#학습한다는#것은/…

21 다음의 자연어 분석과 관련된 용어와 내용이 서로 잘못 연결된 것은?

① 형태소 분석 – 형태소라는 최소의미로 분리하는 것이다.
② 구문 분석 – 문법을 이용하여 문자의 구조를 찾아내는 것이다.
③ 의미 분석 – 의미 분석에 따라서 표현하고자 하는 의미가 완전하게 달라질 수 있다.
④ 활용 분석 – 문장이 현실 세계와 가지는 연관 관계를 분석하는 것이다.

22 에이전트의 유형 중에서 거대한 지식 베이스를 필요로 하는 것은?

① 함수기반
② 외부지식 기억형
③ 목표기반
④ 단순 반응형

24 K-평균 클러스터링 알고리즘에 대해서 올바르게 설명한 것은?

① 군집화를 위해 사용하고 실행속도가 빠르며 특정한 형태의 데이터에 대해서는 매우 우수한 성능을 제공한다.
② 군집 내의 데이터 밀도가 높을 것이라는 가정하에 주변 데이터들의 밀도를 이용해서 군집을 생성해 가는 방식이다.
③ 독립 변수의 선형 결합을 이용하여 사건의 발생 가능성을 예측하는데 사용한 통계 기법이다.
④ 새로운 데이터가 주어졌을 때 기존 데이터 가운데 가장 가까운 k개의 이웃한 정보를 이용하여 새로운 데이터를 예측하는 방법론이다.

23 다음 중 객체지향 언어와 에이전트지향 언어의 차이점이 아닌 것은?

① 자율성
② 유연성
③ 제어 스레드
④ 프로그램 언어

주관식 문제

01 생성 시스템의 주요 구성요소 3가지를 쓰시오.

02 한 뉴런에는 다른 뉴런으로 신호를 전달하는 시냅스에는 두 가지 종류가 있다. 이 두 가지 종류의 이름을 쓰시오.

03 다음의 괄호 안에 알맞은 용어를 넣으시오.

자식 노드로 가는 총비용을 검사해서 가장 작은 비용이 드는 노드를 저장소에 추가하면서 데이터를 확장하는 방식을 (가)(이)라고 한다. 이때 자식 노드로 움직이는 데 드는 총비용을 비교하면서 새롭게 확장해 나가기 때문에 노드와 그 노드까지의 총비용이 하나로 합쳐져서 저장되는 구조이다. 이러한 저장 구조로 가장 적합한 것은 (나) 구조이다.

04 다음의 괄호 안에 들어갈 알맞은 용어를 넣으시오.

퍼지집합(Fuzzy Set)은 주관적이고 애매한 멤버십 함수에 의해 표현되는 집합을 의미하는 반면에 (가)은(는) 참과 거짓처럼 경계가 명확하게 주어진 집합을 말한다. (가)와(과) 같은 집합에서 X = {1, 2, 3, 4, 5, 6, 7, 8, 9}일 때, A = {x|x>4}인 경우 A의 값은 (가)이다.

정답 및 해설 | 인공지능

정답

01	02	03	04	05	06	07	08	09	10	11	12
①	③	④	③	①	④	④	②	③	④	④	④
13	14	15	16	17	18	19	20	21	22	23	24
①	③	②	④	③	②	②	①	③	②	④	①

주관식 정답	
01	(1) 전체 데이터베이스(또는 작업 메모리) (2) 생성 규칙들로 이루어진 집합(조건과 규칙으로 구성된 집합) (3) 제어 시스템(또는 인터프리터)
02	(1) 흥분성 시냅스 (2) 억제성 시냅스
03	(가) 균일비용 탐색방법 (나) 우선순위 큐
04	(가) 일반집합(crisp set) (나) 5, 6, 7, 8, 9

01 정답 ①

퍼지교집합(또는 퍼지논리곱)은 원소가 두 집합의 어느 곳에 속하느냐 하는 것이다. 퍼지명제 p와 퍼지명제 q의 진릿값을 각각 a, b라 하자. 이때 p와 q의 퍼지논리곱 p∧q의 진릿값은 min(a, b)로 정의한다. 즉, 논리곱 $\mu_{A \cap B}(x) = \mu_{A \cap B}(x) = \min[\mu_A(x), \mu_B(x)], \ where \ x \in X$이다. 따라서 논리곱의 값은 0.2이다.

02 정답 ③

$\mu_{A \cup B}(x) = \max[\mu_A(x), \mu_B(x)], \ where \ x \in X$ 이므로, 논리합의 값은 0.5이다.

03 정답 ④

퍼지명제 $\mu_A {\rightarrow} \mu_B = \min[1, 1 - \mu_A(x) + \mu_B(x)]$, $where \ x \in X$ 이므로 min[1, 1 − 0.5 + 0.2] = 0.7이다.

04 정답 ③

기계 학습이 잘 안 되거나 성능이 잘 안 나오는 이유는 local optima에 빠졌기 때문이다. ①번과 ②번은 서로 설명이 잘못되었다. 그리고 이 문제는 언덕 오르기 탐색방법에서 발생하는 문제이다.

05 정답 ①

문제축소 탐색방법은 숲 전체를 관망하는 것이 아니라 숲속의 나무들을 먼저 관찰한 후 그 나무들의 특성이나 생김새 등에 의해서 숲 전체의 특성을 탐색하는 방식이라고 할 수 있다. 이처럼 문제를 좀 더 풀기 쉬운 부분 문제로 나누어 해결하는 방법을 문제축소 방법이라고 한다. 상태공간에서의 탐색문제는 현재상태(또는 초기상태), 목표상태, 연산자, 제약조건과 목적함수를 사용하여 해결한다.

06 **정답** ④

독립성은 지식 베이스 내의 개개의 생성 규칙들이 서로 독립적으로 수정, 삽입, 삭제될 수 있는 특징이고, 단일성은 지식이 매우 단일한 형태의 자료구조로 유지되므로 의미망이나 프레임에 비해서 다른 사람이 이해하기 쉽고 사용하기 편리하다. 자연성은 생성 규칙의 형태가 여러 가지 중요한 지식을 매우 쉽게 표현할 수 있다는 점을 의미한다.

07 **정답** ④

지식표현의 기능은 네 가지로 정리할 수 있다. 첫째로 지식표현은 일련의 존재론적 약속(ontological commitments)으로 그 약속은 가장 초기에 선택되고 단계마다 축적된다. 둘째로 지식표현은 지능적 추론의 단편적인 이론이다(fragmentary theory). 셋째로 효율적인 전산화(computation)를 위한 수단이고, 넷째로 인간 표현의 수단이다.

08 **정답** ②

지식은 다음과 같이 네 가지로 분류할 수 있다.
객체(object)에 관한 지식은 대상에 관한 사실(fact)이다. 사건(event)에 관한 지식은 사건 그 자체를 부호화하는 것으로 일련의 사건에 관한 시간 경과와 인과관계를 나타내야 한다. 행위(action)에 관한 지식은 대상이나 사건에 관한 지식뿐만 아니라 지식과 숙련을 필요로 하는 행위의 지식을 수반한다. 메타 지식(meta knowledge)으로서 알고 있는 것에 관한 지식-메타 지식은 문제를 해결하는데 어떠한 지식을 우선적으로 이용하면 좋을지에 대한 지식, 즉 지식 이용 방법에 관한 것이다.

09 **정답** ③

다익스트라 알고리즘은 잔여거리를 고려하지 않고 목표점이 없으며, 라우팅 프로토콜로 사용한다.
에이스타 알고리즘은 최적경로를 보장하며, 시작점과 목표점이 있으며 네비게이션에 활용한다.

10 **정답** ④

베이지안 네트워크라는 용어를 만든 유디 펄은 입력 정보의 주관적인 특성, 정보를 갱신하기 위한 기초로 베이지 조건에 의존성, 추론의 원인과 증거 사이의 구분을 베이지안 네트워크의 특징으로 설명하고 있다. 베이지안 네트워크는 방향성 비순환 그래프이다.

11 **정답** ④

퍼지명제 p의 진릿값이 0.7, q의 진릿값이 0.4라 하면 p→q의 진릿값은 min(1, 1 − 0.7 + 0.4) = 0.7이고, ~p∨q의 진릿값은 max(0.3, 0.4) = 0.4이다. 따라서 (p→q)→(~p∨q)의 진릿값은 min(1, 1 − 0.7 + 0.4) = 0.7이다.

12 **정답** ④

생성 시스템에서의 확신율에 대한 내용은 다음과 같다. 규칙의 입력 확신율은 각 조건과 관계된 확신율의 곱으로 하고, 출력 확신율은 입력 확신율에 대한 일가함수에 따라서 주어진다. 그리고 여러 규칙을 통해 뒷받침되는 사실은 확신율을 확신비율이라는 측정값으로 변환하고 이 확신비율을 간단한 공식에 대입시켜 그 결과를 다시 확신율로 변환한다.

13 **정답** ①

전문가 시스템의 구조는 다음과 같다.

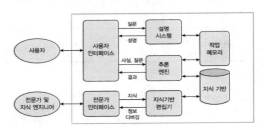

14 **정답** ③

프로그램 언어는 개발자가 전문가 시스템의 개발을 위해 사용하는 언어로서 LISP, PROLOG 등을 사용하여 문제의 성격에 가장 적합한 지식표현과 추론기관을 설계하고 코드화한다. 표현 언어는 지식공학자를 위해 개발된 범용적인 언어로 특수하고 구체적인 문제영역에서 사용될 수 있도록 개발된 언어이다. 지식틀(shell)과는 달리 이들은 특정한 틀이나 문제영역에 묶여 있지 않기 때문에 융통성있게 사용될 수 있는 제어구조를 제공하여 문제영역에 무관한 전문가 시스템을 개발할 수 있도록 만들어진 소프트웨어이다. 그러나 범용 프로그래밍 언어를 사용하여 전문가 시스템을 개발하는 경우에 비하면 융통성이 부족하다.

15　정답 ②

인간이 매우 복잡한 정보 시스템이라 할 수 있는 부분적인 이유는 월등한 패턴인식 능력을 보유하고 있기 때문이다. 인식 행위는 인식하고자 하는 대상 패턴의 속성에 따라 구체적인 항목에 대한 인식과 추상적인 항목에 대한 인식으로 구분할 수 있다. 주변의 문자, 그림, 음악, 그리고 여러 종류의 물체를 인식하는 과정에는 공간적이고 시간적인 패턴에 대한 식별 및 분류가 포함된다. 또한, 조용히 생각을 하면서 오래된 어떤 논거 또는 문제에 대한 해답을 인식할 수 있다. 이러한 과정은 추상적인 항목을 인식하는 것으로 개념적 인식이라고 한다. 인간이 구체적인 패턴을 인식하는 것은 인간과 물리적인 자극 간의 관계와 연관된 정신 생리학적인 문제로 간주될 수 있다. 인식 문제는 입력 데이터를 알려진 통계적 모집단 중의 하나와 연관시킬 수 있는 상대적 가능성을 추정하는 것으로 볼 수 있다.

16　정답 ④

구문론적 패턴인식 방법은 패턴의 분류뿐만 아니라 패턴을 서술하는 것에도 사용된다. 다른 방법들은 패턴의 분류에만 사용한다.

17　정답 ③

전처리는 결함을 제거하는 과정으로 소음제거, 필터링, 표준화와 같은 작업을 의미하고, 분할은 관심 영역을 물체의 다른 부분과 분리시키는 작업이다. 특징 추출은 객체를 분류하기 위해서는 측정할 수 있는 단위로 정량화시키는 것이고, 표본화는 추출된 특징의 적절한 식별을 위한 기여도 검사를 위해 분류에 도움이 되는 것으로 확인된 특징을 선택하는 것이다. 일반화는 제공되는 입력 샘플을 근거로 아이디어를 공식화하고 서로 다른 샘플에서 제공되는 서로 다른 클래스를 학습하는 단계이다. 분석과 통합의 단계에서 특정 의사결정으로의 추론이 이루어지며 달성된 학습 또는 일반화에 기초하여 새로운 패턴 샘플은 임의의 패턴 클래스로 그룹화된다.

18　정답 ②

자연어를 이해하기 위한 최초의 노력은 1964년 밥로우가 개발한 STUDENT 프로그램으로 고등학교 수학문제를 자연어 형식으로 풀기 위한 프로그램이었다. 1966년에는 간단한 파서(parser)를 사용하여 어떤 주제에 대해서 서로 대화를 할 수 있는 ELIZA라는 응답식 컴퓨터 프로그램이 개발되었다.

19　정답 ②

초기 LISP에서의 데이터 형태는 원자(atom)와 리스트(list)로 구분한다. 원자는 숫자나 사람, 사물, 개념 등과 같은 대상을 표현할 때 사용되는 심볼(symbol)을 말하며 원자의 값은 불변이다. 리스트는 괄호 안에 포함된 아이템의 묶음을 의미하며, 이 아이템을 리스트의 원소라고 부른다.

20　정답 ①

n-gram은 n개의 문자가 연속하여 나타나는 것이다. 4-gram은 스페이스 포함하여 최초 시작문자부터 4개씩 순차적으로 분할하는 기법이다.

21　정답 ③

형태소 분석이란 입력된 문자열을 분석하여 형태소라는 최소 의미 단위로 분리하는 것이다. 형태소는 뜻을 가진 가장 작은 단위로서 문법 요소 중에서 가장 작은 단위이다. 구문 분석은 문법을 이용하여 문장의 구조를 찾아내는 과정으로 트리 형태로 표현할 수 있다. 또한, 구문 분석에 따라서 표현하고자 하는 의미가 완전히 달라지는 문제가 발생할 수 있다.
의미 분석은 분석 결과에 해석을 가하여 문장이 가진 의미를 분석하는 것이다. 통사(생각이나 감정을 말로 표현할 때 완결된 내용을 나타내는 최소의 단위)적으로 옳으나 의미적으로 틀린 문장이 있을 수 있다. 예를 들면, '돌이 걸어간다'와 같은 표현이다. 활용 분석은 문장이 현실 세계와 가지는 연관 관계를 분석하는 것이다. 따라서 실세계 지식과 상식의 표현이 요구된다.

22　정답 ②

외부지식 기억형 에이전트는 인지된 상태의 범위에 관한 내부 지식을 계속적으로 기억하고 있는 에이전트로서 인지된 상태가 지식 베이스와 조건부가 정확히 일치하는 것이 없더라도 인지된 상태의 범위로부터 유사한 결론부를 찾아낼 수 있게 된다. 따라서 거대한 지식 베이스를 필요로 한다.

23 정답 ④

전통적인 프로그램 언어를 사용해서 객체지향 언어와 에이전트지향 언어를 개발할 수 있다. 에이전트는 다른 개체의 동작을 직접 호출하는 객체와 달리 실행해야 할 작업에 대해서 직접 요구를 표현한다. 즉, 객체지향 언어에서 결정은 요청 개체 내에 있으며 에이전트지향 언어에서는 수신 측이 실행 중에 있는지 여부를 결정하여 그 자체의 동작을 제어하기 때문에 첫 번째, 자율성이 다르다. 두 번째 차이점은 유연성이다. 에이전트는 사전 동작 및 적응형 동작을 나타내며 학습을 사용하여 시간이 지남에 따라 성능을 향상시킬 수 있다. 세 번째는 제어 스레드이다. 다중 에이전트 시스템은 기본적으로 다중 스레드이지만 일반적으로 객체지향 언어는 단일 제어 스레드이다.

24 정답 ①

군집 내의 데이터들은 밀도가 높다고 가정하고 주변 데이터들의 밀도를 이용해서 군집을 생성해 가는 방식은 DBSCAN 방식이다. 독립 변수의 선형 결합을 이용하여 사건의 발생 가능성을 예측하는 기법은 로지스틱 회귀법이다. KNN은 새로운 데이터가 주어졌을 때 기존 데이터 가운데 가장 가까운 k개의 이웃한 정보로 새로운 데이터를 예측하는 방법론이다.

주관식 해설

01 정답 (1) 전체 데이터베이스(또는 작업 메모리)
(2) 생성 규칙들로 이루어진 집합(조건과 규칙으로 구성된 집합)
(3) 제어 시스템(또는 인터프리터)

해설 전체 데이터베이스는 인공지능 생성 시스템에서 사용되는 중심 데이터 구조이다. 조건은 주어진 규칙을 언제 적용할지를 결정하고 행동은 그것이 적용될 때 어떤 일이 일어날지를 결정한다. 제어 시스템(인터프리터)은 사용자와의 대화를 통해서 수행해야 할 규칙을 선택하고 처리한다.

02 정답 (1) 흥분성 시냅스
(2) 억제성 시냅스

해설 흥분성 시냅스는 뉴런의 전위를 올리는 기능이 있고, 억제성 시냅스는 뉴런의 전위를 내리는 기능을 한다.

03 정답 (가) 균일비용 탐색방법
(나) 우선순위 큐

해설 균일비용 탐색방법은 출발 노드에서 목표 노드까지 최단길이 경로를 보장하고, 무한루프에 빠지지 않게 해준다. 기하급수적으로 메모리 공간이 필요하기 때문에 깊이가 커질수록 기억공간이 많이 필요하다. 일반적으로 큐(queue)는 선입선출(FIFO)의 대기열 규칙을 갖고 있는데, 우선순위 큐(priority queue)는 입력 시간이 아닌 다른 조건으로 큐 내에서의 순서를 결정할 수 있다.

04 정답 (가) 일반집합(crisp set)
(나) 5, 6, 7, 8, 9

해설 퍼지집합은 애매모호함을 0부터 1 사이의 숫자로 표현하지만, 일반집합은 우리가 알고 있는 것처럼 참과 거짓의 경계가 확실하다.

년도 전공심화과정인정시험 답안지(객관식)

★ 수험생은 수험번호와 응시과목 코드번호를 표기(마킹)한 후 일치여부를 반드시 확인할 것.

전공분야	

성명	

(1) 3

수 험 번 호

(2) ① ● ② ④

과목코드	응시과목

1	① ② ③ ④
2	① ② ③ ④
3	① ② ③ ④
4	① ② ③ ④
5	① ② ③ ④
6	① ② ③ ④
7	① ② ③ ④
8	① ② ③ ④
9	① ② ③ ④
10	① ② ③ ④
11	① ② ③ ④
12	① ② ③ ④
13	① ② ③ ④
14	① ② ③ ④
15	① ② ③ ④
16	① ② ③ ④
17	① ② ③ ④
18	① ② ③ ④
19	① ② ③ ④
20	① ② ③ ④
21	① ② ③ ④
22	① ② ③ ④
23	① ② ③ ④
24	① ② ③ ④

교시코드 ① ② ③ ④

답안지 작성시 유의사항

1. 답안지는 반드시 컴퓨터용 사인펜을 사용하여 다음 보기와 같이 표기할 것.
   보기] 잘된 표기: ●
   잘못된 표기: ⊗ ⊗ ● ⊙ ⊙ ○ ◐ ◑ ●
2. 수험번호 (1)에는 아라비아 숫자로 쓰고, (2)에는 ● "칸 길이 표기할 것.
3. 과목코드는 해당과목의 코드번호를 찾아 표기하고,
   응시과목란에는 응시과목명을 한글로 기재할 것.
4. 교시코드는 문제지 전면의 교시를 해당란에 ● "칸 길이 표기할 것.
5. 한번 표기한 답은 긁거나 수정액 및 스티커 등 어떠한 방법으로도 고쳐서는 안되며, 고친 문항은 "0"점 처리함.

※ 감독관 확인란

[인]

관 리 번 호	
(연번)	
(응시자수)	

년도 전공심화과정
인정시험 답안지(주관식)

★ 수험생은 수험번호와 응시과목 코드번호를 표기(마킹)한 후 일치여부를 반드시 확인할 것.

전공분야

성명

과목코드	교시코드

과목코드
① ② ③ ④ ⑤ ⑥ ⑦ ⑧ ⑨ ⑩
① ② ③ ④ ⑤ ⑥ ⑦ ⑧ ⑨ ⑩
① ② ③ ④ ⑤ ⑥ ⑦ ⑧ ⑨ ⑩
① ② ③ ④ ⑤ ⑥ ⑦ ⑧ ⑨ ⑩
① ② ③ ④ ⑤ ⑥ ⑦ ⑧ ⑨ ⑩

교시코드
① ② ③ ④

수험번호

(1) 3

(2)
① ② ③ ④ ⑤ ⑥ ⑦ ⑧ ⑨ ⑩
① ② ③ ④ ⑤ ⑥ ⑦ ⑧ ⑨ ⑩
① ② ③ ④ ⑤ ⑥ ⑦ ⑧ ⑨ ⑩
① ② ③ ④ ⑤ ⑥ ⑦ ⑧ ⑨ ⑩
① ② ③ ④ ⑤ ⑥ ⑦ ⑧ ⑨ ⑩
—
① ② ③ ④ ⑤ ⑥ ⑦ ⑧ ⑨ ⑩
① ② ③ ④ ⑤ ⑥ ⑦ ⑧ ⑨ ⑩
—
① ② ③ ④ ⑤ ⑥ ⑦ ⑧ ⑨ ⑩
① ② ③ ④ ⑤ ⑥ ⑦ ⑧ ⑨ ⑩
—
① ② ● ④

답안지 작성시 유의사항

1. ※란은 표기하지 말 것.
2. 수험번호 (2)란, 과목코드, 교시코드 표기는 반드시 컴퓨터용 싸인펜으로 표기할 것
3. 교시코드는 문제지 전면 의 교시를 해당란에 컴퓨터용 싸인펜으로 표기할 것.
4. 답안은 반드시 흑·청색 볼펜 또는 만년필을 사용할 것. (연필 또는 적색 필기구 사용불가)
5. 답안을 수정할 때에는 두줄(=)을 긋고 수정할 것.
6. 답란이 부족하면 해당답란에 "뒷면기재"라고 쓰고 뒷면 '추가답란'에 문제번호를 기재한 후 답안을 작성할 것.
7. 기타 유의사항은 객관식 답안지의 유의사항과 동일함.

※ 감독관 확인란

(인)

번호	※ 1차 점수	※ 1차 채점	※1차확인	응 시 과 목	※2차확인	※ 2차 채점	※ 2차 점수
1	⓪①②③④⑤⑥⑦⑧⑨⑩						⓪①②③④⑤⑥⑦⑧⑨⑩
2	⓪①②③④⑤⑥⑦⑧⑨⑩						⓪①②③④⑤⑥⑦⑧⑨⑩
3	⓪①②③④⑤⑥⑦⑧⑨⑩						⓪①②③④⑤⑥⑦⑧⑨⑩
4	⓪①②③④⑤⑥⑦⑧⑨⑩						⓪①②③④⑤⑥⑦⑧⑨⑩
5	⓪①②③④⑤⑥⑦⑧⑨⑩						⓪①②③④⑤⑥⑦⑧⑨⑩

[이 답안지는 마킹연습용 모의답안지입니다.]

넘도 전공심화과정인정시험 답안지(객관식)

컴퓨터용 사인펜만 사용

★ 수험생은 수험번호와 응시과목 코드번호를 표기(마킹)한 후 일치여부를 반드시 확인할 것.

전공분야

성명

수험번호

(1) 3 - | - | - | - |

(2)
① ● ② ④

관 리 번 호 (연번)

(응시자수)

※ 감독관 확인란
(인)

과목코드

과목코드	응시과목		
	1 ① ② ③ ④	14 ① ② ③ ④	
	2 ① ② ③ ④	15 ① ② ③ ④	
	3 ① ② ③ ④	16 ① ② ③ ④	
	4 ① ② ③ ④	17 ① ② ③ ④	
	5 ① ② ③ ④	18 ① ② ③ ④	
	6 ① ② ③ ④	19 ① ② ③ ④	
	7 ① ② ③ ④	20 ① ② ③ ④	
	8 ① ② ③ ④	21 ① ② ③ ④	
	9 ① ② ③ ④	22 ① ② ③ ④	
	10 ① ② ③ ④	23 ① ② ③ ④	
	11 ① ② ③ ④	24 ① ② ③ ④	
	12 ① ② ③ ④		
	13 ① ② ③ ④		

과목코드	응시과목		
	1 ① ② ③ ④	14 ① ② ③ ④	
	2 ① ② ③ ④	15 ① ② ③ ④	
	3 ① ② ③ ④	16 ① ② ③ ④	
	4 ① ② ③ ④	17 ① ② ③ ④	
	5 ① ② ③ ④	18 ① ② ③ ④	
	6 ① ② ③ ④	19 ① ② ③ ④	
	7 ① ② ③ ④	20 ① ② ③ ④	
	8 ① ② ③ ④	21 ① ② ③ ④	
	9 ① ② ③ ④	22 ① ② ③ ④	
	10 ① ② ③ ④	23 ① ② ③ ④	
	11 ① ② ③ ④	24 ① ② ③ ④	
	12 ① ② ③ ④		
	13 ① ② ③ ④		

답안지 작성시 유의사항

1. 답안지는 반드시 컴퓨터용 사인펜을 사용하여 다음 [보기]와 같이 표기할 것.
   [보기] 잘된 표기: ●
   잘못된 표기: ⊘ ⊗ ◑ ⊙ ○ ◐ ●
2. 수험번호 (1)에는 아라비아 숫자로 쓰고, (2)에는 " ● "와 같이 표기할 것.
3. 과목코드는 과목코드번호를 보고 해당과목의 코드번호를 찾아 표기하고,
   응시과목란에는 응시과목명을 한글로 기재할 것.
4. 교시코드는 문제지 전면의 교시를 해당란에 " ● "와 같이 표기할 것.
5. 한번 표기한 답은 긁거나 수정액 및 스티커 등 어떠한 방법으로도 고쳐서는
   아니되고, 고친 문항은 "0"점 처리함.

교시코드
① ② ③ ④

[이 답안지는 마킹연습용 모의답안지입니다.]

절취선

연변

년도 전공심화과정
인정시험 답안지(주관식)

전공분야

성 명

과목코드
① ② ③ ④ ⑤ ⑥ ⑦ ⑧ ⑨ ⓪
① ② ③ ④ ⑤ ⑥ ⑦ ⑧ ⑨ ⓪
① ② ③ ④ ⑤ ⑥ ⑦ ⑧ ⑨ ⓪
① ② ③ ④ ⑤ ⑥ ⑦ ⑧ ⑨ ⓪

교시코드
① ② ③ ④
① ② ③ ④

수 험 번 호

호
① ② ③ ④ ⑤ ⑥ ⑦ ⑧ ⑨ ⓪
① ② ③ ④ ⑤ ⑥ ⑦ ⑧ ⑨ ⓪
① ② ③ ④ ⑤ ⑥ ⑦ ⑧ ⑨ ⓪
① ② ③ ④ ⑤ ⑥ ⑦ ⑧ ⑨ ⓪
① ② ③ ④ ⑤ ⑥ ⑦ ⑧ ⑨ ⓪
① ② ③ ④ ⑤ ⑥ ⑦ ⑧ ⑨ ⓪

(1) 3 ① ② ● ④

(2)

답안지 작성시 유의사항

1. ※란은 표기하지 말 것.
2. 수험번호 (2)란, 과목코드, 교시코드 표기는 반드시 컴퓨터용 싸인펜으로 표기할 것.
3. 교시코드는 문제지 전면 의 교시를 해당란에 컴퓨터용 싸인펜으로 표기할 것.
4. 답란은 반드시 흑·청색 볼펜 또는 만년필을 사용할 것.
   (연필 또는 적색 필기구 사용불가)
5. 답안을 수정할 때에는 두줄(=)을 긋고 수정할 것.
6. 답란이 부족하면 해당답란에 "뒷면기재"라고 쓰고
   뒷면 '추가답란'에 문제번호를 기재한 후 답안을 작성할 것.
7. 기타 유의사항은 객관식 답안지의 유의사항과 동일함.

※ 감독관 확인란

(인)

번호	※ 1차 점수	※ 1차 채점	※1차확인	응 시 과 목	※2차확인	※ 2 차 채 점	※ 2 차 점 수
1	⓪ ① ② ③ ④ ⑤ ⑥ ⑦ ⑧ ⑨ ⑩						⓪ ① ② ③ ④ ⑤ ⑥ ⑦ ⑧ ⑨ ⑩
2	⓪ ① ② ③ ④ ⑤ ⑥ ⑦ ⑧ ⑨ ⑩						⓪ ① ② ③ ④ ⑤ ⑥ ⑦ ⑧ ⑨ ⑩
3	⓪ ① ② ③ ④ ⑤ ⑥ ⑦ ⑧ ⑨ ⑩						⓪ ① ② ③ ④ ⑤ ⑥ ⑦ ⑧ ⑨ ⑩
4	⓪ ① ② ③ ④ ⑤ ⑥ ⑦ ⑧ ⑨ ⑩						⓪ ① ② ③ ④ ⑤ ⑥ ⑦ ⑧ ⑨ ⑩
5	⓪ ① ② ③ ④ ⑤ ⑥ ⑦ ⑧ ⑨ ⑩						⓪ ① ② ③ ④ ⑤ ⑥ ⑦ ⑧ ⑨ ⑩

컴퓨터용 사인펜만 사용

남도 전공심화과정인정시험 답안지(객관식)

★ 수험생은 수험번호와 응시과목 코드번호를 표기(마킹)한 후 일치여부를 반드시 확인할 것.

전공분야

성명

수험번호

(1) 3 ㅡ ㅡ ㅡ

(2) ① ② ● ④

※ 감독관 확인란

(인)

관리번호

(연번)

(응시자수)

과목코드

응시과목

| 교시코드 |
| 응시과목 |

1	① ② ③ ④	14	① ② ③ ④
2	① ② ③ ④	15	① ② ③ ④
3	① ② ③ ④	16	① ② ③ ④
4	① ② ③ ④	17	① ② ③ ④
5	① ② ③ ④	18	① ② ③ ④
6	① ② ③ ④	19	① ② ③ ④
7	① ② ③ ④	20	① ② ③ ④
8	① ② ③ ④	21	① ② ③ ④
9	① ② ③ ④	22	① ② ③ ④
10	① ② ③ ④	23	① ② ③ ④
11	① ② ③ ④	24	① ② ③ ④
12	① ② ③ ④		
13	① ② ③ ④		

답안지 작성시 유의사항

1. 답안지는 반드시 컴퓨터용 사인펜을 사용하여 다음 [보기]와 같이 표기할 것.
   [보기] 잘된표기: ● 잘못된 표기: ⊗ ⓧ ⊙ ○ ◑

2. 수험번호 (1)에는 아라비아 숫자로 쓰고, (2)에는 "●"와 같이 표기할 것.

3. 과목코드는 해당과목의 코드번호를 찾아 표기하고,
   응시과목란에는 응시과목명을 한글로 기재할 것.

4. 교시코드는 문제지 전면의 교시를 해당란에 "●"와 같이 표기할 것.

5. 한번 표기한 답은 긁거나 수정액 및 스티커 등 어떠한 방법으로도 고쳐서는
   안되며, 고친 문항은 "0"점 처리함.

과목코드

응시과목

1	① ② ③ ④	14	① ② ③ ④
2	① ② ③ ④	15	① ② ③ ④
3	① ② ③ ④	16	① ② ③ ④
4	① ② ③ ④	17	① ② ③ ④
5	① ② ③ ④	18	① ② ③ ④
6	① ② ③ ④	19	① ② ③ ④
7	① ② ③ ④	20	① ② ③ ④
8	① ② ③ ④	21	① ② ③ ④
9	① ② ③ ④	22	① ② ③ ④
10	① ② ③ ④	23	① ② ③ ④
11	① ② ③ ④	24	① ② ③ ④
12	① ② ③ ④		
13	① ② ③ ④		

[이 답안지는 마킹연습용 모의답안지입니다.]

년도 전공심화과정
인정시험 답안지(주관식)

전공분야

성명

★ 수험생은 수험번호와 응시과목 코드번호를 표기(마킹)한 후 일치여부를 반드시 확인할 것.

과목코드

①	②	③	④	⑤	⑥	⑦	⑧	⑨
①	②	③	④	⑤	⑥	⑦	⑧	⑨
①	②	③	④	⑤	⑥	⑦	⑧	⑨
①	②	③	④	⑤	⑥	⑦	⑧	⑨

교시코드

① ② ③ ④

수험번호

3	—		—		—	
① ② ● ④		① ② ③ ④ ⑤ ⑥ ⑦ ⑧ ⑨ ⑩		① ② ③ ④ ⑤ ⑥ ⑦ ⑧ ⑨ ⑩		① ② ③ ④ ⑤ ⑥ ⑦ ⑧ ⑨ ⑩

응시과목

번호	※1차확인	응시과목	※2차확인	※2차채점
1				
2				
3				
4				
5				

답안지 작성시 유의사항

1. ※란은 표기하지 말 것.
2. 수험번호 (2)란, 과목코드, 교시코드 표기는 반드시 컴퓨터용 싸인펜으로 표기할 것
3. 교시코드는 문제지 전면 의 교시를 해당란에 컴퓨터용 싸인펜으로 표기할 것.
4. 답안은 반드시 흑·청색 볼펜 또는 만년필을 사용할 것. (연필 또는 적색 필기구 사용불가)
5. 답안을 수정할 때에는 두줄(=)을 긋고 수정할 것.
6. 답란이 부족하면 해당답란에 "뒷면기재"라고 쓰고 뒷면 '추가답란'에 문제번호를 기재한 후 답안을 작성할 것.
7. 기타 유의사항은 객관식 답안지의 유의사항과 동일함.

※ 감독관 확인란

(인)

참고문헌

1. 김대희, 『인공지능의 기법과 응용』, 교학사, 1998.

2. 김홍기, 「퍼지집합이론」, George J.Kirl Fuzzy Theory 번역본, 1988.

3. 박의준 외, 인지과학 제14권 제2호 「DNA 컴퓨팅을 이용한 원숭이와 바나나 문제해결」, 2003.

4. 심혜정, 김건우, 한국무역협회(KITA) 제3호 「우리 기업의 인공지능을 활용한 비지니스 모델」, 2018.1.

5. 유석인, 『인공지능 원론』, 교학사, 1998.

6. 이초식, 『인공지능의 철학』, 고려대, 1993.

7. 장명욱 외, 「에이전트 기술」, ETRI, 전자통신동향분석, 1997.12.

8. 장병탁, 『지식표현과 추론』, 서울대학교, 2017.

9. 장병탁, 이정모, 『인지과학과 인지시스템』, 인지과학회, 2013.

10. 조영임, 『지능적 에이전트』, 학문사, 1999.

11. 히가시나카 류이치로 지음, 진솔 옮김, 『인공지능 첫걸음』, 한빛 미디어, 2018.

12. Stuart Russell and Peter Norvig, 『Artificial Intelligence: A Modern Approach』, Prentice-Hall, Inc, 1995.

13. Franz Baader, 『Logic-based Knowledge Representation』, German, 1996.

14. I. GLASGOW and R. BROWSE, 『Programming Language for AI』, Department of Computing and Information Science, Queen's University, Kingston, Ontario, Canada, 1984.

15. 인터넷, 「Into to AI」, University of Pennsylvania.

16. 그 외 위키피디아, 나무위키 인공지능 관련 자료 참고

여기서 멈출 거예요? 고지가 바로 눈앞에 있어요.
마지막 한 걸음까지 시대에듀가 함께할게요!

좋은 책을 만드는 길
독자님과 함께하겠습니다.

도서나 동영상에 궁금한 점, 아쉬운 점, 만족스러운 점이
있으시다면 어떤 의견이라도 말씀해 주세요.
시대고시기획은 독자님의 의견을 모아 더 좋은 책으로 보답하겠습니다.

www.sidaegosi.com

시대에듀 독학사 컴퓨터공학과 3단계 인공지능

개정2판1쇄 발행	2022년 03월 30일 (인쇄 2022년 01월 04일)
초 판 발 행	2019년 10월 21일 (인쇄 2019년 09월 27일)
발 행 인	박영일
책 임 편 집	이해욱
저 자	최성운
편 집 진 행	송영진·강나연
표 지 디 자 인	박종우
편 집 디 자 인	차성미·박서희
발 행 처	(주)시대고시기획
출 판 등 록	제10-1521호
주 소	서울시 마포구 큰우물로 75 [도화동 538 성지 B/D] 9F
전 화	1600-3600
팩 스	02-701-8823
홈 페 이 지	www.sidaegosi.com
I S B N	979-11-383-1501-2 (13000)
정 가	28,000원

1년 만에 4년제 대학 졸업

시대에듀가
All care 해 드립니다!

학사학위 취득하기로 결정하셨다면!
지금 바로 시대에듀 독학사와 함께 시작하세요!

시대에듀 교수진과 함께라면
독학사 학위취득은 반드시 이루어집니다

수강생을 위한 프리미엄 학습 지원 혜택

저자직강 명품강의 제공	×	기간 내 무제한 수강	×	모바일 강의 제공	×	1:1 맞춤 학습 서비스

시대에듀 동영상 강의 | www.sdedu.co.kr

시대에듀 독학사

컴퓨터공학과

왜? 독학사 컴퓨터공학과인가? *why*

4년제 컴퓨터공학 학위를 최소 시간과 비용으로 단 1년 만에 초고속 합격 가능!

1 독학사 학과 중 거의 유일한 공과 계열 학과

2 컴퓨터 관련 취업에 가장 유용한 학과

3 전산팀, 서버관리실, R&D, 프로그래머, 빅데이터·데이터베이스 전문가, 시스템·임베디드 엔지니어 등 각종 IT 관련 연구소 등 분야 진출

컴퓨터공학과 과정별 시험과목(2~4과정)

1~2과정 교양 및 전공기초 과정은 객관식 40문제 구성
3~4과정 전공심화 및 학위취득 과정은 객관식 24문제 + 주관식 4문제 구성

2과정(전공기초)	3과정(전공심화)	4과정(학위취득)
논리회로	컴퓨터네트워크	알고리즘
C프로그래밍	인공지능	데이터베이스
자료구조	소프트웨어공학	통합프로그래밍(근간)
컴퓨터구조	프로그래밍언어론(근간)	통합컴퓨터시스템(근간)
이산수학	임베디드시스템(근간)	
운영체제	정보보호(근간)	

시대에듀 컴퓨터공학과 학습 커리큘럼

기본이론부터 실전 문제풀이 훈련까지!
시대에듀가 제시하는 각 과정별 최적화된 커리큘럼에 따라 학습해보세요.

기출 빅데이터 기반
핵심이론으로
과목별 이해도 UP!
Step 01

기출 변형 실제
예상문제로
기본실력 다지기!
Step 02

OX 문제 + Self Check로
핵심이론 리마인드!
Step 03

핵심요약집으로
반복학습!
Step 04

최종모의고사로
단기합격!
Step 05

독학사 2~4과정 컴퓨터공학과 교재

독학학위제 출제영역을 반영한 내용과 문제로 구성된 완벽한 최신 기본서 라인업!

2과정

• 전공 기본서 [전 6종]

– 논리회로 / C프로그래밍 /
  자료구조 / 컴퓨터구조 /
  이산수학 / 운영체제

3과정

• 전공 기본서 [전 6종]

– 컴퓨터네트워크 / 인공지능 /
  소프트웨어공학 / 프로그래밍언어론(근간) /
  임베디드시스템(근간) / 정보보호(근간)

4과정

• 전공 기본서 [전 4종]

– 알고리즘 / 데이터베이스 /
  통합프로그래밍(근간) /
  통합컴퓨터시스템(근간)

독학사 컴퓨터공학과 최고의 교수진

독학사 수험생 여러분의 합격을 책임질 최고의 독학사 컴퓨터공학과 전문 교수진과 함께!

이은주 교수	류금한 교수	김동욱 교수	최성운 교수	장희수 교수
이산수학	자료구조 알고리즘	논리회로 C프로그래밍 운영체제	컴퓨터구조 컴퓨터네트워크 인공지능	소프트웨어공학 데이터베이스

➕ 컴퓨터공학과 동영상 패키지 강의 수강생을 위한 특별 혜택

최신강의 제공		기간 내 무제한 수강		모바일 강의 무료 제공		온라인 모의고사 제공		신용카드 부분 무이자
	✕		✕		✕		✕	

AI면접
이젠, 모바일로

기업과 취준생 모두를 위한 평가 솔루션 윈시대로! 지금 바로 시작하세요.

www.winsidaero.com

수험생 여러분의 합격을 끝까지 책임지기 위한 시대고시만의

특별한 학습 서비스!

시대고시기획에서는 수험생 여러분의 합격을 위하여

"시대PLUS" 서비스를 통해

》 sdedu.co.kr/plus로 접속! 《

약 100개 분야에 걸쳐 약 3,000개 강의 &
2,000개 자료를 무료로 제공합니다.

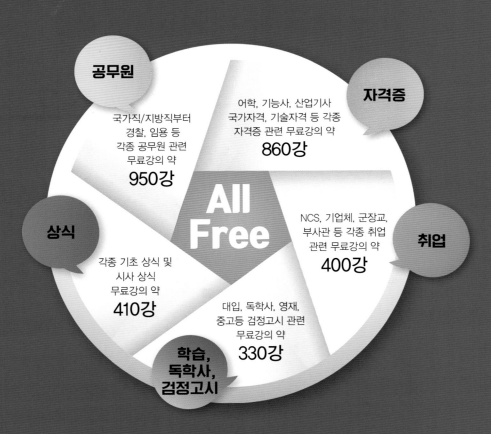

공무원
국가직/지방직부터
경찰, 임용 등
각종 공무원 관련
무료강의 약
950강

자격증
어학, 기능사, 산업기사
국가자격, 기술자격 등 각종
자격증 관련 무료강의 약
860강

상식
각종 기초 상식 및
시사 상식
무료강의 약
410강

취업
NCS, 기업체, 군장교,
부사관 등 각종 취업
관련 무료강의 약
400강

학습,
독학사,
검정고시
대입, 독학사, 영재,
중고등 검정고시 관련
무료강의 약
330강

All
Free

합격의 공식! | 시대고시기획 | www.sidaegosi.com

합격의 공식 시대에듀

시험장에 가져가는

독학사
핵심요약집

최성운 편저

컴퓨터공학과 3단계
인공지능

SD에듀
(주)시대고시기획

핵심요약집!
120% 활용 방안

고수님 코칭! ✱

독학사 시험은 매년 정해진 평가영역에서 개념 위주의 문항이 출제됩니다. 결코 어렵게 출제되는 것이 아니기에 기본적인 사항 위주로 개념을 잘 정리해 둔다면 충분히 합격점수인 60점 이상을 획득할 수 있습니다.

정리되지 않은 학습으로는 기울인 노력 대비 좋은 결과를 얻지 못합니다. 본서에 있는 핵심요약집은 각 단원별로 중요한 내용을 기본서의 순서에 맞춰 다시 한 번 정리한 것으로 다음과 같이 학습하면 시간 대비 효과면에서 충분히 원하는 성과를 낼 것이라 예상합니다.

동영상 강의 수강 시 큰 그림을 그리는 정리 노트로 활용!

먼저 동영상 강의를 수강할 때 해당 파트의 중요한 내용을 한 번 더 정리할 수 있는 정리 노트로 활용합니다. 핵심요약집은 기본서 단원별로 정리되어 있기에 해당파트 수강 시 중요부분을 체크, 정리하기 쉽고 나만의 단권화 노트를 수월하게 만들 수 있습니다.

예습보다는 복습에 중점을!

새로운 내용을 파악할 때 예습의 효과보다는 복습의 효과가 더 큽니다. 기본서를 공부한 후 복습을 할 때 핵심요약집을 보며 기본서 수업 내용을 리마인드하면 보다 효과적으로 강약을 조절하며 정리할 수 있을 것입니다.

가벼운 마음으로 중요내용을 틈틈이 보자!

바쁜 일상에서 공부할 시간을 따로 내는 것은 어려운 일입니다. 지하철이나 버스로 이동 중일 때 등 자투리 시간을 활용하여 정리된 요약집으로 틈틈이 공부한다면 짧은 시간을 모아 효과적인 학습 시간을 확보할 수 있을 것입니다.

시험직전 1회독이 중요하다!

시험 직전에 많은 과목을 빠른 시간안에 보려면 평소 정리와 준비가 필수적입니다. 핵심요약집은 이러한 부분을 효율적으로 할 수 있게 합니다. 시험 직전에 한 번 더 핵심 부분을 파악한다면 충분히 원하는 점수를 얻을 수 있을 것입니다.

핵심
요약집

인공지능

I wish you the best of luck!

합격의 공식
온라인 강의

잠깐!

혼자 공부하기 힘드시다면 방법이 있습니다.
시대에듀의 동영상강의를 이용하시면 됩니다.
www.sdedu.co.kr → 회원가입(로그인) → 강의 살펴보기

핵심요약집

제 1 장 인공지능 개요

1 인공지능의 정의

① 인공지능은 사람이 하는 것처럼 지적 능력, 적응 능력, 수치 능력 및 지적 활동 능력을 기계가 할 수 있도록 하는 일로 정의할 수 있다.

② 인간은 악의적인 명령을 받을 경우 거부할 수 있는 판단의 능력을 갖고 있지만 인공지능은 명령을 받게 되면 무조건 수행하도록 자동화되어 있기 때문에 악의적으로 사용된다면 테러의 위협 등을 초래할 수 있는 무기로 악용될 수 있는 문제가 있다. 이에 대한 모든 우려와 걱정에 대한 해결방안은 인공지능을 위한 윤리 규범을 적용하는 것이다.

③ 인공지능의 분류

구분	정의	Key Word
인간처럼 생각하는 시스템	인간의 뇌 작동과 신체 움직임의 제어 과정 및 내용과 동물 및 인공지능 시스템에서의 정보표현과 그 작동 과정을 연구하는 종합적 과학	인지과학
이성적으로 생각하는 시스템	사고 과정을 수리적으로 표현하는 시스템	사고의 법칙
인간처럼 행동하는 시스템	인간이 잘 할 수 있는 일을 컴퓨터가 대신할 수 있는 방법을 연구	튜링의 시험
이성적으로 행동하는 시스템	계산 과정의 관점에서 지능적인 행동을 설명하고 모방하려는 연구 분야이고, 지능형 행동의 자동화에 관심 있는 컴퓨터 과학 분야	에이전트

2 인공지능의 역사

① 1956년 미국 다트머스 대학의 존 매카시 교수가 개최한 다트머스 회의를 통해 처음으로 인공지능(AI) 이라는 용어가 사용되기 시작 – 당시 인공지능 연구의 핵심은 추론과 탐색이다.

② 1970년대까지 활발히 연구가 진행되다가 간단한 문제풀이 뿐만 아니라 더 복잡한 문제까지 풀기 위한 수준에는 도달하지 못하면서 급격한 빙하기로 접어들었다.

③ 1980년대 컴퓨터에 지식과 정보를 학습시키는 연구가 이뤄지면서 여러 가지 실용적인 전문가 시스템이 개발되지만 방대한 관리방안에 단점이 노출되며 1990년대 초까지 또 한번의 암흑기를 맞게 되었다.

④ 1990년대 후반 인공지능 연구는 인터넷과 함께 발전되기 시작하는데 검색엔진 등을 통해 이전과는 비교할 수 없을 만큼의 방대한 데이터의 수집이 가능해지고 머신 러닝을 통해 수많은 빅데이터를 분석하여 인공지능 시스템 자신이 스스로 학습하는 형태로 진화하였다.

⑤ 인간의 뇌구조를 모방한 신경망 구조로 이루어진 딥 러닝 알고리즘을 2006년 캐나다 토론토대학의 제프리 힌튼 교수가 처음 발표하면서 세계적인 딥 러닝 개발자들에 의해 더욱 발전했고 현재 구글, 페이스북, 바이두 같은 글로벌 IT 회사에서 그 연구가 더욱 가속화되고 있다.

⑥ 2012년 이미지넷이라 불리는 이미지 경진대회에서 딥 러닝을 활용하여 자체적으로 이미지를 인식하는 컴퓨터로 알렉스 크리제브스키가 우승하면서 획기적인 전환점을 맞게 된다.

⑦ 알렉스는 그의 나선형신경망(CNN)을 이용하여 놀라운 이미지 인식률(84.7%)을 보여주게 되는데 이는 CPU의 계산량으로는 처리하기 어려운 것을 GPU를 사용하여 처리했기 때문이고 이 대회를 통해 GPU가 딥 러닝 연구의 전면에 등장하는 계기가 된다.

⑧ 2015년 이미지 경진대회에서 GPU를 이용한 이미지 인식률은 96%를 넘어서게 된다. 인공지능으로 인간의 삶의 패러다임이 변화되고 있다는 것은 명백한 사실이다.

3 인공지능 시스템

① 시스템의 구성

인공지능 시스템은 지식기반의 데이터베이스, 사용자 인터페이스, 추론 엔진 등으로 구성된다. 사용자는 인터페이스를 통해 질문하고 인공지능 시스템은 내부의 추론 엔진과 설명 지원도구로 답변을 제공한다. 설명 도구는 어떻게 답변에 도달했고 그 답변에 도달하기 위해 어떤 단계를 거쳤는지를 설명해 주는 전문가 요소이다. 추론 엔진은 지식 베이스에서 답을 찾아내는 역할을 한다. 즉 지식 베이스의 정보에 대해 추론하고 결론을 형식화하는 방법론을 제공하는 것으로서 인공지능 시스템의 두뇌에 해당한다.

② 추론 엔진의 구성 요소

인터프리터	기본적인 규칙을 적용하여 선택된 도출 문제를 수행
스케줄러	우선순위에 따라 추론규칙을 적용한 효과를 추정하여 도출된 내용에서 제어를 유지하거나 다른 영역을 수행
일관성 강화기	• 나타난 답변의 일관된 표현을 유지 • 인공지능 시스템은 자기 학습에 의해 지식을 획득하여 그 지식을 표현하고 조작하며 인터페이스를 통해서 처리결과를 사용자에게 전달하는 시스템

4 문제의 표현

인공지능에서 탐색이란 문제의 해가 될 수 있는 것들의 집합을 상태 공간으로 간주하고, 문제에 대한 최적의 해를 찾기 위해 공간을 체계적으로 찾아보는 것을 말한다. 탐색에 의하여 문제를 해결하기 위해서는 초기 상태와 목표 상태를 설정해야 하고 이 경로를 조건에 적합하게 찾아 가는 것이 탐색이 되며 문제 풀이가 된다.

경로 탐색에는 초기 상태에서 목표 상태로 상태를 변화시키는 연산자가 사용되며, 문제를 해결하기 위해 지켜야 하는 조건을 제약조건 또는 제약사항이라고 한다. 또한, 목표 상태에 효율적으로 도달하기 위해 각각의 상태에서 탐색 방향을 결정하는 데 필요한 함수를 목적 함수라고 한다. 제약조건을 만족하면서 초기 상태에서 목표 상태로 상태를 옮기는 연산자 중 목적 함수를 최대 또는 최소로 하는 상태를 발견하는 것이 문제에 대한 풀이 과정이며 탐색의 과정이다.

5 상태 공간

상태 공간(state space)은 문제 해결 과정에서 초기 상태로부터 도달할 수 있는 모든 상태의 집합으로 문제의 해가 될 가능성이 있는 모든 상태의 집합이다. 초기 상태, 목표 상태, 연산자와 제약조건이 명백해지면 탐색 공간이 결정된다. 탐색을 효율적으로 진행하기 위해서 트리 구조나 AND-OR 그래프를 사용한다. 제약조건을 만족하면서 초기 상태에서 목표 상태로 원판을 이동시키기 위한 연산자를 포함한 함수에 대한 예제인 하노이 타워의 경우 상태 공간은 원판을 이동하면서 만들어지는 여러 개의 상태를 의미하고 연산자는 원판을 이동하는 것이 된다. 그리고 제약조건은 기둥의 제일 위의 원판만을 옮길 수 있고, 한 번에 1개의 원판만 이동하며, 큰 원판을 작은 원판 위에 놓을 수 없다는 것이 된다.

제 2 장 문제해결을 위한 탐색

1 그래프 탐색

① 상태 공간을 그래프로 표현하면 해를 찾아가는 탐색과정을 설명하기가 매우 효율적이다. 네트워크 또는 그래프는 꼭짓점(정점 : vertex)과 꼭짓점을 잇는 엣지(edge)로 구성된 일종의 집합체이다. 꼭짓점과 엣지는 노드(node)와 링크(link)로 구성된다. 인터넷, 전력망, 인공지능의 신경망 역시 노드와 링크로 이루어진 그래프이다. 그래프는 엣지에 방향이 존재하여 한 꼭짓점에서 다른 꼭짓점을 가리키는 방향 그래프와 엣지에 특정한 방향이 존재하지 않는 비방향 그래프로 구분한다.

② 방향 그래프는 G = (u, v)로 표시하고 비방향 그래프 G = {u, v}로 표시한다. 그래프는 노드의 관계를 조상, 후손, 부모, 자식, 형제, 자매로 표시하는 트리 구조로 변형할 수 있다.

③ 탐색의 종류
목표 상태에 도달하기 위해 사용하는 탐색의 기법으로 무작위 탐색방법과 체험적 탐색방법이 있다.

목적 정보사용	임의의 경로 탐색	최적 경로 탐색
무작위 탐색기법 (무정보 탐색기법)	• 너비우선 탐색방법 • 깊이우선 탐색방법	균일 비용 탐색방법
체험적 탐색기법	• 언덕 오르기 탐색방법 • 최우선 탐색방법 • 빔 탐색방법	A^* 알고리즘

④ 상태 공간 그래프를 표현하는 세 가지 기본 요소

시작 노드의 표현	문제의 초기 상태를 나타내는 자료구조
연산자	하나의 상태를 나타내는 표현을 어떤 행동에 대한 결과 상태를 나타내는 표현으로 바꾸어주는 함수
목표 조건	어떤 상태 표현에 대해 참 또는 거짓이 되는 함수이거나, 목표 상태에 해당하는 실제 상태 표현들의 리스트

⑤ 무정보(무작위) 탐색방법

목표까지의 경로를 찾는 데 있어서 탐색공간의 어떤 한 부분이 다른 부분에 비해 선호할 만한 판단 근거가 없는 경우에 사용하는 방법이다. 무작위 탐색기법은 목표 노드에 도달할 때까지 노드를 확장하는 방법으로 체계적이거나 효율적인 방법은 아니다. 탐색 영역이 작은 영역이나 또는 축소될 수 있는 영역에서는 유용하게 사용할 수도 있다.

⑥ 체험적 탐색기법

탐색을 한 부분에 집중시킬 수 있도록 문제 고유의 정보가 있는 경우에 사용하는 방법이다. 체험적 탐색방법은 논리적이나 수학적인 방법으로 증명할 수는 없으나 경험이나 직관에 의해 효율적으로 해를 얻을 수 있으리라는 근거에 의한 방법이다.

2 무작위 탐색기법

① 깊이우선 탐색방법

깊이우선 탐색(DFS)은 목표 노드를 찾기 위하여 수직 방향으로 노드를 탐색해 가는 방법이다. 만일 분기점에 도착한 경우에는 아직 한 번도 탐색하지 않은 노드 중 하나를 선택하여 나아가는 탐색기법이다. 더 이상 진행할 경로가 없을 때는 아직 탐색하지 않은 분기점까지 역방향으로 탐색(backtracking)한다. 탐색 과정이 시작 노드에서 한없이 깊이 진행되는 것을 막기 위해 깊이 제한(depth bound)을 사용하고, 깊이 제한에 도달할 때까지 목표 노드가 발견되지 않으면 역추적(백트래킹: backtracking)을 한다. 백트래킹은 최근에 탐색하지 않은 후계노드로 되돌아오는 것으로 다른 방향으로의 탐색이 가능한 최근의 상태로 복귀하는 것을 의미한다. 스택을 사용하여 노드를 관리한다.

② 너비우선 탐색방법

깊이우선 탐색의 가장 큰 문제는 끝없이 깊은 경로로 진입해서 빠져나오지 못하게 될 경우가 발생할 수 있다는 것이다. 너비우선 탐색(BFS)은 깊이우선 탐색처럼 깊게 들어가는 것이 아니라 넓고 얕게 탐색하는 방법이다. 너비우선 방식은 분기점에 도착했을 때 모든 분기를 먼저 각각 확인한 후 다음 계층으로 전진한다. 그리고 방문한 노드에 대해서는 깊이우선 탐색처럼 재방문하지 않는다. 너비우선 탐색은 깊이우선 탐색에서처럼 역추적이 발생하지 않는다. 탐색 트리의 한 레벨 단위로 단계적으로 탐색하는 방법이다. 해당 노드의 자식 노드를 탐색한 후에도 해가 발견되지 않으면 이들을 확장하여 더 이상 방문하지 않은 노드가 없을 때까지 부모 노드의 생성 순서에 따라서 탐색하며 큐를 사용하여 노드를 관리한다.

③ 균일비용 탐색방법

깊이우선 탐색과 너비우선 탐색은 단순히 목적 노드에 도착하는 것만 집중하는 탐색기법이다. 그러나 어떤 문제의 경우에는 최단 경로 또는 최적 경로를 요구하는 경우도 있다. 균일비용 탐색(UCS) 방법은 노드 간의 최단 거리(최단 비용)를 고려해서 경로를 탐색하는 방법이다. 선택하지 않았던 분기를 선택하는 것이 비용이 적게 드는 경우에는 그 지점으로 돌아가서 비용이 적은 방향으로 탐색해 나아간다. 균일비용 탐색 방법도 탐색했던 노드를 다시 방문하는 경우는 없다. 너비우선 탐색방법이 확장된 방식이다. 데이터와 비교해야 할 비용이 합산되어 저장되는 데이터 구조에 가장 적합한 우선순위 큐(priority queue)를 사용한다.

3 경험적 탐색기법

① 경험적 탐색(heuristic search)은 목표 상태를 더 신속하게 탐색하기 위해 경험적 지식을 활용하는 탐색방법이다. 논리적으로 혹은 수학적으로 증명할 수 없으나 경험이나 직관에 의해서 효율적인 해를 얻을 수 있을 것이란 기대를 갖게 하는 어떤 근거에 의한 방법이다.

경험적 탐색은 해법이 유일하지 않으며 최적의 해를 보장할 수 없고, 해의 결정에 허용치를 부과하는 방법이 유용하게 사용된다. 또한, 평가 함수를 사용하여 어떤 상태가 주어졌을 때 그 상태를 거쳐 가는 것이 목표 상태로 가는데 얼마나 바람직한가를 나타낸다.

② 언덕 오르기 탐색방법

언덕 오르기(HCS) 방법은 문제에 대한 임의의 솔루션으로 시작하여 솔루션에 점진적인 변화를 줌으로써 더 나은 솔루션을 찾으려고 시도하는 수학적 최적화 기법을 사용하는 반복 알고리즘이다. 변경으로 인해 더 나은 솔루션이 생성되면 새로운 솔루션이 점진적으로 변경되고 더 이상의 개선 사항이 발견되지 않을 때까지 계속 진행한다. HCS는 local optima 문제가 존재한다. local optima 문제는 에러를 최소화시키는 최적의 파라미터를 찾는 문제에 있어서 파라미터 공간에 수많은 지역적인 문제들이 존재하여 마치 최적인 것처럼 오해하는 경우를 일컫는데 이 경우에는 진짜 해를 찾기가 힘들게 된다. HCS는 최단 이웃 알고리즘과 같은 다른 국부적인 방법과 함께 사용하면 탐색시간의 폭발적인 급증 문제를 해결할 수 있는 장점이 있는 반면에 효율적이지 못할 경우도 있다는 단점이 있다. 특히, 데이터양이 방대하고 비구조화된 문제에서 언덕 오르기 방법은 매우 비효율적이다.

③ 최우선 탐색방법

최우선 탐색(Greedy-BFS)방법은 정해진 규칙에 따라서 가장 유망해 보이는 노드를 선택하여 확장하는 알고리즘이다. 이것은 경로의 끝단이 솔루션에 얼마나 가까운지 예측하기 위해 체험적인 방법을 사용하는 것으로 솔루션에 더 가깝다고 판단되는 경로를 우선 확장하는 방법이다. 이러한 유형의 탐색을 'greedy BFS' 또는 'pure heuristic search'라고 한다. 확장 후보자를 효율적으로 선택하는 것은 일반적으로 우선순위 큐를 사용하여 구현한다.

greedy-BFS는 DFS과 BFS의 장점만을 취해 하나로 만든 방법이다. 체험적 탐색의 가장 기본적인 접근방법으로 평가함수 $f(n)$을 기반으로 한 'tree 탐색' 혹은 'graph 탐색' 확장방식이다. 균일비용 방식은 현재 노드에서 비용이 가장 적은 노드로 이동하는 방식이었다. Greedy-BFS는 비용 계산에 평가함수를 사용한다. 여기에 휴리스틱 함수 $h(n)$이 등장한다. 이 방식은 균일비용 방식처럼 현재 노드에서 가까운 노드를 찾는 것이 아니라 현재 모드에서 목표 노드까지의 거리를 직선으로 계산하는 것이다.

④ A* 알고리즘

A* 알고리즘은 BFS와 DBS의 강점만을 조합하여 만든 탐색방법이다. BFS처럼 가장 짧은 경로를 찾아내고, 최우선 방법처럼 빠르다. A*방식은 실제로 매우 많이 사용되고 있는 방식이다.

A* 알고리즘은 $h(n)$과 $g(n)$을 조합하여 사용한다. $g(n)$은 현재 상태의 비용을 나타내는 것으로 목표 노드까지의 예상 이동비용으로 가중치를 고려한 값이다. 현재 상태에서 다음 상태로 이동할 때의 휴리스틱 함수를 $h(n)$이라고 할 때, 둘을 더한 $f(n) = g(n) + h(n)$이 최소가 되는 지점을 우선적으로 탐색하는 방법이다. $f(n)$은 작은 값부터 탐색하는 특성상 우선순위 큐가 사용된다. 휴리스틱 함수 $h(n)$에 따라 성능이 극명하게 갈리며, $f(n) = g(n)$일 때는 다익스트라 알고리즘과 동일하다.

다익스트라 알고리즘(dijkstra algorithm)은 도로 교통망 같은 곳에서 나타날 수 있는 그래프로 꼭짓점 간의 최단 경로를 찾는 알고리즘으로 다익스트라 대신에 A*를 사용하는 이유는 다익스트라의 현실 적용이 매우 어렵기 때문이다.

4 문제축소에 의한 해결방식

① 문제 축소에 의한 해결방식은 주어진 문제를 몇 개의 부분 문제로 분할하여 각각의 부분 문제를 해결함으로써 전체 문제를 해결하는 방식이다. 각각의 부분 문제들도 유사한 문제 축소 과정을 반복하며, 이러한 과정상에서 더 이상 분해할 필요가 없거나 문제의 해가 발견되면 탐색을 종료한다.

② 문제축소 탐색방법

문제축소 탐색방법은 숲 전체를 관망하는 것이 아니라 숲 속의 나무들을 먼저 관찰한 후 그 나무들의 특성이나 생김새 등에 의해서 숲 전체의 특성을 탐색하는 방식이라고 할 수 있다. 이처럼 문제를 좀 더 풀기 쉬운 부분 문제로 나누어 해결하는 방법을 문제 축소방법이라고 한다. 상태 공간에서의 탐색문제는 현재 상태(또는 초기 상태), 목표 상태, 연산자, 제약조건과 목적 함수를 사용하여 해결한다.

③ AND-OR 그래프 탐색방법

AND/OR 그래프는 문제 축소 과정을 트리 구조의 한 형태로 표현한 것으로 규칙의 조건 및 결론 관계를 AND/OR 관계를 이용하여 나타내는 것이다. AND-OR 그래프에서 동시에 문제를 풀어야 하는 경우에 노드는 아크로 묶어 표시한다. AND 관계는 어떠한 문제를 분해한 부분 문제이다. 즉, 모든 부분 문제가 해결되어야 주어진 문제가 풀이되기 때문에 부분 문제들 간의 관계를 나타낸다. OR 관계는 문제를 분해하는 방법이 여러 가지 있을 때 각각의 부분 문제 조합 중에서 하나라도 풀이되면 주어진 문제를 해결할 수 있는 관계를 표현한다.

제 3 장　지식표현과 논리

1　지식의 개요

① 지능과 지식

지식(knowledge)은 사물에 관한 사람 개개의 단편적인 실제적, 경험적 인식을 뜻하며 객관적 타당성을 요구할 수 있는 판단의 체계, 지혜과 식견, 어떤 사항에 대한 명석하고 확정적인 의식이나 판단이나 어떤 사건을 인식하고 이해하는 것 또는 안다고 알려진 인간의 모든 활동과 특히 그 내용을 말하며 좁은 의미로는 원인의 파악을 기반으로 한 확실한 인식을 말한다. 반면에 지능은 다양한 상황과 문제에 융통성을 갖고 반응하는 데 사용되며 학습능력과 관련이 있고 새로운 상황을 효과적으로 분석하고 이해하기 위해 선행지식을 활용하는 것으로 여러 가지 다른 정신 과정들의 복잡한 상호작용과 조정을 포괄하며, 문화 특수적으로 한 문화에서 지적인 행동이 반드시 다른 문화에서 지적인 행동으로 간주될 필연성을 갖지 않는다.

② 지식의 종류

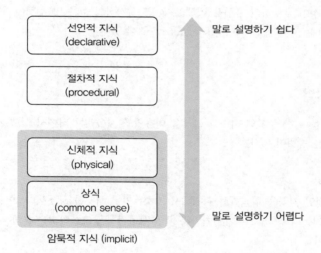

③ 지식표현 시 고려사항

㉠ 지식표현의 정확성 : 해당 문제에 있어서 객체 간의 상관관계를 정확하게 표현해야 한다. 그러나 컴퓨터의 특성상 너무 상세한 지식표현은 용이하지 않기 때문에 지식표현의 정도(level)가 문제가 된다. 이는 어느 수준까지 상세하게 그리고 정확하게 표현할 것인가의 문제이다.

㉡ 추론의 정확성 : 지식 베이스에 저장된 사실로부터 새로운 사실을 유도하는 것을 추론이라고 하며 문제의 성격에 따라 전방향 추론, 후방향 추론, 결합 추론 중에서 선택하여 사용해야 하고 정확한 추론이 될 수 있도록 지식을 표현해야 한다.

㉢ 지식 획득 관리의 용이성 : 새로운 사실을 쉽게 삽입, 수정, 삭제가 가능하도록 지식이 표현되어야 한다. 이를 위해 사용자가 직접 지식 베이스에 접근할 수 있어야 하고 프로그램 스스로 지식의 획득을 조정 통제할 수 있어야 한다.

ⓔ 추론의 효용성 : 추론 기법을 최적의 방향으로 이끌기 위해 사용되는 특정한 정보와 지식구조를 결합시키는 능력을 제공할 수 있어야 한다. 지식은 질문에 정확히 답하는 능력을 말하며, 이를 위해 질문 영역에 관한 사실의 성질과 그 관계를 기술한 것, 그리고 그 사실을 다루는 규칙으로 이루어져 있다.

④ 지식의 분류

객체(object)에 관한 지식	대상에 관한 사실(fact)
사건(event)에 관한 지식	사건 그 자체를 부호화하는 것으로 일련의 사건에 관한 시간 경과와 인과관계를 나타내야 함
행위(action)에 관한 지식	대상이나 사건에 관한 지식뿐만 아니라 지식과 숙련을 필요로 하는 행위의 지식을 수반함
메타지식으로서 알고 있는 것에 관한 지식	메타지식은 문제를 해결하는데 어떠한 지식을 우선적으로 이용하면 좋을지에 대한 지식, 즉 지식 이용 방법에 관한 것

⑤ 지식표현의 형태 및 특징
   ㉠ 절차형은 동작이나 상황의 관계를 기술하는 데에 편리하고, 추론 시 효율이 우수하며, 상호작업성에 있어 우수하지만, 유연성이 떨어진다.
   ㉡ 선언형은 모듈성이 우수하여 표현을 이해하기 쉽고, 지식의 추가 및 수정이 용이하다. 대표적인 선언형 지식표현에는 논리식과 의미망(semantic net)이 있다.

2 지식표현의 방법

지식표현은 문제해결을 위한 상황의 서술과 그것을 이용할 지식을 컴퓨터에서 실행 가능한 형태로 나타내는 것으로 다음과 같은 방법이 있다.

① 논리기반 지식표현
   애매모호한 언어적인 지식을 형식화하기 위해서 기호논리를 사용하는 것이다. 인공지능은 연구 초기부터 명제논리와 술어논리 등 기호논리에 기반하여 인간의 지식을 표현하고 추론하는 방법을 연구하였다.
② 규칙기반 지식표현
   규칙기반 시스템은 (if 〈A〉, then 〈B〉) 형태의 생성 규칙의 집합으로 지식을 표현하는 방법이다. 규칙은 가장 널리 알려진 지식표현 방법의 하나로 조건이 만족되면 결론 부분이 새로운 사실로써 생성되기 때문에 생성 규칙이라고 한다. 규칙을 이용한 추론은 전방향 추론과 후방향 추론 및 전방향 추론과 후방향 추론을 결합한 결합형 추론이 있다.
   ㉠ 전방향 추론 : 사용자가 추론하고자 하는 문제와 관련하여 알고 있는 모든 사실을 먼저 제공하여 추론기관은 각각의 사실과 지식 베이스에 있는 규칙들의 조건부분과 비교하여 일치하는 규칙을 찾아 해당 규칙을 수행하고, 그 규칙의 결론 부분을 참으로 밝혀진 새로운 사실로서 추가한다. 이러한 과정은 추론기관이 더 이상 지식 베이스에 있는 규칙들의 조건부분과 사실들을 비교하여 새로운 결론을 내릴 것이 없을 때까지 진행된다.

ⓛ 후방향 추론 : 어떤 가설에서 추론을 시작하여 이 가설을 지지하는 사실을 역으로 추적해 가는 추론을 후방향 추론이라 한다. 이 추론의 시작점을 목표(goal)라고 하며, 추론의 방향은 이 목표를 지지하는 하위목표 또는 사실들이 참인지를 알아보는 방향으로 진행된다.

ⓒ 결합형 추론 : 결합형 추론 방법은 전방향 추론과 역방향 추론을 혼합하여 사용하는 것이다. 하위가설을 두고 이들 중 어느 것이 맞는지를 알기 위해 각각의 가설에 대한 뒷받침할 만한 증거를 찾는 추론을 말한다. 예를 들면, 의료진단을 위한 지식이 있을 때, 증상을 알고 있고 이로부터 병명을 알고 싶을 때는 전방향 추론을 사용하고, 병명은 알고 있으나 이로부터 생기는 증상을 알고 싶으면 역방향 추론이 사용될 수 있다.

③ 네트워크기반 지식표현

의미망(sementic net)은 노드(node)와 링크(link)로 구성된 네트워크로 관계적인 지식을 표현하는 방법이다. 네트워크의 노드는 객체, 개념, 또는 사건을 나타내며, 링크는 노드 사이의 관계 또는 속성을 표시한다.

④ 시멘틱 웹(semantic web)

'의미론적인 웹'이라는 뜻으로 현재의 인터넷과 같은 분산 환경에서 리소스(웹 문서, 각종 화일, 서비스 등)에 대한 정보와 자원 사이의 관계-의미 정보를 컴퓨터가 처리할 수 있는 온톨로지 형태로 표현하고, 이를 자동화된 컴퓨터가 처리하도록 하는 기술이다.

⑤ 프레임기반 지식표현

프레임 표현은 문제해결에 필요한 지식을 인간이 정리한 것을 의미한다. 인공지능을 똑똑하게 만들기 위해서는 생각나는 지식을 의미망의 개념을 사용해서 표현한 후 인공지능에 입력하면 된다. 그러나 지식이 아무리 많더라도 실제 문제에 직면했을 때에는 어느 지식을 꺼내서 사용해야 할지 모르는 문제가 발생한다. 즉, 문제해결의 대상으로 삼은 문제에 필요한 지식을 적절하게 끄집어내기 어렵기 때문이다. 이 문제의 해결책으로 고안된 방법이 프레임 표현이다. 프레임에는 여러 개의 슬롯이 있고 슬롯 안에는 슬롯의 값, 디폴트 값, 값이 추가되었을 때의 동작, 값을 물었을 때의 동작 등이 정의된다. 여기서 여러 가지 속성에 대한 값들을 묘사하는 부분을 필러(filler)라고 한다.

⑥ 사례기반 지식표현

사례기반 시스템은 과거의 경험 사례를 그대로 기억함으로써 지식을 표현하는 방법이다. 과거의 문제를 해결하는데 사용했던 해를 변형하여 새로운 문제를 해결하는 것이 규칙을 정의하는 것보다 사람에게는 쉽다는 사실에 기반한다. 과거의 사례를 저장하고 비슷한 케이스를 회상하여 변경하여 문제를 해결하기 때문에 사례기반 추론(CBR)이라고도 한다.

3 온톨로지와 메타데이터

① 온톨로지(ontology)

사람들이 세상에 대하여 보고 듣고 느끼고 생각하는 것에 대하여 서로 간의 토론을 통하여 합의한 것을 개념적이고 컴퓨터에서 다룰 수 있는 형태로 표현한 모델로서 개념의 타입이나 사용상의 제약조건들을 명시적으로 정의한 기술이다. 온톨로지는 일종의 지식표현으로 컴퓨터는 온톨로지로 표현된 개념을 이해하고 지식처리를 할 수 있다. 프로그램과 인간이 지식을 공유하는데 도움을 주기 위한 온톨로지는 정보 시스템의 대상이 되는 자원의 개념을 명확하게 정의하고 상세하게 기술하여 더 정확한 정보를 찾을 수 있도록 하는 데 목적이 있다. 온톨로지는 시맨틱 웹을 구현할 수 있는 도구로서 지식개념을 의미적으로 연결할 수 있는 도구로서 RDF, OWL, SWRL 등의 언어를 이용해 표현한다.

② 메타데이터

데이터에 관한 구조화된 데이터로, 다른 데이터를 설명해 주는 데이터이다. 대량의 정보 가운데에서 찾고 있는 정보를 효율적으로 찾아내서 이용하기 위해 일정한 규칙에 따라 콘텐츠에 대하여 부여되는 데이터이다. 어떤 데이터 즉 구조화된 정보를 분석, 분류하고 부가적 정보를 추가하기 위해 그 데이터 뒤에 함께 따라가는 정보를 말한다.

4 논리에 의한 지식표현

① 명제논리

기호논리학에서 참과 거짓을 판단할 수 있는 내용을 명제라고 하며 명제논리는 지식을 표현하는 가장 기초적이고 고전적인 표현방법이며 매우 단순하고 정형화된 추론방법을 제공한다. 'p→q'라는 명제가 참일 경우, 대우명제인 '~q→~p'도 참이 된다. 즉, 원명제와 대우명제는 동일한 참 또는 거짓의 값을 갖는다. 그러나 대우명제와 비슷한 형식을 취하는 잘못된 형식이 있는데, 이는 후건 긍정의 오류와 전건 부정의 오류로 나뉜다.

ⓐ 후건 긍정(modus ponense) : 원명제에서 충분조건을 긍정해야만 필요조건이 충족되는 것인데, 이를 혼동하여 필요조건을 긍정함으로써 충분조건을 충족시키려하는 오류이다. 즉, 'p→q'라는 원명제에서 'q→p'라는 '역명제'는 원명제와 언제나 같은 진릿값을 갖지 못하며, 이 같은 형식을 취하는 경우를 후건 긍정의 오류라 한다.

ⓑ 전건 부정(modus tollense) : 원명제와 대우명제는 동일한 진릿값을 갖는데, 대우명제는 필요조건(후건)을 부정함으로써 충분조건(전건)을 부정하는 것이다. 그런데 이를 혼동하여 충분조건(전건)을 부정하며 필요조건(후건)을 부정하려 하는 오류가 바로 전건 부정의 오류이다. 즉, 'p→q'라는 원명제로부터 '~p→~q'라는 명제의 부정을 취하는 경우를 전건 부정의 오류라 한다.

논리학에서 전건 긍정과 후건 부정은 항상 참이다.

② 명제논리에도 교환법칙, 배분법칙 등과 같은 기본법칙들이 성립한다.

③ 분배법칙을 사용하여 논리합의 정규형, 논리곱의 정규형으로 변환한다. 리터럴의 논리합으로 구성되는 논리식을 절이라고 하는데, 논리곱의 정규형은 절의 논리곱으로 구성되기 때문에 절 형식이라고도 말한다.

④ 명제논리에서는 술어가 고려되지 않는다. 이러한 여러 이유로 명제를 구성하는 주어와 술어를 고려하게 된다. 그리고 이런 논리를 명제논리와 구별해서 술어논리라고 한다.

⑤ 술어논리

명제논리는 모든 사실을 논리식으로 표현함으로써 기호화할 수 있지만, 기호화된 사실들이 서로 독립적이어서 상호관계를 알 수 없고 수량화시킬 수 없다는 단점이 있다. 술어논리는 명제의 내용을 다루기 위해 변수, 함수 등을 도입하고 이들의 값에 따라 참, 거짓이 결정되도록 명제논리를 확장한 논리이다. 문자의 참이나 거짓만을 따지는 것이 아니라 문장의 문법적 구조와 의미를 포함한다. 명제에 주어와 술어의 구조가 존재하고, 주어가 될 수 있는 대상에 대한 한정 기호를 사용할 수 있는 논리이다. 1차 논리, 2차 논리(혹은, 고차 논리) 등이 있다.

   ㉠ 1차 논리 : 객체에 대한 양화로 명제를 분석하는 논리이다. 사용되는 기호는 주로 존재양화사(∃)와 보편양화사(∀)이다. 주로 사용되는 방식은 '∃x = x가 존재한다', '∀xFx = 모든 x가 F를 만족한다.'와 같이 대상 x/y/z/w/~ 등을 논리의 기본대상으로 하고, 일반적으로 접하는 거의 모든 술어논리학이 이쪽에 속한다.

   ㉡ 2차 논리 : 일차 논리처럼 대상에 대한 양화뿐만 아니라 '개념(concept)/속성(property)'에 대한 양화까지 포함하는 논리이다. 프레게의 자연수 정의가 이차 논리를 허용하는 방식이었다. '∀F : 모든 개념에 대해서~', '∃F : ~개념이 존재한다' 이런 형태로 개념에 대한 양화를 포함하는 논리이다.

⑥ 술어논리의 구문에는 함수(function), 항(item)이 있고 술어논리식에 대한 정형식이 있다.

5 논리융합

① 논리융합(Resolution)은 새로운 추론 규칙이다. 이 중 많은 규칙은 논리융합이라는 하나의 규칙으로 통합될 수 있다. 논리융합은 절이라는 특별한 형태의 정형식에 적용된다.

정형식(wff : well formed formula)은 논리에서 문법에 맞는 논리식이다. 우선 리터럴은 아톰(atom, 양의 리터럴) 혹은 아톰의 부정(음의 리터럴) 중의 하나이다. 절(clause)은 리터럴의 집합이고, 집합은 그 안에 있는 모든 리터럴의 논리합을 의미한다.

② 리터럴(literal)은 상수처럼 값을 가지는 변수나 그 값을 바꿀 수 없는 변수를 말한다. 즉, 한번 기억장소에 변수를 저장하고 그 변숫값을 초기화한 이후에는 값을 바꿀 수 없는 변수를 상수라고 한다.

제 **4** 장　**퍼지이론**

1 **불확실성**

① **불확실성의 요인**

　　㉠ 불완전한 지식 : 지식은 정보를 다시 한번 가공하여 획득하는 것으로 이러한 지식은 때로는 애매모호하고 체험적인 과정을 통해서 얻어지는 경우가 많다.

　　㉡ 부정확한 지식 : 부정확한 지식은 어떤 일이 발생한 시간이 대략 몇 시경이라고 말하는 것이다. 몇 백만 분의 일 초 차이로 큰 문제를 일으킬 수 있는 인공위성이나 우주탐사선의 경우에는 심각한 문제를 발생할 수 있기 때문이다.

　　㉢ 신뢰할 수 없는 지식 : 신뢰할 수 없는 지식은 측정 장비에 편차가 있거나 결함이 있는 경우와 같은 것이다.

② **존재론적 약속과 인식론적 약속**

　　㉠ 존재론적 약속은 공유한 어휘를 일관성 있는 방식으로 사용하는 것을 합의한 것으로 논리와 확률에서 같은 의미로 사용된다. 개념의 정의나 관련성의 정의에 관한 메타적 기술인 온톨로지와 관련이 있다.

　　㉡ 인식론적 약속은 어떤 사실에 대해서 결정을 하는 행위 또는 그것을 만든 상태를 의미한다. 어떤 것을 믿기로 결정하거나 이미 결정된 신념을 고수하는 문제로 믿음이라는 좀 더 일반적인 개념에 관한 것이다. 가장 단순하고 가장 일반적인 신념 이론은 명제이다.

③ **불확실성과 합리적 결정**

　불확실한 상황 하에서 효율적으로 최적의 의사결정 대안을 선택하기 위한 다섯 가지 방법이 있다.

　㉠ 라플라스 기준 : 각 조건부 값을 평균하여 구한 평균 조건부 값을 비교하여 최대의 평균 조건부 값을 가진 대안을 최선의 대안으로 선택하는 것이다.

　㉡ 낙관적 기준 : 앞으로 가장 좋은 상황만이 발생한다는 가정 하에서 각 대안에 대한 최선의 조건부 값을 서로 비교하여 최적 대안을 선택하는 것이다.

　㉢ 비관적 기준 : 앞으로 비관적인 상황만 발생할 것이라는 가정 하에서 각 대안에 대한 최선의 조건부값을 서로 비교하여 최적 대안을 선택하는 방법이다.

　㉣ 후르비츠 기준 : 의사결정 낙관도를 나타내는 낙관계수(α)의 개념을 도입하여 의사결정 기준을 정립했다. 낙관계수는 확률분포와 같이 항상 0과 1 사이의 값을 갖게 된다.

　㉤ 새비지 기준 : 의사결정자가 미래의 상황을 잘못 판단함으로써 가져오는 손실 혹은 비용을 최소화하려는 데 착안한 것으로 의사 결정표와 기회 손실표를 작성하여 이 기준에서 최선의 대안을 선택하는 것이다.

④ 확률이론은 불확실성을 다루는데 가장 적절한 메커니즘이다.

⑤ 표본공간은 유한 집합 Ω, 사건 시그마 대수는 이산 시그마 대수 P(Ω), 표본 공간의 모든 부분 집합이 사건을 이룰 때, 사건 S ⊂ Ω의 확률은 다음과 같다.

$$\Pr(s) = \sum_{x \in \Omega} p(x), \ \Pr(x) = 1$$

⑥ **확률의 덧셈정리**

㉠ 독립적인 경우 : 사건 X 또는 사건 Y가 일어날 확률은 각각의 사건이 일어날 확률의 합과 같다.

$$p(X \cup Y) = p(X) + p(Y)$$

㉡ 종속적인 경우 : 사건 X 또는 사건 Y가 일어날 확률의 합에서 두 사건이 동시에 발생할 확률을 뺀 것이다.

$$p(X \cup Y) = p(X) + p(Y) - p(X \cap Y)$$

⑦ **확률의 곱셈정리**

㉠ 조건부 확률

- 사건 X가 일어났을 때 사건 Y의 조건부 확률은 두 사건이 동시에 발생할 확률을 사건 X가 발생할 확률로 나눈 것이다.

$$p(Y|X) = n(X \cap Y)/n(X) = p(X \cap Y)/p(X) \ (단, \ p(X) > 0)$$

- 사건 Y가 일어났을 때 사건 X의 조건부 확률은 두 사건이 동시에 발생할 확률을 사건 Y가 발생할 확률로 나눈 것이다.

$$p(X|Y) = n(X \cap Y)/n(Y) = p(X \cap Y)/p(Y) \ (단, \ p(Y) > 0)$$

㉡ 곱셈정리

- 두 사건 X, Y에 대해서 두 사건 X, Y가 동시에 일어날 확률은 각 사건이 발생할 확률을 곱한 것이다.

$$p(X \cap Y) = p(X) \cdot p(Y)$$

- 종속적인 경우(즉, 조건부 확률인 경우) 두 사건 X, Y에 대해서 두 사건 X, Y가 동시에 일어날 확률은 (사건 X가 일어날 확률)×(사건 Y가 일어날 확률|사건 X가 일어날 확률) 또는 (사건 Y가 일어날 확률)×(사건 X가 일어날 확률|사건 Y가 일어날 확률)이다.

$$p(X \cap Y) = p(X) \cdot p(Y|X) = p(Y) \cdot p(X|Y)$$

⑧ 베이지안의 정리는 두 확률 변수의 사전확률과 사후확률 사이의 관계를 나타내는 정리로써, 불확실성 하에서 의사결정 문제를 수학적으로 다룰 때 중요하게 이용된다.

  ㉠ 사전확률은 이미 알고 있는 사건으로부터 나온 확률로 위의 정리에서 $p(X_1)$, $p(X_2)$, ..., $p(X_n)$을 의미한다.

  ㉡ 사후확률은 사전확률과 우도를 통해서 알게 되는 조건부 확률로 $p(X_k|Y)$를 의미한다.

  ㉢ 우도는 이미 알고 있는 사건이 발생했다는 조건하에서 다른 사건이 발생할 확률로 $p(Y|X_1)$, $p(Y|X_2)$, ..., $p(Y|X_n)$을 의미한다. 우도는 여러 가능한 가설들을 평가할 수 있는 측도로 사용된다.

⑨ 베이지안 네트워크는 다수의 확률변수 중 특정한 소수의 확률변수들이 가지는 관계를 그래프로 표현한 것으로 그래프 확률모형이라고 하고, 그래프 확률모형 중에서도 인과관계가 확실하여 방향성 그래프로 표시할 수 있는 것을 말한다. 베이지안 네트워크(BN)는 랜덤 변수의 집합과 방향성 비순환 그래프를 통하여 그 집합을 조건부 독립으로 표현하는 확률의 그래프 모델이다.

⑩ 베이지안 네트워크의 특징

  ㉠ 입력 정보의 주관적인 특성이 있다.

  ㉡ 정보를 갱신하기 위한 기초로 베이지 조건에 의존한다.

  ㉢ 추론의 원인과 증거 사이를 구분한다.

⑪ 베이지안 네트워크의 장점

  ㉠ 모든 변수 간의 상호 의존 관계를 표현하기 때문에 데이터의 일부분만을 가지는 상황에 적절히 대처할 수 있다.

  ㉡ 변수들 간의 상호관계를 학습하는데 사용할 수 있다.

  ㉢ 모델 자체가 원인과 확률적 의미를 표현하고 있기 때문에 사전 지식과 학습 데이터를 결합하는 데 적합하다.

2 퍼지집합

① 퍼지집합은 기존의 집합을 퍼지논리 개념을 사용해 확장한 것으로 각 원소는 그 집합에 속하는 정도(소속도)에 따라서 0과 1 사이의 실수로 표현되고, 원소가 집합에 완전히 속하는 경우를 1, 전혀 속하지 않는 경우를 0으로 나타낸다.

② 고전적인 명제논리(crisp set)에서는 명제가 참과 거짓의 이치논리 개념으로 표현되기 때문에 우리의 모든 생활상, 사고, 대화 등을 모두 다 설명할 수가 없다. 따라서 어떤 명제가 참과 거짓으로 구분할 수 없고 부분적으로 참과 거짓일 수 있을 경우에는 퍼지집합으로 표현한다.

③ X를 전체 집합이라고 하면 X의 퍼지집합 A는 X의 임의의 원소 x가 A에 속하는 정도가 다음과 같은 퍼지집합 A의 소속함수 μ_A에 따라서 주어지는 x의 모임으로 정의한다.

- $\mu_A(x)$: $x \in X$ 가 퍼지집합 A에 소속되는 정도
- $\mu_A(x)$: $X \to [0, 1]$
- $\mu_A(x) = 1, x \in A$, x가 완전히 A에 속한 경우
- $\mu_A(x) = 1, x \not\in A$, x가 완전히 A에 속하지 않는 경우
- $0 < \mu_A(x) < 1$, x가 부분적으로 A에 속한 경우

④ 퍼지집합
  ㉠ 퍼지합집합 $\mu_{A \cup B}(x) = \max[\mu_A(x), \mu_B(x)], where \ x \in X$
  ㉡ 퍼지교집합 $\mu_{A \cap B}(x) = \min[\mu_A(x), \mu_B(x)], where \ x \in X$
  ㉢ 퍼지여집합 $\mu_{A^c}(x) = 1 - \mu_A(x)$

3 퍼지논리

① 퍼지논리와 이치논리의 근본적인 차이점은 이치논리학에서 추론의 기초가 되는 배중률이 성립하지 않는 것이다. 배중률이란 모든 명제는 참이나 거짓의 어느 쪽이며, 참도 거짓도 아닌 중간인 것이 되지는 않는다는 원리로 결국, 명제 p와 ~p와의 진리 집합은 전체집합이라는 것으로 퍼지논리의 근본이념과는 위배될 수밖에 없다.

② 칸토르(cantor)의 집합론은 이치논리를 따르기 때문에 보통집합 A와 공집합 Φ에서는 $A \cap A^c = \Phi$(모순율)이고, $A \cup A^c = $ E(배중율)이 성립한다. 그러나 퍼지집합에서는 $\underline{A}$와 $\underline{\phi}$에 대해서는 $\underline{A} \cap \underline{A^c} = \underline{\phi}$, $\underline{A} \cup \underline{A^c} = \underline{E}$가 성립하지 않는다.

4 퍼지추론

① 퍼지추론은 몇 개의 퍼지 명제로부터 하나의 다른 근사적인 퍼지 명제를 유도하는 근사추론이다. 퍼지의 조건 명제는 $P \to Q = $ if P then $Q = $ if $'x \ is \ A'$ then $'y \ is \ B' = (x, y) \ is \ R_{p \to q}$이다. 여기서, $R_{p \to q}$: 조건 명제 $P \to Q$에 대한 $X \times Y$ 상의 퍼지 관계로 P는 전건부, Q는 후건부이다.

② 일반화된 긍정식에 대한 구체적인 추론방법은 관계 개념을 퍼지 명제에 대한 관계 개념으로 확장하여 최대-최소 합성 연산에 의한 근사적 결론을 추론하는 것을 퍼지의 합성 규칙이라고 한다. 퍼지의 합성 규칙은 다음과 같은 조건문으로 정의할 수 있다.

[일반형식]

전제 P_1 : "x is A"

조건 P_2 : "(x,y) is R"

결론 Q : "y is A∘R"

[실제 추론에서 퍼지 조건 명제가 사용될 때]

전제 P_1 : "x is A$^+$"

조건 P_2 : if "x is A" then "y is B"

결론 Q : "y is B$^+$" → B$^+$ = A$^+$

여기서, x, y는 언어 변수이고, A, B는 각각 논의영역 X와 Y의 퍼지집합에서 결정된 언어값이다.

$$R_{A \to B} \text{ 따라서 } \mu_{B^+}(y) = \mathop{\vee}_{x \in X}\left(\mu_{A^+}(x) \wedge \mu_{R_{A \to B}}(x,y)\right)$$

제 5 장 생성 시스템

1 생성 시스템 특성

① 생성 시스템은 인공지능에 어떠한 형식을 제공하기 위해 보편적으로 사용되는 컴퓨터 프로그램으로 주로 행동에 관한 규칙들로 구성되어 있고 시스템이 세계의 상태에 반응하기 때문에 이러한 규칙을 준수하는데 필요한 메커니즘을 포함하고 있다. 생성(production)이라고 하는 용어로 사용되는 이 같은 규칙들은 전문가 시스템, 자동화 계획 및 행동선택에서 유용하게 사용되는 기본적인 표현이고, IF 문장과 THEN 문장의 두 부분으로 구성된다.

② 생성 시스템의 규칙 인터프리터는 생성을 선택할 때 현재의 목표를 만날 수 있도록 일반적으로 전방향 연결 알고리즘을 실행하는 데이터지향형 생성 시스템이다.

③ 데이터지향형 생성 시스템에서는 어떠한 트리거된 조건이 실행되어야만 한다는 가정이 있다. 이에 따라 작업 메모리에 데이터를 추가하거나 제거하는 것과 같이 에이전트의 지식을 업데이트시킨다. 시스템은 이용자가 전방향 연결을 중단시키거나 주어진 수많은 사이클이 실행될 때, 행동부문을 정지시키거나 조건부문이 참이라고 하는 규칙이 발견되지 않으면 처리가 중단된다.

2 생성 시스템 구조

① 생성 시스템은 조건부와 행동부로 구성된 생성 규칙의 집합, 작업 메모리, 인터프리터로 구성된다. 조건 (condition)은 주어진 규칙을 언제 적용할지를 결정하고 행동(action)은 그것이 적용될 때 어떤 일이 일어날지를 결정하고, 작업 메모리는 문제해결에 대한 현재의 상태를 담고 있다. 인터프리터는 현재의 작업 메모리 내용에 따라 규칙을 선택하여 실행하고 수정 보완이 필요한 경우에는 한 번에 적은 양의 내용을 추가하고 그것을 빠르게 테스트하며 사용자와의 대화를 통해서 수행해야 할 규칙을 선택하고 처리한다.

② 인식-행동 사이클

인식-행동 사이클은 조건부의 내용에 따른 결과를 실행하는 과정으로 다음과 같은 내용으로 진행된다.

㉠ 작업 메모리는 문제해결 과정에서 현재 상태에 대응하는 패턴을 담고 있다.

㉡ 패턴은 규칙의 IF 또는 THEN과 대응한다.

㉢ 만일 여러 개의 규칙이 패턴에 적용되는 경우 갈등이 발생하는데 이때는 생성 규칙이 활성화되어 갈등 집합에서 한 개의 규칙이 선택되고 활성화된다.

㉣ 활성화된 규칙 중 한 개가 점화되고 그것이 작업 메모리의 내용을 변경시킨다.

㉤ 제어 사이클은 변경된 작업 메모리와 함께 반복 실행된다.

㉥ 작업 메모리의 내용에 의해서 매칭되는 규칙이 없으면 과정이 종료된다.

3 추론

① 추론(inference)은 가지고 있는 정보에서 새로운 사실을 유추하는 것이다. 19세기 중엽 미국의 철학이자, 수학자이며 과학자인 찰스 샌더스 퍼스는 추론을 연역법, 유추법, 귀납법으로 구분하였다.

㉠ 연역법 : 일반적 원리를 근거로 어떤 특수한 사실을 추론해내는 방법을 연역적 추론방법이라고 한다. 대전제와 소전제가 논리의 근거가 된다.

> [연역적 추론의 예]
> 규칙 : 이 주머니에서 나온 콩은 모두 하얗다.
> 사례 : 이 콩들은 이 주머니에서 나왔다.
> 결과 : 이 콩들은 하얗다.

㉡ 귀납법 : 구체적인 사실들을 근거로 하여 일반적 원리를 추론해내는 방법이다. 귀납적 추론방법에 의해 얻어진 결론이 하나의 사실이나 진리로 인정받기 위해서는 오랜 기간의 관찰과 경험이 필요하다.

> [귀납적 추론의 예]
> 사례 : 이 콩들은 이 주머니에서 나왔다.
> 결과 : 이 콩들은 하얗다.
> 규칙 : 이 주머니에서 나온 콩은 모두 하얗다.

㉢ 유추법 : 가설유도적 추론이라고도 하며 가설(가정)을 설정하거나 규칙과 결과를 통해 어떤 상황을 추론하는 방법이다. 이런 점에서 유추법을 유사추론이라고 한다. 유추법은 전제가 참이면 결론이 필

연적으로 참인 연역법도 아니고 귀납법도 아닌 것을 의미한다. 즉, 유추론은 일종의 추측이고 대부분의 경우에 옳지만, 항상 옳은 것은 아니다. 유추법은 전문가 시스템에서 이용되는 추론 방법이다.

> [유추적 추론의 예]
> 규칙 : 이 주머니에서 나온 콩은 모두 하얗다.
> 결과 : 이 콩들은 하얗다.
> 사례 : 이 콩들은 이 주머니에서 나왔다.

② 연역추론과 귀납추론의 비교

연역법	귀납법
과학적 논리와 추리에 의함	경험적 관찰과 실험적인 지식
만일 전제가 참이면 결론도 반드시 참이다.	만일 전제가 참이면 결론은 확률적으로 참이지만 반드시 참은 아니다.
결론에서 표현하는 모든 내용은 이미 전제 속에 포함되어 있다.	결론의 내용이 전제 속에 포함되어 있지 않다.

4 추론방향

추론 엔진은 주로 특별한 규칙이나 사실 중의 하나로 작업을 하며 연역법에 따른 추론 중 규칙을 사용하는 방법에 따라서 전방향 추론과 후방향 추론으로 구분한다. 전방향 추론은 알고 있는 사실로 시작을 하고 새로운 사실을 내세운다. 후방향 추론은 목표를 가지고 시작해서 목표가 달성될 수 있으려면 어떤 사실이 필요한지를 결정하기 위해 역으로 작업을 한다.

① 전방향 추론

전방향 추론은 데이터 구동형 추론으로 사실이 주어짐에 따라 추론이 형성되기 때문에 반복적으로 작업을 한다. 사용자가 입력한 현재 상태 정보에서 시작하여 목표에 도달할 때까지 지식 베이스를 검색한다. 전방향 추론에서는 사용자가 추론하고자 하는 문제와 관련하여 알고 있는 모든 사실을 먼저 제공해야 하고 추론 기관은 각각의 사실과 지식 베이스에 있는 규칙들의 조건 부분을 매치하여 일치하는 규칙을 찾아 해당 규칙을 실행하고 그 규칙의 결론 부분을 참으로 밝혀진 새로운 사실로 추가한다. 조건 부분이 참이면 그 규칙의 실행 부분이 처리된다. 처리과정은 수행할 명령문이 없을 때까지 계속된다.

② 후방향 추론

도출해야 할 결론을 미리 결정하고 이 결론을 도출하기 위해 필요한 규칙들을 작업 메모리를 보면서 역방향으로 찾아가는 목표 지향형 추론이다. 그렇지 않은 경우 하위목표를 설정하는 규칙의 행동부(THEN 부분)를 확인하고 규칙의 전제(IF 부분)를 달성하기 위한 새로운 하위 목표가 설정된다.

[표] 전방향 추론과 후방향 추론의 비교

전방향 추론	후방향 추론
최초로 사실로부터 시작한다.	가정이나 목표로부터 시작한다.
많은 질문을 한다.	질문이 적다.
모든 규칙을 테스트한다.	일부 규칙만 테스트한다.
모든 규칙을 테스트하기 때문에 느리다.	일부 규칙만 테스트하기 때문에 빠르다.
소량의 데이터만으로 엄청난 정보를 제공한다.	소량의 데이터만으로 소량의 정보를 제공한다.
사용할 수 있는 정보를 가지고 가능한 모든 것을 추론하려고 한다.	현재 문제와 관련된 지식 기반의 일부만 탐색한다.
데이터 구동형이다.	목표 구동형이다.
입력값을 사용 : 대답에 대한 규칙들을 탐색한다.	가정으로 시작한다 : 가정을 만족하거나 거절될 때까지 정보를 탐색한다.
Top-down 추론이다.	Bottom-up 추론이다.
사실들로부터 결론을 찾기 위해 전방향으로 작업한다.	가정을 지원하는 사실들을 찾기 위해 후방향으로 작업한다.
너비우선 방식과 유사하다.	깊이우선 방식과 유사하다.
수집된 데이터로부터 시작하는 문제들에 적합하다. 예 모니터링, 플래닝, 제어	가정으로 시작하는 문제들에 적합하다. 예 진단
Non-focused : 관계없는 질문들에 대한 답변하는, 모든 결론을 추론하기 때문이다.	Focused : 문제와 관련이 있는 지식 기반의 일부로서 탐색하고 목표를 제공하는 것에 집중된 질문만 한다.
설명하기가 쉽지 않다.	설명하기가 쉽다.
모든 데이터를 사용한다.	데이터가 대화식으로 수집되어야 한다.
초기 상태는 적지만 엄청 많은 결론이 있다.	소수의 초기 목표와 많은 수의 규칙이 사실과 일치한다.
목표를 형성하는 것이 어렵다.	목표를 쉽게 형성한다.

5 생성 시스템의 선택 및 운영

(1) 확신율

어떤 가설에 대한 믿음의 정도를 측정하는 것을 확신율이라고 한다. 현실세계에서 생성 시스템이 유도하여 내는 결론이 100% 정답일 수는 없다. 확신 정도는 0부터 1 사이의 값을 각 사실에 대해서 부여하며 이 수치를 확신율이라 하고 관계된 사실이 얼마나 확실한가에 따라서 0은 완전히 잘못된 것으로 1은 완전히 확실한 것으로 사용한다. 확신율을 계산하는 프로그램은 다음의 세 가지 질문에 대한 답변을 수용해야 한다.

① 각 조건에 부여된 확신율이 규칙과 전체조건의 확신율(입력 확신율)과의 관계
② 입력 확신율이 행동부의 확신율(출력 확신율)까지 끼치는 영향력
③ 여러 규칙의 결론이 같은 사실을 추론할 때 결정되는 확신율을 복합 논의 확신율이라고 함

(2) 확신율의 계산

① 규칙의 입력 확신율은 각 조건과 관계된 확신율의 곱으로 한다.

② 출력 확신율은 입력 확신율에 대한 일가함수(single valued function)에 따라서 주어진다.

③ 여러 규칙을 통해 뒷받침되는 사실은 확신율을 확신비율(certainty ratio)이라는 측정값으로 변환하고 이 확신비율을 간단한 공식에 대입시켜 그 결과를 다시 확신율로 변환한다.

(3) 복합 논의 확신율

여러 규칙이 같은 사실을 유도하는 복합 논의 확신율의 경우를 계산하기 위해서는 확신비율을 사용하여야 한다. 확신율 c와 확신비율 r은 다음처럼 관계될 수 있다.

$$※ c = \frac{r}{r+1}$$

$$※ r = \frac{c}{1-c}$$

제 6 장 전문가 시스템

(1) 기존 시스템과 전문가 시스템의 비교

기존 시스템	전문가 시스템
정보와 정보의 처리과정은 항상 하나의 연속된 프로그램 내에서 연결되어있음	지식기반은 처리과정 메커니즘과는 독립적
프로그램은 실수하지 않음	프로그램은 실수할 수 있음
설명은 기존 시스템의 일부분이 아님	설명은 전문가 시스템의 한 부분
시스템은 프로그램이 완성되어야 운영됨	시스템은 일부 규칙으로도 운영할 수 있음
실행은 단계별로 처리됨(알고리즘)	실행은 체험적인 것과 로직을 사용해서 처리됨
운영하기 위해서는 완벽한 정보가 필요함	불완전한 또는 불확실한 정보를 가지고 운영할 수 있음
대형 데이터베이스의 효율적인 처리	대형 지식 베이스의 효율적인 처리
데이터의 표현과 사용	지식의 표현과 사용
효율성(efficiency)이 가장 큰 목적	유효성(effectiveness)이 가장 큰 목적

(2) 세계 최초로 성공한 전문가 시스템

MYCIN은 1970년대 스탠포드 대학에서 탄생했고, 의사가 어떤 세균성 질병을 진단하는 것을 돕기 위해 환자가 제시하는 증상과 병의 징후 사이에 일치가 발견될 때까지 비교하는 시스템으로 LISP 언어를 사용했다.

(3) 전문가 시스템이 기능적 측면에서 갖춰야 할 요소

① 추론기능

② 사용자와 시스템 간의 상호작용에 의한 데이터 획득

③ 결론의 정당성(justification)

(4) 전문가 시스템 구조

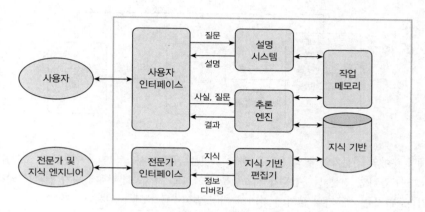

[그림] 모듈 구조

(5) 전문가 시스템의 필요성

① 범용의 문제 해결자는 고성능 전문가 시스템을 구축하기 위한 기반으로는 부적당하다.

② 인간의 전문적 지식이나 기술은 매우 부족하고 물리적으로나 정신적인 작업량으로 인해 피곤을 느끼며 결정에 대한 일관성이 없다.

③ 인간의 기억공간은 제한되어 있고 대량의 데이터를 빠르게 이해할 수 없고 저장한 정보를 기억해 내는 것이 느리다.

④ 자신의 행동에 고의적이거나 부주의한 편견을 가질 수 있고 의도적으로 결정의 책임을 피할 수 있으며 거짓말하고 숨기도 하고 심지어 죽기도 한다.

(6) 전문가 시스템 특성

① 영역별 특수성이 존재한다.

② PROLOG, LISP 등의 특수 프로그램언어를 사용한다.

③ 인터렉티브 시스템으로 운영한다.

④ 지식의 저장과 검색, 갱신 및 확장을 위한 도구를 갖고 있다.

⑤ 저장된 지식을 기반으로 하는 논리적 추론이 가능하다.

⑥ 추론을 설명할 수 있는 능력이 있다.

⑦ 정량적 정보 전달과 부정확한 데이터를 처리하여 신뢰도를 증가시킨다.

⑧ 인간 전문가보다 비용이 효율적이다.

이러한 특성이나 기능은 전문가 시스템의 문제 풀이 능력과 관련이 있다. 전문가 시스템의 구축과정을 지식공학이라고 한다. 이때 지식공학자가 시스템을 구축하게 되는데 주어진 분야에 정통한 전문가에게서 유용한 지식, 문제해결 전략, 규칙 등을 도출하고 이것들을 체계적으로 표현하여 전문가 시스템을 완성한다.

(7) 지식공학 구축절차

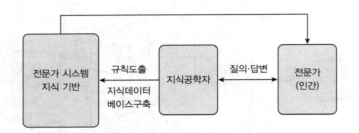

① 해당 분야의 전문가와 질의 응답을 하고 그것을 전문가 시스템 지식 기반으로 코딩을 한다.
② 코딩이 끝나면 전문가는 전문가 시스템을 평가하고 지식공학자에게 평가 결과를 알려준다.
③ 지식공학자는 전문가의 평가에 따라서 지식 베이스를 수정 보완한다.

(8) 전문가 시스템 셸의 구조

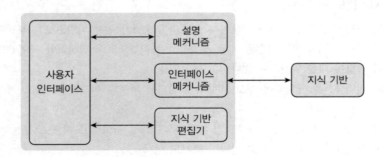

① 전문가 시스템 셸은 지식표현 기능과 추론 엔진을 제공한다. 일반적인 전문가 시스템 셸이 제공하는 기능은 지식표현 언어, 지식기반 편집기, 트레이싱과 디버깅 기능, 사용자 인터페이스 기능, 기존 프로그램/외부 프로그램의 링크, 불확실 추론에 대한 기능, 규칙 유도기능 등과 기능을 추가할 수 있도록 설계되었다.
② 지식 베이스
문제를 이해하고 해결하는데 필요한 지식이 저장된 지식기반의 데이터베이스를 지식 베이스라고 표현한다. 지식 베이스는 문제의 상황과 문제영역에 대한 사실과 특별한 영역에 있는 문제를 해결하기 위해 지식의 사용을 인도하는 규칙으로 구성되어 있고, 규칙은 문제해결을 위한 탐색과정을 효율적으로 단축시키기 위해 체험적(경험적)인 것들의 집합이라고 인식할 수 있다. 전문

가 시스템을 만들기 위해서는 전문가와 지식공학자의 협업이 필요하고 서로 간의 협의를 통해서 전문가로부터 정보를 수집하고 정리하여 지식 베이스에 저장해야 한다.

③ 전문가/전문가 시스템/전통 시스템의 비교

전문가	전문가 시스템	전통적인 시스템
특정 영역의 문제를 푸는 데 어림짐작이나 휴리스틱 형태로 된 지식을 사용	규칙의 형태로 표현된 지식을 처리하고 특정 영역의 문제를 풀기 위해 심벌 추론을 사용	일반적인 수치 문제를 풀기 위해 데이터를 처리하고, 잘 정의된 연산자인 알고리즘을 사용
지식은 인간의 머릿속에 수집된 형태로 존재	처리 과정과 명확히 분리된 지식을 제공	지식을 처리하기 위해 제어 구조를 지식과 분리하지는 않음
추론 과정을 설명할 수 있고, 세부 사항을 제공할 수 있음	문제 풀이 세션 동안 점화된 규칙을 추적하고 어떻게 특정 결론에 이르렀는지, 왜 특정 데이터가 필요했는지 설명함	특정 결과가 어떻게 나왔는지, 왜 입력 데이터가 필요했는지 설명하지 않음
부정확한 추론을 사용하고, 불완전하고 불확실하며 모호한 정보를 다룰 수 있음	부정확한 추론을 허용하며, 불완전하고 불확실하며 모호한 데이터를 다룰 수 있음	데이터가 완전하고 정확할 때만 동작함
데이터가 불완전하거나 모호할 때 실수할 수 있음	데이터가 불완전하거나 모호할 때 실수할 수 있음	데이터가 불완전하거나 모호하면 해를 제공하지 않거나 잘못된 해를 내놓음
• 오랜 세월에 걸친 학습과 실제 훈련을 통해 문제 푸는 능력을 향상 • 이 과정은 느리고 비효율적이며 비용이 많이 듬	• 기반 지식에 새로운 규칙을 추가하고 오래된 규칙을 조정함으로써 문제 푸는 능력을 향상 • 새로운 지식이 생겼을 때 수정하기 쉬움	• 프로그램 코드를 바꿈으로써 문제 푸는 능력을 향상 • 지식과 처리 과정 둘 다에 영향을 주므로 수정하기 어려움

④ 추론 엔진

추론 엔진은 지식 베이스를 이용하여 문제를 해결하기 위해 논리적으로 지식을 제어하고 새로운 지식을 얻어내기 위해 규칙을 어떻게 적용해야 할지를 결정하는 인터프리터와 규칙들이 적용되는 순서를 결정하는 스케줄러로 구성되어 있다. 규칙기반 시스템에서 추론의 종류는 추론을 실행하는 방향에 따라서 전방향 추론과 후방향 추론으로 구분된다. 추론 엔진은 기반지식에 저장된 각각의 규칙을 데이터베이스에 있는 사실과 비교하여 IF(조건) 부분이 사실과 일치하면 그 규칙은 점화되어 THEN(행동) 부분을 수행한다. 규칙의 IF 부분과 사실과의 일치는 추론 사슬을 생성한다. 추론 사슬은 전문가 시스템이 결론에 이르기 위해 규칙을 어떻게 적용했는지를 표현하는 것이다.

⑤ 전방향 추론

전방향 연결은 데이터 지향(data-driven) 추론, event driven, bottom-up driven으로 알려진 추론방식으로 데이터에서 추론을 시작하여 전방향으로 진행해 나아가는 방식이다. 한 번에 가장 좋은 규칙 하나만 실행되며 규칙이 점화되면 그 규칙은 데이터베이스에 새로운 사실을 추가한다. 어떤 규칙이라도 한 번만 수행된다. 일치-점화 사이클은 더 이상 점화할 수 있는 규칙이 없으면 중단하게 된다.

⑥ 후방향 추론

후방향 연결은 목표 지향(goal-driven) 추론, expectation driven, top-down으로 전문가 시스템이 목표를 정하고 추론 엔진은 이를 증명하기 위해 탐색을 시도한다. 먼저 원하는 해가 있는 규칙을 찾기 위해 기반지식을 탐색하며 규칙은 THEN 부분에 목표가 반드시 있어야 한다. 목표로 하는 규칙을 발견하고 IF 부분이 데이터베이스에 있는 데이터와 일치한다면 규칙은 점화되고 목표는 증명된다. 추론 엔진은 현재의 하위목표를 증명하기 위해 기반지식에서 더 이상 규칙을 발견할 수 없을 때까지 규칙을 스택에 쌓아 올리는 과정을 반복하게 된다.

⑦ 추론의 선택

만일 전문가가 먼저 정보를 수집한 후 그 수집한 정보로부터 무엇인가를 추론하려 한다면 전방향 추론을 선택하고, 전문가가 목표에서 시작해서 이를 증명하기 위해 어떤 사실을 찾으려 한다면 후방향 추론을 선택해야 한다.

⑧ 갈등해결

주어진 사이클에서 두 개 이상의 규칙이 동시에 점화되었을 때를 갈등(conflict)이라 하고, 그중에서 어느 규칙이 점화할지 선택하는 방법을 갈등 해법이라고 한다. 갈등해결을 위해서는 충돌을 해결할 수 있는 명백한 전략은 목표를 설정하고, 설정한 목표에 도달하면 규칙 수행을 멈추는 것이다. 갈등해결 방법에는 다음과 같은 종류가 있다.

㉠ 우선순위 전략은 가장 높은 우선순위를 가진 규칙을 점화하는 방법이다.

㉡ 최장 일치 전략은 가장 특수한 규칙을 점화시키는 전략이다. 특수한 규칙일수록 일반적인 규칙보다 더 많은 정보를 처리할 것이라는 가정에 근거한다.

㉢ 최근 입력 데이터 사용 전략은 데이터베이스에 가장 최근에 입력된 데이터를 사용하여 규칙을 점화하는 방식이다.

⑨ 메타지식

충돌 해법은 쉽게 구현할 수 있으며 대부분 만족스러운 해를 제공한다. 그러나 프로그램이 커지고 복잡해질수록 전문가 시스템이 일부 역할을 맡아서 자신의 작동 방식을 이해해야 할 필요가 있다. 전문가 시스템의 성능을 개선하려면 전문가 시스템에 수록된 '지식에 관한 지식', 즉, 메타지식을 시스템에 제공해야 한다. 메타지식은 전문가 시스템 내에 있는 분야 지식을 사용하고 제어하는 데 필요한 지식으로 규칙기반 전문가 시스템에서는 메타지식을 메타규칙으로 표현하고 있다. 메타규칙은 전문가 시스템 업무와 관련된 규칙을 어떻게 사용할 것인지에 대한 전략을 결정한다.

⑩ 전문가 시스템 개발절차

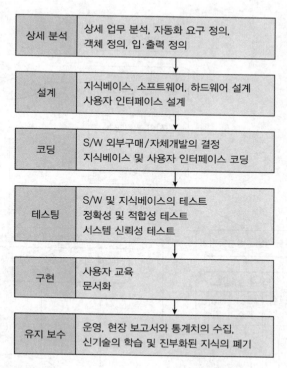

⑪ 전문가 시스템 개발 소프트웨어 선정절차

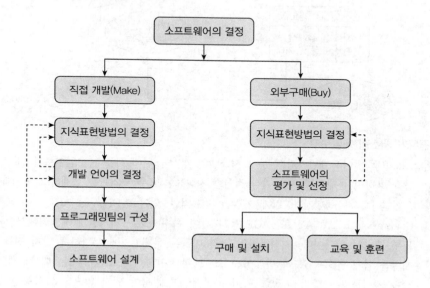

⑫ 전문가 시스템 문제해결 구조파악을 위한 프레임워크

⑬ 전문가 시스템 개발도구

    ㉠ 프로그램 언어 : 개발자가 전문가 시스템의 개발을 위해 사용하는 언어로서 LISP, Prolog 등을 사용하여 문제의 성격에 가장 적합한 지식표현과 추론 기관을 설계하고 코드화한다.

    ㉡ 표현언어 : 지식공학자를 위해 개발된 범용적인 언어로 OPS 5, ART, Knowledge Craft, Goldworks, HEARSAY Ⅲ, AGE 등과 같이 특수하고 구체적인 문제영역에서 사용될 수 있도록 개발된 언어이다. 지식틀과는 달리 이들은 문제영역에 무관하게 단지 전문가 시스템의 개발을 쉽게 할 수 있도록 만들어진 소프트웨어이다. 범용표현 언어는 대상문제의 속성에 민감한 지식틀과는 달리 특정한 틀이나 문제영역에 묶여 있지 않으므로 융통성 있게 사용될 수 있는 제어구조를 제공하고 있는 셈이다. 그러나 범용 프로그래밍 언어를 사용하여 전문가 시스템을 개발하는 경우에 비하면 융통성이 부족하다고 하겠다.

ⓒ 지식틀(shell or skeletal system) : 특정한 지식의 표현과 추론을 할 수 있도록 미리 마련된 소프트웨어이다. 예를 들면, EMYCIN은 MYCIN에서 사용한 지식표현과 추론기능을 MYCIN 과 유사한 환경을 갖는 새로운 문제영역에 사용할 수 있도록 만든 지식틀이다. 다른 병에 대한 진단지식을 MYCIN에서 사용하는 지식표현체계를 통하여 지식 베이스화하고 그 위에 EMYCIN이 사용하는 추론기능을 껍질(shell)처럼 씌움으로써 새로운 진단용 전문가 시스템을 구축할 수 있도록 한 것이다.

제 7 장 패턴인식

(1) 패턴인식과 인공지능

패턴인식은 복잡한 문제를 해결하는 데 도움이 되는 작고 분해된 문제들 사이의 유사점 또는 패턴을 찾는 것을 의미한다. 인공지능과 패턴인식 사이의 가장 중요한 차이점은 AI는 추론에 집중하는 반면에 패턴인식은 모든 데이터에서 파생된 관측에 집중하고 있다는 점이다. AI는 주로 인간의 지식과 추론의 모델링을 강조하고 이 모델들을 관찰하기 위해서 인공지능을 적용하지만, 패턴인식은 지식과 추론을 직접적으로 모방하는 것이 아니라 주어진 관찰을 처리하여 일반화하고 가용할 수 있는 지식을 사용해서 통합된다.

(2) 패턴인식 절차

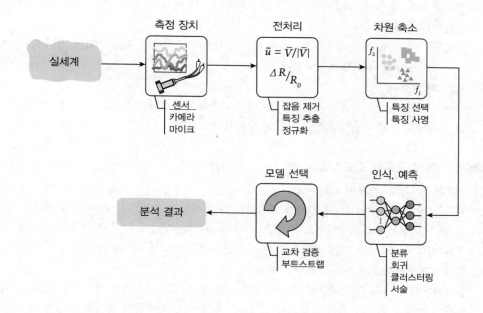

① 센서, 마이크, 카메라 등 다양한 측정 장치를 이용하여 데이터를 획득하고 수집한다.

② 전처리를 통하여 불필요한 잡음을 제거하고 특징을 추출하고 정규화한다.

③ 대상 패턴에 사전 분석을 통해 어떤 특징을 선택할 것인지 결정한다. 이때 패턴의 유사성을 탐지하기 위해 분류기(classifier)를 사용한다.

④ 분류기는 특정 벡터들로 이루어진 특징 공간을 클래스들 간의 결정 영역으로 분할하는 기능을 수행한다. 이때 결정 영역의 경계를 결정 경계라고 하며, 특징 벡터 x의 분류는 어느 결정 영역에 이 특징 벡터가 속해 있는지를 결정하고, x를 이 클래스 중의 하나로 할당한다.

⑤ 최종 분석 결과는 인식과 예측 그리고 모델 선택 단계를 거친 후에 결정된다.

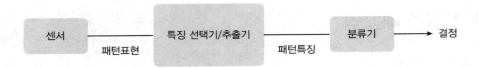

(3) 인식과 예측단계

① 분류(classification)

분류는 어떤 대상 객체를 특정한 클래스에 할당하는 것을 말한다. 패턴인식 대부분이 이러한 분류의 문제이다. 분류의 문제를 다루는 패턴인식 시스템의 출력은 모호한 결과가 아니라 정숫값의 명확한 결정이 요구된다.

② 회귀(regression)

회귀란 분류를 일반화한 것이다. 회귀를 통하여 패턴인식 시스템의 출력으로부터 실수로 추정된 결과를 얻을 수 있다. 즉, 회귀를 이용하면 예측이 가능하게 된다.

③ 군집화(clustering)

군집화는 어떤 집합을 의미 있는 복수 개의 그룹들로 조직하는 것을 말한다. 군집화 시스템의 출력은 객체들이 속한 클래스가 된다.

④ 서술(description)

서술은 대상 객체를 일련의 프로토타입이나 기본형으로 표현하는 문제를 말한다. 패턴인식 시스템은 객체에 대한 구조적 혹은 언어적인 서술이 가능하다.

(4) 패턴인식에 사용하는 접근방법

① 기본틀 일치법(template matching)

기본틀 일치법은 패턴인식에서 가장 오래되고 가장 쉬운 접근법이다. 비교 대상 패턴에 대한 기본틀(템플릿)을 미리 마련해두고 인식하고자 하는 패턴을 템플릿 구성 조건에 맞추는 정규화 과정을 거쳐서 상호상관 혹은 거리와 같은 유사도를 척도로 하여 패턴을 인식하는 방법이다.

② 통계적 패턴인식(statistical pattern recognition)

통계적 패턴인식은 각 클래스에 속하는 패턴 집합의 통계적 분포에서 생성되는 결정 경계를 기반하여 미지의 패턴이 속한 클래스를 결정하는 방법이다. 패턴들의 통계적 모델은 해당 클래스에서의 확률밀도함수가 된다.

③ 신경망 패턴인식(artificial neutral network)

신경망 패턴인식은 패턴의 분류를 입력 자극(pattern)에 대한 처리 단위(neuron)로 이루어진 망의 응답 과정으로 분류하는 접근법이다. 신경망 패턴인식은 학습이 가능하고, 알고리즘적이지 않으며 블랙박스처럼 취급할 수 있다.

④ 구문론적 패턴인식(syntactic pattern recognition)

구문론적 패턴인식은 패턴의 구조적인 유사성을 조사하여 분류하는 방법이다. 패턴의 정보는 형식 문법 혹은 그래프적인 관계 설명으로 표현된다. 구문론적 패턴인식은 분류뿐만 아니라 해당 객체를 서술하기 위해서도 사용된다.

(5) 패턴인식 접근방법 분류표

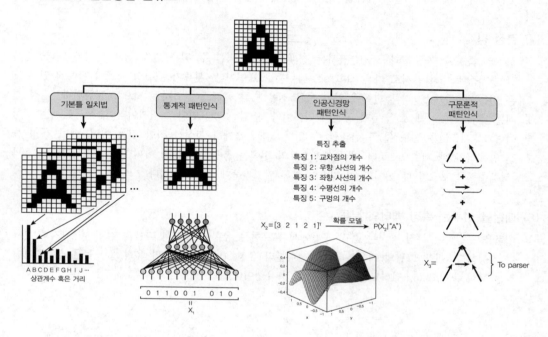

(6) 패턴의 처리과정

① 전처리(preprocessing)

전처리는 결함을 제거하는 과정으로 소음 제거, 필터링, 표준화와 같은 작업을 의미한다.

② 분할(segmentation)

분할은 관심 영역을 물체의 다른 부분과 분리시키는 작업으로 분할 알고리즘을 사용한다. 분할의 결과는 연속처리 과정에서 얻어진 결과물의 질을 결정하게 된다.

③ 특징 추출(feature extraction)

특징 추출은 객체를 분류하기 위해서는 측정할 수 있는 단위로 정량화시키는 것이다. 어떤 객체가 가지고 있는 객체 고유의 분별 가능한 측면(aspect), 질(quality) 혹은 특성(character)과 같이 분류된 물체로부터 얻어진 측정할 수 있는 정량들을 특징이라고 부른다.

④ 표본화(sampling)

표본화는 추출된 특징의 적절한 식별을 위한 기여도 검사를 위해 분류에 도움이 되는 것으로 확인된 특징을 선택하는 것이다. 특징이 선택되고 나면, 선택된 특징은 특징 벡터를 구성하는 데 사용된다.

⑤ 일반화(generalization)

일반화는 제공되는 입력 샘플을 근거로 아이디어를 공식화하고 서로 다른 샘플에서 제공되는 서로 다른 클래스를 학습하는 단계이다.

⑥ 분석과 통합(analysis and synthesis)

분석과 통합의 단계에서는 특정 의사결정으로의 추론이 이루어진다. 달성된 학습 또는 일반화에 기초하여 새로운 샘플이 제공될 때, 새로운 패턴 샘플은 임의의 패턴 클래스로 그룹화될 수 있다.

(7) 결정 경계

서로의 특징이 다른 클래스를 분류하는 경계선으로 정의할 수 있는 결정 경계는 기본 벡터공간을 각 클래스에 대하여 서로 다른 집합으로 나누는 초평면이다. 분류기는 결정 경계의 한쪽에 있는 모든 점을 한 클래스, 다른 한쪽에 있는 모든 점을 다른 클래스에 속하는 것으로 분류한다. 결정 경계는 출력 계층이 모호한 문제 공간의 영역이다. 만약 결정표면이 초평면이라면, 분류문제는 선형이며 그 계층들은 선형적으로 분리할 수 있다. 결정 경계가 항상 명확한 것은 아니다. 즉 특징 공간 안에서의 한 계층으로부터 다른 계층으로의 전이는 불연속적인 게 아니라 점진적이다. 이 효과는 계층들이 모호할 때 퍼지 논리 기반의 분류 알고리즘에서 보편적이다.

(8) 패턴을 이루는 특징 벡터의 분류

패턴을 구성하는 특징 벡터는 특징 공간에서 분포하는 유형에 따라서 다음과 같이 네 가지로 분류가 가능하다. 아래 그림의 좌측부터 (a) 선형분리 유형, (b) 비선형분리 유형, (c) 높은 상관관계를 갖는 유형 그리고 (d) 멀티모달의 특성을 가진 유형이다.

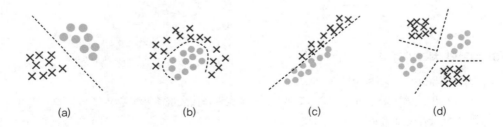

(a)   (b)   (c)   (d)

(9) 멀티모달

멀티모달(MultiModal)은 사용자의 제스처, 손의 움직임, 음성, 패턴 등 사용자가 컴퓨터에 전달할 수 있는 다양한 입·출력을 컴퓨터가 동시에 받아들이고 조합하여 이해할 수 있는 인터페이스 시스템을 의미한다. 여기서 모달은 modality라는 뜻으로 모달리티란 인터랙션 과정에서 사용되는 커뮤니케이션 채널이란 말이다. 예를 들면, 우리가 PC에 무엇인가를 입력할 때 사용하는 키보드, 마우스가 하나의 모달리티를 위한 장치라고 할 수 있다. 멀티모달 인터페이스는 인간의 제스처, 시선,

손의 움직임, 행동의 패턴, 음성, 물리적인 위치 등 인간의 자연스러운 행동들에 대한 정보를 해석하고 부호화하는 인지기반 기술이다.

(10) 패턴인식의 방법

① 통계적/결정 이론적 접근방법

우리가 생각하는 추론은 알지 못하는 것에 대하여 알려고 노력하는 것이다. 통계적 추론은 그 알려고 하는 것을 통계적으로 접근한다는 것이다.

㉠ 모수적 추론(parametric inference)

"모수적 추론은 우리가 알고 싶어하는 대상(주로 모집단)을 어떠한 분포일 것이다."라는 가정을 하고 분포의 모수에 대해서 추론하는 방법이다. 모집단을 정규분포로 가정한다면, 가정한 분포의 모수는 평균과 분산이 된다.

$$N \sim (\mu, \delta^2)$$

이러한 모집단에 대한 가정은 최종 결론에 큰 영향을 끼친다. 그래서 처음에 선택한 가정이 적절한지에 대한 적절성 평가가 필요하다.

㉡ 비모수적 추론(non-parametric inference)

비모수적 추론은 모수적 추론의 반대로 모집단에 대한 가정을 하지 않는다. 그래서 가정한 분포의 모수가 없다. 주로 모집단의 특성을 단순히 몇 개의 모수로 결정하기 어려울 정도로 많은 모수가 필요한 경우가 여기에 속한다.

㉢ 베이지안 추론(Bayesian inference)

베이지안 확률을 기초로 하여 추론한다. 모수적 추론에서는 가정한 분포의 모수로 추론을 진행한다. 모수적 추론에서 모수는 상수지만 여기서 상수의 의미는 변하지 않는 수로 생각해야 한다. 모수가 변하지 않아야 그 변하지 않는 수를 찾기 위해 추론을 하는 것이다. 그러나 베이지안 추론은 모수를 확률변수로 바라본다. 모수를 확률변수로 바라보니 확률분포를 갖는다. 이런 확률분포를 사후분포(posterior distribution)라고 한다.

② 구문적/언어이론적 접근방법

구문적 접근방법과 의미론적 접근방법이 있다. 구문적 접근방법에서 의미는 규칙(rule)에 저장되고 의미론적 접근방법에서는 스키마에 저장된다는 차이가 있다.

(11) 군집화 방법

패턴의 많은 부분이 총 몇 개의 클래스로 구성되었는지 알기 위해 사용하는 알고리즘은 군집화이다. 이는 패턴 분포가 주어졌을 때 같은 종류라고 생각할 수 있는 몇 개의 서브 클래스로 분할하는 것이다. 카테고리가 확정되지 않았거나, 식별함수로 기술이 곤란한 경우에 이용한다. 군집화 기술이 많이 쓰이는 분야는 바이오 분야이다.

① K-means(평균) 클러스터링

데이터를 입력받아 이를 소수의 그룹으로 묶는 알고리즘이다. 이 알고리즘은 레이블이 없는 데이터를 입력받아 각 데이터에 레이블을 할당함으로써 군집화를 실행한다. K-평균 클러스터링은 개념과 구현이 매우 간단한 기본적인 알고리즘이면서도 실행속도가 빠르고 특정한 형태의 데이터에 대해서는 매우 우수한 성능을 제공하는 알고리즘이다.

② K-mode 알고리즘

이 방식은 mod 연산자를 사용한 것이다. 데이터가 하나의 mod로 있다가 분포가 만나지 않는 경우 분리가 일어난다. 가장 많이 모여 있는 곳에 등고선을 그리고 퍼지면서 오류가 몇 개인지 계산하는 알고리즘이다. 이런 알고리즘의 대표적인 예가 mean-shift 알고리즘이다. K-평균 클러스터링의 단점을 해결할 수는 있지만, 더 좋다고 말할 수 없다.

제 8 장 자연어 이해

자연어를 이해하기 위한 최초의 노력은 1964년 밥로우(Bobrow)가 개발한 STUDENT 프로그램이다. 이것은 고등학교 수학 문제를 자연어 형식으로 풀기 위한 프로그램이었다. 1966년에는 바이젠바움이 간단한 파서(parser)를 사용하여 어떤 주제에 대해서 서로 대화를 할 수 있는 ELIZA라는 응답식 컴퓨터 프로그램을 개발하였다.

(1) 자연어의 분류

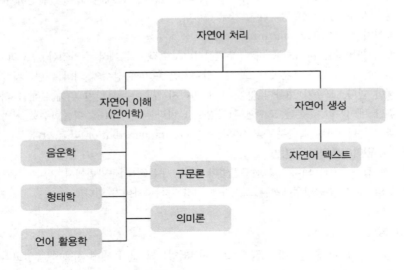

자연어 처리는 기본적으로 자연언어와 텍스트 이해 그리고 자연어 생성의 두 부분으로 분류할 수 있다.

(2) 자연어 처리단계

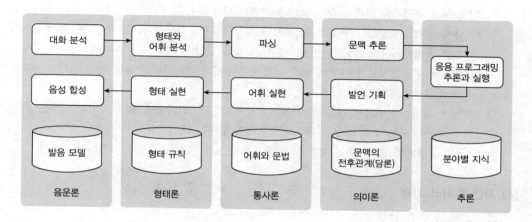

자연어 처리를 나타내는 가장 유용한 방법은 콘텐츠 계획, 문장 계획 및 표면 구현 단계를 실현하여 NLP 텍스트를 생성하는 것이다.

(3) 자연어 구성 요소

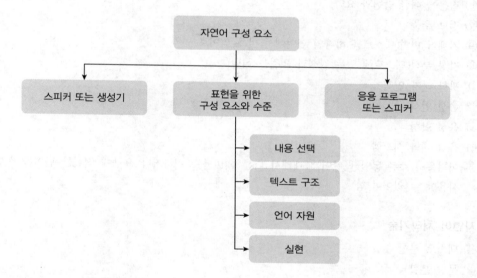

① 프로그램 또는 생성기

텍스트를 생성하려면 응용 프로그램이나 응용 프로그램의 의도를 해당 상황과 관련된 유창한 구문으로 만드는 프로그램이나 생성기가 있어야 한다. 상황의 모델을 유지하기 위해서 프로그램은 관련 데이터를 저장하고 관련성이 있는 콘텐츠를 구조화하고 실제로 알고 있는 것을 표현해야 한다.

② 표현을 위한 구성요소와 수준

언어 생성 과정에는 다음과 같은 복잡한 작업이 필요하다.

㉠ 내용 선택 : 정보를 선택하고 이 정보가 표현 단위로 구문 분석되는 방식에 따라 단위의 일부를 제거하거나 추가할 수 있어야 한다는 것을 말한다.

㉡ 텍스트 구조 : 정보가 문법에 따라 텍스트로 구성되어야 하며 수정과 같은 언어적 관계에 따라 순차적으로 정렬되어야 한다는 것이다.

㉢ 언어 자원 : 정보의 실현을 지원하려면 언어 자원을 선택해야 하고 이러한 자원은 특정 단어, 숙어, 구문 구조 등의 선택으로 이어져야 한다는 의미이다.

㉣ 실현 : 선택되고 체계화된 자원은 실제 텍스트 또는 음성 출력으로 실현되어야 한다.

(4) 자연어 처리 기능

① 스펠링과 문법 점검

② 단어 예측

③ 정보 검색

④ 텍스트 분류

⑤ 요약

⑥ 질문에 대한 답변과 요약

⑦ 정보 추출

⑨ 기계어 번역(텍스트를 하나의 언어에서 다른 언어로 번역)

⑩ 감성 분석(텍스트에 있는 감성과 의견을 식별)

⑪ 광학 문자 인식

⑫ 음성 인식

⑬ 음성 합성

⑭ 음성 대화 시스템

⑮ 어려움의 수준(동일한 단어에 대해서 다른 의미를 부여하거나 요구에 적절한 단어를 선별하여 사용할 수 있어야 함)

(5) 자연어 처리기술

① 텍스트 분할

② 문장 분할

③ 품사 태깅(문장의 각 단어에 구문 태그를 지정하는 작업)

④ 파싱(문장을 구문 트리로 만드는 작업)

⑤ 명확화(단어나 실체의 의미를 정확하게 이해하는 작업)

⑥ 의미 라벨링(문장에서 '주어-술어-목적어'를 추출하는 작업)

(6) 문맥

문맥(context)은 '특정 문구 또는 텍스트의 바로 앞뒤에 오는 텍스트 또는 음성 및 그 의미를 설명하는 데 도움이 되는 설명'이라고 정의할 수 있다. 문맥을 이해해야 문장이 표현하려는 또는 설명하려는 의미를 정확하게 이해할 수 있다. 문장에서 사용되는 단어만으로는, 원래 말하거나 설명하려는 내용의 일부분만 알 수 있어 그 의미가 명확하게 이해되지 않을 수 있기 때문이다. 또한, 단어 하나가 공백으로 표시되면 문맥을 보면서 단어가 무엇인지 추측해야 한다.

(7) 자연어의 도전과제

① 의역(paraphrasing)

의역은 다른 단어와 문장이 같은 의미를 표현한다는 것을 어떻게 보여줄 것인가의 문제이다. 일 년의 계절을 표현하는데 가을은 fall이나 autumn으로 표시할 수 있다. 다른 단어이지만 같은 의미이다.

② 모호성(ambiguity)

모호성은 하나의 단어나 문장이 서로 다른 의미를 가질 수 있다는 것이다. 즉, fall은 일 년의 세 번째 계절이라는 의미도 되지만, 아래쪽이나 바닥쪽으로 이동하는 것이라는 의미도 담고 있다. 이러한 감정과 의미의 파악을 자연어 시스템은 처리할 수 있어야 한다.

③ 음성학과 음운학

음성학과 음운학은 음성적 모호성을 처리하는 문제로써 사용한다. 동일한 의미가 있지만 서로 다른 의미가 있는 두 개 이상의 단어를 음성적 모호성이라고 표현하는데 언어는 한 세트의 소리를 단어로 구성할 때의 방법 때문에 모호성을 갖게 된다.

④ 구문의 모호성

구문의 모호성은 대명사가 무엇을 지칭하는지의 모호성을 제거할 수 있어야 한다는 것을 의미한다.

(8) 자연어 기반의 언어지능기술의 핵심 기술

음성 인터페이스 기술, 자동통역 기술, 그리고 자연어 질의응답 기술을 꼽을 수 있다.

(9) 단어의 분할

① n-gram

n-gram은 확률 언어 모델을 문장과 단어 시퀀스에 할당하는 것으로 n개의 단어가 연속되어 나타나는 것을 의미한다. 2-gram(또는 bigram)은 'turn turn', 'turn your'와 같이 2단어가 연속되는 것이고, 3-gram(또는 trigram)은 'please turn yours'처럼 3단어가 연속되는 것이다.

② stop word

stop word는 문장의 특징을 결정하는 데 큰 영향을 주지 않는 단어들을 말한다. 문장을 분해한 단어들 중에는 우리가 판별하려는 카테고리의 문장 특징과 관련 없는 정보도 다수 포함되어 있다. 이런 불필요한 단어들을 문장에서 걸러낼 수 있다면 의미 있는 결과를 더 쉽게 얻을 수 있을 뿐만 아니라, 데이터를 처리하는 부하도 줄일 수 있다.

③ Back Of Word(BOW)

BOW는 앞서 분해되고 필터링 된 단어들을 쉽게 다루기 위해 벡터로 변환하는 방법이다. 같은 단어라도 사람에 따라서 또는 분야에 따라서 출현 빈도수가 다르기 때문이다.

④ TF-IDF

TF-IDF는 단어의 출현 횟수에 단어들 중에서도 중요도가 높을 것 같은 특징어에는 숫자를 더 크게 만들어 주고, 그다지 중요하지 않을 것 같은 특징어에는 숫자를 더 작게 만들어 주도록 보정하기 위해 가중치를 부여하는 방법이다.

(10) TF-IDF

TF는 단어빈도(Term Frequency)라는 말 그대로 특정 단어의 출현 빈도를 나타내는 지표이다. 이 값은 특정 단어의 출현 횟수를 모든 단어의 출현 횟수로 나눈 값이다. IDF는 약문서빈도(Inevrse Document Frequency)라는 말 그대로 특정 단어가 전체 문서상에 얼마나 자주 나오지 않는가, 즉 단어의 희소성을 나타내는 지표이다. 이 값은 문서상의 전체 문장 개수를 특정 단어를 포함한 문장 개수로 나눈 값에 로그를 적용한 값이다.

TF-IDF라는 알고리즘은 검색 키워드에 가장 부합하는 문서를 검색 결과 최상위에 배치하는 알고리즘 가운데 하나다. 키워드 검색을 기반으로 하는 검색엔진이라면 이 알고리즘을 사용하고 있다. TF-IDF 알고리즘은 문장에 사용된 모든 단어에 점수를 부여하는 알고리즘이기 때문에 가중치라는 표현이 반드시 따라붙는다. TF-IDF는 "특정 단어의 중요도는 단어가 출현한 횟수에 비례하고 그 단어가 언급된 모든 문서의 총수에 반비례한다."라는 명제에 기초한다.

① TF 구하는 공식

어떤 문서가 D개의 문장, N개의 단어로 구성되어 있다고 가정하자. 특정 단어 t가 n번 나올 때, TF는 다음과 같이 구할 수 있다.

$$TF = n/N$$

② IDF 구하는 공식

특정 단어 t를 포함한 문장이 d개 있을 때, IDF는 다음과 같이 구할 수 있다.

$$IDF = -\log_{10} \frac{d}{D} = \log_{10} \frac{D}{d}$$

TF-IDF는 TF와 IDF를 곱하면 된다.

$$TF - IDF = TF \cdot IDF = \frac{n}{N} \log_{10} \frac{D}{d}$$

이때, IDF에서 사용하는 log의 밑은 1보다 큰 임의의 실수를 사용한다.

이 식을 $w_{(x,y)} = tf_{(x,y)} \times \log(\frac{N}{df_x})$ 으로 다시 표현해 보자.

여기서, $tf_{(x,y)}$ = y에서의 x의 빈도수

df_x = x를 포함하고 있는 문서의 수

N = 전체 문서의 수

(11) 자연어 분석

① 형태소 분석
형태소 분석이란 입력된 문자열을 분석하여 형태소라는 최소 의미 단위로 분리하는 것으로, 사전 정보와 형태소 결합 정보를 이용한다. 형태소는 정규 문법으로 분석이 가능하다. 형태소는 뜻을 가진 가장 작은 단위로서 문법 요소 중에서 가장 작은 단위이다.

② 구문 분석
구문 분석은 문법을 포함한다. 구문 분석기(parser)는 문법을 이용하여 문장의 구조를 찾아내는 과정이다. 또한, 문장의 구문 구조는 트리 형태로 표현할 수 있다. 즉, 몇 개의 형태소들이 모여서 구문 요소(구 : phrase)를 이루고, 그 구문 요소들 간의 결합구조를 트리 형태로써 구문구조를 이루게 된다. 구문 분석에 따라서 표현하고자 하는 의미가 완전히 달라지는 문제가 발생할 수 있다.

③ 의미 분석
의미 분석은 통사(생각이나 감정을 말로 표현할 때 완결된 내용을 나타내는 최소의 단위) 분석 결과에 해석을 가하여 문장이 가진 의미를 분석하는 것이다. 형태소가 가진 의미를 표현하는 지식표현 기법이 요구되고, 통사적으로 옳으나 의미적으로 틀린 문장이 있을 수 있다. 예를 들면, '돌이 걸어간다'와 같은 표현이다.

④ 활용 분석
활용 분석은 문장이 실세계와 가지는 연관 관계를 분석하는 것이다. 따라서 실세계 지식과 상식의 표현이 요구된다. 지시(anaphora)나 간접화법(indirect speech act) 등의 분석이 필요하다.

(12) 촘스키의 변형생성문법 이론
촘스키는 형식문법을 생성 규칙에 따라서 4가지의 형태로 분류하였다.

① 제0유형(type-0) : 무제약 문법으로 생성 규칙에 제약을 두지 않는다.

② 제1유형(type-1) : 문맥 의존 문법으로 모든 생성 규칙은 $\alpha \rightarrow \beta$ 에서 $|\alpha| \leq |\beta|$ 이다.

③ 제2유형(type-2) : 문맥 자유 문법으로 모든 생성 규칙은 $A \rightarrow \alpha$ 형태를 갖는다. A는 하나의 비단말(non-terminal)이고, α는 V^*에 속하는 문자열이다.

④ 제3유형(type-3) : 정규문법으로 모든 생성규칙은 다음의 2가지 중 하나로 표현된다.

> $A \rightarrow tB$ 또는 $A \rightarrow t$, 여기서 $t \in V_{TLSUP*}$ 이고, $A, B \in V_N$ 이다.
>
> $A \rightarrow Bt$ 또는 $A \rightarrow t$, 여기서 $t \in V_{TLSUP*}$ 이고, $A, B \in V_N$ 이다.

유형	문법	언어	오토마타	생성규칙	언어의 예
제0유형	제약없는 문법	귀납적 가산 언어	**튜링 기계**	제약 없음	–
제1유형	문맥 의존 문법	문맥 의존 언어	선형 구속형 비결정성 튜링 기계	$aA\beta \rightarrow \alpha\gamma\beta$	$a^n b^n c^n$
제2유형	문맥 자유 문법	문맥 자유 언어	비결정성 **푸시다운 오토마타**	$A \rightarrow Y$	$a^n b^n$
제3유형	정규 문법	정규 언어	**유한 상태 기계**	$A \rightarrow aB$ $A \rightarrow a$	a^n

제 9 장 학습과 신경망

(1) 기계학습 문제

학습 방법에 따라서 지도 학습, 비지도 학습, 반지도 학습 및 강화 학습으로 구분한다.

① 지도 학습(supervised learning)

사람이 교사로서 각각의 입력(x)에 대해 레이블(y)을 달아놓은 데이터를 컴퓨터에 주면 컴퓨터가 그것을 학습하는 것이다. 즉, 컴퓨터에게 먼저 정보를 가르쳐주고 이를 바탕으로 정보를 구분하도록 하는 것이다.

② 비지도 학습(unsupervised learning)

비지도 학습은 배움의 과정 없이 컴퓨터가 스스로 학습하여 정보를 구분하는 것으로, 컴퓨터가 스스로 레이블 되어 있지 않은 데이터에 대해 학습하는 것이다.

③ 준지도 학습(semi-supervised learning)

레이블이 달려있는 데이터와 레이블이 달려있지 않은 데이터를 동시에 사용해서 더 좋은 모델을 만드는 것이다.

④ 강화 학습(reinforcement learning)

환경으로부터의 피드백을 기반으로 행위자(agent)의 행동을 분석하고 최적화한다. 즉, 주어진 상황에서 보상을 최대화할 수 있는 행동에 대해서 학습하는 것을 말한다.

(2) 지도 학습

① 지도 학습의 특징

㉠ 목표변수를 예측하는 것이 목적이다.

㉡ X와 Y에 대한 관계를 찾는다.

㉢ 목표변수를 알고 있는 학습 데이터로 학습한다.

㉣ 목표변수가 무슨 값을 가지고 있는지 모르는 데이터로 평가를 한다.

② 지도 학습의 절차

㉠ 분류(classification) : 각각의 입력(x)에 대해 레이블 (y)가 이산적인 경우 즉, y가 가질 수 있는 값이 [0, 1, 2, …]와 같이 유한한 경우 분류, 혹은 인식 문제라고 부른다. 일상에서 가장 접하기 쉬우며, 연구가 많이 되어있고, 기업들이 가장 관심을 가지는 문제 중 하나다. 이런 문제들을 해결하기 위한 대표적인 기법들로는 로지스틱 회귀법, KNN, 서포트 벡터 머신(SVM), 의사결정 트리 등이 있다.

㉡ 로지스틱 회귀법(logistic regression) : D.R. Cox가 1958년에 제안한 확률 모델로서 독립 변수의 선형 결합을 이용하여 사건의 발생 가능성을 예측하는데 사용한 통계 기법으로 일반적인 회귀분석의 목표와 동일하게 종속 변수와 독립 변수간의 관계를 구체적인 함수로 나타내어 향후 예측 모델에 사용하는 것이다.

㉢ KNN(K-Nearest Neighbor) : 새로운 데이터가 주어졌을 때 기존 데이터 가운데 가장 가까운 k개 이웃의 정보로 새로운 데이터를 예측하는 방법론으로 데이터로부터 모델을 생성해 과업을 수행하는 모델기반 학습법과는 대비되는 개념으로 별도 모델 생성과정 없이 각각의 관측치만을 이용하여 분류/회귀 등 과업을 수행한다.

㉣ 서포트 벡터 머신(SVM : Support Vector Machine) : 자료 분석을 위한 지도 학습 모델이며, 주로 분류와 회귀 분석을 위해 사용한다. 두 카테고리 중 어느 하나에 속한 데이터의 집합이 주어졌을 때 주어진 데이터 집합을 바탕으로 하여 새로운 데이터가 어느 카테고리에 속할지 판단하는 비확률적 이진 선형 분류 모델을 만들며, 만들어진 분류 모델은 데이터가 매핑된 공간에서 경계로 표현되는데 SVM 알고리즘은 그중 가장 큰 폭을 가진 경계를 찾는 알고리즘이다.

㉤ 회귀(regression) : 회귀의 정의는 '데이터의 실측치와 모델의 예측치 사이의 차이, 즉, 회귀식에서 오차항에 대한 관측치가 평균으로 회귀하는 것'으로 회귀모델은 오차항의 합이 최소화가 되도록 만드는 것이다.

(3) 비지도 학습

① 비지도 학습의 특징

㉠ 데이터가 본질적으로 가지고 있는 특징을 찾아낸다.

㉡ 데이터에 내재된 분포를 추정한다.

㉢ 데이터를 의미 있는 그룹으로 묶거나 패턴을 찾아낸다.

㉣ 분류하거나 예측하기 위한 목표 변수(target variable)가 존재하지 않는다.

② 비지도 학습의 절차

    ㉠ 군집화(clustering) : 특성이 비슷한 데이터끼리 묶어주는 기계 학습 기법이다. 클러스터링은 라벨링되어 있지 않은 데이터를 묶는 경우가 일반적이기 때문에 비지도 학습 방법이 사용된다. x만 가지고 군집을 구성하는 것이 군집화이다. 클러스터링 알고리즘은 K-Means(K-평균), DBSCAN, Hierarchical clustering 등 여러 가지 기법이 있다.

    ㉡ K-평균 기법 : 주어진 데이터를 k개의 클러스터로 묶는 알고리즘으로, 각 클러스터와 거리 차이의 분산을 최소화하는 방식으로 동작한다.

    ㉢ DBSCAN(Density Based Spatial Clustering of Application with Noise) 기법 : 밀도 모델의 하나로서 k 평균과 같이 데이터의 위치 정보를 이용하지만, k-평균처럼 데이터의 분포를 통해서 군집을 정하는 것이 아니라 데이터의 밀도를 이용한다. 같은 군집 내의 데이터들은 밀도가 높게 위치해 있을 것이라는 가정에서 출발한다. 즉, 주변 데이터들의 밀도를 이용해서 군집을 생성해 가는 방식이다.

    ㉣ 계층적 클러스터링 : 개별 개체들을 순차적, 계층적으로 유사한 개체 또는 그룹과 통합하여 군집화를 수행하는 알고리즘이다. K-평균 군집화(K-means clustering)와 달리 군집 수를 사전에 정하지 않아도 학습을 수행할 수 있다.

③ 분포 추정(underlying probability density estimation)

군집화에서 더 나아가서, 데이터들이 쭉 뿌려져 있을 때 이들이 어떤 확률 분포에서 나온 샘플들인지 추정하는 것이다.

(4) 강화 학습

① 지도 학습이나 비지도 학습 알고리즘들이 데이터가 주어진 정적인 상태에서 학습을 진행한다면 강화 학습은 에이전트가 주어진 환경(state)을 인지하고 주어진 상태에 따라서 행동을 결정하여, 목표에 도달하는 과정을 통해 어떤 보상을 얻으면서 학습을 진행한다. 이때, 에이전트는 보상을 최대화하도록 학습이 진행된다. 즉, 강화 학습은 일종의 동적인 상태에서 데이터를 수집하는 과정까지 포함된 알고리즘이다. 강화 학습의 대표적인 알고리즘은 Q-Learning이 있고, 딥러닝과 결합하여 Deep-Q-Network(DQN) 방법으로도 사용된다.

② Q-Learning의 각 state마다 미래 보상의 누적합(value function)은 현재의 보상 + 다음 상태로부터 받을 보상의 합으로 볼 수 있고, 여기서 가장 큰 값을 선택하는 것이기 때문에 이를 Q-Value로 정의할 수 있다. 당연히 최적의 정책은 모든 state에 대하여 Q-Value를 최대로 하는 action을 선택하는 것이다. 이를 학습하게 해주는 것이 Q-Learning이다.

(5) 기계 학습의 5단계

① 사례 구상 및 형식화

② 타당성 조사와 탐구분석

③ 모델 설계, 훈련 및 오프라인 평가

④ 모델 구축, 온라인 평가 및 모니터링

⑤ 모델유지보수, 장애진단 및 재훈련

(6) 기계 학습 알고리즘

기계 학습은 문제를 해결하기 위한 맞춤 코드를 작성하지 않고 일반 알고리즘을 기반으로 한다. 코드를 작성하는 대신 데이터를 일반 알고리즘에 공급하면, 데이터를 기반으로 한 자체 로직이 만들어진다.

(7) 의사결정 트리(decision tree)

아이템을 분류하거나 평가하기 위한 절차를 그래픽으로 표현한 것이다. 의사결정 트리는 데이터를 분석하여 이들 사이에 존재하는 패턴을 예측 가능한 규칙들의 조합으로 분류하여 루트 노드에서 시작하여 가지 노드에서 결정이 되면 끝난다. 의사결정 트리는 범주나 연속형 수치 모두 예측할 수 있기 때문에 분류와 회귀가 모두 가능하다. 의사결정 트리는 신경망과는 정반대인 비모수 알고리즘이다.

① 의사결정 트리의 구성 요소

　㉠ 루트 노드 : 트리의 시작으로 분석할 전체를 표현한다. 루트 노드로부터 노드는 여러 가지 특징에 따라서 나누어지고, 이러한 서브 그룹들은 루트 노드 하에서 각 결정 노드에서 순서대로 분기된다.

　㉡ 분기 : 하나의 노드를 2개 이상의 서브 노드로 나누는 과정이다.

　㉢ 결정 노드 : 서브 노드가 더 많은 서브 노드로 분기될 때의 노드를 말한다.

　㉣ 가지 노드(leaf node) 또는 터미널 노드 : 더 이상 분기되지 않는 노드이다.

　㉤ 가지치기(pruning) : 부모 노드의 서브 노드들을 제거하는 것이다. 트리는 분기를 통해서 커지고 가지치기를 통해서 작아진다. 검증 데이터에 대한 오분류율이 증가하는 시점에서 적절히 가지치기를 수행해줘야 한다.

　㉥ 지점 또는 서브 트리 : 의사결정 트리의 서브 영역을 말한다.

　㉦ 부모 노드와 자식 노드 : 상대적인 용어로 자식 노드에 앞선 노드를 부모 노드라고 한다.

② 의사결정 트리의 주요 기능

　㉠ 설명능력 : 결정 트리의 출력은 해석하는 것이다.

　㉡ 설명데이터 분석 : 의미 있는 변수와 2개 이상 변수 간의 중요한 관계를 식별할 수 있다.

　㉢ 최소 데이터 청소(Minimal data cleaning) : 특이치와 누락된 값에 대해 복원력이 뛰어나므로 다른 알고리즘보다 데이터 정리가 덜 필요하다.

　㉣ 데이터 형태 분류이다.

　㉤ 수치변수와 카테고리 변수를 모두 분류할 수 있다.

　㉥ 비모수(non-parametric) 알고리즘이다.

③ 의사결정 트리의 문제점

　과적합이란 기계 학습에서 학습 데이터를 과하게 학습(overfitting)하는 것을 뜻한다. 일반적으로 학습 데이터는 실제 데이터의 부분 집합이므로 학습 데이터에 대해서는 오차가 감소하지만, 실제 데이터에 대해서는 오차가 증가한다. 해결방법은 데이터를 표준화시키는 것으로 정규화의 일례인 표준화를 시키는 방법은 불러온 데이터를 MinMaxScaler( ) 함수에 대입하는 것이다.

(8) 신경망

신경망이 인식하는 패턴은 수치이며 이미지, 소리, 텍스트 또는 시계열과 같은 모든 실제 데이터를 번역한다. 입력 데이터의 유사성에 따라서 레이블이 지정되지 않은 데이터와 레이블이 지정된 데이터 세트를 분류하여 학습한다. 신경망은 클러스터링 및 분류를 위해 다른 알고리즘에 제공되는 기능을 추출할 수 있다.

① 인공신경망에서 $X = \sum W_i X_i$ 이고, 전달 함수(transfer function) f는 비선형 특성을 갖는 함수로서 활성화 함수(activation function)라고도 부르며, $Y = f(x)$를 생성한다. 딥 러닝 네트워크에서는 노드에 들어오는 값들에 대해 곧바로 다음 계층으로 전달하지 않고 주로 비선형 함수를 통과시킨 후 전달한다. 비선형 함수 신경망에서 층의 수를 헤아릴 때, 입력이 있는 층만 카운트한다.

② 햅의 학습규칙

햅에 의하면 새로운 것을 배울 때 뇌의 기억시스템은 기존의 신경망에 새로운 연결을 추가하면서 학습하여 새로운 정보가 기존의 기억과 만나면 서로의 연결이 강화되면서 기존의 기억을 자극하고 이것이 새롭게 들어온 정보와 연결되면서 신경망이 더욱 활성화되며, 활성화되지 않은 뉴런들은 연결이 약해지게 되고 이런 과정을 반복하면서 기억이 형성된다고 한다.

③ 딥 러닝 네트워크

딥 러닝 네트워크는 깊이에 있어서 은닉층 신경망과는 구별된다. 데이터는 여러 단계의 패턴인식 과정을 거쳐야 한다. 처음의 퍼셉트론같이 초기 신경망은 하나의 입력과 하나의 출력층으로 구성되었고 그사이에 하나 정도의 은닉층이 있었다. 3계층 이상을 딥 러닝이라고 하는데 딥 러닝 네트워크에서 노드의 각 계층은 이전 계층의 출력을 기반으로 하는 고유한 기능 집합을 이용하여 학습한다. 신경망으로 나아감에 따라 노드가 인식할 수 있는 기능은 점점 더 복잡해진다. 왜냐하면, 이전 계층의 기능을 집계하고 다시 결합하기 때문이다.

(9) 퍼셉트론

① 퍼셉트론

1957년에 Rosenblatt라는 사람에 의해서 처음 고안된 아주 오래된 알고리즘으로 퍼셉트론은 2진 값을 갖는 다중의 입력을 하나의 2진수 값으로 출력하는 모델이다. 입력 값이 결과에 미치는 영향력을 정해서 결정을 내린다는 이론이다. 퍼셉트론의 출력값은 1 또는 0(or −1)이기 때문에 선형 분류모형이라고도 볼 수 있다. 단층 퍼셉트론은 계단 함수(step function, 임곗값을 넘어섰을 때 출력을 1로 하는 함수)를 활성화 함수로 사용한 모델을 가리킨다. 다층 퍼셉트론은 층이 여러 개이며 시그모이드 함수를 활성화 함수로 사용하는 네트워크이다. 신경망은 왼쪽부터 input(입력층), hidden(은닉층), output(출력층)으로 표현할 수 있다.

② 다층 퍼셉트론

단순 퍼셉트론은 XOR 문제조차 풀 수 없다는 사실을 AI 랩 창시자인 Marvin Minsky 교수가 증명하였고, 이의 해결안으로 다층 퍼셉트론을 제안하였다. 단일 퍼셉트론으로는 XOR을 분류할 수 없지만, 다층 퍼셉트론을 만들면 XOR 문제를 풀 수 있다고 했다. 다층이라는 말은 하나의 퍼셉트론에 또 다른 퍼셉트론을 덧붙인다는 의미로 볼 수 있다. 단층 퍼셉트론이 비선형 영역을 분리할 수 없다는 것이 문제이며 다층으로 할 경우 비선형으로 이를 해결할 수 있다는 것이다.

아래와 같이 층을 겹겹이 쌓아나가면서 선형 분류만으로는 풀지 못했던 문제를 비선형적으로 풀 수 있게 된다고 한 것이 Minsky 교수의 주장이다.

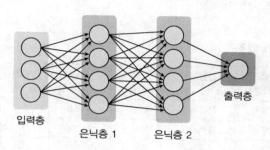

입력층   은닉층 1   은닉층 2   출력층

제10장 에이전트

(1) 에이전트의 정의

특정한 목적을 위해서 사용자를 대신해 작업을 수행하는 자율적 프로세스이고 독자적으로 존재하지 않고 어떤 환경의 일부이거나 그 안에서 동작하는 시스템이다. 대다수의 에이전트는 사용자와 시스템이 자원들과 통신하며 반자동화된 방법으로 작동하기 때문에 이때의 에이전트를 지능적 에이전트라고도 한다. 에이전트는 인지, 반응, 목표, 환경이 중요한 요소가 되므로 이들을 묶는 시스템 구성이 중요하다.

(2) 에이전트 구조 및 기능

에이전트 프로그램은 인지와 행동 간의 사상 관계를 구현한 함수의 설계가 매우 중요하다. 일반적으로 아키텍처는 그 프로그램에서 사용 가능한 장치를 이용하여 정보를 인지하게 해주며 프로그램을 실행시키므로 에이전트와 프로그램과 아키텍처는 다음과 같은 관계를 갖는다.

> 에이전트 = 아키텍처 + 프로그램

(3) 에이전트 프로그램의 설계 방법

① 단순 반응형 에이전트는 자신의 지식 베이스에서 인지된 상태와 정확히 일치하는 반응만을 수행한다.

② 외부지식 기억형 에이전트는 인지된 상태의 범위에 관한 내부 지식을 계속적으로 기억하고 있는 에이전트로 인지된 상태가 지식 베이스와 조건부가 정확히 일치하는 것이 없더라도 인지된 상태의 범위로부터 유사한 결론부를 찾아낼 수 있게 된다. 따라서 거대한 지식 베이스를 필요로 한다.

③ 목표 기반 에이전트는 인지에 대한 반응이 목표가 주어질 경우, 더 정확히 수행되는 에이전트이다.

④ 에이전트가 인지한 반응을 목표에 대해 얼마만큼 만족하는지 사용자 중심으로 그 목표에 대한 만족도를 수치화하는 에이전트이다.

(4) 에이전트 작업환경의 특징

	결정적 vs 확률적	간헐적 vs 연속적	정적 vs 동적	단절 vs 지속적	완전 관찰 vs 부분 관찰	단일 에이전트 vs 복수 에이전트
축구시합	확률적	연속적	동적	지속적	부분 관찰	복수 에이전트
이닦기	확률적	연속적	정적	지속적	완전 관찰	단일 에이전트
테니스경기	확률적	연속적	동적	지속적	부분 관찰	복수 에이전트
벽에다 테니스 치기	확률적	연속적	동적	지속적	완전 관찰	단일 에이전트
숙소 점심을 먹기 위한 상품 결정	결정적	간헐적	정적	단절	완전 관찰	단일 에이전트

(5) 에이전트 언어

KQML과 에이전트를 표준화하기 위한 최초의 언어인 FIPA-ACL이 가장 널리 알려졌고, 많은 에이전트들이 어떻게 서로 간에 응답을 주고받는지를 체계화한 것을 에이전트 언어라고 정의한다. 에이전트 통신 언어는 메시지들은 어디에서도 대화한다는 언어 행동 이론에 근거하고 있다. 메시지 형식을 실행 표현이라고 한다.

① KQML

ⓐ KQML은 컴퓨터 프로그램을 다른 프로그램과 연결하고 식별하며 서로 간 정보를 교환할 수 있도록 하는 언어이며 프로토콜로, 전송 메커니즘과는 다른 독립적인 내용 언어이다. KQML은 내용, 통신, 메시지의 3계층으로 구성되었다. 내용 계층은 프로그램 언어로 표현되는 메시지의 실제 내용을 가지고 있으며 ASCII와 같은 형태로 표현 언어를 처리할 수 있다. 통신 계층은 송신자와 수신자의 식별과 통신의 식별자를 위한 통신 변수를 표현하고, 메시지 계층은 KQML의 핵심으로 메시지를 인코딩, 말하기 에이전트와의 상호 작용을 찾고, 네트워크 프로토콜을 식별하며, 메시지의 성능 결과를 제공한다. 또한, 내용 언어의 제한적 제약사항, 설명 등과 같은 부가적인 기능을 포함하고 있다. 메시지 형식은 실행표현이라고 하며 ask-all, ask-one, tell, srteam-all, standby, subscribe 등으로 표현할 수 있다.

ⓑ KQML에는 Facilitator라는 특수한 클래스의 에이전트가 있는데 다양한 통신 서비스를 수행하며, 이름이 지정된 서비스로 메시지 전달, 내용을 기반으로 메시지를 라우팅하고 정보 제공 업체와 고객 간의 정보 전송 번역 서비스를 제공한다.

ⓒ KQML에서는 송신 측과 수신 측 모두 대칭형과 비대칭형의 통신 프로토콜을 가질 수 있다.

② FIPA-ACL

FIPA-ACL은 지능형 물리 에이전트 국제기구인 FIPA에서 발표한 에이전트 통신언어이다. 의미 언어는 ACL을 나타내는 공식 언어이고, ACL의 의미는 실행할 수 있는 전제 조건이며 합리적인 결과이다. 실행할 수 있는 전제 조건은 각각의 송신 측의 필수 조건이다. 종류에는 요청 응답, 쿼리 응답, request-when, contract-net, 반복 contract-net 프로토콜의 5가지 방식이 있다.

③ KQML vs FIPA_ACL의 비교

KQML	FIFA ACL
의미설명은 사전조건, 사후조건과 조건완료를 포함한다.	의미설명은 실행 가능한 사전조건과 합리적 효과를 사용한다.
에이전트 관리와 통신 에이전트에 대한 기능이 있다.	메시지 계층보다는 기본 에이전트가 제공되는 서비스로서 에이전트 관리와 통신 에이전트를 고려한다.
ask-all, stream-all 등과 같은 다수의 솔루션들에 대한 기능과 achieve, unachieve와 같은 목표 정의 기능이 있다.	ACL에서 KQML과 같은 개념은 표시하지 않지만 ACL 문맥에서 사용한다.
직접 믿음 조작 기능이 있다.	직접 믿음 조작 기능이 없다.
실패와 거절에 대해서 'sorry'를 사용한다.	실패와 거절 같은 기능이 있다.
• KQML은 서비스의 사양이 불완전하며 기능 측면에서 확실하게 설명이 안 된다. • 언어에서 요소(element)의 근거가 불확실하고 통신 프리미티브를 식별하기 위한 엄격한 규칙이 없다.	• 내용 언어의 기능들이 확실하게 명문화되지 않으며 충분한 협동 프리미티브를 갖고 있지 않다. • IIOP(Internet Inter ORB Protocol)처럼 의무적인 전송 프로토콜이 정해졌지만, 전송 모델은 정해지지 않았다.

(6) 에이전트 언어의 종류

에이전트 기반 기술과 에이전트 기반 시스템을 구축하는데 필수 구성 요소는 프로그래밍 언어이고, 에이전트 지향 프로그래밍 언어라고 하는 이러한 언어는 신념, 목표, 행동, 계획, 의사 소통 등 에이전트 관련 개념의 직접 구현과 사용을 허용하는 높은 수준의 추상화 및 구조를 개발자에게 제공해야 한다. 에이전트 시스템은 기존의 Java, C와 C++로 작성되고 있어 적합하지는 않다. 일반적으로 객체 지향 언어(Smalltalk, Java 또는 C++)는 에이전트가 캡슐화, 상속 및 메시지 전달과 같은 객체로 일부 속성을 공유하기 때문에 에이전트 시스템을 구현하는 데 사용하기 쉽다. 실용적 접근 방법분류에서는 다음의 영역으로 언어를 구분한다.

① 에이전트 지향 프로그래밍 언어(AOP : Agent Oriented Programming)

  ㉠ AOP는 객체 지향 언어(OOP : Object-Oriented Programming)가 구체화된 것이지만 개념 간에는 몇 가지 중요한 차이점이 있다. 첫 번째, 객체와 에이전트는 자율성이 다르다. 에이전트는 다른 개체의 동작을 직접 호출하는 객체와 달리 실행해야 할 작업에 대해서 직접 요구를 표현한다. 즉, OOP에서 결정은 요청 개체 내에 있으며 AOP에서는 수신 측이 실행 중에 있는지 여부를 결정하여 그 자체의 동작을 제어한다. 또한, 에이전트가 다른 에이전트와 종종 상충되는 이해 관계를 가질 수 있으므로 에이전트가 다른 에이전트로부터 작업 요청을 실행하는 것은 해로울 수 있다. 두 번째 차이점은 유연성이다. 에이전트는 사전 동작 및 적응형 동작을 나타내며

학습을 사용하여 시간이 지남에 따라 성능을 향상시킬 수 있다. 세 번째는 제어 스레드이다. 다중 에이전트 시스템은 기본적으로 다중 스레드이지만 일반적으로 OOP는 단일 제어 스레드이다.

ⓒ AOP 프레임워크의 중요한 부분은 프로그래밍 언어이다. APL은 에이전트 개발을 목표로 하는 높은 수준의 추상화를 제공하고 프레임워크에서 정의한 모든 기능을 나타내는 구문을 통합하는 도구이다.

② 신념-욕망-의도(BDI : Belief-Desire-Intention) 언어

에이전트 프로그래밍 언어를 설계할 때 가장 중요하게 영향력을 끼치는 것은 실제 추론 에이전트 구조를 구현하는 것인데 절차 추론 시스템(PRS : Procedural Reasoning System)은 신념, 욕망 및 의도(BDI) 구조를 구현한 최초의 시스템이다.

(7) 단일 에이전트와 다중 에이전트

① 단일 에이전트(마이크로적 시각)

ⓐ 상호작용과 사전행동 실체 및 통제를 보호한다.

ⓑ 에이전트들이 다른 에이전트가 예상하지 않은 활동을 나타낼 수 있다.

ⓒ 에이전트들의 활동에 대해서 일부 통제를 받을 수 있다.

② 다중 에이전트(매크로적 시각)

ⓐ 지식, 자원, 추론 및 결정 능력을 분산한다.

ⓑ 통제와 지휘를 탈중앙화(loose coupling)한다.

ⓒ 자율 에이전트끼리 서로 협동하기 위한 계약기술, 협동 모델 및 방법이다.

ⓓ 새로운 사회질서 및 규범적 기능이다.

다중 에이전트 시스템은 소프트웨어 프로그램, 인간, 조직 그리고 물리적인 세상을 통합한다.

(8) 에이전트의 기능

적응성	에이전트는 예상치 못한 변화를 수용할 수 있어야 한다.
선행(박애)	에이전트는 갈등을 유발하는 목표를 갖지 않고 모든 에이전트는 그것이 요청하는 것을 실행하려는 노력을 해야 한다는 가정이다.
경쟁	에이전트는 한 에이전트의 성공이 다른 에이전트들의 실패를 유발하는 경우를 제외하고는 다른 에이전트들과 협업한다.
협동, 협업	에이전트는 공통의 목표를 달성하기 위해 다른 에이전트들과 협동할 수 있다.
조화	에이전트는 다른 에이전트와 공유한 환경 속에서 어떤 행동을 실행할 수 있다. 행동은 계획, 작업 흐름, 어떤 공정관리 구조에 의해서 조화를 이룬다.
신용	에이전트는 신뢰할 수 있는 개성과 감정 상태를 지니고 있다(character와 유사).
심사숙고	심사숙고형 에이전트는 계획이나 목표와 같은 정신적 영역에 포함될 수 있는 추론과정을 통해 행동을 결정한다.
유연성	시스템은 즉각 반응하고, 사전 반응하며 사회적이다.
혼합구조	다른 구조와의 결합. 낮은 행동에 대한 간단한 통제와 고수준 행동에 대해 심사숙고하여 통제를 내리는 시스템의 결합이다.

추론능력	에이전트는 일반적 목표에 대해서 이전에 사용한 지식과 선호하는 방법으로 추상적인 작업 명세에 대해서 작업할 수 있다.
지능	에이전트의 상태는 지식에 의해서 형식을 갖추고 있고 에이전트는 상징 언어를 사용하여 다른 에이전트와 상호 작용한다.
해독능력	에이전트는 센서가 읽은 값이 정확하다면 해석할 수 있다.
지식수준의 대화 능력	기존의 상징적 수준의 프로그램 프로토콜이라기보다는 인간이 사용하는 언어와 비슷한 언어로 사람이나 다른 에이전트와 대화할 수 있는 능력이다.
예측능력	에이전트는 실세계의 작업 모델이 작업을 어떻게 달성할 수 있는지 충분히 정확하다면 예측할 수 있다.
위임능력	에이전트는 어떤 사람이나 어떤 것을 대신하여 행동할 수 있다.
자발성	에이전트는 환경에 대해서 단순하게 행동하지 않고, 목표지향적인 행동을 표현할 수 있다.
합리성	에이전트는 목표를 성취하기 위해서 순서대로 행동하고, 성취할 목표를 방해하는 식으로 행동하지 않는다는 가정이다.
자원제약성	에이전트는 사용할 수 있는 자원이 있는 경우에만 행동할 수 있다.
재사용성	절차 또는 후속 사례는 정보의 인수인계를 위해 클래스 '에이전트' 사례를 유지하거나 결과에 따라서 이를 확인 및 분석할 수 있다.
확실성	에이전트는 오류 및 불완전한 데이터를 확실하게 처리할 수 있다.
위치성	에이전트(로봇)는 그의 환경에 위치해 있다. 그 행동은 물리적 상호 작용(예 센서 – 액터 커플링)에 의해 유도될 수 있다. 이는 내부 표현을 사용하여 제어하는 효율적인 대안이기도 하다.
자극반응성	자극 반응 에이전트는 내부상태를 가지고 있지 않다. 즉, 반응이라는 것이 곧 입력과 같다는 것이다.
시간연속성	에이전트는 한 번만 계산하는 것이 아니라 계속하여 프로세스를 구동한다. 하나의 입력은 하나의 출력이 되며 이후에는 종료한다.
투명성과 책임	에이전트는 투명하게 요구해야 하고, 그 행동에 대한 관련 근거를 제공해야 한다.
예측 불가성	에이전트는 모든 초기조건이 알려진다고 해도 완전히 예측할 수는 없다.
진실성	에이전트는 알고 있어도 거짓 정보와 대화하지 않을 것이라는 가정이다.

(9) 에이전트 유형

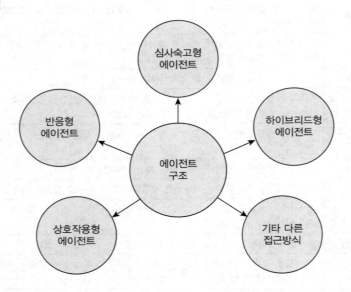

반응형	• 복잡한 추론과정도 사용하지 않고 실세계에 대한 어떠한 기호 모델도 갖지 않는 센서를 통해서 들어온 입력 신호를 감지하고 처리하여 실행 행동을 결정하는 에이전트 • 환경의 변화에 매우 민감한 에이전트
심사숙고형	자신이 속해 있는 환경과 달성하려는 목표, 그리고 가능한 행동들에 대한 기호 모델을 갖음
하이브리드형	• 반응형과 심사숙고형 에이전트의 행동을 연결한 것 • 수평적 계층구조, 수직적 계층구조, 혼합형 구조로 구분
상호작용형	이기종 환경 하에서 어느 누구와도 목표 달성을 위해 행동하는 에이전트

제 11 장 딥러닝

1 선형회귀

머신 러닝의 가장 큰 목적은 실제 데이터를 바탕으로 모델을 생성해서 입력 값을 넣었을 때 발생할 출력값을 예측하는 것이다. 이때 우리가 찾아낼 수 있는 가장 직관적이고 간단한 모델은 선(line)이고, 그걸 가장 잘 설명할 수 있는 선을 찾는 방법을 선형 회귀(Linear Regression) 분석이라 부른다.

2 손실함수와 경사하강법

(1) 손실함수

선을 긋는다는 것은 근사치를 구한다는 뜻이므로 실제 데이터와의 오차(또는 손실)가 발생한다. 손실함수란 손실함수의 결과값을 가장 작게 만드는 가중치 매개변수를 찾는 것이 과제이다. 손실함수의 종류에는 평균 제곱 오차(MSE, Mean Squared Error), 루트 평균 제곱 오차(RMSE, Root Mean Squared Error), 절대값 평균 오차(MAE, Mean Absolute Error)와 교차엔트로피오차(CEE, Cross Entropy Error)가 있다.

(2) 경사하강법

함수의 기울기(경사)를 구하고 경사의 절대값이 낮은 쪽으로 계속 이동시켜 극값에 이를 때까지 반복시키는 것이 경사하강법이다. 경사 하강법은 정확성을 위해서 극값으로 이동함에 있어 매우 많은 단계를 거쳐야하며, 주어진 함수에서의 곡률에 따라서 거의 같은 위치에서 시작했음에도 불구하고 완전히 다른 결과로 이어질 수도 있다는 단점이 있다. 경사라는 의미는 파라미터에 대해 편미분한 벡터값이고 이 파라미터를 반복적으로 조금씩 움직이는 것이 관건이다. 경사 하강법에서는 학습 시 스텝의 크기가 중요하다. 학습률이 너무 작을 경우 알고리즘이 수렴하기 위해 반복해야 하는 값이 많으므로 학습 시간이 오래 걸린다. 그리고 지역 최소값(local minimum)에 수렴할 수 있고, 학습률이 너무 클 경우 스텝이 너무 커서 전역 최소값(global minimum)을 가로질러 반대편으로 건너뛰어 최소값에서 멀어질 수 있다.

이와 같은 문제점을 해결하기 위해 사용하는 방법이 모멘텀이다. 쉽게 말해 기울기에 관성을 부과하여 작은 기울기는 쉽게 넘어갈 수 있도록 만든 것이다.

3 오차역전파

입력에서 출력으로 가중치를 업데이트하면서 활성화 함수를 통해서 결과값을 가져오는 것을 순전파라고 한다. 그러나 순전파된 값이 정확하다고 볼 수 없기 때문에 결과값을 입력 방향으로 다시 보내며 가중치를 재업데이트 하는 방식을 오차 역전파라고 한다. 이때 결과에 영향을 많이 미친 노드(뉴런)에 더 많은 오차를 돌려주게 된다. 오차를 역전파하여 계속 업데이트 하는 이유는 신경망을 통해 더 나은 결과 값을 내기 위해서 가중치를 조정하는데 오차가 영향을 주기 때문이다.

4 과대적합과 과소적합

과소적합은 데이터 모델이 훈련 데이터에는 너무 잘 맞지만 일반성이 떨어지는 것이고, 과소적합은 모델이 너무 단순해서 데이터의 내재된 구조를 학습하지 못하는 것을 의미한다.

과대적합(또는 과적합)은 훈련 데이터에 너무 맞추어져 있기 때문에 훈련 데이터 이외의 다양한 변수에는 대응하기 힘든 문제가 있다.

5 활성화함수

입력값이 가중치를 계산하여 다 더하고 사전에 설정한 임곗값(threshold)과 비교해서 임곗값을 넘으면 출력값으로 1을 출력하고, 넘지 않으면 0을 출력하는 것이 퍼셉트론이다.

신경망 네트워크에서 개별 뉴런에 들어오는 입력 신호의 총합을 출력 신호로 변환하는 함수를 활성화 함수라고 한다. 퍼셉트론은 활성화 함수로 계단 함수를 이용하는데 특정 임곗값을 넘기면 활성화되는 함수이다. 단층 퍼셉트론은 활성화 함수로 계단 함수를 사용하고 다층 퍼셉트론은 시그모이드 함수를 사용한다.

6 합성곱신경망

합성곱 신경망(CNN)은 시각적 영상을 분석하는 데 사용되는 다층의 인공신경망의 한 종류이다. 합성곱 신경망은 정규화된 버전의 다층 퍼셉트론이다. 다층 퍼셉트론처럼 네트워크가 완전 연결된 경우 주어진 데이터에 과적합 되는 경향이 있다. CNN은 데이터에서 계층적 패턴을 더 작고 간단한 패턴으로 반복하여 표현함으로써 정규화와 같은 효과를 낸다. 따라서 합성곱 신경망의 연결 구조의 복잡성은 유사한 기능의 다층 퍼셉트론에 비해 엄청나게 낮다. 합성곱 신경망을 이용한 영상 분류는 다른 영상 분류 알고리즘에 비해 상대적으로 전처리를 거의 사용하지 않는다. 이는 신경망이 기존 알고리즘에서 수작업으로 제작된 필터를 학습한다는 것을 의미한다. 기존 영상분류 알고리즘에서 설계자가 영상의 특징들을 미리 이해해 알고리즘을 만드는 과정이 없는 것이 합성곱 신경망의 주요한 장점이다.

합성곱 신경망은 합성곱층(Convolution layer)과 풀링층(Pooling layer)으로 구성된다.

합성곱 또는 콘벌루션(convolution)은 하나의 함수와 또 다른 함수를 반전 이동한 값을 곱한 후 구간에 대해 적분하여 새로운 함수를 구하는 수학 연산자이다. 풀링층에서는 특성 맵을 다운 샘플링하여 특성 맵의 크기를 줄이는 풀링 연산이 이루진다.

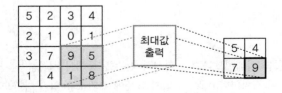

풀링 연산은 커널과 스트라이드 개념이 존재한다는 점에서 합성곱 연산과 유사하지만, 합성곱 연산과의 차이점은 학습해야 할 가중치가 없으며 연산 후에 채널 수가 변하지 않는다는 점이다.

7 드롭아웃기법

드롭아웃은 신경망이 과적합되는 경우를 방지하기 위해서 만들어진 기법이다. 이것은 학습 과정에서 무작위로 뉴런의 집합을 제거하는 것이 과적합을 막는다는 아이디어에서 출발하였다.

8 순환신경망

순환신경망(RNN)은 시퀀스 데이터를 모델링하기 위해 고안되었다. 순환 신경망이 기존의 신경망과 다른 점은 '기억'을 갖고 있다는 점이다. 새로운 입력이 들어올 때마다 신경망은 자신의 기억을 조금씩 수정하게 되고, 결국 입력을 모두 처리하고 난 후 신경망에게 남겨진 기억은 시퀀스 전체를 요약하는 정보가 된다. 순환신경망은 이런 반복을 통해 아무리 긴 시퀀스라도 처리할 수 있다. RNN은 은닉 노드가 방향을 가진 엣지로 연결돼 순환구조를 이루는 인공신경망의 한 종류이기 때문에 순환층이라는 표현을 사용한다. 또한, RNN에서 발생하는 기울기 사라짐 문제를 극복하기 위해서 고안된 것이 바로 LSTM(Long Short Term Memory)이다. LSTM은 RNN의 은닉상태에 셀 상태(cell state)를 추가한 구조로서 셀 상태는 일종의 컨베이어 벨트 역할을 하기 때문에 상태가 꽤 오래 경과하더라도 그래디언트가 비교적 전파가 잘 되게 된다.

여기서 멈출 거예요? 고지가 바로 눈앞에 있어요.
마지막 한 걸음까지 시대에듀가 함께할게요!

시대에듀

명품 독학사
한번에
Pass!

독학사 컴퓨터공학과 끝판왕!

시험장에 가져가는

독학사 핵심요약집
컴퓨터공학과 3단계 인공지능

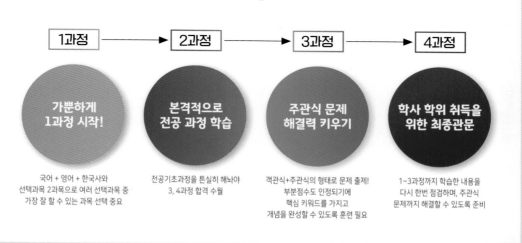